Droit des sûretés

HyperCours Dalloz

sous la direction de

- Dominique **Chagnollaud de Sabouret**
  Professeur à l'Université Panthéon-Assas (Paris-II)
- Serge **Guinchard**
  Professeur émérite de l'Université Panthéon-Assas (Paris-II)

Droit des sûretés

6e édition 2017

Christophe Albiges
Professeur à l'Université de Montpellier I

Marie-Pierre Dumont-Lefrand
Professeur à l'Université de Montpellier I

DALLOZ

Éditions DALLOZ
31-35 rue Froidevaux,
75685 Paris Cedex 14

ISBN 978-2-247-16934-4

En un seul ouvrage, l'HyperCours Droit des sûretés met à la portée des étudiants des moyens d'acquisition, de révision et d'entraînement performants. Il fournit les connaissances théoriques indispensables et propose les références, exemples, exercices et thèmes de réflexion qui permettent d'appréhender correctement la mise en application de ces connaissances.

• Le cours, complet, est décomposé en parties mais surtout en chapitres thématiques correspondant aux séances de travaux dirigés. La structure de chacun d'eux est annoncée, en début de chapitre, par un plan analytique.

- Parallèlement au cours, sur la même page, l'ensemble du texte est découpé en blocs d'idées homogènes, selon une numérotation située dans la marge.

• Des compléments pédagogiques (pages signalées par un bandeau de couleur) complètent le cours de chaque chapitre. Elles ont une double fonction : mieux faire comprendre et assimiler le cours, mais aussi préparer efficacement les étudiants aux épreuves des travaux dirigés et des examens.

- La rubrique « *Mémo* » permet de synthétiser rapidement l'ensemble d'un cours.
- La rubrique « *Document* » offre une très large gamme de textes de référence.
- La rubrique « *Biblio* » donne accès à une bibliographie sélective.
- La rubrique « *Quiz* » regroupe des sujets corrigés d'épreuves (commentaires d'arrêts, cas pratiques).

• Présentant une synthèse de la matière, des éléments de pratique et de documentation viennent à la suite du cours et des compléments pédagogiques.

- Le *sujet terminal* propose un sujet d'examen corrigé correspondant à une épreuve type donnée en fin de semestre ou d'année et faisant appel à l'ensemble des connaissances de la matière.
- La *bibliographie générale* présente les ouvrages essentiels de la matière.

• Pour s'orienter à l'intérieur de l'ouvrage, situé à la fin du manuel :

- *L'index alphabétique* des termes utilisés prend pour repères les blocs d'idées homogènes numérotés en marge du cours et permet de trouver une notion rapidement.
- La *table des matières* permet d'accéder facilement au cours et à sa structure.
- La *table des quiz* répertorie les sujets corrigés par genre (tests de connaissances ou de compréhension, dissertations, commentaires d'arrêts, cas pratiques).

Principales abréviations

Act. proc. coll.	*Actualité des procédures collectives*
AJCA	*AJ Contrats d'affaires - Concurrence - Distribution*
Al.	Alinéa
Art. ou art.	Article
Ass. plén.	Cour de cassation, Assemblée plénière
Banque et Droit	*Revue Banque et Droit*
Bull. civ.	*Bulletin des arrêts de la Cour de cassation*
Bull. Joly.	*Bulletin Joly Sociétés*
Bull. Joly Entrep. diff.	*Bulletin Joly Entreprises en difficulté*
C. assur.	Code des assurances
C. civ.	Code civil
C. consom.	Code de la consommation
C. mon. fin.	Code monétaire et financier
C. pén.	Code pénal
C. pr. civ.	Code de la procédure civile
C. pr. exéc.	Code des procédures civiles d'exécution
C. pr. pén.	Code de la procédure pénale
C. trav.	Code du travail
Cah. dr. entrep.	*Cahiers de droit de l'entreprise*
CCC	*Contrat concurrence consommation*
CE	Conseil d'État
CGI	Code général des impôts
Ch. mixte	Cour de cassation, chambre mixte
Chron.	Chronique
CJCE	Cour de justice des Communautés européennes
CJUE	Cour de justice de l'Union européenne
Civ.	Cour de cassation, chambre civile
Com.	Cour de cassation, chambre commerciale
Comp.	Comparer
Concl.	Conclusion
Cons. const.	Conseil constitutionnel
Crim.	Cour de cassation, chambre criminelle
D. Affaires	*Dalloz Affaires*
D.	*Dalloz-Sirey ou Dalloz (Recueil)*
Décr.	Décret
Defrénois	*Repertoire du notariat Defrénois*
DH	*Dalloz hebdomadaire*
DP	*Dalloz périodique*

Dr. et patr.	*Droit et patrimoine*
Dr. et proc.	*Droit et procédures (ancienne Revue des huissiers)*
Dr. sociétés	*Droit des sociétés*
Gaz. Pal.	*Gazette du Palais*
Gaz. proc. coll.	*Gazette des procédures collectives*
IR	*Informations rapides du Recueil Dalloz*
JCP	*Juris-Classeur périodique*
JO	*Journal officiel (de la République française)*
Jur.	Jurisprudence
L.	Loi
LPA	*Les petites affiches*
Loyers et copr.	*Loyers et copropriété*
Not.	notamment
Obs.	Observation
Ord.	Ordonnance
Préc.	Précité
Rapp.	Rapport ou rapporteur
Rappr.	À rapprocher de
RD bancaire et bourse	*Revue de droit bancaire et de la bourse (jusqu'en 1999)*
RD banc. fin.	*Revue de droit bancaire et financier*
RDC	*Revue des contrats*
RDI	*Revue de droit immobilier*
Rép. civ.	*Répertoire de droit civil Dalloz*
Rép. com.	*Répertoire de droit commercial Dalloz*
Req.	Cour de cassation, chambre des requêtes
Rev. loyers	*Revue des loyers et des fermages*
Rev. proc. coll.	*Revue des procédures collectives*
Rev. sociétés	*Revue des sociétés*
RJDA	*Revue de jurisprudence de droit des affaires*
RLDA	*Revue Lamy droit des affaires*
RLDC	*Revue Lamy droit civil*
RRJ	*Revue de recherche juridique – Droit prospectif*
RTD civ.	*Revue trimestrielle de droit civil*
RTD com.	*Revue trimestrielle de droit commercial*
RTDI	*Revue trimestrielle de droit immobilier*
S.	*Sirey (Recueil)*
Sect. réun.	Sections réunies (Cour de cassation)
Somm.	Sommaire
TGI	Tribunal de grande instance
TI	Tribunal d'instance

Plan général de l'ouvrage

Introduction

Plan analytique

section 1

L'utilité d'une sûreté

section 2

La notion de « sûreté »

§ 1 Sûreté et garantie

§ 2 Sûreté et privilège

section 3

L'évolution des sûretés

§ 1 Le constat de la diversification des sûretés

§ 2 Les conséquences de la diversification des sûretés

L'intérêt du recours à une sûreté est de permettre à un créancier de se prémunir contre toute perte pécuniaire, soit contre les risques d'insolvabilité du débiteur. Ce créancier peut solliciter l'intervention d'un garant ou l'affectation d'un bien en guise de garantie. C'est à ce titre que les mécanismes relevant du droit des sûretés exercent un rôle fondamental, protecteur des intérêts du créancier, non seulement dans les relations professionnelles mais aussi personnelles. À titre d'illustration, un contrat de cautionnement est parfois souscrit par des parents avec le propriétaire d'un appartement, pour garantir le paiement des loyers versés par leurs enfants. De même, un banquier prêteur peut, toujours par précaution, anticiper l'éventuelle défaillance du débiteur en lui demandant de souscrire une sûreté réelle, sur un bien précis, en concluant par exemple un contrat d'hypothèque. La mise en œuvre de telles sûretés, quelles qu'elles soient, suppose que le débiteur principal, le locataire d'un appartement par exemple, n'ait pas respecté son obligation, en l'occurrence son engagement contractuel de payer le loyer. La justification essentielle du recours à une sûreté réside donc généralement dans la volonté de rassurer le créancier face aux risques d'impécuniosité de son débiteur. Mais si ce débiteur s'exécute, non seulement la dette principale, mais aussi la sûreté convenue, vont s'éteindre. Cette fonction des sûretés est qualifiée parfois de *sécurisante*, dans l'intérêt du créancier, mais elle se révèle également bénéfique au débiteur principal : c'est en effet parfois grâce à la présence d'une sûreté que celui-ci peut obtenir ce qu'il désire. L'exemple classique en la matière est le cautionnement du compte courant qui permet au client d'obtenir une autorisation de découvert, ou une ouverture de crédit, la caution étant susceptible d'être sollicitée en cas de solde débiteur du compte. 1

Le droit des sûretés est au cœur de l'actualité juridique depuis les festivités du bicentenaire du Code civil à plusieurs titres. Un besoin de réforme globale de la matière s'était développé, en raison notamment de la dispersion des règles au sein de plusieurs codes différents — Code civil, Code de la consommation, Code monétaire et financier, Code de commerce —, qui rendait complexe l'accès et la compréhension de la matière. De plus, le droit des sûretés était devenu une matière considérée comme archaïque, non adaptée à l'évolution des exigences économiques de la société contemporaine. C'est pourquoi, en septembre 2003, le ministère de la Justice constitua une commission composée de praticiens et d'universitaires, sous la présidence du professeur Michel Grimaldi. Cette commission remit, le 31 mars 2005, un rapport au garde des Sceaux prenant la forme d'un avant-projet de réforme relatif à l'ensemble de la matière, le droit des sûretés personnelles, ainsi que celui des sûretés réelles (M. Grimaldi, « Orientations générales de la réforme », *Dr. et patr.* sept. 2005, p. 50). 2

Ce rapport prenait en considération l'évolution récente du droit des sûretés, sur les plans législatif et jurisprudentiel, pour simplifier et moderniser la matière. Afin d'adopter certaines des différentes propositions émises, le gouvernement souhaita procéder par la voie de l'ordonnance et non du débat parlementaire. C'est pourquoi le Parlement, dans la loi « pour la confiance et la modernisation de l'économie » n° 2005- 842 du 26 juillet 2005, habilita le gouvernement à réformer, mais seulement de manière partielle, le droit des sûretés. Le droit du cautionnement et les privilèges ne devaient pas être concernés par le texte retenu, contrairement au droit des sûretés réelles, aux garanties autonomes et à la lettre d'intention. En s'inspirant grandement des travaux contenus dans le rapport établi par la commission constituée sous la présidence du professeur Michel Grimaldi, l'ordonnance n° 2006-346 du 23 mars 2006, entrée en vigueur le 25 mars 2006, a créé un Livre IV dans le Code civil, spécifique aux sûretés, désormais codifiées aux articles 2284 et suivants. Il s'agit d'une véritable réforme du droit des sûretés sous différents aspects qui affectent, pour l'essentiel, le droit des sûretés réelles (Y. Picod, « Rapport introductif », *Le droit des sûretés à l'épreuve des réformes*, Éditions juridiques et techniques, coll. « Droit et procédures », 2006, p. 7). Si certains auteurs ont pu regretter qu'une approche plus globale des modifications du droit des sûretés n'ait pas été retenue (D. Legeais, « La réforme des garanties ou l'art de mal légiférer », in *Études offertes au Doyen Ph. Simler*, Dalloz-Litec, 2006, p. 367), il n'en demeure pas moins que l'ordonnance de mars 2006 consacre certaines avancées indéniables de la matière pour laquelle il convient de préciser au préalable l'utilité d'une sûreté pour un créancier (section 1). Sera ensuite précisée la notion de « sûreté » par rapport à des notions voisines (section 2) avant de relever ses principales évolutions (section 3), afin de mieux appréhender les différents mécanismes en vigueur.

section 1

L'utilité d'une sûreté

3 L'utilité, pour un créancier, de bénéficier d'une sûreté est de gérer, par anticipation, le risque d'insolvabilité de son partenaire, ou tout au moins de renforcer ses chances d'être payé en aménageant des mécanismes propices à développer sa confiance en son débiteur. Différentes prérogatives lui sont certes conférées par l'exercice du « droit de gage général » prévu aux articles 2284 et 2285 (anc. 2092 et 2093) du Code civil. L'article 2284 prévoit que « Quiconque s'est obligé personnellement, est tenu de remplir son engagement sur tous ses biens mobilier et immobilier, présents et à venir ». L'article 2285 dispose de plus que « Les biens du débiteur sont le gage commun de ses créanciers ; et le prix s'en distribue entre eux par contribution, à moins qu'il n'y ait entre les créanciers des causes légitimes de préférence ». Mais ce droit de gage général, qui autorise le recours éventuel à l'exécution forcée, ne constitue qu'une protection bien mince à plusieurs titres. Ce créancier, appelé « créancier chirographaire », ne dispose d'aucune priorité particulière par rapport aux autres créanciers. Il bénéficie du seul droit de gage général qui porte sur tous les biens mobiliers et immobiliers comme l'indiquent les deux dispositions du Code civil. Or, cette formulation n'est qu'en apparence pleine de rigueur et la garantie peut, en pratique, se révéler illusoire : ce même créancier est en effet susceptible de se voir opposer plusieurs actes par lesquels le débiteur s'est appauvri et a rendu son patrimoine inconsistant. Dans une telle situation, le créancier non muni d'une sûreté se retrouvera dans l'impossibilité de recouvrer sa créance. Ce créancier chirographaire peut de plus se faire doubler par d'autres créanciers, plus prudents, exerçant

un droit de préférence sur le patrimoine du débiteur. Cette priorité limite, voire anéantit bien souvent, les droits des créanciers chirographaires. Pour faire face à ces situations inconfortables, le droit civil met en place des mécanismes protecteurs plus efficaces que le simple droit de gage général.

En premier lieu, par application de la théorie générale des obligations, réformée par l'ordonnance n° 2016-131 du 10 février 2016, le titulaire du droit de gage général dispose simplement d'actions relevant du droit commun : l'action oblique (art. 1341-1 C. civ.), l'action paulienne (art. 1341-2 C. civ.), l'action en déclaration de simulation si le prix réel est supérieur au prix déclaré (art. 1199 C. civ.) ou enfin le prononcé de sanctions pénales en cas d'organisation frauduleuse d'insolvabilité. Il s'agit d'octroyer au créancier des garanties supplémentaires afin qu'il dispose d'avantages sur d'autres créanciers éventuels. De plus, certaines techniques contractuelles sont susceptibles de faire office de sûretés personnelles. Le contrat peut ainsi mettre une même dette à la charge de plusieurs codébiteurs solidaires, chacun étant tenu pour l'intégralité de la dette. C'est précisément ce mécanisme que peuvent choisir les parties en recherchant les effets de la solidarité passive et de l'indivisibilité intellectuelle à titre de sûreté. Tel sera le cas plus précisément quand un tiers s'oblige comme codébiteur solidaire sans être intéressé à la dette (art. 1318 C. civ.), la stipulation de solidarité constituant une garantie personnelle. De même, la délégation simple, sans novation, également appelée « délégation imparfaite », qui est l'opération « par laquelle une personne, le délégant, obtient d'une autre, le délégué, qu'elle s'oblige envers une troisième, le délagataire, qui l'accepte comme débiteur » (art. 1336, al. 1er C. civ.) peut avoir une fonction de garantie, en raison de l'engagement du débiteur du délégant en qualité de délégué (v. Ch. Lachèze, « La délégation-sûreté », *D.* 2006. Chron. 234). Enfin, la promesse de porte-fort permet de passer un acte juridique malgré l'absence (ou l'incapacité) d'une personne qui aurait dû y figurer comme partie, moyennant l'engagement du porte-fort de rapporter ultérieurement l'accord de cette personne. L'article 1204, alinéa 1er du Code civil dispose à cet égard qu' l'« on peut se porter fort en promettant le fait d'un tiers », l'alinéa 2 précisant que « le pormettant est libéré de toute obligation si le tiers accomplit le fait promis. Dans le cas contraire, il peut être condamné à des dommages et intérêts ». Ainsi, si le tiers refuse de tenir l'engagement, celui qui s'est porté fort doit indemniser le créancier. Sans être tenu de la même obligation que le débiteur (v. cependant Com. 13 déc. 2005, *D.* 2006. 298, note X. Delpech ; *JCP* G 2006. II. 10021, note Ph. Simler qui distingue celui qui se porte fort en promettant la ratification du tiers — tenu d'une obligation autonome — et celui qui se porte fort de l'engagement d'un tiers — tenu accessoirement —), il doit une réparation en équivalent du dommage causé par son inexécution, ce qui rapproche cette technique des sûretés personnelles. Au-delà de ces dispositions spécifiques, l'ordonnance n° 2016-131 en date du 10 février 2016 a apporté diverses modifications qui ont directement ou indirectement affecté le droit de sûretés (D. Legeais, « Incidences de la réforme du droit des contrats sur le droit des sûretés », *RD banc. fin.* 2016, n° 72). 4

En second lieu, pour compléter ces diverses techniques contractuelles, de multiples mécanismes spécifiques relèvent, de manière plus directe, du droit des sûretés. Le créancier peut se voir conférer un droit de poursuite contre une ou plusieurs personnes, autres que le principal obligé. Le risque de non-recouvrement de la créance n'est certes pas totalement éliminé, mais il est réparti entre plusieurs coobligés. De telles prérogatives supposent qu'ait été convenue une *sûreté personnelle*, ce qui suppose l'adjonction d'un nouveau patrimoine. Le créancier peut 5 également obtenir un droit préférentiel sur certains biens ou, plus rarement, sur tous les biens d'une personne, qui sont affectés prioritairement au paiement de la dette. Dans cette seconde hypothèse, une *sûreté réelle* est conférée à un créancier qui dispose de la faculté de se faire payer en priorité sur le prix du bien. En l'espèce, le créancier se contente du seul patrimoine de son débiteur mais cherche à éviter le concours avec les autres créanciers. Ces deux catégories de sûretés peuvent, par ailleurs, être combinées : un créancier est ainsi susceptible de disposer d'une sûreté, dite « réelle », sur le bien d'un tiers, d'accord pour aider le débiteur. En toute hypothèse, ces sûretés peuvent avoir différentes sources, qu'elles soient d'origine conventionnelle, avec par exemple la conclusion d'un contrat de gage, légale, lorsque le législateur accorde la qualité de créancier privilégié en fonction de la nature de la créance, ou enfin judiciaire, quand une décision de justice confère une protection particulière à un créancier déterminé.

section 2

La notion de « sûreté »

6 Une double distinction peut être relevée entre les notions de « sûreté » et celle de « garantie » (1), ainsi que celle de « privilège » (2).

§ 1 Sûreté et garantie

7 Tout recours à une sûreté permet d'assurer ou de « garantir », le paiement d'une créance. Une différence peut cependant être établie entre les termes de « sûreté » et de « garantie ». Même si les deux notions sont parfois utilisées l'une pour l'autre, il convient de distinguer « sûreté » et « garantie » les premières constituant, au sens strict, un sous-ensemble des secondes. Les garanties correspondent à l'ensemble des avantages particuliers conférés à un créancier dans le but de faire face à l'insolvabilité du débiteur. C'est une approche fonctionnelle de la notion de « garantie ». Divers mécanismes sont caractérisés par une telle fonction, sans pour autant bénéficier des particularités des sûretés au sens strict. C'est notamment le cas du droit de rétention désormais consacré par l'ordonnance du 23 mars 2006 à l'article 2286 du Code civil. Les sûretés peuvent en effet être définies comme l'affectation au bénéfice du créancier d'un bien, d'un ensemble de biens ou d'un patrimoine par l'adjonction d'un droit d'action accessoire au droit de créance (D. Legeais, *Droit des sûretés et garanties du crédit*, 11e éd., LGDJ, 2016, n° 21).

Cette présentation permet de mettre en exergue certains éléments essentiels des sûretés qui confèrent, par essence, au créancier un pouvoir d'agir à titre *accessoire* par rapport au lien de droit existant déjà avec le débiteur. Les sûretés ont vocation à intervenir dans un second temps, après la naissance d'une obligation préalable ainsi sécurisée. Elles attribuent par là même un droit d'agir, c'est-à-dire un droit de poursuite contre une personne ou sur un bien déterminé, en conférant une situation privilégiée au créancier, qui n'a pas à subir la loi du concours avec les autres créanciers. En d'autres termes, la notion de « sûreté » suppose celle d'accessoire par rapport à une obligation principale, critère certes présent dans certaines garanties, mais pas toutes.

§ 2 Sûreté et privilège

Par principe, tout créancier doté d'une sûreté pourrait être considéré comme un créancier privilégié par rapport aux autres, en particulier celui qualifié de « chirographaire » (v. ss 3). Une nuance terminologique doit toutefois être apportée entre les notions de « sûreté » et de « privilège ». Il existe certes des points communs entre les deux notions, notamment leur caractère accessoire par rapport à la créance principale garantie. Mais certaines nuances se manifestent : contrairement aux différentes sûretés, le privilège est une sûreté d'origine légale, une faveur accordée à certains créanciers, nécessairement sans dépossession, qui confère à son titulaire le droit d'être payé par préférence aux autres créanciers du même débiteur. Selon l'article 2324 du Code civil, un privilège « est un droit que la qualité de la créance donne à un créancier d'être préféré aux autres créanciers même hypothécaires ». C'est donc en premier lieu la qualité de la créance garantie qui justifie l'attribution d'un privilège, établi essentiellement en fonction de considérations sociales (v. ss 748). Cette faveur est en second lieu exclusivement d'origine légale, le législateur ayant seul la charge de déterminer cette qualité comme l'a affirmé la Cour de cassation dès 1831 : « tout privilège doit être strictement restreint aux cas expressément spécifiés par les lois qui l'ont établi, et il n'est pas permis de l'étendre à d'autre cas par analogie », la volonté se révélant impuissante à créer un privilège non prévu par la loi (Req. 18 mai 1831, *S.* 1831. 1. 221 ; H. Capitant, F. Terré, Y. Lequette et F. Chénedé, *Les grands arrêts de la jurisprudence civile*, Tome 2, 13e éd., 2015, Dalloz, p. 838). En raison de l'inflation législative, certes non spécifique à cette matière, il est néanmoins devenu délicat d'établir une liste exhaustive des privilèges. Les sûretés, en revanche, peuvent être non seulement d'origine légale, mais aussi conventionnelle ou judiciaire. 8

section 3

L'évolution des sûretés

On relève parfois que le droit des sûretés est un droit en crise, caractérisé par une certaine défiance envers les sûretés traditionnelles auxquelles on reproche un manque d'efficacité (sur ce constat, (D. Houtcieff, « Le droit des sûretés hors le Code civil », *LPA* 22 juin 2005, p. 7). Pourtant, l'évolution actuelle traduit un phénomène de diversification des sûretés dont les manifestations (1) et les conséquences (2) doivent être précisées. 9

§ 1 Le constat de la diversification des sûretés

10 La diversification des sûretés est directement liée à la volonté de chaque créancier d'adapter les anciennes sûretés ou d'en développer de nouvelles : un établissement de crédit imposera, par exemple, non seulement une hypothèque mais aussi un contrat de cautionnement pour répartir le risque d'inefficacité propre à la sûreté souscrite. Chaque créancier tente ainsi d'obtenir une meilleure protection que les autres, afin d'améliorer sa position. La pratique des affaires, en quête de sûretés efficaces, a créé de nouvelles garanties, comme les lettres d'intention et les garanties autonomes, dont l'objectif est d'être plus efficace que les sûretés traditionnelles, singulièrement le contrat de cautionnement. Une véritable « course aux sûretés » s'est dès lors imposée, source de diversification des mécanismes, liée à la création de nouvelles garanties qui visent à obtenir une position de force face aux autres créanciers : essayer de primer les autres conduit à un phénomène d'inflation des sûretés.

À cet égard, depuis l'avènement du Code civil, plusieurs étapes ont été franchies : en 1804, la société, essentiellement rurale, donnait la prééminence aux sûretés réelles, plus précisément l'hypothèque, priorité liée à la recherche pour les créanciers d'une véritable sécurité. Ultérieurement, en raison du coût de l'hypothèque et de ses règles de formalités, les recours au contrat de cautionnement se sont multipliés, en même tant que se développaient les recours au crédit à la consommation. Enfin, plus récemment, certaines évolutions du contrat de cautionnement, qu'elles soient d'origine jurisprudentielle ou législative, ont contribué aux recours à d'autres sûretés personnelles, comme les garanties autonomes ou les lettres d'intention. Parallèlement, la volonté des pouvoirs publics de moderniser les sûretés réelles s'est illustrée dans l'adoption de l'ordonnance du 23 mars 2006, à l'origine de plusieurs nouveautés, telles que la reconnaissance dans un texte spécifique consacrant le droit de rétention ou l'introduction de nouveaux « produits » en matière de convention d'hypothèque (selon la formule du professeur Michel Grimaldi, (M. Grimaldi, « L'hypothèque rechargeable et le prêt viager hypothécaire », *D.* 2006. 1294 (dossier)) ou de gage. Une telle réforme s'imposait, les critiques portées à l'égard de ces sûretés réelles considérées comme lourdes, coûteuses et inefficaces, étant justifiées. Cela étant, ce constat est dorénavant parfois formulé à l'égard de certains cautionnements, notamment les cautionnements bancaires, ou ceux accordant une protection accrue, voire jugée excessive, de certaines cautions.

§ 2 Les conséquences de la diversification des sûretés

11 Les conséquences de la diversification des sûretés peuvent être envisagées sous deux angles. Sous l'angle d'abord des sources de la matière, la pratique et le législateur ont instauré diverses sûretés et privilèges réservés à certains créanciers. Ce mouvement de diversification a contribué et contribue encore, de manière inéluctable, à une inflation du nombre des sûretés. Un besoin de cohérence s'est imposé et demeure attendu, en dépit des réformes récentes qui ont affecté le droit des sûretés. Deux procédés législatifs ont ainsi été adoptés : d'une part, des réformes ponctuelles ont modifié des dispositions au sein du Code civil, mais aussi du Code monétaire et financier et du Code de la consommation, constituant un véritable droit des sûretés

hors du Code civil (D. Houtcieff, « Le droit des sûretés hors le Code civil », *art. cit.*, p. 8 ; sur le caractère éclaté des règles du droit des sûretés, J.-B. Seube, « La genèse de la réforme », *LPA* 27 mars 2008, p. 5). À cet égard, la loi Dutreil du 1er août 2003 a institué, de manière pour le moins paradoxale, un nouveau droit commun du cautionnement au sein même du droit de la consommation, non du Code civil (D. Legeais, « Le Code de la consommation siège d'un nouveau droit commun du cautionnement », *JCP* E 2004. 1610). D'autre part, la réforme d'ensemble de la matière, telle qu'elle aurait dû être adoptée par l'ordonnance du 23 mars 2006, a été amputée d'éléments essentiels comme le droit du cautionnement, celui des privilèges ou des propriété-garanties — malgré l'entrée dans le Code civil de la clause de réserve de propriété. Cette même ordonnance a certes modernisé le droit des sûretés, mais sans qu'une réflexion d'ensemble ne soit retenue, englobant notamment le droit des procédures collectives ou celui de la saisie immobilière (sur les procédures collectives en particulier, Ph. Pétel, « La réforme collatérale : les incidences de la modification du droit des procédures collectives par la loi du 26 juillet 2005 », *Le droit des sûretés à l'épreuve des réformes, op. cit.*, p. 31). Le caractère incomplet de la réforme a été confirmé par l'adoption de la fiducie en droit interne, depuis la loi n° 2007-211 du 19 février 2007 qui officialise la fiducie-sûreté, même si l'œuvre, initialement inachevée (G. Blanluet et J.-P. Le Gall, « La fiducie, une œuvre inachevée », *JCP* G 2007. I. 169 ; P. Crocq, « Le cœur du dispositif fiduciaire », *RLDC* juill.-août 2007, p. 61), a été plus récemment précisée avec l'ordonnance n° 2009-112 du 30 janvier 2009 qui a consacré la fiducie-sûreté.

Sous l'angle ensuite de la matière elle-même, elle devient sans cesse plus délicate à saisir car les avantages de chaque sûreté se révèlent incertains et font parfois double emploi : qu'il s'agisse de sûretés réelles ou personnelles, le choix dépend des aspirations, des besoins de chacun et de l'anticipation d'une éventuelle procédure collective (sur un tel constat, Ph. Stoffel-Munck, « Premier bilan de la réforme des sûretés en droit français », *Dr. et patr.* avr. 2012, p. 56 ; N. Borga, *L'ordre public et les sûretés conventionnelles. Contribution à l'étude de la diversité des sûretés*, Préf. S. Porchy-Simon, Dalloz, coll. « Nouvelles Bibliothèque de Thèses », vol. 82, 2009). De plus, au sein même des catégories de sûretés, de nouvelles classifications apparaissent ou ont été confirmées par l'ordonnance du 23 mars 2006. En matière de sûretés personnelles, c'est-à-dire d'adjonction d'un patrimoine pour garantir le recouvrement de la dette d'une tierce personne, le droit du cautionnement est notamment dominé par la distinction entre caution profane, pour les dirigeants, et caution non profane, pour les particuliers (D. Legeais, « La caution dirigeante », in *Mélanges dédiés à Bernard Bouloc*, Dalloz, 2007, p. 601 ; F. Macorig-Venier, « La protection du dirigeant caution », *Cah. dr. entrep.* 2012, n° 3, dossier 16 ; M.-P. Dumont-Lefrand, « Le dirigeant garant », in *Journal des sociétés* mai 2011, n° 87, p. 20). De plus, toujours lors de la réforme de 2006, le législateur a introduit une nouveauté : la consécration d'une définition légale des garanties autonomes et des lettres d'intention, au sein même de la catégorie des *sûretés personnelles* désormais non limitée au seul contrat de cautionnement (partie 1).

En ce qui concerne les sûretés réelles, plus précisément l'affectation de la valeur d'un bien à un créancier comme garantie du paiement d'une dette, l'ordonnance du 23 mars 2006 a manifestement contribué à une simplification de la matière, afin de la rendre plus attractive (sur cette évolution, N. Borga et O. Gout (dir.), *L'attractivité du droit français des sûretés réelles – 10 ans après la réforme*, LGDJ, coll. « Grands colloques », 2016). Cette réforme n'en a pas moins semé quelques doutes : ainsi en est-il de l'efficacité et des modalités de mise en œuvre de l'hypothèque rechargeable ou du prêt viager hypothécaire, ou encore de la coexistence entre gage de meubles corporels et gage sur stocks. De tels constats affectent l'ensemble des sûretés et des différents mécanismes qui relèvent des *sûretés réelles* (partie 2).

partie **1**

Les sûretés personnelles

Conformément aux dispositions de la loi d'habilitation n° 2005- 842 du 26 juillet 12
2005 pour la confiance et la modernisation de l'économie (v. ss 2), le droit des sûretés personnelles n'a été que ponctuellement modifié. Contrairement à certains souhaits doctrinaux (Ph. Simler, « Codifier ou recodifier le droit des sûretés personnelles ? », *Livre du Bicentenaire du Code civil,* Dalloz, 2004 ; « Une réforme à venir : la réforme du cautionnement », *Le droit des sûretés à l'épreuve des réformes, Dr. et proc.* 2006. 41) et aux propositions de la commission présidée par la professeur Grimaldi, favorables à une réforme d'ensemble de la matière et notamment des sûretés personnelles, le législateur a reporté à une date ultérieure, et dans l'immédiat non déterminée, la modification du droit du cautionnement. Seule la numérotation a été changée par le gouvernement lors de l'adoption de l'ordonnance n° 2006-346 du 23 mars 2006, alors même qu'une simplification de la matière, illustrée par l'abrogation de textes épars, s'imposait (pour une illustration en matière d'obligation d'information, v. ss 152). Les dispositions en vigueur depuis 1804 n'ont été modifiées que lors de l'adoption de lois ponctuelles qui ont affecté différents aspects du droit du cautionnement.

En marge du cautionnement et en application du principe de la liberté contractuelle, se sont également développées un certain nombre de techniques de garantie destinées à éviter les inconvénients du cautionnement, notamment les exceptions que les cautions peuvent soulever pour échapper à leur engagement. La protection accrue de la caution, ainsi que le caractère accessoire de son engagement par rapport à l'opération principale, ont peu à peu dissuadé certains partenaires d'y recourir. Sont alors apparues de nouvelles figures contractuelles : des « sûretés » personnelles non accessoires comme la garantie autonome ou la lettre d'intention (sur la distinction entre les notions de « sûretés » et de « garanties », v. ss 7). D'abord nées de la pratique, internationale puis interne, leur régime a peu à peu été élaboré par la jurisprudence, avant que l'ordonnance n° 2006-346 du 23 mars 2006 ne vienne officiellement les consacrer en les faisant solennellement entrer dans le Code civil aux articles 2321 et 2322. Toutefois, afin de ne pas introduire de rigidité là où la liberté contractuelle avait permis souplesse et adaptabilité, les nouveaux textes se contentent de donner une définition de ces notions sans évoquer — ou très brièvement — leur régime.

chapitre 1

Présentation du contrat de cautionnement

Plan analytique

section 1

La distinction entre le contrat de cautionnement et l'opération de cautionnement

section 2

Le caractère conventionnel du cautionnement

§ 1 Le cautionnement, un contrat

§ 2 Le cautionnement, un contrat unilatéral

§ 3 Le cautionnement, un contrat consensuel

§ 4 Le cautionnement, un contrat à titre gratuit ou à titre onéreux

section 3

Le caractère accessoire du contrat de cautionnement

§ 1 Le principe du caractère accessoire

§ 2 Les manifestations du caractère accessoire

section 4

La diversité des contrats de cautionnement

§ 1 La nature civile ou commerciale du cautionnement

- A. Les critères de distinction
- B. L'intérêt de la distinction

§ 2 Le cautionnement simple ou solidaire

- A. Le cautionnement simple
- B. Le cautionnement solidaire

§ 3 L'engagement personnel ou celui portant sur un ou plusieurs biens

§ 4 Le sous-cautionnement

§ 5 La certification de caution

Compléments pédagogiques

Issu d'une pratique présente en droit romain, en tant qu'acte conclu entre amis, et sous l'Ancien droit, le contrat de cautionnement et son régime juridique ont été précisés par les rédacteurs du Code civil. Cette sûreté était toutefois considérée en 1804 comme secondaire par rapport aux sûretés réelles plus élaborées et surtout plus utilisées par les praticiens (sur l'approche historique de cette sûreté, C. Jallamion et C. Lisanti, « Le cautionnement : perspectives historiques et contemporaines », *Dr. et patr.* juill.-août 2008, p. 47). Désormais prévu aux articles 2288 et suivants du Code civil, le contrat de cautionnement correspond à un *contrat* par lequel une personne, la caution — le fidéjusseur — s'engage envers un créancier à exécuter l'obligation de son débiteur si celui-ci ne l'exécute pas lui-même. Ce contrat permet la constitution d'une sûreté personnelle, la seule prévue et réglementée par le Code civil de 1804, mais désormais complétée par deux textes relatifs aux lettres d'intention et aux garanties autonomes (respectivement,v. ss 320 ; v. ss 248). Un constat préalable d'ordre quantitatif s'impose : les recours au cautionnement se sont fortement développés depuis 1945, non seulement dans le cadre de relations entre particuliers, mais aussi dans le monde des affaires. Cette évolution, corrélative au développement économique, a contribué à une véritable banalisation de cette technique en droit interne. Aussi convient-il de distinguer le *contrat* lui-même, par rapport à *l'opération de cautionnement* (section 1), avant d'étudier le caractère conventionnel du cautionnement (section 2) et accessoire (section 3) du contrat de cautionnement, ainsi que la diversité de ce dernier (section 4). 13

section 1

La distinction entre le contrat de cautionnement et l'opération de cautionnement

L'article 2288 du Code civil présente le contrat de cautionnement comme le contrat par lequel une caution s'oblige à payer auprès d'un créancier la dette d'un débiteur en cas de défaillance de celui-ci : « Celui qui se rend caution d'une obligation, se soumet envers le créancier à satisfaire à cette obligation, si le débiteur n'y satisfait pas lui-même ». La conclusion d'un tel *contrat* suppose un engagement unilatéral de la caution, au bénéfice du créancier. Il faut distinguer cette relation contractuelle « caution-créancier » de *l'opération* de cautionnement, qui concerne certes de manière directe la caution et le créancier, mais aussi le débiteur. Cette opération triangulaire, qui préexiste au contrat, a ponctuellement été prise en considération par le droit : 14

tout d'abord, différentes dispositions du Code civil précisent les rapports entre la caution et le débiteur principal pour les effets du cautionnement (art. 2305 C. civ., v. ss 193). Ensuite, la Cour de cassation, lors d'un arrêt isolé (Civ. 1re, 2 février 1972, *Bull. civ.* I, n° 37), a affirmé que le cautionnement « implique des engagements entre trois personnes, un créancier, un débiteur et une caution ». Enfin, c'est dans le cadre de cette opération triangulaire, qui prend en considération le débiteur, que pourra être appréciée la motivation de la caution. Le débiteur doit nécessairement être une personne physique ou morale. Dans une espèce où le débiteur était une société en participation, la Cour de cassation a approuvé une cour d'appel d'avoir jugé que « ce cautionnement ne peut fonder la condamnation de la caution à garantir la dette d'une personne autre que le débiteur désigné dans l'acte de cautionnement, qui est dépourvu de personnalité morale » (Com. 6 juill. 2010, *JCP* E 2010. 1916, note B. Dondero ; *D.* 2010. 1860, obs. V. Avena-Robardet ; *RD banc. fin.* 2010, comm. 171, obs. D. Legeais). En l'occurrence alors que l'argument du pourvoi consistait à reprocher à la juridiction d'appel de ne pas avoir recherché si la mention de la société en participation n'impliquait pas la volonté de la caution de garantir les dettes de l'associé représentant la société, la Cour de cassation revient aux fondamentaux en distinguant la société en participation de ses participants.

15 Différentes hypothèses peuvent être rencontrées en pratique. L'engagement de la caution est parfois présenté comme *un acte de bienfaisance* entre parents proches ou entre amis, son objectif étant de rendre un service. Tel est le cas des parents qui acceptent de se porter cautions du paiement des loyers dus par leur enfant lors de la location d'un appartement. À l'inverse, cet engagement de la caution peut être considéré comme un acte *intéressé,* notamment lorsqu'un dirigeant garantit le recouvrement de dettes de sa société afin d'obtenir un crédit auprès d'une banque. Le contrat de cautionnement peut enfin être un *cautionnement professionnel* si la caution, généralement un établissement de crédit, impose une rémunération pour se porter caution, auprès de son client, au bénéfice d'un créancier de ce dernier. Quelles que soient les motivations à l'origine de la conclusion du contrat, certaines constantes s'imposent relatives aux caractéristiques du contrat de cautionnement.

section 2

Le caractère conventionnel du cautionnement

16 Le cautionnement, tel qu'il est envisagé ici, est un contrat qui ne doit pas être confondu avec le terme de « caution » ponctuellement utilisé dans le langage courant lorsqu'il correspond à un dépôt de somme d'argent à titre de garantie au profit du créancier. L'exemple classique en la matière est celui de la « caution » versée par un locataire lors de son entrée dans les lieux. De toute évidence, un tel dépôt ne doit pas être qualifié juridiquement de « sûreté personnelle », car il relève plus précisément de l'une des catégories de sûreté réelle, le gage, ultérieurement étudiée (v. ss 407). En ce qui concerne le cautionnement, il a pour caractéristique d'être un contrat (1)

unilatéral (2), en principe consensuel (3), qualifié d'acte à titre gratuit ou onéreux en fonction des circonstances (4).

§ 1 Le cautionnement, un contrat

En tant qu'engagement doté d'effets juridiques, le cautionnement appartient à la catégorie des contrats fondés sur un échange de volontés : c'est par une manifestation de volontés que l'une des parties, la caution, s'oblige envers l'autre partie, le créancier. Il s'agit de l'une des particularités des sûretés personnelles, nécessairement d'origine conventionnelle. À l'inverse, nous verrons que certaines sûretés réelles, comme les privilèges ou les hypothèques légales, peuvent être instituées sans un tel accord conclu entre le créancier garanti et de son garant. Il existe certes deux situations particulières, en matière de cautionnement, dans lesquelles cet échange de volontés pourrait paraître limité. D'une part, la *loi* impose ponctuellement le recours à cette sûreté personnelle. Le débiteur est tenu de fournir, par application d'un texte, une caution qui consentira à s'engager vis-à-vis du créancier. Le Code civil a prévu divers exemples d'un cautionnement *légal,* comme en matière d'usufruitier (art. 601 C. civ.) ou de garantie d'un droit d'usage et d'habitation pour celui qui entre en jouissance d'un bien, afin de s'assurer de sa bonne gestion (art. 625 C. civ.). D'autre part, le prononcé d'un jugement de condamnation peut imposer le recours à un cautionnement qualifié de *judiciaire*, la mise en œuvre de sûreté étant directement liée à la décision du juge. C'est ainsi, par exemple, que le juge impose au débiteur de fournir l'engagement d'une caution pour garantir le versement d'une prestation compensatoire convenue sous la forme d'une rente (art. 277 C. civ.). 17 ■

Mais que le cautionnement soit légal ou judiciaire, c'est sur le débiteur que pèse l'obligation de fournir l'engagement d'une tierce personne, la caution. Celle-ci n'est pas directement obligée par le texte ou la décision de justice. Le législateur et le juge n'influent pas sur le consentement de la caution, mais uniquement sur celui du débiteur impérativement tenu d'apporter une telle garantie à son créancier. L'objectif réside bien dans la volonté d'augmenter la protection de ce dernier, bénéficiaire d'une sûreté exigée du débiteur. Mais ceci suppose nécessairement un acte de volonté qui émane de la caution, tenue d'une obligation personnelle à l'égard du créancier. 18 ■

§ 2 Le cautionnement, un contrat unilatéral

Le contrat de cautionnement, par principe, ne concerne que deux personnes : la première, la caution, s'oblige au bénéfice d'une seconde, le créancier. Il s'agit d'un contrat unilatéral pour lequel une seule partie s'oblige en qualité de débitrice : la caution (S. Porchy-Simon, *Droit civil, 2e année, Les obligations*, 9e éd., Dalloz, coll. « HyperCours », 2016, n° 44). C'est ce caractère unilatéral qui va justifier la mise en œuvre de dispositions spécifiques à cette catégorie de contrats (notamment le formalisme, v. ss 118). C'est également ce caractère qui sera respecté alors même que la caution aura une créance vis-à-vis du débiteur principal, notamment une rémunération liée au service accompli. Cette obligation est considérée juridiquement 19 ■

comme extérieure au contrat de cautionnement, car elle concerne le débiteur qui demeure un tiers au contrat de cautionnement.

20 Deux doutes ont toutefois surgi. Le *premier* est lié à l'évolution récente du droit du cautionnement : le contrat de cautionnement est-il toujours un contrat unilatéral, au regard du développement de certaines obligations qui s'imposent au créancier ? Ce mouvement peut être illustré non seulement par les différentes obligations d'information, prévues par plusieurs textes codifiés dans différents codes (v. ss 152), mais aussi par l'obligation pour le créancier de conserver les autres sûretés souscrites, obligation régulièrement rappelée et précisée par les juges lors de la mise en œuvre du bénéfice de subrogation (v. ss 241). En dépit de cette évolution législative et jurisprudentielle, la nature unilatérale du contrat de cautionnement est pour l'instant maintenue (sur un tel constat, Th. Revet et F. Zénati-Castaing, *Sûretés personnelles*, PUF, coll. « Droit fondamental », 2013, n° 42 ; G. Piette, *V°* Cautionnement, *Rép. civ.* Dalloz, 2016, n° 28 ; M. Sejean, *La bilatéralisation du cautionnement ? Le caractère unilateral du cautionnement à l'épreuve des nouvelles contraintes du créancier*, Thèse, Préf. D. Houtcieff, LGDJ, coll. « Bibliothèque de droit privé », Tome 528, 2011). La Cour de cassation a d'ailleurs récemment précisé que les diverses obligations d'information mises à la charge du créancier professionnel ne sont que des obligations légales sanctionnées par la déchéance du droit aux accessoires de la créance et non la contrepartie de l'obligation. Est ainsi affirmé le caractère unilatéral du contrat de cautionnement, ce dernier n'étant exécuté que par le paiement de la dette par la caution et non par l'exécution de l'obligation d'information (Com. 8 avr. 2015, n° 13-14.447, *Gaz. Pal.* 24 mai 2015, p. 16, obs. M.-P. Dumont-Lefrand ; *JCP* 2015. 652, note M. Séjean ; *RTDI* 2015, n° 2, p. 15, obs. O. Gout).

Le *second* doute est lié à la consécration de l'EIRL (F. Macorig-Venier, « Observations sur l'EIRL et les sûretés », *Bull. Joly* mars 2011, p. 253 ; V. Bonnet, « Les sûretés et l'EIRL », *JCP* N 2012. 1338). La doctrine se demande si cet entrepreneur peut, au titre de l'un de ses patrimoines, se porter caution des dettes contractées au titre de l'autre (pour le recours à une sûreté réelle, v. ss 362). Or les deux réponses sont possibles. Négativement, il est possible de soutenir que l'entrepreneur ne peut se porter caution de soi-même (Com. 28 avr. 1964, *Bull. civ.* IV, n° 215). La caution est une personne qui doit rester tiers par rapport au débiteur (v. en ce sens : Ph. Simler, in *JCP* E 2011, chron. 1251, n° 1 ; S. Cabrillac, « L'EIRL : illusions garanties » ; *Bull. Joly Entrep. diff.* mars 2011, p. 81, spéc. n° 11 ; « EIRL et sûretés personnelles : faute de grives, on mange des merles », *Cah. dr. entrep.* 2011, n° 3, p. 37). Mais il est également défendable de plaider pour une réponse positive en avançant l'idée que l'essentiel dans le cautionnement est l'adjonction d'un nouveau patrimoine, aux côtés de celui du débiteur, ce qui est le cas puisque l'EIRL offre ainsi en garantie un autre patrimoine, en l'occurrence son patrimoine privé (en ce sens, V. N. Borga, « L'EIRL et la constitution de sûretés personnelles », *Bull. Joly Entrep. diff.* mars 2011, étude n° 6, p. 77 ; F. Pérochon, « EIRL : un patrimoine peut en garantir un autre », *Rev. proc. coll.* mars-avr. 2011, p. 98 ; F. Marmoz, *D.* 2010. 1570, spéc. p. 177 ; B. Dondero, *JCP* G 2010, 679, spéc. p. 1277 ; A. Aynes, « EIRL : la séparation des patrimoines à l'épreuve du droit des sûretés », *RLDC* oct. 2011, p. 28). Si cette seconde solution est techniquement possible, un risque de requalification de la sûreté existe puisque c'est une façon de transformer le cautionnement, sûreté personnelle par excellence, en une sûreté réelle globale ayant pour assiette le patrimoine non affecté.

§ 3 Le cautionnement, un contrat consensuel

La formation du contrat de cautionnement n'est, en principe, soumise qu'à l'échange des consentements, ce qui écarte toute formalité par application du droit commun. Si l'article 2292 du Code civil prévoit que le cautionnement ne se « présume point ; il doit être exprès », il ne s'agit pas d'une condition de forme, même si la Cour de cassation a parfois pu combiner ce texte avec l'article 1326 du même Code, désormais codifié à l'article 1376, pour imposer un formalisme à ce contrat (v. ss 120, formalisme exigé pour la validité du contrat). L'objectif de l'article 2292 du Code civil est de prescrire une certaine vigilance à la caution, en raison de la gravité potentielle de l'engagement souscrit. Il peut apparaître surprenant de s'engager à payer la dette d'autrui. Dès lors, le consentement de la caution doit être exprimé positivement et ne peut résulter d'une acceptation tacite. 21 ■

Ainsi, le terme « exprès », ne signifie pas que le contrat de cautionnement nécessite le recours à une forme particulière. Aucun formalisme spécifique n'est exigé pour conclure un contrat de cautionnement, dès lors que la volonté de celui qui s'oblige est exprimée clairement. Cette absence, en principe, d'exigence formelle justifie qu'un cautionnement non daté ne puisse être susceptible d'être annulé selon la Cour de cassation (Com. 1er févr. 2011, *RD banc. fin.* 2011, n° 47, obs. A. Cerles ; *Gaz. Pal.* 31 mars 2011, p. 15, obs. Ch. Albiges). Un cautionnement verbal est valable, même s'il sera source de difficultés d'ordre probatoire en raison du caractère unilatéral du contrat qui impose le respect des exigences énoncées à l'article 1376 du Code civil (v. ss 138).

Ce principe du consensualisme est toutefois écarté par la loi de manière ponctuelle, afin d'assurer une meilleure protection de la caution. Ainsi, un formalisme a initialement été imposé par la loi du 31 décembre 1989 (anciennement art. L. 313-7 C. consom., loi « Neiertz ») en matière de crédit à la consommation, puis étendu par la loi du 21 juillet 1994 en matière de bail d'habitation. La rédaction d'une mention manuscrite a dès lors été imposée à la caution, à peine de nullité de son engagement (v. ss 123). Ultérieurement, la loi du 1er août 2003 pour l'initiative économique a prévu, aux anciens articles L. 341-2 et L. 341-3 du Code de la consommation, le respect d'un formalisme spécifique. Ces dispositions ont été confirmées par l'ordonnance n° 2016-301 du 14 mars 2016 et intégrées aux articles L. 331-1 et suivant du Code de la consommation. Désormais, pour toute personne physique, le contrat de cautionnement doit contenir certaines mentions écrites et la signature de la caution, à « peine de nullité » de l'acte. L'objectif de cette exigence formelle réside dans la volonté d'informer la caution de l'importance et de la dangerosité de son engagement (sur les aspects de cette dangerosité qualifiée de « séculaire » et d'« irréductible », A. Cerles et M. Séjean, « Le cautionnement : du Code civil au Code de la consommation ou les illusions de la protection », in *Études offertes au Doyen Philippe Simler*, Dalloz-Litec, 2006, p. 276 et s.). La caution doit ainsi prendre connaissance, mais aussi conscience des conséquences du contrat conclu. 22 ■

§ 4 Le cautionnement, un contrat à titre gratuit ou à titre onéreux

23 La classification selon ce critère présente un intérêt essentiellement théorique car elle nécessite que soient distingués, à nouveau, l'opération triangulaire du cautionnement et le contrat lui-même (v. ss 14). La prise en considération de l'opération permet de relever l'existence d'un éventuel service amical, manifestant un engagement à titre gratuit : la caution renonce dans cette hypothèse à tout recours contre le débiteur. À ce titre, en raison des circonstances et singulièrement de l'appauvrissement potentiel de la caution, le cautionnement a pu être considéré comme une libéralité (F.-X. Testu, « Le cautionnement-libéralité », *JCP* N 1988. I. 307). C'est ainsi que la Cour de cassation a accepté, dans le cadre d'une relation entre concubins, qu'une caution ait pu, par avance et de manière tacite, renoncer à exercer un recours contre le débiteur (Civ. 1re, 12 mai 1982, *D.* 1983. Jur. 320, note J. Mestre ; Civ. 1re, 17 nov. 1987, *D.* 1988. Somm. 275, obs. L. Aynès). À l'inverse, l'engagement ne devient à titre onéreux que si la caution est rémunérée pour l'avantage qu'elle procure, comme en matière de cautionnement professionnel souscrit auprès d'un établissement bancaire ou d'une compagnie d'assurance.

À titre d'illustrations de garanties soumises à un coût, la société Oséo, désormais devenue la Banque publique d'investissement depuis la loi n° 2012-1559 du 31 décembre 2012, également dénommée Bpifrance selon l'appellation commerciale, est un établissement public doté de missions d'intérêt général, en particulier pour contribuer au financement des petites et moyennes entreprises ou encore pour constituer, sous certaines conditions, des sûretés personnelles destinées à limiter les risques pris par les établissements bancaires (sur lesquelles, D. Legeais, « Portée de l'intervention de Bpifrance (ex OSEO) pour les financements et leur cautionnement », *JCP* E 2016. 1532). Cette seconde mission est source de contentieux portés devant les juridictions, relatifs notamment aux risques de confusion ou d'incompréhension d'une caution qui a accepté de s'engager en présence de l'engagement de l'établissement public également en qualité de caution. C'est ainsi qu'il a été jugé qu'une caution pouvait obtenir l'annulation pour dol du contrat signé car le créancier n'avait pas déterminé précisément les conséquences juridiques de la présence d'une garantie Oséo (Com. 23 sept. 2014, n° 13-20.766, *RD banc. fin.* 2014, n° 200, obs. D. Legeais). Un raisonnement identique a été retenu au bénéfice d'une caution qui soutenait n'avoir pas eu connaissance des conditions générales de la garantie Oséo et qui avait fait du maintien de celle-ci la condition déterminante de son engagement, circonstances qui ont ainsi permis d'annuler l'engagement du garant sur le fondement d'une erreur sur le caractère subsidiaire de la garantie de la société Oseo (Com. 22 sept. 2015, n° 14-17.671, *Gaz. Pal.* 9 et 10 déc. 2015, p. 14, obs. Ch. Albiges ; *RD banc. fin.* 2015, n° 193, obs. D. Legeais ; *JCP* 2015. 1261, n° 5, obs. Y.-M. Serinet). La qualité de caution avertie a toutefois été retenue par les juges pour considérer que la banque n'était pas tenue d'un devoir de mise en garde (CA Orléans, 15 mai 2014, n° 13/01843, *RD banc. fin.* 2014, n° 170, obs. D. Legeais) ou d'une obligation d'information de cette caution pour préciser les conditions de fonctionnement d'une garantie souscrite par l'organisme public (Com. 3 déc. 2013, n° 12-23.976, *Banque et Droit* janv.-févr 2014, p. 43, obs. E. Netter ; *RD banc. fin.* 2014, n° 8, obs. D. Legeais ; ou lorsque les circonstances, notamment la rédaction d'une mention manuscrite avec des clauses claires, justifient l'exclusion de l'annulation du cautionnement, CA Paris, pôle 5, ch. 6, 24 sept. 2015, n° 13/14552, *RD banc. fin.* 2015, n° 193, obs. D. Legeais). Enfin, plus récemment, la chambre commerciale a souhaité limiter les prérogatives de la société Oséo, considérée dans l'incapacité de plaider les intérêts de la caution dans le cadre d'un litige, en dépit de sa mission d'intérêt public (Com. 10 févr. 2015, n° 13-24.724, *Gaz. Pal.* 18 et 19 mars 2015, p. 17, obs. Ch. Albiges ; *RD banc. fin.* 2015, n° 77, obs. D. Legeais ; *JCP* 2015. 604, n° 6, obs. Ph. Simler).

La prise en compte du contrat de cautionnement, au sens strict, suppose l'unique relation entre la caution et le créancier, ce qui écarte toute considération relative aux motivations de la caution, singulièrement liées à sa relation avec le débiteur. La jurisprudence n'ayant pas répondu avec clarté à la question de la qualification d'acte à titre gratuit ou à titre onéreux du contrat de cautionnement, l'analyse des différentes conceptions doctrinales démontre la diversité des options choisies. Si certains auteurs pensent que le contrat est à titre gratuit puisque la caution ne reçoit aucune contrepartie de la part du créancier (Ph. Théry, *Sûretés et publicité foncière*, 2e éd., PUF, 1998, n° 26), d'autres considèrent que ce même contrat ne peut être gratuit, en raison de l'absence de volonté de la caution d'effectuer une libéralité au bénéfice du créancier (M. Cabrillac et Ch. Mouly, S. Cabrillac et Ph. Pétel, *Droit des sûretés*, 10e éd., Litec, 2015, n° 79 ; Ph. Simler et Ph. Delebecque, *Droit civil, Les sûretés, la publicité foncière*, 7e éd., Dalloz, coll. « Précis », 2016, n° 61). La caution dispose de la faculté d'exercer un recours contre le débiteur après avoir payé la somme convenue auprès du créancier (sur les recours de la caution, v. ss 191). Or, faute d'une véritable intention libérale, le contrat de cautionnement, qui n'est pas à titre gratuit, ne peut qu'être à titre onéreux. C'est pour cette raison notamment que l'article 1422 du Code civil ne s'applique pas, ce texte interdisant à chaque époux de disposer sans l'autre, à titre gratuit, des biens de la communauté (Civ. 3e, 16 nov. 1988, *JurisData* n° 1988-702400). 24

section 3

Le caractère accessoire du contrat de cautionnement

Seront envisagés successivement le principe (1) et les manifestations (2) du caractère accessoire du cautionnement. 25

§ 1 Le principe du caractère accessoire

Le caractère accessoire représente l'une des particularités inhérentes à l'engagement apporté par une caution : son existence se justifie par la présence d'une obligation principale qui doit être garantie. Ce caractère est généralement évoqué pour distinguer le cautionnement des autres garanties personnelles, comme les lettres d'intention et les garanties autonomes (v. ss 320 ; v. ss 248), qui supposent également 26 l'intervention d'un tiers. Plus généralement, la doctrine affirme que le caractère accessoire est de « l'essence » même du cautionnement (J. François, *Les sûretés personnelles*, Économica, 2004, n° 30 ; P. Malaurie, L. Aynès, *Les sûretés, La publicité foncière*, par L. Aynès et P. Crocq, 10e éd., Defrénois, 2016, n° 122 ; Ph. Simler, *Cautionnement et garanties autonomes*, 5e éd., Litec, 2015, n° 47). Cette particularité s'impose en toute logique car c'est directement la dette du débiteur principal, et uniquement cette dette, que la caution s'engage à payer. La conséquence immédiate du caractère accessoire réside dans la faculté, conférée à la caution, d'opposer au créancier les exceptions susceptibles d'être invoquées par le débiteur principal (D. Grimaud, *Le caractère accessoire du cautionnement,* préface D. Legeais, PUAM, 2001). Ces exceptions peuvent être liées à l'existence ou à l'étendue de l'obligation qui affecte le contrat de cautionnement. En dépit de l'importance de ce caractère accessoire, les rédacteurs du Code civil de 1804 et les auteurs de l'ordonnance du 23 mars 2006 ne l'ont pas expressément énoncé au sein d'un texte spécifique. Il reste cependant bien présent comme l'illustre l'étude de ses manifestations.

§ 2 Les manifestations du caractère accessoire

27 La première illustration du caractère accessoire du contrat de cautionnement concerne *l'existence* même du contrat : l'article 2289 alinéa 1er du Code civil prévoit que « Le cautionnement ne peut exister que sur une obligation valable ». En conséquence, en cas de nullité de l'obligation principale, il ne peut y avoir de contrat de cautionnement valable. En d'autres termes, l'obligation garantie doit être licite, sinon le cautionnement est également nul. Elle peut néanmoins ne pas préexister lors de la conclusion du contrat de cautionnement : le cautionnement d'une dette future, même indéterminée dans son montant ou sa nature, est admis, dès lors que la dette est déterminable au moment où la caution est poursuivie par le créancier (v. ss 90). L'exemple classique est celui du cautionnement du compte courant, mis en œuvre à la clôture du compte. Il existe en la matière un cas particulier prévu à l'article 2289 alinéa 2 : « On peut néanmoins cautionner une obligation, encore qu'elle put être annulée par une exception purement personnelle à l'obligé ; par exemple dans le cas de minorité ». Ce texte concerne singulièrement le contrat de cautionnement conclu pour garantir la dette souscrite par un mineur. En dépit de son caractère accessoire, l'engagement de la caution reste valable, alors même que la convention principale est susceptible d'être annulée pour incapacité liée à la personne du débiteur. Dans cette hypothèse, l'opération convenue apparaît proche de la promesse de porte-fort (Ph. Simler et Ph. Delebecque, *Droit civil, Les sûretés, La publicité foncière, op. cit.*, n° 112) car la caution est tenue, alors que le débiteur principal ne l'est pas.

Au-delà du cas particulier qui concerne les mineurs, le caractère accessoire du cautionnement devrait permettre à la caution d'invoquer le dol qui affecte le contrat principal. Si la doctrine est majoritairement favorable à une telle faculté, la jurisprudence s'est révélée bien plus hésitante. Le 8 juin 2007, une Chambre mixte de la Cour de cassation a ainsi mis un terme à une divergence entre les différentes chambres en affirmant, de manière contestée, que la caution, qui n'avait pas été partie à un contrat de vente d'un fonds de commerce, n'était pas recevable à invoquer la nullité relative tirée du dol qui avait affecté le consentement du débiteur principal (Ch. mixte, 8 juin 2007, *D.* 2007. Act. 1782, obs. V. Avena-Robardet ; *JCP* 2007. Act.

274, obs. J. Casey, *JCP E* 2007. 1861. note S. Piedelièvre ; *Dr. et proc.* 2007, p. 295, note Y. Picod ; solution ultérieurement confirmée, notamment CA Paris, pôle 5, ch. 6, 5 juill. 2012 ; Banque et Droit nov.-déc. 2012, p. 52, obs. Rontchevsky ; D. Houtcieff, « La remise en cause du caractère accessoire du cautionnement », *RD banc. fin.* sept. 2012, dossier 38). En dépit du caractère accessoire du contrat de cautionnement, la caution est désormais susceptible de garantir une dette principale pourtant préalablement annulée. Elle ne pourra pas opposer au créancier une exception jugée purement personnelle à ce débiteur, non seulement en cas d'un dol, mais aussi, potentiellement, lors du constat d'un autre vice du consentement (Y. Picod, *Droit des sûretés,* 3e éd., PUF, coll. « Thémis », 2016, n° 31 ; v. ss 227 s.). Un arrêt plus récent de la Cour de cassation tend toutefois à tempérer une telle analyse : la chambre commerciale a considéré que la caution, certes tiers au contrat principal, pouvait agir en responsabilité civile sur le fondement de l'article 1382 du Code civil (désormais 1240 C. civ.) à l'encontre du cocontractant, en l'occurrence le créancier, pour manquement à son obligation d'information à l'égard du débiteur (Com. 23 sept. 2014, n° 13-14.241, *JCP* 2014. 1162, n° 4, obs. Ph. Simler ; *RTD civ.* 2015. 181, obs. P. Crocq). L'incertitude actuelle prédomine car certaines fautes du créancier peuvent donc être invoquées par la caution, en l'occurrence le défaut d'information, alors que pour d'autres comportements fautifs, comme le dol dans l'arrêt précité du 8 juin 2007, le garant ne peut sans prévaloir.

La seconde illustration de ce caractère accessoire concerne *l'étendue* de l'engagement de la caution. À cet égard, l'article 2290, alinéa 1er du Code civil précise que la caution ne peut devoir plus que ce que le débiteur de l'obligation principale doit, l'engagement de la caution ne pouvant « excéder ce qui est dû par le débiteur, ni être contracté sous des conditions plus onéreuses ». En d'autres termes, la dette principale forme un plafond : la caution ne peut devoir plus que le débiteur principal, en principal (Com. 1er juill. 1997, *Bull. civ.* IV, n° 208) et en intérêts (Com. 11 juin 1991, *Bull. civ.* IV, n° 216). En revanche, le cautionnement peut avoir une étendue plus restreinte. Cette règle est toutefois tempérée dans certaines circonstances particulières, tenant à la survenance de difficultés du débiteur, qu'elles débouchent sur une procédure collective ou une procédure de surendettement des particuliers. Un conflit risque de surgir entre la *finalité* du recours à l'engagement d'une caution, qui suppose que le contrat de cautionnement soit respecté *a fortiori* en période de crises, et le caractère *accessoire* du mécanisme, qui devrait autoriser la caution à bénéficier des mêmes mesures de faveur (arrêt du cours des intérêts, délais de paiement, allégement ou même suppression de la dette) que le débiteur principal. 28 ■

En matière de *procédure collective*, l'étendue de l'engagement de la caution soulève notamment deux questions : la caution peut-elle se prévaloir de l'arrêt du cours des intérêts ? La caution peut-elle bénéficier des remises ou délais accordés au débiteur dans le cadre d'un moratoire ? Ces interrogations sont dorénavant réglées par la loi (sur les différents aspects de la matière, P. Crocq, « Le droit des procédures collectives et le caractère accessoire du conditionnement », in *Mélanges Philippe Malaurie*, Defrénois, 2005, p. 171). 29 ■

En ce qui concerne l'arrêt du cours des intérêts, la loi distingue la procédure de sauvegarde où le débiteur rencontre des « difficultés qu'il n'est pas en mesure de surmonter », de celles où le débiteur est déjà en cessation des paiements. En sauvegarde, l'article L. 622-28 du Code de commerce dispose que les cautions personnes physiques peuvent se prévaloir de l'arrêt du cours des intérêts alors que tel n'est pas le cas s'il est en état de cessation des paiements (art. L. 631-14 dern. al. C. com.). De même, le cours des intérêts est arrêté à l'égard d'une caution en redressement judiciaire, quelle que soit la durée du prêt, et malgré la décision de condamnation du débiteur principal à payer la créance de principal assortie des intérêts conventionnels (Com. 16 nov. 2010, n° 09-71935, *Gaz. Pal.* 31 mars 2011, p. 18, obs. M.-P. Dumont-Lefrand).

En ce qui concerne les éventuels délais, remises ou rééchelonnements négociés ou octroyés, le législateur distingue à nouveau. En présence d'un accord de conciliation homologué ou constaté, les cautions (personnes morales ou personnes physiques) peuvent se prévaloir des dispositions de cet accord (C. com., art. L. 611-10-2 al. 1). La solution est la même en plan de sauvegarde (Com. 10 janv. 2012, n° 11-11482, *Banque et Droit* mars/avril 2012, p. 40, obs. F. Jacob ; *Gaz. Pal.* 29 mars 2012, p. 20, obs. M.-P. Dumont-Lefrand, où la Cour juge que si une caution poursuivie en paiement peut se prévaloir des délais de paiement du plan de sauvegarde accordés au débiteur, ce n'est qu'une exception dilatoire qui ne peut conduire qu'à un sursis à statuer jusqu'à la survenance de l'exigibilité des créances selon les termes du plan). En revanche, en cas de plan de redressement, la caution, qu'elle soit simple (Com. 13 novembre 2004, *Bull. civ.* IV, n° 203 ; *D.* 2005. Jur. 653, note C. Lisanti ; *RTD civ.* 2005. 291 qui avant la réforme, distinguait le sort de la caution simple de celui de la caution solidaire, seule la première pouvant se prévaloir des dispositions du plan) ou solidaire, ne peut se prévaloir des dispositions du plan (art. L. 631-20 C. com.). Toutefois, les cautions personnes physiques restent à l'abri des poursuites jusqu'à la fin de la période d'observation.

30 De même, en matière de *surendettement des particuliers*, si le sort de la caution n'a pas été réglé initialement par la loi, la jurisprudence a su faire primer l'engagement de la caution. La Cour de cassation a en effet affirmé que la caution, pour se soustraire à ses engagements, ne bénéficiait ni des remises partielles de dette, tant en principal qu'en intérêt, ni du rééchelonnement des paiements du débiteur consentis par les créanciers dans le cadre du plan conventionnel de redressement (Civ. 1re, 13 nov. 1996, *D.* 1997. Jur. 141, concl. Sainte-Rose et note T. Moussa ; *JCP* G 1997. II. 22780, note Ph. Mury ; *Defrénois* 1997. 292, note L. Aynès ; *JCP* E 1997. II. 903, note D. Legeais ; *Gaz. Pal.* 20-21 juin 1997. Somm. 17, obs. S. Piedelièvre ; *RTD civ.* 1997. 190, obs. P. Crocq ; *RTD com.* 1997. 142, obs. Paisant ; *JCP* G 1997. I. 4033, n° 7, obs. Ph. Simler ; *D.* 1997. Somm. 178, obs. D. Mazeaud ; *RJ com.* 1997. 237, note M. Farge et X. Pin). Cette solution peut paraître discutable au regard de l'article 1350-2 alinéa 1er du Code civil, selon lequel « La remise de dette accordée au débiteur principal libère les cautions, même solidaires ». Elle peut de plus priver le débiteur des avantages du plan car la caution pourra ensuite exercer contre ce même débiteur un recours personnel, compromettant par là même son éventuel redressement (en ce sens, v. Y. Picod, *Droit de la consommation*, A. Colin, 3e éd., 2015, n° 601 ; v. ss 194).

Un raisonnement similaire a été ultérieurement retenu à propos de mesures non plus issues d'un règlement amiable, mais résultant d'une décision de justice : la caution ne peut solliciter l'application, à son profit, des mesures de report d'échéances adoptées par le juge au bénéfice du débiteur surendetté (Civ. 1re, 3 mars 1998, *D.* 1998. Jur. 421, concl. Sainte-Rose ; *D.* 1999. Somm. 202, obs. P.-L. Chatain et F. Ferrière ; *JCP* G 1998. II. 10117, note S. Piedelièvre ; *RTD civ.* 1998. 422, obs. P. Crocq ; *RTD civ.* 1998. 413, obs. G. Paisant ; solution ultérieurement confirmée,

Civ. 1re, 18 janv. 2000, n° 97-20.391, *CCC* 2000, n° 103, obs. G. Raymond ; *RDI* 2000. 226, obs. Ph. Théry ; Civ. 1re, 26 avr. 2000, n° 98-10.693, *Bull.* I, n° 122 ; *JCP* 2000. 1957 ; plus généralement, A.-S. Barthez et D. Houtcieff, *Traité de droit civil, Les sûretés personnelles*, LGDJ, 2010, n° 983 s.). Le garant est toujours tenu de payer intégralement la dette du débiteur principal. Ainsi, la finalité de son engagement et l'efficacité de la sûreté priment-elles sur le caractère accessoire du contrat de cautionnement.

Un tel constat a été maintenu, en dépit des diverses réformes du droit du surendettement, notamment celles issues des lois en date du 29 juillet 1998 et du 1er juillet 2010. L'inopposabilité par les cautions au créancier des différentes mesures octroyées au débiteur surendetté, retenue par la Cour de cassation, n'est donc toujours pas prévue dans le Code de la consommation (sur un tel constat et le regret d'absence de dispositions spécifiques, M. Bourassin, « Sûretés et surendettement des particuliers », *LPA* 10 oct. 2012, p. 4 et s., spéc. n° 73).

Il a toutefois été intégré dans ce même Code certaines dispositions relatives à la protection des intérêts de la caution du débiteur surendetté. Celle-ci doit être informée de l'ouverture d'une procédure par la Commission de surendettement, le créancier étant désormais tenu de déclarer ses créances en indiquant si elles ont donné lieu à un cautionnement et la caution ayant la possibilité de faire connaître par écrit ses observations (C. consom., art. R. 723-3 et R. 723-4, ancien art. L. 331-3 II ; sur l'absence de sanction dans l'hypothèse d'un défaut d'information de la caution, limitant la portée de ces dispositions, D. Legeais, « La réforme du cautionnement par la loi du 29 juillet 1998 relative à la lutte contre les exclusions », *JCP* E 1998. 1724, spéc. n° 37). De plus, en cas de recours à une procédure de rétablissement personnel sans liquidation (C. consom., art. L. 741-3, al. 1er) ou avec liquidation (C. consom., art. L. 742-22), les textes prévoient un principe d'effacement des dettes non professionnelles du débiteur, mais avec notamment, pour exception, le maintien du prix qui « a été payé en lieu et place du débiteur par la caution ou le coobligé, personnes physiques ». Un mécanisme identique est également prévu lorsque la commision de surendettement recommande, par proposition spéciale et motivée, un effacement partiel des créances, combiné avec les mesures mentionnées à l'article L. 733-1 du Code de la consommation. Celles de ces créances dont le montant a été payé au lieu et place du débiteur par la caution, personnes physiques, ne peuvent faire l'objet d'un effacement selon l'article L. 733-7 2e du Code de la consommation. De telles mesures, qui préservent certes le recours de la caution contre le débiteur, illustrent à nouveau l'exclusion ponctuelle du caractère accessoire du cautionnement, au nom de l'efficacité de la sûreté initialement convenue (sur ces différentes mesures, D. Legeais, « La loi sur le crédit à la consommation et le droit des sûretés », *RD banc. fin.*, nov.-déc. 2010, comm. 210 ; Ch. Albiges, « La réforme du droit du surendettement : approche de droits substantiels », *RD banc. fin.* nov-déc. 2011, p. 51 et s., spéc. n° 15). La portée d'un recours ainsi maintenu, exercé par la caution contre ce débiteur, demeure toutefois bien illusoire, les chances de remboursement du garant par un débiteur surendetté étant nécessairement réduites (M.-N. Jobart-Bachelier, M. Bourassin et V. Brémond, *Droit des sûretés*, 5e éd., Sirey, 2016, n° 548). Enfin, la loi du 1er juillet 2010 a prévu qu'en cas d'échec du plan initialement prévu, la commission peut recommander, sur proposition également spéciale et motivée, la réduction du montant de la fraction des prêts immobiliers restant due aux établissements de crédit des dettes pour l'acquisition du logement principal, selon les termes de l'article L. 733-7 1er du Code de la consommation (ancien C. consom., art. L. 331-7-1). L'incertitude réside toutefois dans l'éventuelle application de cette disposition au bénéfice des cautions, non expressément formulée par le législateur. Si certains auteurs sont favorables à une telle extension, au nom du caractère accessoire du cautionnement (notamment, D. Legeais, « La loi sur le crédit à la consommation et le droit des sûretés », *RD banc. fin.* 2010, n° 210), d'autres auteurs l'écartent à l'inverse, considérant qu'un tel silence correspond, de manière implicite, au maintien de la jurisprudence antérieure (M.-N. Jobart-Bachelier, M. Bourassin et V. Brémond, *Droit des sûretés*, 5e éd., Sirey, 2016, n° 602).

31 Le caractère accessoire du contrat de cautionnement s'illustre enfin à travers les causes *d'extinction* du contrat. Ces dernières sont directement liées à celles qui affectent l'obligation principale. Quel que soit l'événement constaté – un paiement de la somme convenu par le débiteur, une remise de dette qu'il consent ou une compensation par exemple –, débiteur et caution seront automatiquement libérés (v. ss 202).

section 4

La diversité des contrats de cautionnement

32 Diverses classifications du contrat de cautionnement s'imposent, en fonction de critères spécifiques : la nature civile ou commerciale du contrat de cautionnement (1), son caractère simple ou solidaire (2), l'engagement pouvant être personnel ou cantonné à un ou plusieurs biens déterminés (3), qu'il s'agisse du contrat lui-même, ou encore d'un sous-cautionnement (4), voire d'une certification de caution (5).

§ 1 La nature civile ou commerciale du cautionnement

33 Différents critères (A) permettent de déterminer la nature commerciale ou civile du cautionnement, distinction qui présente plusieurs intérêts (B).

A. Les critères de distinction

34 Par principe, l'engagement d'un cocontractant en qualité de caution est considéré comme un acte de nature civile, conformément aux termes retenus ponctuellement par la Cour de cassation : « le cautionnement est, par sa nature, un contrat civil » (Com. 23 févr. 1988, *Bull. civ.* IV, n° 78). Or la jurisprudence a estimé que cet engagement pouvait avoir la qualité d'acte de nature commerciale, en fonction de certaines circonstances. Le caractère commercial du cautionnement est retenu lorsqu'il est souscrit par un établissement de crédit, ce cautionnement appartenant à la catégorie des opérations commerciales par *nature*. Il correspond à une opération de banque, conclue à titre onéreux par une caution qui a pour activité principale de tels engagements.

La nature commerciale s'impose également au cautionnement bancaire, lorsque la caution, appelée « donneur d'aval », « avaliste » ou « avaliseur » s'engage à payer le montant de l'effet de commerce en cas de défaillance d'un signataire déterminé. Ceci correspond à un cautionnement particulier, l'aval des effets de commerce, qui est un acte commercial par sa *forme*, réglementé à l'article L. 511-21 du Code de commerce et pour lequel certaines dispositions du Code civil ont été déclarées applicables (notamment l'article 1415 du Code civil, Civ. 1re, 4 juin 2009, *JCP* G 2009. I. 492, n° 2, obs. P. Simler). Un tel engagement ne supposant pas l'existence préalable d'un concours financier accordé à une entreprise, la Cour de cassation a considéré que l'obligation d'information annuelle, prévue à l'article L. 313-22 du Code monétaire et financier n'était pas applicable au bénéfice de l'avaliste (Com. 16 juin 2009, *Banque et Droit* juill.-août. 2010, p. 43, obs. N. Rontchevsky; *JCP* E 2010. 1035, note M.-P. Dumont-Lefrand ; *RTD civ.* 2009. 759, obs. P. Crocq ; *RTD com.* 2009. 605, obs. D. Legeais). Plus récemment, la Cour de cassation a précisé les conséquences qui s'imposent à l'égard des avalistes en matière de formalisme (Com. 5 juin 2012, n° 11-19.627, *RD banc. fin.* 2012, n° 117, obs. D. Legeais ; *Gaz. Pal.* 19 et 20 sept. 2012, p. 16, note M.-P. Dumont-Lefrand ; *Banque et Droit* juill.-août 2012, p. 43, obs. E. Netter ; *Dr. et patr.* févr. 2013, p. 76, obs. Ph. Dupichot ; Com. 22 mars 2016, n° 14-13244 ; Com. 8 sept. 2015, n° 14-14.208 où la Cour juge que l'aval d'un effet de commerce irrégulier en raison d'un vice de forme est nul et ne vaut pas promesse de porte-fort) v. ss 132 ou lorsqu'il convient d'apprécier le caractère disproportionné de son engagement (Com. 30 oct. 2012, n° 11-23519, *Gaz. Pal.* 12 et 13 déc. 2012, p. 12, obs. M.-D. Dumont-Lefrand ; *Dr. et patr.* févr. 2013, p. 83, obs. Ph. Dupichot ; *RD banc. fin.* 2013, n° 10, obs. A. Cerles ; *RTD com.* 2013. 124, obs. D. Legeais ; *Banque et Droit* nov.-déc. 2012, p. 54, obs. F. Jacob ;).

Le cautionnement peut en outre être commercial par *accessoire*, lorsqu'un commerçant parvient à exercer son activité commerciale grâce à un cautionnement souscrit, comme lorsqu'un fournisseur se porte caution de son distributeur envers une banque pour faciliter l'obtention du crédit pour ce dernier (G. Piette, V° « Cautionnement commercial », *Rép.com.* Dalloz, n° 21).

Enfin, si la caution a un intérêt personnel *d'ordre patrimonial* dans l'affaire et si 35 ■
l'opération cautionnée est commerciale, le cautionnement a également cette même nature commerciale, conformément à un critère plus subjectif. Il en est ainsi lorsqu'un dirigeant se porte caution lors de l'obtention d'un crédit au bénéfice de son entreprise. Même si ces dirigeants ne sont pas commerçants, ils ont un intérêt direct dans la réalisation de l'opération, pour que la société obtienne ce crédit. La qualification de « cautionnement commercial », certes contestée par certains auteurs (sur la critique de ce critère, Ph. Malaurie, L. Aynès, *Les sûretés, la publicité foncière, op. cit.*, n° 234), a ainsi été retenue par les juges à l'égard de dirigeants (Com. 7 avr. 2004, *RJDA* 2004, n° 1040), mais aussi parfois d'associés (Com. 10 févr. 1971, *Bull. civ.* IV, n° 41), de salariés (Civ. 1re, 9 déc. 1992, D. 1993. somm. 31, obs. L. Aynès), voire de conjoints. Mais la seule qualité d'associé, de conjoint, ou de salarié ne suffit pas pour justifier la qualification commerciale du cautionnement. Aussi les tribunaux s'adonnent-ils à une analyse concrète et casuistique des situations de fait, censées être révélatrices de l'intérêt patrimonial de la caution dans les opérations garanties. L'intérêt personnel, qu'il appartient à la caution de démontrer si elle souhaite obtenir la qualification commerciale de son engagement (absence d'un intérêt personnel d'une caution qui garantit un prêt pour l'exploitation d'une maison de retraite : Com. 16 sept. 2014, n° 13-18940, *Gaz. Pal.* 3 et 4 déc. 2014, p. 13, note M.-P. Dumont-Lefrand ; *RD banc. fin.* 2015, n° 8, obs. D. Legeais), va de la détention de parts sociales, à la qualité d'associé fondateur et directeur des travaux ou directeur administratif, en passant par la participation à la gestion. Ultérieurement (Com. 21 févr. 2006, *JCP*

2006. I. 131, obs. Ph. Simler), à propos du cautionnement d'associés, la Cour de cassation a approuvé les juges du fond de s'être fiés à trois indices : la contribution des associés à la création de la société cautionnée, la faculté qui leur était conférée de remplacer le gérant en cas d'empêchement de celui-ci, et leur habilitation, dans les statuts, à signer les effets de commerce émis par la société. Le résultat est que la notion d'intérêt personnel patrimonial donne une impression d'arbitraire assez tenace. L'on peut regretter que, à l'instar du gage de biens meubles corporels, la jurisprudence ne prenne pas acte du caractère accessoire du cautionnement afin de déduire la qualification commerciale du cautionnement de la commercialité de la dette cautionnée.

B. L'intérêt de la distinction

36 La détermination de la nature civile ou commerciale du cautionnement est importante à plusieurs titres, notamment dans le cadre des règles de preuve de l'engagement prévues à l'article 1376 du Code civil : la mention manuscrite n'est plus nécessaire si le cautionnement est de nature commerciale et non civile (sur ces exigences, v. ss 140). De même, la distinction est essentielle pour connaître la juridiction compétente pour trancher un litige, la nature commerciale conférant la compétence aux tribunaux de commerce, ou encore pour déterminer la prescription applicable qui n'est toutefois plus que de cinq ans en matière commerciale conformément à l'article L. 110-4 du Code de commerce tel que modifié par la loi du 17 juin 2008 (pour l'application de la distinction à un contentieux antérieur à cette réforme, Com. 16 sept. 2014, n° 13-18940, préc.). Par ailleurs, la nature commerciale du cautionnement engendre automatiquement la mise en œuvre du mécanisme de la solidarité, appliqué de plein droit en matière commerciale, alors que la solidarité doit être stipulée en matière civile. Si ces différents éléments demeurent présentés de manière traditionnelle (en dernier lieu, Ph. Simler et Ph. Delebecque, *Droit civil, Les sûretés, la publicité foncière*, *op. cit.*, n° 66), l'évolution récente du droit du cautionnement, en particulier celle issue de la loi du 1er août 2003 en matière de solidarité ou de formalisme, tend à limiter l'intérêt d'une telle distinction qui apparaît alors essentiellement virtuelle (sur un tel constat, M.-P. Dumont-Lefrand, « La nature civile ou commerciale du cautionnement », *Dr. et patr.* juill.-août 2008, p. 72 ; sur le caractère jugé obsolète de cette distinction, D. Legeais, « Perspectives d'évolution du cautionnement », *Dr. et patr.* oct. 2008, p. 46 ; du même auteur, « La distinction des sûretés civiles et commerciales », in *Mélanges Paul Didier*, Economica, 2008, p. 237).

Il arrive enfin que le cautionnement soit considéré comme un *acte mixte*, civil pour une partie, commercial pour l'autre. Dans une telle hypothèse, les règles commerciales et civiles ont vocation à s'appliquer de manière distributive, en fonction de la qualité de chaque contractant.

§ 2 Le cautionnement simple ou solidaire

37 La distinction entre ces deux catégories de cautionnement a une influence directe sur le droit de poursuite dont va bénéficier la caution, que son engagement soit stipulé simple (A) ou solidaire (B).

A. Le cautionnement simple

Lorsque la solidarité entre la caution et le débiteur n'a pas été convenue, le contrat est qualifié de *cautionnement simple*, la caution n'ayant par principe qu'un rôle subsidiaire. L'absence de stipulation de solidarité impose au créancier le respect de deux principes. Tout d'abord *le bénéfice de discussion*, sollicité par la caution, n'autorise le créancier à poursuivre cette dernière qu'après avoir, au préalable, essayer de contraindre le débiteur à payer sa dette par application des voies de droit, notamment en lui imposant de vendre ses biens. Ce n'est qu'en cas d'échec de cette mesure de contrainte que la caution peut être saisie. Ceci illustre de manière complémentaire le caractère accessoire du contrat de cautionnement (v. ss 26). En pratique, conformément aux exigences de l'article 2299 du Code civil, il appartient à la caution d'opposer une exception au créancier qui aurait agi directement contre elle, sans avoir contraint initialement le débiteur de respecter son engagement. Ensuite, la caution peut invoquer la mise en œuvre du *bénéfice de division*, qui impose au créancier, uniquement en cas de pluralité de cautions, de ne poursuivre chaque caution que pour sa part selon l'article 2303 du Code civil. La caution ne pourra opposer cet argument que si elle est poursuivie par le créancier pour le tout, ce dernier étant par principe tenu de diviser ses poursuites à l'égard des différentes cautions. 38

B. Le cautionnement solidaire

Si les principes qui gouvernent les cautionnements simples, très protecteurs des intérêts des cautions, s'imposent au détriment des créanciers, ils ne constituent pas des règles d'ordre public. Ceci justifie le recours à un *cautionnement solidaire*, très fréquent en pratique. Les établissements bancaires imposent généralement une stipulation de solidarité, devenue pour certains, le droit commun du cautionnement. Au-delà des solutions retenues par le droit commun (1), il demeure manifeste que s'impose la volonté législative de protéger les cautions, en augmentant singulièrement le formalisme du cautionnement solidaire (2). 39

1. *Le cautionnement solidaire et les règles du droit commun*

Selon les règles du *droit commun*, conformément à l'article 1310 du Code civil, la solidarité doit être stipulée et ne se présume pas. Deux stipulations différentes de solidarité sont susceptibles d'être mises en œuvre. Elle peut d'abord avoir été convenue entre la caution et le débiteur, tous deux étant tenus pour une même dette, mais selon deux actes juridiques différents. Le recours à cette stipulation de solidarité a pour effet, à l'égard de la caution, de l'empêcher d'invoquer le bénéfice de discussion. La caution, dotée de la qualité de codébiteur, est placée au même niveau que le débiteur principal, le créancier n'étant plus tenu de poursuivre au préalable celui-ci. 40

La stipulation de solidarité peut ensuite concerner différentes cautions, également appelées « cofidéjusseurs », engagées à l'égard du même créancier, pour garantir une même dette. Elles sont toutes tenues solidairement pour la totalité de la dette, ce qui va permettre au créancier de pouvoir demander le paiement intégral à l'une des cautions, qui disposera d'un recours subrogatoire contre les autres. Une précision 41 s'impose en la matière car la stipulation de solidarité, avec une pluralité de cautions, peut prendre trois formes différentes.

Une première, assez rare, suppose que plusieurs cautions aient prévu cette solidarité uniquement entre elles et non à l'égard du débiteur. Le recours au bénéfice de discussion entre ces cautions et le débiteur est admis, puisqu'il n'y a pas de solidarité entre eux. À l'inverse, le principe du bénéfice de division entre les cautions est écarté car il présuppose que la solidarité stipulée les engage toutes.

Une deuxième forme, plus fréquente en pratique, intervient quand la solidarité est stipulée entre chaque caution avec le débiteur, sans que pour autant soit convenue cette même solidarité entre les diverses cautions concernées. Il en est ainsi quand les engagements en qualité de cautions se sont étalés dans le temps ou quand certaines fractions de dettes différentes sont concernées. Le bénéfice de discussion est automatiquement écarté pour chaque caution, tenue au même titre que le débiteur et il faudrait normalement leur reconnaître le bénéfice de division quand elles se sont engagées pour une partie d'une même dette.

Enfin, la troisième forme suppose que soit stipulée une solidarité entre les cautions, mais aussi à l'égard du débiteur, ce qui aura pour effet de supprimer toute possibilité d'invoquer le bénéfice de discussion et celui de division, au nom d'une véritable protection du créancier.

■ 42 En toutes hypothèses, la stipulation de solidarité va avoir pour effet de renforcer de manière substantielle l'efficacité de la sûreté conclue au bénéfice du créancier. De plus, d'autres effets s'imposent aux parties concernées : à titre d'illustration, la mise en demeure adressée à la caution ou au débiteur les affecte tous les deux et l'interruption de la prescription à l'égard de l'un aura les mêmes incidences à l'égard des deux.

2. *Le cautionnement solidaire et les règles du droit de la consommation*

■ 43 Diverses dispositions du droit de la consommation prévoient que la validité du cautionnement solidaire est soumise au respect d'un formalisme spécifique : le recours à une mention manuscrite de la caution. Selon l'article L. 314-16 du Code de la consommation, « Lorsque le créancier demande un cautionnement solidaire pour l'une des opérations relevant des chapitres Ier ou II du présent titre, la personne physique qui se porte caution doit, à peine de nullité de son engagement, faire précéder sa signature de la mention manuscrite suivante : "En renonçant au bénéfice de discussion défini à l'article 2298 du Code civil et en m'obligeant solidairement avec X... je m'engage à rembourser le créancier sans pouvoir exiger qu'il poursuive préalablement X..." ». La loi du 1er août 2003 a étendu cette exigence au-delà du crédit à la consommation, pour tout contrat de cautionnement conclu par une personne physique avec un professionnel, à l'article L. 331-2 du Code de la consommation : « Lorsque le créancier professionnel demande un cautionnement solidaire, la personne physique qui se porte caution doit, à peine de nullité de son engagement, faire précéder sa signature de la mention manuscrite suivante : "En renonçant au bénéfice de discussion défini à l'article 2298 du Code civil et en m'obligeant solidairement avec X..., je m'engage à rembourser le créancier sans pouvoir exiger qu'il poursuive préalablement X..." ». Le non-respect de ces mentions spécifiques entraîne l'anéantissement de l'engagement de la caution, sanction considérée comme sévère car elle affecte totalement l'efficacité de la sûreté (Ph. Simler, *Cautionnement et garanties autonomes, op. cit.*, n° 269 ; S. Piedelièvre, « Droit des sûretés et droit de la consommation », *Dr. et patr.* sept. 1997, p. 58), et récemment remise en cause par la Cour de cassation elle-même à plusieurs reprises (v. ss 135).

Cette même loi du 1er août 2003 a enfin prévu, à l'article L. 331-3 du Code de la consommation, une mesure également protectrice des intérêts des cautions, spécifique à l'étendue de leur engagement : les stipulations de solidarité et de renonciation au bénéfice de discussion, prévues dans un contrat conclu par une caution personne physique avec un créancier professionnel, doivent désormais être réputées non écrites dès lors que l'engagement de la caution n'a pas été limité à un montant déterminé. Une telle limitation s'impose en toute hypothèse, que le contrat ait été conclu sous la forme sous seing privé, mais aussi par acte authentique (Civ. 1re, 6 juill. 2010, *RTD civ.* 2010. 593, obs. P. Crocq ; *Banque et Droit* juill.-août. 2010, p. 44, obs. N. Rontchevsky ; *Gaz. Pal.* 9 sept. 2010, p. 17, obs. M.-D. Dumont-Lefrand ; *JCP* E 2010, 1764, D. Legeais).

§ 3 L'engagement personnel ou celui portant sur un ou plusieurs biens

Le contrat de cautionnement est, en principe, constitutif d'un engagement personnel 44 ■
de la caution, sur l'ensemble de son patrimoine. Ceci correspond au *cautionnement personnel* souscrit pour garantir le recouvrement d'une dette du débiteur en cas de défaillance de ce dernier. Or, l'engagement conclu peut porter non sur l'ensemble du patrimoine de la caution, mais sur un ou plusieurs biens particuliers appartenant à celui qui s'engage pour garantir la dette du débiteur. Une telle opération, classiquement appelée *cautionnement réel*, impose au créancier de n'exercer ses poursuites que sur le ou les biens concernés.

Différentes utilités de cette catégorie de sûreté sont apparues. À l'égard du créancier 45 ■
tout d'abord, celui-ci bénéficie d'un droit de suite sur le bien, objet de la sûreté. Cela lui permet de ne subir ni le concours d'autres créanciers de son débiteur, ni les éventuelles fluctuations du patrimoine de la caution (D. Legeais, *Droit des sûretés et garanties du crédit,* 11e éd., LGDJ, 2016, n° 78). À l'égard de la caution ensuite, le recours à une telle sûreté confère la faculté de circonscrire l'étendue de son engagement au bien choisi, éventuellement complété par un cautionnement personnel.

Par précaution, le créancier peut convenir avec la caution qu'elle conclut deux 46 ■
cautionnements différents, l'un personnel, l'autre réel. Le créancier bénéficie d'une sûreté réelle sur l'un des biens de la caution et peut, en fonction des circonstances, se faire payer sur tout élément du patrimoine de la caution au titre de l'engagement personnel. Dans cette hypothèse, ce dernier peut prendre les deux formes : soit illimité, avec la possibilité de saisir l'ensemble du patrimoine de la caution, soit limité notamment à la valeur du bien consenti en hypothèque ou en gage. L'intérêt de recourir à un tel cumul de cautionnement est manifeste pour le créancier car si la caution a cédé le bien hypothéqué ou gagé et si ce créancier ne peut exercer son droit de suite, notamment par l'application de l'article 2276 du Code civil, il peut saisir les autres biens du débiteur sur lesquels il ne bénéficie pas du droit de préférence. En toutes hypothèses, la difficulté a été de déterminer la qualification

juridique de cette sûreté en raison des « affres de la polysémie de l'expression "cautionnement réel" » (P. Crocq, *RTD civ.* 1999. 552). Les incertitudes relatives au caractère réel ou personnel de l'obligation issue du cautionnement réel ont été mises en exergue par la doctrine (F. Grua, « Le cautionnement réel », *JCP* G 1984. I. 3167) assez tôt.

■ 47 Diverses décisions rendues par la Cour de cassation ont permis de souligner la complexité et le caractère évolutif de la matière. Le recours à une conception mixte du contrat a ainsi été adopté : un tel engagement relevait des sûretés personnelles comme il supposait l'engagement d'une personne pour garantir la dette d'autrui, mais aussi des sûretés réelles car le créancier bénéficiait d'une garantie réelle sur les biens de la caution. Ce type de cautionnement empruntait les caractères et le régime tant des sûretés réelles que des sûretés personnelles (Y. Picod, *Droit des sûretés,* PUF, 3e éd., coll. « Thémis », 2016, n° 44). Un arrêt rendu par la première chambre civile de la Cour de cassation le 11 avril 1995 a confirmé un tel constat. Selon la Cour, « est applicable à la caution réelle la règle de l'article 1415 du Code civil, selon laquelle chacun des époux ne peut engager que ses biens propres et ses revenus, par un cautionnement ou un emprunt, à moins que ceux-ci n'aient été contractés avec le consentement exprès de l'autre conjoint qui, dans ce cas, n'engage pas ses biens propres. Il s'ensuit qu'un époux, commun en biens, n'est pas autorisé à donner en nantissement des titres communs pour garantir un engagement de caution donné sans l'accord exprès de son conjoint » (Civ. 1re, 11 avr. 1995, *D.* 1995. Somm. 327, obs. M. Grimaldi ; *D.* 1996. Somm. 204, obs. S. Piedelièvre).

Toutefois, à partir d'un arrêt de la première chambre civile du 4 mai 1999, la question de la qualification du cautionnement réel a pris un éclairage nouveau : selon cette décision, « le cautionnement réel fourni par celui qui consent la constitution d'une hypothèque conventionnelle pour garantir le remboursement de la dette d'un tiers est une sûreté réelle. Il s'ensuit que le créancier est fondé, en cas de déchéance du terme encourue par le débiteur principal, à se prévaloir de l'exigibilité de sa créance pour mettre en œuvre cette sûreté » (Civ. 1re, 4 mai 1999, *Defrénois* 2000. 831, note S. Piedelièvre ; *RTD civ.* 1999. 877, obs. P. Crocq. Approche ultérieurement confirmée, Civ. 1re, 29 févr. 2000, *D.* 2000. Jur. 829, note V. Bonnet ; *D.* 2000. Somm. 394, obs. S. Piedelièvre). La Cour de cassation, profitant de ces occasions pour retenir la qualification qu'elle estimait la plus adaptée, indiqua que le cautionnement réel était une sûreté réelle également qualifiée de « sûreté réelle pour autrui ». Or, peu de temps après, un doute a pu surgir lorsque la même chambre de la Cour de cassation adopta un raisonnement différent, affirmant que la caution réelle s'engageait aussi personnellement, consacrant à nouveau la nature hybride de la sûreté : la caution demeurait donc tenue personnellement — caution personnelle — dans la limite de la valeur du bien concerné — caution réelle — (Civ. 1re, 15 mai 2002, *JCP* G 2002. II. 10109, concl. C. Petit, note S. Piedelièvre ; *D.* 2002. Jur. 1780, note Ch. Barberot ; *JCP* G 2002. I. 162, n° 3, obs. P. Simler ; *LPA* 8 oct. 2002, p. 14, note D. Houtcieff). À l'inverse, la chambre commerciale de la Cour de cassation, à la même époque, maintenait la conception moniste du cautionnement réel, l'affectation d'un bien pour garantir la dette constituant une sûreté réelle.

C'est pourquoi la décision d'une chambre mixte de la Cour de cassation, rendue le 2 décembre 2005, a eu pour objet de mettre un terme à cette divergence jurisprudentielle : selon la formule retenue (Ch. mixte 2 déc. 2005, n° 03-18.210, *JCP* G 2005. II. 10183, note Ph. Simler ; *JCP* E 2005. 1056, note S. Piedelièvre ; *D.* 2006.

AJ. 61, obs. V. Avena-Robardet ; *D.* 2006. Jur. 729, avis J. Sainte-Rose et note L. Aynès ; *LPA* 23 janv. 2006, p. 7, note D. Houtcieff ; *Dr. et proc.* mars-avr. 2006, p. 113, obs. Y. Picod ; *Banque et Droit* 2006, p. 55, obs. F. Jacob ; *Dr. et patr.* 2006, p. 128, obs. Ph. Dupichot ; B. Beignier, « Bicentenaire d'Austerlitz : le Trafalgar du cautionnement réel », *Dr. fam.* 2006, n° 13), ultérieurement réitérée : « une sûreté réelle consentie pour garantir la dette d'un tiers n'implique aucun engagement personnel à satisfaire l'obligation d'autrui et n'est pas dès lors un cautionnement ». La Cour de cassation réaffirme régulièrement, en réitérant cette formule, l'option retenue en 2005 et écarte de manière systématique les différentes dispositions pourtant invoquées devant les juridictions, en écartant toute application :

- de l'article L. 313-22 C. mon. fin. (Civ. 1re, 7 févr. 2006, n° 04.15.147, *D.* 2006. AJ. 574, obs. V. Avena-Robardet ; *Dr. et proc.* juill.-août 2006, p. 234, obs. O. Salati) ;

- de l'exigence de proportionnalité imposée par la jurisprudence (Civ. 1re, 7 mai 2008, *D.* 2008. 2036, note S. Piedelièvre ; *RTD civ.* 2008. 700, obs. P. Crocq ; *Dr. et patr.* oct. 2008. 95, obs. Ph. Dupichot ; *Banque et Droit* , juill.-août 2008. 41, obs. F. Jacob ; *RD banc. fin.* sept.-oct. 2008. 136, obs. D. Legeais) ou prévue à l'article L. 313-10 du Code de la consommation (Civ. 1re, 5 nov. 2009, n° 08-14.425, *Dr. et patr.* sept. 2010, p. 87, obs. Ph. Dupichot ; *Gaz. Pal.* 13 et 14 janv. 2010, p. 21, obs. Ch. Albiges) ;

- du devoir de mise en garde (Civ. 1re, 24 mars 2009, n° 08.13.034, , *D.* 2009. 1661, note N. Borga ; *JCP E* 2009. 1399, note D. Legeais ; *JCP* 2009. 10091, note A. Gourio ; *JCP* 2009. I. 150, n° 7, obs. P. Simler ; *RLDC* sept. 2009, p. 29, obs. J.-J. Ansault ; solution confirmée, Com., 13 janv. 2015, n° 13-16.727, *RD banc. fin.* mars 2015, n° 43, obs. D. Legeais ; *RTDI* 2015, n° 2, p. 16, obs. Ch. Albiges) ;

- des bénéfices de discussion et division (Civ. 1re, 25 nov. 2015, n° 14-21.332, *RD banc. fin.* 2016. 20, obs. D. Legeais ; *JCP* 2016. 218, note J.-D. Pellier ; *Gaz. Pal.* 16 févr. 2016, p. 32, obs. Ch. Albiges ; *Defrénois* 2016, p. 934, obs. Ch. Gijsbers).

L'ordonnance du 23 mars 2006 relative aux sûretés a confirmé cette analyse à double titre. En premier lieu, il a été retenu, certes uniquement en matière de contrat de gage portant nécessairement sur un meuble corporel (v. ss 422), que lors de la conclusion d'un tel contrat consenti pour garantir la dette d'un tiers, le créancier ne dispose d'action que sur le bien affecté en garantie (art. 2334 C. civ.). En second lieu, l'article 1422 alinéa 2 du Code civil prévoit désormais que les époux ne peuvent, l'un sans l'autre, affecter un bien commun, également pour garantir la dette d'un tiers (sur la non-application rétroactive du texte, Civ. 1re, 20 févr. 2007, *LPA* 6 août 2007, p. 4, note D. Houtcieff ; *D.* 2007. 2128, note J. Revel ; plus généralement, C. Grare-Didier, « Les sûretés réelles et le droit de la famille . - L'exemple de la communauté de biens entre époux », *RD banc. fin.* sept. 2014, Dossier 37).

Sauf stipulation contraire des parties, celui qui conclut une sûreté afin de garantir la dette d'autrui n'est tenu que pour le bien déterminé, sans engagement personnel de payer cette dette, précisions qui permettent de retenir la qualification de « sûreté réelle » et d'écarter toute référence à celle de « sûreté personnelle ». Si certains auteurs ont toutefois pu souhaiter que soient appliquées ponctuellement des dispositions spécifiques au cautionnement (M.-N. Jobard-Bachelier, M. Bourassin et V. Brémond, *Droit des sûretés*, 5e éd., Sirey, 2016, n° 1212 ; A. Aynes, « Quelques aspects du régime juridique des sûretés réelles pour autrui », in *Liber amicorum Christian Larroumet*, Economica, 2009, n° 11, p. 10 ; pour une application de la distinction entre obligation de couverture et de règlement pour le régime juridique du cautionnement qualifié de réel, J.-J. Ansault, *Le cautionnement réel*, Préface P. Crocq, Defrénois, collection de 48 ■

Thèses, 2009) et si certaines juridictions du fond adoptent un tel raisonnement (en matière de bénéfice de subrogation, CA Pau, 7 avr. 2011, *Gaz. Pal.* 16 juin 2011, p. 9, note. Ch. Albiges ; pour une solution contraire écartant l'application de l'article 2314 du Code civil à une sûreté réelle pour autrui, CA Versailles, 2 déc. 2010, *Gaz. Pal.* 30 et 31 mars 2011, p. 21, obs. Ch. Albiges), la Cour de cassation privilégie à l'inverse des solutions plus rigoureuses, en écartant toute application du droit du cautionnement aux garants de la dette d'autrui, rigueur qui peut toutefois s'avérer parfois contestable (pour l'exclusion des bénéfices de discussion et de division, Civ. 1re, 25 nov. 2015, n° 14-21332, *RD banc. fin.* sept.-oct. 2016. 20, obs. D. Legeais ; *Gaz. Pal.* 16 févr. 2016, p. 29, obs. Ch. Albiges ; *RLDC* mars 2016, p. 29, note Ch. Juillet ; *JCP* 2016. 218, note J.-D. Pellier ; *Dr. et patr.* mai 2016, p. 121, obs. A. Aynes ; *Defrénois* 2016. 933, obs. Ch. Gijsbers). La suppression de l'engagement personnel n'est cependant pas définitive. Les parties peuvent en effet toujours prévoir, lors de la conclusion du contrat et donc dans un même acte, deux engagements distincts : l'un en qualité de caution personnelle, qui doit être nécessairement exprès, l'autre qui suppose la constitution d'une sûreté réelle conventionnelle (pour une illustration avec un cumul de contrat de cautionnement et d'une hypothèque conventionnelle, Com. 21 mars 2006, *D.* 2006. AJ. 913, obs. V. Avena-Robardet ; *Dr. et proc.* sept.-oct. 2006, p. 293, obs. Y. Picod ; solution confirmée permettant l'application de l'obligation annuelle d'informer, Com. 8 juin 2010, *RD banc. fin.* 2010, n° 175, obs. A. Cerles ; Com. 13 sept. 2011, n° 10-17.659, *RD banc. fin.* 2011, n° 196, obs. A. Cerles ; *JCP* 2011. I. 1259, n° 5, obs. P. Simler ; *Banque et Droit* janv.-févr. 2012, p. 56, obs. F. Jacob ; plus généralement sur l'évolution jurisprudentielle, M. Mignot, « Le devenir de la sûreté réelle pour autrui dans la jurisprudence récente », *JCP* N 2012. 1340).

§ 4 Le sous-cautionnement

49 La caution, qui aura payé au créancier la dette du débiteur défaillant, a la faculté d'exercer des recours contre le débiteur (v. ss 185), mais la mise en œuvre de ces recours peut se révéler insuffisante en raison de la situation financière de ce dernier. Ceci justifie que la caution, dite « de premier rang », sollicite à son tour l'engagement d'une tierce personne et conclut un second contrat de sous-cautionnement avec une autre caution, appelée « sous-caution ». Celle-ci a pour mission de garantir le remboursement de ce que la caution aura payé à la suite de la défaillance du débiteur principal. Dans cette situation juridique, le créancier de l'obligation principale demeure un tiers au contrat de sous-cautionnement car la dette garantie par la sous-caution est celle née du rapport entre le débiteur et la caution initiale. Il en est ainsi, plus concrètement, quand une banque a consenti de se porter caution. L'établissement bancaire va demander au débiteur garanti de souscrire d'autres sous-garanties, réelles ou personnelles tenant par exemple en la conclusion d'un contrat de sous-cautionnement. Ce dernier n'est pas régi par un texte spécifique du Code civil et reste soumis aux différents principes du contrat de cautionnement (dès lors toutefois que les conditions prévues en droit du cautionnement sont respectées, pour une illustration à propos de l'obligation annuelle d'informer, CA Toulouse, 30 nov. 2011, *Gaz. Pal.* 21 et 22 déc. 2011, p. 12, obs. Ch. Albiges ; ou encore à propos de la non-application du formalisme des articles L. 341-2 et L. 341-3 C. consom., désormais L. 331-1 et L. 331-2 : Civ. 1re, 11 mars 2014, n° 12-29195, *RTD civ.* 2014. 692, obs. P. Crocq, *Gaz. Pal.* 4 et 5 juin 2014, p. 17, obs. Ch. Albiges ; *RDC* 2014. 653, obs. A.-

S. Barthez ; *Rép. Defrénois* 15 mai 2015, p. 488, obs. S. Cabrillac). À ce titre, l'engagement de la sous-caution est accessoire à l'obligation éventuelle de remboursement du débiteur principal envers la caution de premier rang qui a, au préalable, réglé la dette au créancier (Com. 13 sept. 2011, n° 10-21370, *Gaz. Pal.* 22 déc. 2011, p. 19, obs. M.-P. Dumont-Lefrand).

Ce même engagement de la sous-caution est de plus totalement indépendant par rapport à la relation qui concerne le débiteur et le créancier. À cet égard, la Cour de cassation a précisé que la sous-caution ne pouvait se prévaloir des exceptions inhérentes à la dette du débiteur principal à l'égard du créancier, exceptions susceptibles d'être invoquées uniquement par la caution (Com. 27 mai 2008, *RTD civ.* 2008. 517, obs. P. Crocq ; *D.* 2008. 2399, note O. Gout ; *RTD com.* 2008. 611, obs. D. Legeais ; *JCP* 2008. I. 211, obs. Ph. Simler ; *Banque et Droit* , sept.-oct. 2008. 80., obs. F. Jacob ; *RD banc. fin.* 2008, n° 109, obs. D. Legeais ; *Dr. et proc.* 2008, p. 290, obs. Y. Picod). La solution retenue préserve toutefois les intérêts de la sous-caution, qui dispose de la possibilité d'exercer une action en justice contre la caution en raison de la faute commise d'avoir oublié d'invoquer une telle exception lors de l'action en paiement formé par le créancier (sur l'influence du mouvement solidariste de la décision, en faveur de la sous-caution, obs. P. Crocq, sous Com. 27 mai 2008, précité).

§ 5 La certification de caution

Alors que la sous-caution a pour mission de garantir la dette du débiteur au bénéfice de la caution de premier rang, la certification de caution est l'opération par laquelle un tiers, le certificateur, s'engage auprès du créancier pour garantir le recouvrement de la dette de la caution. Cette faculté est expressément prévue à l'article 2291 alinéa 2 du Code civil : il est possible de se rendre caution « non seulement du débiteur principal, mais encore de celui qui l'a cautionné ». Une convention est ainsi conclue entre le créancier et le certificateur pour pallier l'éventuelle défaillance de la caution. La validité et l'étendue de l'engagement stipulé sont directement liées à ce qui a été convenu dans le cadre du contrat de cautionnement entre le créancier et la caution. Enfin, en l'absence de relation avec le débiteur, le certificateur ne peut exercer de recours contre lui, mais uniquement contre la caution. 50

1

Compléments pédagogiques

Mémo

Le cautionnement peut être défini comme le contrat par lequel une personne, la caution, s'oblige envers un créancier à payer la dette d'un débiteur, en cas de défaillance de ce dernier. Une distinction s'impose entre le contrat de cautionnement, au sens strict, conclu entre la caution et le créancier, et l'opération de cautionnement qui concerne également le tiers à ce contrat : le débiteur. L'ordonnance du 23 mars 2006 n'a pas modifié les dispositions du Code civil, si ce n'est la numérotation. Les articles 2288 et suivants sont consacrés au contrat de cautionnement.

Ce dernier a pour principales particularités d'être un contrat *unilatéral*, créateur d'obligations à la charge de la seule caution, de nature en principe *consensuelle*, susceptible d'être conclu à titre *gratuit ou à titre onéreux*. De plus, l'engagement de la caution présente comme spécificité d'être nécessairement accessoire par rapport à l'obligation principale qui concerne le débiteur : l'existence et l'étendue de ce qui est dû par la caution sont par essence liées à la dette du débiteur. Les circonstances réunies lors de la conclusion du contrat vont permettre de déterminer la nature du contrat de cautionnement, de nature *civile ou commerciale*, avec ou sans stipulation de *solidarité*. En toute hypothèse, la caution s'engage à titre personnel, sur l'ensemble de son patrimoine, à pallier la défaillance du débiteur. Il lui est toutefois possible de limiter ce même engagement à un bien déterminé, en concluant un contrat anciennement qualifié de « cautionnement réel », portant sur un ou plusieurs biens déterminés qui lui appartiennent.

Document

Caractéristiques du contrat de cautionnement

Article 2292 du Code civil

« Le cautionnement ne se présume point ; il doit être exprès, et on ne peut pas l'étendre au-delà des limites dans lesquelles il a été contracté ».

Biblio

1) Présentation du contrat de cautionnement

- A. Aynes, « EIRL : la séparation des patrimoines à l'épreuve du droit des sûretés », *RLDC* oct. 2011, p. 28.
- V. Bonnet, « Les sûretés et l'EIRL », *JCP* N 2012. 1338.
- N. Borga, « L'EIRL et la constitution de sûretés personnelles », *Bull. Joly Entrep. diff.* mars 2011, étude n° 6, p. 77.
- M. Bourassin, « La rationalisation du droit du cautionnement », *RD banc. fin.* 2016, Dossier 3.
- S. Cabrillac, « L'EIRL : illusion garanties », *Bull. Joly Entrep. diff.*, mars 2011, p. 81 ; « EIRL et sûretés personnelles : faute de grives, on mange des merles », *cah. dr. entrep*, 2011, n° 3, p. 37.
- J. François, « Le problème de la nature juridique du contrat caution-débiteur », *D.* 2001. Chron. 2580.
- D. Houtcieff, « La remise en cause du caractère accessoire du cautionnement », *RD banc. fin.* sept. 2012, dossier 38.
- C. Jallamion et C. Lisanti, « Le cautionnement : perspectives historiques et contemporaines », *Dr. et patr.* juill.-août 2008, p. 47.
- D. Legeais, « La règle de l'accessoire dans les sûretés personnelles », *Dr. et patr.* 2001, n° 92, p. 68 ; « Perspectives d'évolution du cautionnement », *Dr. et patr.* oct. 2008, p. 46.
- F. Macorig-Vernier, « Observations sur l'EIRL et les sûretés », *Bull. Joly*, mars 2011, p. 253.
- E. Netter, « Le porte-fort, contrat de couverture de risque », *RLDC* juill.-août 2014, p. 30.
- F. Pérochon, « EIRL : un patrimoine peut en garantir un autre », *Rev. proc. coll.*, mars-avr. 2011, p. 98.
- Y. Picod, « Remarques sur l'application de l'article 1415 du Code civil au cautionnement réel », *Dr. et patr.* déc. 2002, p. 30.
- G. Piette, « Cautionnement », *Rép. civ.* Dalloz, 2016.
- Ph. Simler, « Codifier ou recodifier le droit des sûretés personnelles », in *Le Code civil, 1804-2004, Livre du Bicentenaire,* Dalloz-Litec, 2004, p. 373 ; « Les sûretés personnelles », *Dr. et patr.* sept. 2005, p. 55 ; « 2006, une occasion manquée pour le cautionnement », *JCP* N 2016. 1109.
- Ph. Stoffel-Munck, « Premier bilan de la réforme des sûretés en droit français », *Dr. et patr.* avr. 2012, p. 56
- B. Saintourens, « Certificateurs de caution et sous-cautions : les oubliés des réformes du droit du cautionnement », in *Mélanges M. Cabrillac,* Dalloz-Litec, 1999, p. 397.

2) L'engagement portant sur un ou plusieurs biens

- J. Devèze, « L'article 1415 du Code civil et le cautionnement réel », *Bull. Joly*. 2002. 871.
- C. Grare-Didier, « Les sûretés réelles et le droit de la famille. L'exemple de la communauté de biens entre époux », *RD banc. fin.* sept. 2014, Dossier 37.
- F. Grua, « Le cautionnement réel », *JCP* 1984. I. 3167.
- M.-E. Mathieu, « Bref propos sur la disparition du cautionnement hypothécaire », *RD banc. fin.* juill.-août 2008. 31 s.
- M. Mignot, « Le devenir de la sûreté réelle pour autrui dans la jurisprudence récente », *JCP* N 2012. 1340.
- J. Revel, « La garantie de la dette d'autrui et le droit du régime matrimonial », *D.* 2006. Chron. 1309.

- Ph. Simler, « Le cautionnement réel est réellement lui aussi un cautionnement », *JCP* E 2001. I. 36.

3) Commentaires de la loi du 1er août 2003

- V. Avena-Robardet, « Réforme inopinée du cautionnement », *D.* 2003. Chron. 2083.
- L. Aynès, « La réforme du cautionnement par la loi Dutreil », *Dr. et patr.* 2003, n° 120, p. 28.
- D. Fenouillet, « Le Code de la consommation ou pourquoi et comment protéger la caution ? », *RDC* 2004. 305.
- D. Houtcieff, « Les dispositions applicables au cautionnement issues de la loi pour l'initiative économique », *JCP* 2003. I. 161.
- D. Legeais, « Le Code de la consommation siège d'un nouveau droit commun du cautionnement », *JCP* E 2004. 1610.
- F. Pasqualini, « L'imparfait nouveau droit du cautionnement », *LPA* 3 févr. 2004, p. 3.
- Y. Picod, « L'obligation de vigilance des créanciers professionnels à l'égard des cautions personnes physiques », *Dr. et proc.* 2004. 4.
- S. Piedelièvre, « La réforme de certains cautionnements par la loi du 1er août 2003 », *Defrénois* 2003, art. 3787, p. 1371.

4) Commentaires de la loi du 29 juillet 1998

- D. Legeais, « La réforme du cautionnement par la loi du 29 juillet 1998 relative à la lutte contre les exclusions », *JCP* E 1998. 1724.
- S. Piedelièvre, « Le cautionnement dans la loi relative à la lutte contre les exclusions », *JCP* 1998. 170.

5) Cautionnement et droit de la consommation

- Ch. Albiges, « L'influence du droit de la consommation sur l'engagement de caution », in *Mélanges offerts à J. Calais-Aulois*, Dalloz, 2004, p. 1.
- M. Bourassin, « Sûretés et surendettement des particuliers », *LPA* 10 oct. 2012, p. 4.
- A. Cerles et M. Séjean, « Le cautionnement : du code civil au code de la consommation ou les illusions de la protection », *Études offertes au Doyen Ph. Simler,* Dalloz-Litec, 2006, p. 273.
- A. Dumery, « Cautionnement et Code de la consommation : d'une ambition protectrice à un éclatement progressif », *RLDC* 2011, n° 79, p. 27.
- D. Legeais, « La loi sur le crédit à la consommation et le droit des sûretés », *RD banc. fin.* nov.-déc. 2010, comm. 210.
- J.-P. Marguénaud, « La protection de la caution par le droit de la consommation », *Ann. Fac. Clermont-Ferrand*, Vol. 29, 1993, p. 17.
- C. Marie, « Cautionnement et surendettement : une rencontre à risques », *Rev. proc. coll.* déc. 2005, p. 348.
- S. Piedelièvre, « Droit des sûretés et droit de la consommation », *Dr. et patr.* sept. 1997, n° 56 ; « Surendettement et cautionnement », *Defrénois* 2000, art. 37233, n° 21, p. 1073.

6) Cautionnement civil et cautionnement commercial

- M.-P. Dumont-Lefrand, « La nature civile ou commerciale du cautionnement », *Dr. et patr.* juill.-août 2008, p. 72.

- D. Legeais, « La distinction des sûretés civiles et commerciales », *Mélanges Paul Didier*, Economica, 2008, p. 237.

7) Cautionnement conclu par un dirigeant de société

- B. Bouloc, « Le cautionnement donné par le dirigeant d'une société », *Rev. sociétés* 1992. 1.
- J. Devèze, « Les dirigeants cautions », *Cah. dr. entr.* 2001, n° 3, p. 27 ; « Petites grandeurs et grandes misères de la sollicitude à l'égard du dirigeant caution personne physique », in *Mélanges en l'honneur de Ph. Merle,* Dalloz, 2012, p. 165.
- M.-P. Dumont-Lefrand, « Le dirigeant garant », in *Journal des sociétés* mai 2011, n° 87, p. 20.
- D. Legeais, « La caution dirigeante », in *Mélanges dédiés à B. Bouloc,* Dalloz, 2007, p. 601.
- F. Macorig-Venier, « La protection du dirigeant caution », *Cah. dr. entrep.* 2012, n° 3, dossier 16.
- B. Saint-Alary et C. Saint-Alary-Houin, « Le dirigeant caution », *Dr. et patr.* févr. 1996, p. 41.

8) Sous-cautionnement

- O. Gout, « Réflexions sur la nature juridique du sous-cautionnement », *RLDC* 2008, n° 55, p. 27.
- N. Martial-Braz, « Aux armes sous-cautions ! », *RLDC* 2008, n° 51, p. 29.

Quiz

1) Sujets corrigés

Cas pratique

Énoncé n° 1

Le 10 février 2015, une banque consent un prêt de 350 000 euros à une société, prêt pour lequel deux associés, M. Pierre et son fils Jean, acceptent de se porter caution pour un même montant sans stipulation de solidarité, en concluant deux actes sous seing privé séparés le même jour. Les cautions, associées minoritaires, étaient dotées d'un statut particulier au sein de la société : il avait en effet été convenu avec les autres associés, lors de la constitution de la société, qu'ils étaient habilités à remplacer le gérant en cas d'empêchement de celui-ci. Une telle situation s'était justement réalisée au mois de juillet 2016 lorsque le gérant avait décidé de partir en vacances avec sa famille. La société étant placée en liquidation judiciaire, la banque sollicite les cautions pour qu'elles versent le montant de la somme garantie. Devant leur refus de payer la dette convenue, la banque les assigne devant le tribunal de commerce de Paris. Or les deux cautions prétendent immédiatement que cette juridiction est incompétente pour juger un tel litige en raison de la nature par essence civile de leur engagement. Qu'en pensez-vous ?

Voir le corrigé en fin de rubrique.

Énoncé n° 2

M. Pierre Martin, afin d'aider son voisin René Durant qui vient de s'installer à Paris, accepte de garantir deux prêts consentis par la Banque. Un premier prêt, souscrit pour un montant de 100 000 euros, a pour objet de financer l'acquisition d'un appartement situé dans le XIIIe arrondissement. L'engagement de Pierre, signé le 15 janvier 2015 devant un notaire, est formulé dans les termes suivants : « *Bon pour accord de Pierre Martin de se porter garant de la dette de 100 000 euros, en affectant en garantie l'appartement situé au 9, rue Amiral Mouchez* ». Il est expressément mentionné dans l'acte que l'appartement concerné est d'une valeur de 350 000 euros. De plus, Pierre Martin a rédigé, également en janvier 2015, la formule suivante portée sur un acte établi devant le même notaire : « *Bon pour accord de Pierre Martin de se porter caution pour garantir le recouvrement du prêt de 10 000 euros* ».

Un second prêt a été convenu entre la Banque et René Durant, d'un montant de 10 000 euros, destiné à permettre à ce dernier d'acquérir les meubles nécessaires à son installation. Pierre Martin s'est également engagé, le 18 décembre 2016, pour garantir le recouvrement de ce prêt en stipulant expressément qu'il s'engage à payer la somme de 10 000 euros. L'acte convenu en décembre 2016 avec la banque contient plus précisément les termes suivants : « *Bon pour accord de Pierre Martin de se porter garant de la dette souscrite par René Durant, en apportant en garantie une montre* ». Cette dernière est d'une valeur de 3 000 euros. René Durant n'ayant pas respecté les deux engagements pris auprès de la banque, Pierre Martin s'inquiète des conséquences de ses propres engagements et vous consulte.

Voir le corrigé en fin de rubrique.

2) Corrigés

Cas pratique n° 1

Il est parfois très délicat de déterminer avec précision la nature civile ou commerciale du contrat de cautionnement. Cet élément est essentiel, car il permet d'appliquer différentes règles juridiques spécifiques en fonction de cette nature. En la matière, les critères de distinction entre ces deux catégories de contrats de cautionnement doivent être appréciés (I), avant d'exposer les conséquences de la nature retenue (II).

I. La nature civile ou commerciale du contrat de cautionnement

Par principe, le contrat de cautionnement appartient à la catégorie des actes présumés de nature civile, quelle que soit la motivation de l'engagement de la caution. Selon une formule réitérée par la Cour de cassation, « le cautionnement est, par sa nature, un contrat civil » (Com. 23 févr. 1988), sauf s'il est démontré que la caution a un intérêt personnel. Aucun texte ne détermine en la matière les éléments qui permettent de modifier cette nature pour que le contrat de cautionnement soit qualifié d'« acte de nature commerciale ». Il appartient dès lors à la jurisprudence d'apprécier, au cas par cas, les circonstances qui permettent de retenir l'une ou l'autre des qualifications.

En l'espèce, le principe d'une commercialité par la forme ou par la nature doit immédiatement être écarté (sur ces distinctions plus particulièrement, v. ss 34). Un doute peut intervenir en raison de la qualité de celui qui s'engage : il s'agit de deux associés minoritaires pour lesquels, en principe, le cautionnement est réputé être de nature civile. À l'inverse, pour un dirigeant, la jurisprudence considère que doit s'imposer une présomption d'un intérêt patrimonial à l'opération garantie, ce qui légitime que le cautionnement soit de nature commerciale (pour le président d'un conseil d'administration, Com. 18 janv. 2000, *RD banc. fin.* 2000, n° 191, obs. D. Legeais). Toutefois, en raison des circonstances, M. Pierre et son fils Jean sont des associés dotés de fonctions particulières car ils ont pour mission de remplacer le gérant en cas d'empêchement de celui-ci. Dans de telles circonstances, les associés, ponctuellement dirigeants, ont un « intérêt patrimonial personnel » dans l'opération garantie selon une formule adoptée par la Cour de cassation (Com. 21 févr. 2006). Ce critère a permis aux juges d'étendre le caractère commercial de certains engagements de cautions, peu importe qu'elles soient elles-mêmes commerçantes ou non commerçantes.

Un tel raisonnement se révèle en pratique délicat, car la caution qui s'engage n'exerce pas, à titre personnel et principal, une activité commerciale (sur cette critique, P. Malaurie, L. Aynès, *Les sûretés, La publicité foncière*, par L. Aynès et P. Crocq, 10e éd., Defrénois, 2016, n° 234). Ceci justifie que certains auteurs aient proposé un critère plus objectif – qui assurerait l'uniformité des décisions –, directement lié à la nature de la dette garantie, par application du principe de l'accessoire (Ph. Simler et Ph. Delebecque, *Droit civil, Les sûretés, la publicité foncière*, 7e éd., Dalloz, coll. « Précis », 2016, n° 68).

Un doute est parfois susceptible de surgir lorsque les associés minoritaires n'ont que virtuellement la qualité de dirigeant. Mais à l'égard de M. Pierre et de son fils, l'incertitude doit immédiatement être écartée car ils avaient exercé cette fonction au mois de juillet 2016 en raison du départ en vacances du gérant en titre. Il appartient au créancier, en l'occurrence la banque, de prouver la présence d'un tel « intérêt patrimonial personnel ». Si une telle preuve est apportée, ce qui sera certainement le cas pour les deux cautions, ceci justifie bien que le cautionnement soit considéré comme de nature commerciale.

II. Les conséquences de la détermination de la nature civile ou commerciale

L'intérêt de la distinction réside tout d'abord dans l'attribution de la compétence juridictionnelle en cas de litige. Le contentieux d'un cautionnement commercial relève de celle du tribunal de commerce. En l'espèce, la banque a assigné M. Pierre et son fils devant le tribunal de commerce. Il apparaît très fréquent en pratique que le contentieux du droit du cautionnement soit relatif à la détermination du juge habilité à trancher le litige, un contredit pouvant être formé après la décision des juges de première instance qui ont statué sur cette détermination.

La détermination de la nature commerciale va ensuite affecter directement l'éventuel engagement solidaire de la caution. En l'espèce, les deux cautions s'étaient engagées sans stipulation de solidarité. Or il importe peu que cette dernière ait été ou non stipulée : par principe, elle est automatiquement présumée en matière commerciale. La banque peut donc réclamer la totalité de la dette garantie aux deux cautions, même avant de s'adresser au débiteur principal, M. Pierre et son fils n'ayant pas la faculté d'invoquer le bénéfice de discussion. De même, ce créancier pourra demander à l'une des deux cautions le paiement de la totalité de la dette, sans qu'elle puisse mettre en œuvre le bénéfice de division. Une nuance doit cependant être apportée. Il s'agit d'un contrat de cautionnement conclu entre deux personnes physiques et un créancier professionnel.

Depuis l'entrée en vigueur de la loi du 1er août 2003, l'article L. 331-2 du Code de la consommation prévoit qu'une mention manuscrite doit être rédigée, stipulant cet engagement solidaire pour qu'il puisse être invoqué par le créancier. De plus, l'article L. 331-3 du même Code prévoit que cette stipulation de solidarité suppose un engagement nécessairement limité de la caution, en fonction d'un montant global préalablement déterminé.

Cas pratique n° 2

M. Pierre Martin a convenu avec un établissement de crédit, à deux dates différentes, de garantir le recouvrement de deux dettes soucrites auprès de ce même créancier par son voisin René Durant. Doivent être précisées successivement la qualification de ces deux engagements, ainsi que leurs conséquences juridiques.

I. La qualification juridique des engagements de M. Pierre Martin

Le fait d'affecter en garantie d'une créance un bien, qu'il soit mobilier ou immobilier, constitue une pratique source d'interrogations : peut-on qualifier l'opération de contrat de cautionnement ? Est-ce un engagement personnel limité à la valeur des biens concernés ? Est-ce un engagement réel complété par un engagement personnel de la caution ? La Cour de cassation, depuis un arrêt d'une Chambre mixte de 2005 (Ch. mixte 2 déc. 2005, n° 03-18210), a apporté une nouvelle réponse : désormais, « une sûreté réelle consentie pour garantir la dette d'un tiers n'implique aucun engagement personnel à satisfaire l'obligation d'autrui ».

Aucune disposition spécifique ne détermine la qualification juridique d'un tel engagement lorsqu'il porte sur un immeuble. Il a toutefois été réaffirmé par la jurisprudence qu'une telle sûreté désormais réelle et non plus personnelle, dès lors qu'elle concerne un immeuble, est soumise au formalisme qui affecte cette catégorie de biens : l'engagement souscrit correspond plus précisément à une hypothèque conventionnelle qui, dès lors, aurait dû être conclue par acte authentique (Civ. 1re, 15 févr. 2006, *RD banc. fin.* 2006, n° 63, obs. D. Legeais ; *JCP* G 2006. I. 195, no 1, obs. P. Simler).

Tel est pas le cas du premier engagement convenu en 2015 en l'espèce car il s'agit d'un bien immobilier : l'opération juridique signée par M. Pierre est donc bien un engagement certes personnel, anciennement qualifié de « cautionnement réel hypothécaire », mais portant sur un bien déterminé, pour garantir le recouvrement de la dette du débiteur principal, en l'occurrence un prêt immobilier consenti par une banque pour un montant de 100 000 euros. La particularité de ce premier engagement réside dans la formulation de l'acte complémentaire, convenu devant notaire, selon lequel Pierre Martin s'est engagé à payer en étant alors tenu en qualité de caution pour garantir le recouvrement du prêt de 10 000 euros. Il peut être en effet conseillé au créancier de recourir à un cumul de sûretés et de compléter l'engagement réel du garant par un engagement personnel, pour garantir l'efficacité de la sûreté conclue. Or ce second engagement, en tant que contrat de cautionnement, doit dès lors respecter les différentes exigences d'une telle sûreté personnelle, notamment son formalisme.

Lorsque le contrat conclu affecte en garantie un meuble, l'ordonnance du 23 mars 2006 a prévu, uniquement pour les biens mobiliers corporels, une règle particulière, énoncée à l'article 2334 du Code civil, qui permet de déterminer l'étendue de l'engagement de la caution. Il s'agit juridiquement d'un contrat de gage, donc nécessairement d'une sûreté réelle, portant en l'occurrence sur une montre (v. ss 422). L'acte établi en décembre 2016 est bien un contrat de gage dont il convient de déterminer les conséquences juridiques.

II. Les conséquences des engagements de M. Pierre Martin

En ce qui concerne tout d'abord l'acte établi en janvier 2015, il convient de distinguer les incidences des deux engagements différents de Pierre Martin.

Pour celui convenu en tant que caution, les dispositions relatives à cette sûreté doivent s'appliquer. Le contrat souscrit étant destiné à garantir un crédit immobilier à la consommation, une telle sûreté personnelle demeure en principe soumise à formalisme validant. Pierre Martin ne pourra toutefois pas contester l'efficacité de l'acte car ce formalisme est écarté pour tout cautionnement notarié (v. ss 127). Il sera tenu au titre de cet engagement en tant que caution.

De plus, Pierre Martin a affecté en garantie de ce même prêt un immeuble dont il est propriétaire, situé au 9, rue Amiral Mouchez. L'engagement, qualifié par la Cour de cassation de sûreté réelle pour garantir la dette d'un tiers, est autonome par rapport à celui en qualité de caution également consenti par Pierre Martin en tant que tiers non doté de la qualité de débiteur principal. L'ensemble des règles en vigueur pour une telle sûreté réelle, en l'occurrence un contrat d'hypothèque, a vocation à s'imposer aux parties concernées, notamment les modalités de réalisation de la sûreté dans l'hypothèse d'une défaillance de René.

Au final, pour ce premier engagement, les deux sûretés, personnelle et réelle, ont vocation à s'ajouter. Le créancier aura la possibilité de poursuivre Pierre Martin sur l'ensemble de son patrimoine en tant que caution et disposera également d'un droit de préférence et d'un droit de suite sur l'immeuble hypothéqué. Dans une telle hypothèse, la Cour de cassation a précisé que le cautionnement devait suivre les règles inhérentes à cette sûreté, la caution ayant la faculté de bénéficier des différentes mesures prévues, notamment les obligations d'information (Com. 8 juin 2010, n° 09-68.316, *RD banc. fin. 2010*, n° 5, p. 53, obs. A. Cerles) ou encore le recours au bénéfice de subrogation par exemple.

Quant à l'acte signé en décembre 2016, portant sur un bien mobilier, en l'espèce une montre, la Cour de cassation a précisé les incidences juridiques liées à un tel engagement, en réitérant à différentes occasions la même formule : un tel engagement correspond à « une sûreté réelle consentie pour garantir la dette d'un tiers [qui] n'implique aucun engagement personnel à satisfaire l'obligation d'autrui et n'est pas dès lors un cautionnement ». L'intérêt d'une telle opération, pour le garant, est de limiter l'étendue de ce qu'il devra à la seule valeur des biens gagés, en l'occurrence la montre d'une valeur de 3 000 euros. Si Pierre Martin ne pourra être tenu au-delà de cette valeur, il ne pourra pas, de manière corrélative, invoqué les règles spécifiques au droit du cautionnement, n'étant tenu qu'au titre d'un contrat de gage. Par précaution, il peut être conseillé à un créancier de compléter un engagement réel de cette caution par un engagement personnel, qui permet d'augmenter l'efficacité de la sûreté conclue.

chapitre 2

Les conditions du contrat de cautionnement

Plan analytique

section 1

Les conditions de fond

§ 1 Le consentement éclairé

A. L'erreur

B. Le dol

C. La violence

D. Le devoir de mise en garde

§ 2 La capacité

§ 3 Le pouvoir

A. Le droit des régimes matrimoniaux

B. Le droit des sociétés

C. Le mandat de se porter caution

§ 4 Le contenu du contrat

A. La notion d'« objet »

B. La disparition de la cause

§ 5 L'exigence de proportionnalité

A. L'exigence de proportionnalité d'origine jurisprudentielle

B. L'exigence de proportionnalité consacrée par le législateur

section 2

Les conditions de forme et de preuve

§ 1 La forme du contrat de cautionnement

A. La solution de principe : le contrat de cautionnement, un contrat consensuel

B. Les tempéraments au principe : le formalisme imposé par le législateur

§ 2 La preuve du contrat de cautionnement

A. Le domaine d'application de la mention manuscrite de l'article 1376 du Code civil

B. Le contenu de la mention manuscrite de l'article 1376 du Code civil

Compléments pédagogiques

2

Les conditions du contrat de cautionnement

La validité d'un contrat de cautionnement est soumise au respect de différentes conditions de fond (section 1), ainsi que celles de forme et de preuve (section 2). 51

section 1

Les conditions de fond

Les conditions de fond du contrat de cautionnement résident, conformément aux exigences du droit commun, dans le constat d'un consentement qui doit être éclairé (1), d'une capacité (2) et de pouvoirs constatés (3), de critères respectés en matière d'objet (4) et de cause (5). De manière plus spécifique, un impératif de proportionnalité entre l'engagement de la caution et ses biens et revenus doit enfin être assuré (6). 52

§ 1 Le consentement éclairé

Les parties au contrat de cautionnement doivent donner un consentement libre et éclairé. Cette exigence est spécialement prévue à l'égard de la caution à l'article 2292 du Code civil qui prévoit que le consentement doit être exprès, c'est-à-dire exprimé et non tacite (v. ss 21). L'ordonnance n° 2016-131 du 10 février 2016 a intégré dans le Code civil une disposition de portée générale garantissant un tel consentement : le devoir d'information. L'article 1112-1 dispose en effet que « celle des parties qui connaît une information dont l'importance est déterminante pour le consentement de l'autre doit l'en informer dès lors que, légitimement, cette dernière ignore cette information ou fait confiance à son cocontractant » (sur cette disposition notamment, D. Houtcieff, « Le cautionnement à l'épreuve de la réforme du droit des contrats », *D.* 2016. 2183). Il appartiendra à la jurisprudence de déterminer les modalités et le domaine d'application de cette disposition qui complète les mécanismes également protecteurs des intérêts de la caution, qui émanent toujours du droit commun des obligations, qu'ils soient d'origine textuelle comme l'erreur (A), le dol (B) ou la violence (C), mais aussi jurisprudentielle avec le devoir de mise en garde (D). 53

A. L'erreur

L'erreur, en tant que vice du consentement, est susceptible d'être invoquée par les cautions, par application du droit commun des contrats (art. 1132 C. civ.). Or le contrat de cautionnement présente certaines particularités qui impliquent que soient limités les cas d'erreurs susceptibles d'être sollicités par la caution. En tant que contrat unilatéral, il ne peut y avoir d'erreur que sur la prestation promise et non 54 sur les caractères d'une contre-prestation, car, par principe, la caution n'attend rien en retour (v. ss 21). La Cour de cassation a dû rester vigilante pour ne pas accepter trop librement cette remise en cause des contrats de cautionnement sur le fondement de l'erreur, au risque d'annuler et de fragiliser tous les contrats conclus. Elle n'admet cet argument que de manière restrictive, dans des hypothèses spécifiques.

1. *L'erreur sur la nature de l'engagement*

55 Ce fondement est parfois utilisé par les cautions qui soutiennent, *a posteriori*, qu'elles n'ont pas compris la portée de leur engagement. Même si cet argument correspond à la réalité, les juges n'ont que très rarement retenu l'erreur sur la substance d'une personne qui ignore ce qu'est un cautionnement. À titre d'illustration, la Cour de cassation a admis ce fondement, en rejetant un pourvoi contre un arrêt, considérant que la cour d'appel avait pu admettre que « la méprise invoquée avait porté, non sur les conséquences, mais sur la substance même de l'engagement » (Civ. 1re, 25 mai 1964, *D.* 1964. Jur. 626). En l'espèce, des agriculteurs avaient contracté en tant que caution, mais tout en étant persuadé qu'il ne s'agissait que d'un engagement « purement moral ». La méprise constatée portait non sur les conséquences du contrat de cautionnement, mais sur la nature même de l'engagement. Cette solution, favorable à l'annulation du contrat, demeure exceptionnelle. La rigueur de cette jurisprudence est justifiée par la volonté d'empêcher qu'une personne ne se porte caution de manière inconsidérée, sans l'avoir en réalité voulu.

2. *L'erreur sur les qualités substantielles*

56 Cet argument a ponctuellement été invoqué par les cautions devant les juges. Il s'agit généralement d'une erreur sur la *solvabilité du débiteur*, plus exceptionnellement celle sur *la personne* même de ce débiteur qui n'est pas partie au contrat. Il a toutefois été jugé que cette erreur sur la personne pouvait être retenue, dès lors qu'elle a été « commune aux parties lors de la conclusion du contrat de cautionnement portant sur une qualité substantielle du débiteur principal, à savoir son interdiction d'exercer une activité commerciale », en l'espèce à la suite d'une condamnation pénale prononcée à l'encontre du débiteur (Com. 19 nov. 2003, *RTD civ.* 2004. 86, obs. J. Mestre et B. Fages ; *RD banc. fin.* 2004, n° 63, obs. D. Legeais).

57 En ce qui concerne l'erreur sur la solvabilité du débiteur, elle ne peut être envisagée que si elle est survenue lors de la conclusion du contrat et non ultérieurement, cette dernière hypothèse justifiant la mise en œuvre du contrat de cautionnement : une telle erreur sur la solvabilité *future* du débiteur ne peut donc constituer une cause de nullité de l'engagement de la caution (Civ. 1re, 13 nov. 1990, *RTD civ.* 1991. 149, obs. M. Bandrac ; *D.* 1990. Somm. 385, obs. L. Aynès). Pour la solvabilité initiale du débiteur, la jurisprudence de la Cour de cassation a progressivement évolué : il avait été initialement admis que la caution pouvait demander et obtenir la nullité sur ce fondement (Req. 28 avr. 1872, *DP* 1872. 1. 396), à condition qu'elle démontre son ignorance (Civ. 1re, 1er mars 1972, *D.* 1973. Jur. 733, note Ph. Malaurie). À l'inverse, à partir de 1977 (Civ. 1re, 25 oct. 1977, *Bull. civ.* I, n° 388), la Cour de cassation refusa toute annulation du cautionnement pour ce motif, jugeant que les cautions ne pouvaient être déliées de leur obligation pour erreur sur la solvabilité du débiteur principal au jour de leur engagement, sauf à démontrer qu'elles avaient fait de cette circonstance de solvabilité du débiteur la condition de leur consentement (Civ. 1re,

19 mars 1985, *JCP* 1986. II. 20659, et N 1987. II. 302, note P. Bouteiller ; Com. 11 janv. 1994, *Defrénois* 1994. 1168, note L. Aynès ; Civ. 1re, 16 mai 1995, *JCP* 1996. II. 22736, note F.-X. Lucas).

La rigueur de la solution retenue par la Cour de cassation se justifiait par la volonté des magistrats d'éviter une excessive fragilisation des contrats et une trop grande intervention des juges en la matière. Certains auteurs ont critiqué cette jurisprudence qui conditionnait la mise en œuvre de l'annulation pour erreur sur la solvabilité du débiteur à la démonstration que cette dernière constituait un élément déterminant lors de l'engagement de la caution. Or la situation du débiteur principal constitue un élément nécessairement intégré au contrat de cautionnement et le créancier ne peut ignorer que la caution ne va pas accepter de couvrir une insolvabilité avérée (Ph. Simler et Ph. Delebecque, *Droit civil, Les sûretés, La publicité foncière*, 7e éd., Dalloz, coll. « Précis », 2016, no 86).

La chambre commerciale de la Cour de cassation le 1er octobre 2002 (Com. 1er oct. 2002, *D.* 2003. Jur. 1617, note Y. Picod ; *JCP* 2002. I. 124 no 3, obs. Ph. Simler ; *Defrénois* 2003. 417, obs. Ph. Théry ; *RTD civ.* 2003. 323, obs. P. Crocq) s'est alors prononcée en reconnaissant que la caution pouvait désormais obtenir l'annulation de son engagement lorsqu'elle a cru que le débiteur était solvable, alors même qu'elle n'avait pas fait de cette solvabilité une condition de son engagement. En l'espèce, une caution s'était engagée solidairement envers une banque pour garantir le remboursement de toutes sommes dues ou à devoir par une société, à concurrence d'un certain montant. Or, 4 mois après, cette société est mise en redressement judiciaire et la banque assigne la caution qui invoque l'erreur sur la solvabilité du débiteur principal. L'argument est admis par la cour d'appel et la Cour de cassation qui soutiennent que cette solvabilité du débiteur constituait « une condition tacite » de l'engagement des cautions et ce d'autant plus que la banque ne pouvait ignorer que la société garantie était déjà dans une situation financière délicate. La Cour de cassation précise à cet égard que la banque « était en relation d'affaires avec cette société depuis 1984, donc ne pouvait ignorer les difficultés de la société ». Si le principe même d'une condition tacite suffisante a été ponctuellement réaffirmé (Com. 19 mai 2015, no 14-10.860, *RDC* 2016, p. 55, obs. A.-S. Barthez ; *JCP* 2015. 1222, no 3, obs. Ph. Simler), l'ordonnance du 10 février 2016 impose un formalisme supplémentaire qui s'oppose à cette souplesse juriprudentielle. L'article 1135 alinéa 1er *in fine* du Code civil prévoit en effet que l'erreur sur un simple motif, étranger aux qualités essentielles de la prestation due ou du cocontractant – donc notamment l'insolvabilité du débiteur principal –, n'est pas une cause de nullité, « à moins que les parties n'en aient fait expressément un élément déterminant de leur consentement », la notion de condition tacite étant désormais écartée.

De plus, il convient de relever que la caution aurait pu invoquer la réticence dolosive ou le manquement à l'obligation de contracter de bonne foi du créancier pour obtenir une solution équivalente : comme le relève en l'espèce la Cour de cassation, la situation du débiteur était irrémédiablement compromise au jour de la conclusion du cautionnement et le créancier le savait. Tel fut le cas dans une solution postérieure du 13 mai 2003 (v. ss 65). La Cour de cassation, dans l'arrêt du 1er octobre 2002, a préféré prononcer la nullité du contrat en se fondant sur l'insolvabilité manifeste du débiteur lors de l'engagement de la caution qui était connue du créancier. Elle a pris le soin de préciser qu'il s'agissait d'une caution non intégrée, « tiers à la société ». *A contrario*, le recours au cautionnement d'un dirigeant de société ne permettrait pas d'obtenir cette annulation, dès lors que la caution a connaissance de la situation financière de la société. L'arrêt confère enfin un large pouvoir d'appréciation au juge pour déterminer si, dans chaque cas particulier, la caution avait fait de la solvabilité du débiteur principal une « condition tacite de sa garantie ». En pratique, il sera *a priori* facile de démontrer que la caution avait, de manière implicite, sous-entendu, considéré cet élément comme préalable à son engagement. Il est rare de trouver une caution qui accepte de s'engager pour un débiteur qu'elle sait insolvable.

3. *La croyance erronée dans l'existence d'autres garanties*

58 L'erreur commise par la caution peut résulter de la croyance erronée en l'existence de garanties complémentaires fournies au créancier, lorsque ces mêmes garanties se révèlent inexistantes au moment où la caution est appelée. Les juges ont admis que la caution puisse invoquer cette erreur dès lors qu'elle est apparue déterminante lors de l'engagement de la caution (Civ. 1re, 1er juill. 1997, *D.* 1999. Jur. 181, note V. Brémond ; *RTD civ.* 1997. 970, obs. M. Bandrac ; *Defrénois* 1997. 1425, note L. Aynès ; à la suite d'une non-inscription d'un nantissement de fonds de commerce, Com. 10 avr. 2008, *RD banc. fin.* 2008, n° 68, obs. D. Legeais ; sur la croyance erronée en l'existence d'autres engagements en qualité de cautions, Com. 30 nov. 2010, *RTD civ.* 2011. 120, obs. B. Fages ; *RD banc. fin.* 2011, n° 7, obs. D. Legeais ; ou en raison de l'annulation des autres cautionnements également souscrits et de l'importance de l'engagement de la caution victime d'une telle annulation, Com. 18 mars 2014, n° 13-11733, *RDC* 2014, n° 4, p. 407, obs. A.-S. Barthez ; *Gaz. Pal.* 4 et 5 juin 2014, p. 16, obs. Ch. Albiges ; *RD banc. fin.* mai 2014, n° 97, obs. D. Legeais ; *JCP* 2014. 635, n° 2, obs. Ph. Simler ; *Defrénois* 2015. 491, obs. S. Cabrillac).

B. Le dol

59 Le dol est un fondement plus fréquemment invoqué par les cautions que l'erreur, dès lors que les conditions requises par l'article 1116 du Code civil, désormais codifié à l'article 1137 du même Code, sont constatées au titre de la réticence dolosive. Il en est ainsi lorsque les cautions considèrent qu'elles ont été insuffisamment informées et que des manœuvres ont révélé l'intention de tromper. À titre d'exemple, un établissement de crédit commet un tel vice du consentement à l'égard d'une caution quand il obtient l'engagement de cette dernière tout en dissimulant la situation irrémédiablement compromise du débiteur principal (Civ. 1re, 14 févr. 2008, *RD banc. fin.* 2008, n° 38, obs. D. Legeais). De même, est constitutif d'un dol le fait pour le créancier de mettre un terme aux concours qu'il s'était engagé à maintenir après obtention du cautionnement alors qu'aucun élément nouveau ne s'est produit dans les relations de la banque avec la société caution (CA Reims, 26 mai 2008, *RD banc. fin.* 2009, comm. 53, obs. D. Legeais). Toutefois, les exigences relevant du droit commun du dol, liées à l'auteur du dol (1) et à son caractère déterminant (2) tendent à limiter sa mise en œuvre en matière de cautionnement.

1. *L'auteur du dol*

60 Selon le droit commun, les manœuvres dolosives ne sont une cause de nullité du contrat que si elles émanent *du cocontractant* et non d'un tiers. Le dol du débiteur, non partie au contrat de cautionnement, ne peut être opposé au créancier dès lors que ce dernier n'a pas été complice du dol. Ce principe d'exclusion du dol du

débiteur se justifie dès lors que l'on considère le contrat de cautionnement et non l'opération triangulaire de cautionnement (sur cette distinction, v. ss 14). Certains auteurs ont critiqué cette conception. Selon eux, le contrat de cautionnement ne concerne pas seulement la relation créancier-caution, car il présuppose l'existence d'une opération plus complexe issue de la « relation triangulaire » pour laquelle le débiteur n'a plus la qualité de véritable tiers au contrat (Ph. Simler et Ph. Delebecque, *Droit civil, Les sûretés, La publicité foncière*, *op. cit.*, n° 88). La Cour de cassation demeure toutefois vigilante et écarte toute demande formulée sur le fondement du dol du débiteur principal, qu'il s'agisse d'actes positifs ou d'abstention de sa part. Un arrêt rendu le 13 novembre 2002 par la chambre commerciale de la Cour de cassation (Com. 13 nov. 2002, *RD banc. fin.* 2003, n° 11, obs. D. Legeais ; *Banque et Droit* mars-avr. 2003, p. 52, obs. F. Jacob ; *RTD civ.* 2003. 322, obs. P. Crocq) a même permis de rappeler que le dol ne pouvait être invoqué que « dans le cas où les manœuvres émanent de l'une des parties contractantes ». Or, en l'espèce, la caution s'était fondée sur le dol d'un membre de la société débitrice, argument écarté par les juges qui adoptent une lecture littérale de l'article 1116 du Code civil. Ultérieurement, une chambre mixte de la Cour de cassation a affirmé que la caution, en dépit du caractère accessoire de son engagement, ne pouvait opposer les exceptions qui sont purement personnelles au débiteur. N'étant pas partie au contrat principal, elle n'était pas recevable à invoquer la nullité pour dol qui avait affecté le consentement du débiteur (Ch. mixte, 8 juin 2007, *D.* 2007. Act. 1782, obs. V. Avena-Robardet ; *JCP* 2007. Act. 274, obs. J. Casey, *JCP E* 2007. 1861. note S. Piedelièvre ; *Dr. et proc.* 2007, p. 295, note Y. Picod ; solution ultérieurement confirmée, notamment CA Paris, pôle 5, ch. 6, 5 juill. 2012 ; Banque et Droit nov.-déc. 2012, p. 52, obs. N. Rontchevsky). Seule l'attitude du créancier peut en principe justifier le recours au dol et singulièrement à la réticence dolosive. Elle est sanctionnée lorsque le défaut d'information, imputable au créancier, a eu pour objet de tromper la caution (Civ. 1re, 13 mai 2003, *JCP* 2003. II. 10144, note R. Desgorces ; *LPA* 24 nov. 2003, p. 3, note D. Houtcieff ; *D.* 2004. Jur. 262, note E. Mazuyer), dès lors que l'intention dolosive du créancier a été prouvée (Com. 12 janv. 2010, *RD banc. fin.* 2010, n° 51, obs. D. Legeais). L'entrée en vigueur de l'ordonnance réformant le droit des contrats va toutefois pouvoir nuancer cette conception. L'article 1138 du Code civil prévoit désormais que la nullité pour dol peut être invoquée dès lors que les manœuvres émanent d'un « tiers de connivence », éventuellement le débiteur qui a pu, par son comportement, inciter la caution à s'engager, en étant alors complice du dol commis par le créancier. À l'inverse, en l'absence de toute complicité, le dol du tiers ne pourra toujours pas être sanctionné.

La difficulté a concerné le cas particulier du dol commis par un *cofidéjusseur*, tiers au 61 ▪
contrat conclu entre chaque caution et le créancier, qui a incité l'une des cautions à s'engager. L'annulation de l'engagement en qualité de caution pourrait se justifier, quelle que soit l'origine du dol. Cette sanction se révélerait défavorable au créancier car, victime de la malhonnêteté d'un tiers, il perdrait une faculté de recours contre la caution victime du dol, seul l'auteur du dol demeurant tenu. La Cour de cassation s'est prononcée (Com. 29 mai 2001, *RTD civ.* 2003. 920, obs. P. Crocq ; *D.* 2002. Jur. 1741, note A.-M. Luciani ; *RD banc. fin.* 2001, n° 145, obs. D. Legeais ; *D.* 2002. Somm. 114, obs. M.-N. Jobard-Bachelier) et a affirmé qu'un tel comportement dolosif pouvait être invoqué par la caution, mais uniquement dans la relation entre cofidéjusseurs. Les termes de la solution précisent bien que seul le rapport entre les cofidéjusseurs est

affecté et non celui avec le créancier, singulièrement lorsqu'une caution exerce un recours contre l'autre caution après paiement de la dette.

2. *Le caractère déterminant du dol*

62 Il appartient à la caution de démontrer non seulement la réalité du dol, mais aussi son caractère *déterminant*. Cette exigence a pu être retenue pour un dol par simple réticence, commis par un banquier qui n'avait pas informé la caution au sujet de la situation délicate dans laquelle se trouvait le débiteur, afin d'obtenir le consentement de cette caution (Civ. 1re, 10 mai 1989, *JCP* 1989. II. 21363, note D. Legeais ; *D.* 1990. Somm. 385, obs. L. Aynès ; solution ensuite confirmée, Com. 16 mars 2010, *RD banc. fin.* 2010, n° 92, obs. D. Legeais ; *Gaz. Pal.* 6 mai 2010, p. 18, obs. Ch. Albiges ; *JCP* 2010. I. 708, n° 1, obs. Ph. Simler ; *RLDC* 2010, n° 71, p. 35, obs. J.-J. Ansault). Ce silence sur les difficultés financières du débiteur a été de nature à dissuader la caution de s'engager, comme lorsque ce même silence a permis de dissimuler délibérément le risque élevé de l'opération garantie, en retenant des informations essentielles qui ne pouvaient être connues de ces cautions (Com. 22 mai 2013, n° 11-20.398, *RD banc. fin.* 2013, n° 126, obs. D. Legeais ; *Gaz. Pal.* 12 et 13 juin 2013, p. 15, obs. Ch. Albiges ; *Dr. et patr.* févr. 2014, p. 56, obs. Ph. Dupichot). Un tel comportement est répréhensible à l'égard d'un banquier qui est un professionnel, alors que la caution est généralement profane, dès lors que les difficultés financières se révèlent importantes et que la banque elle-même avait eu connaissance de la situation compromise du débiteur. La jurisprudence est encore plus exigeante lorsque la caution n'a pas les compétences requises pour obtenir et même pour apprécier les informations détenues par la banque (C. Villemin-Gonzalez, « La réticence dolosive des établissements bancaires à l'égard des cautions, un manquement à l'obligation de contracter de bonne foi », *D.* 2002. Chron. 3338). L'on se rapproche, par un tel raisonnement, de l'impératif de bonne foi, de loyauté en matière de cautionnement (v. ss 65). Une nuance doit toutefois être apportée : la réticence dolosive du créancier ne peut être retenue lorsque ce dernier n'a pas connaissance, à la date de l'engagement de la caution, de la gravité de la situation financière du débiteur garanti. La Cour de cassation sanctionne alors davantage l'imprudence de la caution (pour une illustration, Com. 10 juill. 2012, *Banque et Droit* sept.-oct. 2012, p. 56, obs. N. Rontchevsky ; *RD banc. fin.* 2012, n° 151, obs. A. Cerles).

C. La violence

63 Le vice de violence n'affecte qu'exceptionnellement les contrats de cautionnement. La particularité de ce fondement réside dans la détermination de l'auteur de ce vice, qui peut, contrairement au dol, être non seulement le créancier, mais aussi un tiers, singulièrement le débiteur principal. Les juges ont à ce titre admis la remise en cause de l'engagement d'une caution en se fondant sur la contrainte morale qu'elle aurait subie (menaces sur l'épouse du débiteur à se porter caution, exercées par un syndic de faillite, Com. 28 mai 1991, *D.* 1991. Somm. 385, obs. L. Aynès ; *D.* 1991. Jur. 166, note P. Morvan ; *RTD civ.* 1991. 773, obs. M. Bandrac ; *RTD civ.* 1992. 85, obs. J. Mestre), en particulier lorsque la caution a perdu tout libre arbitre en sa qualité de membre d'une communauté religieuse qui lui avait imposé de s'engager en tant que caution (Douai, 29 juin 2006, *RD banc. fin.* 2007, n° 66, obs. D. Legeais). La Cour de cassation demeure toutefois vigilante pour ne pas admettre de manière systématique ce

fondement, la violence morale ne pouvant résulter d'appels incessants d'un banquier, liés à une raison légitime, en l'occurrence finaliser un contrat de cautionnement pour garantir un concours bancaire accordé à une société dont le gérant était le fils de la caution (Com 22 janv. 2013, n° 11-17.954, *Gaz. Pal.* 20 et 21 mars 2013, p. 17, obs. Ch. Albiges ; *RD banc. fin.* 2013, n° 56, obs. D. Legeais ; dès lors que ne sont pas prouvées des pressions psychologiques ou autres « de nature à faire impression sur une personne raisonnable », Com 28 janv. 2014, n° 12-28.480, *Gaz. Pal.* 19 et 20 mars 2014, p. 14, obs. Ch. Albiges ; *RDC* 2014. 409, obs. A.-S. Barthez).

Les cautions pourront toutefois solliciter le bénéfice des nouvelles dispositions issues de la réforme du droit des contrats. L'ordonnance du 10 février 2016 a en effet intégré dans le Code civil, à l'article 1143, le principe de la violence liée à un état de dépendance, notamment les considérations économiques : selon les termes du texte, « il y a également violence lorsqu'une partie, abusant de l'état de dépendance dans lequel se trouve son cocontractant, obtient de lui un engagement qu'il n'aurait pas souscrit en l'absence d'une telle contrainte et en tire un avantage manifestement excessif ». De tels critères, les relations spécifiques entre les parties et l'avantage manifestement excessif, déjà ponctuellement retenus pour contester l'efficacité du contrat de cautionnement sur d'autres fondements tels que le défaut de mise en garde et la disproportion, pourront à nouveau être invoqués pour obtenir potentiellement la nullité du contrat (sur la détermination de ces critères, D. Mazeaud, « La violence économique à l'aune de la réforme du droit des contrats », *in* Y. Picod, D. Mazeaud (dir.), *La violence économique à l'aune du nouveau droit des contrats et du droit économique,* ouvrage collectif sous l'égide de l'Association Henri Capitant, Dalloz, coll. « Thèmes et commentaires », p. 25 s.). Il appartiendra au juge d'apprécier si les circonstances prévues par le texte sont toutes réunies.

D. Le devoir de mise en garde

L'exigence de transparence imposée au créancier a récemment pris la forme d'un devoir de mise en garde, progressivement reconnu par la jurisprudence (1) qui a déterminé les bénéficiaires (2), ainsi que la sanction susceptible d'être encourue (3). 64

1. *La reconnaissance progressive du devoir de mise en garde*

Avant même la reconnaissance expresse du devoir de mise en garde, diverses décisions avaient au préalable relevé l'existence d'un lien direct entre la réticence dolosive et l'obligation d'information, les deux s'imposant au nom de l'impératif de bonne foi. Il en était ainsi lorsque la situation du débiteur avait été considérée comme « irrémédiablement compromise » ou « lourdement obérée » et que l'établissement de crédit, en toute connaissance de cause, n'avait pas transmis cette information à la caution (Civ. 1re , 21 janv. 1981, *D.* 1981. IR. 503, note M. Vasseur ; Civ. 1re, 10 mai 1989, *JCP* 1989. II. 21363, note D. Legeais ; *Defrénois* 1989. 1049, obs. L. Aynès ; Civ. 1re, 18 févr. 1997, *JCP E* 1997. II. 944, note D. Legeais ; Com. 15 févr. 2000, *LPA* 12 déc. 2000, p. 21, note J.-L. Courtier). Un arrêt ultérieur a permis à la Cour de cassation d'effectuer une référence commune au dol et à la bonne foi pour sanctionner un banquier qui, tout en sachant que la situation du débiteur était irrémédiablement compromise, avait conclu un contrat de cautionnement sans informer la caution de cette situation (Civ. 1re, 13 mai 2003, *JCP* 2003. II. 10144, note R. Desgorces ; *LPA* 24 nov. 2003, p. 3, note D. Houtcieff). 65

66 Toutefois, toujours au nom du même impératif de bonne foi, les juges ont ponctuellement retenu l'obligation d'information, à la charge du créancier, indépendamment de toute référence au dol (Ph. Simler, « L'information de la caution », *in* J. Lasserre-Capdeville (dir.) *Le crédit, Aspects juridiques et économiques*, Dalloz, coll. « Thèmes et commentaires », 2012, p. 69). La Cour de cassation a fondé son raisonnement exclusivement sur l'obligation de contracter de bonne foi, sans se référer à ce vice du consentement (Civ. 1re, 16 mai 1996, *JCP* 1996. I. 22736, note F.-X. Lucas). Cette conception a été réaffirmée au bénéfice d'une caution victime d'un défaut de transmission d'information (Com. 20 sept. 2005, *D.* 2005. AJ. 2588, obs. X. Delpech ; *JCP* E 2005. 1145, note D. Legeais ; *LPA* 23 janv. 2006, p. 10, note D. Houtcieff). En l'espèce, une société franchisée conclut avec un établissement de crédit deux contrats de crédit-bail prévoyant la mise à disposition de mobilier et de matériel de restauration. Ces contrats sont garantis par le cautionnement solidaire des cogérants de cette société. Préalablement à la signature de ces conventions, le franchiseur avait disposé d'un dossier comprenant une étude d'impact et des études préliminaires sur l'état du secteur, sans en faire mention, ni le transférer à la société franchisée et aux cautions. Or cette étude démontrait que l'opération financée par les contrats était dépourvue de viabilité. La société bénéficiaire du crédit-bail étant mise en redressement judiciaire, l'établissement de crédit assigne les cautions en paiement de la dette. Ces dernières se retournent contre leur créancier, arguant d'une faute dans l'octroi du crédit-bail, car elles n'avaient pas eu connaissance d'informations essentielles pour apprécier la portée de leur acte. La Cour de cassation retient que la banque, qui détient au moment de la conclusion du cautionnement des informations sur la viabilité de l'opération entreprise par la société emprunteuse dirigée par les cautions, ignorées par suite de circonstances exceptionnelles de ces dernières, manque à son obligation de contracter de bonne foi si elle ne les leur communique pas. Cet arrêt n'est qu'une illustration du développement du concept de bonne foi en droit des contrats, fortement lié à l'obligation d'information, plus particulièrement en matière de cautionnement. C'est au titre du devoir de loyauté envers son cocontractant que le créancier doit révéler à la caution les informations relatives à la situation du débiteur principal, car ces informations lui permettent d'avoir une appréciation exacte du risque. L'intérêt de telles solutions réside ainsi dans la référence à la notion de « bonne foi », exigence désormais consacrée au titre des dispositions liminaires par l'ordonnance du 10 février 2016 à l'article 1104 du Code civil : « les contrats doivent être négociés, formés et exécutés de bonne foi ».

67 L'exigence de transparence a pris dernièrement la forme d'un devoir de mise en garde qui s'impose aux établissements de crédit, tenus à ce titre d'avertir les cautions des conséquences de leur engagement, en attirant leur attention sur les risques liés à la constitution d'une telle sûreté liée à l'octroi d'un prêt accordé au débiteur principal, en cas de défaillance de ce dernier (sur les différents aspects de ce devoir, M. Mignot, « Le devoir de mise en garde de l'emprunteur et de sa caution : devoir d'informer, de conseiller ou de s'abstenir de contracter ? », *in* J. Lasserre-Capdeville (dir.), *Le crédit, Aspects juridiques et économiques*, préc., p. 77 ; A. Perin Dureau, « Variations sur l'obligation de mise en garde au terme de dix ans de décisions », *JCP* E 2016. 1304). Conformément à un raisonnement retenu au préalable par la première chambre civile de la Cour de la cassation au bénéfice des emprunteurs qualifiés de non avertis (Civ. 1re, 12 juill. 2005, *JCP* E 2005. 1359, note D. Legeais ; *JCP* 2005. II. 10140, note A. Gourio ; *D.* 2005. Somm. 2276, obs. X. Delpech ; *D.* 2005. Jur.

3094, note B. Parance ; *RD banc. fin.* 2005, comm. 203, obs. F. Crédot et Y. Gérarda ; *Dr. et patr.* 2006, p. 123, obs. Ph. Dupichot ; Civ. 1re, 30 avr. 2009, *Gaz. Pal.* 21 mai 2009, p. 5, note S. Piedelièvre ; *JCP* E 2009. 1583, note D. Legeais), la chambre commerciale a affirmé que l'obligation de mise en garde était susceptible d'être invoquée par une caution (Com. 3 mai 2006, arrêt *Natiocréditbail*, *JCP* E 2006. 1890, note D. Legeais ; *D.* 2006. 1445, obs. X. Delpech ; *JCP* 2006. I. 10122, note A. Gourio), la difficulté résidant dans la détermination des bénéficiaires, ainsi que la sanction à prononcer en cas de non-respect.

2. *Les bénéficiaires du devoir de mise en garde*

La jurisprudence impose à tout créancier professionnel un devoir de mise en garde au bénéfice des cautions dites profanes ou non averties. Cette consécration prétorienne d'une nouvelle obligation, imposée en fonction de la qualité de la caution, a été confirmée et précisée par différentes décisions de justice, à l'origine de « l'une des plus belles créations prétoriennes contemporaines » (D. Legeais, « Cinquante arrêts pour rien ? », *RD banc. fin.* 2010, repère 2). La détermination et l'appréciation de la qualité de « caution avertie » ou « caution non avertie » doivent nécessairement être réalisées *in concreto,* au cas par cas, et il appartient à la Cour de cassation de contrôler si la qualification de caution avertie est justifiée, les juges du fond devant préciser les critères qui permettent la classification d'un garant et qui justifient la qualification finalement retenue (sur ce pouvoir souverain d'appréciation, Com. 3 juill. 2012, *Dr. et patr.* févr. 2013. 80, obs. Ph. Dupichot ; *Gaz. Pal.* 19 et 20 sept. 2012, p. 18, obs. Ch. Albiges). 68 ■

Plusieurs contentieux ont concerné plus spécialement le *lien de parenté ou de proximité* entre la caution et le débiteur principal, de telles circonstances permettant ou non de retenir la qualité de caution avertie. Il a été jugé que le fait d'être le conjoint (Com. 12 janv. 2010, *RD banc. fin.* 2010, n° 54, obs. D. Legeais ; *RD banc. fin.* 2010, n° 38, obs. F.-J. Crédot et Th. Samin ; *Gaz. Pal.* 5 et 6 mai 2010, p. 19, obs. Ch. Albiges : Civ. 1re, 16 sept. 2010, *RD banc. fin*. 2010, n° 213, obs. D. Legeais ; *Banque et Droit* nov.-déc. 2010. 50, obs. N. Rontchevsky), l'enfant (Com. 17 mai 2011, *RD banc. fin. 2011,* n° 131, obs. A. Cerles ; *Gaz.Pal.* 21 et 22 sept. 2011, p. 20, obs. Ch. Albiges), la concubine (Com. 3 févr. 2009, *RD banc. fin.* 2009, n° 51, obs. D. Legeais) ou encore la compagne (Com. 2 oct. 2012, *Dr. et patr.* févr. 2013, p. 80, obs. Ph. Dupichot) ne constitue pas un élément suffisant pour établir la qualité de caution avertie, dès lors que n'a pas été démontrée une compétence particulière ou une implication dans la gestion de l'entreprise débitrice (pour une solution opposée à l'égard d'une épouse considérée caution avertie en raison de sa profession antérieure lui permettant de comprendre la portée des engagements pris, après avoir mené l'entreprise commune avec son mari, Com. 22 nov. 2011, n° 10-25.920, *JCP G* 2012. 626, n° 4, obs. Ph. Simler ; *RD banc. fin.* 2012, n° 11, obs. D. Legeais). 69 ■

Par ailleurs, il a été jugé par la Cour de cassation, de manière contestable sous certains aspects, que le consentement donné par une épouse au cautionnement souscrit par son époux, en respectant les exigences de l'article 1415 du Code civil (sur lesquelles, v. ss 76) n'ayant pas pour effet de lui conférer la qualité de partie à l'acte, il convient d'en déduire que cette même épouse ne peut être créancière d'un devoir de mise en garde (Com. 9 févr. 2016, n° 14-20.304, *Banque et Droit* mai - juin 2016. 68, obs. E. Netter ; *JCP G* 2016. 553, n° 6, obs. Ph. Simler ; *Gaz. Pal.* 21 juin 2016, p. 29, obs. Ch. Albiges ; *Rev. sociétés* 2016. 359, note Ch. Juillet ; *Dr. et patr*. mai 2016,

p. 118, obs. A. Aynes ; *D.* 2016. 1415, note A. Molière, *RD banc. fin.* 2016, n° 68, obs. D. Legeais ; *Gaz. Pal.* 7 juin 2016, p. 70, obs. M. Bourassin, *D.* 2016. 1965, obs. P. Crocq ; *RDC* 2017. 75, obs. A.-S. Barthez).

70 Quant aux cautions *dirigeantes,* le dernier état de la jurisprudence démontre que la qualité de caution avertie ne leur est pas systématiquement conférée. Certes, le dirigeant qui accepte de se porter caution est généralement assimilé à une caution avertie, notamment en raison de son implication, donc de sa participation active dans la vie de la société cautionnée ou lorsque sont démontrées des compétences personnelles dans le secteur d'activité exercé (Com. 21 févr. 2012, *Gaz. Pal.* 28 et 29 mars 2012, p. 16, obs. Ch. Albiges ; *Dr. et patr.* juill.-août 2012, p. 102, obs. L. Aynès, en dernier lieu pour un dirigeant qui avait non seulement déjà assumé des fonctions de responsabilité qui nécessitaient des compétences techniques et commerciales, mais qui s'était également personnellement chargé du suivi des dossiers de financement et donc particulièrement impliqué, Com. 18 janv. 2017, n° 15-12.723, *Gaz. Pal.* 21 févr. 2017, p. 29, obs. Ch. Albiges ; *JCP* E 2017. 1102, note D. Legeais ; *AJCA* mars 2017. 122, obs. D. Houtcieff), peu importe l'âge des garants (Com. 22 nov. 2011, n° 10-25197, *Gaz. Pal.* 21 et 22 déc. 2011, p. 16, obs. Ch. Albiges), le dirigeant étant censé connaitre les conséquences de son engagement (sur les attraits d'un tel critère objectif, E. Palvadeau, « Réflexions sur la caution avertie », *Dr. et patr.* 2012, p. 218).

À l'inverse, la notion de cautions « non averties » a été privilégiée en fonction des circonstances, en raison de l'inexpérience, du caractère temporaire de la fonction ou encore de la compétence du dirigeant jugée insuffisante (Com. 12 janv. 2010, préc. ; Com. 27 nov. 2012, *RD banc.fin. 2013,* n° 14, obs. D. Legeais ; *Gaz. Pal.* 12 et 13 déc. 2012, p. 13, obs. Ch. Albiges ; *Dr. et patr.* févr. 2013, p. 80, obs.Ph. Dupichot ; Com. 5 févr. 2013, *RD banc. fin.* 2013, n° 52, obs. D. Legeais). Le raisonnement d'une cour d'appel a ainsi été censuré pour avoir considéré que la qualité de caution avertie devait se déduire de sa seule qualité de dirigeant, sans qu'une telle décision ne soit motivée et précisée par les juges du fond (Com., 22 mars 2016, 14-20.216, *JCP G* 2016. 553, n° 5, obs. Ph. Simler ; *Gaz. Pal.* 21 juin 2016, p. 28, obs. Ch. Albiges ; *RD banc. fin.* 2016, n° 117 obs. D. Legeais ; *Gaz. Pal.* 7 juin 2016, p. 70, obs. M. Bourassin ; *D.* 2016, p. 1955, obs. P. Crocq ; *Dr. et patr.* janv. 2017, p. 90, obs. Ph. Dupichot ; *RDC* 2017, p. 71, obs. A.-S. Barthez). La Cour de cassation écarte manifestement toute présomption de qualité de caution avertie à un dirigeant et impose par là même une appréciation *in concreto* de chaque garant concerné, bénéficiaire ou non du devoir de mise en garde imposé au créancier.

De même, le seul constat de la qualité de dirigeant d'une société tierce, autre que celle du débiteur garanti, ne confère pas cette qualité de caution avertie (Com. 31. janv. 2012, *Gaz. Pal.* 28 et 29 mars 2012, p. 16, obs. Ch. Albiges ; *Dr. et patr.* juill.-août 2012, p. 102, obs. L. Aynès), à moins qu'il soit démontré qu'une telle caution est rompue au domaine des affaires (par exemple, caution également président d'un conseil d'administration, Com. 13 mars 2012, *JCP* 2012. 626, n° 5, obs. Ph. Simler).

71 Un doute a enfin concerné deux cas particuliers. Un premier porte sur la situation des cautions par ailleurs *associées :* a pu être tenu pour non averti un tel garant quand il n'exerce pas des fonctions de gérant (Com. 11 mai 2010, *Dr. et patr.* sept. 2010, p. 87, obs. Ph. Dupichot), en raison du défaut d'implication dans la gestion de la société cautionnée (associé qui n'avait pas participé à la gestion d'un prêt, Com. 11 avr. 2012, n° 10-25.904 ; *JCP G* 2012. 1291, n° 8, Simler ; *RD banc. fin.* 2012, n° 83 obs.

D. Legeais). À l'inverse, lorsqu'il dispose d'une participation significative dans le capital social et qu'il s'implique dans la vie sociale, l'associé caution n'a plus la possibilité d'invoquer la qualité de caution non avertie, de tels éléments devant être appréciés au jour de la conclusion du contrat de cautionnement (Com. 18 janv. 2011, n° 09-72743, *RLDC* 2011, n° 80, p. 30, obs. J.-J. Ansault).

Une seconde incertitude est rencontrée lorsqu'un créancier, en l'occurrence une banque, est ou non tenu d'un devoir de mise en garde à l'égard des cautions alors que ces dernières sont *assistées d'un tiers* au moment de la conclusion du contrat. La présence d'un conseiller financier a pu justifier que soit écarté un tel devoir (Com. 12 nov. 2008, *RD banc. fin.* 2009, n° 9, obs. A. Cerles ; solution toutefois opposée retenue par la première chambre civile en présence d'un conseil ou consultant financier, Civ. 1re., 30 avr. 2009, n° 07-18.334, *RD banc. fin.* 2009, n° 120, obs. D. Legeais).

3. *La sanction du défaut de mise en garde*

Dans ces différentes circonstances, la responsabilité civile du créancier est mise en œuvre pour défaut de mise en garde, sanctionné par l'octroi de dommages et intérêts qui ne peuvent correspondre à l'intégralité de l'engagement de la caution (Com. 20 oct. 2009, *JCP* E 2009. 2053, note D. Legeais ; *D.* 2009. 2971, note. D. Houtcieff ; *JCP* 2009. 482, note S. Piédelièvre ; *JCP* 2010. 708, n° 5, obs. Ph. Simler ; Com. 1er déc. 2009, *Gaz. Pal* 14 janv. 2010, p. 17, obs. M.-P. Dumont-Lefrand). Il appartient à ce même créancier d'apporter la preuve que ce devoir de mise en garde a bien été respecté. En l'absence d'une telle preuve, que la caution a été alertée et subissant un préjudice lié, les juges sont tenus d'apprécier la perte d'une chance de ne pas contracter (sur l'évaluation de la charge de la caution à un euro symbolique, Com. 8 nov. 2011, *JCP* 2012. 626, n° 6, obs. Ph. Simler ; *RD banc. fin.* 2012, n° 13, obs. D. Legeais). 72 ■

Un tel devoir de mise en garde s'impose plus particulièrement au bénéfice des cautions soit « à raison de ses capacités financières et des risques d'endettement né de l'octroi du prêt », donc selon des circonstances spécifiques à la caution elle-même (Com. 12 janv. 2010, préc. ;Com. 27 nov. 2012, préc ; sur ce lien entre mise en garde et proportionnalité, notamment M. Mignot, « Le devoir de mise en garde de l'emprunteur et de sa caution : devoir d'informer, de conseiller ou de s'abstenir de contracter ? », in *Le crédit, Aspects juridiques et économiques*, Dalloz, coll. « Thèmes et commentaires », 2012, p. 87), soit lorsque le crédit consenti à l'égard du débiteur principal est excessif, en fonction d'éléments qui concernent ce crédit et affectent de manière corrélative les intérêts de la caution (Com. 13 janv. 2015, n° 13-24.875, *Gaz. Pal.* 18 et 19 mars 2015, p. 13, obs. Ch. Albiges ; *RD banc. fin.* mars 2015, n° 40, obs. D. Legeais).

Ce nouveau devoir de transparence vient compléter l'exigence de proportionnalité de l'engagement de la caution. Le lien établi entre mise en garde et disproportion s'imposait initialement au regard des fondements juridiques communs, à savoir la mise en œuvre de la responsabilité civile du créancier au bénéfice des cautions, et ce au nom d'une certaine cohérence de la matière (D. Legeais, note sous Com. 3 mai 2006, *préc).* Ainsi, la caution non avertie est bien fondée à se prévaloir d'un manquement du créancier à son devoir de mise en garde dès lors toutefois qu'une disproportion entre son engagement et ses capacités financières sont constatées. À l'inverse, en l'absence d'une telle disproportion, le créancier n'est tenu d'aucun devoir de mise en garde (Com. 3 nov. 2015, n° 14-17.727, *Gaz. Pal.* 8 mars 2016, p. 73, obs. M. Bourassin ; *D.* 2016. 1965, obs. P. Crocq).

Le caractère cumulatif de ces deux fondements peut se révéler particulièrement rigoureux pour les cautions, l'absence de disproportion ne pouvant pas nécessairement légitimer une dispense du devoir de mise en garde. Une nuance a été ponctuellement à juste titre apportée par la Cour de cassation : la première chambre civile a en effet considéré que le seul fait que l'engagement de la caution soit proportionné à ses capacités financières ne pouvait pas suffire à exclure tout devoir de mise en garde (Civ. 1re, 14 oct. 2015, n° 14-14.531, *Gaz. Pal* 9-10 déc. 2015, p. 15, obs. Ch. Albiges ; *RTD com.* 2015. 728, obs. D. Legeais).

§ 2 La capacité

73 La capacité juridique suppose la faculté, pour une personne déterminée, d'être titulaire de droits – capacité de jouissance – et de les exercer – capacité d'exercice. Comme pour tout contrat et conformément au droit commun (art. 1128 C. civ.), les parties au contrat de cautionnement doivent avoir la capacité de contracter. Le respect de cette condition n'est qu'indirectement énoncé à l'article 2295 du Code civil, texte qui suppose que la caution ait la faculté de s'obliger. La rigueur de cette règle, qui s'applique au cautionnement, mais aussi au sous-cautionnement, s'impose logiquement en raison de la dangerosité de l'engagement souscrit. Un incapable, qu'il soit majeur ou mineur, ne pourrait s'engager seul en qualité de caution.

74 La difficulté en la matière a concerné l'éventuelle extension de cette exclusion de principe à l'égard du tuteur ou de l'administrateur légal. Ont-ils la faculté de conclure un contrat de cautionnement au nom d'un incapable ? Dans un premier temps, il fut jugé qu'un tuteur ou administrateur ne pouvait souscrire un cautionnement au nom du mineur, même avec l'autorisation du conseil de famille ou du juge des tutelles. L'argument invoqué résidait dans la gravité de l'engagement et plus précisément l'impossibilité d'apprécier les conséquences de cet engagement au jour de la conclusion de l'acte, d'autant plus qu'il était généralement accompli sans contrepartie, en tant qu'acte de bienfaisance (sur le constat de cette gravité, F. Terré et D. Fenouillet, *Les personnes*, Dalloz, coll. « Précis », 8e éd., 2012, n° 325). Cette conception était critiquée par certains auteurs (Ph. Malaurie et L. Aynès, *Les sûretés, la publicité foncière*, par L. Aynès et P. Crocq, *op. cit.*, n° 216) qui soulignent que le cautionnement, personnel ou réel, peut présenter un intérêt pour la caution. Ce raisonnement a été retenu dans un second temps par la Cour de cassation à l'occasion d'un cautionnement réel : le cautionnement peut être souscrit par un tuteur ou un administrateur légal sous contrôle judiciaire avec l'autorisation du juge des tutelles (Civ. 1re, 2 déc. 1997, *JCP* 1998. I. 149, n° 1, obs. Ph. Simler ; *JCP* N 1998. 1046, chron. D. Boulanger ; *D.* 1998. Jur. 469, note Ph. Delmas Saint-Hilaire et J. Hauser ; *RTD civ.* 1998. 343, obs. J. Hauser). Enfin, dans un troisième temps, la loi n° 2007-308 du 5 mars 2007 portant réforme de la protection juridique des majeurs, a inséré dans le Code civil une disposition plus contraignante : l'article 509 1° prévoit qu'à partir du 1er janvier 2009, date d'entrée en vigueur du texte, le tuteur ne peut, même avec une autorisation, conclure une sûreté pour garantir la dette d'un tiers. Tout cautionnement éventuellement conclu sera alors annulé automatiquement.

§ 3 Le pouvoir

Les solutions retenues concernant le pouvoir de la caution d'engager une tierce personne ou, plus précisément, des biens ne lui appartenant pas, doivent être précisées dans trois hypothèses : en matière de régimes matrimoniaux (A), de droit des sociétés (B) et lors du recours à un mandat de se porter caution (C). 75 ■

A. Le droit des régimes matrimoniaux

Dans le cadre d'une relation entre époux, les règles des régimes matrimoniaux ont limité les biens susceptibles d'être engagés par l'époux en qualité de caution. Pour le régime de communauté, depuis la réforme issue de la loi du 23 décembre 1985, l'article 1415 du Code civil prévoit que l'époux qui se porte caution d'un tiers n'engage les biens de la communauté que s'il a au préalable obtenu « le consentement exprès de l'autre conjoint ». Aussi, si le cautionnement accordé par l'un des époux est expressément autorisé par l'autre, le créancier pourra exercer ses poursuites non seulement sur les biens propres de l'époux caution mais aussi sur leurs biens communs. Seuls les biens propres de l'époux de la caution (ainsi que ses gains et salaires) seront exclus des poursuites. 76 ■

En revanche, à défaut d'un tel consentement exprès, l'époux caution n'engage que ses biens propres et ses revenus, ce qui permet de réduire le gage des créanciers. La sanction du défaut de consentement n'est pas la nullité de la sûreté, mais son « inopposabilité » aux biens communs. En conséquence, chacun des époux, y compris celui qui s'est porté caution, peut invoquer cette réduction du droit de gage du créancier. C'est également à ce titre qu'il a été jugé, avec une certaine rigueur à l'égard des créanciers, que l'époux caution sans le consentement exprès de son conjoint, n'engageant que ses biens propres, un créancier ne peut invoquer la fraude paulienne pour les actes passés sur les biens communs (Com. 16 nov. 2010, *RD banc. fin.* 2011, n° 13, obs. D. Legeais*; Gaz. Pal.* 31 mars 2011, p. 20, obs. M.-P. Dumont-Lefrand). La finalité des différentes applications de l'article 1415 du Code civil est de protéger le patrimoine familial lors de la conclusion d'actes particulièrement dangereux comme l'emprunt et le cautionnement.

Une triple précision a été apportée par la Cour de cassation lors de la mise en œuvre de ce texte, déterminant un droit de gage qualifié, à juste titre, à « géométrie variable » (S. Becqué-Ickowicz, « Couple et cautionnenemt », *Dr. et patr.* juill.-août 2008, p. 60).

En ce qui concerne tout d'abord les exigences formelles requises pour manifester le consentement exprès du conjoint de la caution, il ne s'agit pas d'un engagement personnel de ce dernier, mais d'une simple autorisation destinée à rendre la sûreté convenue opposable aux biens communs. Il faut toutefois que soit constaté un tel consentement expressément formulé, l'autorisation tacite se révélant généralement insuffisante. Il a ainsi été jugé qu'il était impossible de déduire le consentement du conjoint en raison des circonstances juridiques à l'origine de la dette principale, en l'occurrence la qualité de l'épouse, gérante d'une société bénéficiaire d'un report d'une caution cautionnée par son conjoint (Civ. 1re, 1er déc. 2010, n° 09-15.669, *RD banc. fin.* 2011, n° 53, obs. D. Legeais ; *RLDC* oct 2011, p. 35, obs. J.-J. Ansault ; plus généralement sur les manifestations de ce consentement, D. Sadi, « L'autorisation du conjoint donnée à l'époux caution : étude prospective », *D.* 2014. 232). De même, dès lors que le consentement donné est limité à un bien déterminé, le créancier ne peut l'étendre et considérer qu'il s'agit d'une autorisation sur l'ensemble des biens communs (Civ. 1re, 4 mars 2015, n° 14-11567, *JCP* G 2015. 1222, n° 4, obs. Ph. Simler ; *Gaz. Pal.* 24 mai 2015, p. 22, obs. Ch. Albiges ; *Defrénois* 2016. 815, obs. S. Cabrillac).

La Cour de cassation a précisé que ce consentement pouvait se manifester par des pages paraphées (Civ. 1re, 9 juill. 2014, n° 13-16070, *RD banc. fin.* 2011, n° 166, obs. A. Cerles ; *Gaz. Pal.* 3 et 4 déc. 2014, p. 18, obs. Ch. Albiges ; *Bull. Joly Sociétés* 2014, p. 430, note E. Naudin ; *RLDC* oct. 2014, p. 35, obs. J. Clavel-Thoraval), ou encore avec l'apposition d'une mention manuscrite indiquant par exemple « Bon pour consentement exprès au cautionnement » (sur la nécessité d'une telle mention et l'insuffisance de la signature, Civ. 3e, 16 déc. 2014, n° 13-10551, *Gaz. Pal.* 18 et 19 mars 2015, p. 16, obs. Ch. Albiges), sans qu'un formalisme spécifique ne soit imposé, en particulier celui retenu à l'article 1376 du Code civil (Civ. 1re, 13 nov. 1996, n° 94-12304 : *D.* 1997. Somm. 163, obs. L. Aynès ; *D.* 1998. Somm. 135, obs. V. Brémond ; *RTD civ.* 1997. 729, obs. B. Vareille) ou encore, plus récemment, « Bon pour accord » suivie de la signature de la caution (Civ. 1re, 14 déc. 2016, n° 15-27.089, *Gaz. Pal.* 21 févr. 2016, p. 28, obs. M.-P. Dumont-Lefrand).

77 Le gage du créancier est ensuite limité aux biens propres de la caution seule engagée. Les biens communs, et en particulier les revenus, ne peuvent être affectés par une poursuite du créancier. En ce qui concerne l'expression de « revenus », issue de la réforme de 1985, les auteurs s'accordent à entendre les gains et salaires ainsi que les revenus de propres. En l'absence de toute précision du texte, des difficultés peuvent se poser lorsque les revenus sont fondus dans un compte bancaire : il a été jugé que si un époux s'engageait en qualité de caution sans le consentement de son conjoint, le créancier ne pouvait pratiquer de saisie sur le compte joint des époux qui était alimenté par des revenus des deux époux, l'identification des revenus n'étant pas possible (Civ. 1re, 3 avr. 2001, *D.* 2001. 2933, obs. M. Nicod ; *JCP* 2002. II. 10080, p. 989, note C. Bourdaire ; *JCP* 2002. I. 103, p. 73, obs. Ph. Simler ; *Defrénois* 2001. art. 37390, p. 939, obs. Ph. Théry ; *D.* 2001. 1129, obs. G. Champenois ; *Dr. fam.* 2001, n° 75 (3e esp.), note B. Beignier ; *RJPF* 2001-7, 8/30, obs. F. Vauvillé ; *Banque et Droit* 2001, p. 48, obs. F. Jacob ; *RTD civ.* 2001. 943, obs. B. Vareille). Aussi appartient-il au créancier de prouver que le compte ne reçoit que les revenus de l'époux caution afin de détruire la présomption en faveur des acquêts (Civ. 1re, 17 janv. 2006, *Bull. civ.* I, n° 13).

À l'inverse, si le compte est exclusivement alimenté par les revenus de la caution, il est alors saisissable (Civ. 1re, 14 janv. 2003, *D.* 2003. 2792, note V. Barabé-Bouchard ; *JCP* 2003. II. 10019, p. 235, concl. Sainte-Rose ; *JCP* 2003. I. 124, p. 614, et 158, p. 1512, obs. Ph. Simler ; *JCP* N 2003, n° 1605, p. 1731, obs. J. Casey ; *Defrénois* 2003, art. 37712, p. 544, obs. G. Champenois ; *AJ fam.* 2003. 109, obs. S. Deis-Beauquesne ; *Dr. fam.* 2003, n° 48, note B. Beignier (2e esp.) ; *RTD civ.* 2003. 534, obs. B. Vareille). Même si cette solution a été ponctuellement contestée par certaines juridictions du fond, elle a été confirmée ultérieurement (Civ. 1re, 17 févr. 2004, *D.* 2004. 2260, obs. V. Brémond ; *JCP* 2004. I. 188, n° 2, obs. Ph. Simler ; *Defrénois* 2004. 1476, obs. G. Champenois ; *AJ fam.* 2004. 145, obs. S. Deis-Beauquesne ; *Banque et Droit* mai-juin 2004, p. 49, obs. F. Jacob ; *Dr. fam.* 2004, n° 84, note B. Beignier). En l'espèce, la cour d'appel avait appliqué le raisonnement retenu à l'article 1414 alinéa 2 du Code civil : ce texte renvoie à l'article 48 du décret du 31 juillet 1992 et permet la saisie des revenus de l'époux, caution ou emprunteur, à concurrence d'un montant correspondant à peu près à un mois de salaire. La Cour de cassation n'a pas admis l'application par analogie de ce texte, considérant que seul l'article 1415 du Code civil s'applique dans cette hypothèse.

La Cour de cassation a enfin dû préciser les conséquences de l'engagement de l'époux soit lorsqu'il est porté sur le même document que celui de son conjoint, soit lorsqu'il est matérialisé sur un acte séparé. 78 ■

Dans la première hypothèse, l'engagement solidaire des membres du couple a pu être conclu le même jour, pour garantir une même dette et sur un même acte. Dans de telles circonstances caractérisées par une totale simultanéité, il a été jugé que les exigences de l'article 1415 du Code civil n'avaient pas à s'appliquer, tout en précisant que les biens de la communauté constituaient très logiquement le gage des créanciers. Le consentement du cautionnement de l'un au cautionnement de l'autre ne se conçoit pas, un contrat de cautionnement unique étant alors conclu (sur un tel constat, Com. 5 févr. 2013, n° 11-18644, *D.* 2013. 1710, obs. P. Crocq*; Gaz. Pal.* 20 et 21 mars 2013, p. 17, obs. Ch. Albiges ; *JCP* 2013. 417, note O. Gout*; Banque et Droit* mars-avr. 2013, p. 48, obs. F. Jacob ; *RD banc. fin.* 2013, n° 53, obs. D. Legeais ; pour l'appréciation d'un tel engagement éventuellement disproportionné,v. ss 107 ; plus généralement, M. Farge, « Sûretés personnelles contre sûretés réelles : l'influence limitée du droit de la famille », *JCP* N 2012. 1337 ; spéc. n° 8)

Dans la seconde hypothèse, les époux peuvent-ils engager les biens communs en cautionnant séparément une même dette ? Leurs engagements sont-ils soumis aux exigences de l'article 1415 du Code civil ? Pour la Cour de cassation, chacun de ces engagements personnels pris par des époux n'a pas été approuvé de manière expresse par l'autre et n'engage pas les biens de la communauté (Civ. 1re, 8 mars 2005, *RD banc. fin.* 2005, n° 83, obs. D. Legeais). En effet, aucun des époux n'a donné son consentement exprès à l'engagement de l'autre, et donc à l'engagement des biens communs.

Un tel raisonnement a été confirmé au bénéfice d'un époux caution qui s'était engagé pour garantir le recouvrement d'une dette souscrite par son épouse. La Cour d'appel avait déduit le consentement exprès de cette épouse en raison de son engagement préalable. Or, pour la Cour de cassation, une mention spécifique dans l'acte de cautionnement s'impose pour que les biens de la communauté puissent être engagés (Civ. 1er déc. 2010, *RD banc. fin.* 2011, n° 83, obs. D. Legeais ; *RJPF* mars 2011, p. 19, obs. F. Vauvillé).

B. Le droit des sociétés

En ce qui concerne les personnes morales, le principe est qu'elles peuvent se porter caution, le contrat conclu engageant uniquement la personne morale et non celui qui l'a souscrit. Il faut toutefois que soit respecté le principe de spécialité, qui suppose que le cautionnement demeure conforme à *l'objet social* de la personne morale concernée (1). Par ailleurs, il est également impératif que le cautionnement présente un *intérêt* pour la société (2). 79 ■

1. *Conformité à l'objet social*

Sur la conformité à *l'objet social*, la validité du contrat de cautionnement dépend du type de société : selon qu'elle est commerciale ou civile, le pouvoir de son représentant pour l'engager par un contrat de cautionnement est plus ou moins réglementé. En matière de SARL, la société est engagée par tous les actes de ses représentants, peu 80 ■

importent les limites de l'objet social. Et comme la loi n'impose aucune formalité pour la conclusion d'un tel acte, il sera aisé de rendre la SARL caution.

En présence d'une SA, les limites de l'objet social sont également inopposables aux tiers et donc au créancier qui conclut avec la caution, sauf que la loi aménage ici des formalités à respecter. Le cautionnement doit faire l'objet d'une autorisation spéciale et préalable du conseil d'administration ou du conseil de surveillance selon la forme de la société (art. L. 225-35 al. 4 et L. 225-68 al. 2 C. com. ; G. Piette, V° « Cautionnement commercial », *Rép.com.* Dalloz, n° 99), l'autorisation ne valant pas au-delà d'une année, et devant préciser le montant total des engagements de garanties, sachant que le conseil peut fixer un plafond en deçà duquel le dirigeant peut accorder librement des garanties (v. B. Bondero, « Réflexions sur les mécanismes d'autorisation des sûretés et garanties consenties par les sociétés anonymes », *D. Affaires* 2004. Chron. 405 et s.). Le bénéficiaire d'un engagement de caution donné par une SA doit s'assurer de l'habilitation expresse du signataire de l'engagement sans pouvoir s'abriter derrière la théorie de l'apparence. La Cour de cassation veille au respect des conditions de cette autorisation spéciale. C'est ainsi qu'un administrateur de SA ne peut signer d'engagement de caution pour le compte de la société aux lieu et place du président du conseil seul autorisé, sauf si ce dernier a été expressément autorisé à déléguer ses pouvoirs (Com. 23 sept. 2015, n° 13-21352 et 13-22749). La sanction d'une absence d'autorisation ou d'un dépassement de celle-ci n'est pas la nullité mais l'inopposabilité de la garantie à la société (Com. 8 déc. 1998, *JCP* E 1999. 668, n° 6, obs. A. Viandier et J.-J. Caussain ; plus récemment, Com. 15 janv. 2013, n° 11-27.648, *RD banc. fin.* 2013, n° 50, obs. A. Cerles). Elle ne peut donc être couverte. Par ailleurs, le créancier qui se sera cru à tort, cautionné, ne pourra pas non plus poursuivre le dirigeant, à titre personnel, car la jurisprudence exige pour cela qu'il ait commis une faute détachable de ses fonctions, ce qui n'est pas le cas en l'espèce (Com. 20 oct. 1998, *Bull. Joly* 1999. 88, note J.-F. Barbieri ; Com. 9 mai 2001, *Bull. Joly* 2001. 1021, note J.-F. Barbieri ; CA Paris, 3 avr. 2008, *RD banc. fin.* 2008/5, comm. 131, obs. D. Legeais).

La Cour de cassation a été conduite à préciser la portée de cette exigence en revenant sur le champ d'application du texte. Elle a notamment appliqué l'article L. 225-34, al. 4, C. com. à un engagement de substitution de cautionnement (Com. 15 janv. 2013, n° 11-27648, *Dr. et patr.* juill.-août 2013, p. 88, obs. Ph. Dupichot et A. Aynes où la Cour juge que dans la mesure où l'engagement de substitution — en l'occurrence de caution — nécessitait l'autorisation du conseil d'administration, en son absence *« cet engagement était inopposable à cette société et ne pouvait faire peser sur elle aucune obligation »* ; V. déjà Com. 24 juin 2003, n° 01-01464, *Bull. civ.* IV, n° 109) en se prononçant sur les conséquences du défaut d'autorisation. En revanche, elle refuse de l'appliquer à un engagement de délégation imparfaite (Com. 15 janv. 2013, n° 11-28173, *Dr. et patr.* juill.-août 2013, p. 90, obs. Ph. Dupichot et A. Aynes) ainsi qu'à une garantie de passif (Com. 12 juill. 2011, n° 10-16118, *Bull. civ.* IV, n° 123 ; *Gaz. Pal.* 22 sept. 2011, n° 265, obs. M.-P. Dumont-Lefrand ; *Dr. et patr.* 2012, n° 211, p. 84, obs. Ph. Dupichot). Dans la première espèce, la Cour considère que *« l'engagement contracté par le délégué ne constitue, à son égard, qu'un mode d'extinction de sa propre dette envers le délégant »* et non une garantie. En effet, le délégué ne s'engage pas à payer plus que sa propre dette. Or seul ce risque de devoir payer la dette d'autrui justifie l'application de l'article L. 225-35, al. 4, C. com. Dans la seconde, la Cour affirme sans aucune ambiguïté que *« s'agissant d'une garantie relative non à des engagements pris par des tiers mais d'une garantie afférente à ses propres engagements, l'autorisation du conseil d'administration prévue par l'article L. 225-35 du code de commerce n'est pas requise de la société»* (V. déjà, Com. 11 févr. 1986, *Bull. civ.* IV, n° 14). En ce qui concerne les autres sociétés, et notamment les sociétés civiles, le principe de spécialité doit aussi être respecté. Au départ requis avec fermeté par la jurisprudence qui annulait les cautionnements n'entrant pas dans l'objet social en dépit d'une décision unanime des associés (Com. 26 janv. 1993, *Bull. Joly* 1993. 482, note P. Le Cannu), les chambres civiles de la Cour de cassation se sont ensuite assouplies, admettant qu'une société civile puisse être engagée par une convention étrangère à son objet social dès lors que l'opération a été autorisée par l'unanimité des associés (Civ. 3e, 1er déc. 1993, n° 91-16.327 , *RTD com.* 1995. 149, obs. M. Jeantin ; *Dr. sociétés* 1994, comm. 138, H. Le Nabasque ; *Banque* 1994, p. 99, obs. J.-L. Guillot ; solution ultérieurement confirmée, Civ. 3e, 25 sept. 2002, n° 00-22.362, *Dr. sociétés* 2003, comm. 3, obs. F.-X. Lucas) en l'absence de concert frauduleux entre la société et le bénéficiaire du cautionnement (Com. 14 déc. 1999, *Defrénois* 2000, p. 505, note H. Hovasse). Par la suite, il a été jugé que « si le cautionnement donné par une société civile n'entre pas directement dans son objet social, ce cautionnement est néanmoins valable, bien que non autorisé par l'unanimité des associés, lorsqu'il existe une communauté d'intérêts entre cette société et la société cautionnée » (Com. 6 juin 2001, *Dr. sociétés* 2001, n° 150, obs. F.-X. Lucas ; Civ. 1re, 15 mars 1988, *Bull. civ.* I, n° 75). Elle considère alors que le cautionnement se rattache indirectement à l'objet social puisqu'existe cette communauté d'intérêts. Elle est généralement constatée lorsque la société caution est une SCI qui loue ses immeubles à la société commerciale qu'elle cautionne, les associés des deux sociétés étant identiques (Civ. 1re, 1er févr. 2000, *Bull. civ.* I, n° 34). Mais la chambre commerciale a posé en outre, comme condition de validité du cautionnement d'une telle société, même autorisé par les associés, sa conformité à l'intérêt social.

2. *Conformité à l'intérêt social*

Le cautionnement consenti par le représentant d'une société civile doit donc être 81
conforme à *l'intérêt social*, c'est-à-dire à l'intérêt de la société. Mais le 8 novembre 2007, dans un attendu très clair, la première chambre civile de la Cour de cassation a abandonné cette exigence retenant que « le cautionnement donné par une société (civile) n'est valable que s'il entre directement dans son objet social ou s'il existe une communauté d'intérêts entre cette société et la personne cautionnée, ou encore s'il résulte du consentement unanime des associés » (Civ. 1re, 8 nov. 2007, n° 04-17.893, *RTD com.* 2008. 141, obs. M.-H. Monsèrié-Bon ; *RTD com.* 2008. 167, obs. D. Legeais ; *Dr. sociétés* fév. 2008, comm. 26, note R. Mortier ; *RLDC* mars 2008, n° 47, p. 25, note M. Storck ; *JCP* 2008. I. 152, n° 3, obs. P. Simler ; *Dr. et patr.* 2008, n° 174, p. 95 et s., obs. L. Aynès et Ph. Dupichot ; A. Cerles, "Condition de validité du cautionnement délivré par une société civile", *RD banc. fin.* janv. 2008, Étude 1). Ainsi dans le cas où le cautionnement a été consenti par l'unanimité des associés, la conformité du cautionnement à l'intérêt social n'est plus une condition de validité de celui-ci.

Toutefois, depuis, la chambre commerciale a, à nouveau fait référence à cette condition supplémentaire qu'est la conformité à l'intérêt social (Com. 13 mars 2008, *RD banc. fin.* 2008/3, comm. 70, obs. A. Cerles ; Com. 3 juin 2008, *RD banc. fin.* 2008/4, comm. 110, obs. A. Cerles). Aussi, tout cautionnement conclu dans l'intérêt exclusif de quelqu'un d'autre, qu'il s'agisse d'un dirigeant ou d'un associé ne saurait être valable. Plus récemment, cette même chambre a confirmé cette nécessaire conformité à l'intérêt social, tout en précisant néanmoins que l'unanimité des associés constituait également une condition préalable à l'efficacité de la sûreté : selon les termes de l'arrêt, cette dernière conclue par une société « doit, pour être valable, non seulement résulter du consentement unanime des associés, mais également être conforme à son intérêt social » (Com. 8 nov. 2011, n° 10-24.438, *D.* 2012. 415, note E. Schlumberger ; *Gaz. Pal.* 22 déc. 2012, p. 18, obs. M.-P. Dumont-Lefrand ; *RD banc. fin.* 2012, comm. 8, obs. Cerles ; *RTDI* 2012, n° 1, p. 38, obs. O. Gout ; *Gaz. Pal.* 10-11 févr. 2012, p. 33, obs. A.-F. Zattara-Gros : *Rev. sociétés* 2012. 238, note A. Viandier ; *RTD com.* 2012. 358, obs. M.-E. Monsèrié-Bon ; *Dr. sociétés* 2012, n° 6, note H. Hovasse ; *Bull. Joly* 2012. 297, note F.-X. Lucas ; *Banque et Droit* janv.-févr. 2012. 61, obs. M. Storck ; J.-F. Carré et S. Bol, « Cautionnement consenti par une société : les critères de communauté d'intérêts et d'intérêt social », *JCP* E 2012, 1087 ; V. égal. Com. 23 sept. 2014, n° 13-17347 où la Cour juge que *« n'est pas valide la sûreté accordée par une société civile en garantie de la dette d'un associé dès lors qu'étant de nature à compromettre l'existence même de la société, elle est contraire à son intérêt social ; qu'il en est ainsi même dans le cas où un tel acte entre dans son objet statutaire »*). En revanche, la chambre commerciale a validé le cautionnement hypothécaire donné par une SCI à sa société mère, pourtant consenti en période suspecte. Elle refuse de considérer qu'il s'agit d'un acte à titre gratuit translatif de propriété mobilière ou immobilière au sens de l'article L. 632-1-I-1°C. com. et juge que les sociétés litigieuses *« forment un groupe de deux sociétés, que la société cautionnée est l'associé majoritaire de la société caution, que celle-ci, en tant que filiale a un intérêt à favoriser le financement de la société mère, laquelle pourra ainsi participer à son propre développement »* (Com. 19 nov. 2013, n° 12-23020, *Dr. et patr.* fév. 2014, p. 63, obs. Ph. Dupichot et A. Aynes).

La troisième chambre civile de la Cour de cassation adopte la solution retenue par la chambre commerciale, tout en attribuant une priorité à l'intérêt social. Selon les termes de l'arrêt, le cautionnement « même accordé par le consentement unanime des associés n'est pas valide s'il est contraire à l'intérêt social » (Civ. 3e, 12 sept. 2012, n° 11-17.948 ; *Defrénois* 2013. 296, obs. S. Cabrillac ; *RTDI* 2012, n° 4, p. 30, obs. O. Gout ; *Gaz. Pal.* 12 et 13 déc. 2012, p. 18, note M.-P. Dumont-Lefrand ; *Dr. et patr.* févr. 2013, p. 85, obs. Ph. Dupichot ; *Rev. sociétés* 2013, p. 16, obs. A. Viandier ; Ch. Albiges, « Précisions relatives aux conditions de validité d'une sûreté conclue par une société civile immobilière », *RLDA* déc. 2012, p. 24 ; Ch. Juillet, « La validité de la sûreté pour autrui consentie par une société à risque illimité : « la boussole de l'intérêt social » perd le nord », *RLDC* déc. 2012, p. 27). L'option choisie, qui s'écarte manifestement de celle retenue par la première chambre civile, s'avère très favorable aux cautions qui peuvent contester l'efficacité d'un engagement pourtant préalablement accepté par tous. Cette contestation, d'origine judiciaire, se révèle manifestement source d'incertitudes juridiques à plusieurs titres. Elle est tout d'abord regrettable dans la mesure où il semble délicat pour un tiers d'apprécier si l'opération décidée par la société (qui se porte caution) est ou non de son intérêt (V. A. Cerles, « Conditions de validité du cautionnement délivré par une société civile », précité), l'une des difficultés résidant dans la détermination de l'appréciation de cet intérêt encore récemment qualifié de « notion plastique, à contenu variable » (D. Poracchia et D. Martin, « Regard sur l'intérêt social », *Rev. sociétés* 2012, p. 475, spéc. n° 2). Il est en effet délicat d'identifier positivement l'intérêt social et c'est le plus souvent la contrariété à l'intérêt social qui est relevée, à raison du risque que l'engagement fait peser sur l'existence même de la société, sans avantage pour elle (V. Civ. 3e, 15 sept. 2015, n° 14-21348). De plus, faute de texte spécifique, la chambre commerciale, comme la troisième chambre civile, se fonde sur l'article 1849 du Code civil pour contester la validité de l'engagement de la caution. Or les solutions privilégiées s'écartent des termes même du texte pour ajouter une condition non prévue par le législateur : la conformité de cet engagement à l'intérêt social. Enfin, cette protection de la caution personne morale est remarquable car, malgré les règles extrêmement protectrices des cautions personnes physiques, la jurisprudence ne se pose pas la question de savoir si celle-ci tire un avantage de son cautionnement (V. Com. 23 sept. 2014, préc.) ou risque d'être mise en surendettement dès lors qu'elle s'est engagée en conscience et de façon proportionnée.

La question s'est également posée en cas de violation de l'intérêt social d'une SARL. On sait qu'en l'occurrence, et à l'inverse des sociétés à responsabilité illimitée, la protection des tiers l'emporte. En effet, la société est engagée, y compris par les actes conclus en dehors de son objet. La jurisprudence en a aussi tiré les conséquences sur le terrain de la violation de l'intérêt social. Dans un arrêt du 12 mai 2015, elle a en effet jugé que : *« serait-elle établie, la contrariété à l'intérêt social, ne constitue pas, par elle-même, une cause de nullité des engagements souscrits par le gérant d'une société à responsabilité limitée à l'égard des tiers »* (Com. 12 mai 2015, n° 143-28504 et 14-11028). Par ailleurs, et pour éviter tout risque de dérive, le législateur a parfois anticipé la question. Ainsi, la loi du 24 juillet 1964 a-t-elle interdit aux SA et SARL de souscrire tout cautionnement de dettes de gérants ou d'associés, d'administrateurs ou autres dirigeants, de leurs proches ascendants ou descendants, ou de personnes interposées (art. L. 223-21, art. L. 223-43 et L. 223-91 C. com.). Le non-respect d'une telle interdiction justifierait le prononcé d'une nullité absolue du contrat de cautionnement (Com. 26 avr. 2006, *RD banc. fin*. 2006, n° 100, obs. D. Legeais ; Com. 13 nov. 2007, *RD banc. fin*. 2008, n° 12, obs. D. Legeais).

C. Le mandat de se porter caution

L'engagement de la caution peut intervenir enfin non directement et personnellement, mais par l'intermédiaire d'une tierce personne qui accepte d'intervenir en concluant un mandat de se porter caution : la caution, en sa qualité de mandant, se fait représenter par une personne, le mandataire, qui a reçu au préalable un mandat spécial et exprès. Une telle opération suppose le respect des différentes conditions prévues pour la procuration, notamment les exigences formelles. À titre d'illustration, il en est ainsi lorsque le mandant, la caution, demande à un notaire d'intervenir lors d'une opération immobilière pour conclure un contrat de cautionnement en son nom et pour son compte en qualité de mandataire (Ch. Albiges, « Le mandat de se porter caution », *D*. 2002. Chron. 706). 82 ■

Le recours à un mandat de se porter caution pose notamment la question du respect des mentions manuscrites exigées à titre de validité du cautionnement. Les exigences formelles prévues par le Code de la consommation doivent-elles s'appliquer à de telles opérations juridiques ? La Cour de cassation s'est prononcée et a affirmé, de manière assez prévisible, en raison de la finalité protectrice des textes et au nom d'un parallélisme des formes, que le mandat qui ne respecte pas le formalisme prévu aux articles L. 314-15 et L. 314-16 du Code de la consommation doit être considéré comme irrégulier et non valable (Civ. 1re, 8 déc. 2009, *JCP* N 2010. 1119, note J.-P. Garçon ; *RD banc. fin*. 2010, n° 9, obs. A. Cerles ; *JCP* G 2010. 149, note Ph. Simler ; dès lors, bien évidemment, qu'il s'agit d'un cautionnement d'un crédit à la consommation, Com. 11 juin 2014, n° 13-14.848, *RD banc. fin*. 2014, n° 168, obs.

A. Cerles ; *RLDC* sept. 2014, p. 37, obs. J. Clavel-Thoraval). Un tel raisonnement devrait très certainement être également appliqué aux articles L. 331-1 et L. 331-2 du Code de la consommation pour un prochain contentieux.

§ 4 Le contenu du contrat

83 Les articles 1162 et suivants du Code civil, issus de la réforme du 16 février 2016, ont modifié de manière substantielle les modalités d'appréciation des conditions de validité du contrat. Ces nouvelles dispositions déterminent le « contenu du contrat », formule qui permet aux rédacteurs de la réforme de préciser l'objet du contrat (A) et d'opter pour la disparition de la cause (B).

A. La notion d'« objet »

1. *La notion d'objet en matière de contrat de cautionnement*

84 Une double approche est proposée pour analyser la notion d'« objet » au sein d'une relation contractuelle. La première, *l'objet du contrat*, correspond à l'opération envisagée dans sa globalité. Pour le cautionnement, il s'agit de la sûreté personnelle qui est apportée dans le cadre de l'engagement de la caution. Ceci n'affecte pas la validité du contrat, mais va permettre de déterminer la qualification de l'opération par le juge. Ce dernier devra constater que les parties au contrat ont réellement voulu conclure une sûreté accessoire à l'obligation principale, et constitutive d'une obligation de payer, et ce, indépendamment de la qualification retenue par les termes du contrat (sur la distinction avec la garantie autonome notamment, v. ss 257).

85 La seconde approche, *l'objet de l'obligation* de la caution, concerne la prestation promise au créancier, qui est le paiement éventuel de la dette garantie. Conformément aux termes de l'article 1163 du Code civil, issu de la réforme du 10 février 2016, « l'obligation a pour objet une prestation présente ou future », qui doit être déterminé ou au moins déterminable dans le contrat de cautionnement. Celui-ci doit contenir certains caractères de la dette du débiteur garanti qui représente l'objet de l'obligation de la caution. En raison du caractère accessoire du cautionnement par rapport à cette dette principale, l'objet de l'obligation de la caution va dépendre directement de la dette principale qui doit par principe exister. La caution n'est pas tenue s'il se révèle que la dette principale n'existe pas.

86 Elle a pu tout d'abord être annulée. Selon l'article 2289 alinéa 1er du Code civil le cautionnement « ne peut exister que sur une obligation valable ». Aussi, en cas de nullité de l'obligation principale, une telle sûreté devrait être considérée comme inexistante *ab initio*. Toutefois, la jurisprudence conclut à la caducité du contrat de cautionnement, lequel peut donc développer certains effets. La Cour de cassation a en ce sens considéré que l'annulation d'un contrat de prêt libère la caution des obligations accessoires, mais pas de l'obligation de restitution consécutive à la remise des fonds (Com. 17 nov. 1982, *Bull. civ.* IV, n° 357 ; v. M.-E. André, M.-P. Dumont, Ph. Grignon, *L'après-contrat*, éd. Francis Lefebvre, 2005, n° 103).

Il se peut ensuite que l'inexistence de la dette soit liée au caractère illicite de l'obligation de la caution, alors même que l'obligation principale est valable. Ce cas d'illicéité de l'objet du seul cautionnement est certes envisageable, mais demeurera exceptionnel (Ph. Simler et Ph. Delebecque, *Droit civil, Les sûretés, La publicité foncière, op. cit.*, n° 106). 87 ■

Un doute est enfin survenu quant à l'exigence d'identification du débiteur. La Cour de cassation a précisé que la simple désignation du bénéficiaire du cautionnement, ainsi que la nature et l'objet du contrat principal pouvaient suffire à établir l'objet du cautionnement (Civ. 1er, 23 févr. 1999, *JCP* 1999. I. 156, n° 2, obs. Ph. Simler ; *D.* 1999. Jur. 411, note P. Ancel). En l'espèce, le débiteur garanti était indirectement indiqué dans le cautionnement, qui faisait simplement référence au contrat principal. De même, il avait été antérieurement retenu que malgré l'omission pure et simple de l'indication du débiteur garanti, l'acte pouvait être assimilé à un commencement de preuve par écrit, à compléter par des témoignages ou des présomptions (Civ. 1er, 20 oct. 1993, *JCP* 1994. II. 22351, note Ph. Simler ; Civ. 1re, 27 févr. 1996, *D.* 1996. Somm. 263, obs. L. Aynès). Il apparaît alors que le débiteur garanti peut n'être qu'identifiable. Le problème s'est présenté avec une particulière acuité en droit des sociétés : peut-on se porter caution d'une dette d'une société en formation ? Selon la Cour de cassation, un tel engagement demeure possible, dès lors que la société est ultérieurement constituée. La caution sera néanmoins libérée si la société n'est jamais constituée ou immatriculée, voire si les engagements ne sont pas repris (Com. 26 avr. 2000, *JCP* 2000. I. 256, n° 4, obs. Ph. Simler). 88 ■

2. *Le cautionnement de dettes présentes ou futures*

a. Les dettes présentes

Il n'y a pas de difficultés pour déterminer l'objet de l'obligation de la caution lorsque la dette du débiteur est *présente* au moment de la conclusion du contrat : conformément au principe du caractère accessoire (v. ss 26), la caution est tenue en fonction de ce qui a été stipulé dans le cadre du contrat principal. Il en est ainsi lorsqu'un prêt est garanti par un contrat de cautionnement. La caution a, au préalable, connaissance de la dette du débiteur, objet de l'obligation. Dans cette première hypothèse, la seule incertitude réside dans l'étendue de la garantie, qui peut être circonscrite au montant de la dette principale ou étendue aux accessoires de celle-ci, qu'il s'agisse des intérêts de retard qu'a laissés courir le débiteur principal, des frais de recouvrement, des dommages-intérêts ou de la stipulation d'une clause pénale. Par principe, la caution n'est tenue qu'au principal de la dette, et non au paiement des accessoires, dès lors qu'il n'est pas établi au préalable qu'elle a entendu s'y obliger. Si le montant de son engagement a été chiffré, en particulier conformément à une exigence formelle prévue dans le Code de la consommation (v. ss 124 s.), le plafond prévu ne saurait être dépassé. Le cautionnement d'une dette chiffrée n'inclut celui des accessoires que lorsque la caution s'est engagée à les régler et n'a pas fixé de plafond à son engagement. 89 ■

b. Les dettes futures

La difficulté est tout autre pour le cautionnement de dettes *futures* souscrites au bénéfice d'un même créancier par une caution en garantie de toutes les dettes d'un débiteur. Il existe en la matière une incertitude sur l'existence même de la dette qui 90 ■

dépend d'événements ultérieurs. Le recours à un tel cautionnement, dit *omnibus*, peut parfois être très dangereux pour celui qui s'engage à payer la dette d'autrui, laquelle demeure par essence inconnue lors de son engagement. Cette formule est assez classique dans les relations d'affaires, lorsqu'un dirigeant social s'engage en qualité de caution par exemple pour payer les futures dettes contractées par la société. La Cour de cassation a parfois été particulièrement rigoureuse en la matière lorsqu'elle a affirmé qu'un cautionnement n'avait pas un objet déterminé lorsqu'il avait été conclu par une épouse « pour toutes les sommes que le débiteur [le mari] peut ou pourra devoir à la banque... pour quelque cause que ce soit » (Civ. 1re, 22 avr. 1992, *RTD civ.* 1992. 602, obs. M. Bandrac). Cette solution a toutefois été critiquée par certains auteurs, défavorables à l'interdiction systématique de tout cautionnement omnibus. Le droit commun des obligations a alors été appelé à la rescousse du créancier. Or, si l'objet d'une obligation doit être certain, c'est-à-dire déterminé ou déterminable, cette détermination s'impose non pas lors de la naissance de l'obligation, mais au moment de son paiement (D. Legeais, *Droit des sûretés et garanties du crédit,* 11e éd., LGDJ, 2016, n° 137). C'est cet argument qui a pu assurer la validité du cautionnement de dettes futures, la caution s'engageant à garantir toutes les dettes que le débiteur a ou aura envers le créancier. La seule exigence réside dans le contenu du contrat originaire, composé d'éléments qui doivent permettre d'assurer une détermination des futures obligations cautionnées. En raison de la validité de principe du cautionnement de dettes futures, la doctrine, suivie par la jurisprudence, a alors distingué les obligations dites « de couverture » et « de règlement » qui pèsent sur la caution lors de la mise en œuvre de telles sûretés (v. ss 229 s.). Toutefois de tels engagements ont vocation à se raréfier depuis la loi du 1er août 2003 (v. ss 132 s.) puisqu'ils requièrent la forme authentique (art. L. 331-1 C. consom.) et qu'ils ne doivent comporter ni clause de solidarité, ni clause de renonciation au bénéfice de discussion (art. L. 331-3 C. consom.), sans compter l'exigence de proportionnalité de l'article L. 332-1 du Code de la consommation (V. sur ce point D. Legeais, « La caution dirigeante », in Mélanges Bernard Bouloc, Dalloz, 2006, p. 599).

B. La disparition de la cause

91 Avant l'entrée en vigueur de la réforme du 10 février 2016, la référence à la cause en matière de contrat de cautionnement demeurait essentiellement théorique, sources d'incertitudes juridiques ponctuellement relevées (Ch. Atias, « Par la grâce du droit : la cause de l'engagement de la caution », in *Mélanges M. Cabrillac,* Dalloz, 1999, p. 339). La détermination de cette notion devait être envisagée en mettant en perspective les éléments caractéristiques de ce contrat. En tant que contrat unilatéral, la cause de l'obligation ne pouvait résider dans la contrepartie obtenue par la caution. Face à un tel constat, certains auteurs ont opté pour la qualification d'« acte abstrait », c'est-à-dire d'acte juridique valable indépendamment de sa cause (M. Cabrillac et Ch. Mouly, S. Cabrillac et Ph. Pétel, *op. cit.*, n° 110). Cette approche n'avait toutefois pas été retenue par la doctrine majoritaire (J. François, *Les sûretés personnelles,* Economica, 2004, n° 125 ; Ph. Simler et Ph. Delebecque, *Droit civil, Les sûretés, La publicité foncière, op. cit.*, n° 97). Si la notion de cause a été supprimée en 2016, son étude en matière de contrat de cautionnement n'est qu'une illustration supplémentaire de l'influence du lien qui peut unir la caution et le débiteur principal. Les deux catégories de cause, objective (1) et subjective (2), certes récemment abandonnées, doivent être envisagées.

1. *L'abandon de la cause objective*

La cause objective supposait que l'on s'interroge sur les raisons de l'engagement des parties. Pour un contrat synallagmatique, la cause de l'obligation d'une partie était directement liée à l'obligation de l'autre partie (S. Porchy-Simon, *Droit civil, 2e année, Les obligations*, coll. « HyperCours », 9e éd., Dalloz, 2016, n° 254). Or, en raison du caractère unilatéral du contrat de cautionnement, la cause de l'engagement de la caution ne pouvait correspondre à une obligation corrélative du créancier, ce qui supposait que soient pris en considération la présence et les intérêts du débiteur : la caution intervenait dans le but de permettre à ce dernier d'obtenir un avantage auprès du créancier, dans un esprit de bienfaisance de la caution ou en bénéficiant d'une éventuelle rémunération. Or ces éléments ne concernaient pas directement le contrat de cautionnement, mais plus précisément la relation caution-débiteur, selon les motivations personnelles de la caution, ce qui s'écartait de toute référence à la cause du contrat caution-créancier. C'est pourquoi, recherchant la cause objective du contrat de cautionnement, l'arrêt *Lempereur* (Com. 8 nov. 1972, *D.* 1973. Jur. 753, note Ph. Malaurie) avait été l'occasion d'affirmer que « la cause de l'obligation de la caution est la considération de l'obligation prise corrélativement par le créancier, à savoir l'ouverture de crédit au débiteur ». Un tel raisonnement a été ultérieurement réitéré, les juges considérant que le cautionnement a une cause dès lors que le créancier consent un avantage au débiteur principal (Com. 3 mai 2006, *RD banc. fin.* 2006, n° 129, obs. D. Legeais). Cette solution n'a pas manqué d'être critiquée par la doctrine, car la Cour avait ici adapté au contrat de cautionnement, le raisonnement retenu pour un contrat synallagmatique. L'exigence d'une telle contrepartie, manifestement non adaptée aux contrats unilatéraux, a été maintenue avec la réforme du 10 février 2016, l'article 1169 du Code civil énonçant désormais qu' « un contrat à titre onéreux est nul lorsque, au moment de sa formation, la contrepartie convenue au profit de celui qui s'engage est illusoire ou dérisoire » (sur le caractère inadapté de la cause de l'obligation du garant, lié à la prise en compte de l'opération de cautionnement et non le contrat, F. Chénedé, *Le nouveau droit des obligations et des contrats,* Dalloz, 2016, n° 23.304). 92 ■

2. *L'abandon de la cause subjective*

La notion de « cause subjective » supposait que soient déterminées les motivations de la caution, qui pouvaient être très variées, familiales ou professionnelles, le but déterminant ne devant pas être illicite ou contraire aux bonnes mœurs. Par application du caractère accessoire du cautionnement, cette exigence de licéité ou de moralité n'était pas respectée si le contrat principal était vicié, même si la caution était restée étrangère à la cause de nullité. De même, indépendamment de l'obligation principale, le propre engagement ne devait être directement affecté par une telle illicéité ou immoralité. Un raisonnement identique est désormais formulé de manière expresse à l'article 1162 du Code civil qui prévoit que le contrat ne peut « déroger à l'ordre public ni par ses stipulations, ni par son but ». Même si le terme de « cause » n'a pas été retenu par les auteurs de l'ordonnance, celui de but du contrat s'en rapproche grandement. 93 ■

§ 5 L'exigence de proportionnalité

94 Parmi les différentes exigences imposées au créancier, celle relative à une proportionnalité s'est développée, non seulement à la suite de plusieurs décisions de justice (A), mais aussi en raison de différentes réformes récemment introduites en droit positif (B).

A. L'exigence de proportionnalité d'origine jurisprudentielle

95 La matière a fortement évolué sous l'impulsion non seulement de décisions essentielles de la matière, les arrêts *Macron* et *Nahoum* (1), mais aussi de solutions postérieures (2) qui ont progressivement précisé les modalités de mise en œuvre de cette exigence de proportionnalité appréciée au moment de la formation du contrat.

1. *Les arrêts Macron et Nahoum*

96 Avant même la consécration du devoir de mise en garde, les cautions non seulement profanes, mais aussi celles dirigeantes, ont été les bénéficiaires d'une jurisprudence favorable à leurs intérêts, sur les fondements du droit de la responsabilité et de l'impératif de bonne foi. Selon les termes de l'arrêt *Macron,* rendu par la chambre commerciale de la Cour de cassation le 17 juin 1997, la banque créancière est considérée de mauvaise foi lorsqu'elle conclut un contrat de cautionnement *manifestement disproportionné* par rapport au revenu et au patrimoine de la caution (Com. 17 juin 1997, *JCP* E 1997. II. 1007, note D. Legeais ; *Defrénois* 1997. 1424, note L. Aynès ; *RTD com.* 1997. 662, obs. M. Cabrillac ; *JCP* 1998. I. 103, obs. Ph. Simler ; *D.* 1998. Jur. 208, note J. Casey ; *RTD civ.* 1998. 157, obs. P. Crocq). En l'espèce, un créancier avait obtenu, en garantie de la dette de la société débitrice principale, l'aval du dirigeant à concurrence de la somme de 20 000 000 francs, montant indéniablement excessif. Il appartenait au banquier de questionner la caution sur sa fortune et ses ressources, tout en veillant à conserver une preuve de cette démarche (un document signé par la caution indiquant ses ressources et son patrimoine, par exemple). Cette décision ne faisait que transposer, au nom d'un impératif de bonne foi découvrant un large principe de proportionnalité, des exigences déjà présentes en droit de la consommation à l'article L. 313-10 du Code de la consommation, désormais codifié à l'article L. 314-18 (v. ss 102).

97 Face au développement des recours à ce principe de proportionnalité par toutes les cautions poursuivies, le domaine d'application de cette initiative jurisprudentielle a été précisé par l'arrêt *Nahoum*, également rendu par la chambre commerciale de la Cour de cassation (Com. 8 oct. 2002, *JCP* E 2002. 1919, note D. Legeais ; *D.* 2003. Jur. 414, note C. Koering ; *JCP* 2003. I. 10017, note Y. Picod ; *RTD civ.* 2003. 124, obs. P. Crocq). Cette décision a constitué un coup d'arrêt à la jurisprudence *Macron.* En l'espèce, un père et son fils, promoteurs immobiliers, dirigeants de leur entreprise, s'étaient portés cautions solidaires de montants très importants (plus de 20 millions de francs), sans commune mesure avec leurs revenus. Les prêts cautionnés devaient financer des opérations de promotion immobilière. Mais à la suite de la crise de l'immobilier, ces opérations se sont révélées peu intéressantes et les cautions furent poursuivies. Devant les juges du fond, les cautions ne manquèrent pas d'invoquer le caractère disproportionné de leur engagement par rapport à leur revenu. Mais,

contrairement à la jurisprudence *Macron*, la Cour de cassation retient un nouveau principe d'appréciation des cautionnements souscrits, plus rigoureux pour les cautions : il appartient désormais à ces cautions de « démontrer que la banque aurait eu sur leurs revenus, leurs patrimoines et leurs facultés de remboursement raisonnablement prévisibles en l'état du succès escompté de l'opération immobilière entreprise par la société, des informations qu'eux-mêmes auraient ignorées ».

En clair, pour apprécier la disproportion entre l'engagement de la caution et le montant de ses revenus, au jour de la *conclusion du contrat*, il est nécessaire qu'au préalable, il soit avéré que la banque détenait des informations que la caution elle-même ignorait, ce qui laisse entendre qu'elle soit profane. Cette décision tend à limiter les facultés d'actions des cautions pour rechercher la responsabilité des banquiers. L'objectif se révèle en effet multiple : les tempéraments retenus permettent tout d'abord de déplacer les fondements juridiques de la solution, du terrain de la proportionnalité et de la responsabilité civile vers celui de l'information détenue ou non par la banque : cette dernière n'est responsable que si possédant des informations négatives sur la situation financière de la caution, elle conclut quand même un contrat de cautionnement. Ce glissement de fondements s'avère défavorable aux cautions qui ne peuvent se libérer de leur engagement que plus difficilement. L'arrêt du 8 octobre 2002 a ensuite pour effet de restaurer l'efficacité du cautionnement, en évitant certains effets pervers du droit de la responsabilité en matière de cautionnement comme l'augmentation du contentieux ou l'incertitude des notions invoquées, singulièrement la mauvaise foi de la caution qui demeure toujours délicate à apprécier. Enfin, les tempéraments consacrés par l'arrêt *Nahoum* illustrent la volonté jurisprudentielle de réduire l'influence du consumérisme : la nouvelle jurisprudence en la matière impose que soit circonscrite la protection des cautions aux seules « cautions profanes », les dirigeants ne pouvant bénéficier de ce régime protecteur. 98 ■

2. *Les décisions postérieures aux arrêts Macron et Nahoum*

a. Les cautions concernées

La Cour de cassation confirme, en matière d'appréciation de la disproportion, une distinction qui s'impose en droit du cautionnement entre cautions profanes et non profanes. Seules les premières bénéficient toujours d'un régime de faveur qui leur permet de demander la mise en œuvre de la responsabilité du créancier en cas d'engagement manifestement disproportionné par rapport à leurs revenus. Il suffit que ces cautions démontrent qu'elles n'exerçaient pas de fonctions de direction au jour de la conclusion du contrat. Telle est la conception retenue par la première chambre civile de la Cour de cassation : la responsabilité civile du créancier est engagée lorsque la disproportion a concerné la caution non dirigeante (Civ. 1re, 9 juill. 2003, *D.* 2004. Jur. 204, note Y. Picod ; *RTD civ.* 2004. 124, obs. P. Crocq ; *JCP* 2003. II. 10167, note J. Casey ; *JCP* 2003. I. 176, n° 4, obs. Ph. Simler), en particulier lorsque le contrat conclu permettait de garantir le recouvrement d'un prêt souscrit par le fils de la caution (Civ. 1re, 6 avr. 2004, *D.* 2004. Somm. 2707, obs. L. Aynès) et même, indépendamment de la présence d'un établissement de crédit, lorsqu'une société civile immobilière obtient l'engagement d'une caution pour garantir le paiement lors de la vente d'un immeuble (Civ. 1re, 10 mai 2005, *RD banc. fin.* 2005, n° 128, obs. D. Legeais). 99 ■

De même, selon la chambre commerciale de la Cour de cassation, la responsabilité de la banque s'impose dès lors que la disproportion concerne une caution non dirigeante, étrangère à la vie de la société (Com. 25 mars 2003, *RD banc. fin.* 2003, n° 135, obs. D. Legeais ; *JCP* 2003. I. 176, obs. Ph. Simler), singulièrement les associés non dirigeants d'une société civile immobilière (Com. 11 juin 2003, *Banque et Droit* juill.-août 2003, p. 61, obs. F. Jacob), ultérieurement, une concubine du dirigeant, par ailleurs associée égalitaire (Com. 6 févr. 2007, *RD banc. fin.* 2007, n° 62, obs. D. Legeais ; *RTD civ.* 2007. 372, obs. P. Crocq) ou encore des époux vendeurs d'un fonds de commerce (Com. 13 nov. 2007, *RTD civ.* 2008. 328, obs. P. Crocq ; *RD banc. fin.* 2008, n° 9, obs. D. Legeais ; *Banque et Droit,* n° 117, 2008, p. 52, obs. N. Rontchevsky) ou enfin une compagne d'un débiteur non impliquée dans la gestion de l'activité cautionnée (Com. 2 oct. 2012, n° 11-28.331, *RD banc. fin.* 2012, n° 179, obs. A. Cerles ; *Banque et Droit* nov.-déc. 2012, p. 58, obs. E. Netter ; *Dr. et patr.* févr. 2013, p. 82, obs. Ph. Dupichot ; *RTD com.* 2013. 122, obs. D. Legeais).

À l'inverse, et en toute logique, la même chambre adopte une conception identique à celle consacrée par l'arrêt *Nahoum* à l'égard d'une caution cogérante de l'entreprise débitrice (Com. 17 déc. 2003, *JCP* 2004. II. 10072, note J. Casey ; *RD banc. fin.* 2004, n° 65, obs. D. Legeais). En l'espèce, la caution ne démontrait pas, ni même ne prétendait, que le créancier aurait eu sur ses revenus, son patrimoine et ses facultés de remboursement des informations qu'elle-même aurait ignorées. Dans cette affaire, de manière corrélative, la Cour de cassation réaffirme une solution bien différente lorsqu'il s'agit de l'épouse du dirigeant, assimilée à une caution profane. Celle-ci peut parfaitement obtenir des dommages-intérêts, qui la libéreront à concurrence du préjudice réellement subi (pour la qualité de caution profane conférée à l'épouse du dirigeant, v. Com. 21 juin 2005, *RD banc. fin.* 2005, no 167, obs. D. Legeais). Plus généralement, selon cette jurisprudence, il est très délicat pour les cautions dirigeantes d'invoquer la disproportion et d'engager la responsabilité des créanciers car elles sont considérées comme parfaitement informées de la situation de la société cautionnée.

b. Les sanctions encourues

100 Différentes décisions ont permis à la Cour de cassation de préciser les sanctions susceptibles d'être prononcées à l'encontre d'un créancier qui obtient un engagement disproportionné d'une caution. Dans l'arrêt du 9 juillet 2003 (Civ. 1re, 9 juill. 2003, *préc.*), ultérieurement confirmé (Civ. 1re, 20 déc. 2007, *RD banc. fin.* 2008, n° 10, obs. D. Legeais ; *RDC* 2008. 754, obs. S. Carval), le juge opère uniquement une réduction de la dette, alors même que les juges du fond étaient allés au-delà en admettant que la caution pouvait prétendre à des dommages et intérêts correspondant à la créance garantie. De même, dans un arrêt postérieur (Civ. 1re, 6 avr. 2004, *préc.*), les juges du fond avaient prononcé une annulation du contrat pure et simple. Ces solutions pouvaient être contestables car elles permettaient aux cautions d'être indemnisées à hauteur d'un montant qu'elles s'étaient pourtant engagées à régler. Or le préjudice réel pour la caution ne pouvait juridiquement provenir que de la fraction excessive de ce qui avait été prévu dans le contrat. En effet, en deçà de cette fraction manifestement excessive, il ne peut y avoir de manquement du créancier, singulièrement à son devoir de bonne foi, ni de préjudice subi par la caution. C'est sous cet aspect que la Cour de cassation censure les deux fois les juges du fond et adopte un raisonnement en deux temps : en raison du comportement fautif de la banque, le montant des dommages et intérêts doit être fixé en fonction du préjudice subi par la caution.

L'indemnisation de la caution ne doit donc pas être intégrale, mais correspondre réellement au préjudice subi qui « ne peut être équivalent à la dette tout entière, mais seulement à la mesure excédant les biens que la caution pouvait proposer en garantie ». En d'autres termes, le cautionnement conserve tous ses effets, mais l'engagement de la caution est ramené à un montant compatible avec ses facultés financières. Il convient de respecter une équivalence entre le dommage et la réparation : le préjudice doit correspondre à cette fraction excessive de la somme prévue dans le contrat de cautionnement. Ceci suppose que soit évaluée la quotité de l'excès pour déterminer ce préjudice qui va être compensé avec les dommages et intérêts alloués. Par-là même, la caution reste tenue de respecter son engagement à hauteur du montant qui n'est pas considéré comme excessif au regard de sa solvabilité initiale (pour une critique du recours au droit de la responsabilité pour sanctionner un cautionnement manifestement disproportionné, A.-S. Barthez et D. Houtcieff, *Traité de droit civil, Les sûretés personnelles*, LGDJ, 2010, n° 359).

B. L'exigence de proportionnalité consacrée par le législateur

Les références à la disproportion prévue par le législateur concernent deux domaines différents : certaines, prévue dans le Code de la consommation, ont pour objet de sanctionner les créanciers qui obtiennent la conclusion de contrat de cautionnement manifestement disproportionné par rapport au revenu et patrimoine de la caution (1). Une autre, intégrée dans le Code de commerce, est plus particulièrement destinée à apprécier la disproportion dans l'hypothèse d'une procédure collective (2). 101 ■

1. *L'exigence de proportionnalité et le droit de la consommation*

La loi du 31 décembre 1989 relative au surendettement des particuliers avait prévu une mesure originale à l'article L. 314-18 du Code de la consommation qui écarte toute possibilité pour un établissement de crédit de se prévaloir d'un contrat de cautionnement disproportionné. Si l'application de la sanction retenue a été étendue par la loi du 1re août 2003 à l'article L. 332-1 du même Code, certaines constantes demeurent, relatives au domaine (a), aux conditions de mise en œuvre (b) ainsi qu'à la détermination de la sanction (c). 102 ■

a. Le domaine de la sanction pour cautionnement excessif

1. Les parties concernées

L'article L. 314-18 du Code de la consommation vise plus particulièrement un établissement de crédit, une société de financement, un établissement de monnaie électronique, un établissement de paiement ou un organisme mentionné au 5 de l'article L. 511-6 du Code monétaire et financier, en relation avec une caution personne physique. De plus, l'objet du cautionnement est limité à une dette résultant d'un crédit immobilier ou d'un crédit à la consommation. Ce domaine d'application s'est révélé relativement étroit par rapport au domaine d'application potentiel de la responsabilité civile du créancier. C'est pourquoi, dans un premier temps, la jurisprudence n'a pas hésité à utiliser la responsabilité du créancier, lorsque les conditions d'application de l'article L. 314-18 du Code de la consommation n'étaient pas exactement établies (v. ss 95). Dans un second temps, la loi du 1er août 2003 a 103 ■

confirmé, à l'article L. 332-1 du Code de la consommation, cette extension pour tout contrat conclu par une personne physique avec un créancier professionnel, ce qui écarte toute limitation liée à la conclusion préalable d'un crédit à la consommation : « Un créancier professionnel ne peut se prévaloir d'un contrat de cautionnement conclu par une personne physique dont l'engagement était, lors de sa conclusion, manifestement disproportionné à ses biens et revenus, à moins que le patrimoine de cette caution, au moment où celle-ci est appelée, ne lui permette de faire face à son obligation ».

■ 104 La généralité de la formule utilisée, caution « personne physique », devait permettre d'appliquer le texte à toute personne engagée dans les liens d'un contrat de cautionnement, dès lors qu'il ne s'agit pas d'une personne morale (à l'exclusion toutefois du donneur d'aval qui ne peut invoquer le bénéfice lié à la disproportion, Com. 30 sept. 2012, n° 11-23519, *Gaz. Pal.* 12 et 13 déc. 2012, p. 12, obs. M.-D. Dumont-Lefrand ; *Dr. et patr.* févr. 2013, p. 83, obs. Ph. Dupichot ; *RD banc. fin.* 2013, n° 10, obs. A. Cerles ; *RTD com.* 2013. 124, obs. D. Legeais ; *Banque et Droit* nov.-déc. 2012, p. 54, obs. F. Jacob). Cette quasi-absence de restriction de la notion de « caution » étant source de difficultés d'application (sur ce constat, v. notamment Y. Picod, « Proportionnalité et cautionnement », *in Mélanges offerts à J. Calais-Aulois*, Dalloz, 2004, p. 848), la Commission présidée par le professeur Michel Grimaldi avait toutefois proposé que l'exigence de proportionnalité ne s'impose qu'au bénéfice des cautions agissant à titre non professionnel (sur la proposition, Ph. Simler, « Les sûretés personnelles », *Dr. et patr.* sept. 2005, p. 57). Cette approche aurait dû permettre d'exclure les dirigeants de sociétés, comme lors de la mise en œuvre par les juges de la responsabilité des créanciers en raison de la conclusion d'un contrat de cautionnement manifestement disproportionnée (v. ss 97). Or, un tel raisonnement n'a pas été retenu par la Cour de cassation, qui a privilégié, comme en matière de formalisme (v. ss 131), une application extensive de l'article L. 332-1 du Code de la consommation, cette disposition étant susceptible d'être mise en œuvre au bénéfice d'une caution dirigeant social (Com. 13 avr. 2010, *RD banc. fin.* juill. 2010, n° 49, obs. D. Legeais ; *RLDC* juin 2010. 30, obs. J.-J. Ansault).

Plusieurs arrêts ultérieurs confirment ce raisonnement, en affirmant que « l'article L. 332-1 du Code de la consommation dans sa rédaction issue de la loi du 1er août 2003 est applicable à toute caution personne physique, fût-elle dirigeant social de la société cautionnée » (Com. 22 juin 2010, *D.* 2010. 1985, note D. Houtcieff ; *RTD civ.* 2010. 593, obs. P. Crocq ; *RTD com.* 2010. 552, obs. C. Champaud et D. Danet ; *RD banc. fin.* 2010, n° 172, obs. D. Legeais ; *Gaz. Pal.* 9 sept. 2010, p. 20, obs. M.-D. Dumont-Lefrand ; *Banque et droit* sept.-oct. 2010. 59, obs. F. Jacob ; *RDC* 2011. 137, obs. D. Fenouillet ; *RLDC* sept. 2010, p. 36, obs. J.-J. Ansault ; v. ss 110 sur cet arrêt à propos de la sanction encourue. Solution également retenue à l'égard d'une caution directeur commercial et associée de la société cautionnée, Com. 10 juill. 2012, *Gaz. Pal.* 19 et 20 sept. 2012, p. 20, obs. Ch. Albiges ; *Dr. et patr.* févr. 2013, p. 83, obs. Ph. Dupichot ; gérant et associé, Civ. 1re, 12 juill. 2012, n° 11-20.192, *Gaz. Pal.* 19 et 20 sept. 2012, p. 21, obs. Ch. Albiges ; *RD banc. fin.* 2012, n° 150, obs. D. Legeais).

■ 105 Enfin, la référence à la notion de « créancier professionnel », et non plus seulement aux établissements de crédit, a également élargi le champ d'application du texte. Le raisonnement retenu par la Cour de cassation à propos du formalisme, et l'interprétation privilégiée de la notion de « créancier professionnel », s'est nécessairement être appliqué à l'article L. 332-1 du Code de la consommation (v. ss 130). Le créancier est celui dont la créance est née dans l'exercice de sa profession ou celui qui se trouve en rapport direct avec l'une de ses activités professionnelles, même si celle-ci n'est pas principale (pour une application de cette disposition invoquée par une société distributrice de boissons , Civ. 1re, 1er oct. 2014, n° 13-16.273, *RD banc. fin.* 2014, n° 199, obs. A. Cerles ; *Gaz. Pal.* 3 et 4 déc. 2014, p. 16, obs. Ch. Albiges ; *Dr. et patr.* oct. 2015, p. 86, obs. Ph. Dupichotv. ss 130). Comme l'a très astucieusement observé le professeur Philippe Simler, « il s'agit en somme, du professionnel créancier plutôt que du créancier professionnel » (v. obs. sous Chambéry, 31 oct. 2006, *JCP* 2007. I. 158, n° 5 qui juge l'article applicable à un fournisseur de matériaux à un entrepreneur).

2. L'application dans le temps

Une incertitude a également concerné l'entrée en vigueur de cette disposition, en l'occurrence l'article L. 332-1 du Code de la consommation. La loi nouvelle avait en effet déclaré ce texte d'application immédiate ; mais fallait-il l'appliquer immédiatement aux contrats en cours souscrits avant le 1er août 2003, ou ne concernait-elle que les contrats conclus après son entrée en vigueur ? Les juridictions du fond étaient partagées en la matière : certaines, majoritaires, écartaient la rétroactivité de la loi nouvelle, alors que d'autres, minoritaires, acceptaient une telle application aux motifs que la disproportion pouvait s'apprécier lors de l'exécution du contrat. Une chambre mixte de la Cour de cassation s'est prononcée le 22 septembre 2006 (Cass., ch. mixte, 22 sept. 2006, *JCP* 2006. I. 195, n° 4, obs. Ph. Simler ; *JCP* 2006. II. 10180, note D. Houtcieff ; *Banque et Droit* nov.-déc. 2006, p. 50, obs. F. Jacob ; *RD banc. fin.* 2006, n° 196, obs. D. Legeais ; *RTD civ.* 2006. 799, obs. P. Crocq ; *Defrénois* 2007, art. 38567, p. 546, obs. Ph. Théry ; L. Aynès, « Le cautionnement excessif : application dans le temps de la sanction légale », *RLDA* nov. 2006, p. 49 ; décision ensuite confirmée par la chambre commerciale : Com. 13 févr. 2007, *JCP* 2007. I. 158, n° 4, obs. Ph. Simler ; *RTD civ.* 2007. 370, obs. P. Crocq ; *Dr. et proc.* juill.-août 2007, p. 234, obs. Y. Picod, et la première chambre civile : Civ. 1re, 20 déc. 2007, *RD banc. fin.* 2008, n° 10, obs. D. Legeais) et a adopté une solution dénuée de toute ambiguïté : l'article L. 332-1 du Code de la consommation ne s'applique qu'aux contrats conclus après l'entrée en vigueur du texte, soit après le 7 août 2003. Ceux convenus avant cette date sont logiquement soumis aux exigences jurisprudentielles (sur lesquelles, v. ss 95). **106**

b. Les conditions de la sanction pour cautionnement excessif

1. L'évaluation de la disproportion

La caution, personne physique, peut invoquer le caractère disproportionné de son engagement lorsque ses biens et revenus se révèlent insuffisants pour faire face à la défaillance du débiteur principal. Une première difficulté a pu intervenir lorsque plusieurs cautions se sont engagées solidairement : le créancier peut-il prendre en considération les ressources cumulées de ces engagements ? En l'absence de précisions énoncées à l'article L. 314-18 du Code de la consommation, la Cour de cassation a affirmé que la dette devait être comparée à chaque ressource individuelle des cautions car chacune était susceptible d'être poursuivie pour le tout, leur solvabilité s'appréciant individuellement (Civ. 1re, 22 oct. 1996, *JCP* 1997. I. 3991, n° 5, obs. Ph. Simler ; *RTD civ.* 1997. 189, obs. P. Crocq ; *Defrénois* 1997, art. 36526, n° 43, p. 397, note L. Aynès ; *D.* 1997, Jur. 515, note M. Wacongne ; *JCP* 1997. II. 22826, note S. Piedelièvre ; *CCC* 1997, n° 11, obs. G. Raymond). Selon la Haute Cour, cette solution **107** s'imposait car « les cautions solidaires d'un même débiteur pour une même dette, pouvaient se voir réclamer chacune le paiement intégral de la dette ». Cette formule est conforme aux impératifs de l'article 2025 du Code civil, désormais codifié à l'article 2302, qui prévoit que les cautions engagées pour garantir une même dette, sont obligées chacune à toute la dette (sur les conséquences d'une telle exigence, Ch. Albiges, « L'influence du droit de la consommation sur l'engagement de caution », in *Mélanges offerts à J. Calais-Aulois*, *op. cit.*, n° 19, p. 16). Ultérieurement, à propos de l'application de l'ancien article L. 341-4 du Code de la consommation, la Cour de cassation a confirmé que la disproportion devait être appréciée en fonction des seuls biens et revenus de la caution, sans prendre en considération les autres sûretés potentiellement obtenues par le créancier pour garantir une même dette (Com. 5 avr. 2011, n° 10-18.106, *RLDC* juin 2011, p. 34, obs. J.-J. Ansault ; *Gaz. Pal.* 2010, 29 août et 1er sept. 2011, p. 23, obs. S. Piédelièvre, *Gaz. Pal.* 21 et 22 sept. 2011, p. 21, obs. Ch. Albiges ; *Defrénois* 2012. 237, obs. S. Cabrillac ; solution confirmée alors que trois cautions d'une même famille étaient engagées, Com. 22 mai 2013, n° 11-24812, *Gaz. Pal.* 12 et 13 juin 2013, p. 16, obs. M.-P. Dumont-Lefrand ; *Gaz. Pal.* 27 juin 2013, p. 9, note M. Mignot ; *RD banc. fin.* 2013, n° 130, obs. A. Cerles ; *D.* 2013. 1710, obs. P. Crocq ; *JCP* 2013. 1256, n° 2, obs. Ph. Simler ; *RTD civ.* 2013. 607, obs. H. Barbier ; *Defrénois* 2014, p. 434, obs. S. Cabrillac ; *Dr. et patr.* févr. 2014, p. 61, obs. Ph. Dupichot).

Une solution opposée a été retenue lorsque des époux, mariés sous le régime de la communauté, s'engagent simultanément en qualité de cautions solidaires pour garantir le recouvrement d'une même dette auprès d'un même créancier. Il convient alors de considérer que l'ensemble du patrimoine du couple, biens propres et biens de la communauté, doit être additionné et constitue le gage du créancier (solution retenue par la Première chambre civile, Civ. 1re, 14 nov. 2012, 11-24341, *Gaz. Pal.* 12 et 13 déc. 2012, p. 14, obs. Ch. Albiges ; *Dr. et patr.* févr. 2013, p. 83, obs. Ph. Dupichot ; *RD banc. fin.* 2013, n° 13, obs. A. Cerles ; confirmée par la chambre commerciale, Com. 5 févr. 2013, n° 11-18644, *Gaz. Pal.* 20 et 21 mars 2013, p. 17, obs. Ch. Albiges ; *Banque et Droit* mars-avr. 2013, p. 48, obs. F. Jacob ; *Gaz. Pal.* 6 et 7 mars 2013, p. 13, note M. Mignot ; *JCP* 2013. 417, note O. Gout ; *D.* 2013. 1710, obs. P. Crocq ; *Defrénois* 2014, p. 435, obs. S. Cabrillac). Il s'agit d'une solution spécifique, directement liée à la situation d'époux communs en biens et à la présence de biens communs susceptibles d'être poursuivis par le créancier (pour une solution opposée si les époux sont mariés sous le régime de séparation de biens, Civ. 1re, 25 nov. 2015, n° 14-24.800 ; *JCP G* 2016. 553, n° 10, obs. Ph. Simler ; *Gaz. Pal* 16 févr. 2016, p. 25, obs. Ch. Albiges).

Enfin, de manière sensiblement identique, l'incertitude a pu porter sur les conséquences d'une pluralité d'engagements de la caution : la disproportion peut-elle s'apprécier au regard non seulement des biens et des revenus de la caution, mais aussi en prenant en considération des dettes liées à de tels engagements ? La chambre commerciale (Com. 22 mai 2013, précité ; Antérieurement, Com. 9 avr. 2013, n° 12-17.89 ; *JCP* G 2013. 585, n° 8, obs. Ph. Simler ; *Rev. sociétés* 2013. 680, note D. Legeais ; Com. 29 sept. 2015, n° 13-24568, *Gaz. Pal.* 10 déc. 2015, p. 18, obs. Ch. Albiges ; *RD banc. fin.* 2015, n° 188, obs. D. Legeais ; *Defrénois* 2016, p. 814, obs. S. Cabrillac), comme ensuite la première chambre civile de la Cour de cassation (Civ. 1re, 15 janv. 2015, n° 13-23489, *Gaz. Pal.* 18 et 19 mars 2015, p. 14, obs. Ch. Albiges ; *RD banc. fin.* 2015, n° 42, obs. D. Legeais ; *RTD civ.* 2015. 183, obs. P. Crocq ; *CCC* 2015, n° 99, obs. G. Raymond ; *Dr. et patr.* oct. 2015, p. 89, obs. Ph. Dupichot ; *RDC* 2016, p. 53, obs. A.-S. Barthez), ont considéré de manière judicieuse que la disproportion devait être « appréciée au regard de l'endettement global de la caution, y compris celui résultant d'engagement de la caution », dès lors que ces derniers sont antérieurs à la conclusion du cautionnement sollicité. À l'inverse, pour les cautionnements postérieurs, ils ne sont légitimement pas pris en considération (Com. 22 sept. 2015, n° 14-17100, *JCP* G 2015. 1222, n° 8, obs. Ph. Simler ; *Defrénois* 2016, p. 814, obs. S. Cabrillac ; *D.* 2016. 1964, obs. P. Crocq ; *RTD com.* 2015. 727, obs. D. Legeais ; Com. 3 nov. 2016, n° 14-26.051, *Rev. sociétés* 2016, p. 146, obs. Ch. Juillet ; *RD banc. fin.* 2016, n° 19, obs. A. Cerles ; *JCP* E 2016. 1052, note J. Lasserre Capdeville ; *JCP* 2016. 553, n° 10, obs. Ph. Simler).

Une seconde difficulté est relative aux pouvoirs conférés au créancier pour apprécier l'évaluation de la disproportion. La Cour de cassation a logiquement considéré que le créancier, « en l'absence d'anomalies apparentes », n'était pas tenu de vérifier l'exactitude du contenu des éléments apportés par la caution (Com. 14 déc. 2010, *RD banc. fin.* mars 2011, n° 49, obs. A. Cerles ; *JCP* E 2011. 1117, note D. Legeais ; *Gaz. Pal.* 31 mars 2011, p. 16, obs. Ch. Albiges ; *RLDC* févr. 2011. 33, obs. J.-J. Ansault ; solution plus récemment confirmée, Com. 8 avr. 2015, n° 13-26.734 ; *Gaz. Pal.* 24 mai 2015, p. 17, obs. Ch. Albiges). Il appartient dès lors aux juges du fond de prendre en considération les facultés contributrices de la caution en fonction d'éléments connus et objectifs, comme les biens et les revenus de la caution, appréciés à deux moments : lors de la conclusion du contrat et quand la caution est appelée (sur la prise en compte des parts sociales et d'une créance inscrite sur un compte courant d'associé, présentes à la date de souscription de l'engagement de la caution, Com 26 janv. 2016, n° 13-28.378 ; *JCP G* 2016. 553, n° 9, obs. Ph. Simler ; *Gaz. Pal.* 21 juin 2016, p. 30, obs. M.-P. Dumont-Lefrand ; *D.* 2016. 196, obs. P. Crocq ; *Rev. sociétés* 2016, p. 598, note J.-J. Ansault). Une incertitude jurisprudentielle a pu porter sur la détermination des éléments actifs susceptibles d'être pris en considération, en l'occurrence les perspectives de développement de l'entreprise cautionnée. **108**

Une divergence s'est développée dans un premier temps entre la première chambre civile, favorable à la prise en compte de ces perspectives pour l'appréciation de la disproportion (Civ. 1re, 4 mai 2012, n° 11-11.461 ; *RD banc. fin.* 2012, n° 120, obs. A. Cerles ; *RTD civ.* 2012. 556, obs ; P. Crocq ; *Gaz. Pal.* 19 et 20 sept. 2012, p. 20, obs. Ch. Albiges ; *Dr. et patr.* juill. août 2012, p. 102, obs. L. Aynès ; *Banque et Droit* juill.-août 2012, p. 41, obs. F. Jacob ; *RTD com.* 2012. 602, obs. D. Legeais ; *JCP* 2012. 1291, n° 6, obs. Ph. Simler), et la chambre commerciale qui considère au contraire, de manière plus judicieuse car moins aléatoire, que les revenus escomptés de l'opération garantie ne doivent pas être pris en considération (Com. 4 juin 2013, n° 12-18.216 et 12-15.518, *JCP* 2013. 1256, n° 2, obs. Ph. Simler ; *Dr. et patr.* févr. 2014, p. 60, obs. Ph. Dupichot ; *Rép. Defrénois* 30 avr. 2014, p. 434, obs. S. Cabrillac ; *Rev. sociétés* 2013, p. 680, obs. D. Legeais ; *D.* 2014. 1618, obs. P. Crocq ; solution confirmée, Com. 27 janv. 2015, n° 13-27.625, *RD banc. fin.* 2015, n° 42, obs. D. Legeais ; *CCC* 2015, n° 127, obs. G. Raymond ; Com. 10 févr. 2015, n° 13.27141, *Rev. sociétés* 2015, p. 306, obs. S. Prévost ; *Gaz. Pal.* 18 et 19 mars 2015, p. 14, obs. Ch. Albiges). Dans un second temps, la première chambre civile de la Cour de cassation a opéré un revirement de jurisprudence en adoptant le raisonnement retenu par la chambre commerciale : en toute hypothèse, la proportionnalité de l'engagement de la caution ne peut être appréciée selon des revenus escomptés de l'opération garantie (Civ. 1re, 3 juin 2015, n° 14-13.126, *D.* 2015. 1268, obs. V. Avena-Robardet ; *D.* 2015. 1817, obs. P. Crocq ; *D.* 2015. 2044, note Ch. Juillet ; *RTD com.* 2015. 727, obs. D. Legeais ; *JCP G* 2015, 1222, n° 9, obs. P. Simler ; *Gaz. Pal.* 10 déc. 2015, p. 17, obs. Ch. Albiges ; *Banque et droit* sept.-oct. 2015, p. 80, obs. E. Netter ; *Dr. et patr.* oct. 2015, p. 89, obs. Ph. Dupichot ; *RDC* 2016, p. 58, obs. A.-S. Barthez).

Une dernière difficulté est relative à la détermination de la charge de la preuve du caractère disproportionné de l'engagement de la caution. Il a été précisé que la charge de cette preuve incombe à la caution, qui conteste l'efficacité de son engagement et doit démontrer cette disproportion aux moments de la conclusion du contrat (Com. 22 janv. 2013, n° 11-25.377, *D.* 2013. 2802, obs. Ph. Delebecque ; *RD banc. et fin.* mars 2013, n° 55, obs. D. Legeais ; *JCP* 2013. 585, n° 7, obs. Ph. Simler ; *Gaz. Pal.* 20 et 21 janv. 2013, p. 18, obs. Ch. Albiges). À l'inverse, lorsque le créancier sollicite l'application de l'article L. 332-1 du Code de la consommation et exerce ses poursuites contre la caution, la Cour de cassation a jugé que la charge de la preuve lui incombait alors, par application de l'article 1315 du Code civil, désormais devenu l'article 1353 du même Code. Ce même créancier doit notamment démontrer le retour à meilleure fortune de la caution depuis la conclusion du contrat de cautionnement (Com. 1er avr. 2014, n° 13-11.313, *JCP* E 2014. 1292, note D. Legeais ; *RD banc et fin.* 2014, n° 98, obs. A. Cerles ; *JCP E* 2014. 1292, note D. Legeais ; *Gaz. Pal.* 4 et 5 juin 2014, p. 18, obs. Ch. Albiges ; *Banque et Droit* mai-juin 2014, p. 60, obs. E. Netter ; *Rép. Defrénois* 15 mai 2015, p. 490, obs. S. Cabrillac ; *Dr. et patr.* nov. 2014, p. 105, obs. A. Aynes ; Com. 8 juill. 2014, n° 13-13.682, *Rev. sociétés* 2015, p. 306, obs. Ch. Juillet ; solution confirmée par la première chambre civile, Civ. 1re, 10 sept. 2014, n° 12-28.977, *RLDC* nov. 2014. 35, obs. J.-J. Ansault ; *Banque et Droit* nov.-déc. 2014, p. 43, obs. E. Netter ; *RD banc. fin.* 2014, n° 201, obs. A. Cerles ; *CCC* 2015, n° 21, obs. G. Raymond ; Com. 1er mars 2016, n° 14-16.402).

2. Le moment d'appréciation de la disproportion

109 L'article L. 314-18, mais aussi l'article L. 332-1 du Code de la consommation, visent le cautionnement « dont l'engagement était, lors de sa conclusion, manifestement disproportionné à ses biens et ses revenus » de la caution . L'obligation de couverture consentie initialement par la caution était manifestement excessive au regard de son patrimoine. La capacité financière de la caution est toutefois appréciée à deux moments : d'une part, lors de la conclusion du contrat, le créancier professionnel ayant commis une faute en exigeant un engagement excessif de la caution ; d'autre part, lors de la demande d'exécution de l'obligation de règlement, quand la caution est appelée, sa solvabilité étant également appréciée. L'exigence de proportionnalité ne constitue pas une condition de validité, appréciée uniquement à la formation du contrat car l'engagement de la caution aura sa pleine efficacité si, à l'échéance, cette dernière dispose de la possibilité de faire face à l'obligation initialement convenue (Y. Picod, *Droit des sûretés*, 3e éd., PUF, coll. « Thémis », 2016, n° 61). C'est à ce titre que la chambre commerciale de la Cour de cassation a jugé que le cautionnement devait être exécuté dès lors que la caution peut « faire face à son obligation » lorsqu'elle est appelée, la vente d'un bien immobilier par exemple lui permettant de respecter son engagement au moment où elle est appelée (Com. 27 mai 2014, n° 13-15.038, *JCP* 2014. 899, note Ch. Albiges ; *Rép. Defrénois* 15 mai 2015, p. 491, obs. S. Cabrillac ; *Gaz. Pal.* 9 oct. 2014, p. 14, obs. St. Piédelièvre). Plus précisément, pour apprécier si le patrimoine de la caution lui permet de faire face à son obligation au moment où elle est appelée, le juge doit en principe se placer au jour où la caution est assignée. Toutefois, il en va différemment si *« à ce moment, le débiteur bénéficie d'un plan de sauvegarde en cours d'exécution »*. Auquel cas, *« l'appréciation doit être différée au jour où* *le plan n'est plus respecté, l'obligation de la caution n'étant exigible qu'en cas de défaillance du débiteur principal»* (Com. 1er mars 2016, n° 14-16402).

c. La détermination de la sanction

Les deux dispositions relevant du Code de la consommation précitées prévoient que le créancier « ne peut se prévaloir d'un contrat de cautionnement », formule également réitérée à l'article L. 343-4 du Code de la consommation, spécifique à la sanction susceptible d'être prononcée. Cette formule a été assimilée à une déchéance conditionnelle du cautionnement qui peut être opposée non seulement au créancier qui sollicite l'exécution du contrat de cautionnement, mais aussi au cofidéjusseur *solvens* qui exerce un recours contre la caution préalablement déchargée (pour l'exclusion du recours subrogatoire: Paris, 28 mai 2013, *JCP* 2013. 1256, obs. Ph. Simler; avec l'impossibilité également pour le cofidéjusseur *solvens* de solliciter la mise en œuvre du bénéfice de subrogation: Cass., ch. mixte, 27 févr. 2015, n° 13-13.709, *Gaz. Pal.* 2 avr. 2015, p. 5, note M. Mignot; *JCP* 2015. 505, note P. Simler; *JCP* E 2015. 1149, note D. Legeais; *RLDA* mai 2015, p. 26, note Ch. Albiges; *AJCA* avr. 2015, p. 175, obs. Y. Picod; *Banque et Droit* mars-avril 2015, p. 68, obs. F. Jacob; *Defrénois* 2016, p. 815, obs. S. Cabrillac; *RDC* 2016, p. 58, obs. A.-S. Barthez). 110 ■

En toute hypothèse, cette sanction frappe un contrat régulièrement formé à l'origine, mais qui perd un élément essentiel à la suite d'un événement postérieur et indépendant de la volonté des parties: sa force obligatoire est directement affectée en raison de l'état de la fortune de la caution. Le contrat déchu est privé d'effets, mais seulement pour l'avenir. Le créancier, comme la caution, prennent un risque en acceptant un cautionnement manifestement disproportionné : soit la caution ne peut pas payer et le créancier se verra privé de sa sûreté personnelle, soit elle peut payer et elle devra respecter la force obligatoire du contrat conclu.

Il s'agit donc d'une sanction potentiellement rigoureuse pour le créancier, dont la mise en œuvre peut être sollicitée par le créancier (en invoquant l'application de l'article L. 341-4 préc., la caution ne pouvant la solliciter après avoir au préalable agi sur le fondement du droit de la responsabilité: Com. 17 sept. 2013, n° 12-11657; *RD banc. et fin.* nov. 2013, n° 192, obs. D. Legeais; *JCP 2013.* 1256, n° 2, obs. Ph. Simler; *Gaz. Pal.* 4 et 5 déc. 2013, p. 15, obs. Ch. Albiges; *Dr. et patr.* févr. 2014, p. 60, obs. Ph. Dupichot; solution confirmée par la première chambre civile: Civ. 1re, 22 janv. 2014, n° 12-28480, *Gaz. Pal.* 19 et 20 mars 2014, p. 16, obs. Ch. Albiges; puis par la chambre commerciale: Com. 8 avr. 2015, n° 13-26734, *Gaz. Pal.* 24 mai 2015, p. 18, obs. Ch. Albiges) et qui ne peut être tempérée par le recours au droit de la responsabilité. La Cour de cassation a en effet précisé, à propos de l'ancien article L. 341-4 du Code de la consommation, que cette disposition énonçait une impossibilité totale de se prévaloir du cautionnement et n'avait pas pour objet la réparation d'un préjudice (Com. 22 juin 2010, *préc.*; pour une illustration particulièrement éclairante de l'articulation entre les deux fondements, Com. 2 nov. 2016, n° 14-27.150, *Gaz. Pal.* 21 févr. 2017, p. 30, obs. Ch. Albiges; *Bull. Joly Sociétés* janv. 2017. 7, note Ch. Juillet; *RD banc. fin.* 2017, comm. 15, obs. D. Legeais). Le principe du « tout ou rien », privilégié par le législateur, est donc appliqué avec rigueur par la Cour de cassation, sans possibilité d'avoir recours à une modulation judiciaire de la sanction (sur la sévérité de la mesure, notamment N. Mathey, « Le caractère excessif de l'engagement de la caution », *RD banc. et fin.* 2012, Dossier 41, spéc. n° 20).

2. L'exigence de proportionnalité et le droit des procédures collectives

111 Le créancier qui entend faire souscrire un cautionnement doit être attentif à ce principe de proportionnalité, d'autant plus qu'une garantie excessive peut aussi être remise en cause, en l'occurrence annulée ou réduite, sur le fondement de l'article L. 650-1 du Code de commerce, pour soutien abusif de crédit (V. M.-P. Dumont-Lefrand, « Le dirigeant garant », in *Journal des sociétés* mai 2011, n° 87, p. 20 s.). Aux termes de ce texte, *« Lorsqu'une procédure de sauvegarde, de redressement judiciaire ou de liquidation judiciaire est ouverte, les créanciers ne peuvent être tenus pour responsables des préjudices subis du fait des concours consentis, sauf les cas de fraude, d'immixtion caractérisée dans la gestion du débiteur ou si les garanties prises en contrepartie de ces concours sont disproportionnées à ceux-ci. Pour le cas où la responsabilité d'un créancier est reconnue, les garanties prises en contrepartie de ses concours peuvent être annulées ou réduites par le juge »*.

112 Afin d'éviter la frilosité des prêteurs et encourager le crédit aux entreprises, le législateur de 2005 a posé, par ce texte, un principe d'irresponsabilité des fournisseurs de crédit, assorti de trois exceptions : la fraude, l'immixtion caractérisée dans la gestion du débiteur et la constitution de garanties disproportionnées par rapport au concours consenti. Ainsi dans chacune de ces trois hypothèses, à condition que le crédit consenti soit fautif (Com. 27 mars 2012, n° 10-20077, *JCP E* 2012. 1274, note D. Legeais ; *JCP G* 2012. 635, note S. Piedelièvre ; D. Robine, « La Cour de cassation consolide l'article L. 650-1 du Code de commerce », *RLDA* juill. 2012, p. 21 ; Com. 28 janv. 2014, n° 12-26156, *Gaz. Pal.* mars 2014, p. 17, obs. M.-P. Dumont-Lefrand où la Cour juge que l'absence de preuve d'un concours fautivement consenti par le banquier rend inutile l'examen de l'ensemble des garanties obtenues par la banque), la responsabilité du prêteur peut être engagée. La portée du texte dépendra de la conception retenue par la jurisprudence des trois fautes en question. Seule la troisième retiendra ici notre attention : la prise de garanties disproportionnées en contrepartie des concours accordés. Il convient toutefois de s'interroger sur le champ d'application du texte avant d'observer ce cas exceptionnel de mise en œuvre de la responsabilité du prêteur. Ceci dit, la réforme du droit des obligations issue de l'ordonnance n° 2016-131 du 10 février 2016 a implicitement ouvert la voie d'un nouveau contrôle de l'excès de sûretés. Ce principe d'irresponsabilité du créancier serait susceptible d'être écarté par le nouvel art. 1143 du Code civil en cas d'abus de l'état de dépendance dans lequel pourrait se trouver celui qui contracte un crédit pour l'acquisition de son fonds de commerce, par exemple.

a. Le champ d'application de l'article L. 650-1 du Code de commerce

113 Le texte vise les « concours consentis » sans autre précision. Dès lors, une interprétation large est naturellement encouragée. C'est ainsi qu'un délai de paiement a été reconnu comme étant une opération de crédit (Com. 16 oct. 2012, n° 11-22993, *RTDI* 2013, n° 1, p. 28, obs. M.-P. Dumont-Lefrand ; *JCP E* 2012. 1735, note D. Legeais ; *JCP G* 2012. 1428, n° 18, obs. Ph. Pétel ; délai de paiement accordé dans des relations fournisseur/distributeur). Sont également naturellement concernés tous les autres types de crédit, peu importe leur qualification, qu'il s'agisse d'un prêt classique, d'une autorisation de découvert ou de l'escompte d'un effet de commerce. La Cour de cassation a jugé qu'était aussi concerné le concours financier consenti pour la

création ou l'acquisition d'une entreprise (Com. 3 nov. 2015, n° 14-10274, *RTD com.* 2015. 726, obs. D. Legeais ; *Rev. proc. coll.* 2016, comm. 100, A. Martin-Serf ; *Gaz. Pal.* 8 mars 2016, obs. S. Moreil ; *JCP* 2016. 866, obs. Ph. Pétel). De même, le texte utilise le terme générique de « créancier ». Dès lors il doit aussi recevoir une interprétation large. La Cour de cassation retient que la notion de créancier n'est pas réservée aux établissements de crédit et peut viser toutes sortes de créanciers professionnels, de même qu'elle avait jugé par le passé que la notion de soutien abusif pouvait intervenir entre deux entreprises. Ainsi tout fournisseur de crédit, ne fût-il pas un professionnel du crédit (Com. 16 oct. 2012, préc.), est susceptible de voir sa responsabilité engagée...pour soutien abusif. Enfin, cette mise en cause exceptionnelle de la responsabilité du créancier suppose que le débiteur (qui compte tenu de la localisation du texte est une entreprise en difficulté) aura été soumis à l'une des trois procédures collectives présentant un caractère juridictionnel.

b. L'exception de disproportion

L'exception de disproportion soulève trois questions qui tiennent aux garanties visées, à l'appréciation de la disproportion et à la sanction encourue. La première tient aux garanties visées. Là encore, vu la généralité du texte qui vise les « garanties » et non les « sûretés », nous paraissent concernés tous les mécanismes ayant une fonction première, ou seconde, de garantie. Sont nécessairement visées les sûretés personnelles, et donc le cautionnement, les sûretés réelles, mais aussi les mécanismes induisant un effet occasionnel de sûreté qu'ils soient issus du droit des obligations (solidarité, délégation, promesse de porte-fort) ou du droit des assurances, ainsi que les sûretés réelles par voie détournée qui ont recours à la détention (droit de rétention) ou à la propriété (crédit-bail, clause de réserve de propriété, fiducie) utilisées comme sûreté. 114 ■

La deuxième tient à la disproportion elle-même. En quoi consiste-t-elle ? Quand doit-elle s'apprécier ? À la lecture du texte, la disproportion s'apprécie non pas au regard des qualités contributives du débiteur, mais par rapport au concours consenti (V. Com. 13 janv. 2015, n° 13-25360, *Gaz. Pal.* mars 2015, p. 15, obs. M.-P. Dumont-Lefrand où la Cour de cassation casse un arrêt d'appel qui avait cru pouvoir juger que le cumul de garantie — en l'occurrence deux cautionnements et un nantissement de fonds de commerce — était manifestement disproportionné avec le montant du prêt consenti sans jamais expliquer en quoi ces garanties étaient manifestement disproportionnées) . Ainsi faut-il comprendre qu'une garantie pourrait être disproportionnée dès lors qu'elle irait au-delà de ce qui est nécessaire pour obtenir le recouvrement de la créance concernée. Comme l'écrivent les professeurs Bourrassin, Brémond et Jobard-Bachellier (*Droit des sûretés*, 5e éd., Sirey U, 2016, n° 577), pour éviter ce risque de disproportion, la stipulation d'une clause de rechargement en matière d'hypothèque ou de fiducie-sûreté serait bienvenue car permet de mobiliser le crédit correspondant à la différence de valeur entre le bien affecté en garantie et le montant des crédits. Cela dit, en matière de cautionnement, apprécier la disproportion sans tenir compte du patrimoine et des revenus du débiteur n'est pas habituel. Mais cela s'explique au regard de l'objectif poursuivi par l'art. L. 650-1 C. com. qui n'est pas de protéger les cautions mais de lutter contre l'octroi fautif de crédit. Par ailleurs, dès lors que le législateur n'a pas précisé le seuil que doit atteindre cette disproportion, il appartiendra aux juges du fond de l'apprécier au cas par cas. Il est probable que le cautionnement sera considéré comme excessif lorsqu'il absorbera les 115 ■

biens et revenus de la caution, mais pas seulement. Enfin, il semblerait que la disproportion doive être appréciée au moment de l'engagement pris par le débiteur envers le créancier et trop garanti. Toutefois, il n'est pas exclu que la survenance d'une modification dans la situation du débiteur doive également être prise en compte, notamment en cas de détérioration de la situation de l'emprunteur.

■ 116 La troisième tient à la sanction encourue en cas de disproportion. Il semblerait qu'elle soit double. En effet, le créancier fautif peut d'abord être condamné à des dommages et intérêts. Cette sanction est commune aux trois exceptions déjouant le principe de non-responsabilité posé *in limine* par le texte. Toutefois, encore faudra-t-il prouver, dans notre hypothèse, que la garantie disproportionnée a causé un préjudice à la collectivité des créanciers. Or, il sera probablement difficile d'établir le lien de causalité entre le préjudice (la cessation de l'activité) et la faute du créancier : la prise d'une garantie disproportionnée empêchant l'obtention d'autres crédits, faute de garanties à offrir. En second lieu, l'article L. 650-1 al. 2 prévoit qu'en cas de garanties disproportionnées celles-ci peuvent être annulées ou réduites, assouplissant fortement la sanction initialement prévue par la loi du 26 juillet 2005 (qui prévoyait la nullité de plein droit de la garantie). Bien que l'ordonnance du 18 décembre 2005 soit revenue sur la nullité de plein droit, la nullité toujours possible ne nous paraît pas la sanction adaptée puisqu'elle ne sanctionne pas une condition de formation du contrat, mais le comportement du créancier fautif. Toutefois, en retrouvant son pouvoir d'appréciation, et en autorisant la réduction de la garantie à sa juste mesure, le juge devrait être à même de pouvoir tenir compte de la gravité de la faute du créancier, et donc du degré de l'excès.

section 2

Les conditions de forme et de preuve

■ 117 Un lien direct existe, ou a existé, entre les conditions de forme du contrat de cautionnement et celles de preuve. Il peut être illustré par l'application et l'interprétation retenue, à une certaine époque, des articles ex-1326 et ex-2015 du Code civil, pour assurer non le respect d'impératifs formels, mais une exigence de fond (sur cette interprétation particulière des textes, v. ss 120). En raison d'un tel lien, il convient d'aborder successivement les conditions spécifiques à la forme du contrat de cautionnement (1) et les règles qui gouvernent la preuve de ce même contrat (2).

§ 1 La forme du contrat de cautionnement

■ 118 La solution de principe en matière de contrat de cautionnement (A) est fortement tempérée par différentes exigences légales (B).

A. La solution de principe : le contrat de cautionnement, un contrat consensuel

En raison du caractère consensuel du cautionnement, la conclusion de ce contrat n'est, par principe, soumise à aucune forme particulière. Le caractère exprès prévu par l'article 2292 du Code civil – anciennement l'article 2015 du Code civil – n'impose pas un formalisme spécifique. Il prescrit seulement que l'engagement de la caution soit formulé expressément et constitue une règle d'interprétation, sans rapport avec la forme de cet engagement (v. ss 21). Certains arrêts rendus par la première chambre civile de la Cour de cassation ont cependant contesté cette approche, l'incertitude résidant dans l'éventuelle incidence du respect des termes de l'article 1376 du Code civil. Ce texte impose l'exigence d'une mention manuscrite pour les contrats unilatéraux, mention qui doit contenir la somme garantie en toutes lettres et en chiffres. 119 ■

Or, le contrat de cautionnement, caractérisé par son unilatéralisme, est un engagement de payer une somme d'argent. Aussi, sur le fondement de ces articles anciennement 1326 et 2015 du Code civil, la première chambre civile de la Cour de cassation (Civ. 1re, 22 févr. 1984, *JCP* 1985. II. 20442, note M. Storck ; Civ. 1re, 30 juin 1987, *D.* 1987. Somm. 442, obs. L. Aynès) a estimé « que les exigences relatives à la mention manuscrite ne constituent pas de simples règles de preuve, mais ont pour finalité la protection de la caution ». Par conséquent, les actes non conformes aux dites exigences étaient nuls, cette interprétation des textes transformant une règle de preuve en condition de validité du cautionnement. Il ne s'agissait plus d'une exigence probatoire – imposée *ad probationem* – mais d'une condition de forme – exigée *ad validitatem* –, certains contrats de cautionnement étant annulés en raison du non-respect de cette formalité. 120 ■

Cette solution était motivée par la volonté de protéger les personnes engagées en qualité de cautions, sans avoir réellement pris conscience de la portée de leur engagement. Elle a été vivement critiquée par la doctrine car les juges, avec une telle interprétation des textes, allaient au-delà de leurs prérogatives en imposant un nouveau formalisme non prévu par le législateur. De plus, conformément à une autre critique liée à cette conception, peu de contrats allaient être considérés comme valables, les cautions pouvant dès lors se libérer facilement qu'elles soient profanes de bonne foi, ou de mauvaise foi. 121 ■

La jurisprudence de la première chambre civile a cependant évolué, à partir d'une décision de 1989 (Civ. 1re, 7 mars 1989, *JCP* 1989. II. 21317, note D. Legeais ; *D.* 1989. Somm. 290, obs. L. Aynès ; *D.* 1990. Jur. 177, note Ch. Mouly ; Civ. 1re, 15 nov. 1989, *JCP* 1990. II. 21422, note D. Legeais ; *D.* 1990. Jur. 177, note Ch. Mouly). Ce revirement n'a pas concerné les autres chambres de la Cour de cassation, notamment la chambre commerciale qui avait toujours écarté la solution retenue par la première chambre civile. Ces décisions consacrèrent une modification du raisonnement antérieurement adopté. Elles affirmèrent que la formalité alors énoncée à l'article 1326 du Code civil avait bien une seule et unique finalité probatoire. Le cautionnement conclu sans la mention manuscrite de l'engagement, ou muni d'une mention incomplète, reste *valable* mais il est dépourvu de force probante. L'acte ne vaut comme preuve qu'en 122 ■

qualité de commencement de preuve par écrit. Il doit dès lors être complété par des éléments qualifiés « d'éléments extrinsèques » (sur lesquels, v. ss 147).

B. Les tempéraments au principe : le formalisme imposé par le législateur

123 En raison du caractère dangereux de l'engagement d'une caution, plus spécialement pour certaines catégories de personnes, le législateur a dérogé au principe du consensualisme. Diverses dispositions ont introduit en droit du cautionnement un « formalisme informatif » qui ne cesse de se développer, afin d'assurer à la caution une parfaite connaissance des conséquences de son engagement. Le recours à ce formalisme est imposé non à titre de preuve, mais pour garantir la validité de l'engagement de la caution. Deux catégories de dispositions doivent être distinguées : celles figurant dans le Code de la consommation (1) et celles spécifiques au bail d'habitation (2).

1. *Le formalisme du contrat de cautionnement et le Code de la consommation*

124 Initialement circonscrit aux crédits mobiliers ou immobiliers (a), ce formalisme s'est étendu au-delà de cette catégorie d'engagements (b).

a. Le cautionnement d'un crédit à la consommation

125 S'inspirant de la solution prétorienne adoptée à la même époque (v. ss 120), la loi n° 89-1010 du 31 décembre 1989, dite « loi Neiertz » relative au surendettement des particuliers et des familles, a soumis certains cautionnements à l'exigence de mentions manuscrites précises, expressément érigées en condition de validité de l'engagement. Ces mesures nouvelles s'inscrivent dans le volet « prévention » du dispositif (titre II de la loi) et ont été intégrées dans le Code de la consommation désormais aux articles L. 314-15 et L. 314-16. Elles s'appliquent aux cautions, personnes physiques, qui n'interviennent pas pour les besoins d'une activité professionnelle lors de leur engagement, mais pour garantir un crédit à la consommation (sur le rappel de telles exigences : Civ. 1re, 31 mars 1992, *RTD com.* 1992. 457, obs. B. Bouloc ; *CCC* 1992, n° 123, obs. G. Raymond ; *D.* 1992. Somm. 406, obs. E. Fortis ; Civ. 1re, 13 mars 2001, *RTD com.* 2001. 781, obs. G. Paisant ; *CCC* 2001, n° 150, obs. G. Raymond ; *D.* 2001. AJ. 1243, obs. C. Rondey).

126 L'article L. 314-15, en matière de cautionnement simple, impose une mention manuscrite rédigée par la personne physique qui s'engage par un acte sous seing privé en qualité de caution pour un crédit à la consommation réglementé par les articles L. 312-1 et suivants du Code de la consommation ou pour un crédit immobilier réglementé aux articles L. 313-1 et suivants du même Code. La caution doit porter une mention dont les termes sont les suivants : « En me portant caution de X., dans la limite de la somme de... couvrant le paiement du principal, des intérêts, et le cas échéant, des pénalités ou intérêts de retard et pour la durée de... Je m'engage à rembourser au prêteur les sommes dues sur mes revenus et mes biens si X. n'y satisfait pas lui-même ». L'indication d'une telle formule, en particulier la « limite de la somme », a pour effet d'écarter tout cautionnement indéterminé.

Avant l'entrée en vigueur de l'ordonnance en date du 14 mars 2016, cette exigence formelle de l'acte devait être respectée, à peine de nullité, avec toutefois un tempérament : il avait été jugé que l'oubli de la mention « *et* » entre le montant et la durée de l'engagement ne justifiait pas le prononcé d'une telle sanction, cette omission n'affectant ni le sens, ni la portée de la mention (Civ. 1re, 9 nov. 2004, *JCP* E 2005. 180, note D. Legeais ; *JCP* 2005. I. 135, n° 4, obs. Ph. Simler ; *RDC* 2005. 403, obs. D. Houtcieff). Par ailleurs, il s'agissait d'une nullité de protection qui pouvait donc être couverte par le comportement de la caution, dès lors que celle-ci était avertie (Paris, 17 mai 1996, *JCP* E 1997. I. 631, n° 6, obs. Ph. Simler). Si la formule « à peine de nullité » de l'engagement de la caution n'a pas été intégrée dans la nouvelle rédaction de l'article L. 314-15 précité, la sanction encourue demeure la nullité du contrat de cautionnement, conformément aux termes de l'article L. 341-51-1 intégré dans le Code de la consommation par la loi n° 2017-203 du 21 février 2017 : « Les prescriptions des articles L. 314-15 et L. 314-16 sont prévues à peine de nullité de l'engagement ».

Ce formalisme est renforcé lorsqu'il s'agit d'un cautionnement solidaire. L'article 127
L. 314-16 du Code de la consommation prévoit que la caution doit faire précéder sa signature de la mention manuscrite suivante : « En renonçant au bénéfice de discussion défini à l'article 2298 du Code civil et en m'obligeant solidairement avec X..., je m'engage à rembourser le créancier sans pouvoir exiger qu'il poursuive préalablement X... ».

Une première incertitude avait concerné la nature de la sanction encourue en cas de non-respect d'un tel formalisme spécifique à l'engagement solidaire d'une caution. Alors que le texte prévoyait expressément la nullité de l'engagement de la caution, la première chambre civile de la Cour de cassation avait confirmé (pour une même solution antérieure à propos de l'application des articles L. 331-1 et L. 331-2 du Code de la consommation, v. ss 135) que les imperfections relatives à la stipulation de solidarité prévue à l'article L. 314-16 du Code de la consommation n'affectaient que l'engagement solidaire, le contrat conclu valant comme cautionnement simple dès lors que la mention de l'article L. 314-15 du même Code est bien présente (à propos de l'adjonction du terme « solidaire » dans la première mention, sans incidence sur l'efficacité du cautionnement nécessairement simple, Civ. 1re, 5 avr. 2012, n° 11-12.515, *JCP* 2012. 1291, n° 2, obs. Ph. Simler ; *RD banc. fin.* 2012, n° 86, obs. A. Cerles ; *Defrénois* 2013. 292, obs. S. Cabrillac ; *JCP* E 2012. 1329, note D. Legeais). Comme en matière de cautionnement simple, une disposition spécifique, l'article L. 341-51-1 du Code de la consommation, prévoit expressément que la sanction encourue demeure la nullité de l'engagement de la caution.

Une seconde incertitude a concerné l'éventuelle application du texte aux contrats de cautionnement conclus sous la forme authentique. Alors que ce doute est écarté en matière de cautionnement simple, l'article L. 314-15 du Code de la consommation ne visant que les actes sous seing privé, l'article L. 314-16 du même Code n'apporte aucune précision en cas de stipulation de solidarité. Mais la Cour de cassation (Civ. 1re, 24 févr. 2004, *JCP* 2004. I. 141, n° 3, obs. Ph. Simler ; *LPA* 17 mai 2004, p. 4, note D. Houtcieff ; *Defrénois* 2004, art. 37944, p. 709, obs. S. Piedelièvre ; *Dr. et proc.* juill.-août 2004, p. 205, obs. Y. Picod) a tranché la question en affirmant que le contrat conclu sous la forme authentique n'est pas soumis aux exigences formelles de cette disposition (S. Cabrillac, « Le cautionnement notarié », *Dr. et patr.* juill.-août 2008, p. 56). Ce raisonnement se révèle logique au regard de l'obligation de conseil à la charge du notaire, considérée comme suffisante pour assurer un consentement éclairé de la caution. Celle-ci bénéficie d'une protection supplémentaire liée à la présence d'un notaire : elle peut mettre en œuvre la responsabilité civile notariale si l'officier public n'a pas respecté cette obligation de conseil (Ch. Albiges, « Responsabilité notariale et cautionnement », *Dr. et patr.* juill.-août 2008, p. 68).

128 En dehors de ces deux textes, les dispositions spécifiques aux crédits à la consommation (art. L. 312-1 C. consom.) ainsi qu'aux crédits immobiliers (art. L. 313-1 C. consom.) protectrices du débiteur (comme par exemple, le formalisme de l'offre de crédit ou le délai de forclusion) sont également applicables aux cautions de ces opérations, qu'elles soient personnes physiques, personnes morales, professionnelles ou profanes.

b. Le cautionnement conclu par une caution, « personne physique », avec un créancier professionnel

129 La loi n° 2003-721 pour l'initiative économique du 1er août 2003 a opéré une généralisation de l'exigence formelle issue de la loi du 31 décembre 1989. Deux dispositions, les articles L. 331-1 et L. 331-2 du Code de la consommation, anciennement les articles L. 341-2 et L. 341-3, imposent le recours à une mention écrite qui indique la durée et le montant de l'engagement de la caution, mention sensiblement identiques à celles des articles L. 313-7 et L. 313-8 du même Code. Dans l'hypothèse d'une contradiction entre la mention manuscrite apposée par une caution, conforme au formalisme prévu à l'article L. 341-2 précité et les clauses imprimées de l'acte de caution, la Cour de cassation a jugé qu'il convenait de privilégier le contenu de la mention manuscrite (à propos d'un engagement rédigé pour une durée de trois ans alors qu'une durée d'un an était mentionnée dans le corps de l'acte : Com. 11 juin 2014, n° 13-18.118, *RD banc. fin.* 2014, n° 169, obs.A. Cerles ; *Gaz. Pal.* 26 oct. 2014, p. 20, obs. P. Pailler).

Les articles L. 341-2 et L. 341-3 du Code de la consommation, entrés en vigueur six mois après la publication de la loi, soit le 5 février 2004, ont eu vocation à s'appliquer à tout cautionnement souscrit par une personne physique avec un créancier professionnel, sans désormais limiter la mise en œuvre de ce texte aux seuls crédits à la consommation. Cette application, décalée de six mois après la publication du texte, se justifiait par la nécessité d'adapter les documents et les mentions nouvelles, tout en permettant aux créanciers professionnels d'intégrer les exigences prévues par les textes. Depuis l'entrée en vigueur de ces deux dispositions, en raison essentiellement de l'imperfection de rédaction des textes, les juridictions du fond (sur ce constat, A. Cerles, « La mention manuscrite du Code de la consommation : une protection de la caution source de contentieux », *RD banc. fin.* 2012, Dossier 39 ; plus généralement, M. Bourassin, La rationalité du droit du cautionnement, *RD banc. fin.* 2016, Dossier 3), comme la Cour de cassation, ont apporté de nombreuses précisions relatives aux parties concernées (1), ainsi qu'aux contrats soumis à cette nouvelle législation (2), au contenu des mentions manuscrites (3) et enfin aux sanctions susceptibles d'être prononcées (4).

1. Personnes concernées

α. Le créancier professionnel

L'article L. 331-1 du Code de la consommation, au même titre que les autres dispositions de la loi précitée du 1er août 2003, a vocation à s'appliquer à tout « créancier professionnel », formule source d'incertitudes dont le domaine d'application a été récemment précisé par la jurisprudence. Écartant toute référence au terme « prêteur » retenu par le législateur dans la mention manuscrite, la Cour de cassation a considéré qu'était doté de la qualité de créancier professionnel tout créancier dont la créance était née dans l'exercice de sa profession ou se trouvait en rapport direct avec l'une de ces activités professionnelles, même si celle-ci n'était pas principale. Cette solution privilégie donc une acceptation large de la notion de créanciers et permet de ne pas limiter l'application des textes aux seuls établissements de crédit, même si ces derniers sont principalement soumis à l'application de cette disposition (pour un garagiste, Civ. 1re, 25 juin 2009, n° 07-21.506 et une brasserie, Civ. 1re, 9 juill. 2009, n° 08-15.910, *RTD civ.* 2009. 758, obs. P. Crocq ; *RTD civ.* 2009. 601, obs. D. Legeais ; *JCP* E 2009. 1840, note D. Legeais ; *D.* 2009. 2198, note. S. Piédelièvre ; *Banque et Droit* sept.-oct. 2009, p. 44, obs. F. Jacob ; O. Gout, « La notion de créancier professionnel dans le droit du cautionnement », *RLDC* 2009, n° 66, p. 24 ; confirmant la non-limitation aux contrats de prêt : Civ 1re, 15 oct. 2014, n° 13-21.605, *RLDC* déc. 2014, p. 35, obs. J.-J. Ansault ; *JCP* 2015. 604, n° 3, obs. Ph. Simler ; *RTD civ.* 2015. 1815, obs. P. Crocq). Est ainsi potentiellement concernée toute personne physique, dès lors que les hypothèses prévues par la première chambre civile en 2009 sont réunies : il peut tout d'abord s'agir d'un créancier professionnel dont la créance est née à l'occasion d'une activité professionnelle, comme par exemple un garagiste (Civ. 1re, 25 juin 2009, préc.) ou un vendeur de matériaux (avec l'engagement d'une caution, contrepartie du financement de l'achat : Com. 10 janv. 2012, n° 10-26.630, *RD banc. fin.* 2012, comm. 48, obs. A. Cerles ; *Gaz. Pal.* 28 et 29 mars 2012, p. 14, note M.-P. Dumont-Lefrand ; *RTD com.* 2012. 177, obs. D. Legeais ; *D.* 2012. 1573, obs. P. Crocq ; *Dr. et proc.* juill.-août 2012, p. 22, obs. Y. Picod ; *RDC* 2012. 1263, obs. A.-S. Barthez ; *Defrénois* 2013. 291, obs. S. Cabrillac ; sans qu'il soit possible pour une caution dirigeante d'invoquer le non-respect de ce formalisme pour être libérée de tout engagement, Com. 13 déc. 2016, n° 14-15.422, *RD banc. fin.* 2017, comm. 13, obs. D. Legeais). Cette même disposition consumériste a également vocation à s'appliquer quand existe un rapport direct entre la créance garantie et l'une des activités professionnelles exercées par le créancier. Il appartient toutefois aux juges du fond de bien préciser en quoi la créance litigieuse s'avère née de la profession exercée ou résulte d'un tel rapport direct (pour une censure prononcée par la Cour de cassation pour insuffisance de motivation : Civ. 1re, 15 oct. 2014, n° 13-20.919, *Gaz. Pal.* 3 et 4 déc. 2014, p. 16, obs. Ch. Albiges ; *RLDC* déc. 2014, p. 36, obs. J.-J. Ansault ; *JCP* 2015. 604, n° 3, obs. Ph. Simler ; *Rép. Defrénois* 15 mai 2015, p. 488, obs. S. Cabrillac ; *CCC* 2015, n° 19, obs. G. Raymond). 130

β. La caution « personne physique »

Quant aux cautions concernées, les articles L. 331-1 et L. 331-2 du Code de la consommation effectuent une référence à la notion de « personne physique ». La généralité de la formule a permis d'imposer le formalisme à toutes les cautions, y compris celles qui dirigent une société, qu'il s'agisse de caution avertie ou non 131 avertie, que l'engagement présente un caractère civil ou commercial (Com. 10 janv. 2012, n° 10-26.630, préc.). C'est à ce titre qu'il a été jugé que l'article L. 331-1 du Code de la consommation devait s'appliquer à des dirigeants de sociétés personnes physiques (en l'occurrence des époux associés et gérants des sociétés débitrices : Civ. 1re, 8 mars 2012, n° 09-12.246, *Dr. et patr.* juill.-août 2012, p. 101, obs. L. Aynès ; *Dr. et proc.* juill.-août 2012, p. 22, obs. Y. Picod ; *D.* 2012. 1102, note L. Thibierge ; *RDC* 2012. 1263, obs. A.-S. Barthez ; *RTDI* 2012, n° 2, p. 34, obs. O. Gout ; *Rev. sociétés 2012.* 421, note I. Riassetto ; *Defrénois* 2013. 291, obs. S. Cabrillac). Cette interprétation extensive est généralement approuvée car le texte lui-même n'opère pas de distinction en fonction de la qualité du garant concerné, la volonté du législateur étant d'assurer la protection de toutes personnes, quelle que soit sa qualité, y compris, ce qui peut paraître surprenant dans le Code de la consommation, les cautions dotées de la qualité de dirigeant d'entreprise. Comme un auteur l'a relevé (D. Legeais, « La caution dirigeante », in *Mélanges dédiés à B. Bouloc,* Dalloz, 2006, p. 605), il apparaît toutefois paradoxal d'exiger que soient mentionnés la durée et le montant de l'engagement de cautions qui, en pratique, garantissent généralement le solde du compte courant de leur entreprise, sans limitation de montant (v. ss 175). Plus généralement, une opposition manifeste se développe entre ce nouveau formalisme, qui a été qualifié de « pointilleux », et les exigences de la pratique, favorable à des cautionnements d'un montant et d'une durée illimités (Y. Picod, « La mention manuscrite de la caution à l'épreuve de la loi pour l'initiative économique », *Dr. et proc.* sept.-oct. 2004, p. 256 ; sur cette catégorie de contrats de cautionnement, v. ss 176).

2. Contrats concernés

■ 132 Selon les termes de l'article L. 331-1 du Code de la consommation, seuls les contrats conclus sous seing privé sont soumis aux exigences formelles. En ce qui concerne le formalisme spécifique en matière de cautionnement solidaire prévu à l'article L. 331-2 du même Code, la caution doit faire précéder sa signature de la formule suivante : « En renonçant au bénéfice de discussion défini à l'article 2298 du Code civil et en m'obligeant solidairement avec X..., je m'engage à rembourser le créancier sans pouvoir exiger qu'il poursuive préalablement X... ». Selon cet article, et contrairement à celui qui le précède, aucune limitation aux actes sous seing privé n'a été prévue. La jurisprudence, adoptée à l'égard de l'article L. 314-16 du Code de la consommation pour les contrats conclus sous la forme authentique, a été transposée au-delà du seul cautionnement du crédit à la consommation (Civ. 1re, 24 févr. 2004, *préc.*, v. ss 127) : les exigences énoncées à l'article L. 331-2 précité ne s'appliquent pas aux cautionnements consentis par acte authentique, solution retenue par la première chambre civile de la Cour de cassation sous la forme d'un avis (Civ. 1re, avis n° 9002, 8 avr. 2010, *RD banc. fin.* 2010, n° 134, note A. Cerles), réitérée ensuite dans un arrêt (Civ. 1re, 6 juill. 2010, *RTD civ.* 2010. 593, obs. P. Crocq ; *RDC* 2011. 135, obs. D. Fenouillet ; *Banque et Droit* juill.-août. 2010, p. 44, obs. N. Rontchevsky ; *Gaz. Pal.* 9 sept. 2010, p. 17, obs. M.-D. Dumont-Lefrand ; *JCP* E 2010. 1764, D. Legeais). C'est à ce titre qu'a été préconisé le recours à un cautionnement notarié lorsque la caution est dans l'impossibilité de rédiger seule la mention manuscrite, en raison de son incapacité, de circonstances médicales ou encore de son illettrisme. Dans cette dernière hypothèse, il a été jugé que la personne physique qui n'est pas en mesure de faire précéder sa signature des mentions manuscrites exigées par les textes, en raison de son illettrisme, ne peut s'engager que par acte notarié en qualité de caution envers un créancier professionnel (Civ. 1re, 9 juill. 2015, n° 14-21763, *Banque et Droit* sept.-oct. 2015, p. 77, obs. N. Rontchevsky ; *Dr. et patr.* mai 2016, p. 117, obs. A. Aynes ; *Gaz. Pal.* 9 et10 déc. 2015, p. 12, obs. Ch. Albiges ; *Gaz. Pal.* 8 et 10 nov. 2015, p. 24, obs. P. Pailler).

Cette jurisprudence est conforme à la loi n° 2011-331 du 28 mars 2011 de modernisation des professions judiciaires et juridiques et de certaines professions réglementées : l'article 1369 alinéa 3 du Code civil, dans sa nouvelle rédaction, dispense les actes authentiques, reçus par un notaire, des mentions manuscrites imposées par la loi. Une incertitude concernait l'éventuelle application de ce raisonnement lors de la conclusion d'un contrat de cautionnement sous la forme d'un acte contresigné par un avocat. Le recours à un tel formalisme, désormais adopté depuis la loi précitée du 28 mars 2011, dispensera le respect des exigences formelles du Code de la consommation (Ch. Jamin, « L'acte d'avocat », *D.* 2011. 960 ; S. Cabrillac, « Cautionnement et exigence d'une mention manuscrite : domaine, contenu, sanction », *Defrénois* 2012, art. 40387, p. 235 ; M. Mignot, « La mention manuscrite de la caution », *LPA* 9 nov. 2012, n° 225, p. 15) : l'article 66-3-3 de la loi n° 71-1130 du 31 décembre 1971, mais aussi l'article 1374 alinéa 3 du Code civil depuis l'adoption de l'ordonnance du 10 février 2016, au même titre que l'article 1369 alinéa 3 du Code civil, disposent que les mentions manuscrites ne sont pas exigées pour l'acte sous contreseing d'avocat. Qu'il s'agisse de précisions jurisprudentielles ou législatives, les exigences de la mention manuscrite sont donc bien écartées en présence de cautionnement souscrit par un acte authentique, cautionnement qui peut dès lors être à durée indéterminée ou indéfini (sur l'utilité de tels engagements en pratique et les contraintes liées au formalisme : Y. Picod, « Le formalisme de la mention manuscrite de la caution », in *Mélanges en l'honneur de François Chabas*, Bruylant, 2011, p. 775).

Un contentieux a enfin porté sur l'éventuelle application du formalisme consumériste à l'aval d'un billet à ordre émis en contrepartie d'un tel billet qui s'avère irrégulier : dès lors qu'une personne se porte avaliste, le billet doit mentionner le nom du bénéficiaire du billet à ordre, conformément à l'application de l'article L. 512-1, 5° du Code de commerce. Le non-respect de ce formalisme modifie la nature de l'engagement, qui ne vaut plus que comme engagement de payer au porteur. L'avaliste, assigné en paiement, demanda la requalification de l'aval en cautionnement afin d'obtenir l'annulation de l'acte car les formules manuscrites du Code de la consommation n'avaient pas été rédigées. Un tel raisonnement fut adopté par la Cour de cassation (Com. 5 juin 2012, n° 11-19.627, *RD banc. fin.* 2012, n° 117, obs. D. Legeais ; *Gaz. Pal.* 19 et 20 sept. 2012, p. 16, note M.-P. Dumont-Lefrand ; *Banque et Droit* juill.-août 2012, p. 43, obs. E. Netter ; *Dr. et patr.* févr. 2013, p. 76, obs. Ph. Dupichot), qui a admis que dès lors que l'engagement personnel de payer une lettre de change ou un billet à ordre ne fait aucun doute et que ce billet ou cette lettre s'avère irrégulier, ce même engagement se transforme en cautionnement alors soumis aux exigences formelles des articles L. 331-1 et L. 331-2 du Code de la consommation.

3. Contenu des mentions manuscrites

Selon l'article L. 331-1 du Code de la consommation, la caution qui s'engage en concluant un contrat de cautionnement simple est tenue de rédiger la mention suivante : « En me portant caution de X, dans la limite de la somme de... couvrant le paiement du principal, des intérêts et, le cas échéant, des pénalités ou intérêts de 133 retard et pour la durée de..., je m'engage à rembourser au prêteur les sommes dues sur mes revenus et mes biens si X n'y satisfait pas lui-même ». La Cour de cassation a précisé qu'une telle mention devait nécessairement être rédigée par la caution elle-même et non par un tiers, sous peine d'imposer la nullité de l'engagement du garant (en l'occurrence après l'intervention d'une secrétaire de la caution : Com. 13 mars 2012, n° 10-27.814, *Dr. et patr.* juill.-août 2012, p. 101, obs. L. Aynès ; *Gaz. Pal.* 28 et 29 mars 2012, p. 15, note Ch. Albiges ; *RDC* 2012. 1263, obs. A.-S. Barthez ; *RD banc. fin.* 2012, n° 85, obs. A. Cerles).

De plus, le non-respect d'une rédaction intégrale et à l'identique de cette mention doit être sanctionné par la *nullité* du contrat de cautionnement, peu importe les circonstances, notamment l'éventuel aveu formulé par la caution de l'existence de la portée de son engagement, aveu qui ne permet d'écarter la nullité qui résulte de l'absence de mention manuscrite (Com. 28 avr. 2009, *D.* 2009. 1351, obs. V. Avena-Robardet ; *JCP* E 2009. 1701, obs. S. Piedelièvre ; *RTD com.* 2009. 796, obs. D. Legeais ; *RD banc. fin.* 2009, n° 122, obs. A. Cerles) ou encore le caractère minime des modifications apportées à la mention manuscrite. Selon les termes d'un arrêt de la Cour de cassation qui étaient alors susceptibles de garantir une certaine sécurité juridique, « la nullité d'un engagement de caution souscrit par une personne physique envers un créancier professionnel est encourue du seul fait que la mention manuscrite portée sur l'engagement de caution n'est pas identique aux mentions prescrites » par ces deux textes (Com. 5 avr. 2011, n° 09-14.358, ; *RD banc. fin.* 2011, n° 89, obs. D. Legeais ; *Banque et Droit* 2011, n° 138, p. 34, obs. F. Jacob ; *Defrénois* 2012. 236, obs. S. Cabrillac ; *Dr. et patr.* juill.-août 2011, p. 107, obs. L. Aynès ; *RDC* 2011. 906, obs. D. Houtcieff ; Ch. Albiges, « Formalisme du contrat de cautionnement : une confirmation et une précision », *RLDA* 2011, n° 61, p. 27 ; solution confirmée par la première chambre civile, Civ. 1re, 16 mai 2012, n° 11-17.411, *RD banc. fin.* 2012, comm. 119, obs. A. Cerles ; *Gaz. Pal.* 19 et 20 sept. 2012, p. 17, obs. Ch. Albiges ; *JCP* 2012. 1291, n° 2, obs. Ph. Simler ; *Gaz. Pal.* 6 sept. 2012, p. 18, obs. S. Piédelièvre). L'arrêt rendu le 5 avril 2011 apporte toutefois une nuance en admettant que la nullité ne soit pas encourue dès lors que le non-respect du formalisme résulte d'une erreur matérielle, qu'il s'agisse par exemple d'une faute d'orthographe ou de concordance des temps. Les contentieux postérieurs ont nécessairement porté sur la détermination de telles « erreurs matérielles », aucune définition précise n'étant apportée par la Cour de cassation. C'est ainsi qu'il a été jugé que la référence à l'article 2021 du Code civil dans la stipulation de solidarité, et non à l'article 2298 depuis la nouvelle numérotation issue de la réforme du 23 mars 2006, constituait une erreur matérielle qui ne privait pas d'effet une telle stipulation (Civ. 1re, 22 janv. 2014, n° 12-29.177, *Gaz. Pal.* 19-20 mars 2014, p. 12, obs. Ch. Albiges ; *JCP* 2014. 635, n° 1, obs. Ph. Simler ; *Gaz. Pal.* 16-18 mars 2014, p. 21, obs. P. Pailler, *Gaz. Pal.* 9-10 avr. 2014, p. 16, obs. D. Houtcieff ; *RDC* 2015, p. 280, obs. A.-S. Barthez ; solution confirmée : Civ. 1re, 10 sept. 2014, n° 13-22.384, *JCP* 2015. 604, n° 2, obs. Ph. Simler ; *RDC* 2015, p. 280, obs. A.-S. Barthez ; *JCP* 2015. 604, n° 2, obs. Ph. Simler). L'erreur a toutefois été corrigée avec l'ordonnance du 14 mars 2016 et la nouvelle numérotation des articles L. 314-16 et L. 331-2 du Code de la consommation qui effectuent un renvoi à l'article 2298 du Code civil.

En fonction des circonstances, la Cour de cassation a ainsi adopté plusieurs solutions à juste titre plus souples en conservant la pleine efficacité de la sûreté. Certaines ont tout d'abord concerné de manière spécifique la ponctuation utilisée lors de la rédaction des mentions. Un premier arrêt, rendu également le 5 avril 2011 par la chambre commerciale, privilégie ainsi l'efficacité du contrat de cautionnement et admet, contrairement à certains juges du fond (Rennes, 22 janv. 2010, *RD banc. fin.* 2010, n° 93, obs. D. Legeais ; *Banque et Droit* mars-avr. 2010, p. 64, obs. N. Rontchevsky ; *JCP* 2010. I. 708, n° 2, obs. Ph. Simler ; *JCP* E 2010. 1189, note P. Bouteiller), que puisse être valable l'engagement d'un garant qui contient les deux formules reproduites et séparées par une virgule (Com. 5 avr. 2011, n° 10-16.426, références précitées, solution confirmée alors que les deux mentions étaient séparées par un point : Lyon, 20 nov. 2011, RG n° 10/03848, *Gaz. Pal.* 21 et 22 déc. 2011, p. 15, note Albiges), la compréhension de la nature et la portée de l'engagement n'étant pas jugée affectée par une telle rédaction. Des décisions rendues ultérieurement ont confirmé une telle souplesse, ni l'omission d'un point, ni la substitution d'une virgule à un point entre les mentions manuscrites de l'engagement de caution, n'affectant la portée des mentions (Civ. 1re, 11 sept. 2013, n° 12-19.094, *JCP* 2013. 1074, obs. J. Lasserre-Capdeville ; *JCP* E 2013, 1573, 1re esp., note D. Legeais ; *JCP* 2013. 1256, n° 1, obs. Ph. Simler ; *Gaz. Pal.* 4 et 5 déc. 2013, p. 13, obs. M.-P. Dumont-Lefrand ; *Banque et droit* 2013, p. 41, note E. Netter ; *Dr. et patr.* févr. 2014, p. 58, obs. Ph. Dupichot ; *RDI* 2013. 585, obs. H. Heugas-Darraspen ; Civ. 1re, 22 janv. 2014, n° 12-29.177, préc.), l'oubli de la ponctuation étant qualifié de simple erreur matérielle ne pouvant être considérée comme révélant un problème de compréhension de la part de la caution (Com. 14 juin 2016, n° 15-11.106, *D.* 2016. 1963, obs. P. Crocq ; *RD banc. fin.* 2016, comm. 200, obs. A. Cerles).

C'est ensuite au titre de cette même compréhension de l'acte que la Cour de cassation a considéré que les ajouts et précisions apportées par la caution, en l'occurrence des informations relatives à la société cautionnée, notamment sa forme sociale, le montant du capital social ou encore le numéro au registre du commerce et des sociétés, apportés à la place de la mention M. X prévue dans le texte, n'étaient pas des éléments de nature à justifier l'annulation de la sûreté. La Cour de cassation écarte l'argument de la caution et souligne que ces précisions ne sont pas interdites par les dispositions légales, mais aussi et surtout qu'elles ne rendent pas la compréhension de la formule manuscrite plus difficile pour la caution, sans qu'elles puissent constituer une éventuelle erreur matérielle (forme sociale, montant du capital, siège social et numéro d'immatriculation de la société débitrice, Com. 16 oct. 2012, n° 11-23.623, *JCP* 2010. 1405, note A. Dumery ; *Gaz. Pal.* 12 et 13 déc. 2012, p. 12, note Ch. Albiges ; *Banque et Droit* nov.-déc. 2012, p. 56, obs. E. Netter ; *Defrénois* 2013. 292, obs. S. Cabrillac ; *RD banc. fin.* 2013, n° 15, obs. A. Cerles ; *RDC* 2013. 1003, obs. A.-S. Barthez). Il a été également jugé, toujours avec la même finalité, qu'un contrat de cautionnement devait garder sa pleine efficacité alors même que les termes de la mention manuscrite n'étaient pas intégralement respectés : l'ajout de la formule caution « personnel et solidaire » ainsi que la substitution du terme « banque » à ceux de « prêteur » ou de « créancier » n'affectent pas l'efficacité de la sûreté conclue. La nullité a ainsi été logiquement écartée, le sens et la compréhension de l'engagement n'étant pas perturbés par ces modifications secondaires (Civ. 1re, 10 avr. 2013, n° 12-18.544 ; *JCP* E 2010. 1764, D. Legeais ; *Gaz. Pal.* 12 et 13 juin 2013, p. 14, obs. Ch. Albiges ; *Dr. et patr.* juill.-août 2013, p. 91, obs. A. Aynes ; *D.* 2013. 1460, note J. Lasserre-Capdeville et G. Piette ; *RDI* 2013. 359, obs. H. Heugas-Darraspen ; *JCP* 2013. 1256, n° 1, obs. Ph. Simler ; *JCP* E 2013, 1573, note D. Legeais. Solution confirmée par la chambre commerciale : Com., 8 juill. 2014, n° 13-20.621, *RD banc. fin.* sept. 2014, n° 167, obs. D. Legeais ; *Gaz. Pal.* 26 oct. 2014, p. 19, obs. P. Pailler ; *RLDC* oct 2014, p. 35, obs. J. Clavel-Thoraval ; *RDC* 2015. 280, obs. A.-S. Barthez). De même, le fait d'ajouter après la mention « au prêteur », les termes « à toute personne qui lui sera substituée en cas de fusion, absorption, scission ou apports d'actifs », ne constitue pas une cause de nullité du contrat convenu (Com., 27 janv. 2015, n° 13-24.778, *RD banc. fin.* 2015, n° 39, obs. A. Cerles ; *Gaz. Pal.* 18 et 19 mars 2015, p. 12, obs. M. -P. Dumont-Lefranc ; *Dr. et patr.* oct. 2015, p. 88, obs. Ph. Dupichot ; *D.* 2015. 1810, obs. P. Crocq ; , *Rev. sociétés* 2015. 443, note Ch. Juillet). Enfin, toujours au titre des ajouts, la Cour de cassation a récemment censuré le raisonnement d'une cour d'appel qui avait admis la validité d'un contrat de cautionnement qui contenait la mention en lettres et en chiffres de l'engagement de la caution, conformément aux exigences de nature probatoire énoncées à l'article 1376 du Code civil (sur lesquelles, v. ss 138 s.). Or les dispositions consuméristes n'imposent pas de telles indications, la protection de la caution étant suffisamment assurée par la mention manuscrite telle qu'elle résulte du Code de la consommation (Com. 18 janv. 2017, n° 14-26.604, *Gaz. Pal.* 21 févr. 2017, p. 26, obs. M. -P. Dumont-Lefranc ; *AJCA* mars 2017, p. 122, obs. D. Houtcieff).

À l'inverse de ces éléments ajoutés, certaines omissions dans la mention manuscrite ont enfin récemment été tolérées. La non-référence aux « biens » et l'unique mention des « revenus » n'a ainsi pas affecté la validité du contrat (Com., 1er oct. 2013, n° 12-20.278, *RD banc. fin.* 2013, n 190, obs. A. Cerles ; *JCP* E 2013, 1624, note D. Legeais. ; *Gaz. Pal.* 19 et 20 sept. 2012, p. 13, obs. M. -P. Dumont-Lefranc ; *JCP* 2014, 207, note J.-D. Pellier ; *D.* 2014. 127, note M. Julienne et L. Andreu ; *Banque et Droit* nov.-déc. 2013, p. 43, obs. E Netter ; *Dr. et patr.* fév. 2014, p. 58, obs. Ph. Dupichot ; *Rép. Defrénois* 30 avr. 2014, p. 433, obs. S. Cabrillac. Décision confirmée : Com. 27 mai 2014, n° 12-20.278, *RD banc. fin.* juill. 2014, n° 131, obs. D. Legeais ; *JCP* G 2014. 1162, n° 1, obs. Ph. Simler ; *Gaz. Pal.* 26 oct. 2014, p. 19, obs. P. Pailler), même si cette tolérance demeure source d'interrogations, notamment pour l'évaluation de la disproportion. Un raisonnement identique a été ensuite retenu lors de l'oubli, par une caution, de la référence au terme « intérêts », pourtant imposé par la mention prévue dans le Code de la consommation. Pour la chambre commerciale de la Cour de cassation, cette omission « n'avait pour conséquence que de limiter l'étendue du cautionnement au principal de la dette sans en affecter la validité », solution qui justifie que soit écarté tout recours à l'annulation du cautionnement, en dépit des exigences expressément formulées par le législateur (Com. 4 nov. 2014, n° 13-24.706, *RLDC* janv 2015, p. 33, obs. J.-J. Ansault ; *Gaz. Pal.* 3 et 4 déc. 2014, p. 15, obs. Ch. Albiges ; *JCP* E 2014, 1645, note D. Legeais ; *RD banc. fin.* 2015, n° 6, obs. A. Cerles ; *Banque et Droit* janv.-févr. 2015, p. 75, obs. E. Netter ; *RDI* 2015. 29, obs. H. Heugas-Darraspen ; *Dr. et proc.* janv. 2015, supplément, p. 2, obs. Y. Picod ; *AJCA* 2015. 33, obs. Y. Picod ; *JCP* 2015, 604, n° 1, obs. Ph. Simler ; *Gaz. Pal.* 15 et 17 mars 2015, p. 26, obs. P. Pailler ; *Rép. Defrénois* 15 mai 2015, p. 490, obs. S. Cabrillac ; *RTD civ.* 2015. 182, obs. P. Crocq ; *RDC* 2015. 280, obs. A.-S. Barthez ; *Dr. et patr.* oct. 2015, p. 88, obs. Ph. Dupichot).

L'omission a dernièrement pu concerner la référence à la durée de l'engagement de la caution. Cet élément doit nécessairement être précisé, sans que la mention manuscrite ne se limite à la simple formule, engagement « pour la durée de l'opération plus deux ans », et que, par là même, les parties à l'acte ne soit tenues de se reporter aux clauses imprimées de l'acte (Civ. 1re, 9 juill. 2015, n° 14-24287, *RTD civ.* 2015. 916, obs. P. Crocq ; *JCP* 2015, 1069, note J.-D. Pellier ; *Gaz. Pal.* 9 et 10 déc. 2015, p. 12, obs. Ch. Albiges ; *Banque et Droit* sept.-oct. 2015, p. 79, obs. F. Jacob ; *Dr. et patr.* mai 2016, p. 118, obs. A. Aynes). Une certaine sévérité a également été privilégiée pour annuler un contrat de cautionnement dont la mention indiquait l'engagement de la caution « pour la durée de cent huit mensualités » et non cent huit mois, l'utilisation du terme « mensualité » correspondant non à une durée, mais à un montant (Com. 26 janv. 2016, n° 14-20.202, *JCP* 2016, 553, n° 2, obs. Ph. Simler ; *RD banc. fin*. 2016, n° 64, obs. D. Legeais ; *Dr. et patr*. janv, 2017, p. 87, obs. Ph. Dupichot).

Une telle souplesse est également admise lorsque le contentieux porte plus précisément sur la présence ou non de la signature du garant. La Cour de cassation a considéré que le contrat de cautionnement solidaire ne contrevenait pas aux dispositions d'ordre public de l'article L. 331-1 du Code de la consommation, dès lors qu'à la suite de la mention prescrite par ce texte, ce même cautionnement comportait celle prévue par l'article L. 331-2 du Code de la consommation, suivie de la signature de la caution, alors non reproduite à deux reprises, mais uniquement portée une seule fois sur l'acte (Com. 27 mars 2012, n° 10-24.698, CCC 2012. comm. 159, obs. G. Raymond ; *Defrénois* 2013. 293, obs. S. Cabrillac), aucun texte n'imposant une telle double signature (comme le confirment deux arrêts ultérieurs, Com. 2 oct. 2012, n° 11-24.460, *Gaz. Pal.* 12 et 13 déc. 2012, p. 11, note Ch. Albiges ; *RD banc. fin*. 2012, n° 182, obs. D. Legeais ; Com. 16 oct. 2012, préc.). Il convient toutefois, comme l'a spécifié la Cour de cassation de manière cohérente, que les circonstances ne légitiment pas une remise en cause de l'efficacité de l'engagement de la caution. Tel est tout d'abord le cas quand une clause, une formule ou une adjonction est intercalée entre les deux stipulations, simple et solidaire, une double signature étant alors imposée (Com. 22 janv. 2013, n° 11-25.887, *Gaz. Pal.* 20 et 21 mars 2012, p. 16, note M.-P. Dumont-Lefrand). **134 ■**

Tel est également le cas lorsque la signature précède la mention manuscrite : la nullité s'impose alors car la signature, qui ne fait qu'exprimer le consentement, doit nécessairement être portée *après* la formule rédigée pour démontrer que l'engagement consenti par la signature est bien compris au préalable (Com. 22 janv. 2013, n° 11-22.831, *RD banc. fin.* 2013, n° 54, obs. A. Cerles ; *Gaz. Pal.* 20 et 21 mars 2013, p. 15, note M.-P. Dumont-Lefrand ; *JCP* 2013. 585, n° 7, obs. Ph. Simler ; *D.* 2013. 1706, obs. P. Crocq ; *RDI* 2013. 585, obs. H. Heugas-Darraspen ; solution ensuite confirmée : Com. 17 sept. 2013, n° 12-13.577, *JCP* E 2013. 1573, note D. Legeais ; *RD banc. fin.* nov. 2013, n° 194, obs. A. Cerles ; *RTDI* 2013, n° 4, p. 30, obs. O. Gout *: Dr. et patr*. févr. 2014, p. 59, obs. Ph. Dupichot ; *Defrénois* 30 avr. 2014, p. 433, obs. S. Cabrillac ; *Gaz. Pal.* 4 et 5 déc. 2013, p. 13, obs. M.-P. Dumont-Lefrand ; *JCP* 2013. 1256, n° 1, obs. Ph. Simler ; Civ. 1re, 1er avr. 2014, n° 13-15735, *Gaz. Pal.* 4 et 5 juin 2014, p. 15, obs. Ch. Albiges et M.-P. Dumont-Lefrand ; *JCP* 2014. 635, n° 1, obs. Ph. Simler ; *Dr. et patr.* nov. 2014, p. 104, obs. A. Aynes ; *RDC* 2015, p. 280, obs. A.-S. Barthez ; pour la reconnaissance de la validité d'un cautionnement avec une signature placée avant la mention manuscrite, mais avec l'indication d'une flèche renvoyant la mention au-dessus de la signature : Lyon, 6 sept. 2012, *RD banc. fin.* 2012, n° 181, obs. A. Cerles ; *JCP* 2012. 1291, n° 1, obs. Ph. Simler).

Le dernier état de la jurisprudence semble toutefois s'orienter vers une plus grande souplesse. La chambre commerciale de la Cour de cassation a en effet admis la validité d'un contrat de cautionnement alors même que la signature avait été apposée au milieu de la mention manuscrite, sur la partie droite de la page, les conditions matérielles du document empêchant toute signature après la mention (Com. 28 juin 2016, n° 13-27245, *Gaz. Pal.* 29 nov. 2016, p. 21, obs. Ch. Albiges ; *JCP* E 2016. 1587, obs. A. Salgueiro ; *RDC* 2017. 73, obs. A.-S. Barthez). De même, la première chambre civile a considéré que le paraphe apposé sous la mention manuscrite était admis, « ni le sens, ni la portée, ni, en conséquence, la validité de cette mention ne s'en est trouvée altérée » (Civ. 1re, 22 sept. 2016, n° 15-19543, *Gaz. Pal.* 29 nov. 2016, p. 21, obs. Ch. Albiges ; *JCP* 2016. 1224, n° 1, obs. Ph. Simler ; *JCP* E 2016. 1569, note D. Legeais ; *CCC* déc. 2016, n° 267, note S. Bernheim-Desvaux ; *RDC* 2017. 73, obs. A.-S. Barthez ; *Dr. et patr.* 2017, p. 89, obs. Ph. Dupichot).

4. Sanctions encourues

135 Des précisions ont été apportées par la jurisprudence, relatives à la nature de la sanction à prononcer à l'encontre du contrat de cautionnement qui ne respecterait pas les exigences formelles prévues par le législateur. En cas de stipulation de solidarité tout d'abord, certains auteurs étaient favorables à un « déclassement » du contrat, non plus solidaire, mais simple, pour éviter le recours à l'annulation de l'acte (Ph. Simler, *Cautionnement et garanties autonomes*, 5e éd., Litec, 2015, n° 269 ; du même auteur, « Prévention et dispositif de protection de la caution », *LPA* 10 avr. 2003, p. 23 ; Y. Picod, *Droit des sûretés,* 3e éd., PUF, coll. « Thémis », 2016, n° 73 ; S. Piedelièvre, « Droit des sûretés et droit de la consommation », *Dr. et patr.* sept. 1997, p. 58). Le législateur n'avait pas retenu ce raisonnement en 2003 et avait opté pour une solution radicale : la nullité de l'engagement. Or la Cour de cassation a privilégié un raisonnement moins rigoureux et parfaitement mesuré qui préserve l'utilité de la conclusion de contrats de cautionnement (sur ce constat, M.-N. Jobard-Bachelier, M. Bourassin et V. Brémond, *Droit des sûretés*, 5e éd., Sirey U, 2016, n° 239), seul une modalité de l'engagement, la stipulation de solidarité, étant affectée, non le principe même de l'engagement en qualité de garant : elle a considéré, contrairement aux termes même du texte, qu'en l'absence ou en cas d'inobservation de la mention imposée à l'article L. 341-3, désormais prévue à l'article L. 331-2 du Code de la consommation, l'engagement souscrit demeurait valable, mais en tant que cautionnement simple et non solidaire (Com. 8 mars 2011, *JCP* E 2011. 1270, note D. Legeais*; Gaz. Pal.* 31 mars 2011, p. 16, obs. Ch. Albiges ; *Dr. et patr.* juill.-août 2011, p. 107, obs. L. Aynès ; *D.* 2011. 1193, note Y. Picod ; *Defrénois* 2012. 237, obs. S. Cabrillac ; *Bull. Joly Sociétés* 2011, p. 470, note D. Houtcieff), solution confirmée, par la première chambre civile de la Cour de cassation (Civ. 1re, 5 avr 2012 n° 11-12515, *D.* 2012. Pan. 1578, obs. P. Crocq ; *Gaz. Pal.* 31 mai 2012, p. 9, obs. S. Piédelièvre ; *JCP* E 2012. 1329, note D. Legeais ; *Defrénois* 2013. 292, obs. S. Cabrillac ; *Rev. dr banc. et fin.* 2012, n° 86, obs. A. Cerles), comme par la chambre commerciale (Com. 10 mai 2012, n° 11-17671 ; *Banque et Droit* juill.-août 2012, p. 41, obs. E. Netter ; Com. 16 oct. 2012 n° 11-23623, préc.).

Une dernière incertitude a enfin pu concerner la détermination de la nature, relative ou absolue, de la nullité d'un contrat de cautionnement, liée à un non-respect littéral des articles L. 331-1 et L. 331-2 du Code de la consommation. La violation du formalisme prévu, ayant pour finalité la protection des intérêts de la caution, doit être sanctionnée par une nullité relative. Seule cette caution peut s'en prévaloir et dispose de la possibilité d'y renoncer par une exécution volontaire de son engagement irrégulier, en connaissance du vice l'affectant (Com. 5 févr. 2013, n° 12-11.720, *JCP* E 2013. 1174, note S. Le Gac-Pech ; *Gaz. Pal.* 20 et 21 mars 2012, p. 16, note M.-P. Dumont-Lefrand ; *JCP* 2013. 440, note Ph. Simler ; *RD banc. fin.* 2013, n° 51, obs. D. Legeais ; *RTDI* 2013, n° 2, p. 19, obs. O. Gout).

2. Le formalisme du contrat de cautionnement d'un bail d'habitation

Une disposition, de la même inspiration consumériste, a été introduite à l'article 22-1 de la loi n° 89-462 du 6 juillet 1989, par la loi n° 94-624 du 21 juillet 1994 relative à l'habitat. Ce texte soumet à un formalisme particulier les contrats de cautionnement souscrits pour garantir le paiement de loyers dus par un locataire lors de la conclusion d'un contrat de bail à usage d'habitation. Selon l'avant dernier alinéa de la disposition précitée, la caution doit réécrire la formule suivante : « Lorsque le cautionnement d'obligations résultant d'un contrat de location conclu en application du présent titre ne comporte aucune indication de durée ou lorsque la durée du cautionnement est stipulée indéterminée, la caution peut le résilier unilatéralement. La résiliation prend effet au terme du contrat de location, qu'il s'agisse du contrat initial ou d'un contrat reconduit ou renouvelé, au cours duquel le bailleur reçoit notification de la résiliation ». De plus, celui qui se porte caution est tenu de signer cette reproduction manuscrite, complétée par le montant du loyer et des conditions de révision prévues dans le contrat de bail. Le propriétaire est enfin tenu de remettre à la caution un exemplaire du contrat de bail. L'ensemble de ces exigences est imposé « à peine de nullité du cautionnement » selon l'alinéa 3 du même texte (sur cette sanction, Ph. Simler, « Un peu de formalisme protège, trop de formalisme opprime et spolie : l'exemple de l'article 22-1 de la loi du 6 juillet 1989 », in *Mélanges en l'honneur de Georges Wiederkehr*, Dalloz, 2009, p. 753). Une telle règle protectrice des cautions a pour finalité de leur permettre de prendre conscience de la portée de leur engagement dès lors que le contrat est conclu sous la forme d'un acte sous seing privé (sur une nullité relative qui ne peut être soulevée d'office par le juge : Versailles, 7 févr. 2012, *Loyers et copr*. 2012, n° 162, obs. B. Vial-Pedroletti). 136 ■

À l'inverse, il a été jugé par les juges du fond (Grenoble, 23 oct. 2006, *JCP* 2007. I. 158, n° 2, obs. Ph. Simler), confirmés par la Cour de cassation de manière assez logique (Civ. 3e, 9 juill. 2008, *JCP* 2008. II. 10131, note V. Perruchot-Triboulet ; *RTD civ.* 2008. 698, obs. P. Crocq ; *RD banc. fin.* sept.-oct. 2008, n° 132, obs. D. Legeais ; *Dr. et patr.* Avr. 2009, p. 124, obs. Ph. Dupichot), que le cautionnement d'un bail d'habitation convenu par acte authentique était dispensé de la mention manuscrite prévue à l'article 22-1, la présence d'un notaire et plus précisément son devoir de conseil justifiant que soit écarté ce formalisme.

La Cour de cassation a également précisé que le prononcé de la nullité, spécifique à un cautionnement passé sous la forme sous seing privé, devait être retenu, même en l'absence de préjudice pour la caution (Civ. 3e, 8 mars 2006, *Dr. et proc.* juill.-août 2006, p. 236, obs. Y. Picod ; *RD banc. fin.* 2006, n° 95, obs. A. Cerles ; *JCP* 2006. II. 10131, note É. Bazin ; *CCC* 2006, n° 127, obs. L. Leveneur ; *RDC* 2006. 749, obs. G. Lardeux). Certaines juridictions ont enfin précisé qu'il était possible de limiter le formalisme à l'unique mention en chiffres, et non pas en lettre, de l'engagement de la caution pour garantir les loyers dûs au propriétaire, sans que la nullité du contrat ne soit retenue (Montpellier, 8 janv. 2009, *Gaz. Pal.* 24 juin 2009. 10, note Ch. Albiges).

L'une des originalités du texte réside dans son domaine d'application : il ne concerne, selon les termes retenus, que les contrats à durée indéterminée. Or l'extension de ce formalisme aux contrats à durée déterminée a été ponctuellement retenue par certaines décisions (Paris, 31 janv. 2006, *JCP* 2006. IV. 1507) et ensuite consacrée par la Cour de cassation (Civ. 3e, 27 sept. 2006, *JCP* 2006. II. 10197, note E. Bazin ; *JCP* 2006. I. 195, n° 1, obs. Ph. Simler ; *RDC* 2007. 369, obs. G. Lardeux ; solution 137 ■

confirmée, Civ. 1re, 14 sept. 2010, *RD banc. fin.* 2010, n° 211, obs. D. Legeais ; *JCP* 2011. I. 226, n° 4, obs. Ph. Simler ; *Loyers et copr.* 2010, n° 279, obs. B. Vial-Pedroletti). Elle assure une protection des cautions, quel que soit le contrat conclu, à durée déterminée ou non. Cette conception a néanmoins été contestée par la doctrine qui souligne qu'une telle mention manuscrite est sans intérêt pour les contrats à durée déterminée, dès lors que la faculté de résiliation leur est écartée (Ph. Simler et Ph. Delebecque, *Droit civil, Les sûretés, La publicité foncière, op. cit.,* n° 56 ; B. Vial-Pedroletti, « Cautionnement et formalisme : appel à l'unité », *Loyers et copr.* avr. 2006, n° 4, étude 5).

§ 2 La preuve du contrat de cautionnement

■ 138 En tant que contrat unilatéral, la preuve du contrat de cautionnement est nécessairement soumise aux exigences de l'article 1376 du Code civil : « L'acte sous signature privée par lequel une seule partie s'engage envers une autre à lui payer une somme d'argent ou à lui livrer un bien fongible ne fait preuve que s'il comporte la signature de celui qui souscrit cet engagement ainsi que la mention, écrite par lui-même, de la somme ou de la quantité en toutes lettres et en chiffres. En cas de différence, l'acte sous signature privée vaut preuve pour la somme écrite en toutes lettres ». Différentes décisions ont précisé le domaine d'application (A) et le contenu (B) de ce texte.

A. Le domaine d'application de la mention manuscrite de l'article 1376 du Code civil

■ 139 Le domaine d'application de la mention manuscrite doit être précisé en fonction des contrats de cautionnement concernés (1), qu'ils soient limités ou indéfinis (2), qu'il s'agisse du principal ou des accessoires de la dette (3).

1. *Les contrats de cautionnement concernés*

■ 140 Conformément à une jurisprudence désormais constante, les exigences énoncées à l'article 1376 du Code civil s'imposent à titre de preuve de l'acte et non pour garantir sa validité (sur cette distinction, v. ss 21). Différents critères permettent de déterminer les contrats soumis, ou au contraire non soumis, à ce texte. L'application de l'article 1376 du Code civil suppose tout d'abord que l'acte conclu soit de nature civile. Celui de nature commerciale demeure régi par le principe de la liberté de la preuve conformément aux termes de l'article 110-3 du Code de commerce : « À l'égard des commerçants, les actes de commerce peuvent se prouver par tous moyens », formule appliquée en matière de cautionnement par la chambre commerciale (Com. 15 nov. 1988, *D.* 1990. Jur. 3, note P. Ancel), mais aussi par la première chambre civile de la Cour de cassation (Civ. 1re, 18 mai 2004, *RTD com.* 2004. 693, obs. B. Saintourens ; *LPA* mars 2005, p. 14, note Th. Favario). La mention manuscrite doit être portée sur l'acte aussi bien pour le contrat de cautionnement, que pour le mandat de se porter caution, alors que ce dernier n'est pas un contrat unilatéral (Civ. 1re, 26 mai 1993, *D.* 1993. Somm. 312, obs. L. Aynès ; v. ss 82). À l'inverse, la garantie de passif social n'étant pas un engagement unilatéral et constituant un ensemble avec l'acte synallagmatique de cession des titres sociaux, elle n'est pas soumise aux exigences formelles de l'article 1376 du Code civil (décision qui écarte également l'application de l'article 1415 du Code civil, Civ. 1re, 20 sept. 2012, n° 11-

13144, *Dr. et patr.* 2013. 89, obs. Ph. Dupichot ; *Bull. Joly* 2012. 837, note P. Mousseron ; *Rev. sociétés* 2013. 206, obs. R. Libchaber ; *JCP* E 2012. 1734, note R. Mortier ; M. Mignot, « Caution et co-débiteur solidaire : de la nécessité d'un droit commun des garanties personnes », *RLDC* 2013. 28). De plus, le montant du litige en jeu doit être supérieur à 1 500 euros, l'article 1359 du Code civil n'imposant le recours à un écrit qu'à partir de ce seuil, situation qui demeure exceptionnelle en pratique.

Enfin, la Cour de cassation a précisé que seuls les cautionnements sous seing privé étaient soumis à cette exigence formelle. Selon différentes décisions, l'acte notarié (Com. 20 mars 1990, *Bull. civ.* IV, n° 83 ; *D.* 1990. Somm. 383, obs. L. Aynès), mais aussi l'acte qui résulte d'une décision de justice (Com. 11 févr. 2004, *Defrénois* 2004. 724, obs. Ph. Théry), sont exclusifs de l'application de l'article 1376 du Code civil. Le rôle protecteur de ce texte s'avère inutile, le formalisme informant les parties étant remplacé par l'autorité de celui qui est présent lors du cautionnement, qu'il s'agisse du juge ou du notaire. L'authenticité de l'acte apparaît donc comme une alternative à la mention manuscrite. Un raisonnement similaire pourra être retenu à l'égard de l'acte d'avocat : les conseils prodigués par l'avocat rendant inutile le respect de ce formalisme probatoire (Ch. Jamin, « L'acte d'avocat », *D.* 2011. 960, v. ss 132).

2. *La preuve de l'engagement limité et indéfini*

Les différentes exigences prévues à l'article 1376 du Code civil n'ont vocation à s'imposer que lorsque la caution est tenue pour un montant déterminé, la mention en lettres et en chiffres supposant que l'engagement de la caution soit limité (sur la distinction entre cautionnement limité et indéfini, v. ss 173 s.). Si de tels impératifs ne s'adaptent pas à l'engagement d'une caution sans limitation de montant, il n'en demeure pas moins que la caution doit être protégée, en raison de la dangerosité de l'acte. La jurisprudence a établi un formalisme supplémentaire pour les cautionnements d'un montant indéterminé, notamment lorsqu'il s'agit de garantir une dette future, comme lors de la conclusion d'un contrat de cautionnement de compte courant. Diverses décisions ont retenu une interprétation extensive de l'article 1376, destinée à assurer une protection de la caution : la mention manuscrite doit, dans ce cas, exprimer « sous une forme quelconque, mais de façon explicite et non équivoque, la connaissance par celui qui s'engage de la nature et de l'étendue de l'obligation qu'il contracte » (Civ. 1re, 4 févr. 1986, *D.* 1987. Jur. 342, note L. Aynès). La Cour de cassation est restée très vigilante pour sanctionner le non-respect de ce formalisme considéré comme une obligation d'information protectrice de la caution qui a souscrit un engagement particulièrement grave car illimité dans son montant. À l'inverse, la seule mention « lu et approuvé » ne saurait répondre aux exigences de ce texte. 141 ■

3. *La preuve du principal et des accessoires de la dette*

La preuve de l'engagement de la caution, telle qu'elle est prévue à l'article 1376 du Code civil, concerne le principal de la dette. Or quel sort conférer aux accessoires de cette dette, comme les intérêts ? L'article 2293 du Code civil semble écarter toute ambiguïté, en affirmant que « Le cautionnement indéfini d'une obligation principale s'étend à tous les accessoires de la dette ». La jurisprudence a fortement évolué en raison d'une divergence entre les chambres de la Cour de cassation. La chambre commerciale (Com. 16 mars 1999, *JCP* 1999. I. 156, n° 1, obs. Ph. Simler ; *JCP* E 1999. 1055, note D. Legeais ; *JCP* 1999. II. 10184, note J. Casey ; solution ultérieurement 142 ■

confirmée, Com. 3 avr. 2002, *RD banc. fin.* 2002, n° 85, obs. D. Legeais ; *LPA* 8 oct. 2002, p. 11, note D. Houtcieff) considérait que la caution était tenue des accessoires en vertu de l'ancien article 2016 du Code civil, devenu l'article 2293 du Code civil, et jugeait : « il importe peu que la mention manuscrite ne fasse pas état des intérêts ». Les accessoires étaient dus de plein droit par la caution, dès lors que le cautionnement était indéfini. À l'inverse, la première chambre civile de la Cour de cassation avait adopté un raisonnement plus favorable aux cautions, en affirmant qu'elles ne pouvaient être tenues des intérêts au taux conventionnel en l'absence de mention manuscrite qui devait nécessairement préciser le taux d'intérêt conventionnel et le mode de calcul des accessoires (Civ. 1re, 29 févr. 2000, *RD banc. fin.* 2001, n° 182, obs. D. Legeais).

■ 143 Cette divergence de solutions se justifiait par la nature du cautionnement concerné : le cautionnement civil est conclu par des personnes inexpérimentées qui doivent être protégées par les mentions manuscrites imposées, alors que le cautionnement souscrit dans un cadre commercial suppose la présence de personnes avisées, un dirigeant de société par exemple, compétentes et en mesure d'apprécier l'importance de leur engagement. La position retenue par la première chambre civile était cependant critiquée par certains auteurs qui soulignaient notamment que l'article 2293 du Code civil n'était pas respecté, le texte prévoyant que l'obligation de la caution s'étend à tous les accessoires de cette obligation. Un revirement a été opéré dans trois arrêts le 29 octobre 2002, en adoptant une solution conforme à celle de la chambre commerciale (Civ. 1re, 29 oct. 2002, *D.* 2002. Somm. 3334, obs. L. Aynès, *RTD civ.* 2003. 122, obs. P. Crocq ; *D.* 2002. Jur. 3071, note J. Djoudi ; *JCP* 2003. I. 124, n° 1, obs. Ph. Simler). La mention manuscrite peut ne pas indiquer l'existence d'accessoires de la dette : l'article 1376 du Code civil limite l'exigence de cette mention à la somme ou à la quantité due, sans l'étendre à la nature de la dette, à ses accessoires ou à ses conséquences. Cet article ne constitue plus un instrument de protection des cautions qui demeurent soumises à un droit commun et unifié de la preuve. Désormais, ces intérêts, comme tous les accessoires, sont automatiquement dus dès que le cautionnement peut être considéré comme prouvé (v. not. Com. 4 févr. 2003, *RD banc. fin.* 2003, n° 207, obs. D. Legeais ; *JCP* 2003. I. 156, n° 1, obs. Ph. Simler qui réaffirme que l'article 1326 limite « l'exigence de la mention manuscrite à la somme ou à la quantité due, sans l'étendre à la nature de la dette, à ses accessoires ou à ses composantes »).

■ 144 Une telle évolution jurisprudentielle va cependant perdre progressivement de son importance, pour les contrats conclus après le 5 février 2004, date d'entrée en vigueur de l'article L. 331-1. Ce texte impose désormais que soient mentionnés, à peine de nullité, les accessoires de l'engagement de la caution personne physique, comme exigence de forme non à des fins probatoires, mais pour garantir la validité de la sûreté.

B. Le contenu de la mention manuscrite de l'article 1376 du Code civil

■ 145 Préciser le contenu de la mention manuscrite suppose d'en analyser la détermination (1) puis les incidences en cas de non-respect de cette exigence légale (2).

1. La détermination du contenu de la mention manuscrite

Selon les termes de l'article 1376 du Code civil, la caution doit impérativement porter sur l'acte sa signature (Civ. 1re, 2 juill. 1996, *RTD civ.* 1996. 663, obs. M. Bandrac ; *D.* 1997. Somm. 164, obs. L. Aynès), ainsi que la mention, écrite par elle-même, de la somme « en toutes lettres et en chiffres ». Le texte précise qu'« En cas de différence, l'acte sous seing privé vaut pour la somme écrite en toutes lettres ». Différentes hypothèses, rencontrées en pratique, ont été la source de contentieux tranchés par la Cour de cassation. Tout d'abord, si la caution oublie d'indiquer le montant de son engagement en chiffres, l'indication en lettres ne peut constituer qu'un commencement de preuve par écrit (Civ. 2e, 27 juin 2002, *JCP* 2003. I. 124, n° 2, obs. Ph. Simler ; solution ultérieurement confirmée, Civ. 1re, 25 mai 2005, *JCP* 2005. II. 10169, note S. Piedelièvre ; *RD banc. fin.* 2005, n° 127, obs. D. Legeais ; *Dr. et proc.* nov.-déc. 2005, p. 367, obs. O. Salati). Ensuite, si la mention en chiffres se révèle différente de celle indiquée en lettre, portée malencontreusement deux fois pour des montants différents, il a été jugé que l'acte devait être considéré comme un commencement de preuve par écrit (Civ. 1re, 14 juin 2005, *Gaz. Pal.* 2005. 3443, note B. Roman). 146 ■

2. Les incidences du non-respect du contenu de la mention manuscrite

Conformément aux principes du droit commun de la preuve des actes juridiques, dès lors qu'un contractant ne respecte pas les exigences prévues à l'article 1376 du Code civil, l'acte est qualifié de « commencement de preuve par écrit », notion définie à l'article 1362 du même Code. La preuve de l'engagement en qualité de caution doit être apportée par d'autres éléments, qualifiés « d'extrinsèques », nécessairement extérieurs au contrat de cautionnement. Même s'il ne s'agit que d'exigence d'ordre probatoire, l'idée de protection de la caution demeure présente car le contrat n'aura pleinement effet et ne pourra être prouvé que si la caution avait totalement conscience de l'engagement souscrit, ce qui affecte bien, indirectement, l'efficacité de l'acte. 147 ■

Certes, en la matière, les juges du fond bénéficient d'un pouvoir souverain pour apprécier les éléments invoqués par les parties (Com. 11 juin 2003, *LPA* 24 nov. 2003, p. 4, note D. Houtcieff). La Cour de cassation exerce toutefois un contrôle et a indiqué les diverses catégories d'éléments extrinsèques susceptibles d'être retenus : tel a pu être le cas de la qualité de la caution, singulièrement lorsqu'il s'agit du gérant qui a conclu le contrat de cautionnement (Com. 23 mai 2000, *D.* 2001. Somm. 690, obs. L. Aynès ; *CCC* 2000, n° 138, obs. L. Leveneur). De même, quand le consentement de la caution est donné sur l'acte constatant l'engagement principal qui indique ce qui sera dû par le débiteur, il importe peu que la caution n'ait pas porté de sa main en lettres et en chiffres le montant de son obligation. La présence de son engagement sur l'obligation principale constitue l'élément extrinsèque qui complète l'acte irrégulier (Civ. 1re, 15 janv. 2002, *RD banc. fin.* 2002, n° 49, obs. D. Legeais ; *JCP* 2002. I. 162, n° 5, obs. Ph. Simler). Si l'objectif de ces différentes décisions de la Cour de cassation est de retenir une conception large de la notion « d'élément extrinsèque », d'autres décisions se sont révélées plus restrictives, en écartant la qualité de tels éléments à l'égard de liens familiaux entre la caution et le débiteur, non constitutifs d'un tel complément de preuve (Civ. 1re, 10 mai 2000, *D.* 2001, Somm. 691, obs. L. Aynès). 148 ■

2

Compléments pédagogiques

Mémo

Le contrat de cautionnement est soumis, au même titre que les autres contrats, au respect de différentes *conditions de fond* qui s'imposent lors de sa conclusion. Certaines sont directement liées au consentement éclairé de la caution, qui doit s'engager en toute connaissance de cause. À ce titre, les vices du consentement traditionnels sont susceptibles d'être invoqués par la caution, tels que *l'erreur*, le *dol* ou la *violence*. La jurisprudence demeure vigilante pour ne pas admettre trop librement la mise en œuvre de ces différentes notions qui affecteraient directement l'efficacité de la sûreté. L'étude de l'évolution récente de la matière permet toutefois de relever le rôle essentiel conféré à plusieurs initiatives jurisprudentielles qui ont sanctionné les créanciers, en raison du non-respect d'une *obligation d'information*, d'un *devoir de mise en garde* ou encore de la conclusion d'un *contrat manifestement disproportionné*. Complétant les dispositions et solutions spécifiques aux vices du consentement, d'autres conditions de fond doivent être respectées, particulières au contrat de cautionnement, qu'il s'agisse du *pouvoir* ou de la *capacité* de la caution, mais aussi de *l'objet* et de la *cause* de ce contrat.

La conclusion d'un contrat de cautionnement est de plus soumise à diverses exigences légales destinées à s'assurer que la caution a réellement pris conscience de la portée de son engagement. La validité de certains contrats est même parfois subordonnée au respect de *conditions de forme* imposées par le législateur. Un formalisme rigoureux est ainsi prévu par divers textes du Code de la consommation, qui imposent le recours à une mention manuscrite à peine de nullité de l'acte. Cette mention manuscrite est également exigée, mais uniquement comme *condition de preuve*, à l'article 1376 du Code civil. Ce texte s'applique particulièrement au contrat de cautionnement, en sa qualité de contrat unilatéral par lequel une seule partie, la caution, s'engage envers une autre, le créancier, à lui payer une somme d'argent.

Documents

Erreur sur la solvabilité de la caution

Com. 1er oct. 2002

(*D.* 2003. Jur. 1617, note Y. Picod ; *JCP* 2002. I. 124 n° 3, obs. P. Simler ; *Defrénois* 2003. 417, obs. Ph. Théry ; *RTD civ.* 2003. 323, obs. P. Crocq)

« Mais attendu qu'après avoir relevé, par motifs propres et adoptés, que M. X..., tiers à la société, avait entendu prendre le risque d'aider une société présentée comme en difficulté mais non de s'engager pour une société en situation déjà irrémédiablement compromise, et que la banque, qui était en relation d'affaires avec cette société depuis 1984, ne pouvait ignorer cette situation, l'arrêt retient, dans l'exercice de son pouvoir souverain, que le caractère viable de l'entreprise était une condition déterminante de l'engagement de la caution ; qu'ainsi, ayant fait ressortir que la caution avait fait de la solvabilité du débiteur principal la condition tacite de sa garantie ».

Obligation de mise en garde

Com. 3 mai 2006, *Natiocréditbail*

(*JCP* E 2006. 1890, note D. Legeais ; *D.* 2006. 1445, obs. X. Delpech ; *JCP* 2006. II. 10122, note A. Gourio ; solution confirmée, Com. 28 novembre 2006, *Rev. banc. fin* 2007, n° 7, obs D Legeais.)

« Mais attendu que l'arrêt retient que les époux X... se sont engagés dans une opération commerciale importante à laquelle ils étaient directement impliqués et qu'ils ne démontrent pas que la crédit-bailleresse ait eu sur leur situation et leurs facultés de remboursement raisonnablement prévisibles en l'état du succès escompté de l'opération entreprise par la SCI des informations qu'eux-mêmes auraient ignorées ; qu'en l'état de ces constatations, dont il se déduisait que les intéressés détenaient toutes les informations utiles pour leur permettre d'apprécier la portée des engagements qu'ils souscrivaient, la cour d'appel a pu décider, sans encourir les griefs du moyen, que la crédit-bailleresse n'était tenue d'aucun devoir de mise en garde à l'égard de ces cautions ».

Com. 18 janv. 2017, n° 15-12.723

(*Gaz. Pal.* 21 févr. 2017, p. 29, obs. Ch. Albiges ; *JCP* E 2017. 1102, note D. Legeais ; *AJCA* mars 2017. 122, obs. D. Houtcieff)

« Mais attendu que l'arrêt retient que le parcours professionnel de M. X... démontre qu'il a assumé des fonctions de responsabilité nécessitant des compétences techniques et commerciales, qu'il a suivi une formation spécifique à la reprise d'entreprise, qu'il s'est personnellement chargé de la constitution et du suivi des dossiers de financement en vue de l'opération de reprise complexe qu'il a montée ainsi que des négociations nécessaires à l'obtention des financements ; qu'en l'état de ces motifs, dont elle a déduit que M. X... était une caution avertie, la cour d'appel a légalement justifié sa décision ».

Exigences jurisprudentielles de proportionnalité

Com. 17 juin 1997, *Macron*

(*JCP* E 1997. II. 1007, p. 235, note D. Legeais ; *Defrénois* 1997. 1424, note L. Aynès ; *RTD com.* 1997. 662, obs. M. Cabrillac ; *JCP* 1998. I. 103, obs. Ph. Simler ; *D.* 1998. Jur. 208, note J. Casey ; *RTD civ.* 1998. 157, obs. P. Crocq)

« Mais attendu qu'après avoir retenu que M. M. avait souscrit un aval de 20 000 000 francs, "manifestement disproportionné" à ses revenus, d'un montant mensuel de 37 550 francs, et à son patrimoine, d'un montant inférieur à 4 000 000 francs, la cour d'appel, tout en estimant que M. M. n'avait pas commis d'erreur, viciant son consentement, a pu estimer, en raison de "l'énormité de la somme garantie par une personne physique", que, dans les circonstances de fait, exclusives de toute bonne foi de la part de la banque, cette dernière avait commis une faute en demandant un tel aval, "sans aucun rapport" avec le patrimoine et les revenus de l'avaliste ».

Com. 8 oct. 2002, *Nahoum*
(*JCP* E 2002. 1919, note D. Legeais ; *D.* 2003. Jur. 414, note C. Koering ; *JCP* 2003. I. 10017, note Y. Picod ; *RTD civ.* 2003. 124, obs. P. Crocq)

« Mais attendu que MM. David et Marc X..., respectivement président du conseil d'administration et directeur général de la société La Foncière Marceau, qui n'ont jamais prétendu ni démontré que la banque aurait eu sur leurs revenus, leurs patrimoines et leurs facultés de remboursement raisonnablement prévisibles en l'état du succès escompté de l'opération immobilière entreprise par la société, des informations qu'eux-mêmes auraient ignorées, ne sont pas fondés à rechercher la responsabilité de cette banque ».

Pouvoir de conclure un contrat de cautionnement

Article 1415 du Code civil

« Chacun des époux ne peut engager que ses biens propres et ses revenus, par un cautionnement ou un emprunt, à moins que ceux-ci n'aient été contractés avec le consentement exprès de l'autre conjoint qui, dans ce cas, n'engage pas ses biens propres ».

Article L. 225-35 alinéa 4 du Code de commerce

« Les cautions, avals et garanties donnés par des sociétés autres que celles exploitant des établissements bancaires ou financiers font l'objet d'une autorisation du conseil dans les conditions déterminées par décret en Conseil d'État. Ce décret détermine également les conditions dans lesquelles le dépassement de cette autorisation peut être opposé aux tiers ».

Article L. 225-68 alinéa 2 du Code de commerce

« Les statuts peuvent subordonner à l'autorisation préalable du conseil de surveillance la conclusion des opérations qu'ils énumèrent. Toutefois, la cession d'immeubles par nature, la cession totale ou partielle de participations, la constitution de sûretés, ainsi que les cautions, avals et garanties, sauf dans les sociétés exploitant un établissement bancaire ou financier, font l'objet d'une autorisation du conseil de surveillance dans des conditions déterminées par décret en Conseil d'État. Ce décret détermine également les conditions dans lesquelles le dépassement de cette autorisation peut être opposé aux tiers ».

Formalisme du contrat de cautionnement

Com. 8 mars 2011
(*JCP* E 2011. 1270, note D. Legeais ; *Gaz. Pal.* 31 mars 2011, p. 16, obs. Ch. Albiges ; *Dr. et patr.* juill.-août 2011, p. 107, obs. L. Aynès ; *D.* 2011. 1193, note Y. Picod ; *Defrénois* 2012. 237, obs. S. Cabrillac ; *Bull. Joly Sociétés* 2011, p. 470, note D. Houtcieff)

« Mais attendu qu'ayant constaté que l'engagement de caution avait été souscrit dans le respect des dispositions de l'article L. 341-2 du code de la consommation, la cour d'appel a retenu que la sanction de l'inobservation de la mention imposée par l'article L. 341-3 du même code ne pouvait conduire qu'à l'impossibilité pour la banque de se prévaloir de la solidarité et en a exactement déduit que l'engagement souscrit par la caution demeurait valable en tant que cautionnement simple. »

Com. 5 févr. 2013
(*JCP* E 2013. 1174, note S. Le Gac-Pech ; *Gaz. Pal.* 20 et 21 mars 2012, p. 16, note M.-P. Dumont-Lefrand ; *JCP* 2013. 440, note Ph. Simler ; *RD banc. fin.* 2013, n° 51, obs. D. Legeais)

« Mais attendu que la violation du formalisme des articles L. 341-2 et L. 341-3 du code de la consommation, qui a pour finalité la protection des intérêts de la caution, est sanctionnée par une nullité relative, à laquelle elle peut renoncer par une exécution volontaire de son engagement irrégulier, en connaissance du vice l'affectant ; qu'ayant constaté que l'engagement litigieux ne comportait pas les mentions légales prescrites, l'arrêt retient que la caution, après avoir souscrit un prêt à cette fin, a réglé les sommes dues, sans mise en demeure préalable et en dépit des conseils contraires de son avocat et de son comptable et, qu'ainsi conseillée, elle a agi en toute connaissance de cause ; que de ces constatations et appréciations, la cour d'appel a pu déduire que la caution avait entendu réparer le vice affectant son engagement , de sorte que cette confirmation au sens de l'article 1338 du code civil, l'empêchait d'en invoquer la nullité. »

Com. 17 sept. 2013
(n° 12-13.577, *JCP* E 2013. 1573, note D. Legeais ; *RD banc. fin.* nov. 2013, n° 194, obs. A. Cerles ; *RTDI* 2013, n° 4, p. 30, obs. O. Gout : *Dr. et patr.* févr. 2014, p. 59, obs. Ph. Dupichot ; *Defrénois* 30 avr. 2014, p. 433, obs. S. Cabrillac ; *Gaz. Pal.* 4 et 5 déc. 2013, p. 13, obs. M.-P. Dumont-Lefrand ; *JCP* 2013. 1256, n° 1, obs. Ph. Simler)

« L'article L. 341-2 du code de la consommation prescrit à peine de nullité que l'engagement manuscrit émanant de la caution précède sa signature. Ayant constaté que la caution avait apposé sa signature immédiatement sous les clauses pré-imprimées de l'acte et inscrit la mention manuscrite légalement requise sous sa signature, sans la réitérer sous cette mention, une cour d'appel en a exactement déduit que cet engagement était nul ».

Biblio

1) Le consentement éclairé

- F. Boucard, « Le devoir de mise en garde du banquier à l'égard de l'emprunteur et de la caution, présentation didactique », *RD banc. fin.* 2007, étude 17.
- N. Bourdaille et J. Lasserre Capdeville, « Le développement jurisprudentiel de l'obligation de mise en garde du banquier », *Banque et Droit* 2006, n° 107, p. 17.
- M. Mignot, « Le devoir de mise en garde de l'emprunteur et de sa caution : devoir d'informer, de conseiller ou de s'abstenir de contracter ? », in *Le crédit, Aspects juridiques et économiques*, Dalloz, coll. « Thèmes et commentaires », 2012, p. 77.
- A. Perin Dureau, « Variations sur l'obligation de mise en garde au terme de dix ans de décisions », *JCP* E 2016. 1304.
- Y. Picod, « L'erreur de la caution sur la solvabilité du débiteur prise en considération », *D.* 2003. 1617.

- Ph. Simler, « L'information de la caution », in *Le crédit, Aspects juridiques et économiques*, Dalloz, coll. « Thèmes et commentaires », 2012, p. 67.
- M. Storck, « L'obligation d'information, de conseil, de mise en garde du banquier dispensateur de crédit », *RLDA* 2008, n° 31.
- C. Villemin-Gonzalez, « La réticence dolosive des établissements bancaires à l'égard des cautions, un manquement à l'obligation de contracter de bonne foi », *D.* 2002. Chron. 3338.

2) L'engagement disproportionné de la caution

- Ch. Atias, « Propos sur l'article L. 341-4 du Code de la consommation », *D.* 2003. Chron. 2584.
- L. Aynès, « Le cautionnement excessif : application dans le temps de la sanction légale », *RLDA* nov. 2006, p. 49.
- D. Bakouche, « La proportionnalité dans le cautionnement à l'épreuve de la loi et de la jurisprudence », *CCC* 2004, n° 5.
- P. Crocq, « Sûretés et proportionnalité », in *Études offertes au Doyen Ph. Simler,* Dalloz-Litec, 2006, p. 291.
- O. Cuperlier, « L'engagement disproportionné de la caution après la loi du 1er août 2003 », *JCP* E 2004. I. 1475.
- C. Houin-Bressand, « La caution en difficulté », *Mélanges en l'honneur de Daniel Tricot,* Litec-Dalloz, 2011, p. 453.
- D. Legeais, « Les concours consentis à une entreprise en difficulté », *JCP E* 2005. 1510.
- N. Mathey, « Le caractère excessif de l'engagement de la caution », *RD banc. fin.* 2012, Dossier 41.
- J. Moury, « La responsabilité du fournisseur de « concours » dans le marc de l'article L. 650-1 du Code de commerce », *D.* 2006. Chron. 1743.
- Y. Picod, « Sanction du principe de proportionnalité en droit commun du cautionnement », *D.* 2004. 204 ; « Proportionnalité et cautionnement », in *Mélanges offerts à J. Calais-Aulois*, Dalloz, 2004, p. 843.
- S. Piedelièvre, « Le cautionnement excessif », *Defrénois* 1998, art. 36836, p. 849.
- G. Piette, « La sanction du cautionnement disproportionné », *Dr. et patr.* juin 2004, p. 44.
- D. Robine, « L'article L. 650-1 du Code de commerce : un « cadeau » empoisonné » ?, *D.* 2006. Chron. 69 ; « La Cour de cassation consolide l'article L. 650-1 du Code de commerce », *RLDA* juill. 2012, p. 21.

3) La cause

- Ch. Atias, « Par la grâce du droit : la cause de l'engagement de la caution », in *Mélanges M. Cabrillac,* Dalloz, 1999, p. 339.

4) Pouvoirs de conclure un contrat de cautionnement

- Ch. Albiges, « Le mandat de se porter caution », *D.* 2002. Chron. 706 ; « Précisions relatives aux conditions de validité d'une sûreté conclue par une société civile immobilière », *RLDA* déc. 2012, p. 24.
- S. Becqué-Ickowicz, « Couple et cautionnenemnt », *Dr. et patr.* juill.-août 2008, p. 60.
- B. Bondero, « Réflexions sur les mécanismes d'autorisation des sûretés et garanties consenties par les sociétés anonymes », *D. Affaires* 2004. Chron. 405.

- M. Farge, « Sûretés personnelles contre sûretés réelles : l'influence limitée du droit de la famille », *JCP* N 2012. 1337.
- Y. Flour, « Le cautionnement et le patrimoine des couples », *Dr. et patr.* 2001, p. 80.
- Ch. Juillet, « La validité de la sûreté pour autrui consentie par une société à risque illimité : « la boussole de l'intérêt social » perd le nord », *RLDC* déc. 2012, p. 27.
- D. Sadi, « L'autorisation du conjoint donnée à l'époux caution : étude prospective », *D.* 2014. 231.

5) Le formalisme du contrat de cautionnement

- Ch. Albiges, « Responsabilité notariale et cautionnement », *Dr. et patr.* juill.-août 2008, p. 68 ; « Formalisme du contrat de cautionnement : une confirmation et une précision », *RLDA* 2011, n° 61, p. 27.
- S. Cabrillac, « Le cautionnement notarié », *Dr. et patr.* juill.-août 2008, p. 56.
- A. Cerles, « La mention manuscrite du Code de la consommation : une protection de la caution source de contentieux », *RD banc. fin.* 2012, Dossier 39.
- O. Gout, « La notion de créancier professionnel dans le droit du cautionnement », *RLDC* 2009, n° 66, p. 24.
- D. Houtcieff, « Propos sur un formalisme moderne : les articles L. 341-2 et L. 341-3 du Code de la consommation », *RDC* 2004. 408.
- A. Médina, « Formalisme et consentement dans le contrat de cautionnement », *D.* 2002. Chron. 2787.
- M. Mignot, « La mention manuscrite de la caution », *LPA* 9 nov. 2012, n° 225, p. 15.
- Y. Picod, « La mention manuscrite de la caution à l'épreuve de la loi pour l'initiative économique », *Dr. et proc.* sept.-oct. 2004, p. 255 ; « Le formalisme de la mention manuscrite de la caution », in *Mélanges en l'honneur de François Chabas*, Bruylant, 2011, p. 775.
- S. Raby, « La mention manuscrite et le cautionnement notarié », *JCP* N 2004. 1608.
- Ph. Simler, « Un peu de formalisme protège, trop de formalisme opprime et spolie : l'exemple de l'article 22-1 de la loi du 6 juillet 1989 », in Mélanges en l'honneur de Georges Wiederkehr, Dalloz, 2009, p. 753.
- I. Tricot-Chamard, « Les vicissitudes de la mention manuscrite dans le cautionnement : suite ou fin », *JCP* 2004. I. 112.

Quiz

1) Sujets corrigés

A) Cas pratiques

Énoncé n° 1

Monsieur Martin, vendeur de matériel informatique, s'inquiète particulièrement car l'un de ses clients, Monsieur Durant, lui doit la somme de 9 000 euros à la suite de la réparation et de la vente de quatre ordinateurs. Afin de faciliter le règlement de cette somme, Monsieur Martin avait accepté, le 10 décembre 2016, un paiement mensuel sur 18 mois pour un montant de 500 euros. Par précaution, il avait obtenu que

Monsieur Gilles, par ailleurs dirigeant d'une SARL spécialisée dans l'informatique, se porte caution solidaire en garantie du paiement de ces frais.

Après que Monsieur Gilles ait apposé une unique signature à la suite des mentions pré-imprimées dans le contrat en page 3, sa fille rédigea la formule suivante en page 4 : « *En me portant caution personnelle et solidaire de M. Gilles dans la limite de la somme de 9 000 euros couvrant le paiement du principal et le cas échéant des pénalités ou intérêts de retard et pour la durée de 18 mois je m'engage à rembourser au prêteur les sommes dues sur mes revenus et mes biens si M. Durant n'y satisfait pas lui-même en renonçant au bénéfice de discussion défini à l'article 2298 du code civil et en m'obligeant solidairement avec Monsieur Durant, je m'engage à rembourser M. Martin sans pouvoir exiger qu'il poursuive préalablement Monsieur Durant* ». À la suite de la défaillance de M. Durant en septembre 2016 et le non-paiement des mensualités convenues, M. Martin vous consulte car il envisage d'agir au plus vite contre Monsieur Gilles afin d'obtenir le recouvrement de sa créance. Monsieur Martin souhaite notamment savoir si un cautionnement notarié n'aurait pas été plus efficace pour lui.

Voir le corrigé en fin de rubrique.

Énoncé n° 2

De plus, le fils de Monsieur Martin, Marc, étudiant en 5e année à la Faculté de sciences s'est engagé le 20 septembre 2015 en qualité de caution solidaire auprès de la Banque Montpelliéraine du Crédit afin de garantir le paiement d'un prêt d'un montant de 50 000 euros souscrit par l'une de ses cousines, Valérie, qui s'est installée en septembre 2015 à Montpellier pour terminer ses études. Elle a ainsi pu renouveler son matériel informatique (ordinateur et imprimante) et acquérir rapidement l'ensemble des biens mobiliers nécessaires à son installation dans son nouvel appartement. Marc a ainsi rédigé, dans le contrat signé, la mention suivante : « *En me portant caution solidaire de Mademoiselle Valérie Dupuy dans la limite de la somme de 50 000 euros couvrant le paiement du principal, des intérêts et, le cas échéant, des pénalité ou intérêt de retard et pour la durée de trois an, je m'engage à rembourser à la Banque Montpelliéraine du Crédit la somme due sur mes revenu si Mademoiselle Valérie n'y satisfait pas elle-même* ».

Comme sa cousine n'a pas respecté son engagement, la Banque demande à Marc de payer le restant dû, soit le montant de 44 000 euros. Après avoir relu le contrat de cautionnement, Marc s'interroge sur son efficacité et s'inquiète car il débute une thèse depuis peu. N'ayant toujours pas travaillé, il vous informe en effet qu'il n'a pas les moyens de payer la somme demandée.

Voir le corrigé en fin de rubrique.

B) Commentaire d'arrêt

Énoncé

Com. 9 févr. 2016, n° 14-20304

Sur le premier moyen :

Attendu, selon l'arrêt attaqué (Bordeaux, 6 mars 2014), que par acte du 6 décembre 2007, M. X… s'est rendu caution solidaire des dettes dont la société Activité sanitaire d'importation, d'information et d'organisation, désormais dénommée Légende sanitaire, pourrait être tenue envers la banque Pelletier aux droits de laquelle sont venues la société Crédit commercial du Sud-Ouest, puis la société Banque populaire Aquitaine Centre ; que Mme X..., son épouse commune en biens, est intervenue à l'acte de cautionnement pour l'autoriser à engager les biens de la communauté conformément aux dispositions de l'article 1415 du code civil ; qu'après les mises en redressement puis liquidation judiciaires de la société par des jugements des 22 avril et 17 juin 2009, la banque a obtenu l'autorisation d'inscrire une hypothèque judiciaire conservatoire sur l'immeuble commun ; que lui reprochant un manquement à son obligation de mise en garde à son égard, Mme X... l'a assignée en paiement de dommages-intérêts ;

Attendu que Mme X... fait grief à l'arrêt de rejeter sa demande alors, selon le moyen, que le banquier dispensateur de crédit qui sollicite une extension de l'assiette de sa garantie sur les biens communs des époux est tenu d'une obligation d'information et de mise en garde à l'égard du conjoint qui donne son consentement exprès à l'acte de cautionnement souscrit par son époux ; qu'en excluant l'existence d'une telle obligation à la charge de la banque et au profit de Mme X... qui avait donné son consentement exprès à l'acte de cautionnement de son époux, la cour d'appel a violé l'article 1415 du code civil ;

Mais attendu qu'après avoir énoncé que le consentement de Mme X... au cautionnement donné par son époux en garantie des dettes de la société, en application de l'article 1415 du code civil, n'a pas eu pour effet de lui conférer la qualité de partie à l'acte et qu'aucune disposition législative ou réglementaire n'impose au créancier bénéficiaire du cautionnement de fournir des informations ou une mise en garde au conjoint de son cocontractant, préalablement à son consentement exprès, l'arrêt retient à bon droit que Mme X... n'était créancière d'aucune obligation d'information ou de mise en garde à l'égard de la banque bénéficiaire du cautionnement ; que le moyen n'est pas fondé ;

Et attendu qu'il n'y a pas lieu de statuer par une décision spécialement motivée sur le second moyen, qui n'est manifestement pas de nature à entraîner la cassation ;

PAR CES MOTIFS : REJETTE le pourvoi

Voir le corrigé en fin de rubrique.

2) Corrigés

Cas pratique n° 1

Monsieur Martin s'est fait consentir un contrat de cautionnement solidaire par Monsieur Gilles en décembre 2016 pour garantir le recouvrement d'une créance, en l'occurrence le paiement de frais de réparation et la vente de quatre ordinateurs convenus avec Monsieur Durant. Il souhaite désormais faire appel à la caution, car Monsieur Durant s'avère défaillant. De plus, il se demande si un contrat de cautionnement conclu en la forme notariée n'aurait pas été plus efficace.

I. Appréciation du formalisme de l'acte conclu par Monsieur Martin

En ce qui concerne la validité de l'engagement, il convient d'observer au préalable que le contrat a été conclu en 2016 et demeure potentiellement soumis aux exigences de la loi Dutreil du 1er août 2003, cette dernière s'appliquant aux cautionnements souscrits après le 5 février 2004 (art. L. 331-1 et L. 331-2 du Code de la consommation).

Concernant au préalable la qualité des parties, il faut, conformément aux termes des dispositions consuméristes, que la caution soit une « caution physique », ce qui est le cas de Monsieur Gilles, peu importe que ce dernier soit doté de la qualité de caution avertie ou non avertie en matière de formalisme. De plus, le créancier doit être, toujours selon les textes précités, un « créancier professionnel ». Il s'agit en l'espèce d'un vendeur de matériel informatique qui a consenti des délais de paiement, c'est-à-dire un crédit. Cette catégorie de créancier est directement concernée car, selon l'interprétation retenue par la jurisprudence, il peut s'agir de tout créancier dont la créance est née soit dans l'exercice de sa profession, soit se trouve en rapport direct avec l'une de ces activités professionnelles, même si celle-ci n'était pas principale. Cette solution privilégie donc une acceptation large de la notion de créanciers et permet de ne pas limiter l'application des textes aux seuls établissements de crédit. Il importe peu que la souscription du cautionnement ait, pour le créancier, un caractère inhabituel.

La Cour de cassation ayant clairement écarté la conception restrictive de la notion de créancier professionnel, Monsieur Martin, vendeur de matériel informatique, devra être considéré comme un professionnel, la créance étant née dans le cadre et avec un rapport direct avec son activité principale. Ainsi, le contrat a été conclu le 25 avril 2013 entre une caution personne physique et un créancier professionnel, les articles L. 331-1 et L. 331-2 du Code de la consommation ont vocation à s'appliquer.

Il convient dès lors d'apprécier les circonstances pour déterminer si les exigences formelles ont été toutes respectées. Plusieurs problèmes peuvent être soulevés pour contester l'efficacité de la sûreté convenue.

Un premier concerne la place de la signature au sein du contrat établi. L'article L. 331-1 du Code de la consommation prévoit que le créancier doit faire « précéder sa signature de la mention manuscrite ». La Cour de cassation, appliquant à la lettre cette exigence, a ainsi annulé un cautionnement car la caution avait inscrit la mention manuscrite requise sous sa signature, sans la réitérer sous cette mention (Com. 17 sept. 2013, n° 12-13.577 ; Civ. 1re, 1er avr. 2014, n° 13-15735). Tel est le cas en l'espèce, Monsieur Gilles ayant apposé une unique signature à la suite des mentions pré-imprimées. De telles circonstances devraient permettre à la caution de contester l'efficacité de la sûreté, même si le dernier état de la jurisprudence est plus tolérant (signature apposée au milieu de la mention manuscrite, sur la partie droite de la page, faute de place après la mention : Com. 28 juin 2016, n° 13-27245).

Une deuxième difficulté peut ensuite être liée à la ponctuation adoptée lors de la rédaction de la mention manuscrite. Par principe, une première formulation, énoncée à l'article L. 331-1, précise le principe de l'engagement, alors qu'une seconde formulation détermine le caractère solidaire de ce même engagement, par application de l'article L. 331-2. La difficulté réside dans le fait que ces deux mentions se suivent et ne sont pas séparées par un point ou même une virgule ou un point-virgule. De telles circonstances peuvent-elles justifier une remise en cause de la validité du contrat de cautionnement ?

Dès 2011, la Cour de cassation a été tolérante et a considéré que la virgule entre la mention exigée pour le cautionnement et celle exigée pour le cautionnement solidaire ne rendait pas nul l'acte de cautionnement (Com. 5 avr. 2011, n° 10-16.426). Plus récemment, elle a confirmé un tel raisonnement en soutenant qu'un « simple oubli de ponctuation », qualifié d'erreur matérielle n'affectait pas le sens et la portée de la mention (Com. 14 juin 2016, n° 15-11106). L'absence de toute ponctuation ne devrait être considérée que comme une simple erreur matérielle et ne pourrait justifier que soit retenue la nullité de l'engagement de Gilles.

Un troisième problème porte sur les termes même de la mention manuscrite. Il s'avère que le formalisme des textes précités n'a pas été scrupuleusement respecté à double titre.

D'une part, la mention rapportée effectue une référence à la formule « cautionnement personnel et solidaire », alors que celle énoncée par le texte ne fait référence qu'au « cautionnement personnel ». Or la Cour de cassation (Civ. 1re, 10 avr. 2013, n° 12-18544 ; Com. 8 juill. 2014, n° 13-20.621) a jugé qu'une telle modification n'affectait ni le sens, ni la portée des mentions manuscrites. Il convient d'écarter toute sanction susceptible d'être invoquée en l'espèce par Monsieur Gilles.

D'autre part, les termes de la mention ne font pas référence aux intérêts potentiellement dus, seuls sont évoqués le principal et le cas échéant des pénalités ou intérêts de retard. Or même si l'article L. 331-1 du Code de la consommation impose l'indication des intérêts, la Cour de cassation (Com. 4 nov. 2014, n° 13-24.706) a considéré qu'un tel oubli n'avait pour conséquence que de limiter l'étendue du cautionnement au principal de la dette sans en affecter la validité. Ce double non-respect du formalisme ne pourra donc être sanctionné par l'annulation du cautionnement, en dépit des exigences expressément formulées par le législateur.

Une dernière difficulté résulte de la détermination du rédacteur de la mention manuscrite. Selon le texte consumériste, il appartient à la caution elle-même de la rédiger. Or, en l'espèce la mention émane de la main de la fille de la caution et non de la caution elle-même. Par principe, la mention est nécessairement écrite par la caution elle-même et non un tiers, ce qu'a jugé la Cour de cassation à l'égard d'une secrétaire (Com. 13 mars 2012, n° 10-27.814). Il s'agit d'un défaut manifeste de précautions prises par le créancier, en l'occurrence Monsieur Martin, qui aurait dû contrôler qui rédigeait la mention. Si Monsieur Gilles prouve que son engagement de caution a été rédigé par sa fille (par exemple avec le recours à une analyse graphologique), le cautionnement pourra être annulé par application de la sanction expressément prévue à l'article L. 343-2 du Code de la consommation.

II. L'éventuel recours à un cautionnement notarié

En raison des risques d'annulation du contrat de cautionnement, le créancier, Monsieur Martin, souhaite savoir si le cautionnement notarié aurait été plus efficace. L'incertitude est liée à l'absence d'indications apportées par le législateur en matière de cautionnement solidaire. Pour un cautionnement simple, l'article L. 331-1 précité énonce que seul l'acte sous seing privé est concerné.

À l'inverse, pour les engagements solidaires comme en l'espèce, la Cour de cassation a considéré que le formalisme de l'article L. 331-2 ne devait pas s'appliquer (Civ. 1re, 6 juill. 2010, n° 08-21760). La protection de la caution est ainsi assurée par l'intervention d'un professionnel du droit, en l'occurrence un notaire, tenu d'un devoir de conseil et susceptible d'engager sa responsabilité civile en cas de non-respect de ce devoir. Le législateur a confirmé une telle conception, l'article 1369 alinéa 3 du Code civil dispense les actes authentiques, reçus par un notaire, des mentions manuscrites imposées par la loi

De telles circonstances justifient la dispense d'avoir à respecter le formalisme validant par les parties au contrat de cautionnement. Il conviendra donc de conseiller à Monsieur Martin de recourir à un cautionnement notarié, mais aussi un acte contresigné par avocat qui dispense également les parties d'un tel formalisme. L'article 1374 alinéa 3 du Code civil prévoit à cet égard que les mentions manuscrites prescrites par un texte spécial ne sont pas exigées pour cet acte sous contreseing d'avocat.

Cas pratique n° 2

Marc s'est engagé le 20 septembre 2016 en qualité de caution solidaire auprès de la *Banque Montpelliéraine du Crédit* afin de garantir le paiement d'un prêt d'un montant de 50 000 euros. Ce dernier ayant été conclu par sa cousine afin d'acheter différents biens mobiliers, il correspond ainsi à un crédit à la consommation. Comme Valérie n'a manifestement pas respecté son engagement, la banque assigne la caution en paiement. Marc dispose de deux catégories d'arguments pour contester l'efficacité de la sûreté.

I. L'appréciation du formalisme du contrat conclu par Marc

Il convient au préalable de déterminer la nature du cautionnement souscrit. La cousine de Marc ayant conclu un crédit à la consommation, le cautionnement, signé en septembre 2016, qui en garantit le recouvrement, est soumis à une réglementation spécifique. Une caution personne physique, en l'occurrence Marc, s'est engagée avec un créancier, établissement de crédit, qui a consenti un prêt à la consommation mobilier. L'article L. 314-15 du Code de la consommation pour l'engagement en qualité de caution et l'article L. 314-16 du même Code pour la stipulation de solidarité, prévoient un formalisme qui doit être respecté par les parties. Or, en l'espèce, la mention rédigée par Marc contient plusieurs imperfections.

Tout d'abord, différentes fautes d'orthographe ont été commises lors de la rédaction, plus précisément le non-respect du pluriel de plusieurs mots (pénalités, ans et revenus). Ces erreurs ne modifiant pas le sens et la portée de la stipulation, on pourrait imaginer que le raisonnement retenu ponctuellement par la Cour de cassation (Com. 5 avr. 2011, n° 09-14.358), à savoir la notion d'erreur matérielle, permettrait de considérer que la nullité n'a pas vocation à s'imposer.

Ensuite, la mention rédigée par Marc ne contient pas la formule énoncée par l'article L. 314-15, à savoir non seulement la référence aux revenus, mais aussi aux biens de la caution. La Cour de cassation (Com. 1er oct. 2013, n° 12-20278), contrairement à la formule retenue par le législateur, a jugé qu'une telle mention manuscrite apposée sur l'engagement reflétait la parfaite information dont avait bénéficié la caution quant à la nature et la portée de son engagement. L'omission des termes « mes biens » n'avait pour conséquence que de limiter le gage de la banque aux revenus de la caution et n'affectait pas la validité du cautionnement. Donc le gage du créancier, en l'occurrence l'établissement de crédit, se limite aux seuls revenus de la caution, sans que ce créancier ne puisse obtenir l'annulation de l'engagement de Marc, sanction prévue à l'article L. 341-51-1 du Code de la consommation dans l'hypothèse du non-respect du formalisme validant d'un cautionnement d'un crédit à la consommation.

Enfin, il est stipulé dans le contrat de cautionnement signé par Marc la formule « caution solidaire ». Or les termes de la mention manuscrite telle qu'elle est retranscrite, n'effectuent qu'une référence à l'engagement en qualité de caution, imposant un cautionnement simple stipulé, sans que soit rédigée la mention complémentaire relative à la stipulation de solidarité, exigée à l'article L. 314-16 du Code de la consommation en matière de cautionnement d'un crédit à la consommation. Dès lors, le fait d'avoir indiqué « caution solidaire » au sein de la mention imposée à l'article L. 314-15, sans avoir rédigé celle de L. 314-15 permet-il de qualifier le cautionnement de solidaire ? Lorsque le formalisme de la stipulation de solidarité n'a pas été respecté, notamment en raison de son caractère incomplet, la Cour de cassation (Civ. 1re, 5 avr. 2012 n° 11-12515) a considéré, de manière contrat *contra legem*, que le contrat n'était pas nul, mais simplement déclassé en cautionnement simple. Tel est manifestement le cas en l'espèce, Marc n'ayant pas rédigé la mention spécifiant son engagement solidaire. Il demeure tenu car le simple fait d'avoir mentionné « caution solidaire » ne suffit pas à rendre le cautionnement solidaire, cette formule permettant toutefois de maintenir le contrat au titre d'un cautionnement simple.

II. L'exigence de proportionnalité du contrat conclu par Marc

Lorsque Marc, en sa qualité de caution, est appelé, il reste encore 45 000 euros, alors que le montant initialement convenu était de 50 000 euros. Il peut invoquer potentiellement le caractère disproportionné de l'engagement par rapport à son patrimoine et ses revenus. Le contrat ayant été conclu en septembre 2015 afin de garantir le recouvrement d'un crédit à la consommation, l'article L. 314-18 du Code de la consommation doit s'appliquer. Selon les termes du texte, « un établissement de crédit, une société de financement, un établissement de monnaie électronique, un établissement de paiement ou un organisme mentionné au 5 de l'article L. 511-6 du code monétaire et financier ne peut se prévaloir d'un contrat de cautionnement d'une opération de crédit relevant des chapitres II ou III du présent titre, conclu par une personne physique dont l'engagement était, lors de sa conclusion, manifestement disproportionné à ses biens et revenus, à moins que le patrimoine de cette caution, au moment où celle-ci est appelée, ne lui permette de faire face à son obligation ».

En ce qui concerne les parties concernées, le créancier, la *Banque Montpelliéraine du Crédit* est bien un établissement de crédit et la caution, Marc s'est engagé en tant que caution personne physique. Il appartient à ce dernier de démontrer que son engagement est manifestement disproportionné par rapport à son patrimoine, mais aussi ses revenus en prouvant qu'il est effectivement inscrit à la faculté et qu'il n'a jamais disposé d'un salaire (sur la charge de la preuve, Com. 22 janv. 2013, n° 11-25.377).

Conformément aux termes de l'article L. 314-18 du Code de la consommation, Marc doit donc démontrer le caractère cumulatif de son engagement manifestement disproportionné, à deux moments différents : non seulement lors de la conclusion du contrat, en septembre 2015, alors qu'il était étudiant en 5e année à la Faculté de sciences et était engagé pour 50 000 euros, mais aussi lorsqu'il est appelé pour payer le montant restant dû, soit les 45 000 euros, alors même qu'il est toujours étudiant en qualité de doctorant.

Au regard de cette somme et en raison du patrimoine de Marc, qui invoque le fait qu'il n'a jamais travaillé, le caractère disproportionné pourra être soulevé devant le juge pour contester l'efficacité de la sûreté, en sollicitant alors déchéance du droit d'agir du créancier, conformément à la qualification retenue par la doctrine pour qualifier la sanction encourue selon l'article L. 314-18 précité.

Commentaire d'arrêt

Un contrat de cautionnement avait été conclu par un époux en 2007, auprès d'un établissement de crédit, pour garantir les dettes souscrites par une société. Son conjoint était intervenu à l'acte de cautionnement pour autoriser à engager les biens de la communauté. À la suite de la liquidation judiciaire de la société débitrice, la banque a autorisé l'inscription d'une hypothèque judiciaire conservatoire sur l'immeuble commun. L'épouse, qui avait exprimé son consentement, contesta cette initiative en assignant le banquier en paiement de dommages et intérêts pour manquement à son devoir de mise en garde.

Après une décision de première instance, un appel est interjeté, la cour d'appel de Bordeaux, le 6 mars 2016, écarte la demande formulée par l'épouse et toute obligation pour le créancier d'avoir à respecter le devoir de mise en garde au bénéfice de cette dernière.

L'épouse forma un pourvoi en cassation en soutenant que ce même banquier était tenu d'une obligation d'information et de mise en garde à son égard, en sa qualité de conjoint de la caution qui donne son consentement exprès à l'acte de cautionnement souscrit par son époux. Le fait d'exclure une telle obligation constituerait une violation de l'article 1415 du Code civil.

La chambre commerciale de la Cour de cassation devait répondre à l'interrogation suivante : le créancier qui a conclu un contrat de cautionnement doit-il mettre en garde le conjoint de la caution, qui a donné son consentement exprès à la sûreté convenue ?

Une réponse négative est apportée par la chambre commerciale de la Cour de cassation le 9 février 2016, en affirmant qu'« après avoir énoncé que le consentement de Mme X. au cautionnement donné par son époux en garantie des dettes de la société, en application de l'article 1415 du Code civil, n'a pas eu pour effet de lui conférer la qualité de partie à l'acte et qu'aucune disposition législative ou réglementaire n'impose au créancier bénéficiaire du cautionnement de fournir des informations ou une mise en garde au conjoint de son cocontractant, préalablement à son consentement exprès, l'arrêt retient à bon droit que Mme X n'était créancière d'aucune obligation d'information ou de mise en garde à l'égard de la banque bénéficiaire du cautionnement ». La solution retenue est donc directement fondée sur l'exclusion du devoir de mise en garde au bénéfice du conjoint de la caution, exclusion dont il convient de préciser les modalités d'affirmation (I) et les conséquences (II).

I. Affirmation de l'exclusion du devoir de mise en garde au bénéfice du conjoint de la caution

A. Exclusion liée à l'absence de texte

1. Fondement du devoir de mise en garde

Initialement imposé aux établissements de crédit lors de la conclusion de contrats de prêt (Civ. 1re, 12 juill. 2005), le devoir de mise en garde s'est ensuite appliqué au contrat de cautionnement, au titre du devoir de transparence (à la place du dol, comme exigence lors de la formation du contrat).

Quel que soit le bénéficiaire, en l'absence de texte spécifique, comme l'indique en l'espèce la Cour de cassation, les juges ont eu recours au droit de la responsabilité civile, généralement l'article 1147 au titre de la responsabilité contractuelle, devenu l'article 1231-1, alors même que ce devoir s'impose au moment de la formation de l'acte.

2. Raisonnement surprenant en l'espèce

Cette absence de fondement juridique justifie, selon les termes de la solution de droit retenue par la Cour de cassation, que le conjoint de la caution ne soit pas créancier du devoir de mise en garde.

Or le constat d'un tel vide juridique spécifique s'impose également pour la caution, ce qui n'a pas empêché les juges de se révéler particulièrement protecteur des cautions et rigoureux à l'égard des créanciers, singulièrement les établissements de crédit. L'argument invoqué par la Cour de cassation, à savoir l'absence de « *disposition législative ou réglementaire* », est peu convaincant. Le devoir de mise en garde est justement une création prétorienne qui s'est développée en l'absence d'un texte spécial. Le fondement utilisé, qu'il soit le dol, la bonne foi ou plus récemment le droit de la responsabilité, démontre qu'une telle absence n'a jamais été un obstacle au développement du devoir de mise en garde.

B. Exclusion liée à l'absence de qualité de partie de la caution

1. Devoir de mise en garde inhérent à la qualité de partie

La Cour de cassation impose régulièrement un devoir de mise en garde aux établissements de crédit, au bénéfice des cautions, le contentieux étant particulièrement abondant pour déterminer des cautions bénéficiaires ou non de ce devoir, en fonction de la qualité de « caution avertie ». À titre d'illustration, le dernier état jurisprudentiel (Com. 22 mars 2016, n° 14-20.216 ; Com. 18 janv. 2017, n° 15-12.723) démontre que le fait d'être une caution dirigeante ne confère pas nécessairement la qualité de caution dite avertie.

En toute hypothèque, une relation contractuelle a nécessairement été au préalable envisagée pour que puisse être imposé le devoir de mise en garde qui demeure, par principe, directement lié à l'engagement de la caution. Les circonstances particulièrement justifient que cette dernière mérite une protection spécifique en raison de la dangerosité du contrat de cautionnement.

2. Devoir de mise en garde écarté pour le conjoint de la caution

Le conjoint, comme en l'espèce, ne formule que son consentement à l'engagement de son époux, conformément à l'exigence prévue à l'article 1415 du Code civil. Un tel « consentement exprès », non soumis à un formalisme particulier, n'est destiné qu'à permettre l'engagement des biens de la communauté comme gage du créancier, sans que ce dernier ne puisse agir sur les biens propres du conjoint.

Dès lors, ce consentement du conjoint ne lui confère pas la qualité de partie à l'acte et reste donc bien un tiers au contrat de cautionnement conclu. La solution se justifie pour des considérations strictement juridiques. Il est indéniable qu'un simple consentement exprès formulé par le conjoint ne peut en aucun cas permettre de considérer que ce même conjoint est titulaire de la qualité de partie à l'acte conclu. Une analogie peut à cet égard être établie entre le conjoint et le débiteur principal, également tiers au contrat de cautionnement.

II. Conséquences de l'exclusion du devoir de mise en garde au bénéfice du conjoint de la caution

A. Exclusion de toute responsabilité civile de la banque

1. Décision qui tempère le développement du devoir de mise en garde

La doctrine souligne traditionnellement le développement progressif du devoir de mise en garde en matière de contrat de cautionnement (notamment, A. Perin Dureau, « Variations sur l'obligation de mise en garde au terme de dix ans de décisions », *JCP* E 2016. 1304).

Or l'arrêt commenté illustre un tempérament ponctuel à ce développement. Une solution opposée aurait pu être privilégiée afin que le conjoint puisse également bénéficier d'un tel devoir de mise en garde. L'origine prétorienne de ce dernier, qui ne concerne que les cautions ainsi personnellement engagées, aurait dès lors été étendue, le droit de la responsabilité civile autorisant potentiellement une telle extension. Une solution opposée est à retenir, afin de limiter le bénéfice du devoir de mise en garde aux seules cautions engagées en tant que tel.

2. Décision qui exonère le créancier de toute contrainte à l'égard du conjoint

L'option adoptée par la chambre commerciale de la Cour de cassation s'avère favorable au créancier. D'une part, il bénéficie d'une extension de l'assiette de la sûreté aux biens communs (principe d'application de l'article 1415 du Code civil). D'autre part, sa responsabilité civile n'est pas engagée, le conjoint, n'ayant pas la possibilité d'invoquer le défaut de mise en garde, ne peut solliciter des dommages et intérêts.

B. Exclusion d'une protection pour le conjoint de la caution

1. Le conjoint, un tiers spécifique

Le conjoint de la caution n'a certes pas la qualité de cocontractant comme l'indique expressément la Cour de cassation. N'étant pas personnellement tenue au paiement de la dette, sa situation lui permet de ne pas engager ses biens propres.

Il s'agit toutefois d'un tiers doté d'un rôle spécifique : il est nécessairement concerné car son consentement ou accord à l'engagement de son conjoint aura pour incidence d'engager les biens communs qui lui appartiennent pour partie et constituent le gage des créanciers.

2. Le conjoint, un tiers qui pourrait être protégé

La Cour de cassation pourrait opérer un revirement à l'égard du conjoint, le devoir de mise en garde étant d'origine prétorienne avec un domaine d'application variable au gré des évolutions jurisprudentielles. La volonté et l'esprit de protection de la jurisprudence en matière de mise en garde pourraient être étendus afin que le conjoint, qui n'est pas véritablement un tiers comme tout autre tiers, puisse être totalement informé des conséquences de son consentement. Comme la caution, celui-ci peut être amené à supporter d'éventuelles poursuites exercées par le créancier.

Le législateur aurait toutefois tout intérêt à intervenir et à déterminer l'ensemble des règles du droit du cautionnement, notamment celles relatives aux droits du conjoint de la caution, dans le but de réduire l'insécurité juridique inhérente à une matière soumise aux aléas des décisions de la Cour de cassation.

chapitre 3

Les effets du contrat de cautionnement

Plan analytique

section 1

Les rapports entre la caution et le créancier

§ 1 L'obligation du créancier : informer la caution

A. L'obligation annuelle d'information

B. L'obligation d'informer la caution lors de la défaillance du débiteur

§ 2 Les obligations de la caution

A. L'étendue des obligations de la caution

B. Les modalités de mise en œuvre des obligations de la caution

section 2

Les recours de la caution

§ 1 Le recours de la caution avant paiement

A. Les conditions de mise en œuvre du recours de la caution avant paiement

B. La nature juridique du recours de la caution avant paiement

§ 2 Le recours de la caution après paiement

A. Les recours contre le débiteur principal

B. Les recours contre les autres cautions

Compléments pédagogiques

3

Les effets du contrat de cautionnement

Les effets du cautionnement concernent d'abord l'exécution *stricto sensu* du contrat de cautionnement. À ce titre seront envisagés les rapports entre la caution et le créancier (section 1). Mais, de façon moins immédiate, les effets du contrat de cautionnement ont aussi des répercussions sur l'opération de cautionnement. Le Code civil aménage en ce sens des recours au bénéfice de la caution conduite à régler la dette du débiteur (section 2). 149

section 1

Les rapports entre la caution et le créancier

Même si le créancier est tenu de respecter une obligation spécifique – celle d'informer la caution – (1), l'exécution du contrat de cautionnement, en tant que contrat unilatéral (v. ss 19), impose différentes obligations à la caution (2). 150

§ 1 L'obligation du créancier : informer la caution

Fortement influencées par l'esprit du droit de la consommation, diverses décisions jurisprudentielles ont introduit, lors de la conclusion du contrat, l'obligation d'informer la caution à la charge du créancier : certains garants ont invoqué ce fondement pour critiquer le comportement de créanciers qui ne leur avaient pas précisé la situation financière du débiteur, justifiant le recours à la réticence dolosive et à l'obligation de mise en garde au moment de la *formation* du contrat (v. ss 64). De manière complémentaire, l'obligation d'information s'est développée dans le cadre de *l'exécution* du contrat de cautionnement. La présence de cette obligation est d'autant plus importante que les cautions ne pourront parfois pas obtenir d'informations en raison du respect du secret bancaire. Ce constat justifie le recours à deux catégories d'obligations qui doivent être distinguées : l'une impose au créancier d'informer annuellement la caution (A), l'autre suppose une défaillance du débiteur (B). 151

A. L'obligation annuelle d'information

Plusieurs dispositions, successivement adoptées, ont été accumulées, sans que les précédentes n'aient été abrogées (sur les conséquences de cette accumulation des textes, A.-S. Barthez, « Désordre dans les sources du contrat de cautionnement : l'exemple de l'information de la caution », *RDC* 2008, p. 587), qu'il s'agisse de l'article L. 313-22 du Code monétaire et financier (1), de l'article 2293 alinéa 2 du Code civil 152

(2) ou enfin de l'article L. 341-6 du Code de la consommation, désormais codifié aux articles L. 333-2 et L. 343-6 du même Code (3).

1. *L'article L. 313-22 du Code monétaire et financier*

153 L'article 48 de la loi n° 148 du 1er mars 1984, devenu l'article L. 313-22 du Code monétaire et financier, prévoit l'obligation d'information qui bénéficie à toute personne morale et physique qui s'est portée caution, y compris les cautions dotées de la qualité de dirigeant de la société, débitrice principale. L'obligation s'impose aux établissements de crédit qui apportent un « concours financier à une entreprise », quelle que soit la forme de ce concours. L'information, qui est annuelle, doit être communiquée avant le 31 mars et indiquer, d'une part, le montant du principal et des intérêts, commissions, frais et accessoires qui restaient à courir au 31 décembre de l'année précédente au titre des concours financiers cautionnés, d'autre part, le terme du cautionnement, s'il est à durée déterminée, ou la faculté de le révoquer, s'il est à durée indéterminée. Différentes précisions, relatives à l'application de ce texte, ont été apportées par la jurisprudence (a) et le législateur (b).

a. Les précisions jurisprudentielles

1. Les notions d'« entreprise » et de « concours financier »

154 La notion d' « entreprise » tout d'abord, non définie par le texte, a été précisée par trois arrêts rendus par la première chambre civile de la Cour de cassation (Civ. 1re, 12 mars 2002, *JCP* 2002. I. 162, n° 2, obs. Ph. Simler ; *RD banc. fin.* 2002, n° 87, obs. D. Legeais ; *LPA* 9 oct. 2002, p. 9, obs. D. Houtcieff) qui adoptent une conception large. Un concours financier est octroyé à une entreprise au sens de l'article L. 313-22 du Code monétaire et financier dès lors qu'une personne physique ou morale exerce une activité économique, qu'elle soit commerciale, artisanale, agricole ou libérale (pour une illustration relative à l'activité notariale, Civ. 1re, 23 mars 2004, *RD banc. fin.* 2004, n° 119, obs. D. Legeais ; *JCP* 2002. I. 188, n° 5, obs. Ph. Simler ; une société civile immobilière, Civ. 1re, 15 mars 2005, *RD banc. fin.* 2005, n° 85, obs. D. Legeais ; *RDC* 2005. 841, obs. D. Houtcieff ; *JCP* 2005. I. 135, n° 2, obs. Ph. Simler). La Cour de cassation a toutefois imposé certaines exigences, notamment le nombre de personnes salariées par l'entreprise concernée, la preuve de l'activité économique, le chiffre d'affaires, les méthodes de gestion ou enfin la comptabilité proche d'une société commerciale. Il s'agira donc concrètement d'un faisceau d'indices utilisé pour déterminer la qualification d'« entreprise », à retenir ou à écarter.

La Cour de cassation a ensuite dû déterminer les cas dans lequels « un concours financier » avait été consenti. Il s'agit d'hypothèses dans lesquelles est convenue une opération de crédit, avec mise à disposition de fonds. À l'inverse, il a été jugé que l'obligation d'information de l'article L. 313-22 du Code monétaire et financier n'avait pas à s'appliquer lors de la conclusion d'un contrat de crédit-bail (Com. 8 nov. 2011, n° 10-24.171, *RD banc. fin.* janv. 2012, n° 9, obs. A. Cerles) ou d'un contrat de location avec option d'achat (Com. 28 janv. 2014, n° 12-24.592, *Gaz. Pal.* 19 et 20 mars 2014, p. 19, obs. M.-P. Dumont-Lefrand ; *RD banc. fin.* 2014, n° 96, obs. A. Cerles ; *JCP* G 2014, 301, note J. Lasserre Capdeville ; *Dr. et patr.* nov. 2014, p. 104, obs. A. Aynes), au nom d'une interprétation étroite de la notion de « concours financier ».

2. La durée et la preuve de l'obligation d'information

Les juges ont été sollicités, en l'absence de précisions prévues par le texte, pour déterminer la durée pendant laquelle le créancier était tenu d'informer la caution. Une divergence est apparue entre deux chambres de la Cour de cassation. Pour la chambre commerciale, cette obligation annuelle d'information s'imposait jusqu'à l'extinction de la dette, singulièrement pendant toute la durée de la procédure judiciaire opposant le créancier à la caution, l'objectif étant d'assurer une complète protection des cautions (Com. 25 mai 1993, *Bull. civ.* IV, n° 328). À l'inverse, selon une décision de la première chambre civile (Civ. 1re, 13 déc. 2005, *D.* 2006. Pan. 2863, obs. P. Crocq ; *JCP* 2006. I. 131, n° 6, obs. Ph. Simler ; *RD banc. fin.* 2006, n° 58, obs. A. Cerles), cette même obligation devait cesser dès lors que la décision de condamnation de la caution au paiement de la dette principale devenait définitive. Cette solution pouvait paraître justifiée car la dette de la caution étant fixée, elle ne devait pas dépendre d'éventuelles évolutions de celle du débiteur principal. En raison du maintien de cette divergence jurisprudentielle (Com. 10 janv. 2006, inédit), une chambre mixte de la Cour de cassation a été constituée et s'est prononcée : désormais, la protection légale des cautions s'impose et doit être respectée jusqu'à l'extinction de la dette garantie (Ch. mixte, 17 nov. 2006, *Banque et Droit* janv.-févr. 2007, p. 46, obs. N. Rontchevsky ; *RD banc. fin.* 2007, n° 9, obs. D. Legeais ; *Defrénois* 2007, art. 38567, p. 544, obs. Ph. Théry ; *JCP* 2007. I. 158, n° 3, obs. Ph. Simler ; solution confirmée, Com. 16 nov. 2010, *Banque et Droit* janv.-févr. 2011, p. 51, obs. N. Rontchevsky ; *RD banc. fin.* 2011, n° 11, obs. A. Cerles ; *Gaz. Pal.* 31 mars. 2010, p. 17, obs. M.-D. Dumont-Lefrand ; V. égal. Com. 15 juin 2011, n° 10-19564, *Gaz. Pal.* 22 sept. 2011, p. 23, obs. Ch. Albiges). 155 ■

En ce qui concerne le domaine de la preuve que l'information a bien été communiquée, la charge incombe au créancier, débiteur de l'obligation. Cette information litigieuse étant un fait juridique, sa preuve peut être apportée par tout moyen, en particulier une simple lettre. Il a ainsi été jugé que la production par la banque de la lettre adressée par courrier simple à la caution et du relevé informatique de l'ensemble des lettres envoyées aux cautions pendant cette même période, pouvait se révéler suffisante (Com. 17 nov. 2015, n° 14-28.359, *RD banc. fin.* 2016, comm. 15, note D. Legeais ; *Gaz. Pal.* 16 févr. 2016, p. 27, obs. M.-D. Dumont-Lefrand). À l'inverse, la seule production de la copie de la lettre attestant l'envoi ne suffit pas à justifier de son envoi (à propos de l'article L. 313-22 : Com. 5 avr. 2016, n° 14-20.908, *Gaz. Pal.* 21 juin 2016, p. 32, obs. Ch. Albiges ; solution identique à propos des articles L. 333-2 et L. 343-6 du Code de la consommation : Com. 9 févr. 2016, n° 14-22.179 ; *RD banc. fin.* 2016, comm. 123, note D. Legeais ; *Banque et Droit* mars-avr. 2016, p. 87, obs. F. Jacob ; *JCP* 2016. 553, n° 4, obs. Ph. Simler ; *D.* 2016. 2543, obs. A. Aynes).

3. Le contenu de l'obligation d'information

Au-delà de l'information portant sur les modalités de rupture du contrat de cautionnement, l'établissement doit communiquer avant le 31 mars de chaque année le montant non seulement du principal, mais aussi des intérêts, commissions, frais et accessoires qui restent à courir au 31 décembre de l'année précédente au titre des concours financiers cautionnés. Le non-respect de cette obligation est sanctionné par la déchéance du droit aux intérêts conventionnels depuis le 1er avril qui suit la date limite de l'information annuelle jusqu'à l'information suivante ou jusqu'à la demande en déchéance. La question des conditions d'application de cette règle posée par l'article L. 313-22 du Code monétaire et financier, au solde débiteur d'un 156 ■

compte courant s'est toutefois posée. Quelle est la teneur de cette obligation d'information en présence d'une autorisation de découvert en compte courant — fonctionnant normalement — ? Dans une espèce où le créancier avait fourni l'information annuelle litigieuse, mais de façon globale, en ne ventilant ni les frais, ni les intérêts. Une cour d'appel avait jugé que les informations fournies par la banque étaient *« correctes, s'agissant d'un solde débiteur du compte dont ne peuvent être extraits les intérêts »*. Cette réponse n'était pas fausse concernant les intérêts déjà courus au 31 décembre de l'année écoulée dans la mesure où ces intérêts sont périodiquement débités sur le compte de sorte qu'ils fusionnent avec le solde existant et que leur montant est inclus dans celui du découvert au 31 décembre. Mais l'article L. 313-22 du code monétaire et financier exige du prêteur qu'il informe la caution du montant du capital restant à rembourser, ainsi que des intérêts restant « à courir au 31 décembre de l'année précédente », non pas déjà courus et débités sur le compte. Or il est impossible d'informer la caution du montant des intérêts à percevoir puisque son calcul dépendra nécessairement du montant de l'ouverture de crédit effectivement consommée par l'emprunteur pendant l'année « *à courir* ». L'ouverture de crédit n'étant qu'une promesse de prêt, la caution ne peut être tenue qu'à hauteur de son propre engagement, d'une part, et de l'utilisation par le débiteur cautionné de l'ouverture de crédit en compte courant qu'il a obtenue et que l'on ne peut connaître qu'après utilisation, d'autre part. D'où la solution de la Cour de cassation (Cass. com. 10 janv. 2012, n° 10-25586, *D.* 2012. 212 ; *RDI* 2012. 221, obs. H. Heugas-Darraspen ; *RTD com.* 2012. 178, obs. D. Legeais ; *Banque et Droit* 2012, n° 142, p. 21, obs. T. Bonneau ; *RLDC* mars 2012, p. 33 s., obs. G. Marraud des Grottes ; *Dr. et patr.* 2012, p. 126, obs. S. Piedelièvre ; *JCP* G 2012. 327, note Ph. Simler ; *D.* 2012. 1579, obs. P. Crocq ; *Gaz. Pal.* 29 mars 2012, p. 19, obs. M.-P. Dumont-Lefrand) qui confirme l'arrêt d'appel en prenant acte de l'impossibilité de fournir une information statique sur les intérêts restant à courir au 31 décembre de chaque année tant que l'ouverture de crédit est en cours d'utilisation. Cela étant, la Cour va plus loin et tire les conséquences pratiques de sa solution. Elle prend en effet la peine de préciser la teneur de l'obligation d'information exigée en présence d'un découvert en compte courant. La banque doit informer la caution du montant de l'autorisation de découvert (soit le montant maximum de l'engagement de la caution), de celui du solde du compte courant arrêté au 31 décembre de l'année précédente (ce montant inclut les intérêts déjà courus) et du taux de l'intérêt applicable à cette date.

4. Les sanctions encourues

157 Le non-respect de cette obligation d'information est sanctionné par la déchéance du droit à intérêts pour le créancier, sanction toutefois circonscrite aux intérêts produits par la dette principale depuis la dernière information jusqu'à la date de communication de la nouvelle information. Une précision a été apportée, tout d'abord relative à l'éventuelle sanction complémentaire prononcée, fondée sur le droit commun. La Cour de cassation (Com. 20 oct. 1992, *JCP* E 1993. II. 679, note D. Legeais) avait dans un premier temps admis que la déchéance du droit à intérêts, expressément mentionnée dans le texte, n'était pas exclusive d'autres sanctions relevant du droit commun, comme la faculté de solliciter la résiliation du contrat à durée indéterminée ou l'obtention de dommages-intérêts. Toutefois, dans un second temps, la Cour de cassation a opéré un revirement de sa jurisprudence : la chambre commerciale (Com. 25 avr. 2001, *RTD civ.* 2001. 922, obs. P. Crocq ; *JCP* 2002. I. 120, n° 4, obs. Ph. Simler, solution confirmée, Com. 11 juin 2002, *D.* 2002. Somm. 3335, obs.

L. Aynès) puis la première chambre civile (Civ. 1re, 6 nov. 2001, *RD banc. fin.* 2002, n° 8, obs. D. Legeais), ont précisé que la sanction du défaut d'information devait être circonscrite à la seule déchéance, sauf en cas de « dol ou de faute lourde », voire de « faute distincte » selon une autre formule parfois retenue (Civ. 1re, 4 févr. 2003, *JCP* 2003. II. 10152, note L. de Gentili-Picard ; Civ. 1re, 10 déc. 2002, *RDC* 2003. 179, obs. D. Houtcieff ; pour une illustration récente d'une telle faute distincte, Com. 22 mars 2016, n° 14-24.791, *RD banc. fin.* nov. 2016, n° 120, obs. D. Legeais ; *JCP* 2016. 553, n° 4, obs. Ph. Simler).

Il a enfin été également précisé que la sanction encourue, la déchéance des intérêts, ne portait que sur les intérêts au taux conventionnel, la caution restant par principe tenue de ceux au taux légal (Civ. 1re, 2 oct. 2013, n° 12-15851 ; *RD banc. fin.* nov. 2013, n° 192, obs. D. Legeais ; *JCP* 2013. I. 1256, n° 2, obs. Ph. Simler ; *Gaz. Pal.* 4 et 5 déc. 2013, p. 16, obs. Ch. Albiges ; solution confirmée à propos de l'application de l'article L. 341-6 du Code de la consommation : Civ. 1re, 9 avr. 2015, n° 14-10975, *Gaz. Pal.* 24 mai 2015, p. 19, obs. Ch. Albiges).

b. Les précisions apportées par le législateur

Depuis l'adoption de l'article 47-II alinéa 2 de la loi n° 94-126 du 11 février 1994, dite « loi Madelin », relative à l'initiative et à l'entreprise individuelle, les principes énoncés à l'article L. 313-22 du Code monétaire et financier doivent être respectés par tous les créanciers, quels qu'ils soient et non uniquement les établissements de crédit, au bénéfice de toutes personnes physiques engagées en qualité de caution pour une durée indéterminée afin de garantir une dette professionnelle d'un entrepreneur individuel. **158**

De plus, la loi n° 1999-532 du 25 juin 1999 a eu pour objet de rendre plus dissuasive la menace de la déchéance du droit à intérêt. Cette loi a ajouté à l'article L. 313-22 du Code monétaire et financier un alinéa qui prévoit que les paiements effectués par le débiteur principal s'imputent prioritairement, dans les rapports entre le banquier et la caution, sur le principal de la dette (Y. Picod, « Réflexions sur la sanction de l'obligation d'information bénéficiant aux cautions d'entreprise », *D.* 2002. Chron. 1971). Cette règle déroge au droit commun des règles d'imputation qui suppose que le paiement s'impute en priorité sur les intérêts (v. art. 1343-1 alinéa 1er C. civ. *in fine* : « le paiement partiel s'impute d'abord sur les intérêts »). La modification apportée en 1999 avait pour objectif de mettre un terme à une pratique bancaire qui opérait l'imputation des sommes versées par le débiteur non sur le principal, mais sur les accessoires de la dette. Dès lors, ces paiements effectués réduisaient ces intérêts, l'objectif étant de contourner la sanction prononcée en cas de non-respect de l'obligation d'information prévue à l'article 48 de la loi du 1er mars 1984. Par l'imputation des paiements sur les intérêts, la déchéance des intérêts était ainsi vidée de sa substance ; par ailleurs c'était une façon pour les banques de maintenir le montant de la dette due à titre principal. Désormais, la sanction encourue en cas de défaut d'information, la déchéance des intérêts, reste une sanction dissuasive car le montant de ces intérêts demeure identique, puisque non affecté par le paiement accompli par le débiteur. **159**

Ultérieurement, la Cour de cassation a déterminé les contrats soumis à la loi de 1999. Divers arrêts ont affirmé que cette loi n'étant pas interprétative, elle n'a pas à s'appliquer rétroactivement aux contrats conclus avant la date d'entrée en vigueur du texte. Dès lors, les paiements accomplis par le débiteur principal avant cette date continuent de s'imputer sur les accessoires (Civ. 1re, 18 mars 2003, *LPA* 30 juin 2003, p. 4, obs. D. Houtcieff ; *RD banc. fin.* 2003, n° 107, obs. D. Legeais), les juges du fond étant tenus de vérifier quand les paiements accomplis sont intervenus (Civ. 1re, 21 févr. 2006, *JCP* 2006. I. 131, n° 4, obs. Ph. Simler).

■ 160 Enfin, plus récemment, le législateur a consacré expressément le principe de gratuité pour la caution, bénéficiaire d'une telle obligation annuelle d'information. La loi dite Sapin II, n° 2016-1691 du 9 décembre 2016 a ainsi ajouté un alinéa à l'article L. 313-22 précité en affirmant, aux termes de l'alinéa 2, que « la réalisation de cette obligation légale ne peut en aucun cas être facturée à la personne qui bénéficie de l'information ».

2. *L'article 2293 alinéa 2 du Code civil*

■ 161 Ce texte, issu de la loi n° 98-657 du 29 juillet 1998 relative à la lutte contre l'exclusion et anciennement codifié à l'article 2016 du Code civil, prévoit que la caution doit être informée par le créancier de l'évolution du montant de la créance garantie et de ses accessoires au moins annuellement, à la date convenue entre les parties ou à la date anniversaire du contrat (sur les difficultés d'application du texte, relevées dès son adoption, D. Legeais, « La réforme du cautionnement par la loi du 29 juillet 1998 relative à la lutte contre les exclusions », *JCP* E 1998. 1726 et s.). Une telle exigence s'impose plus particulièrement pour les contrats de cautionnement indéfinis conclus par tout créancier avec une caution personne physique. Deux décisions rendues le même jour ont apporté une double précision. D'une part, la Cour de cassation a indiqué que ce texte n'avait vocation à s'appliquer qu'au cautionnement « indéfini ». *A contrario*, le cautionnement d'un contrat de location de matériel, souscrit à concurrence d'une certaine somme, étant un cautionnement défini, il convenait logiquement d'en déduire que l'article 2293 devait être considéré inapplicable (Com. 12 janv. 2010, *RD banc. fin.* 2010, n° 56, obs. D. Legeais ; *JCP* 2010. I. 708, n° 7, obs. Ph. Simler ; *Gaz. Pal.* 6 mai 2010, p. 16, obs. M.-P. Dumont-Lefrand). D'autre part, il a été jugé que la qualité du débiteur importait peu, qu'il s'agisse d'une personne physique ou, comme en l'espèce, d'une personne morale (Com. 12 janv. 2010, *RD banc. fin.* 2010, n° 56, obs. D. Legeais ; *JCP* 2010. I. 708, n° 7, obs. Ph. Simler).

La sanction prévue en cas de défaut d'information se révèle radicale : tout non-respect de cette obligation conduit à la déchéance de tous les accessoires de la dette, frais et pénalités, sans limitation dans le temps de la mesure (G. Biardeaud et Ph. Flores, « Information annuelle de la caution et article 2293 du Code civil : mais où reste donc le contentieux ? », *D.* 2007. Chron. 174).

3. *Les articles L. 333-2 et L. 343-6 du Code de la consommation*

■ 162 La loi du 1re août 2003 a introduit, avec cette disposition, une obligation d'information supplémentaire qui prend comme modèle l'article L. 313-22 du Code monétaire et financier. Les termes sont identiques, avec toutefois un domaine d'application plus étendu car il s'agit d'une obligation d'informer au bénéfice de toutes les cautions « personnes physiques » qui concluent un contrat de cautionnement avec un « créancier professionnel », que l'engagement de la caution soit à durée déterminée, ou indéterminée. La particularité de l'article L. 333-2, anciennement codifié à L. 341-6, réside donc dans son domaine d'application : l'obligation d'information ne s'impose plus uniquement aux seuls établissements de crédit, mais désormais à tout créancier professionnel qui a obtenu l'engagement d'une caution personne physique. De plus, comme pour les textes relatifs au formalisme introduits par cette même réforme (v. ss 129), l'article L. 341-6 du Code de la consommation n'est entré en vigueur que le 5 février 2004 (v. Com. 13 févr. 2007, *JCP* 2007. I. 158, n° 4, obs. Ph. Simler qui juge que : « l'article L. 341-6 du Code de la consommation issu de la loi du 1er août 2003 ne peut entraîner la déchéance du droit aux intérêts conventionnels qu'à compter de la date de son entrée en vigueur et n'est pas applicable aux situations consommées avant cette date »). Une précision s'impose : la nouvelle obligation d'information demeure susceptible de s'appliquer aux contrats en cours d'exécution, mais avec une mise en œuvre nécessairement postérieure à l'entrée en vigueur.

Ainsi appartient-il à ce créancier de faire connaître à la caution tous les ans, « au plus tard avant le 31 mars de chaque année, le montant du principal et des intérêts, commissions, frais et accessoires restant à courir au 31 décembre de l'année précédente au titre de l'obligation garantie, ainsi que le terme de cet engagement ». De plus, ce même créancier doit rappeler à la caution « la faculté de révocation à tout moment et les conditions dans lesquelles celle-ci est exercée » lorsque le contrat est à durée indéterminée. Cette dernière précision peut paraître surprenante car elle s'oppose aux exigences formelles, qui imposent que soit expressément mentionnée la durée du contrat conclu (art. L. 331-1 et L. 331-2 C. consom., v. ss 130 s.), sauf à considérer qu'elle concerne plus particulièrement les contrats conclus sous la forme authentique, non soumis à ce formalisme. 163 ■

En ce qui concerne la sanction encourue dans l'hypothèse d'un défaut d'information annuelle, l'ordonnance du 14 mars 2016 a intégré une nouvelle disposition relative à la mesure qui doit s'imposer au créancier qui ne respecte pas cette exigence : selon les termes de l'article L. 343-6 du Code de la consommation, la caution n'est dès lors pas tenue au paiement des pénalités ou intérêts de retard échus depuis la précédente information jusqu'à la date de communication de la nouvelle. Toujours en matière de sanction enfin, une dernière particularité de la loi du 1er août 2003, non modifiée par l'ordonnance de mars 2016, réside dans le fait que l'article L. 343-6 du Code de la consommation n'a pas repris la réforme du 25 juin 1999 relative aux règles d'imputation des paiements, une telle mesure se révélant pourtant protectrice des intérêts de la caution (v. ss 159). Mais au-delà de ces dispositions spécifiques à l'activité professionnelle, divers textes contiennent des exigences, toujours à la charge du créancier, d'informer la caution *en cas de défaillance* du débiteur principal.

B. L'obligation d'informer la caution lors de la défaillance du débiteur

Trois dispositions spécifiques à l'obligation d'informer la caution en cas de défaillance du débiteur s'imposent : les articles L. 314-17 (1), L. 333-1 et L. 343-5 (2) du Code de la consommation, ainsi que l'article 47-II, alinéa 3, de la loi du 11 février 1994 (3). 164 ■

1. *L'article L. 314-17 du Code de la consommation*

Lorsqu'un contrat de cautionnement a été conclu pour garantir le remboursement d'un crédit à la consommation ou d'un crédit immobilier, ce texte prévoit que 165 ■

l'établissement de crédit est tenu d'informer la caution en cas de défaillance de l'emprunteur, dès le premier incident de paiement. La sanction susceptible d'être prononcée, plus rigoureuse que celle prévue à l'article L. 313-22 du Code monétaire et financier, est en principe la déchéance des pénalités et intérêts de retard depuis l'incident de paiement du contrat principal, et ce jusqu'au jour de la notification de l'information, conformément à la mesure en vigueur avant l'adoption de l'ordonnance du 16 mars 2016, toutefois non intégrée pour l'instant dans la nouvelle disposition précitée.

2. *Les articles L. 333-1 et L. 343-5 du Code de la consommation*

■ 166 Depuis la loi n° 98-657 du 29 juillet 1998, ce texte a généralisé la formule retenue à l'article L. 314-17 du Code de la consommation, en énonçant que toute personne physique qui s'est portée caution doit être informée par tout créancier professionnel dès le premier incident de paiement du débiteur, non régularisé dans le mois de l'exigibilité de ce paiement conformément aux termes de l'article L. 333-1 du Code de la consommation. Une disposition spécifique, l'article L. 343-5 du même Code, prévoit désormais, depuis l'entrée en vigueur de l'ordonnance du 16 mars 2016, la sanction encourue, à savoir la déchéance aux pénalités et intérêts de retards échus entre la date du premier incident et celle à laquelle la caution a été informée.

■ 167 L'ensemble de ces dispositions consacre bien, sur l'initiative du législateur, de nouvelles obligations d'information. Comme l'a relevé à juste titre Yves Picod, cela illustre une « diversité mal maîtrisée » des textes spéciaux, même s'il existe des éléments communs manifestes liés à des reprises de formules antérieures (Y. Picod, « L'évolution de l'obligation d'information de la caution pendant l'exécution du contrat », *in Études offertes au Doyen Ph. Simler,* Dalloz-Litec, 2006, p. 398). En toutes hypothèses, la caution bénéficie ainsi d'une protection spécifique lors de l'exécution du contrat de cautionnement, contrat par ailleurs générateur d'obligations à la charge des cautions.

3. *L'article 47-II, alinéa 3, de la loi du 11 février 1994*

■ 168 La loi n° 94-126 du 11 février 1994 énonce, à l'article 47-II, que lorsqu'une caution, personne physique, consent à garantir une dette professionnelle d'un entrepreneur individuel ou d'une entreprise constituée sous forme de société, le créancier doit informer cette caution de la défaillance du débiteur principal dès le premier incident. Le non-respect de cette obligation est, à nouveau, sanctionné par la déchéance des intérêts de retard échus entre la date de cet incident de paiement et celle à laquelle l'information a été transmise. De plus, la Cour de cassation a précisé qu'une telle obligation d'information devait s'appliquer au bénéfice de toutes les cautions personne physique, y compris celles dotées de la qualité de cautions dirigeantes (Com. 27 nov. 2007, *RTD civ.* 2008. 330, obs. P. Crocq ; *RTD com.* 2008. 169, obs. D. Legeais ; *RDC* 2008, p. 421, obs. D. Houtcieff).

§ 2 Les obligations de la caution

■ 169 La conclusion d'un contrat de cautionnement engendre différentes obligations à la charge d'une caution. Cette dernière pourra certes s'opposer à la demande du créancier, notamment en invoquant les exceptions inhérentes à la dette principale, à l'exclusion de celles purement personnelles du débiteur (v. ss 27*)*. La jurisprudence de la Cour de cassation lui impose toutefois de respecter le principe de concentration des moyens, retenu depuis le célèbre arrêt *Cesareo* (Cass., ass. plén., 7 juill. 2006, n° 04-10.672, *D.* 2006. 2135, note L. Weiller ; *JCP* G 2006. I. 183, n° 15, obs. S. Amrani-Mekki). Il appartient ainsi à la caution de présenter, dès l'instance initiale, tous les moyens qui justifient le rejet total ou partiel de la demande du créancier. Au nom de l'autorité de la chose jugée, la première chambre civile (Civ. 1re, 1er juill. 2010, n° 09-10.364, *JCP* G 2010, n° 43, 1052, note E. Jeuland ; *D.* 2011. 265, obs. Fricero N. ; *D.* 2010. 2092, chron. Auroy N. et Creton C. ; *RD banc. fin.* 2010, n° 5, p. 50, obs. D. Legeais ; *Banque et Droit* 2010, n° 133, p. 61, obs.N. Rontchevsky ; *RTD civ.* 2011. 586, obs. Ph. Théry ; *D.* 2011. 406, obs. P. Crocq ; *Gaz. Pal.* 9 oct. 2010, p. 21, obs. Ch. Albiges), comme la chambre commerciale de la Cour de cassation (Com. 25 oct. 2011, n° 10-21383, *RD banc. fin.* 2012, n° 14, obs. D. Legeais ; *Banque et Droit* 2012, n° 141, p. 58, obs. N. Rontchevsky ; solution plus récemment confirmée à propos du devoir de mise en garde, non demandé dans l'instance initiale, Com. 22 mars 2016, n° 14-23167, *Gaz. Pal.* 21 juin 2016, p. 31, obs. Ch. Albiges), considèrent, en matière de cautionnement plus spécialement, qu'il convient de ne pas permettre à une caution d'invoquer, dans une nouvelle instance, un fondement qui puisse compléter celui initialement retenu (J. Théron, « La défense de la caution limitée par le principe de concentration des moyens », *RD banc. fin.* sept. 2012, dossier 40 ; Ch. Albiges, « Concentration des moyens et contrat de cautionnement : persistance d'une divergence jurisprudentielle », *RLDA* 2012, n° 67, p. 28).

En ce qui concerne plus directement l'étendue de l'obligation de payer, susceptible de s'imposer à toute caution, elle doit être au préalable précisée (A), avant de déterminer les modalités de mise en œuvre de cette obligation (B).

A. L'étendue des obligations de la caution

La complexité de la matière réside dans la délicate distinction à retenir en fonction des différentes modalités d'engagements de la caution (1) et des conséquences à son égard en cas de modification de ce qui est dû par le débiteur principal (2). 170 ■

1. *Les différentes modalités d'engagements de la caution*

L'engagement de la caution est susceptible de prendre deux formes différentes, défini (a) ou indéfini (b), qui vont déterminer l'étendue des obligations de la caution. 171 ■

a. Le cautionnement défini

Un tel cautionnement suppose que le contrat contienne certaines mentions et impose plus précisément un engagement dont l'étendue est expressément formulée. Le montant de la garantie est alors bien « défini », c'est-à-dire limité. La faculté de conclure un tel cautionnement est expressément formulée à l'article 2290 alinéa 2 du Code civil qui prévoit que l'obligation de la caution « peut être contractée pour une partie de la dette seulement » : en d'autres termes, ce cautionnement peut être établi « dans la limite de X euros », la caution n'étant tenue que jusqu'à ce montant déterminé. De plus, les parties peuvent s'entendre sur « des conditions moins onéreuses » que celles convenues dans l'opération principale (art. 2290 al. 2 C. civ.), avec un taux d'intérêts moins élevé par exemple. De manière corrélative, si la somme due au titre du cautionnement se révèle supérieure à celle du débiteur, elle doit 172 ■

automatiquement être réduite à la mesure de l'obligation principale (art. 2290 al. 3 C. civ.). Toutefois, en pratique, ces cautionnements sont rarement conclus, l'intérêt des créanciers, — notamment des banquiers — résidant dans une plus large couverture, non circonscrite à une somme précise.

b. Le cautionnement indéfini

1. Le cautionnement indéfini d'une dette déterminée

173 La formule engagement « indéfini » de la caution signifie qu'il n'est pas soumis à une restriction fixée par les parties au contrat. Il existe toutefois une limite qui réside dans le montant de la dette principale due par le débiteur, comme pour la conclusion d'un contrat de cautionnement qui garantit le paiement d'un prêt par exemple. Les parties auront pu préciser cette limite résidant dans le maximum consenti par la caution. Il en est ainsi lorsque le cautionnement est conclu « dans la mesure de X euros ». Ceci n'est en réalité qu'une application de l'article 2292 du Code civil selon lequel on ne peut étendre le cautionnement au-delà des limites dans lesquelles il a été contracté. Il s'agit bien d'un engagement non limité, mais convenu pour une dette spéciale due par le débiteur principal. L'existence de cette dette principale affecte l'engagement de la caution qui demeure tant que le débiteur n'a pas payé cette dette. À titre d'illustration, une caution a pu garantir le remboursement d'un prêt, pour un montant déterminé, dans le cadre d'un cautionnement qualifié d'indéfini (Com. 12 janv. 2010, *RD banc. fin.* 2010, n° 56, obs. D. Legeais ; *JCP* 2010. I. 708, n° 7, obs. Ph. Simler).

Des difficultés interviennent pour déterminer si les accessoires sont dus par le débiteur principal. Ces accessoires sont potentiellement à la charge de la caution : l'article 2293 du Code civil précise certes que si la caution n'a pas limité l'étendue de son engagement, elle est tenue du principal et des accessoires (P. Grosser, « La Cour de cassation et l'article 2293 du Code civil », in *Mélanges G. Goubeaux*, Dalloz, LGDJ, 2009, p. 203). Ceci concerne essentiellement les intérêts de la dette, les pénalités fixées en pourcentage des sommes convenues ou enfin les indemnités et frais résultant de l'inexécution de la dette par le débiteur principal. La jurisprudence a étendu l'engagement des cautions tenues également de ces accessoires, même si ces derniers n'ont pas été indiqués dans le contrat (v. ss 142). Deux tempéraments ont toutefois été apportés en la matière.

D'une part, si la caution qui a garanti de manière indéfinie une dette déterminée, doit garantir également les accessoires liés au contrat, ceci exclut certains dommages-intérêts en raison de leur origine, notamment leur nature délictuelle, étrangers au contrat. Les obligations délictuelles ne se rattachent pas aux opérations conclues par les parties en vue du contrat de cautionnement. Cette règle a été rappelée par un arrêt de la Cour de cassation (Com. 26 juin 2001, *Banque et Droit* nov.-déc. 2001, p. 40 ; *RD banc. fin.* 2002, n° 7, obs. D. Legeais) au cours duquel une caution s'était engagée pour toutes les dettes qu'une société pourrait devoir à sa banque. La caution était poursuivie au titre de « fausses traites et de lettres de change de complaisance et non causée » pour lesquels le gérant avait été condamné pénalement. En raison de l'origine délictuelle des sommes demandées et de l'absence du cautionnement pour de telles dettes, la cour d'appel et la Cour de cassation estiment que la caution ne peut être tenue pour le paiement de ces dettes. Il s'agit finalement de respecter le principe de base du cautionnement prévu à l'article 2292 du Code civil relatif à l'engagement exprès de la caution. La banque ne peut obtenir, même si le cautionnement est un cautionnement *omnibus*, sa mise en œuvre. Il aurait fallu qu'elle stipule que la caution devait être engagée pour toute somme, « y compris celles résultant de détournement de fonds ».

D'autre part, le législateur a prévu des restrictions à l'engagement de la caution en matière d'accessoires. Il convient désormais de respecter un nouveau formalisme. L'article L. 314-15 du Code de la consommation prévoit une certaine limite à l'engagement maximal de la caution, en imposant le respect de certaines exigences formelles en matière de crédit à la consommation. De même, la loi du 1er août 2003 a étendu ce formalisme protecteur à l'article L. 331-1 du même Code au bénéfice de toute caution personne physique qui conclut un contrat avec un créancier professionnel. La couverture des accessoires est déterminée par les termes même de la mention manuscrite (sur ces aspects liés au formalisme, v. ss 142 s.). 174 ■

2. Cautionnement indéfini de dette indéterminée

La pratique contractuelle a consacré certaines garanties de dettes pour lesquelles il existe même un doute sur leur existence. Les banques plus spécialement, par précaution, ont tendance à utiliser des termes larges pour décrire les obligations garanties par la caution, afin d'obtenir un maximum d'hypothèses de mise en œuvre de leur sûreté. Il en est ainsi lorsque le cautionnement concerne un montant illimité et porte sur des dettes futures, notamment pour les dettes de comptes courants. Ce contrat conclu pour garantir l'ensemble des dettes, présentes et à venir, appelé *cautionnement omnibus*, est notamment utilisé pour les dirigeants de sociétés qui se portent cautions des dettes de leur entreprise. L'étendue de l'engagement d'une telle caution reste déterminée à double titre. 175 ■

En premier lieu, le cautionnement de dettes futures donne naissance à deux types d'obligations : l'obligation de couverture et l'obligation de règlement (v. ss 229 s.). Cette distinction, proposée par Christian Mouly (Ch. Mouly, *Les causes d'extinction du cautionnement*, préface M. Cabrillac, Litec, 1979) — entérinée depuis par la jurisprudence — délimite l'engagement de la caution. En effet, l'*obligation de couverture* naît dès la conclusion du contrat et s'impose tant que dure le contrat. Elle suppose que la caution garantisse les créances éventuelles au fur et à mesure qu'elles vont naître. Il ne s'agit pas d'une obligation exécutoire car elle confère uniquement la faculté d'adopter des mesures conservatoires, qui vont permettre de préserver la valeur des créances à naître. Dès lors qu'est née une créance entre le débiteur garanti et le créancier, il va ensuite exister autant *d'obligations de règlement* que de dettes qui vont s'inscrire dans le cadre de l'obligation de couverture. L'intérêt de cette distinction peut notamment être relevé lors du décès de la caution (v. ss 235). Au-delà de cette dernière hypothèse, une difficulté concerne le cas des crédits nouveaux consentis par la banque : le contrat de cautionnement conclu antérieurement s'applique-t-il à de tels crédits ? La caution ne sera tenue que si le contrat convenu à l'origine prévoyait soit expressément la garantie de la dette future, soit une clause rédigée dans des termes généraux imposant à la caution de garantir toutes les obligations qui pourraient naître à la charge du client au bénéfice de la banque. 176 ■

En second lieu, la loi du 1re août 2003 a fortement limité le domaine de mise en œuvre de tels contrats omnibus : ils ne peuvent être conclus que sous certaines contraintes. Toute personne physique qui s'engage en qualité de caution doit mentionner le principal, mais aussi les accessoires de sa dette selon l'article 331-1 177 ■

du Code de la consommation. L'unique possibilité réside dans la conclusion d'un contrat de cautionnement sous la forme d'un acte authentique, le formalisme de la loi du 1er août 2003 n'imposant l'indication du montant de l'engagement d'une caution que pour les actes sous seing privé (v. ss 132). Il faut enfin que cet acte authentique illimité ne contienne pas de stipulation de solidarité, écartée par l'article 331-3 du même Code.

2. *La modification de l'engagement de la caution*

■ 178 Quelles sont les incidences d'une modification de la dette principale sur l'étendue de l'obligation de la caution ? En raison du caractère par essence accessoire de l'engagement de la caution (v. ss 25), tout événement qui affecte ce qui est dû par le débiteur – remise de dette, prorogation du terme – pourrait potentiellement bénéficier à la caution. À l'inverse, afin de privilégier la finalité de cette sûreté, on peut considérer comme plus judicieux de ne pas modifier ce que doit la caution, singulièrement afin de conserver l'intérêt du recours à cette protection conférée au créancier.

■ 179 Cette divergence d'approche peut être illustrée tout d'abord par la solution retenue en cas de modification du *montant* de la dette du débiteur principal, notamment lorsque cette dernière augmente. Deux solutions sont envisageables : soit la caution subit également l'augmentation, dans l'intérêt du créancier, soit son engagement reste identique, dans l'intérêt de la caution. Par application stricte de l'article 2292 du Code civil, la seconde solution devrait s'imposer et la caution verrait en principe sa dette non modifiée. Dans l'hypothèse inverse d'une réduction du montant de la dette principale consentie par le créancier, la caution doit bénéficier de cette mesure, en raison du caractère accessoire de son engagement : elle ne peut et ne doit être tenue pour une somme supérieure à celle qui est due par le débiteur (pour la notion de « remise de dettes », v. ss 218 et sur le cas particulier de la remise consentie par un créancier dans le cadre d'un règlement amiable, v. ss 30).

■ 180 Une autre difficulté se présente lorsqu'il s'agit de déterminer la *durée* de son engagement. Cette durée est d'abord susceptible d'être modifiée quand une déchéance du terme de l'obligation principale est constatée, quelle qu'en soit la cause, conventionnelle ou légale. En dépit du caractère accessoire du contrat de cautionnement, une telle déchéance est considérée comme inopposable à la caution, au nom de la force obligatoire du contrat de cautionnement (J. François, *Les sûretés personnelles*, Economica, 2004, n° 242), mais aussi pour des considérations d'équité (M. Cabrillac et Ch. Mouly, S. Cabrillac et Ph. Pétel, *Droit des sûretés*, Litec, 10e éd., 2015, n° 247). Le recours du créancier à l'encontre de la caution ne peut être exercé qu'au terme fixé par le contrat de cautionnement, sauf stipulation contraire convenue entre les parties (solution retenue par la jurisprudence, Civ. 1re, 20 déc. 1976, n° 75-12.439, *JCP* 1977. II. 18611, concl. Gulphe ; *Defrénois* 1977. 921, obs. J.-L. Aubert). À l'inverse, ce même terme peut ensuite être prorogé, lorsqu'un report de l'échéance a été consenti par le créancier au débiteur. Si la prorogation ne décharge point la caution (art. 2316 C. civ.), un tel report écarte toute possibilité pour ce même créancier de poursuivre la caution, en raison du caractère accessoire du cautionnement (sur les cas particuliers liés à une situation de redressement ou une procédure collective, v. ss 29). À ce titre, la caution ne doit être tenue plus que le débiteur et peut parfaitement se prévaloir de la prorogation du terme, qu'elle soit simple ou solidaire.

Mais cette prorogation de terme peut ne pas être avantageuse pour elle, car pendant ce délai supplémentaire, la situation du débiteur risque d'empirer, jusqu'à le conduire à l'insolvabilité, rendant alors le recours de la caution contre lui voué à l'échec. Plus la caution attend, plus ce risque devient probable. Aussi le Code civil réserve-t-il à la caution la possibilité de « poursuivre le débiteur pour le forcer au paiement » (art. 2316 C. civ.). Ce recours avant tout paiement et à titre préventif est destiné à inciter le débiteur à payer sa dette. Enfin, la jurisprudence offre également à la caution la faculté de payer le créancier à l'échéance initiale, sans qu'il ne puisse refuser ce paiement au titre de la prorogation conféré au débiteur. Cette solution a le mérite de permettre à la caution de se retourner contre le débiteur.

Cette hypothèse doit être distinguée du renouvellement du contrat principal : la modification de la dette principale, liée à la conclusion d'un nouveau contrat, affecte-t-elle le cautionnement ? La solution à cette question a été apportée à l'occasion de baux renouvelés et d'ouvertures de crédit reconduites, tacitement. Dans l'un et l'autre cas, la jurisprudence a jugé que, sauf consentement exprès contraire de la caution, elle ne garantissait pas les dettes nées d'un contrat tacitement reconduit au motif qu'un nouveau contrat s'est substitué à l'ancien (Com. 11 févr. 1997, *JCP* E 1997. I. 670, n° 3, obs. Ph. Simler ; Civ. 1re, 4 oct. 2000, *RD banc. fin.* 2000, n° 219, obs. D. Legeais ; illustration d'une telle stipulation, Civ. 1re, 21 mars 2006, *RD banc. fin.* 2006, n° 96, obs. D. Legeais ; v. toutefois, Civ. 3e, 13 juill. 2005, *JCP* 2005. I. 185, n° 4, obs. Ph. Simler ; *LPA* 20 mars 2006, p. 9, note L. Gaudin ; *Defrénois* 2005, art. 38301, p. 1994, obs. R. Libchaber où la Cour a jugé que le cautionnement d'un bail d'habitation s'étend au renouvellement du bail initial, la caution étant obligée au paiement des loyers du bail même renouvelé). Le cautionnement, par essence accessoire, a vocation à s'éteindre lors de l'extinction du contrat principal initial, indépendamment de toute reconduction (M.-E. André, « Le sort des cautions en cas de poursuite de la relation cautionnée », *in Mélanges Ch. Mouly*, Tome II, Litec, 1998, p. 265 ; pour des applications en matière de bail commercial : Civ. 1re, 5 nov. 2009, n° 08-15433, *Gaz. Pal.* 6 mai 2010, p. 21 obs. M.-P. Dumont-Lefrand ; *RDC* 2010, p. 1325, obs. C. Grimaldi ; et de location-gérence : Com. 9 avr. 2013, n° 12-18019, *Gaz. Pal.* 12 et 13 juin 2013, p. 18, obs. Ch. Albiges). De même, en matière de bail, si, à l'expiration du bail écrit, le preneur reste et est laissé en possession, il s'opère un nouveau bail (C. civ., art. 1738) et l'article 1740 du Code civil de préciser que dans cette hypothèse « la caution donnée pour le bail ne s'étend pas aux obligations résultant de la prolongation ». Aussi la caution ne sera-t-elle pas tenue par l'indemnité d'occupation due par le locataire maintenu dans les lieux, sauf expression contraire de sa volonté (Com. 17 juill. 2001, *JCP* E 2001. 1860, n° 4, obs. Ph. Simler).

B. Les modalités de mise en œuvre des obligations de la caution

Le droit de poursuite exercé par le créancier à l'encontre de la caution, dépend directement du contrat de cautionnement conclu, selon qu'il est simple (1) ou solidaire (2). 181 ■

1. *La mise en œuvre du cautionnement simple*

En application du caractère accessoire du cautionnement, les obligations de la caution n'interviennent que dans un second temps. Elle dispose d'abord de la faculté d'invoquer le *bénéfice de discussion,* ce qui lui permet de ne pas répondre à l'action 182 ■

exercée contre elle par le créancier alors que le débiteur, quant à lui, est tenu de répondre. Le recours à ce bénéfice de discussion n'est toutefois efficace que si plusieurs conditions sont réunies. En premier lieu, il ne peut être invoqué que par la caution simple, la caution solidaire y ayant expressément renoncé, et la caution judiciaire en étant privée (art. 2319 C. civ.). En second lieu, l'article 2299 du même code précise que la caution doit se prévaloir du bénéfice de discussion dès les « premières poursuites dirigées contre elle ». Ceci suppose qu'elle ait été assignée en premier par le créancier. Son objectif est alors d'écarter cette demande au motif qu'elle n'est tenue qu'à la suite de la défaillance du débiteur. Le créancier doit donc préalablement agir en paiement contre son débiteur, le bénéfice de discussion étant soulevé *in limine litis*, avant toute défense au fond, en tant qu'exception. L'article 2300 précise enfin que les biens du débiteur principal qui peuvent faire l'objet de la discussion doivent nécessairement être situés dans le ressort de la cour d'appel. En ce qui concerne les effets, il s'agit d'une exception dilatoire. La procédure contre la caution n'est que suspendue. Tenu d'agir au préalable contre le débiteur, le créancier devra en saisir les biens et en opérer la vente. En l'absence de telles diligences, il est seul responsable de l'insolvabilité du débiteur survenant postérieurement à la mise en œuvre du bénéfice selon l'article 2301 du Code civil.

■ 183 De plus, la conclusion d'un cautionnement simple permet à une caution, en cas de pluralité d'engagements de cautions, d'invoquer le *bénéfice de division*. Ce dernier suppose que plusieurs cautions se soient engagées pour garantir une même dette, auprès d'un même créancier. Si celui-ci décide de poursuivre l'une des cautions simples pour la totalité de la dette du débiteur, la caution poursuivie dispose de la faculté d'« exiger que le créancier divise préalablement son action, et la réduise à la part et portion de chaque caution », selon les termes de l'article 2303 alinéa 1er du Code civil. En tant qu'exception de nature dilatoire, le bénéfice de division doit être invoqué avant toute défense au fond et ne s'exerce, sous certaines réserves, qu'entre cautions solvables. Selon une précision apportée à l'alinéa 2 de ce même texte, l'exclusion de la caution insolvable ne s'applique que « dans le temps où une des cautions a fait prononcer la division ». En d'autres termes, l'insolvabilité d'une caution est en principe supportée par les autres cautions, sauf si cette même insolvabilité est intervenue après la mise en œuvre du bénéfice de division. Le créancier sera tenu de ne demander, à la caution qui invoque la division, que sa part de la dette. De telles contraintes pour les créanciers justifient le caractère exceptionnel du recours au cautionnement simple et l'intérêt de conclure des cautionnements solidaires.

2. *La mise en œuvre du cautionnement solidaire*

■ 184 L'action du créancier est facilitée dans le cadre d'un cautionnement solidaire. La caution est même assimilée à un codébiteur solidaire dans leurs rapports respectifs, dès lors que la solidarité a été conclue entre la ou les cautions et le débiteur (v. art. 2298 C. civ.). Quelles que soient les modalités de cette stipulation de solidarité, convenue à l'égard du débiteur ou entre les cautions (v. ss 40), la caution concernée n'a plus la possibilité d'invoquer le bénéfice de discussion, ni, en cas de pluralités de cautions, celui de division. Le créancier est libre de poursuivre la caution ou le débiteur principal pour réclamer la totalité de la dette. Certaines conséquences s'imposent alors à la caution et au débiteur : la mise en demeure de l'un vaudra pour les deux, l'autorité de la chose jugée entre le créancier et le débiteur est opposable à la caution solidaire. En dépit de cette règle inhérente à la solidarité, il existe certaines limites à ses effets (sur lesquelles, M.-N. Jobard-Bachelier, M. Bourassin et V. Brémond, *Droit des sûretés*, 5e éd., Sirey, 2016, n° 300 s.). Elles résultent du caractère accessoire du cautionnement car la caution conserve un droit de recours intégral à l'encontre du débiteur principal (sur les modalités d'exercice de ces recours, v. ss 186). De même, il est possible, en cas de pluralité de cautions, de ne prévoir la solidarité qu'avec le débiteur, pour l'écarter entre cautions engagées solidairement. La caution peut enfin, en toute logique, opposer au créancier les exceptions qui lui sont personnelles, en particulier quand elle conteste l'efficacité ou la portée de son engagement.

section 2

Les recours de la caution

Lorsque la caution a payé en lieu et place du débiteur, elle dispose de plusieurs recours qui vont lui permettre d'obtenir éventuellement un remboursement des sommes versées. La caution n'a pas vocation à être définitivement tenue de supporter le poids de la dette. Ces recours peuvent être exercés à titre préventif, avant le paiement (1) ou, *a posteriori*, après le paiement (2). 185 ■

§ 1 Le recours de la caution avant paiement

Les conditions de mise en œuvre (A) et la nature (B) du recours de la caution avant paiement doivent être successivement précisées. 186 ■

A. Les conditions de mise en œuvre du recours de la caution avant paiement

1. *Les cautions concernées*

L'article 2309 du Code civil énonce que « La caution, même avant d'avoir payé, peut agir contre le débiteur, pour être par lui indemnisée ». La généralité des termes sous-entend que toutes les cautions peuvent mettre en œuvre un tel recours, peu importent les caractéristiques du contrat de cautionnement, qu'il soit en particulier simple ou solidaire. Dans certaines hypothèses, la jurisprudence a toutefois précisé qu'un tel recours devait être écarté, notamment dans la relation entre la caution et la sous-caution (Com. 12 juin 2001, *Banque et Droit* juill.-août 2001, p. 42, obs. F. Jacob, sur le recours au sous-cautionnement, v. ss 49). On s'est toutefois interrogé sur l'admission d'un tel recours avant paiement contre le débiteur, lorsque de manière simultanée, le créancier avait par ailleurs aussi exercé un recours contre ce même débiteur principal. La chambre commerciale de la Cour de cassation a considéré que la caution disposait de la possibilité d'agir contre le débiteur « bien que le débiteur soit lui-même poursuivi en paiement par le créancier » (Com. 21 janv. 2003, *RD banc. fin*. 2003, n 71, obs. D. Legeais ; *RDC* 2003. 177, obs. D. Houtcieff). 187 ■

2. Les circonstances justifiant un recours de la caution avant paiement

188 La faculté offerte à la caution d'agir contre le débiteur, avant même d'avoir payé, peut prendre différentes formes : l'article 2309 du Code civil prévoit cinq hypothèses de recours tandis que l'article 2316 du même Code en énonce une sixième. Selon l'article 2309, 1° du Code civil, lorsque la caution est poursuivie en justice pour le paiement de la dette, alors même que le débiteur principal ne l'a pas été, elle peut exercer un recours préventif contre celui-ci et l'attraire dans la cause, par le biais d'un appel en garantie. À ce titre, elle pourra demander un paiement anticipé ou mettre en œuvre des mesures conservatoires. Lorsque le débiteur a fait « faillite ou est en déconfiture » et est confronté à une procédure collective, l'article 2309, 2° du Code civil prévoit que la caution a la possibilité d'exercer un tel recours. Si le débiteur s'est obligé à rapporter à la caution « sa décharge dans un certain temps » selon la formule de l'article 2309, 3° du Code civil, cette même caution peut exercer un recours avant paiement contre le débiteur. En d'autres termes, s'il n'a pas respecté le délai convenu avec la caution pendant lequel il s'était engagé à payer la dette, ce comportement justifie un tel recours. Lorsque la dette est devenue exigible par l'échéance du terme sous lequel elle avait été contractée, l'article 2309, 4° du Code civil autorise la caution à agir directement contre le débiteur, avant même que le créancier n'ait exercé des poursuites. Selon l'article 2309, 5° du Code civil, lorsque l'obligation principale n'a point de terme fixe d'échéance, la caution peut mettre un terme à la garantie consentie au terme de dix années. Enfin, l'article 2316 du Code civil ajoute un sixième cas, en rapport avec celui visé à l'article 2309, 4° : si une prorogation du terme est accordée par le créancier au débiteur, la caution peut imposer à ce dernier le paiement de ce qui est dû, afin de ne pas être tenue, elle aussi, par ce prolongement.

B. La nature juridique du recours de la caution avant paiement

189 En toutes hypothèses, l'objectif d'un recours, exercé par la caution avant le paiement, est de lui assurer une protection supplémentaire, alors même qu'elle n'a pas été encore sollicitée ou appelée pour satisfaire le créancier. Cette faculté offerte à la caution est une mesure d'anticipation des difficultés du débiteur. La doctrine s'est interrogée pour déterminer la nature juridique de ces recours qui sont une réelle faveur accordée à la caution qui n'a pourtant encore rien payé. Pour certains auteurs, il s'agit essentiellement d'une action non indemnitaire, mais uniquement conservatoire. Elle n'a pas vocation à assurer un paiement au bénéfice de la caution, mais de lui conférer, à titre préventif, une protection lorsqu'elle constate qu'il y a une large possibilité qu'elle soit tenue de payer la somme au débiteur. La caution peut demander qu'on lui accorde diverses mesures qualifiées de « mesures de sauvegarde » (Ph. Simler et Ph. Delebecque, *Droit civil, Les sûretés, La publicité foncière*, 7e éd., Dalloz, coll. « Précis », 2016, n° 227 ; Ph. Malaurie, L. Aynès, *Les sûretés, la publicité foncière*, par L. Aynès et P. Crocq, 10e éd., Defrénois, 2016, n° 166), comme une saisie conservatoire ou une consignation de la somme, ces mesures constituant des moyens de pression contre le débiteur.

190 À l'inverse, pour d'autres auteurs, ces recours anticipés ne confèrent pas seulement une simple action conservatoire, mais un véritable droit au paiement effectif, en

raison d'un préjudice alors considéré comme actuel (M. Cabrillac et Ch. Mouly, S. Cabrillac et Ph. Pétel, *Droit des sûretés, op. cit.*, n° 278). Dès lors, ce recours est analysé, soit en une action en remboursement anticipé, soit en une action en indemnisation. Dans cette perspective, l'objectif serait d'assurer l'indemnisation face aux risques encourus. La chambre commerciale de la Cour de cassation (Com. 21 janv. 2003, *préc.*) a choisi, en jugeant que l'action exercée par la caution contre le débiteur, avant même d'avoir payé, constituait une créance personnelle d'indemnité. Cette action peut être mise en œuvre même si le débiteur est également poursuivi par le créancier. Cette conception permet de considérer le recours anticipé comme une action en indemnisation, permettant à la caution d'exercer une action en exécution forcée ou de bénéficier de la possibilité d'être payée. Cette somme serait acquise à la caution, mais devrait être potentiellement reversée au débiteur s'il était amené à payer ensuite le créancier. Dans une espèce où une caution avait exercé le recours de l'article 2309 du Code civil contre le débiteur principal après que la liquidation judiciaire de ce dernier ait été clôturée pour insuffisance d'actif, la Cour de cassation a jugé son action irrecevable, en application de la règle de la non reprise des poursuites individuelles après la clôture de la liquidation judiciaire. Elle a retenu que la créance de recours avant paiement était née au moment de l'engagement de la caution. C'était donc une créance antérieure soumise à l'interdiction des poursuites. Si cette solution est conforme à celle précédemment rendue (V. égal. pour un recours après paiement, Com. 16 juin 2004, *RTD civ.* 2004, 728, obs. P. Crocq), elle n'est pas forcément cohérente au regard de celle qui qualifie ce recours avant paiement de « créance personnelle d'indemnité » qui pouvait conduire à penser que cette créance naissait au moment où se produit l'événement qui ouvre droit à indemnisation, en l'occurrence, l'assignation délivrée par le créancier (V. M. Cabrillac, obs. sous Com. 7 févr. 2009, *JCP E* 2009, 1347, n° 12). De même, la Cour de cassation a jugé que pour préserver son propre droit au remboursement contre le débiteur principal tombé en procédure collective, la caution doit déclarer sa créance de remboursement, la déclaration du créancier ne lui bénéficiant pas. La chambre commerciale applique les conséquences de cette position aux garanties prises par la caution pour sécuriser son paiement. Elle l'avait déjà fait en présence d'une sous-caution (Civ. 1re, 7 mai 2002, *Bull. civ.* I, n° 123) et elle étend cette solution au nantissement d'un contrat d'assurance-vie qui garantissait le recours personnel de la caution contre le débiteur principal (Com. 5 févr. 2013, n° 11-24587, *Gaz. Pal.* 21 mars 2013, p. 19, obs. M.-P. Dumont-Lefrand). En effet, en l'espèce la caution (une banque) avait garanti sa créance de remboursement par le nantissement d'un contrat d'assurance-vie souscrit par la gérante de la société débitrice. Et suite au redressement judiciaire de la société débitrice, après avoir été appelée en paiement par le créancier, qui avait déclaré sa créance, la caution, qui n'avait pas déclaré la sienne, avait mis en œuvre le nantissement dont elle était bénéficiaire. Or, à l'époque des faits la sanction du défaut de déclaration de créance était l'extinction de celle-ci. Aussi juge-t-elle, en application de la règle de l'accessoire, que la créance de la banque caution étant éteinte, la sûreté qui la garantissait l'est aussi.

§ 2 Le recours de la caution après paiement

191 Deux catégories de personnes peuvent faire l'objet d'une action exercée par la caution : le débiteur principal (A) et les autres cautions (B), encore appelées « cofidéjusseurs ».

A. Les recours contre le débiteur principal

192 Même si la caution a, au préalable, payé la dette à la place du débiteur, elle n'a pas vocation à être chargée de manière définitive d'un tel paiement. Elle bénéficie de deux actions contre le débiteur principal — une action personnelle (1) et une action subrogatoire (2) —, avec la faculté de les cumuler, sans cependant pouvoir obtenir un double remboursement.

1. *L'action personnelle*

193 La formule, énoncée à l'article 2305 du Code civil, prévoit expressément la mise en œuvre de cette action : « La caution qui a payé a son recours contre le débiteur principal, soit que le cautionnement ait été donné au su ou à l'insu du débiteur ». Ce texte permet à celui qui s'engage en qualité de caution, d'exercer un recours personnel contre le débiteur principal, pour obtenir le remboursement de ce qu'il a payé (C. Farge, « Le recours personnel de la caution : la voie possible d'un renouveau du cautionnement », *D.* 2003. Chron. 892). Le fondement de cet article réside dans le contrat, généralement tacite, conclu entre la caution et le débiteur. Il est manifeste que cette relation justifie l'engagement de la caution. Toutefois le texte prévoit aussi la mise en œuvre de ce recours dans une circonstance rare, proche du mécanisme de la gestion d'affaires, en l'occurrence lorsque l'engagement de la caution s'est fait à « l'insu du débiteur ». En toutes hypothèses, l'action personnelle ne peut être exercée qu'à concurrence de ce qui a été versé par la caution et peut être inférieure à ce que devait le débiteur principal. Cette action peut alors venir en concours avec celle exercée par le créancier si ce dernier demande au débiteur la partie de la dette non cautionnée.

La mise en œuvre de l'action personnelle présente certains attraits pour la caution par rapport au recours subrogatoire (v. ss 196). Elle lui permet d'obtenir non seulement le remboursement du principal, mais aussi celui des frais de paiement qui ont été engagés, d'éventuels dommages-intérêts ainsi que les intérêts moratoires fixés au taux légal sur les sommes versées pour le compte du débiteur (pour le taux conventionnel, Civ. 1re, 22 mai 2003, *JCP* 2003. I. 124, n° 9, obs. Ph. Simler). Ces intérêts sont dus à la caution, sauf convention contraire conclue entre la caution et le débiteur, en raison du retard dans le remboursement accompli par ce dernier. Selon l'article 2305 alinéa 2 du Code civil, ils courent de plein droit contre le débiteur dès le jour du paiement par la caution et sans mise en demeure. Cette exceptionnelle facilité est contraire au droit commun qui suppose une sommation de payer prévue à l'article 1231-6 alinéa 1er du Code civil, mais s'impose car la caution a effectué une avance sur ce que devait le débiteur.

194 Le recours personnel se fonde donc, par essence, sur une obligation distincte de celle qui a existé entre le créancier et le débiteur. Ce fondement justifie l'obligation de respecter des délais de prescription qui débutent à compter du paiement accompli

par la caution (sur la prescription de l'action du créancier, v. ss 213). De plus, c'est la distinction entre les deux obligations, celle de la caution et celle du débiteur, qui légitime que les mesures de réduction ou de suppression de la dette principale, au bénéfice du débiteur surendetté, n'affectent pas le recours personnel de la caution : « la mesure de réduction prévue par l'article L. 331-7, alinéa 1er, 4°, du Code de la consommation ne s'applique pas à la créance de la caution qui a payé la dette du débiteur principal » (Civ. 1re, 15 juill. 1999, *D.* 2000. Jur. 589, note C. Philippe ; *JCP* 1999. II. 10196, note S. Piedelièvre ; Civ. 1re, 28 mars 2000, *D.* 2001. Jur. 699, note L. Aynès). L'article L. 733-7 du Code de la consommation confirme à cet égard que les créances dont le montant a été payé au lieu et place du débiteur par la caution ne peuvent faire l'objet d'un effacement. La finalité d'une telle jurisprudence est de placer les cautions à l'écart des procédures de surendettement, les mesures adoptées ne devant non seulement pas leur profiter, mais aussi leur nuire (v. ss 220). Les intérêts du débiteur sont toutefois potentiellement préservés lors de l'exercice d'un tel recours : si ce dernier est mis en œuvre après la clôture de la procédure de surendettement, le débiteur peut solliciter l'ouverture d'une nouvelle procédure pour laquelle la caution sera alors partie et risquera de ne pas être intégralement désintéressée, au même titre que les autres créanciers (sur un tel constat, M. Bourassin, « Sûretés et surendettement des particuliers », *LPA* 10 oct. 2012, p. 4 et s., spéc. n° 90).

Enfin, en cas de pluralité de débiteurs et si la caution les a tous cautionnés, elle peut exercer un recours personnel, pour le tout, contre chacun d'entre eux. Si elle n'a cautionné que certains débiteurs, la caution ne peut exercer de recours personnel que contre ceux-ci. La Cour de cassation a toutefois reconnu la faculté de mettre en œuvre un recours contre les débiteurs non cautionnés, après avoir payé, « par la voie des actions de subrogation ou de gestions d'affaires (Com. 27 nov. 1978, *Defrénois* 1979, art. 32093, p. 1230, note J.-L. Aubert). 195

2. *L'action subrogatoire*

Selon les termes de l'article 2306 du Code civil, « La caution qui a payé la dette est subrogée à tous les droits qu'avait le créancier contre le débiteur ». Ceci correspond à une mise en œuvre, en droit du cautionnement, de la règle de portée générale formulée à l'article 1346 du Code civil : « la subrogation a lieu par le seul effet de la loi au profit de celui qui, y ayant un intérêt légitime, paie dès lors que son paiement libère envers le créancier celui sur qui doit peser la charge définitive de tout ou partie de la dette ». La caution, ayant payé la dette convenue au créancier, elle peut solliciter l'application du mécanisme de la subrogation de plein droit, exercer les droits et actions de ce même créancier. Ceci va lui permettre de profiter des garanties réelles du créancier notamment, en se retournant contre un tiers acquéreur d'un immeuble hypothéqué lors de l'exercice du droit de suite. La Cour de cassation a récemment fait application de ce recours subrogatoire suite à une clôture de procédure collective pour insuffisance d'actif, en jugeant qu'« après le jugement de clôture de la liquidation judiciaire pour insuffisance d'actif, la caution qui a payé au lieu et place du débiteur peut poursuivre celui-ci soit en exerçant un recours subrogatoire sous réserve que le créancier ait déclaré sa créance, soit en exerçant un recours personnel dès lors qu'elle a elle-même déclaré sa créance » (Com. 12 mai 2009, *D.* 2009, AJ, 1472, obs. A. Lienhard). Rendue sous l'empire de l'ancienne loi, la référence qu'effectue la solution à la déclaration de créance est logique. Si dans le cadre de son recours 196 subrogatoire, la caution bénéficie de la déclaration de créance effectuée par le créancier, tel n'est pas le cas dans le cadre de son recours personnel, ni après paiement, ni avant paiement. Cela dit, cette référence à la déclaration de créance devrait disparaître dans les décisions à venir, le droit du créancier dans lequel la caution est subrogée n'étant pas éteint.

Ce recours subrogatoire sera toutefois limité en fonction du montant versé par la caution au créancier : elle ne peut réclamer plus que ce que le débiteur devait au créancier, ce qui écarte toute demande de dommages-intérêts ou intérêts moratoires, contrairement à l'exercice d'une action personnelle (v. ss 193). Si le créancier n'a été que partiellement satisfait, la caution, en sa qualité de subrogée, ne peut prétendre qu'au montant payé à ce créancier. Deux situations particulières doivent être précisées.

■ 197 Lors de la présence de plusieurs débiteurs solidaires, l'article 2307 du Code civil précise que si le garant les avait tous cautionnés, il bénéficie à titre subrogatoire de la solidarité elle-même et peut exercer un recours intégral contre chacun des débiteurs. Le texte ne précise pas le cas où le cautionnement n'a été donné que pour un seul de ces codébiteurs solidaires. La jurisprudence (Civ. 6 juill. 1896, *DP* 1896. I. 455, *S.* 1897. 1. 5, note Ch. Lyon-Caen ; Com. 19 mars 1962, *D.* 1962. Jur. 505) a admis que la caution, qui exerce un recours subrogatoire, puisse réclamer à chacun des codébiteurs solidaires, cautionnés ou non, l'intégralité des sommes payées. La caution, subrogée dans les droits du créancier, peut donc poursuivre pour le tout chacun des débiteurs.

■ 198 À titre de sanction, l'article 2308 du Code civil prive la caution de tout recours si elle a été négligente. Ainsi, en est-il si la caution a payé le créancier sans en avertir le débiteur, qui paye une seconde fois. Dans de telles circonstances, il est uniquement possible à la caution d'agir en répétition contre le créancier. Par ailleurs, lorsque la caution aura payé sans être poursuivie et sans en avertir le débiteur principal, elle n'aura pas non plus de recours contre lui — sauf son action en répétition contre le créancier — « dans le cas où, au moment du paiement, ce débiteur aurait eu des moyens pour faire déclarer la dette éteinte » (art. 2308 al. 2 C. civ.). Cette règle est logique en raison du caractère accessoire du contrat de cautionnement. Si la caution prend l'initiative de payer, sans avertir le débiteur, cette négligence est sanctionnée en la privant de tout recours contre le débiteur ainsi protégé.

B. Les recours contre les autres cautions

■ 199 Il s'agit de l'hypothèse dans laquelle plusieurs personnes se sont portées cautions envers un même créancier et pour une même obligation principale. Il convient de bien distinguer les finalités des deux recours susceptibles d'être exercés : alors que celui formé contre le débiteur principal permet d'obtenir le remboursement de tout ce qui a pu être payé par la caution (v. ss 192), le recours mis en œuvre contre les cofidéjusseurs a pour objet de répartir une fraction de la dette sur les autres cautions, qu'il soit personnel (1) ou subrogatoire (2).

1. *Le recours personnel*

■ 200 Selon les exigences formulées à l'article 2310 du Code civil, la caution qui a acquitté la dette peut agir contre les autres cautions, chacune étant tenue « pour sa part et portion ». Les notions de « solidarité », de « gestion d'affaires », d'« enrichissement sans cause » ou même de « raison » et d'« équité » sont invoquées pour déterminer le fondement de ce recours entre cofidéjusseurs (Ph. Simler et Ph. Delebecque, *Droit civil, Les sûretés, La publicité foncière*, *op. cit.*, n° 230 ; G. Piette, V° Cautionnement, *Rép. civ.* Dalloz, 2016, n° 200). Quel que soit le fondement privilégié, la mise en œuvre du recours personnel suppose, au préalable, le respect de certaines conditions. La caution qui va agir doit tout d'abord avoir elle-même payé le créancier car il n'existe pas de recours anticipés entre les cautions. Il faut ensuite qu'il s'agisse d'une même dette garantie par les diverses cautions, peu importe que ces cautions se soient engagées le même jour ou non, donc dans des actes séparés, dès lors que ces engagements sont souscrits auprès du même créancier pour une dette identique (Civ. 1re, 3 oct. 1995, *D.* 1996. Somm. 266, note L. Aynès ; *JCP* N 1996. II. 1631, note S. Piedelièvre). Le paiement accompli doit enfin avoir excédé sa part et portion, la caution ne pouvant logiquement demander que ce qui excède cette part, sauf stipulation contraire convenue entre les cautions. Chaque caution n'est alors tenue que pour sa part, ce qui génère des calculs complexes si les cautions ne se sont pas engagées dans les mêmes proportions. En dépit de cette complexité, ce recours personnel est justifié car la caution qui a payé s'est appauvrie, évitant à l'inverse aux autres cautions de respecter leur engagement en payant elles-mêmes le créancier.

2. *Le recours subrogatoire*

En l'absence d'un texte spécial relevant du droit du cautionnement, le recours subrogatoire exercé par la caution est susceptible d'intervenir en lieu et place du créancier et se fonde sur le droit commun des obligations. Le mécanisme de la subrogation peut s'appliquer de plein droit au bénéfice de celui qui, tenu avec d'autres cautions au paiement de la dette, avait intérêt à l'acquitter. À ce titre, la caution va pouvoir bénéficier des avantages et accessoires qui caractérisaient la créance principale, notamment diverses sûretés que le créancier avait contre les autres garants. 201

3

Compléments pédagogiques

Mémo

Si le débiteur principal respecte ses engagements, le contrat de cautionnement n'a pas vocation à être exécuté. À l'inverse, en cas de défaillance du débiteur, différentes règles s'appliquent, spécifiques aux modalités de mise en œuvre de l'engagement de la caution. Certaines correspondent à la relation particulière entre la caution et le créancier. En dépit du caractère unilatéral du cautionnement, ce dernier demeure tenu de respecter un devoir devenu essentiel, formulé par plusieurs textes : *informer la caution*, soit annuellement, soit dès la première défaillance du débiteur principal. En ce qui concerne plus particulièrement la caution, les obligations qui lui incombent peuvent varier en fonction de la nature du contrat conclu, qui peut être *défini*, limité à une somme déterminée, ou au contraire *indéfini*. En toutes hypothèses, la caution devra payer la somme convenue, dans la limite du principe de l'accessoire, avec toutefois la possibilité d'invoquer le *bénéfice de discussion* et le *bénéfice de division* lorsqu'il s'agit d'un *cautionnement simple*. En pratique, se sont toutefois développés les *cautionnements solidaires*, pour lesquels la caution renonce à invoquer ces deux bénéfices.

Que le contrat de cautionnement ait été conclu avec ou sans stipulation de solidarité, la caution bénéficie de *recours* susceptibles d'être mis en œuvre à l'encontre du créancier. Certains de ces recours peuvent être exercés *avant tout paiement*, à titre préventif. D'autres supposent que la caution ait payé en lieu et place du débiteur. Un premier *recours après paiement* est alors susceptible d'être exercé *contre le débiteur*, à titre personnel ou par application du mécanisme de la subrogation. Un second peut être porté *contre les autres cautions*, lorsque l'une d'elles a été la seule à payer la dette du débiteur principal.

Documents

1) L'obligation annuelle d'information

Article L. 313-22 du Code monétaire et financier

« Les établissements de crédit ou les sociétés de financement ayant accordé un concours financier à une entreprise, sous la condition du cautionnement par une personne physique ou une personne morale, sont tenus au plus tard avant le 31 mars de chaque année de faire connaître à la caution le montant du principal et des intérêts, commissions, frais et accessoires restant à courir au 31 décembre de l'année précédente au titre de l'obligation bénéficiant de la caution, ainsi que le terme de cet engagement. Si l'engagement est à durée indéterminée, ils

rappellent la faculté de révocation à tout moment et les conditions dans lesquelles celle-ci est exercée.
La réalisation de cette obligation légale ne peut en aucun cas être facturée à la personne qui bénéficie de l'information.
Le défaut d'accomplissement de la formalité prévue à l'alinéa précédent emporte, dans les rapports entre la caution et l'établissement tenu à cette formalité, déchéance des intérêts échus depuis la précédente information jusqu'à la date de communication de la nouvelle information.
Les paiements effectués par le débiteur principal sont réputés, dans les rapports entre la caution et l'établissement, affectés prioritairement au règlement du principal de la dette. ».

2) Notion d'« entreprise » de l'article L. 313-22 du Code monétaire et financier

Civ. 1re, 12 mars 2002

(*JCP* 2002. I. 162, n° 2, obs. Ph. Simler; *RD banc. fin.* 2002, n° 87, obs. D. Legeais; *LPA* 9 oct. 2002, p. 9, obs. D. Houtcieff)

« L'exercice d'une activité économique libérale constitue, au sens du texte susvisé, une entreprise, peu important qu'elle soit en voie de création ».

3) Durée de l'obligation d'information

Ch. mixte 17 nov. 2006

(*Banque et Droit* janv.-févr. 2007, p. 46, obs. N. Rontchevsky; *RD banc. fin.* 2007, n° 9, obs. D. Legeais; *Defrénois* 2007, art. 38567, p. 544, obs. Ph. Théry; *JCP* 2007. I. 158, n° 3, obs. Ph. Simler)

« Les établissements de crédit ayant accordé à une entreprise un concours financier, au sens de l'article L. 313-22 du code monétaire et financier, sous la condition d'un cautionnement, doivent se conformer aux prescriptions de ce texte jusqu'à l'extinction de la dette garantie ».

Article L. 333-2 du Code de la consommation

« Le créancier professionnel fait connaître à la caution personne physique, au plus tard avant le 31 mars de chaque année, le montant du principal et des intérêts, commissions, frais et accessoires restant à courir au 31 décembre de l'année précédente au titre de l'obligation garantie, ainsi que le terme de cet engagement.
Si l'engagement est à durée indéterminée, il rappelle la faculté de révocation à tout moment et les conditions dans lesquelles celle-ci est exercée. ».

Article L. 343-6 du Code de la consommation

« Lorsqu'un créancier ne respecte pas les obligations prévues à l'article L. 333-2, la caution n'est pas tenue au paiement des pénalités ou intérêts de retard échus depuis la précédente information jusqu'à la date de communication de la nouvelle information ».

Article 2293 alinéa 2 du Code civil

« Lorsque ce cautionnement est contracté par une personne physique, celle-ci est informée par le créancier de l'évolution du montant de la créance garantie et de ces accessoires au moins annuellement à la date convenue entre les parties ou, à défaut, à la date anniversaire du contrat, sous peine de déchéance de tous les accessoires de la dette, frais et pénalités ».

4) L'obligation d'informer la caution lors de la défaillance du débiteur

Article L. 314-17 du Code de la consommation

« Toute personne physique qui s'est portée caution à l'occasion d'une opération de crédit relevant des chapitres II ou III du présent titre est informée par l'établissement prêteur de la défaillance du débiteur principal dès le premier incident de paiement caractérisé susceptible d'inscription au fichier institué à l'article L. 751-1. ».

Article L. 333-1 du Code de la consommation

« Sans préjudice des dispositions particulières, toute personne physique qui s'est portée caution est informée par le créancier professionnel de la défaillance du débiteur principal dès le premier incident de paiement non régularisé dans le mois de l'exigibilité de ce paiement ».

Article L. 343-5 du Code de la consommation

« Lorsque le créancier ne se conforme pas à l'obligation définie à l'article L. 333-1, la caution n'est pas tenue au paiement des pénalités ou intérêts de retards échus entre la date de ce premier incident et celle à laquelle elle en a été informée ».

Biblio

1) Les obligations de la caution

- Ch. Albiges, « Concentration des moyens et contrat de cautionnement : persistance d'une divergence jurisprudentielle », *RLDA* 2012, n° 67, p. 28.
- S. Barthez, « Désordre dans les sources du contrat de cautionnement : l'exemple de l'information de la caution », *RDC* 2008, p. 587.
- G. Biardeaud et Ph. Flores, « Information annuelle de la caution et article 2293 du Code civil : mais où reste donc le contentieux ? », *D.* 2007. Chron. 174.
- P. Crocq, « Les développements récents de l'obligation d'information de la caution », in *Mélanges M. Cabrillac*, Dalloz, 1999, p. 349.
- P. Grosser, « La Cour de cassation et l'article 2293 du Code civil », in *Mélanges G. Goubeaux*, Dalloz, LGDJ, 2009, p. 203.
- B. Petit, « Fusion et cautionnement », *RJDA* 12/2015, p. 827.
- Y. Picod, « Réflexions sur la sanction de l'obligation d'information bénéficiant aux cautions d'entreprise », *D.* 2002. Chron. 1971 ; « L'évolution de l'obligation d'information de la caution pendant l'exécution du contrat », in *Études offertes au Doyen Ph. Simler,* Dalloz-Litec, 2006, p. 398.
- J. Théron, « La défense de la caution limitée par le principe de concentration des moyens », *RD banc. fin.* sept. 2012, dossier 40.

2) Les recours de la caution

- C. Farges, « Le recours personnel de la caution : la voie possible d'un renouveau du cautionnement », *D.* 2003. Chron. 89.
- P. Rubellin, « Le recours personnel de la caution contre le débiteur en redressement judiciaire », *LPA* 21 juin 1995, p. 16.

Quiz

1) Sujets corrigés

Cas pratique

Énoncé n° 1

Monsieur Pierre est fort inquiet et vous consulte en urgence. Alors qu'il avait encore la qualité de dirigeant de la société Intranetplus, spécialisée dans la confection de site internet, il avait accepté de se porter caution, le 14 avril 2008, auprès de la Banque Bordelaise du Crédit pour garantir de manière illimitée les engagements pris par la société. Or différents événements se sont successivement produits. Monsieur Pierre a quitté ses fonctions de dirigeant le 23 mai 2015. Trois mois après, la même banque a prêté à la société Intranetplus la somme de 35 000 euros. Au début de l'année 2017, la société a été placée en liquidation judiciaire et la banque a assigné Monsieur Pierre pour le recouvrement du restant de la dette. Or ce dernier conteste une telle demande à double titre : d'une part, la banque n'aurait pas respecté son obligation d'information prévue par les textes, la dernière information communiquée datant de mars 2009 ; d'autre part, il considère que la cessation de ses fonctions a mis un terme définitif à toute obligation en qualité de caution.

Voir le corrigé en fin de rubrique.

Énoncé n° 2

M. Jean-Luc, dirigeant de la société X, est très mécontent du comportement de la banque Z. D'une part, il a garanti, pour une durée indéterminée, en juin 2003, une ouverture de compte courant au profit de la société X, société commerciale spécialisée dans la vente de prêt-à-porter en ligne, dont il est le gérant. Or, après avoir été informé, le 13 mars 2004, du montant de l'autorisation de découvert, il n'a plus jamais été informé de rien jusqu'en juin 2010. À partir de cette date les informations qu'il a reçues ne lui ont pas permis de distinguer le principal des accessoires dus par la débitrice principale.

D'autre part, il a garanti, par acte sous seing privé, pour une durée déterminée, un prêt mobilier à la consommation contracté par sa fille, Andréa, auprès de la même banque en juillet 2004 à hauteur de 15 000 euros. Or, alors qu'il n'avait jamais été informé de l'état de la dette de sa fille, il vient d'apprendre après avoir été actionné en paiement par la banque, que les échéances du prêt n'étaient plus honorées depuis novembre 2010. Très furieux, il vous consulte pour savoir comment il peut sanctionner le comportement de la banque Z.

Voir le corrigé en fin de rubrique.

2) Corrigés

Cas pratique n° 1

L'engagement convenu le 14 avril 2003 entre Monsieur Pierre et la Banque Bordelaise du crédit est un contrat de cautionnement qui concernait, à l'origine, un établissement de crédit et un dirigeant, afin de garantir le recouvrement de manière illimitée les dettes d'une entreprise. Le contrat ayant été convenu avant l'entrée en vigueur de la loi Dutreil, la conclusion de contrat omnibus était possible. Lors de l'exécution du contrat, le créancier est tenu de respecter les exigences énoncées à l'article L. 313-22 du Code monétaire et financier, plus précisément l'obligation d'informer la caution tous les ans, avant le 31 mars, le montant du principal, des intérêts et commissions restant à courir au 31 décembre de l'année précédente. Cette disposition s'applique car l'opération convenue en 2008 a bien porté sur la conclusion d'un contrat de cautionnement destiné à garantir un concours financier, en l'occurrence les engagements illimités, consentis à une entreprise, la société Intranetplus. En l'espèce, une double précision doit être apportée.

I. Les incidences liées à la qualité de dirigeant de la caution

Monsieur Pierre s'est engagé en qualité de caution au mois d'avril 2003. Or, il a quitté toute fonction le 23 mai 2008 et conteste le comportement du créancier, qui n'a pas respecté son obligation d'information annuelle prévue à l'article L. 313-22 du Code monétaire et financier depuis le mois de mars 2009. Certes, le créancier pourrait invoquer le fait que Monsieur, Pierre, en sa qualité de dirigeant, avait nécessairement connaissance de la situation financière de la société. Les juges ont toutefois considéré que, même dans une telle hypothèse, la caution dirigeante devait être informée tous les ans, les créanciers étant tenus de se conformer aux prescriptions prévues par le Code, sans distinguer selon la qualité de la caution au sein de l'entreprise cautionnée (Com. 3 avr. 2010, n° 08-20.923, *RD banc. fin.* 2010, n° 137, obs. A. Cerles).

II. Les incidences liées à la perte de qualité de dirigeant de la caution

La perte de la qualité de dirigeant est susceptible d'avoir une incidence sur l'obligation d'informer la caution à deux niveaux : celle annuelle (A) et celle relative à l'octroi d'un nouveau prêt (B).

A. L'information annuelle et la qualité de dirigeant

La caution est-elle déchargée de toute obligation dès lors qu'elle n'exerce plus de fonction en qualité de dirigeant ? Monsieur Pierre avait mis un terme à ses fonctions le 23 mai 2015 et la banque, en 2017, sollicite la mise en œuvre de la sûreté. Deux arguments, qui s'opposent, pouvaient être invoqués : soit la caution est déchargée de toute obligation, dès lors qu'elle s'est obligée en raison de son mandat social, soit elle reste tenue, car la modification de la qualité de celui qui s'engage, de celle de dirigeant à celle de non dirigeant, n'affecte pas l'engagement en qualité de caution. C'est ce dernier raisonnement qui est privilégié par la Cour de cassation (Com. 14 oct. 2008, n° 07-16.947, *JCP* 2008. 211, n° 5, obs. Ph. Simler; *RD banc. fin.* nov.-déc. 2008, n° 166, obs. A. Cerles ; Com. 2 mars 2010, n ° 09-10.196), qui considère que la cessation de la fonction de gérant n'emporte pas, à elle seule, libération de la caution. Il appartient alors à Monsieur Pierre de démontrer que la qualité de dirigeant était la condition déterminante de son propre engagement. Afin d'être totalement libéré, il aurait été certainement plus judicieux que Monsieur Pierre dénonce auprès de la banque le contrat de cautionnement s'il ne souhaitait plus être tenu par le contrat conclu en avril 2003.

B. L'information de l'octroi d'un nouveau prêt et la qualité de dirigeant

Monsieur Pierre pourrait enfin considérer qu'il n'est pas tenu pour le paiement du nouveau prêt, conclu trois mois après la perte de ses fonctions de dirigeant. En raison de la défaillance de la société débitrice et de l'engagement illimité préalablement convenu avec la caution, la banque va très logiquement faire appel à cette dernière, y compris pour le prêt octroyé postérieurement à la cessation des fonctions de Monsieur Pierre. Dans une telle situation, la Cour de cassation a considéré que le garant restait tenu du paiement des dettes, dès lors que ces dernières sont nées avant la révocation de son engagement, ni la bonne foi devant régir les relations entre la banque et la caution, ni le devoir d'information n'imposaient à la banque d'avertir l'ancien dirigeant de l'octroi d'un nouveau prêt, selon les termes retenus par la Chambre commerciale (Com. 8 janv. 2008, *RTD civ.* 2008. 329, obs. P. Crocq ; *RD banc. fin.* 2008, n° 39, obs. A. Cerles).

Cas pratique n° 2

M. Jean-Luc a consenti deux cautionnements distincts auprès de la banque Z : le premier, du mois de juin 2003, garantissant une ouverture d'un compte courant, le second conclu en juillet 2004 garantissant un prêt octroyé à sa fille. Il reproche à la banque un manque d'information. Il convient de l'éclairer sur les moyens d'actions dont il dispose à l'égard de la banque.

I. Le contrat de cautionnement de l'ouverture d'un compte courant

Le contrat de cautionnement est de *nature commerciale* car la caution est dirigeante et qu'elle poursuit un *intérêt personnel et patrimonial* à ce qu'une ouverture de crédit en compte courant soit accordée à sa société. Jean-Luc reproche à la banque deux choses :

- de ne pas l'avoir informé de l'état de la dette de la société qu'il cautionne entre le 13 mars 2004 et juin 2010 ;
- l'information donnée par la banque à partir de juin 2010 ne lui permettait pas de distinguer le principal de l'accessoire entre juin 2010 et aujourd'hui.

Ainsi, deux problèmes se posent : La banque devait-elle informer Jean-Luc ? Sur quel fondement ? De plus, comment la banque doit-elle informer la caution garantissant un compte courant ?

A. Le manquement de la banque à son obligation d'information

Au regard des circonstances, le créancier n'a pas respecté son obligation annuelle d'information. Deux fondements sont susceptibles d'être invoqués par la caution.

Fondement 1 : art. L. 313-22 C. mon. fin.

L'article L. 312-22 du C. mon. fin. impose une obligation d'information annuelle des cautions, personne physique ou personne morale, par les établissements de crédit qui apportent « un concours financier » à l'entreprise, débiteur principal. En l'espèce, les conditions d'application de cette disposition semblent réunies : le créancier est effectivement un établissement de crédit ;la caution, Jean-Luc, une personne physique.

Mais se pose un problème supplémentaire : cette dernière est caution dirigeante. *L'obligation d'information qui incombe à l'établissement de crédit peut-elle être écartée en présence d'une caution dirigeante ?* Le créancier pourrait effectivement invoquer le fait que M. Jean-Luc, en sa qualité de gérant de la société X, avait nécessairement connaissance de la situation financière de l'entreprise cautionnée. La Cour de cassation a rappelé que cette obligation annuelle d'information profite « à toute caution, fût-elle gérante de la société cautionnée et par ailleurs informée de la situation de la dite société » (Com. 2 mars 2010, n° 09-10.196).

S'agit-il, de plus, d'un « concours financier » accordé à une entreprise ? La Cour de cassation retient une conception large de la notion d'entreprise qui sera retenue à chaque fois qu'une personne physique ou morale exerce une activité commerciale, artisanale, agricole ou même libérale (Civ. 1re 12 mars 2002 ; Civ. 1re, 15 mars 2005 à propos d'une société civile immobilière).

En application de l'article L. 313-22 du Code monétaire et financier, Jean-Luc aurait dû être informé au plus tard au 31 mars de chaque année sur le montant du principal et des intérêts, commissions, frais et accessoires restant à courir au 31 décembre de l'année précédente . De plus, la banque aurait dû lui rappeler les modalités de rupture du contrat si l'engagement est à durée indéterminée comme en l'espèce.

En ce qui concerne la sanction encourue, l'article L. 313-22, alinéa 2 du Code monétaire et financier précise que « le défaut d'accomplissement de la formalité prévue à l'alinéa précédent emporte, dans les rapports entre la caution et l'établissement tenu à cette formalité, déchéance des intérêts échus *depuis la précédente information jusqu'à la date de communication de la nouvelle information*. Les paiements effectués par le débiteur principal sont réputés, dans les rapports entre la caution et l'établissement, affectés prioritairement au règlement du principal de la dette ».

Afin que la sanction soit pleinement efficace, la loi du 25 janv. 1999, *oblige le créancier à imputer*, contrairement aux règles du droit commun (C. civ., art. 1254) *les paiements effectués par le débiteur sur le principal de la dette et non sur les intérêts.* Si l'établissement de crédit imputait prioritairement les paiements du débiteur sur le remboursement des intérêts, la sanction qui tend à les faire déchoir perdait en efficacité.

En conséquence, l'information annuelle aurait du être fournie à M. Jean Luc, qu'il soit ou non dirigeant de la société cautionnée, au plus tard *le 31 mars de chaque année.*

La première année, l'information a été donnée dans les temps par la banque. Le cautionnement a été consenti en juin 2003 et la banque l'a informé le 13 mars 2004, c'est-à-dire avant le 31 ! Mais par la suite la banque n'a pas exécuté son obligation et ce jusqu'en juin 2010. En conséquence, la caution peut obtenir la déchéance des intérêts à compter du 14 mars 2004 jusqu'en juin 2010.

Fondement 2 : art. L. 333-2 C. conso.

L'article L. 341-6 du Code de la consommation, désormais codifié à l'article L. 333-2 du même Code, est issu de la loi Dutreil du 1er août 2003 et étend les dispositions de l'article L. 313-22 C. mon. fin.. Ce texte est entré en vigueur le 5 février 2004.

Il impose aux *créanciers professionnels* d'informer les *cautions, personne physique*, au plus tard avant le 31 mars de chaque année, du montant du principal et des intérêts, commissions, frais et accessoires restant à courir au 31 décembre de l'année précédente au titre de l'obligation garantie, ainsi que le terme de cet engagement. L'engagement de caution peut être à durée déterminée ou indéterminée.

Si l'engagement est à durée indéterminée, le créancier doit, en plus, rappeler la faculté de révocation à tout moment dont dispose la caution.

Or le formalisme du droit consumériste, les articles L. 331-1 et L. 331-2 étant applicables ici (même champ d'application que C. conso., art. L. 333-2) impose que la caution écrive la durée de son engagement. Comment alors l'article L. 333-2 Code conso peut-il imposer au créancier de rappeler la faculté de révocation en cas de cautionnement à durée indéterminée ? En d'autres termes, *comment le cautionnement consenti par une personne physique envers un créancier professionnel peut-il être à durée indéterminée ?*

Si une personne physique se porte caution envers un créancier professionnel par acte sous seing privé, alors effectivement le respect de ces mentions est imposé. Mais il a été vu que si le cautionnement est conclu par acte authentique, le devoir de conseil du notaire suffit et ces mentions ne doivent pas être respectées. Un cautionnement consenti par une personne physique au profit d'un créancier professionnel peut être à durée indéterminé s'il est conclu par acte authentique.

Ou bien, seconde hypothèse, dans un cas comme le nôtre, lors de la conclusion du contrat les art. L. 331-1 et L. 331-2 n'étaient pas applicables (ils sont entrés en vigueur le 5 février 2004). Donc la caution n'a pas respecté ces dispositions et si nous sommes hors du domaine d'application du formalisme du cautionnement du crédit à la consommation, alors le cautionnement peut être valable et à durée indéterminée même s'il a été conclu par acte sous seing privé.

Il faut dès lors de vérifier que les conditions d'application de l'article L. 333-2 sont bien réunies : la caution Jean-Luc, est bien une personne physique et le créancier, Banque Z, est un créancier professionnel.

En l'espèce, l'article L. 333-2 C. conso est, *a priori*, applicable. La banque Z aurait dû informer la caution du montant du principal et des intérêts, commissions, frais et accessoires restant à courir au 31 décembre de l'année précédente avant le 31 mars.

Mais nous avons précisé que ce texte n'est entré en vigueur que le 5 février 2004. Lors de la conclusion du contrat, le texte n'était pas encore applicable.

L'arrêt de la chambre commerciale de la Cour de cassation du 13 février 2007 a précisé que l'art. L. 341-6 C. conso ne pouvait entraîner la déchéance des intérêts conventionnels qu'à compter de la date de son entrée en vigueur, ainsi ce texte n'est pas applicable aux situations consommées avant cette date. [Dans cette affaire, cette société s'était vue consentir par le Crédit Lyonnais, le 19 mai 1988, un prêt dont le remboursement avait été garanti par un cautionnement solidaire du Crédit médical de France (aux droits duquel se trouve la société Interfimo). Le crédit médical de France avait obtenu un engagement de sous-caution de la part des deux associés co-gérants de la SNC. Par la suite, en 1989, ces deux associés ont cédé leurs parts sociales à un tiers et quelques années plus tard, en 1994, la SNC fut placée en redressement judiciaire avec adoption d'un plan de continuation. La société Interfimo a alors exécuté son engagement de caution envers le Crédit Lyonnais (la caution solidaire ne peut pas profiter des délais et des remises susceptibles d'être accordés à l'occasion de l'adoption d'un plan de continuation) et a déclaré sa créance à la procédure collective du débiteur principal. Cette créance ayant fait l'objet d'une décision d'admission, la société Interfimo en a alors demandé le paiement aux deux anciens associés en leur qualité de sous-cautions. Les sous-cautions refusèrent d'honorer leurs engagements notamment en se fondant sur le fait que le créancier ne les avait pas informés de l'évolution de la dette du débiteur principal.]

En l'espèce, pas de problème particulier en ce qui concerne l'application de la loi dans le temps le créancier a bien informé la caution le 13 mars 2004. Il avait jusqu'au 31 mars 2004 pour le faire. Ici, si le créancier avait été défaillant, la déchéance des intérêts aurait eu lieu à compter du 5 février 2004 (ou 1er avril 2004) car avant cette date cette disposition n'était pas applicable.

En revanche, du 13 mars 2004 jusqu'en juin 2010, le créancier n'a plus informé la caution alors qu'il aurait dû le faire chaque année.

Quant à la sanction, l'art. L. 313-6 C. conso précise désormais que « lorsqu'un créancier ne respecte pas les obligations prévues à l'article L. 333-2, la caution n'est pas tenue au paiement des pénalités ou intérêts de retard échus depuis la précédente information jusqu'à la date de communication de la nouvelle information ».

Dès lors, le créancier ne pourra pas se prévaloir des intérêts à compter du 14 mars 2004 jusqu'en juin 2010. Mais, le législateur de 2003 n'a pas repris la règle selon laquelle les paiements effectués par le débiteur sont imputés prioritairement sur le principal, règle pourtant bénéfique aux cautions.

Le texte le plus protecteur de la caution s'avérera être l'art. L. 313-22 C. mon. fin., fondement que nous lui conseillerons.

B. Le contenu de l'information annuelle et la spécificité d'une ouverture de crédit en compte courant

À partir du mois de juin 2010, la banque Z respecte, *a priori*, son obligation d'information annuelle. Néanmoins, cette information divulguée ne permet à M. Jean-Luc de distinguer le principal de l'accessoire restant à régler par la société X.

Peut-il engager une action en déchéance contre le banquier pour divulgation d'information irrégulière ?

Ces divers textes (C. mon. fin., art. L. 313-22 et C. conso., art. L. 333-2) imposent au créancier d'informer la caution sur le principal mais aussi les intérêts, commissions, frais et accessoires qui restent à courir au 31 décembre de l'année précédente au titre des concours financiers cautionnés. *Ces textes imposent au créancier de distinguer le principal des intérêts.*

Mais, lorsqu'une personne se porte caution d'une autorisation de découvert la question se pose alors de savoir si le banquier doit distinguer la dette principale des frais et intérêts.

Or, *il est techniquement impossible pour le banquier de ventiler ces informations*. En effet, la caution est tenue dans les limites de son engagement et relativement à l'utilisation par la société cautionnée de l'ouverture de crédit qui ne peut être *connue qu'après utilisation*. L'arrêt de la chambre commercial du 10 janv. 2012 (n° 10-25586) vient trancher la question « Mais attendu, d'une part, que M. X... ayant soutenu dans ses écritures que l'information fournie par la banque, notamment au titre des années 2001 à 2009, n'était pas conforme aux dispositions légales, s'agissant d'une *information globale, laquelle ne ventilait ni les frais ni les intérêts*, les juges du fond n'ont introduit aucun élément nouveau dans le débat en se prononçant sur les conditions d'application de la règle invoquée […]Attendu, d'autre part, que *s'agissant d'un découvert en compte courant, l'information annuelle* relative au principal et aux intérêts, due à la caution par l'établissement de crédit, *doit comprendre*, le cas échéant, le *montant de l'autorisation de découvert, le solde du compte arrêté au 31 décembre de l'année précédente et le taux de l'intérêt applicable à cette date*; qu'après avoir constaté que la banque avait produit les lettres d'information adressées pour les années 2001 à 2009, la cour d'appel a fait l'exacte application de l'article L. 313-22 du code monétaire et financier en retenant que les informations adressées en 2001, 2002 et 2003 sont correctes, s'agissant d'un solde débiteur du compte dont ne peuvent être extraits les intérêts et que les informations postérieures distinguent le principal, les intérêts et les accessoires dans la mesure où le compte a été clôturé à la suite de la liquidation de la société intervenue le 7 avril 2003 ». […]

Dans le cas d'un cautionnement de compte courant, le créancier doit informer la caution sur trois points :

- sur le montant de l'autorisation de découvert ;
- sur le montant du solde courant arrêté au 31 décembre de l'année précédente ;
- et sur le taux d'intérêt applicable à cette date.

En conséquence, si la banque Z a divulgué ces trois informations, M. Jean-Luc ne peut pas agir en déchéance du droit à intérêt à son encontre car elle n'était pas obligée de distinguer le montant principal de la dette des accessoires. La banque Z reste toutefois obligée de fournir ces informations jusqu'à l'extinction de la dette garantie (Ch. Mixte, 17 nov. 2006 ; Com. 15 juin 2011).

En définitive, M. Jean-Luc pourra agir en déchéance du droit à intérêt devant le tribunal de commerce géographiquement compétent (le contrat de cautionnement étant de nature commerciale) pour manquement de la banque à l'article L. 313-22 du Code monétaire financier ou article L. 333-2 du Code de la consommation (le premier est préférable en raison de la sanction) concernant la période où l'information n'a pas été divulguée du tout.

II. Le contrat de cautionnement du prêt à la consommation

L'engagement en qualité de caution est considéré comme un acte de nature *civile*. En l'espèce, M. Jean-Luc, ne poursuit aucun intérêt de nature patrimonial personnel à la réalisation de l'opération principale. Au regard des faits, M. Jean-Luc reproche à la banque de ne jamais l'avoir informé annuellement sur le montant de la dette de sa fille Andréa et de ne pas l'avoir non plus informé de la date du premier défaut de paiement, à savoir le mois de novembre 2010. Deux questions : La banque a-t-elle manqué à son obligation annuelle d'information ? La banque a-t-elle manqué à son obligation d'information suite à la défaillance du débiteur principal ?

A. Le manquement à l'obligation d'information annuelle

Le cautionnement en vue de garantir un crédit à la consommation à hauteur de 15 000 euros au profit d'Andréa, sa fille, est conclu entre une *caution personne physique* (M. Jean-Luc) et un *établissement de crédit* (la banque Z) en juillet 2004.

L'application de l'article L. 313-22 du Code monétaire et financier est exclue dans la mesure où nous ne sommes pas dans l'hypothèse où l'établissement de crédit qui accorde son concours financier à une entreprise puisque le débiteur principal n'est pas une entreprise, mais une personne physique qui conclut un prêt à la consommation mobilier.

L'application de l'article 2293, al. 2 du Code civil devant être exclue dans la mesure où le cautionnement est défini, il est conclu dans la limite de 15 000 euros. L'article L. 333-2 du Code de la consommation issu de la loi du 1er août 2003 et entré en vigueur le 5 févr. 2004, s'applique à chaque fois *qu'une caution personne physique* s'engage avec un *créancier professionnel*. En l'espèce, ce texte est applicable.

L'article L. 333-2 impose aux créanciers d'informer la caution du *montant du principal des intérêts, commissions frais et accessoires restant dus au 31 décembre de l'année précédente*, au plus tard avant le 31 mars de chaque année.

En l'espèce, il nous est indiqué que la banque n'a *jamais* informé la caution. Or elle aurait dû informer la caution avant le 31 mars 2005. La sanction est dès lors la déchéance des pénalités ou intérêts échus *depuis* la précédente information *jusqu'à* la date de communication de la nouvelle information, article L. 333-2 du Code de la consommation.

En revanche, les règles d'imputation sont celles du droit commun, c'est-à-dire que l'établissement de crédit est autorisé à imputer le paiement du débiteur principal prioritairement sur les intérêts de la dette conformément à l'article 1343-1 alinéa 1er du Code civil.

En l'espèce, l'information annuelle n'a jamais été donnée par la banque Z à M. Jean-Luc.

À compter de quand la déchéance s'appliquera-t-elle ? La question se pose ici parce que le créancier n'a jamais informé la caution.

Deux interprétations :

1. Soit on estime que la déchéance court à compter du 1er avril 2005

L'article 333-2 du Code de la consommation n'envisage que l'hypothèse dans laquelle l'information a déjà été divulguée mais pas celle où elle n'a jamais été divulguée. Il nous indique toutefois que l'information due par le créancier professionnel doit être divulguée au plus tard au 31 mars de l'année N+1. Une interprétation *a contrario* de l'article nous indique que le créancier professionnel manque à son devoir d'information si au 1er avril de l'année N+1, il n'a pas encore informé la caution.

La question est alors de savoir si le comportement de la banque avant le 31 mars doit être considéré comme fautif ? La réponse nous semble négative car admettons que la banque fournisse l'information le 30 mars de l'année N+1, elle est dans son bon droit et n'a commis aucune faute ouvrant droit à déchéance pour la caution.

Reconnaître que la sanction court à partir de la conclusion du contrat reviendrait à sanctionner le créancier professionnel pour une faute qu'il n'a pas encore commise et à confondre dans le même temps l'exécution de l'obligation d'information et sa sanction.

2. Soit on estime que la déchéance se produira alors à compter de la date de conclusion du contrat (ici à partir de juillet 2004) car :

on ne peut appliquer le texte à la lettre. Cette hypothèse n'a pas été prévue par le législateur.

Le texte précise que la déchéance a lieu « *depuis* la précédente information *jusqu'à* la date de communication de la nouvelle information » Or, ici, la banque n'a jamais informé la caution. Par hypothèse, il n'y a pas de « précédente information ». On peut estimer que le moment où la caution connaissait effectivement le montant du principal et des intérêts c'est donc le jour de la conclusion du contrat.

Le créancier a jusqu'au 31 mars pour informer la caution, donc s'il l'informe le 10 février de l'année N puis ne lui donne plus aucune information, la déchéance a lieu à compter du 11 février de l'année N jusqu'à la prochaine information. Alors pourquoi retenir le 1er avril en l'absence de toute information ?

Dans le même ordre d'idée, il est admis que si le contrat de cautionnement est conclu avant l'entrée en vigueur de la loi Dutreil et que le créancier n'informe pas la caution, la déchéance court à compter du 5 février 2004 et non pas le 1er avril.

Le législateur comme la Cour de cassation sont extrêmement sévères envers les créanciers et protecteurs envers les cautions. Il paraîtrait pour le moins surprenant qu'elle modifie sa position. Donc si la Cour persiste dans son objectif de protection des cautions, il serait raisonnable de faire partir la déchéance à compter du jour de la conclusion du contrat.

B. Le manquement à l'obligation d'information lors de la défaillance du débiteur

M. Jean-Luc vient d'être actionné en garantie du prêt à la consommation accordé à sa fille par la banque et d'apprendre dans le même temps que le premier incident de paiement datait du mois de novembre 2010.

Quelle disposition est applicable ?

Deux dispositions du Code la consommation prévoient expressément que le créancier professionnel est tenu d'informer la caution dès la première défaillance du débiteur :

1. L'article L. 314-17.

Ce texte bénéficie aux cautions, personne physique, qui se sont portées garantes d'un crédit à la consommation mobilier ou d'un crédit immobilier. Il impose au créancier d'informer la caution dès le premier incident de paiement caractérisé susceptible d'inscription au fichier institué à l'article L. 751-1 (fichier banque de France).

2. L'article L. 341-1

Ce texte généralise la formule de l'article L. 314-17 C. conso. Il bénéficie aux cautions personnes physiques qui s'engagent envers un créancier professionnel. Comme le premier texte, il impose au créancier d'informer la caution dès le premier incident de paiement du débiteur non régularisé dans le mois de l'exigibilité.

En l'espèce, l'art. L. 314-17 C. conso est applicable car la caution est une personne physique et elle garantit un crédit à la consommation d'un montant de 15 000 euros. En application de ce texte, la banque aurait dû informer la caution dès le premier incident de paiement, c'est-à-dire dès novembre 2010, ce qu'elle n'a pas fait.

En ce qui concerne la sanction encourue en cas de manquement à son obligation d'information par l'établissement de crédit, celui-ci perd en principe, même en l'absence de texte spécifique et conformément au droit antérieur à la réforme de

2016, le droit de se prévaloir des pénalités et intérêts de retard *dès le premier incident de paiement jusqu'à la notification de l'information.*

En l'espèce, la caution ne sera pas tenue de payer les pénalités ou intérêts de retard échus depuis novembre 2010 jusqu'au jour où elle a eu connaissance de la défaillance du débiteur.

Les dispositions du droit commun sont-elles applicables ?

Il peut être également possible pour la caution d'agir sur le fondement de l'article 1231-1 du Code civil afin d'engager la responsabilité de la banque pour son manquement qui lui a causé un préjudice, dans le but d'obtenir une condamnation au paiement de dommages et intérêts.

En l'espèce, M. Jean-Luc peut également engager la responsabilité civile contractuelle de la banque s'il parvient à démontrer que le manquement lui a causé un préjudice en aggravant par exemple la situation financière de sa fille.

L'engagement de M. Jean-Luc est de nature civile. Il devra donc agir devant le TGI géographiquement compétent sur le fondement de l'article L. 314-17 du Code de la consommation et l'article 1231-1 du Code civil.

chapitre 4

L'extinction du contrat de cautionnement

Plan analytique

section 1
L'extinction par voie accessoire

§ 1 Le paiement

§ 2 La compensation

§ 3 La dation en paiement

§ 4 La confusion

§ 5 L'inaction du créancier

- A. La prescription
- B. Le défaut de déclaration de la créance

§ 6 La novation

§ 7 La remise de dette

§ 8 Le décès de l'une des parties au contrat principal

§ 9 La disparition de la personne morale

- A. La société débitrice
- B. La société créancière
- C. La société caution

§ 10 L'extinction par résolution ou annulation de l'obligation principale

- A. L'annulation ou la résolution a déjà été prononcée
- B. L'annulation ou la résolution n'a pas été prononcée

section 2
L'extinction par voie principale

§ 1 L'extinction indépendante de la faute du créancier

- A. L'obligation de règlement
- B. L'obligation de couverture

§ 2 L'extinction liée à la faute du créancier

- A. Une créance garantie par un « droit préférentiel »
- B. Le comportement du créancier
- C. Le constat d'un préjudice

Compléments pédagogiques

4

L'extinction du contrat de cautionnement

Le caractère accessoire, qui caractérise l'engagement de la caution par rapport à l'existence de la créance principale, se révèle essentiel lors de l'extinction de cette dernière (sur ce constat, v. ss 31). Cette extinction s'impose justement dans différentes hypothèses par voie accessoire (section 1), mais aussi, de manière plus autonome, par voie principale (section 2). 202

section 1

L'extinction par voie accessoire

Selon la règle énoncée à l'article 2313 du Code civil, la caution « peut opposer au créancier toutes les exceptions qui appartiennent au débiteur principal, et qui sont inhérentes à la dette ». Quel que soit le cautionnement souscrit, les exceptions inhérentes à la dette principale doivent bénéficier à la caution. C'est notamment le cas du dénouement de l'obligation principale qui affecte directement l'engagement de la caution. Cette incidence devrait exclure toute extinction purement personnelle, directement liée à la qualité du débiteur, même si cette limite doit être tempérée comme en témoigne l'étude des diverses causes d'extinction à titre accessoire : le paiement (1), la compensation (2), la dation en paiement (3), la confusion (4), l'inaction du créancier (5), la novation (6), la remise de dette (7), le décès de l'une des parties au contrat principal (8), la disparition de la personne morale (9) et enfin l'extinction par résolution ou résiliation de l'obligation principale (10). 203

§ 1 Le paiement

Si le débiteur paye au créancier la dette convenue lors de son engagement, l'exécution de son obligation permet de libérer, sous certaines conditions, la caution. Il faut tout d'abord que ce paiement soit accompli personnellement par le débiteur et non par un tiers. Dans ce dernier cas, le tiers serait subrogé dans les droits du créancier et pourrait solliciter l'intervention de la caution non libérée. Ce paiement, accompli par le débiteur, ne va libérer la caution que s'il a intégralement satisfait le créancier : le paiement partiel du débiteur ne lui permet pas de respecter ses obligations, la créance garantie n'étant pas éteinte. Il appartient à la caution d'intervenir pour remédier à cette insolvabilité partielle, sauf si le créancier accepte un tel paiement qui libère la caution. 204

Dans l'hypothèse d'un acquittement partiel de la dette du débiteur, la difficulté réside dans la détermination de la partie acquittée par ce paiement, lorsque 205 l'engagement de la caution ne porte pas sur la totalité de la dette : est-ce la partie cautionnée ou celle non cautionnée ? Selon la Cour de cassation (Com. 28 janv. 1997, *Defrénois* 1997, art. 36526, obs. L. Aynès), il faut retenir la solution la plus favorable au créancier, ce qui se justifie par le rôle même de la garantie qui est de suppléer la carence du débiteur : le paiement partiel accompli par le débiteur s'impute sur la partie non cautionnée, sauf modalité d'imputation contraire consentie par le créancier.

206 Enfin, la jurisprudence a dû préciser la solution à retenir, toujours à propos des règles d'imputation du paiement, lorsqu'un même débiteur a plusieurs dettes à l'égard du même créancier et si certaines seulement de ces dettes étaient couvertes par le cautionnement. Les règles d'imputation relevant du droit commun — énoncées à l'article 1342-10 du Code civil — s'appliquent en principe : le paiement effectué par le débiteur doit être imputé sur la dette qu'il a le plus d'intérêt à acquitter selon l'alinéa 2 de l'article précité. La jurisprudence (Civ. 1re, 19 janv. 1994, *D.* 1994. Somm. 213, obs. Ph. Delebecque ; *RTD civ.* 1994. 608, obs. J. Mestre) a estimé qu'il s'agissait de la dette cautionnée car ce paiement aura un double effet extinctif : d'une part il met fin à sa propre dette, d'autre part il permet à ce même débiteur de ne pas avoir à subir un recours de la caution. À l'inverse, acquitter la dette non cautionnée aurait un effet extinctif unique auprès du seul créancier. Cette solution, approuvée par certains auteurs (M. Cabrillac et Ch. Mouly, S. Cabrillac et Ph. Pétel, *Droit des sûretés,* Litec, 9 éd., 2010, n° 233), se révèle toutefois contraire à l'esprit même du rôle des garanties. Il est possible d'opter pour une solution différente par une clause contraire, dès lors qu'une telle stipulation n'est pas conclue en fraude des droits de la caution (D. Legeais, *Droit des sûretés et garanties du crédit,* 11e éd., LGDJ, 2016, n° 198).

§ 2 La compensation

207 Elle correspond à un mode simplifié de paiement des créances qui ne peut intervenir que lorsque deux personnes sont créancières l'une de l'autre. L'extinction de deux dettes réciproques est susceptible d'intervenir, à concurrence du montant de la plus faible selon l'article 1347 du Code civil. En matière de cautionnement, le créancier a pu devenir débiteur de son débiteur, ce qui permet de compenser les créances. Or quelles vont être les conséquences de cette compensation sur l'engagement de la caution ? Cette hypothèse est prévue à l'article 1347-6 alinéa 1er du Code civil : « La caution peut opposer au créancier la compensation intervenue entre ce dernier et le débiteur principal ». La solution de principe doit permettre à la caution, en raison du caractère accessoire de son engagement, de se prévaloir de la compensation intervenue et donc invoquée entre le créancier et le débiteur, que cette extinction soit partielle ou totale.

Faute d'indications prévues par les rédacteurs de l'ordonnance, l'incertitude intervient toutefois sur l'éventuel recours à une telle compensation qui n'aurait pas été invoquée par le débiteur principal et que souhaiterait solliciter la caution. La formule « la compensation intervenue » demeurant ambiguë, il appartiendra à la jurisprudence de déterminer si cette modalité d'extinction de l'engagement de la caution sera conditionnée ou non à l'extinction préalable de l'obligation du débiteur principal (sur un tel constat et la possibilité pour la caution d'invoquer la compensation en dépit de l'abstention du débiteur, A Hontebeyrie, « Proposition de modification de l'article 1347-6 du Code civil : la compensation, la caution et le codébiteur solidaire », *RDC* 2017. 208 ; F. Chénedé, *Le nouveau droit des obligations et des contrats,* Dalloz, 2016, n° 44.163).

Une première difficulté était toutefois survenue en matière de cautionnement solidaire, en raison d'une contradiction entre deux textes : l'ancien article 1294 alinéa 3 du Code civil qui interdisait au codébiteur solidaire de se prévaloir de la compensation avec ce que doit le créancier à l'un d'entre eux ; et l'article 2298 du Code civil qui énonce que les effets du cautionnement solidaire se règlent « par les principes qui ont été établis pour les dettes solidaires ». Favorisant les intérêts de la caution, la première chambre civile de la Cour de cassation (Civ. 1re, 1er juin 1983, *D.* 1984. Jur. 152, note J.-L. Aubert, *RTD civ.* 1984. 331, obs. Ph. Rémy) a fait prévaloir l'article 1294 alinéa 1re et lui a permis, même en cas de stipulation de solidarité, d'invoquer l'exception de compensation. Cette solution a été ultérieurement réitérée par la chambre commerciale de la Cour de cassation (Com. 19 janv. 1993, *D.* 1993. Somm. 309, obs. L. Aynès). La caution solidaire peut opposer au créancier la compensation entre la créance, détenue au titre du contrat principal, et ce qu'il doit au débiteur, compensation que le débiteur aurait en l'espèce pu invoquer s'il en avait eu l'occasion (Com. 26 oct. 1999, *JCP* 2000. I. 209, n° 6, obs. Ph. Simler ; *D.* 2001. Somm. 697, obs. L. Aynès). L'article 1347-6 alinéa 2 du Code civil confirme cette option et dispose désormais que « le codébiteur solidaire peut se prévaloir de la compensation intervenue entre le créancier et l'un de ses coobligés pour faire déduire la part divise de celui-ci du total de la dette ». 208 ■

Une seconde difficulté a ensuite été soulevée devant la Cour de cassation, relative à la portée de l'extinction d'une créance qui résulte de la compensation réalisée non entre le créancier et son débiteur, mais entre ce même créancier, en raison de son manquement à ses obligations de conseil et de mise en garde et la caution, tenue au montant de la dette. Il a été jugé que si une compensation pouvait libérer non seulement le débiteur à l'égard du créancier, mais aussi la caution par application du caractère accessoire du cautionnement, la réciproque ne s'applique pas : même lorsque la caution est libérée de son engagement avec le créancier par le jeu de la compensation, l'extinction du cautionnement n'affecte pas l'existence même de la dette principale. Le créancier dispose toujours de la possibilité d'agir contre le débiteur principal, recours qui demeure « intact » selon le terme retenu par la Cour de cassation (Com. 13 mars 2012, 10-28.635, *Banque et Droit* juill.-août 2012, p. 39, obs. F. Jacob ; *Gaz. Pal.* 28 et 29 mars 2012, p. 18, obs. Ch. Albiges ; *Defrénois* 2013. 294, obs. S. Cabrillac ; *Dr. et patr.* juill.-Août 2012, p. 101, obs. L. Aynès ; *D.* 2102. 1043, note A. Dadoun ; *D.* 2012. 1523, obs. P. Crocq ; *JCP* 2012. 626, note Ph. Simler ; D. Houtcieff, "La consécration d'un cas de décharge de la caution", *RLDC* juill.-août 2012, p. 29, p. 28 ; N. Martial-Braz, « Compensation et cautionnement : les liaisons dangereuses ! », *RD banc. fin.* sept. 2012, dossier 42). 209 ■

§ 3 La dation en paiement

La dation en paiement correspond à la remise d'un bien, à titre de paiement, autre que celui convenu lors de la conclusion du contrat, par exemple la remise de matériel. Dans la relation entre le créancier et le débiteur principal, la dation n'éteint 210 ■

l'obligation que si elle satisfait totalement le créancier. La dation, qui a concerné le contrat principal, a une influence sur la relation entre le créancier et la caution car elle permet d'éteindre à titre accessoire le cautionnement, conformément aux termes de l'article 2315 du Code civil : « L'acceptation volontaire que le créancier a faite d'un immeuble ou d'un effet quelconque en payement de la dette principale, décharge la caution, encore que le créancier vienne à en être évincé ». Cette disposition, favorable à la caution, se justifie par la prise de risques consentie par le créancier lors d'une dation, qui ne peut être supportée par la caution alors libérée (M. Cabrillac et Ch. Mouly, S. Cabrillac et Ph. Pétel, *Droit des sûretés*, *op. cit.*, n° 234). Il appartient toutefois au créancier, par prudence, de refuser par une stipulation un tel mode d'extinction des obligations.

§ 4 La confusion

211 Le mécanisme de la confusion suppose la réunion de la qualité de créancier et celle de débiteur d'une même obligation, dans une même personne. Il en est ainsi à la suite d'une succession ou d'une cession de créance, la confusion ayant pour effet d'éteindre l'obligation de la caution. Tel est également le cas lorsqu'une procédure collective, ouverte contre un débiteur, est étendue à la caution : cette extension opère confusion des dettes et extinction de ce qui est dû par la caution (Com. 17 févr. 2009, *Banque et Droit* mars-avr. 2009, p. 51, obs. N. Rontchevsky ; *JCP* 2009. I. 150, n° 13, obs. Ph. Simler). Aux termes de l'article 1349 du Code civil, la confusion peut s'opérer dans la personne du débiteur principal, dans celle du créancier, ou encore dans celle de la caution qui acquiert alors la qualité de créancier. S'agissant de la première hypothèse qui seule nous intéressera, l'extinction de l'obligation garantie par confusion, entraîne de manière corrélative extinction des sûretés accessoires de l'obligation principale. En effet, selon l'article 1349 du Code civil, cette confusion a pour effet de profiter à la caution. On a toutefois pu douter de la transposition de cette extinction par confusion, aux cautions solidaires. Comme l'indiquent certains auteurs (P. Malaurie, L. Aynès, *Les sûretés, La publicité foncière*, par L. Aynès et P. Crocq, 10e éd., Defrénois, 2016, n° 257), il semble cohérent qu'une solution identique s'applique à toutes les cautions, y compris solidaires, qui doivent bénéficier de ce mode d'extinction de l'obligation principale. Tel est la solution retenue à l'article 1349-1 alinéa 2 du Code civil qui précise que la caution, même solidaire, est libérée.

§ 5 L'inaction du créancier

212 L'inaction du créancier, qu'elle débouche sur la prescription de l'action en justice (A) ou un défaut de déclaration de créance (B), a également pu conduire à l'extinction de la dette principale et constituer une exception opposable par la caution. En revanche, une clause de renonciation à poursuivre le débiteur principal n'a pas manqué de poser la question de sa portée à l'égard de la caution. Mais la Cour de cassation a jugé que « la renonciation par le créancier au droit d'agir en paiement contre le débiteur principal n'emporte pas extinction de l'obligation principale ni du recours de la caution contre ce débiteur, de sorte que la clause précitée ne fait pas obstacle aux poursuites du créancier contre la caution solidaire » (Com. 22 mai 2007, *Bull. civ.* IV,

nº 136 ; *D.* 2007. Jur. 1999, obs. O. Deshayes ; *RTD civ.* 2077. 805, obs. Ph. Théry ; *RTD com.* 2007. 833, obs. A. Martin-Serf). En effet, la renonciation du droit d'agir en paiement n'emporte pas extinction de la dette principale ; la remise des poursuites n'est pas une remise de dettes (v. ss 218 s.). Dès lors, la remise des poursuites n'a pas d'effet sur l'obligation de la caution qui demeure tenue. L'exception de « remise des poursuites » est une exception purement personnelle au débiteur. Par ailleurs, l'insolvabilité du débiteur réalise le risque que le cautionnement entend couvrir.

A. La prescription

Dès lors que l'obligation principale est prescrite en raison de l'inaction du créancier, cette prescription extinctive doit bénéficier à la caution. Depuis l'entrée en vigueur de la loi nº 2008-561 du 17 juin 2008 portant réforme de la prescription civile, le délai est de cinq ans, non seulement selon le droit commun (art. 2224 C. civ.), mais aussi désormais en matière commerciale (art. L. 110-4 C. com.). Selon une précision apportée par la Cour de cassation, relative à une action en responsabilité intentée contre une banque par une caution en raison de la disproportion de son engagement, le délai de prescription commence à courir le jour où la caution a eu connaissance de ce que les obligations résultant de son engagement étaient mises à exécution par le créancier (Com. 12 mai 2004, *Banque et Droit* juill.-août 2000, p. 53, obs. N. Rontchevsky). Si le débiteur de l'obligation principale a renoncé à cette prescription, cette renonciation ne fait pas renaître l'obligation de la caution puisque selon l'article 2253 du Code civil celui qui a intérêt à ce que la prescription soit acquise « peut l'opposer ou l'invoquer lors même que le débiteur y renonce ». De plus, selon l'article 2246 du Code civil, toute cause qui a pour effet d'interrompre la *prescription à* l'égard du débiteur principal, bénéficie aussi à la caution. 213 ■

Une solution différente est toutefois retenue lorsque l'action est exercée dans le cadre d'un crédit à la consommation. Il convient en principe de respecter un délai de forclusion de deux ans, prévu à l'article L. 311-52 du Code de la consommation, anciennement l'article 311-37 de ce même code, mais désormais codifié à l'article R. 312-35 : le créancier qui néglige de réclamer sa créance dans ce délai est forclos à l'égard de l'emprunteur. Mais est-ce aussi le cas à l'égard de la caution ? En raison du principe de l'accessoire, cette forclusion dont bénéficie le débiteur principal aurait pu s'appliquer également lors de l'action exercée par un créancier contre une caution. Or la Cour de cassation (Civ. 1re, 8 oct. 1996, *JCP* 1996. I. 4033, nº 8, obs. Ph. Simler ; *D.* 1997. Somm. 165, obs. L. Aynès ; *RTD civ.* 1997. 187, obs. P. Crocq) a estimé, de manière contestable, en l'occurrence que la finalité du cautionnement devait primer sur le caractère accessoire. Le créancier n'est pas privé de son droit d'agir contre la caution. L'ancien article L. 311-52 du Code de la consommation a également été appliqué à l'encontre de cautions qui souhaitaient contester la validité de leur engagement (Civ. 1re, 15 déc. 1998, *JCP* 1999. II. 10098, note N. Monachon-Duchêne) ou lors de la mise en œuvre du recours personnel de la caution contre le débiteur principal, le point de départ étant la date du paiement au créancier (Com. 9 déc. 1997, *RTD civ.* 1998. 156, obs. P. Crocq). Ces solutions ont toutefois été condamnées par la loi MURCEF du 11 décembre 2001 qui a modifié l'article R. 312-35. Ce texte ne peut désormais s'appliquer qu'à l'égard des actions en paiement exercées en raison de la défaillance de l'emprunteur. Le délai biennal ne s'impose 214 ■

donc plus à la caution lors de l'exercice des recours contre le débiteur en particulier (sur ces recours, v. ss 191).

B. Le défaut de déclaration de la créance

215 L'inaction du créancier peut également se manifester dans le cadre d'une procédure collective ouverte contre le débiteur. Avant la loi du 26 juillet 2005, le défaut de déclaration de créance dans les délais impartis conduisait à la forclusion du créancier qui voyait sa créance éteinte. Cette extinction entraînait, par le jeu de la règle de l'accessoire, la perte consécutive des recours du créancier contre la caution. L'extinction de sa créance était en effet analysée en une exception inhérente à la dette (Com. 17 juill. 1990, *JCP* E 1991. II. 101, note G. Amlon) dont la caution pouvait bénéficier. Mais la loi du 26 juillet 2005 a substitué à cette extinction, ce que la plupart des auteurs a interprété comme une simple inopposabilité à la procédure. Le créancier forclos ne peut participer aux répartitions et aux dividendes (art. L. 622-26 al. 1er C. com.), c'est-à-dire que son droit à obtenir paiement de sa créance est maintenu, mais il ne peut être exercé tant qu'il n'a pas été mis un terme à la procédure ouverte contre le débiteur (v. M.-L. Coquelet, *Entreprises en difficulté, Instruments de paiement et de crédit*, Dalloz, coll. « HyperCours », 3e éd., 2009, n° 253). Depuis, l'ordonnance du 18 décembre 2008 a précisé que les créances non déclarées sont « inopposables au débiteur pendant l'exécution du plan et après cette exécution lorsque les engagements énoncés dans le plan ou décidés par le tribunal sont tenus », ce que la doctrine continue de lire comme une inopposabilité à la procédure. L'exécution du plan libère donc le débiteur du passif non déclaré. Ces modifications de sanction ont d'indéniables conséquences sur l'engagement de la caution. En effet, sur le principe, le créancier conserve ses recours contre celle-ci puisque sa créance n'est pas éteinte. *A priori*, il pourrait la poursuivre immédiatement sans attendre la fin de la procédure, l'inopposabilité à la procédure du défaut de déclaration de créance étant une exception dorénavant personnelle au débiteur (Com. 12 juill. 2011, n° 09-71113, *Gaz. Pal.* 22 sept. 2011, p. 24, obs. M.-P. Dumont-Lefrand). Toutefois, la caution personne physique ne peut être poursuivie pendant la période d'observation « jusqu'au jugement arrêtant le plan ou prononçant la liquidation judiciaire » (C. com., art. L. 622-28 al. 2 ; v. toutefois, ch. mixte, 16 nov. 2007, *D.* 2007. AJ. 3009, obs. A. Lienhard ; *RTD com.* 2008. 168, obs. D. Legeais où la Cour juge à propos de ce principe de l'arrêt des poursuites individuelles à l'encontre des cautions personnes physiques qu'il « édicte, dans le seul intérêt de la caution, une fin de non-recevoir dont (la caution) ne peut se prévaloir pour la première fois devant la Cour de cassation »). De même, dans la procédure de sauvegarde, l'article L. 622-26 du Code de commerce dispose que les cautions et garants personnes physiques bénéficient de cette inopposabilité pendant la durée du plan (ce qui est logique puisqu'ils bénéficient aussi des éventuels délais et remises du plan). En revanche, tel n'est pas le cas en présence d'un redressement judiciaire (C. com., art. L. 631-14 *in fine*) ou d'une liquidation judiciaire. Mais encore faut-il que la créance soit exigible. À défaut la déchéance du terme résultant de la liquidation judiciaire du débiteur principal est inopposable à la caution, sauf convention contraire (Com. 4 nov. 2014, n° 12-35357).

§ 6 La novation

Il s'agit de l'opération juridique par laquelle les parties décident de substituer une obligation nouvelle à une obligation ancienne qui est alors automatiquement éteinte. S'opère une double incidence dans la relation entre le créancier et le débiteur : l'extinction d'une obligation préalable et, de manière corrélative, la création d'une nouvelle qui sera valable. Cet effet extinctif va directement affecter la caution, comme l'indique sans ambiguïté l'article 1334 du Code civil : « L'extinction de l'obligation ancienne s'étend à tous ses accessoires ». La caution est dès lors libérée, ce qui écarte toute possibilité de report de la sûreté sur l'obligation nouvelle. Il faut cependant que les conditions de la novation soient toutes réunies, singulièrement un changement d'objet ou de partie, ainsi qu'une volonté d'éteindre l'obligation ancienne pour en créer une autre nouvelle. En effet, la novation ne se présumant pas (art. 1330 C. civ.), la volonté de l'opérer doit résulter clairement de l'acte. La question s'est notamment posée à propos d'un réaménagement de dette intervenu à la suite d'un plan de surendettement. En l'occurrence, le consentement du créancier s'explique davantage par la pression de la procédure que par une volonté novatoire. La Cour de cassation a en ce sens jugé que « ni le réaménagement de la dette pour l'exécution d'un plan de règlement conventionnel de surendettement, ni la modification des modalités de remboursement d'un emprunt ne suffisent à caractériser une novation qui libérerait la caution » et ne peuvent donc emporter extinction par voie accessoire du cautionnement qui garantit la dette (Civ 1re, 20 mai 2003, RDC 2003. 174, obs. M. Grimaldi ; *Banque et Droit* nov.-déc. 2003, p. 48, obs. N. Rontchevsky). De la même façon, dans le cadre d'un plan de cession et d'une reprise volontaire ou légale (art. L. 642-12 al. 4 C. com.) d'un contrat de prêt, *« l'engagement pris par le cessionnaire de payer, après arrêté du plan de cession de l'emprunteur, les mensualités à échoir de ce prêt ne vaut pas novation par substitution de débiteur »* (Com. 9 févr. 2016, n° 14-23219). En effet, un prêt constitue une dette présente, née intégralement lors de la remise des fonds et non au fur et à mesure de l'exécution du contrat. Aussi le transfert de ce prêt, qu'il soit de droit ou convenu, n'a aucune incidence ni sur l'existence des obligations de la caution, ni sur leur étendue. Dans un cautionnement de dettes présentes, l'obligation de couverture de la caution se confond avec l'obligation de règlement (v. ss 176) et n'est donc pas éteinte lors de la cession. Aussi la caution est-elle tenue de continuer de garantir l'intégralité de l'emprunt, en ce compris les échéances échues après le plan de cession dès lors que ce sont des créances nées avant le jugement d'ouverture (V. égal. Com. 19 oct. 2000, *Bull. civ.* IV, n° 155). 216 ■

En raison de cet effet extinctif qui leur est profitable, les cautions invoquent parfois la novation pour obtenir une libération de leur engagement. Les juges sont toutefois vigilants et exigent le constat d'une novation expresse, non présumée, pour consentir cette qualification et admettre cet effet extinctif pour la caution. 217 ■

§ 7 La remise de dette

L'article 1350-2, alinéa 1re du Code civil prévoit, conformément au principe de l'accessoire, l'incidence d'une remise de dette effectuée au bénéfice du débiteur 218 ■

principal : « la remise de dette accordée au débiteur principal libère les cautions, même solidaires. » et ce dans les mêmes proportions (sur laquelle, N. Picod, *La remise de dette en droit privé*, Préf. C. Saint-Alary-Houin, Dalloz, coll. « Nouvelles Bibliothèque de Thèses », Vol. 128, 2013). C'est la conséquence directe du caractère accessoire du cautionnement. Cela dit, une remise de dettes n'est pas une renonciation à poursuivre. La jurisprudence a en effet décidé qu'une renonciation du créancier à poursuivre le débiteur principal n'emportait pas extinction de l'obligation, et dès lors, ne libérait pas la caution (Com. 22 mai 2007, *D.* 2007. 1999, note O. Deshayes et 1656, obs. V. Avéna-Robardet ; *JCP* 2007. I. 212, n° 8, obs. Ph. Simler). Plus récemment, elle a jugé qu'une clause de conciliation préalable, située dans le contrat de prêt garanti par la caution, ne bénéficie pas à la caution car seules les exceptions qui affectent la dette elle-même, le *debitum*, sont opposables par la caution, par opposition à celles qui atteignent le droit de poursuite contre le débiteur, soit l'*obligatio* (Com. 13 oct. 2015, n° 14-19734, *D.* 2016. 628, note V. Mazeaud ; *AJC* 2015. 523, obs. G. Piette ; *RTD civ.* 2015. 917, obs. P. Théry ; et 2016. 114, Barbier ; *RTD com.* 2016. 177, obs. B. Bouloc ; *Dr. com.* 120, obs. A. Aynès ; *RD banc. fin.* 2016, comm. 16, obs. D. Legeais ; *RLDC* 2016/133, n° 6082, obs. M. Mignot où la cour juge que *« la fin de non-recevoir tirée du défaut de mise en œuvre d'une clause contractuelle qui institue une procédure de conciliation, obligatoire et préalable à la saisine du juge, ne concerne, lorsqu'une telle clause figure dans un contrat de prêt, que les modalités d'exercice de l'action du créancier contre le débiteur principal et non la dette de remboursement elle-même dont la caution est également tenue, de sorte qu'elle ne constitue pas une exception inhérente à la dette que la caution peut opposer »*). Si la remise n'est que partielle, elle doit profiter à la caution de manière identique, qu'il s'agisse d'une caution solidaire ou simple. Une précision s'impose en la matière lorsque les circonstances de la remise de dette justifient le recours à une autre solution.

■ 219 Il a pu en être ainsi en cas de remise accordée au débiteur en redressement judiciaire, qui obtient un plan de redressement. Avant l'entrée en vigueur de la loi du 26 juillet 2005, en dépit de cette remise, la caution solidaire, et non celle simple, restait tenue pour le tout (art. L. 621-25 C. com., *a contrario*). Les créanciers n'avaient pas entendu, bien au contraire, renoncer aux sûretés, ce qui était certes conforme à la finalité du cautionnement mais s'opposait à son caractère accessoire. La distinction en fonction de la stipulation de solidarité a parfois été contestée, mais la Cour de cassation, appliquant à la lettre le texte, avait considéré que la caution simple pouvait bénéficier de la remise de dette octroyée au débiteur principal (Com. 23 nov. 2004, *RTD civ.* 2005. 429, obs. P. Crocq ; *D.* 2005. Jur. 653, note C. Lisanti ; *JCP* 2005. I. 147, n° 5, obs. Ph. Simler). Désormais, la loi opère une nouvelle distinction : lors du plan de sauvegarde, toutes les cautions peuvent se prévaloir des remises de dettes accordées au débiteur (art. L. 626-11 al. 2 C. com.) alors qu'en cas de redressement, elles demeurent tenues sans pouvoir invoquer la moindre remise (art. L. 631-20 C. com. ; v. ss 29). En effet, le plan de redressement judiciaire du débiteur cautionné n'exclut pas la poursuite intégrale de la caution, peu important que le créancier ait accordé des délais audit débiteur (Com. 3 nov. 2015, n° 14-19191, *Gaz. Pal.* 16 févr. 2016, n° 7, obs. M.-P. Dumont-Lefrand). Cela dit, la caution solvens recouvre son droit de poursuivre le débiteur après le jugement de clôture de la liquidation judiciaire, et cela peu important qu'elle ait payé et obtenu un titre exécutoire à son encontre, avant l'ouverture de la procédure collective (Com. 28 juin 2016, n° 14-21810, *Gaz. Pal.* 29 nov. 2016, n° 42, obs. M.-P. Dumont-Lefrand). En revanche, depuis l'ordonnance du

18 décembre 2008, dans le cadre de la procédure de conciliation, les cautions (de même que les personnes coobligées ou ayant consenti une autre sûreté personnelle ou ayant affecté ou cédé un bien en garantie) peuvent se prévaloir des dispositions de l'accord constaté ou homologué (art. L. 611-10-2 C. com.).

À l'inverse, en matière de traitement des situations de surendettement, si la Commission de surendettement a la faculté de prendre diverses mesures, et notamment une remise de dettes accordée au débiteur (ancien art. L. 331-6 du C. consom., désormais art. L. 732-2), la Cour de cassation a pourtant jugé que la caution ne pouvait se prévaloir de telles décisions. Elle a notamment retenu que les mesures consenties par les créanciers dans le plan conventionnel de redressement ne constituaient pas, eu égard à la finalité d'un tel plan (v. ss 30), une remise de dette au sens de l'article 1287 du Code civil (Civ. 1re, 13 nov. 1996, Jur. 141, concl. Sainte-Rose et note T. Moussa ; *JCP* G 1997. II. 22780, note Ph. Mury ; *Defrénois* 1997. 292, note L. Aynès ; *JCP* E 1997. II. 903, note D. Legeais ; *Gaz. Pal.* 20-21 juin 1997. Somm. 17, obs. S. Piedelièvre ; *RTD civ.* 1997. 190, obs. P. Crocq ; *RTD com.* 1997. 142, obs. Paisant ; *JCP* G 1997. I. 4033, n° 7, obs. Ph. Simler ; *D.* 1997. Somm. 178, obs. D. Mazeaud ; *RJ com.* 1997. 237, note M. Farge et X. Pin). Un raisonnement identique a été retenu lorsque la mesure de réduction de la dette du débiteur principal était d'origine non plus conventionnelle, mais judiciaire : selon les termes de l'arrêt, le « redressement judiciaire civil ne prive pas le créancier des garanties qui lui ont été consenties ; (que) la caution ne peut se prévaloir, pour se soustraire à son engagement, des mesures arrêtées par le juge en faveur du débiteur surendetté » (Civ. 1re, 3 mars 1998, *D.* 1998. Jur. 421, concl. Sainte-Rose ; *D.* 1999. Somm. 202, obs. P.-L. Chatain et F. Ferrière ; *JCP* G 1998. II. 10117, note S. Piedelièvre ; *RTD civ.* 1998. 422, obs. P. Crocq ; *RTD civ.* 1998. 413, obs. G. Paisan). La caution n'a donc pas la possibilité de solliciter l'application des mesures de report d'échéances adoptées par le juge au bénéfice du débiteur surendetté. A ainsi été privilégiée, à ces différentes occasions, l'efficacité de la sûreté, au détriment de son caractère accessoire. 220 ■

Si le législateur a tempéré la portée de cette jurisprudence, en intégrant ponctuellement des règles protectrices de la caution (v. ss 30), la Cour de cassation n'a pas pour autant assoupli sa jurisprudence et a continué d'affirmer que « le redressement judiciaire civil, dont les mesures n'ont d'effet qu'à l'égard du débiteur surendetté, ne prive pas le créancier des garanties qui lui sont consenties ; (que) la caution ne peut se prévaloir, pour se soustraire à son engagement, des mesures arrêtées par le juge en faveur du débiteur surendetté » (Civ. 1re, 18 janv. 2000, n° 97-20.391, *CCC* 2000, n° 103, obs. G. Raymond ; *RDI* 2000. 226, obs. Ph. Théry ; Civ. 1re, 26 avr. 2000, n° 98-10.693, *Bull. civ.* I, n° 122 ; *JCP* 2000. 1957). Il a ensuite été jugé que, la caution ne bénéficiant pas des mesures prises en faveur du débiteur, elle ne peut se voir imposée, de manière corrélative, la remise de dette accordée au débiteur (Civ. 1re, 15 juill. 1999, *D.* 2000. Jur. 589, note C. Philippe ; *JCP* 1999. II. 10196, note S. Piedelièvre ; *JCP* E 1999. 1925, note D. Legeais ; *RTD civ.* 1999. 877, obs. P. Crocq ; Civ. 1re, 28 mars 2000, *D.* 2001. Jur. 699, note L. Aynès). Ces décisions sont considérées comme relevant d'exceptions personnelles au débiteur qui ne peuvent non seulement profiter, mais aussi nuire à la caution lors de son recours justement personnel (v. ss 27). De telles solutions, non modifiées par la législation récente (sur un tel constat, M. Bourassin, « Sûretés et surendettement des particuliers », *LPA* 10 oct. 2012, p. 4 et s., spéc. n° 77), s'opposent certes au caractère accessoire de la caution, mais elles peuvent se justifier par la mise en œuvre de la sûreté personnelle à un moment essentiel, lors de la défaillance du débiteur principal. Cependant peut-être que la jurisprudence évoluera dans le sens contraire, si toutefois elle s'inspire de l'état d'esprit qui gouverne dorénavant la procédure de conciliation en la matière.

§ 8 Le décès de l'une des parties au contrat principal

221 Pour les *personnes physiques*, le décès du débiteur ou du créancier, n'éteint que l'obligation de couverture du cautionnement qui cesse automatiquement. La caution reste tenue par l'obligation de règlement (pour le décès de la caution, v. ss 235), pour garantir les dettes nées avant le décès, et non celles conclues par l'héritier du débiteur.

§ 9 La disparition de la personne morale

222 À l'égard des *personnes morales*, leur dissolution a des effets identiques à ceux produits par la disparition d'une personne physique. Le sort de la caution dans l'hypothèse d'une fusion-absorption de société, qu'il s'agisse de la société créancière, ou de la société débitrice, mérite à cet égard d'être approfondie. De même, la disparition de la caution elle-même a fait l'objet de décisions.

A. La société débitrice

223 En cas de fusion-absorption de la société débitrice, la caution reste tenue jusqu'à la réalisation de cette fusion, puis est libérée de toute obligation après, sauf stipulation contraire des parties. La Cour de cassation a en effet jugé, à la suite d'une cession de bail d'immeuble, au visa de l'ancien article 2015 du Code civil et L. 236-3 du Code de commerce, qu'« en cas de dissolution d'une société par voie de fusion-absorption par une autre société, l'engagement de la caution garantissant le paiement des loyers consenti à la première demeure pour les obligations nées avant la dissolution de celle-ci » (Com. 8 nov. 2005, *RD banc. fin*. 2005, n° 8, obs. A. Cerles ; *D*. 2005. 2876, obs. A. Lienhard). Cette solution est parfaitement justifiée dans la mesure où la fusion-absorption emporte dissolution de la société absorbée et création d'une nouvelle personne morale, avec transmission universelle de son patrimoine. Or la caution s'est engagée à garantir la dette d'un débiteur donné et ne saurait être tenue de garantir celle d'un nouveau débiteur. Le cautionnement prend donc fin le jour de la fusion. Pour autant, la caution n'est pas nécessairement libérée car si son obligation de couverture est éteinte, son obligation de règlement (sur cette distinction entre les deux catégories d'obligations, v. ss 229 s.) subsiste pour les créances nées antérieurement à l'opération de fusion.

B. La société créancière

224 La question s'est également posée des conséquences de la fusion-absorption de la société créancière sur l'engagement de la caution. La Cour de cassation s'est d'abord prononcée par un premier arrêt rendu au seul visa de l'article L. 236-3 du Code de commerce, qui devait juger qu'« en cas de fusion absorption d'une société propriétaire d'un immeuble à bail, le cautionnement garantissant le paiement des loyers est,

sauf stipulation contraire, transmis de plein droit à la société absorbante... » (Com. 8 nov. 2005, *RD banc. fin.* 2005, n° 8, obs. A. Cerles ; *D.* 2005. 2876, obs. A. Lienhard ; *JCP* 2005. I. 10170, note D. Houtcieff ; *JCP* 2006. I. 123, n° 17, obs. A.-S. Barthez ; *Dr. et patr.* févr. 2006, p. 126, obs. Ph. Dupichot ; v. égal. Com. 17 juill. 2001, *D.* 2001. 2414, obs. A. Lienhard). D'aucuns ont pu penser que le cautionnement était maintenu et transmis à la société absorbante. Mais en l'occurrence la dette cautionnée était constituée de loyers, dont la naissance était antérieure à la fusion. Dès lors, les créances étant déjà nées au profit de la société absorbée. Aussi sont-elles logiquement transmises, avec le cautionnement qui les couvre, à la société absorbante (v. M.-L. Coquelet, *La transmission universelle de patrimoine en droit des sociétés*, thèse Paris X, 1994, n° 447). S'agissant de dettes présentes, la transmission opère de plein droit et concerne le cautionnement de toutes les obligations nées avant la fusion. En revanche, lorsque la fusion-absorption de la société créancière intervient en présence d'un cautionnement de dettes futures, la logique n'est plus la même. Il faut distinguer le sort de l'obligation de couverture de celui de l'obligation de règlement. Plus précisément la fusion-absorption d'une société créancière bénéficiant d'un cautionnement emporte extinction de l'obligation de couverture de la caution, seule son obligation de règlement des créances nées avant l'opération de fusion subsiste. Cette solution s'explique par la disparition de la personne même du créancier qui entraîne l'extinction du contrat de cautionnement et limite en conséquence l'engagement de la caution aux sommes dues à la date de la fusion. En revanche, en cas de manifestation expresse de volonté de la caution de s'engager envers la société absorbante, l'obligation de la caution est maintenue pour les dettes nées postérieurement à la fusion (Civ. 1re, 28 sept. 2004, *Bull. civ.* I, n° 214 ; *JCP* 2005. I. 114, n° 16, obs. A.-S. Barthez ; *Dr. et patr.* mars 2005, p. 96, obs. D. Porrachia où la Cour a jugé : « en cas de fusion de sociétés, par voie d'absorption d'une société par une autre, l'obligation de la caution qui s'était engagée envers la société absorbée n'est maintenue pour la garantie des dettes nées postérieurement à la fusion que dans le cas d'une manifestation expresse de volonté de la caution de s'engager envers la société absorbante » ; v. égal. Com. 14 mai 2008, *RD banc. fin.* juill. 2008/4, comm. 105, obs. A. Cerles ; Com. 30 juin 2009, *Gaz. Pal.* 13-14 janv. 2010, p. 20, obs. M.-P. Dumont-Lefrand ; *RD banc. fin.* 2009, comm 188, A. Cerles ; Com. 13 sept. 2011, n° 10-21370, *Gaz. Pal.* 22 déc. 2011, p. 19, obs. M.-P. Dumont-Lefrand). La même question s'est posée à l'occasion d'un apport partiel d'actif (l'apport de son fonds de commerce) opéré par le créancier à une autre personne, en l'occurrence une autre banque. Le raisonnement est le même qu'en cas de fusion-absorption : il faut identifier les dettes nées antérieurement à l'apport, seules dues par la caution. Or en l'espèce il s'agissait de créances cédées dans le cadre de cessions de créances professionnelles intervenues en exécution d'une convention-cadre de cession Dailly. La Cour de cassation juge que ces créances n'entrent dans le patrimoine du cessionnaire que lors du contrat d'application (Com. 19 fév. 2013, n° 11-27666, *Gaz. Pal.* 21 mars 2013, p. 21, obs. M.-P. Dumont-Lefrand).

Enfin, dans ces circonstances, *quid* de la garantie de la garantie ? Un récent arrêt a tiré les conséquences de la fusion-absorption du créancier sur la garantie (en l'occurrence un nantissement de compte) dont était assorti le cautionnement. En l'espèce, l'engagement de caution (donné par une banque) était garanti par le nantissement à son profit d'un compte à terme ouvert dans ses livres par la société cautionnée. De surcroît, la banque caution avait accepté de continuer de cautionner, mais à l'égard de la société absorbante, les nouvelles dettes de la société débitrice cautionnée. Suite à la liquidation judiciaire de cette dernière et au paiement par la banque caution de la créance admise, celle-ci avait mis en œuvre le nantissement en débitant le compte de son client. S'en suivit une contestation du liquidateur estimant que le nantissement litigieux ne garantissait pas l'engagement de caution au-delà de la date de fusion-absorption. La Cour lui donne raison en jugeant que *« si la banque a accepté de cautionner à l'égard de la société absorbante de nouvelles dettes de la société C.., ce seul engagement n'a pu, à défaut d'accord de celle-ci ou de son liquidateur, avoir pour effet de transférer la garantie dont était assorti le cautionnement antérieurement consenti en faveur de la société absorbée »* (Com. 16 sept. 2014, n° 13-17779).

C. La société caution

225 Depuis un arrêt du 29 juin 1982 (v. ss 235), la Cour de cassation juge que face à un cautionnement de dettes futures, malgré le principe de transmission universelle du patrimoine, le décès de la caution éteint son obligation de couverture. Ses héritiers ne sont tenus que de payer les dettes nées avant son décès. Cette jurisprudence est-elle transposable à la disparition de la caution personne morale suite à la fusion-absorption de celle-ci ? Dans une décision du 7 janvier 2014, la Cour de cassation a jugé « qu'aux termes de l'article L. 236-3-I du Code de commerce, la fusion entraîne la dissolution sans liquidation des sociétés qui disparaissent et la transmission universelle de leur patrimoine aux sociétés bénéficiaires, dans l'état où il se trouve à la date de la réalisation définitive de l'opération : qu'il s'ensuit qu'en cas d'absorption d'une société ayant souscrit un engagement de sous-caution, la société absorbante est tenue d'exécuter cet engagement dans les termes de celui-ci » (Com. 7 janv. 2014, n° 12-20204, *Dr. et patr.* nov. 2014, p. 106, obs. Ph. Dupichot et A. Aynes ; *JCP* G 2014. Doctr. 435, Étude Ph. Simler ; *JCP* G 2014. 236, H. Hovasse ; *JCP* E 2014. 1033, note D. Legeais ; *D.* 2014. 77, obs. A. Lienhard ; *Gaz. Pal.* 29-30 janv. 2014, p. 13, obs. M. Mignot ; *Gaz. Pal.* 20 mars 2014, p. 15, obs. M.-P. Dumont-Lefrand). La Cour ne se réfère plus explicitement à la distinction entre obligation de couverture et de règlement. Toutefois la formulation retenue suppose de s'intéresser à l'objet de la créance garantie afin de vérifier si les créances litigieuses étaient bien couvertes par la sous-caution et présentes dans son patrimoine.

§ 10 L'extinction par résolution ou annulation de l'obligation principale

A. L'annulation ou la résolution a déjà été prononcée

226 À partir du moment où la sanction, qu'il s'agisse d'une annulation, résolution ou résiliation a été prononcée, l'extinction de l'obligation principale emporte extinction du contrat de cautionnement pour défaut d'objet. De surcroît, la disparition de la dette garantie, prononcée judiciairement, emporte, en principe, par le jeu de la règle de l'accessoire, la disparition des recours du créancier contre la caution. Il s'agit indéniablement d'une exception inhérente à la dette, que le débiteur peut invoquer pour refuser de payer.

Reste alors la question des éventuelles obligations de restitution que l'annulation d'un contrat laisse subsister, qu'il s'agisse d'un contrat isolé de prêt ou d'un contrat plus complexe. L'emprunteur, par exemple, doit restituer la somme empruntée ; le franchisé le matériel mis à disposition. La caution est-elle à cet égard libérée ? La réponse de la jurisprudence est négative. Confirmant une jurisprudence ancienne (Com. 17 nov. 1982, *D.* 1983. 527, note M. Contamine-Raynaud ; *JCP* 1984, II, 20216, note Ch. Mouly où la Cour retient que « le cautionnement en considération duquel le prêt a été consenti subsiste tant que cette obligation (de restitution inhérente au contrat de prêt) valable n'est pas éteinte ; Com. 4 févr. 1986, *D.* 1987, somm. p. 451, obs. L. Aynès), la Cour de cassation a rappelé qu'« au cas où est constatée la nullité d'un contrat successif seule la disparition des obligations nées de ce contrat peut entraîner la disparition du cautionnement, lequel conserve son efficacité à l'égard des obligations subsistantes » (Com. 12 nov. 2008, *RD banc. fin.* 2009/1, comm. 13, note D. Legeais). En l'espèce la cour d'appel aurait dû rechercher si la nullité des contrats éteignait l'obligation de payer les livraisons effectuées et demeurées impayées et si l'obligation de cautionnement y afférente ne demeurait pas valable.

B. L'annulation ou la résolution n'a pas été prononcée

Il ne fait pas de doute que la caution doit pouvoir se prévaloir de la nullité absolue de 227 ■
l'obligation principale, qu'elle soit fondée sur l'illicéité de la cause (Com. 11 janv. 2005, *RD banc. fin.* 2005, comm. 82, obs. D. Legeais à propos de l'aval due lettre de change de complaisance), l'absence de cause objective (Com. 8 févr. 2005, *Bull. civ.* IV, n° 21, p. 24) ou l'immoralité de l'obligation principale, notamment. En revanche, la réponse n'est pas aussi nette en cas de nullité relative. La réponse est guidée par l'article 2313, alinéa 2 du Code civil aux termes duquel la caution « ne peut opposer les exceptions qui sont purement personnelles au débiteur ». Or, jusqu'à 2007, la jurisprudence considérait que la nullité relative et la résolution étaient des exceptions inhérentes à la dette, que la caution pouvait invoquer. La Cour de cassation avait consacré cette solution dès 1988 (Civ. 1re, 20 déc. 1988, *D.* 1989. Jur. 166, note L. Aynès ; *RTD civ.* 1989. 538 obs. J. Mestre et p. 598 obs. M. Bandrac), reconnaissant à la caution la possibilité d'invoquer elle-même les causes de résolution du contrat principal opposables au créancier (Civ. 3e, 11 mai 2005, *Bull. civ.* III, n° 101). De même, la résiliation d'un contrat, certes dépourvue d'effet rétroactif, était également susceptible d'être invoquée par la caution avec cependant certaines restrictions : la caution sera déchargée des obligations nées postérieurement à la résiliation du contrat, mais restera tenue de celles nées postérieurement, restant à la charge du débiteur, et par conséquent toujours garanties par la caution.

Mais, le 8 juin 2007, la haute juridction réunie en chambre mixte a mis un coup d'arrêt à cette interprétation et, distinguant les obligations inhérentes à la dette, de celles personnelles au débiteur, elle a jugé qu'une caution « n'était pas recevable à invoquer la nullité relative tirée du dol affectant le consentement du débiteur principal et qui, destinée à protéger ce dernier, constituait une exception purement personnelle » (Cass., ch. mixte, 8 juin 2007, *Bull. civ.* n° 5). Outre que cette solution a pu sembler remettre en cause la règle de l'accessoire (*v.* « Rubrique pédagogique »), on peut s'interroger sur la portée de cette décision à l'égard d'autres exceptions apparemment personnelles, pourtant jusqu'à présent qualifiées d'inhérentes à la dette. Ainsi, par exemple de l'exception de compensation que la caution, y compris solidaire, pouvait opposer au créancier, certains arrêts n'hésitant pas à la qualifier d'inhérente. Pareillement, il faut se demander si la caution pourra toujours invoquer la résolution de l'obligation principale, quand bien même le débiteur n'aurait pas agi en ce sens.

section 2

L'extinction par voie principale

228 À titre principal, le contrat de cautionnement peut s'éteindre soit en raison de circonstances propres – mais non fautives – liés à la relation caution/créancier (1), soit en raison du comportement fautif du créancier (2).

§ 1 L'extinction indépendante de la faute du créancier

229 Le contrat de cautionnement permet au créancier de disposer d'un garant qui réglera la dette du débiteur principal en cas de défaillance de celui-ci sachant que, la plupart du temps, la caution couvre les dettes futures du débiteur. Or, si la période de couverture de ces dettes futures est épuisée, ou encore si elles naissent dans des circonstances exclues par les parties, la caution ne sera pas tenue. On le voit, le contrat de cautionnement développe deux types d'obligations, mises en lumière par le regretté Christian Mouly dans sa thèse (Ch. Mouly, *Les causes d'extinction du contrat de cautionnement*, Litec, 1979, n° 324 et s.) : l'obligation de règlement et l'obligation de couverture. Or, l'extinction du contrat de cautionnement ne retentit pas de la même manière sur l'une et l'autre. Aussi, les modes d'extinction du contrat de cautionnement doivent-ils être distingués en fonction de la nature de l'obligation issue du contrat selon qu'il s'agit de l'obligation de règlement (A) ou de l'obligation de couverture (B).

A. L'obligation de règlement

230 Comme son nom l'indique, l'obligation de règlement est tout simplement l'obligation de régler la dette garantie. Elle s'impose à la caution pour toutes dettes, dès lors qu'a pris fin l'obligation de couverture. Elle a vocation à disparaître pour les dettes nées postérieurement à l'extinction de cette obligation de couverture. La caution étant personnellement liée au créancier, elle « profite » de tous les modes d'extinction touchant son engagement personnel. Conformément aux termes de l'article 2311 du Code civil, « L'obligation qui résulte du cautionnement s'éteint par les mêmes causes que les autres obligations ». L'obligation de règlement s'éteint donc en cas de *paiement* accompli auprès du créancier, de *remise de dettes* personnellement consentie par le créancier à la caution, de *compensation* avec une obligation dont la caution est créancière à l'égard du créancier ou de *confusion*. Ces différents modes d'extinction de l'obligation de règlement de la caution ne permettent d'éteindre que sa dette, fût-elle accessoire, et en proportion du paiement effectué, partiel ou total. En revanche, celle du débiteur demeure. Il reste tenu et susceptible d'avoir à supporter des recours exercés contre lui. En effet, le principe de l'accessoire ne s'impose que dans un seul sens : si la libération du débiteur a pour effet de libérer la caution (v. ss 203), la

réciproque ne s'applique pas. Même lorsque la caution est libérée, la dette principale du débiteur subsiste. Ceci est lié aux fondements mêmes de l'opération de cautionnement qui suppose une unicité de dettes mais une pluralité de liens. Le créancier supportera une perte de sûreté, mais conservera sa créance à l'égard du débiteur. La question s'est notamment posée dans le contexte d'une procédure collective du débiteur. En l'occurrence, il s'agissait de savoir si la caution pouvait opposer à la banque créancière la nullité du cautionnement malgré l'autorité de la chose jugée attachée à la décision d'admission de la créance. Mais la jurisprudence continue de distinguer le contrat de base du contrat de cautionnement. Ainsi, malgré la chose jugée par l'admission définitive d'une créance à la procédure collective du débiteur principal, la caution du paiement de cette créance peut opposer au créancier toutes les exceptions liées au contrat de cautionnement (Com. 8 juill. 2008, *RD banc. fin.* 2008/5, comm. 137, obs. A. Cerles).

Les intérêts de la caution, tenue au paiement de la dette du débiteur principal au titre de l'obligation de règlement, sont enfin préservés par la mise en œuvre de deux mesures spécifiques. Tout d'abord, l'article 2301 *in fine* du Code civil, modifié par la loi du 29 juillet 1998 relative à la lutte contre l'exclusion prévoit qu'« en toute hypothèse, le montant des dettes résultant du cautionnement ne peut avoir pour effet de priver la personne physique qui s'est portée caution, d'un minimum de ressources ». Cet article s'applique lorsque l'obligation de règlement de la caution est devenue exigible, mais que cette même caution, personne physique, est devenue insolvable. Elle pourra bénéficier d'un « reste à vivre » qui aura pour incidence de limiter le droit de poursuite du créancier, au nom d'impératifs sociaux : toute caution personne physique, qu'il s'agisse d'une caution simple ou solidaire (précision apportée par la Cour de cassation, Com. 31 janv. 2012, n° 10-28.236, *Gaz. Pal.* 28 et 29 mars 2012, p. 17, obs. Ch. Albiges ; *JCP* 2012, 626, n° 10, obs. Ph. Simler ; *RD banc. fin.* 2012, n° 51, obs. D. Legeais) ne peut être tenue au-delà de ce « reste à vivre » qui ne saurait être inférieur à un montant forfaitaire qui intègre notamment les « dépenses de logement, d'électricité, de gaz, de chauffage, d'eau, de nourriture », selon les termes de l'article L. 731-2 du Code de la consommation (ancien article L. 331-2 du même Code). Cette disposition effectue également un renvoi à l'article L. 262-2 du Code de l'action sociale et des familles qui prévoit que ce minimum de ressources correspond au revenu de solidarité active. 231 ■

Ensuite, depuis l'entrée en vigueur de la loi du 1er août 2003, l'article L. 330-1 du Code de la consommation, désormais codifié à l'article L. 711-1, permet aux cautions de bénéficier de la procédure de surendettement des particuliers, soit de manière autonome par rapport à toute procédure visant le débiteur principal cautionné, soit, à l'inverse, lors d'une association à la procédure de surendettement de ce même débiteur. Les conditions inhérentes à la mise en œuvre d'une telle procédure ont vocation à s'imposer : doit notamment être constatée l'impossibilité manifeste pour la caution de faire face à l'ensemble de ses dettes non professionnelles exigibles et à échoir. Conformément à l'exigence énoncée à l'article L. 711-1 alinéa 1er du Code de la consommation, cette caution doit également être une personne physique de bonne foi.

De plus, lorsque la sûreté a été conclue pour cautionner la dette d'un entrepreneur individuel ou d'une société, la loi n° 2008-776 du 4 août 2008 a étendu le domaine d'application de la procédure de surendettement aux cautions également dirigeantes de droit ou de fait de l'entreprise débitrice principale (à propos de cette extension, J. Devèze, « Petites grandeurs et grandes misères de la sollicitude à l'égard du dirigeant caution personne physique », in *Mélanges en l'honneur de Ph. Merle,* Dalloz, 2012, p. 165 ; C. Houin-Bressand, « La caution en difficulté », in *Mélanges en l'honneur de Daniel Tricot,* Litec-Dalloz, 2011, p. 453). C'est à ce titre que la Cour de cassation a confirmé, sous le visa de l'article L. 330-1 alinéa 1er du Code de la consommation précité, texte désormais codifié à l'article L. 711-1 alinéa 3 du même Code, qu'une situation de surendettement pouvait désormais résulter d'une dette de caution en faveur d'une société dont le demandeur était dirigeant (Civ. 2e, 27 sept. 2012, n°s 11-23.285, *CCC* 2012, n° 291, obs. G. Raymond).

B. L'obligation de couverture

232 Présente uniquement dans les cautionnements de dettes futures (sur lesquels, v. ss 176), l'extinction de cette obligation, qui correspond à la période de garantie couverte, peut avoir différentes causes (1) et présenter des effets spécifiques (2).

1. *Une diversité de causes d'extinction de l'obligation de couverture*

233 Lorsque le cautionnement a été souscrit pour une durée indéterminée, l'une des parties peut mettre un terme à la relation par une *dénonciation unilatérale.* Cette faculté se justifie par le principe de prohibition des engagements perpétuels. Le créancier et la caution ont pu, à l'avance, préciser les modalités de cette résiliation unilatérale, notamment en imposant un délai de préavis à respecter. À cet égard, le législateur a prévu que, dans le cadre de son obligation d'information, le créancier devait non seulement notifier tous les ans aux cautions le montant de la dette (v. ss 152 s.), mais aussi indiquer, lorsque justement le contrat de cautionnement est conclu pour une durée indéterminée, la « faculté de révocation à tout moment et les conditions dans lesquelles celle-ci est exercée » selon les termes des articles L. 313-22 du Code monétaire et financier et l'article L. 333-2 alinéa 2 du Code de la consommation. À l'inverse, si le cautionnement a été conclu pour une durée déterminée, singulièrement par application des dispositions consuméristes qui imposent que soit indiquée cette durée (v. ss 123 s.), *l'arrivée du terme* expressément convenu justifie que la caution puisse bénéficier de l'extinction de l'obligation de couverture. Elle ne sera tenue que pour les dettes nées entre le créancier et le débiteur pendant la période antérieure à ce terme durant laquelle aucune résiliation ne sera possible. Contrairement à la prorogation du contrat principal, la reconduction ou le renouvellement de celui-ci ne permettra plus de poursuivre la caution. En effet « la tacite reconduction n'entraînant pas prorogation du contrat principal mais donnant naissance à un nouveau contrat, est justifié le rejet de la demande en paiement par la caution de la somme due au titre d'une tacite reconduction, dès lors que le cautionnement, accessoire au contrat principal, n'avait pas été renouvelé » (Com. 11 févr. 1997, *JCP* 1997, I, 4033, n° 3, obs. Ph. Simler ; v. aussi, M.-E. André, « Le sort des cautions en cas de poursuite de la relation cautionnée », in *Mélanges Ch. Mouly*, Litec, 1998, t. II, p. 265).

234 Indépendamment de toute manifestation de volonté, cette même extinction peut parfois résulter de termes implicites, en raison de différentes circonstances présentes lors de la conclusion du contrat de cautionnement et qui ont ensuite disparu (J.-B. Seube, *Droit des sûretés,* 8e éd., Dalloz, coll. « Cours », 2016, n° 147). La caution de dettes futures s'engage en effet au vu d'un environnement particulier entourant les

conditions de naissance de la dette garantie. Or, si celui-ci est modifié, pourquoi ne pas envisager que cela puisse influer sur son obligation de couverture ? La jurisprudence est toutefois sévère et n'aime pas manier « l'implicite » dès lors que la sécurité juridique est en jeu, surtout lorsqu'il est loisible à la caution, soit de résilier son engagement, soit d'insérer des clauses précises permettant d'anticiper la situation. Aussi, rares sont les circonstances où un terme implicite extinctif est admis. Trois circonstances ont toutefois retenu son attention : le décès de la caution (a), la perte par la caution d'une qualité précise (b), et enfin la modification, voire la disparition de la personne créancière ou débitrice (c).

a. Le décès de la caution

Le cas du décès de la caution a pu être retenu comme un terme extinctif de son obligation de couverture. Aux termes de l'article 2294 du Code civil, « Les engagements des cautions passent à leurs héritiers ». Ces héritiers sont par principe tenus d'exécuter le contrat de cautionnement, sauf s'ils renoncent à la succession ou l'acceptent sous bénéfice d'inventaire. Une difficulté a été rencontrée en la matière : sont-ils aussi tenus des dettes postérieures au décès, notamment pour le solde débiteur d'un compte courant en raison d'opérations effectuées après le décès ? Après avoir considéré que les héritiers restaient débiteurs de ces dettes, la Cour de cassation a modifié sa jurisprudence (Com. 29 juin 1982, *D.* 1983. Jur. 360 ; *RTD civ.* 1983. 354, obs. Ph. Rémy ; *D.* 1983. 360, note Ch. Mouly : H. Capitant, F. Terré, Y. Lequette et F. Chénedé, *Les grands arrêts de la jurisprudence civile,* Tome 2, 13e éd., Dalloz, 2015, p. 773) : ils ne doivent plus désormais supporter une telle charge. Les juges ont validé la distinction doctrinale entre l'obligation de couverture, viagère et non transmise aux héritiers de la caution en dépit de leur qualité d'ayants cause universels, et l'obligation de règlement, qui demeure et leur impose de régler les dettes dès lors qu'elles ont pris naissance avant le décès de leur auteur (M. Farge, « Sûretés personnelles contre sûretés réelles : l'influence limitée du droit de la famille », *JCP* N 2012. 1337). Il a de plus été jugé que la conclusion d'une clause contraire, qui maintiendrait l'obligation de couverture après le décès de la caution, serait susceptible d'être sanctionnée par l'annulation (Com. 13 janv. 1987, *D.* 1987. Somm. 453, obs. L. Aynès). Par ailleurs, le créancier, en l'occurrence très souvent le banquier, ne peut opposer le secret bancaire à l'héritier de la caution désirant connaître les engagements pris par son auteur afin de vérifier quelles sommes exactes étaient couvertes par l'obligation de couverture (Com. 16 déc. 2008, *D.* 2009, *AJ* 163, obs. V. Avena-Robardet). 235 ■

b. La perte par la caution d'une qualité précise

À l'inverse, l'hypothèse de la perte d'une qualité — généralement celle de dirigeant de société — par la caution n'est pas considérée comme éteignant l'obligation de couverture. Celui qui s'est porté caution d'une société, alors qu'il en était le dirigeant, et qui vient à être poursuivi alors qu'il n'est plus en fonction, ne saurait invoquer cette modification de sa situation pour refuser de régler sa dette, au motif que son obligation de couverture aurait pris fin en même temps que ses fonctions. Et cela d'autant plus qu'il avait tout le loisir de résilier son engagement. Sauf à ce que cette circonstance (la qualité de dirigeant) soit entrée dans le champ contractuel (v. Ph. Malaurie et L. Aynès, *Les sûretés, La publicité foncière*, Defrénois, par L. Aynès et P. Crocq, 10e éd., 2016, no 273 ; Com. 28 févr. 1995, *JCP* 1995. I. 3851, obs. Ph. Simler), la sécurité juridique ainsi que l'efficacité de la sûreté conduisent à maintenir 236 ■

l'engagement de la caution, indépendamment de toute évolution de sa qualité (D. Legeais, *Droit des sûretés et garanties du crédit,* 11e éd., LGDJ, 2016, n° 226 ; v. égal. Com. 14 oct. 2008, *RD banc. fin.* nov.-déc. 2008, n° 166, obs. D. Legeais). Le créancier n'est, du reste, pas tenu ni d'une obligation d'information, ni d'une obligation de conseil sur la persistance, faute de novation, des engagements de caution (Com. 29 janv. 2002, *Bull. civ.* IV, n° 21). De même, ni la bonne foi devant régir les relations entre le créancier et la caution, ni le devoir d'information n'imposent au créancier d'avertir l'ancien dirigeant de l'octroi d'un nouveau prêt postérieurement à son départ de la société (Com. 8 janv. 2008, *D.* 2008. AJ. 474, obs. V. Avena-Robardet). Dès lors, dans le cadre d'un cautionnement *omnibus*, ce dernier continuera de garantir les dettes futures tant qu'il n'aura pas expressément révoqué son engagement.

c. La modification ou la disparition de la personne créancière ou débitrice

237 Les situations induisant des changements dans la personne du débiteur ou du créancier ont pu apparaître plus complexes. En cas de modification dans la personne du débiteur, s'il s'agit d'un simple changement de forme sociale, la caution reste *a priori* tenue (v. toutefois, Civ. 1re, 3 mars 1976, *Bull. civ.* I, n° 93). En revanche, si le changement entraîne la disparition de la société débitrice, que ce soit par une cession de contrat, ou une fusion-absorption (v. ss 223), l'obligation de couverture est en conséquence éteinte, la caution n'étant tenue que des dettes nées antérieurement à l'événement provoquant la disparition de la personne morale. En cas de modification dans la personne du créancier, la jurisprudence a paru plus hésitante. Si le cas de la fusion-absorption de la société créancière semble réglé (v. ss 224) et aboutir à la disparition du cautionnement pour les dettes à naître à compter de la fusion, l'hypothèse d'une cession de créance a été plus mouvementée. L'incertitude de la jurisprudence s'est révélée lors d'un changement de créancier en matière de bail d'habitation : la transmission de l'immeuble, et des baux éventuels qui le grèvent, entraîne-t-elle aussi transmission, au bénéfice de celui qui est à la fois le nouveau propriétaire et le nouveau bailleur, du ou des cautionnements qui pouvaient garantir l'obligation de payer les loyers ? Initialement, la Cour de cassation avait répondu par la négative (Com. 26 oct. 1999, *D.* 2000. Jur. 224, note L. Aynès ; *JCP* 2000. II. 10320, note J. Casey ; *Banque et Droit* janv.-févr. 2000, p. 57, obs. N. Rontchevsky ; Ch. Larroumet, « L'acquéreur de l'immeuble loué et la caution du locataire », *D.* 2000. Chron. 155) : « à défaut de manifestation de volonté de la part de la caution de s'engager envers le nouveau bailleur, le cautionnement souscrit auprès du précédent bailleur ne peut être étendu en faveur du nouveau ». Cette solution a suscité un débat animé justifiant une approche différente de la cour d'appel de Rouen (Rouen, 10 déc. 2002, *JCP* 1994. I. 124, obs. Ph. Simler ; *D.* 1996. Jur. 688, note Ch. Larroumet) qui pris le contre-pied de la décision de la Cour de cassation. Elle confirmait que le contrat de cautionnement devait être transmis au bénéfice du nouveau propriétaire. La motivation de cette solution résidait dans le fait que la personne du bailleur demeurait indifférente puisque c'était en considération de la personne du preneur, débiteur principal, et de données objectives telles que celles tenant à l'étendue et aux modalités de la dette, que la caution s'engageait.

Alors même que la chambre commerciale avait décidé de maintenir sa décision (Com. 3 déc. 2003, *RD banc. fin.* 2004, n° 67, obs. A. Cerles), un revirement a été opéré le 6 décembre 2004, l'Assemblée plénière de la Cour de cassation affirmant désormais qu'« en cas de vente de l'immeuble donné à bail, le cautionnement garantissant le paiement des loyers est, sauf stipulation contraire, transmis de plein droit au nouveau propriétaire en tant qu'accessoire de la créance de loyers, cédée à l'acquéreur par l'effet combiné de l'article 1743 et des articles 1692, 2013 et 2015 du Code civil» (Ass. plén. 6 déc. 2004, *D.* 2005. Jur. 227, note L. Aynès et p. 230, note L. Larroumet ; *JCP* 2005. II. 10009, note S. Piedelièvre, *RDC* 200. 406, obs. D. Houtcieff ; *RTD com.* 2005. 404, obs. D. Legeais). La Cour de cassation se fonde en particulier sur l'article 1743 du Code civil, expressément visé, aux termes duquel « Si le bailleur vend la chose louée, l'acquéreur ne peut expulser [...] le locataire qui a un bail authentique ou dont la date est certaine ». La cession du contrat de bail emportant cession de créances, l'acquéreur de l'immeuble devient créancier des sommes dues par le locataire postérieurement à la cession du contrat, sans pouvoir invoquer les manquements du locataire, antérieurs à la vente. Cette transmission de plein droit à l'acquéreur de la créance des loyers à échoir entraîne, en vertu de l'article 1692 du Code civil également visé, la transmission corrélative du cautionnement garantissant le paiement des loyers. En décidant que le cautionnement consenti au bailleur initial est maintenu, et ainsi transmis au nouveau propriétaire de l'immeuble, la Cour de cassation se conforme au principe de l'accessoire mis à mal par l'arrêt du 26 octobre 1999. Il appartient désormais aux cautions de prévoir, à l'avance, une clause qui mette un terme à leur engagement en cas de changement de créancier, quelle qu'en soit la cause. En revanche, le rédacteur d'actes (en l'occurrence un expert-comptable !) doit informer les cédants (en l'occurrence de titres sociaux) de « la persistance de leur engagement de cautions, peu important leur qualité de dirigeant ou d'associé au sein d'autres sociétés » (Com. 4 déc. 2012, n° 11-27454, *Dr. et patr.* fév. 2013, n° 22, chron. 85, obs. Ph. Dupichot).

2. *Les effets de l'extinction de l'obligation de couverture*

Dès lors que l'une des circonstances relevées assure l'extinction de l'obligation de couverture, le contrat de cautionnement disparaît pour l'avenir. La caution n'est plus tenue par d'éventuelles obligations susceptibles de naître ultérieurement et, seule subsiste l'obligation de règlement, pour le passé. C'est à ce titre qu'il a été jugé qu'une caution ne pouvait garantir le recouvrement d'une indemnité d'occupation d'un logement, postérieure à la résolution d'un contrat de bail (Civ. 3e, 30 oct. 2012, n° 11-23717 ; *Gaz. Pal.* 12 et 13 déc. 2012, p. 16, obs. Ch. Albiges). L'application de cette règle a pu être délicate notamment dans deux types de situations. En présence d'une clause établissant un délai contractuel d'action contre la caution, et en matière bancaire. **238**

En premier lieu, il n'est pas rare que dans un cautionnement la durée pendant laquelle le créancier pourra agir contre la caution soit conventionnellement limitée. Auquel cas, ce qui est en cause est bien l'obligation de règlement de la caution. Cette stipulation qui peut se rencontrer aussi bien dans un cautionnement de dettes présentes que de dettes futures interroge alors sur la nature de ce délai conventionnel d'action : prescription ou forclusion ? La Cour de cassation a jugé que *« la clause par laquelle la caution était engagée pour la durée du prêt prolongée de deux années pour permettre à la banque d'agir contre elle au titre de son obligation de règlement, avait pour objet de fixer un terme à cette action, ce dont il résulte que le délai imposé à la banque était un délai de forclusion et non de prescription »* (Com. 26 janv. 2016, n° 14-23285). Mais tout dépend de la rédaction de la clause. Dans une espèce plus récente où le contrat précisait simplement être *« valable pour la durée du prêt plus deux ans, à l'expiration de laquelle la caution sera délivrée de tous engagements envers la banque»*, la Cour de cassation en a déduit que *«l'acte de cautionnement ne comportait aucune disposition restreignant dans le temps le droit de poursuite du créancier»* et que ce qui était en cause était exclusivement l'obligation de couverture. Dès lors elle conclut que *«le fait que le créancier n'ait introduit son action que postérieurement à la date limite de l'engagement de caution était sans incidence sur l'obligation de la caution dès lors que la dette du débiteur était antérieure à cette date limite»* (Civ. 1re, 22 juin 2016, n° 15-19993, *Gaz. Pal.* 29 novembre 2016, n° 42, obs. M.-P. Dumont-Lefrand).

En second lieu, la question s'est posée en matière bancaire, lors du cautionnement du solde, éventuellement débiteur, d'un compte courant, lequel porte par essence sur des dettes futures. On s'est en effet interrogé sur le montant exact, garanti par la caution. Il faut distinguer deux situations selon que le contrat de cautionnement est à durée déterminée ou indéterminée, sachant qu'en tout état de cause la dette garantie n'est exigible qu'à la clôture du compte (Com. 13 déc. 2016, n° 14-16037, *Gaz. Pal.* 21 févr. 2017, n° 8, obs. M.-P. Dumont-Lefrand). La caution ne pourra donc être poursuivie qu'à ce moment-là. Pour autant, elle ne sera pas liée par le montant du solde définitif lors de cette clôture. Dans la première hypothèse, la caution couvre la dette qui apparaît lors de l'arrivée du terme. Celle-ci met fin à l'obligation de couverture pour l'avenir, tout en maintenant son obligation de règlement pour le passé. Même s'il faut attendre la clôture du compte pour poursuivre la caution, elle est seulement tenue de régler le montant du solde provisoire débiteur existant au moment de l'arrivée du terme, lequel représente la dette principale du banquier contre son client. Dans la seconde hypothèse, la caution dispose d'une faculté de résiliation unilatérale. Dès lors, ce sera à la date de cette résiliation que cessera son obligation de couverture. Les dettes nées après celle-ci ne sauraient être garanties par la caution, qui ne couvre, *a priori*, que le montant du solde provisoire, éventuellement débiteur, existant au moment de l'exercice de cette faculté. Toutefois, ce principe subit des atténuations liées au principe de l'indivisibilité du compte courant.

239 D'abord, la caution garantit les créances figurant au différé du compte courant, le jour de la résiliation de son engagement. Ainsi, par exemple, la banque pourra contrepasser des effets escomptés avant la révocation de son engagement par la caution et revenus impayés après. Cela est possible parce qu'ils figuraient déjà au débit du différé du compte courant alors que l'obligation de couverture de la caution n'avait pas encore pris fin. Cette contre-passation viendra accroître l'engagement de la caution. À l'inverse des chèques remis à l'encaissement avant la résiliation du cautionnement et encaissés après viendront diminuer l'engagement de la caution car leur montant était déjà en attente au crédit du différé du compte courant.

240 Ensuite, puisqu'en vertu de l'article 2290, alinéa 1er du Code civil, la caution ne peut être tenue davantage que le débiteur principal, elle doit pouvoir opposer au créancier toutes les circonstances qui diminuent la dette du débiteur : c'est la question épineuse de l'imputation des remises subséquentes ou la fameuse théorie des « avances nouvelles ». Ainsi, le solde provisoire débiteur existant au moment de la révocation de son engagement par la caution constitue un plafond au-delà duquel elle ne peut être tenue. Et, tout ce qui diminue l'engagement du débiteur principal depuis la résiliation du cautionnement jusqu'à la clôture du compte doit bénéficier à la caution. Ce principe, simple en apparence, a toutefois donné lieu à de nombreuses incertitudes. En effet, comment trier, parmi les remises subséquentes à la résiliation du cautionnement celles qui viennent éteindre le solde débiteur provisoire, alors que le principe du fonctionnement d'un compte courant est que les créances réciproques se servent mutuellement de garantie (v. R. Bonhomme, *Instruments de paiement et de crédit*, 11e éd., 2015, LGDJ, n° 480). Par ailleurs, ces remises postérieures ne sont pas nécessairement destinées à payer les remises antérieures en sens inverse. Il se peut même que le banquier consente ces avances nouvelles au regard des futures entrées au crédit. Ces différents obstacles n'ont pas fait vaciller la Cour de cassation qui a choisi la solution de la simplicité : « D'une part, les cautions bénéficient des remises faites par le débiteur principal et, d'autre part, elles ne peuvent être tenues en raison des avances accordées par la banque à ce même débiteur, après révocation de leur engagement de caution » (Com. 15 mars 1977, *RTD com.* 1977. 561, obs. M. Cabrillac et J.-L. Rives-Langes ; Civ. 1re, 20 déc. 1983, *Bull. civ.* I, n° 306 ; Civ. 1re, 28 oct. 1997, *Bull. civ.* I, n° 296, *D.* 1998. 552, note D. Boccara). Ainsi, toutes les inscriptions faites au crédit après la révocation de son engagement par la caution lui bénéficient et viennent diminuer son engagement, tandis que toutes celles faites au débit lui sont indifférentes puisqu'il s'agit d'avances nouvelles qui ne sont pas couvertes par son engagement. Il pourrait donc arriver que les remises postérieures au crédit du compte soient telles que l'obligation de règlement de la caution prenne fin, alors même que le solde provisoire, lors de la résiliation, était débiteur.

Cette solution est préjudiciable pour les banques qui ont tout intérêt à rechercher d'autres procédés pour écarter la rigueur de cette jurisprudence. Certaines ont convenu avec le débiteur que les remboursements ne seraient pas enregistrés en compte courant et ne diminueraient pas le solde débiteur cautionné. Ces pratiques ont été invalidées car elles portaient atteinte au principe d'affectation générale des créances en compte interdisant, sauf convention d'affectation spéciale, d'isoler certaines opérations. D'autres ont alors tenté, suivant en cela la pratique bancaire du « compte-*bis* » utilisée en cas de procédure collective, d'ouvrir un compte différent sur lequel seraient enregistrées les opérations nouvelles. Mais, la Cour de cassation a estimé qu'il s'agissait d'une fraude portant atteinte aux droits de la caution (Com. 3 avr. 1978, *JCP* 1980. II. 19325, note Ph. Simler). En réalité, la meilleure solution réside dans la négociation de nouvelles sûretés. À défaut, le banquier n'a pas d'autre choix que de clôturer le compte le plus rapidement possible pour éviter que les remises subséquentes ne s'accumulent, au bénéfice de la caution, et à son détriment. Enfin, la gestion des risques par le contrat, par l'anticipation rédactionnelle, est aussi une solution possible, même si la jurisprudence opère une sélection parmi les clauses envisageables. Ainsi refuse-t-elle les clauses d'exigibilité immédiate du solde provisoire à l'encontre de la caution, qu'elle juge contraire à l'article 2290, alinéa 1er du Code civil (Com. 20 juin 1995, *D.* 1996. Jur. 426, note É. Bazin), alors qu'elle valide celle selon laquelle la caution reste tenue du solde existant au jour de la clôture du compte dans la limite du solde provisoire fixé au jour de la révocation (Com. 12 févr. 1991, *Bull. civ.* IV, n° 62 ; *JCP* 1991. II. n° 21740, note L. Amlon ; *D.* 1991. Somm. 387, note L. Aynès). De telles clauses ont toutefois été critiquées par certains auteurs (M. Cabrillac, « Obligation de couverture, obligation de règlement et cautionnement du solde du compte courant », *in Mélanges Ch. Mouly*, Litec, 1998, n° 18, p. 298 ; Ph. Simler, *Cautionnement et garanties autonomes*, Litec, 5e éd., 2015, n° 818).

§ 2 L'extinction liée à la faute du créancier

241 Le comportement fautif du créancier peut justifier le recours à un mécanisme relevant du droit de la consommation, la disproportion (v. ss 94 s.), ainsi qu'à un autre, spécifique au contrat de cautionnement, le bénéfice de subrogation. Qualifié également de « bénéfice de cession d'actions » de son nom d'origine latine, ce bénéfice correspond à une cause spécifique d'extinction du cautionnement à titre principal. L'article 2314 du Code civil prévoit en effet que « La caution est déchargée, lorsque la subrogation aux droits, hypothèques et privilèges du créancier, ne peut plus, par le fait de ce créancier, s'opérer en faveur de la caution ». Son alinéa 2 ajoute que : « Toute clause contraire est réputée non écrite ». Il convient de ne pas effectuer de contresens sur la formule « bénéfice de subrogation ». Quand la caution paye le créancier, elle est subrogée dans ses droits et peut se faire rembourser par le débiteur principal en application de l'article 2305 du Code civil (v. ss 192). Elle peut, à cet effet, utiliser les voies et privilèges dont bénéficiait le créancier et même avoir accepté de souscrire un cautionnement en fonction des autres sûretés antérieurement conclues, en sachant pouvoir y être subrogées. À l'inverse, la caution invoque le bénéfice de subrogation, on devrait dire de « non-subrogation », lorsqu'à cause du comportement fautif du créancier, elle ne peut être subrogée dans ses droits (sur l'incertitude du fondement du mécanisme, qu'il s'agisse de la responsabilité, de la cause, du devoir de bonne foi et de considérations d'équité, Ph. Malaurie et L. Aynès *Les sûretés, La publicité foncière*, par L. Aynès et P. Crocq, *op. cit.*, n° 281 ; D. Houtcieff, « Contribution à une théorie du bénéfice de subrogation de la caution », *RTD civ.* 2006. 191 et s.). Elle en argue alors pour pouvoir être libérée de son engagement. La caution ne s'étant engagée que dans l'optique des sûretés auxquelles elle sera subrogée pour étayer son action récursoire, il est logique que l'impéritie du créancier la libère.

242 Contrairement aux bénéfices de discussion et de division, d'une nature différente, celui de subrogation peut être invoqué par toutes les cautions, y compris celles engagées solidairement comme l'a confirmé récemment la Cour de cassation (Com. 9 avril 2013, n° 12-14596, *JCP* E 2013. 1454, n° 8, obs. J.-B. Seube ; *RD banc. fin.* 2013, comm. 87, obs. D. Legeais ; Ch. Albiges, « Recours au bénéfice de subrogation et engagement solidaire de la caution «, *RLDA* juin 2013, p. 27), à l'exclusion des personnes tenues de garantir la dette d'un tiers (sur la non-application du droit du cautionnement au « cautionnement réel », v. ss 44 s.). Sa mise en œuvre suppose le respect de diverses exigences relatives aux créances garanties (A), au comportement du créancier (B) et enfin au préjudice subi (C). Toutefois, au plan procédural, le bénéfice de subrogation ne peut fonder une demande en garantie. Il ne peut être opposé par la caution qu'au créancier poursuivant ou à celui qui lui est subrogé (Com. 11 déc. 2007, *RD banc. fin.* 2008/1, comm. 5).

A. Une créance garantie par un « droit préférentiel »

243 La créance affectée devait être garantie par des « droits, hypothèques et privilèges » qui devaient exister avant la conclusion du cautionnement. Un tempérament a été retenu par la jurisprudence, qui a admis le recours au bénéfice de subrogation à l'égard de droits que le créancier s'était engagé à constituer (Com. 25 janv. 1994, *RTD civ.* 1994. 905, obs. M. Bandrac ; *D.* 1996. Somm. 268, obs. L. Aynès ; Com. 8 oct. 2003,

LPA 17 mai 2004, p. 5, obs. D. Houtcieff; Com. 2 oct. 2012, n° 11-23281, *Gaz. Pal.* 13 déc. 2012, p. 17, obs. M.-P. Dumont-Lefrand où la Cour juge qu'une caution omnibus ne peut reprocher à son créancier de ne pas avoir souscrit de nantissement postérieurement à son engagement – à l'occasion d'un nouveau crédit octroyé probablement au regard de l'étendue de l'engagement de la caution – en l'absence de croyance légitime en ce sens). À l'inverse, il a été jugé que la caution ne pouvait invoquer le bénéfice de subrogation en cas de perte de droits préférentiels acquis ou constitués par le créancier postérieurement à l'engagement de caution (Civ. 1re, 17 oct. 1995, *JCP* 1995. 2561, obs. Ph. Simler; *D.* 1996. Somm. 268, obs. L. Aynès; V. toutefois, Com. 14 janv. 2014, n° 12-21389, *JCP* G 2014. Chron. 635, p. 1081, obs. Ph. Simler où la Cour juge que « la banque devait tout mettre en œuvre pour alléger le poids de la dette garantie » en reprochant à la banque de ne pas avoir pris de sûreté judiciaire au moment où les difficultés de la société cautionnée sont survenues, soit deux ans après la souscription du cautionnement).

Conformément à la formule retenue dans le texte, il s'agit plus précisément de « droits, hypothèques et privilèges ». L'on considérait traditionnellement que ces trois termes recouvraient la notion de « droit préférentiel » au sens large. Les juges ont en ce sens reconnu la mise en œuvre de ce bénéfice non seulement pour des droits réels de préférence, qu'il s'agisse d'hypothèques, de gages ou de privilèges, mais aussi, plus généralement, pour des droits exclusifs qui permettent au créancier de ne pas subir la loi du concours, comme lors de la conclusion d'une clause de réserve de propriété ou la mise en œuvre d'un droit de rétention (Com. 25 nov. 1997, *D.* 1998. Jur. 232, note J. François; *JCP* 1998. I. 149, n° 6, obs. Ph. Simler; *Banque et Droit* janv.-févr. 1999, p. 49, obs. F. Jacob; E. Cordelier, « À propos de l'article 2037 du Code civil, observations sur le droit préférentiel », *RTD com.* 2004. 667 et s.). La chambre commerciale notamment, a jugé « que la caution est déchargée lorsque la subrogation dans un droit exclusif ou préférentiel conférant un avantage particulier au créancier pour le recouvrement de sa créance ne peut plus, par le fait de ce créancier, s'opérer en faveur de la caution » (Com. 3 mai 2006, *D.* 2006. Jur. 1693, note D. Houtcieff; *JCP* E 2006, note D. Legeais; V. égal. Com. 15 juin 2011, n° 10-13537 et 10-13538, *Gaz. Pal.* 22 déc. 2011, p. 17, obs. M.-P. Dumont-Lefrand où la Cour juge qu'un droit de propriété est un droit préférentiel au sens de l'art. 2314 C. civ. à propos d'un contrat de crédit-bail: « le droit de la Soguafi de revendiquer les biens loués au crédit-preneur constitue un droit préférentiel au sens de l'art. 2314 C. civ. »; Com. 9 avr. 2013, n° 12-14596, *Dr. et patr.* 2013 , p. 92, obs. Ph. Dupichot où la Cour juge que la caution, peu important que son engagement soit simple ou solidaire, est fondé à invoquer l'art. 2314 C. civ. sous réserve qu'elle dispose d'un recours subrogatoire. En effet, si la caution a perdu la possibilité d'exercer un recours en contribution contre son cofidéjusseur, elle peut être libérée; V. égal. sur la même question: Com. 4 nov. 2014, n° 13-23210, *Gaz. Pal.* déc. 2014, p. 21, obs. M.-P. Dumont-Lefrand). Aussi, malgré cette dernière formulation, l'on considérait que le bénéfice de subrogation supposait la perte d'un droit préférentiel (V. Com. 27 sept. 2016, n° 14-18282 et Com. 2 nov. 2016, n° 15-12491, *D.* 2017. 147, note M.-P. Dumont-Lefrand où la Cour juge que le défaut de notification d'une cession Dailly ne constitue pas la perte d'un droit préférentiel conférant un avantage particulier au créancier pour le recouvrement de sa créance, justifiant la décharge de la caution sur le fondement de l'art. 2314 C. civ.), c'est-à-dire d'un droit s'ajoutant au droit de gage général reconnu à tout créancier, et qui aurait facilité l'action de la caution contre le débiteur. Mais la Cour de cassation a encore ouvert le champ d'application du texte aux cautions qui ont tenté, avec succès, de l'invoquer en cas de défaut de déclaration de créance par le créancier suite à la procédure collective du débiteur cautionné.

244 Depuis que la sanction du défaut de déclaration de créance n'est plus l'extinction de celle-ci mais la non-admission du créancier dans les répartitions et dividendes, la nature de la sanction a changé. D'exception inhérente à la dette, elle est devenue personnelle au débiteur, et les cautions n'ont plus pu l'invoquer pour refuser de payer puisque seul le droit de poursuivre le débiteur est paralysé. C'est alors qu'elles ont invoqué la possibilité de se prévaloir du bénéfice de subrogation de l'article 2314 du Code civil, et de la déchéance qu'il prévoit, dans l'hypothèse où le créancier a omis de déclarer sa créance.

Dans un arrêt du 12 juillet 2011 (n° 09-71113 ; v. *Gaz. Pal.* 2011, p. 15, obs. M.-P. D.-L. ; *RLDC* oct. 2011, p. 32, obs. J.-J. Ansault ; *Defrénois* 2012, art. 40390, obs. S. Cabrillac ; *D.* 2011. 1894, obs. A. Lienard ; *Dr. et patr.* 2012, n° 211, p. 84, obs. Ph. Dupichot ; *RTD civ.* 2011. 782, obs. P. Crocq), la Cour de cassation avait répondu positivement en évoquant les répartitions à propos de la perte d'un droit préférentiel. Puis elle a jugé, dans un arrêt remarqué du 19 février 2013 (Com. 19 févr. 2013, n° 11-28423, *Dr. et patr.* juill. 2013, p. 62, obs. A. Aynes ; *RDC* 2013. 1454, obs. A.-S. Barthez ; *RTD civ.* 2013. 416, obs. P. Crocq ; *Gaz. Pal.* 20-21 mars 2013, p. 20, obs. M.-P. Dumont-Lefrand ; LEDC 2 avril 2013, n° 4, p. 2, obs. N. Leblond ; *D.* 2013. 565, obs. A. Lienhard ; *RLDC* avr. 2013, p. 34, obs. G. Marraud des Grottes ; *Banque et Droit* mai-juin 2013, n° 149, p. 44, obs. E. Netter ; *JCP* E 2013. 1216, n° 7, obs. Ph. Pétel), au visa des articles 2314 C. civ. et L. 626-26 al. 1er C. com., que : *« lorsque le créancier a omis de déclarer sa créance, peu important la nature de celle-ci, la caution est déchargée de son obligation si cette dernière avait pu tirer un avantage effectif du droit d'être admise dans les répartitions et dividendes, susceptible de lui être transmis par subrogation »*. Il apparaît donc que la perte d'un simple avantage effectif est assimilée à la perte d'un droit préférentiel. Enfin, par un arrêt du 3 juillet 2013 (Civ. 1re, 3 juill. 2013, n° 12-21126 ; *APC* 2013, n° 212, obs. M.-P. Dumont-Lefrand ; *Dr. et patr.* févr. 2014, p. 62, obs. Ph. Dupichot ; *RLDC* oct. 2013, obs. Ch. Gijsbers ; *Banque et Droit* sept.-oct. 2013, n° 151, p. 51, obs. F. Jacob ; *JCP* G 2013. Doctr. 1256, n° 6, obs. Ph. Simler), la Cour a abandonné toute référence à un quelconque « avantage effectif » pour proclamer que *« le droit de participer aux répartitions et dividendes constitue un droit préférentiel »* (V. égal. Com. 16 sept. 2014, n° 13-19040, *Gaz. Pal.* déc. 2014, p. 21, obs. M.-P. Dumont-Lefrand). Même si le texte de l'article 2314 du Code civil vise les « droits », on peut s'étonner de cette jurisprudence qui qualifie de droit préférentiel ce droit de participer aux dividendes alors que la créance litigieuse ne confère à son titulaire ni droit de préférence, ni droit exclusif. De surcroît, on pourrait s'interroger sur le caractère exclusif de la faute du créancier dans la mesure où la caution elle-même n'a pas déclaré sa créance de recours personnel avant paiement au titre de l'article 2309 du Code civil. Il semblerait que les cautions aient le soutien de la Cour de cassation.

B. Le comportement du créancier

245 La mise en œuvre du bénéfice de subrogation suppose ensuite que le « fait du créancier », plus précisément son inaction, a laissé dépérir les autres sûretés, même en partie. La perte des sûretés doit être liée à un « fait exclusif » du créancier, qu'elle résulte d'une action positive ou d'une abstention.

Une première difficulté rencontrée a résidé dans la détermination de la notion de « fait exclusif » du créancier. La simple négligence a pu suffire. La caution ne peut invoquer le bénéfice de subrogation dès lors qu'il ne s'agit pas d'un tel fait imputable au créancier (Com. 25 nov. 2008 et Com. 9 déc. 2008, *RD banc. fin.* 2009/1, comm. 7, obs. D. Legeais). Si, à l'inverse, la perte du droit préférentiel n'est pas liée à un tel comportement, la Cour de cassation a jugé que la caution ne pouvait invoquer le bénéfice de subrogation, le créancier bénéficiant alors d'une décharge totale de toute obligation. Il en est ainsi lorsqu'une promesse d'hypothèque a été conclue par le créancier. L'efficacité de la sûreté réelle ne dépend pas uniquement du créancier, mais aussi et surtout du promettant, aucune faute ne pouvant être reprochée à la caution (Civ. 1re, 19 nov. 2009, *RD banc. fin.* 2010, comm. 4, obs. A. Cerles ; *Gaz. Pal.* 14 janv. 2010, p. 18, obs. M.-D. Dumont-Lefrand). Un raisonnement similaire a été retenu lorsque le défaut d'inscription d'une sûreté – en l'occurrence un nantissement de matériel - a résulté de la carence de la caution qui n'avait pas fourni des documents promis, non du fait exclusif du créancier (Com. 6 juill. 2010, *Rev. proc. coll.* sept. 2010, n° 178, obs. F. Pérochon ; *Gaz. Pal.* 9 sept. 2010, p. 22, obs. M.-D. Dumont-Lefrand ; *RTD com.* 2011, p. 163, obs. A. Martin-Serf ; *RD banc. fin.* 2010, comm. 215, obs. D. Legeais). De même, la Cour a jugé que le défaut d'opposition du créancier à la suite de la fusion-absorption de la société cautionnée n'est pas une faute du créancier au sens de « fait exclusif ». Si cette absence d'opposition est à l'origine de la privation des droits préférentiels accordés en vertu de l'art. L. 236-14 C. com., il n'en demeure pas moins que le pouvoir d'ordonner le remboursement des créances ou la constitution de garanties est entre les mains du juge saisi de l'opposition, et que l'alternative offerte au juge dépend elle-même des capacités financières et de garantie de la société absorbante (Com. 16 oct. 2012, n° 11-23703, *Gaz. Pal.* 13 déc. 2012, p. 17, obs. M.-P. Dumont-Lefrand).

Plus récemment, la Cour de cassation s'est interrogée sur le comportement d'un créancier nanti sur le fonds de commerce (et bénéficiant par ailleurs d'un cautionnement) qui, à la suite du redressement judiciaire de l'emprunteur (le prêt nanti avait servi au financement du fonds) a déclaré ses créances, à titre échu privilégié, une ordonnance définitive prononçant leur admission. En l'espèce, le tribunal avait arrêté un plan de cession fixant la quote-part du prix revenant à la banque et rejetant la demande de transfert du nantissement sur le cessionnaire. La caution qui invoquait sa décharge en reprochant à la banque sa déclaration de créance eut gain de cause. La Cour juge qu'en déclarant sa créance à titre échu, le créancier s'est privé du bénéfice du transfert légal de la charge du nantissement de l'ancien art. L. 621-96 al. 3 C. com., empêchant de ce fait la caution de la possibilité d'être subrogée dans les droits de ce créancier. Alors que les juges du fond se fondaient sur l'autorité de la chose jugée liée à l'admission de la créance, ne voyant pas dans la décision du créancier un « fait exclusif », la Cour de cassation identifie la faute du créancier en amont, en l'occurrence la déclaration de créance à titre échu, constitutive d'un « fait exclusif » (Com. 3 juill. 2012, n° 11-21831, *Gaz. Pal.* 20 sept. 2012, p. 21, obs. M.-P. Dumont-Lefrand).

Une seconde difficulté a concerné l'appréciation judiciaire à retenir à l'égard de la faculté, conférée au créancier, d'exercer un droit ou de laisser dépérir une sûreté : le créancier qui n'exerce pas une faculté dont il dispose légalement ou conventionnellement est-il fautif ? Une divergence est apparue en jurisprudence entre deux chambres de la Cour de cassation : la première chambre civile considérait que le créancier ne commettait pas de faute s'il n'exerçait pas cette faculté et devait demeurer libre de demander ou non l'attribution judiciaire du gage (Civ. 1re, 22 mai 2002, *D.* 2002. Somm. 3336, obs. L. Aynès). En d'autres termes, la faculté de cumuler des sûretés différentes ne devait pas être la source d'une contrainte. À l'inverse, la chambre commerciale a jugé que l'abstention du créancier, qui prive la caution d'un droit, devait être considérée comme fautive (Com. 13 mai 2003, *Banque et Droit* juill.-août 2003, p. 61, obs. N. Rontchevsky, *JCP* 2003. I. 174, n° 15, obs. M. Cabrillac ; *RD banc. fin.* 2003, n° 181, obs. D. Legeais ; *RD banc. fin.* 2003, n° 192, obs. F.-X. Lucas ; *D.* 2004. Somm. 52, obs. P.-M. Le Corre ; *LPA* 24 nov. 2003, p. 10, obs. D. Houtcieff), accréditant l'idée suivant laquelle la faculté du créancier doit se transformer en obligation, dès lors que la caution y trouve un intérêt. Un arrêt de chambre mixte, qui avait l'occasion de mettre un terme à cette divergence jurisprudentielle, n'a pas apporté de réponse précise en la matière (Ch. mixte, 10 juin 2005, *D.* 2005. Jur. 1773, obs. X. Delpech ; *D.* 2005. 2020, note S. Piedelièvre ; *RD banc. fin.* 2005, n° 123, obs. D. Legeais ; *RDC* 2005. 1136, obs. D. Houtcieff).

Ultérieurement, la chambre commerciale a confirmé sa position (Com. 3 mai 2006, *D.* 2006. Jur. 1693, note D. Houtcieff ; *Defrénois* 2006. 1386, obs. S. Piedelièvre ; *JCP* 2006. I. 195, n° 7, obs. Ph. Simler ; *JCP* E 2006. 2061, note D. Legeais) : en l'espèce, un prêt avait été consenti à une société afin de financer l'acquisition de biens et de droits immobiliers. Ce prêt était garanti par une cession des loyers échus ou à échoir, conditionnée par le non-paiement d'une échéance, mais aussi par un cautionnement solidaire souscrit par une personne physique. La société débitrice étant mise en liquidation judiciaire, le prêteur sollicita la caution dans le but d'obtenir le paiement des sommes restant dues. La caution invoqua l'application de l'article 2314 du Code civil, argument retenu par la Cour de cassation selon laquelle la cession conditionnelle des loyers dus à l'emprunteur à compter du non-paiement d'une seule échéance correspond aux « droits » visés par l'article 2314 du code civil. Dès lors, l'abstention du prêteur pour exercer ce droit était constitutive d'un comportement fautif au titre de ce même texte. Cette décision tend à consacrer un principe général d'interdiction pour le créancier de nuire aux intérêts de la caution, au nom d'une vision qui a pu être qualifiée de « quasi solidariste » des relations entre les parties au contrat de cautionnement (S. Piedelièvre, obs. sous Com. 3 mai 2006, *préc.*).

246 Afin d'assurer une harmonisation des décisions au sein de la Cour de cassation, une chambre mixte a enfin été constituée pour clarifier la solution à retenir. En l'espèce, un contrat de cautionnement avait été conclu pour garantir les dettes d'exploitation d'un fonds de commerce et, le même jour, la société créancière avait également pris sur le fonds une inscription provisoire de nantissement. La publicité provisoire ne fut jamais confirmée par une inscription définitive. Face à cette inaction du créancier, la caution, qui ne pouvait plus bénéficier de la présence de cette sûreté réelle, invoqua le bénéfice de subrogation. Alors que le créancier n'avait pas pris l'engagement de rendre définitif le nantissement judiciaire conservatoire, l'argument est retenu par la Cour de cassation qui juge que : « le créancier qui, dans le même temps, se garantit par un cautionnement et constitue une sûreté provisoire s'oblige envers la caution à rendre cette sûreté définitive » (Ch. mixte, 17 nov. 2006, *Banque et Droit* janv.-févr. 2007, p. 47, obs. F. Jacob ; *RD banc. fin.* 2007, n° 5, obs. A. Cerles ; *JCP* E 2006. 2775, note D. Houtcieff). Cette décision privilégie la position adoptée par la chambre commerciale : la faculté offerte au créancier de confirmer l'efficacité d'une sûreté devient désormais une obligation. Il semblerait que le créancier ne puisse plus se borner à agir dans son strict intérêt personnel, mais qu'il doive, sur le fondement de la bonne foi contractuelle, prendre aussi en compte les intérêts de la caution. Une nuance doit toutefois être apportée car les termes utilisés par la Cour de cassation limitent la mise en œuvre du bénéfice de subrogation aux seules sûretés initialement provisoires, qui doivent être confirmées pour devenir définitives, par un comportement actif du créancier jugé fautif. Mais depuis, la première chambre civile de la Cour de cassation a jugé qu'un établissement de crédit, bénéficiaire du privilège du prêteur de deniers, qui avait omis d'inscrire ce privilège avait commis une faute. Aussi, la caution a-t-elle pu invoquer sa décharge au titre du bénéfice de subrogation, avec succès, indépendamment de toute référence à sa « croyance légitime » dans le fait que le créancier prendrait cette garantie (Civ. 1re, 3 avr. 2007, *JCP* 2007. I. 158, n° 13, obs. Ph. Simler ; *D.* 2007. Jur. 1572, note D. Houtcieff ; *JCP* E 2007. 1700, note D. Legeais ; *Banque et Droit* mai-juin 2007, n° 60, obs. N. Rontchevsky). Ainsi une simple faculté se convertit à nouveau en une obligation dès lors qu'il y va de l'intérêt de la caution, et non pas de celui du seul créancier (V. aussi, Com. 17 févr. 2009, *D.* 2009. *AJ.* 625, obs. V. Avena-Robardet). Cette interprétation de l'article 2314 du code civil lui donne enfin tout son sens dans la mesure où sa raison d'être recouvre l'hypothèse d'une pluralité de sûretés. Comme ont pu le relever les différents commentateurs de l'arrêt rendu le 3 avril 2007, ce texte crée une obligation pour le créancier de conserver et d'exercer ses « droits, hypothèques et privilèges » (v. toutefois, Com. 19 déc. 2006, *D.* 2007. 369, obs. V. Avena-Robardet où la Cour a jugé que l'inscription d'un gage automobile demeurait une simple faculté pour le créancier).

C. Le constat d'un préjudice

Même s'il ne s'agit pas d'un mécanisme de responsabilité civile, les juges ont 247
considéré que la caution n'était déchargée qu'à concurrence de son préjudice, ce qui suppose que son existence soit démontrée. Est-il nécessaire que la caution établisse la présence d'un tel préjudice ?

Sur la nécessité de l'existence d'un préjudice, celle-ci ne fait aucun doute : par principe, le bénéfice de subrogation sera improductif s'il est démontré que la perte du droit invoqué est sans conséquence. La question a notamment été posée par des cautions qui ont invoqué l'article 2314 du Code civil en cas de défaut de déclaration par le créancier, à la procédure collective de son débiteur, d'une créance chirographaire (v. ss 215). On aurait pu penser que le droit de gage général du créancier chirographaire n'est pas un « droit préférentiel », la perte d'un recours subrogatoire permettant de participer aux répartitions lorsque l'on est créancier chirographaire ne semblant pas une... lourde perte. Mais la Cour de cassation vient de juger, contrairement à la vision réductrice ci-dessus évoquée, que « lorsque le créancier a omis de déclarer sa créance, peu important la nature de celle-ci, la caution est déchargée de son obligation si cette dernière avait pu tirer un avantage effectif du droit d'être admise dans les répartitions et dividendes, susceptible de lui être transmis par subrogation » (Com. 19 févr. 2013, n° 11-28423, *Gaz. Pal.* 21 mars 2013, p. 20, obs. M.-P. Dumont-Lefrand, confirmant Com. 12 juill. 2011, n° 09-71113, *D.* 2011. 1894, obs. A. Lienhard ; *RTD civ.* 2011. 782, obs. P. Crocq ; *RTD com.* 2011. 625, obs. D. Legeais ; *RLDC* oct. 2011. 32, obs. J.-J. Ansault ; *Defrénois* 2012, art. 40390, obs. S. Cabrillac ; *RD banc. et fin.* sept. : oct. 2011. 37, obs. A. Cerles ; *Banque et Droit* 2011, n° 139, p. 42, obs. F. Jacob ; *JCP* N 2011. 901, note N. Dissaux ; *Dr. et patr.* fév. 2012. 84 s. obs. Ph. Dupichot ; *JCP* 2012, doctr. 117, n° 3, obs. Ph. Pétel ; *Dr. et patr.* mars 2012. 84, obs. A. Prum et J.-P. Mattout). Ainsi en cas de défaut de déclaration d'une créance chirographaire, la caution du débiteur en procédure collective peut invoquer sa décharge sur le fondement de l'article 2314 C. civ. Il en va *a fortiori* de même en cas de défaut de déclaration d'une créance privilégiée. Il ne fait aucun doute que pour que la caution soit déchargée de son engagement, il faut qu'elle ait subi un préjudice, en d'autres termes que la sûreté dans laquelle elle aurait pu être subrogée lui aurait été utile (Civ. 1re, 24 oct. 2006, *Bull. civ.* I, n° 436 ; *D.* 2006. *AJ.* 2908, obs. V. Avena-Robardet).

Sur la charge de la preuve de ce préjudice, conformément à la solution proposée par divers auteurs (P. Malaurie, L. Aynès, *Les sûretés, La publicité foncière*, par L. Aynès et P. Crocq, *op. cit.*, n° 286 ; J. François, *Les sûretés personnelles*, Economica, 2004, n° 383), la Cour de cassation a précisé qu'il appartenait au créancier de prouver l'absence de préjudice causé à la caution (Civ. 1re, 18 mai 2004, *JCP* 2004. I. 188, n° 10, obs. Ph. Simler ; Civ. 1re, 21 mai 2004, *RD banc. fin.* 2005, n° 41, obs. D. Legeais). Il revient en effet au créancier d'établir que la subrogation devenue impossible par son inaction, n'aurait pas été efficace (Com. 27 févr. 1996, *RTD civ.* 1996. 439, obs. P. Crocq ; Com. 13 mai 2003, *RTD com.* 2004, 156, obs. A. Martin-Serf ; Civ. 1re, 22 mai 2008, *RD banc. fin.* 2008/4, comm. 106, obs. A. Cerles ; Com. 25 nov. 2008, *D.* 2009. AJ. 15, obs. V. Avena-Robardet). La Cour vient en effet de réaffirmer au visa des articles 1315 et 2314 du Code civil, que *« c'est au créancier de prouver que la perte du droit préférentiel dont se plaint la caution n'a causé aucun préjudice à celle-ci »*. Il appartiendra donc aux établissements de crédit prêteurs et négligents face à la procédure collective de leur débiteur, d'établir que la subrogation devenue impossible par leur faute n'aurait de toute façon pas été efficace, la caution n'ayant aucune chance d'être remboursée de son paiement. Dès lors, la distinction entre créance chirographaire et créance munie de sûreté réapparaîtra probablement, la caution n'étant déchargée qu'à la condition que le créancier échoue dans sa démarche. Il y a fort à parier qu'il sera plus facile de rapporter la preuve de l'inefficacité de la subrogation lorsque la créance cautionnée sera chirographaire (Com. 8 avr. 2015, n° 13-22969, *Gaz. Pal.* 28 mai 2015, p. 20, obs. M.-P. Dumont-Lefrand).

Enfin, la caution ne pourra être déchargée qu'à concurrence de la valeur des droits qui auraient dû lui être affectés par subrogation. À ce titre, la décharge de la caution n'est généralement que partielle, en fonction de la garantie perdue par le créancier. Cela étant la question de la date d'appréciation de la valeur du droit perdu n'a pas manqué de se poser. La Cour de cassation juge que la valeur du droit dont peut bénéficier la caution doit s'apprécier à la date de l'exigibilité de l'obligation de la caution (Com. 11 févr. 2014, n° 12-29670, *Gaz. Pal.* 20 mars 2014, p. 21, obs. M.-P. Dumont-Lefrand), c'est-à-dire à la date de la défaillance du débiteur principal. Appliquant cette solution, elle a retenu que cette date est celle de la déchéance du terme du contrat de prêt qui résulte de la mise en demeure adressée par la banque à la caution, et non de la première échéance impayée (Com. 10 juin 2008, *RD banc. fin.* 2008/4, comm. 107, obs. D. Legeais), voire celle de la date de l'acte introductif d'instance contre la caution. Toutefois, cette date ne saurait convenir en cas de procédure collective, à cause de la suspension des poursuites consécutive au jugement d'ouverture. C'est donc la date à laquelle le droit préférentiel aurait pu être mis en œuvre qu'il convient de retenir. Autrement dit, en matière de gage classique, au moment où le créancier gagiste retrouve la faculté de demander l'attribution judiciaire du gage, après arrêté du plan de cession ou prononcé de la liquidation judiciaire (Com. 17 févr. 2009, *D.* 2009. *AJ.* 625, obs. V. Avena-Robardet).

Compléments pédagogiques

Mémo

Comme tous contrats, le contrat de cautionnement a vocation à s'éteindre. L'une des particularités de l'extinction de l'engagement de la caution tient à la détermination des causes, directement liées à son caractère par essence accessoire. Plusieurs causes illustrent la prédominance de ce caractère, qu'il s'agisse notamment du *paiement* de la dette principale, de la *compensation*, de la *dation* en paiement, de la *confusion*, de la *prescription* ou encore de la *remise de dette*. L'extinction du contrat de cautionnement peut, à l'inverse, être totalement indépendante de l'obligation principale. Une disposition du Code civil, l'article 2311, précise que l'obligation qui résulte du cautionnement « s'éteint par les mêmes causes que les autres obligations ». À titre d'exemple, le paiement accompli par la caution auprès du créancier éteint sa dette à l'égard du créancier et non du débiteur, la caution ayant la faculté d'exercer un recours après ce paiement. C'est à ce titre que les *obligations de règlement ou de couverture*, spécifiques à l'engagement de la caution, sont susceptibles de prendre fin. De manière également indépendante par rapport à l'obligation du débiteur principal, le comportement fautif du créancier justifie cette même extinction du contrat de cautionnement. Tel est le cas lorsque l'engagement de la caution se révèle manifestement *disproportionné* par rapport à ses revenus et son patrimoine. Tel est également le cas lorsque la caution invoque un mécanisme particulier au contrat de cautionnement, le *bénéfice de subrogation*, qui lui permet de sanctionner la négligence du créancier qui a, par exemple, laissé dépérir une autre sûreté présente lors de la conclusion du contrat de cautionnement.

Document

1) L'extinction par voie principale

Com. 22 nov. 1972
(*RTD com.* 1973. 309, obs. M. Cabrillac et J.-L. Rives-Lange)

« Une caution qui, après s'être engagée, pour une durée indéterminée, envers une banque pour toutes sommes dues par le titulaire d'un compte-courant, a révoqué cet engagement, ne peut être condamnée à payer le solde débiteur définitif, postérieur à cette révocation, et inférieur au solde débiteur provisoire existant à la date de celle-ci, sans qu'il soit recherché si ce dernier débit n'a pas été effacé par les remises subséquentes, et si le solde définitif ne résulte pas d'avances effectuées par la banque postérieurement à la révocation ».

2) L'extinction par voie accessoire : la fusion-absoption de la société créancière

Com. 30 juin 2009

(*Banque et Droit* 2009, 63, obs. N. Rontchevsky)

« En cas de fusion de sociétés, par voie d'absorption d'une société par une autre, l'obligation de la caution, qui s'était engagée envers la société absorbée, n'est maintenue pour la garantie des dettes nées postérieurement à la fusion que dans le cas d'une manifestation expresse de volonté de la caution de s'engager envers la société absorbante ».

Biblio

- M. Cabrillac, « Obligation de couverture, obligation de règlement et cautionnement du solde du compte-courant », in *Mélanges Ch. Mouly*, Litec, 1998, p. 293.
- E. Cordelier, « À propos de l'article 2037 du Code civil, observations sur le droit préférentiel », *RTD com.* 2004. 667.
- A Hontebeyrie, « Proposition de modification de l'article 1347-6 du Code civil : la compensation, la caution et le codébiteur solidaire », *RDC* 2017. 208.
- C. Houin-Bressand, « La caution en difficulté », in *Mélanges en l'honneur de Daniel Tricot,* Litec-Dalloz, 2011, p. 453.
- D. Houtcieff, « Contribution à une théorie du bénéfice de subrogation de la caution », *RTD civ.* 2006. 191.
- R. Marty, « Cautionnement et comportement du créancier », *JCP E* 2007. I. 2062.
- G. Piette, « Le devoir d'assurer l'efficacité de la subrogation », *RLDA* 2008, n° 24, p. 116.

Quiz

1) Sujets corrigés

A) Commentaire d'arrêts

Énoncé n° 1

Cass., ch. mixte, 8 juin 2007

Sur le moyen unique :

Attendu, selon l'arrêt attaqué (CA Aix-en-Provence, 11 mars 2003), que par acte du 8 octobre 1993, M. Velluz s'est porté caution solidaire envers M. Magrino du paiement du solde du prix de vente d'un fonds de commerce acquis par la société Magrino dont il était le dirigeant ; que la société ayant été mise en liquidation judiciaire, M. Velluz a assigné M. Magrino en nullité de la vente du fonds de commerce pour dol ainsi que de son engagement de caution sur le fondement des articles 2012 et 2036 du Code civil, devenus les articles 2298 et 2313 du même Code ;

que reconventionnellement, M. Magrino a demandé paiement d'une certaine somme en exécution de l'engagement de caution ;

Attendu que M. Velluz fait grief à l'arrêt d'avoir déclaré irrecevable sa demande tendant à voir prononcer la nullité de la vente du fonds de commerce et de sa condamnation à paiement alors, selon le moyen :

1°/ que la caution est recevable à invoquer la nullité pour dol de l'obligation principale ; qu'en décidant du contraire, la cour d'appel a violé les articles 2012 et 2036 du Code civil ;

2°/ qu'en s'abstenant, en toute hypothèse, de rechercher, ainsi qu'elle y était invitée, si la créance de M. Magrino, dont l'origine était antérieure au jugement d'ouverture de la procédure collective de celle-ci, avait été déclarée au passif, la cour d'appel n'a pas donné de base légale à sa décision au regard des articles 2011 du Code civil, ainsi que L. 621-43 et L. 621-46 du Code de commerce ;

Mais attendu que la caution ne peut opposer les exceptions qui sont purement personnelles au débiteur principal ; que la cour d'appel, qui n'était pas tenue de procéder à une recherche dont il n'est pas justifié qu'elle ait été demandée, a, par motifs propres et adoptés, retenu exactement, que M. Velluz qui n'avait pas été partie au contrat de vente du fonds commerce, n'était pas recevable à invoquer la nullité relative tirée du dol affectant le consentement du débiteur principal et qui, destinée à protéger ce dernier, constituait une exception purement personnelle ;

D'où il suit que le moyen n'est pas fondé ; Par ces motifs : Rejette le pourvoi

Voir le corrigé en fin de rubrique.

Énoncé n° 2

Com. 2 novembre 2016 (n° de pourvoi 15-12491)

Sur le moyen unique :

Attendu, selon l'arrêt attaqué (Paris, 6 novembre 2014), que la société AIP Batifort (le cédant), titulaire d'un compte courant ouvert dans les livres de la société Banque BCP (le cessionnaire), a demandé à cette dernière un concours sous la forme d'une ligne de cession Dailly, garanti par le cautionnement solidaire de son gérant et associé, M. X... (la caution) ; que les 6 et 27 juillet 2011, la société AIP Batifort a cédé deux créances sur la société Casa (le débiteur cédé) ; que n'obtenant pas leur règlement, le cessionnaire s'est rapproché du débiteur cédé, qui lui a indiqué que la première avait été réglée au cédant et que la seconde n'avait jamais été comptabilisée dans ses livres ; que le cédant ayant été mis en liquidation judiciaire, le cessionnaire a assigné en paiement la caution, qui a demandé à être déchargée de son engagement en application de l'article 2314 du code civil ;

Attendu que la caution fait grief à l'arrêt de rejeter ses demandes et de la condamner à payer au cessionnaire une certaine somme alors, selon le moyen, que devant la cour d'appel, la caution demandait à être déchargée de son engagement de caution par application de l'article 2314 du code civil en faisant valoir qu'en ne notifiant pas la cession Dailly au débiteur cédé, le cessionnaire avait nui à ses intérêts en qualité de caution ; qu'en se bornant à retenir, pour condamner la caution à payer au cessionnaire la somme de 78 815,24 euros TTC augmentée des intérêts au taux légal, que l'article L. 313-28 du code monétaire et financier ne fait pas obligation à l'établissement de crédit de notifier la cession au débiteur, sans rechercher si une telle faculté n'était pas devenue impérative afin que les droits de la caution, en sa qualité de caution, soient préservés, la cour d'appel a privé sa décision de base légale au regard de l'article 2314 du code civil ;

Mais attendu que lorsqu'un établissement de crédit, cessionnaire d'une créance professionnelle, s'abstient de notifier la cession au débiteur cédé, la caution qui invoque la subrogation dans les droits du cessionnaire ne justifie pas de la perte d'un droit préférentiel conférant un avantage particulier au créancier pour le recouvrement de sa créance et n'est, dès lors, pas fondée à se prévaloir des dispositions de l'article 2314 du code civil ; que le moyen n'est pas fondé ;

PAR CES MOTIFS : REJETTE le pourvoi ; Condamne M. X... aux dépens [...]

Voir le corrigé en fin de rubrique.

B) Cas pratique

Énoncé

Le 10 février 2006, la Banque nationale du crédit consent à la société Transit-Industrie deux prêts d'un certain montant, ainsi qu'un découvert en compte dont les remboursements sont garantis par le cautionnement solidaire de ses associés, dont son gérant M. Vallez. Le 25 mars 2006, la Banque nationale du crédit fait également garantir le remboursement de ces crédits par trois lettres de garanties à première demande émises par la banque Hyper-Crédit, sachant que la date d'expiration de la garantie autonome portant sur le compte courant était fixée au 1er octobre 2006. Le 26 octobre 2006, la Banque nationale du crédit clôture le compte courant qui présentait un solde débiteur important et poursuit M. Vallez en paiement. Ce dernier réplique en reprochant à la Banque nationale du crédit une faute de négligence, celle de ne pas avoir appelé la garantie à première demande. Elle lui réclame en conséquence des dommages et intérêts. Le directeur juridique de la Banque nationale du crédit vous questionne sur les chances de gain de son procès au vu de la défense, affichée et envisageable, de M. Vallez.

Voir le corrigé en fin de rubrique.

2) Corrigés

Commentaire d'arrêts n° 1

Introduction

- *Les faits et la procédure :* Une personne physique se porte caution solidaire envers une autre du paiement du solde du prix de vente d'un fonds de commerce acquis par la société qu'elle dirigeait. Suite à la liquidation judiciaire de la société, la caution invoque un comportement dolosif du créancier espérant obtenir à la fois la nullité de la vente et celle du cautionnement.

Les juges du fond estiment irrecevable la demande de la caution. Suite à son pourvoi, la chambre mixte confirme leur décision dans un arrêt de rejet.

- *Problème de droit :* La caution peut-elle invoquer la nullité relative du contrat principal pour dol afin d'échapper à son engagement de caution ? Le dol (subi par) du débiteur est-il une exception personnelle au débiteur ou inhérente à la dette ?

- *Solution de droit :* C'est le dernier attendu de l'arrêt.

- *Annonce de plan :* La solution rendue par l'arrêt est fondée sur le principe de l'inopposabilité, par la caution, des exceptions purement personnelles au débiteur principal, qu'elle applique à l'hypothèse précise du dol subi par le débiteur.

I. Le principe de l'opposabilité des exceptions

A. L'objet du cautionnement

1. Garantie de la dette d'autrui

Conformément à l'art. 2288 C. civ., la personne qui se rend caution d'une obligation est tenue de garantir la dette d'autrui, en ce sens qu'elle « se soumet envers le créancier à satisfaire à cette obligation, si le débiteur n'y satisfait pas lui-même ». Ainsi, à la différence des engagements autonomes, c'est la dette même du débiteur que la caution s'engage à garantir. L'objet de son engagement imprime au contrat de cautionnement son trait de caractère principal : un engagement accessoire.

2. Caractère accessoire du cautionnement

On reconnaît classiquement au contrat de cautionnement un caractère par essence accessoire qui est expressément énoncé par les textes, à plusieurs reprises. Ainsi, aux termes de l'art. 2289 al. 1, le cautionnement ne peut « exister que sur une obligation valable » ; de même, selon l'art. 2290 C. civ., il « ne peut excéder ce qui est dû par le débiteur ». Il apparaît que la caution ne peut être tenue d'exécuter l'obligation du débiteur principal si ce dernier ne l'est pas lui-même, et *a fortiori* si elle est nulle. Aussi pouvait-on s'interroger sur l'efficacité de l'engagement de la caution alors que le contrat de base révélait un vice du consentement du débiteur. Cela étant, l'article 2313 du Code civil, relatif aux exceptions opposables par la caution, introduit une distinction qui brouille un peu le caractère accessoire du cautionnement.

B. Les exceptions opposables par la caution

1. Les termes de la distinction : exceptions inhérentes et exceptions personnelles

Aux termes de l'art. 2313 al. 1 C. civ., « la caution peut opposer au créancier toutes les exceptions qui appartiennent au débiteur principal et qui sont inhérentes à la dette », tandis que l'alinéa second poursuit « mais elle ne peut opposer les exceptions qui sont purement personnelles au débiteur ». D'après ce texte, la distinction entre les exceptions opposables par la caution et celles qui ne le sont pas commande la libération de la caution. Mais reste à définir la différence entre les deux : les exceptions inhérentes à la dette toucheraient à l'existence même de la dette, tandis que les exceptions personnelles au débiteur seraient fondées sur son insolvabilité... ? Ainsi, lorsque l'annulation du contrat de base a déjà été prononcée, le cautionnement s'éteint, faute d'objet. Il s'agit d'une exception inhérente à la dette. En revanche, l'ouverture d'une procédure collective est une exception personnelle au débiteur (Com. 27 mars 1990). De même une clause de renonciation à poursuite du créancier contre le débiteur reste une exception personnelle au débiteur qui laisse subsister l'obligation de la caution (Com. 22 mai 2007, *Bull. civ.* IV, n° 136 ; *D.* 2007. Jur. 1999, obs. O. Deshayes). Mais que se passe-t-il lorsque la sanction n'a pas encore été prononcée ? Si la caution estime que l'obligation principale est nulle, de nullité absolue, il ne fait pas de doute qu'elle puisse agir pour obtenir la nullité absolue de l'obligation principale, comme tout intéressé (objet illicite, par exemple). Mais la Cour nous montre ici que le raisonnement n'est pas transposable lorsque la nullité n'est que relative.

2. La difficulté de la distinction

La distinction proposée par l'article précité est difficilement compatible avec le caractère accessoire du cautionnement. Les vices du consentement sont à l'évidence une exception personnelle au débiteur. Pourtant, la Cour de cassation n'avait pas hésité à étendre la catégorie des exceptions inhérentes aux vices du consentement. Ainsi, dans un arrêt du 11 mai 2005 (Civ. 3e, 11 mai 2005), elle avait déchargé une caution de son obligation en jugeant que le dol commis par un créancier était une exception inhérente à la dette, confortant ainsi une jurisprudence de 1988 (Civ. 1re, 20 déc. 1988) où elle avait abouti à la même conclusion dans une espèce où était en cause la résolution du contrat principal. En adoptant la solution inverse, l'arrêt commenté semble vouloir restreindre les causes éventuelles de nullité du cautionnement.

II. L'application du principe au dol du débiteur

A. La qualification de la nullité relative

Pour aboutir à la solution commentée, la Cour de cassation avance deux raisons, qui ne vont pas sans critique. L'une est procédurale, tandis que l'autre tient à la raison d'être de la nullité relative.

1. La justification procédurale

En premier lieu, la Cour juge l'action en annulation de la caution irrecevable parce que la caution n'était pas partie au contrat de vente du fonds de commerce. Il est vrai que l'article 1116 du C. civ. relatif au dol n'admet son effet destructeur que lorsqu'il émane de l'une des parties au contrat. Cette justification a notamment été, à juste titre, retenue, lorsque la caution invoque les manœuvres dolosives du débiteur principal, pour refuser de régler le créancier (Com. 13 nov. 2002). La jurisprudence refuse alors d'admettre la présence d'un dol parce que le débiteur (qui en général n'a pas révélé sa véritable situation) n'est pas partie au contrat de cautionnement. Mais, en notre espèce, la situation était tout à fait distincte puisque le dol était le fait du créancier. Il n'était donc pas question de savoir si la caution pouvait invoquer le dol du débiteur mais, plus simplement, si elle pouvait se prévaloir du dol subi par lui. C'est à cette question que la Cour répond par la négative, transposant de façon contestable la jurisprudence évoquée. Pourtant la caution est tenue de la dette même du débiteur. Sa qualité de tiers ne devrait alors pas s'opposer à sa demande (*cf.* B). Le dol du créancier devrait alors pouvoir être rapproché de la faute que commet le banquier créancier qui laisse une caution s'engager pour un montant disproportionné par rapport à ses ressources.

2. La justification téléologique

En second lieu, la Cour refuse de recevoir la demande de la caution, en se fondant sur la finalité de la nullité relative, destinée à protéger le seul consentement du débiteur principal. Là encore, s'il est vrai que ni le débiteur, ni la caution ne peuvent invoquer le vice du consentement du créancier, l'argument ne peut être transposé à notre cas. Lorsque le vice infecte le consentement du débiteur, cela a une incidence immédiate sur l'obligation de la caution qui est aussi celle du débiteur. La finalité de protection du débiteur qui justifie que ce dernier argue de son dol ne devrait pas s'opposer à ce que la caution puisse également l'invoquer, tout au moins pour annuler son propre contrat. Par ailleurs, l'argument de la confirmation de la nullité relative par le débiteur est inopposable à la caution. En effet, l'article 1338 C. civ. dispose que la confirmation est inopposable aux tiers, qualité que la Cour applique à la caution.

B. Les conséquences de cette qualification

1. Sur le caractère de l'engagement de la caution

Par cette solution, la Cour de cassation semble remettre en cause le caractère accessoire du cautionnement. En qualifiant le dol du débiteur d'exception purement personnelle à celui-ci, et en refusant à la caution d'invoquer la nullité relative du contrat, l'arrêt revient à durcir l'obligation de la caution au détriment de son caractère accessoire. Elle est en effet tenue d'une obligation virtuellement nulle, en raison de sa prétendue qualité de tiers au contrat cautionné. Or, justement, c'est pour adoucir cette qualité de tiers que le législateur a consacré le caractère accessoire de son engagement. Dès lors, se fonder sur cette qualité pour lui refuser la possibilité d'invoquer la nullité relative de l'obligation principale revient à nier le caractère accessoire de son engagement. Comme l'écrit le professeur Simler dans son commentaire de l'arrêt (V. ses obs. sous l'arrêt, *in JCP* 2007. II. 10138) « garantir l'insolvabilité est une chose, celui de la nullité en est une autre ». Or si la caution s'est engagée à garantir le risque d'insolvabilité du débiteur principal, elle n'a pas envisagé le second risque. Aussi, l'on peut considérer que la condamner à garantir une obligation annulable va au-delà de ce qu'elle a voulu et revient à la juger tenue d'une obligation qui n'est pas valable, contrairement à l'article 2289 al. 1 C. civ... à moins de considérer que l'arrêt est une simple application de l'art. 2289 al. 2 C. civ. *in limine*, la fin du texte se contentant d'aménager un exemple. Mais alors ce serait une nouvelle lecture de ce texte à laquelle la jurisprudence n'avait jamais songé jusqu'à présent, imbibée qu'elle était du caractère accessoire du cautionnement. De surcroît, une telle interprétation de cette disposition ne va pas dans le sens de l'évolution européenne actuelle du droit des sûretés qui limite la notion d'exception purement personnelle au débiteur principal au seul cas de l'incapacité (V. obs. P. Crocq sous l'arrêt, *in RTD civ.* 2008. 331 s.). D'un autre côté, si l'on se livre à une analyse *stricto sensu* de l'obligation cautionnée, elle peut-être considérée comme valable puisqu'elle est seulement annulable, et non encore annulée. Dès lors, la solution respecterait le caractère accessoire du cautionnement, la caution ne pouvant invoquer la nullité de son propre engagement tant que l'obligation cautionnée demeure valable, soit en l'absence d'annulation demandée par celui dont le consentement est protégé, et prononcée par un tribunal. Or la caution étant un tiers par rapport au contrat principal, en l'absence de texte lui accordant la possibilité de déroger à l'effet relatif des conventions, il est conforme à ce principe de lui interdire d'invoquer la nullité relative de l'obligation garantie.

On peut alors s'interroger sur la portée de la solution à l'égard d'autres exceptions apparemment personnelles, pourtant jusqu'à présent qualifiées d'inhérentes à la dette. Ainsi, par exemple de l'exception de compensation que la caution, y compris solidaire, pouvait opposer au créancier, certains arrêts n'hésitant pas à la qualifier d'inhérente. Pareillement, il faut se demander si la caution pourra toujours invoquer la résolution de l'obligation principale, quand bien même le débiteur n'aurait pas agi en ce sens. En revanche, la solution ne nous paraît pas remettre en question la possibilité d'invoquer un contrat annulé (distinct d'un contrat annulable), fusse suite à un cas de nullité relative.

2. Sur les recours de la caution

Sur le plan des principes, une fois qu'elle aura payé, la caution dispose d'un double recours contre le débiteur : subrogatoire et personnel. Au titre de son recours subrogatoire dans les droits du créancier, la caution ne manquera pas de se voir opposer l'exception de nullité. Le débiteur pouvant l'opposer au créancier, l'opposera par conséquent de la même manière à la caution. De même au titre de son recours personnel, la caution devrait également avoir à souffrir la nullité de l'obligation du débiteur. En effet, le consentement du débiteur étant vicié, il n'y a pas de raison qu'il ne puisse opposer ce vice à la caution, puisqu'il n'est pas tenu envers le créancier. En tout état de cause, quelle que soit l'analyse retenue, la liquidation judiciaire du débiteur principal fait obstacle à l'éventuel recours de la caution contre lui, sauf à attendre la clôture de cette procédure.

Au final, on ne peut que regretter cet élargissement de la notion d'exception purement personnelle au débiteur dans la mesure où le créancier était à l'origine du dol infectant le contrat principal. Outre que la solution heurte, au plan juridique le principe de l'accessoire, elle n'est pas justifiée en équité.

Commentaire d'arrêt n° 2

La question ici évoquée correspond à une situation extrêmement courante. La société AIP Batifort, titulaire d'un compte courant ouvert dans les livres de la société Banque BCP, avait demandé à cette dernière un concours sous la forme d'une ligne de cession Dailly, garanti par le cautionnement solidaire de son gérant et associé, M. X. Pour garantir le découvert en compte, la société emprunteuse avait en effet cédé deux créances qu'elle détenait sur la société SCI Casa. La créance de la banque prêteuse était donc doublement garantie, et par la cession de créances professionnelles, et par le cautionnement de Monsieur X. Soit par négligence, soit par excès de confiance, la banque BCP ne devait pas procéder à la notification de la cession Dailly. Puis, n'obtenant pas le règlement de ses créances, la banque cessionnaire s'est rapprochée du débiteur cédé. Mais la SCI Casa devait alors lui indiquer que la première créance avait été directement réglée au cédant tandis que la seconde n'avait jamais été comptabilisée dans ses livres. La société emprunteuse, par ailleurs cédante, ayant été mise en liquidation judiciaire, la banque cessionnaire devait alors assigner en paiement la caution. Cette dernière lui a toutefois opposé sa décharge sur le fondement de l'article 2314 du Code civil, pour défaut de notification des cessions Dailly.

Elle n'est pas entendue par les juges parisiens qui refusent de retenir le bénéfice de subrogation. Au soutien de son pourvoi, la caution faisait valoir qu'en ne notifiant pas la cession Dailly à la SCI Casa, la banque BCP avait nui à ses intérêts en qualité de caution. Pour elle, les juges du fond auraient dû rechercher si, compte tenu du contexte, et de l'existence du cautionnement, la faculté de notifier une cession Dailly organisée par l'article L. 313-28 du Code monétaire n'était pas devenue une obligation.

Mais la Cour de cassation ne l'entend pas ainsi et juge, dans une décision qui aura cette fois les honneurs du bulletin, « *que lorsqu'un établissement de crédit, cessionnaire d'une créance professionnelle, s'abstient de notifier la cession au débiteur cédé, la caution qui invoque la subrogation dans les droits du cessionnaire ne justifie pas de la perte d'un droit préférentiel conférant un avantage particulier au créancier pour le recouvrement de sa créance et n'est, dès lors, pas fondée à se prévaloir des dispositions de l'article 2314 du code civil* » (Comp. Com. 27 sept. 2016, n° de pourvoi 14-18282, *Gaz. Pal.* 29 nov. 2016, Chronique Droit des sûretés, p. 25, obs. M.-P. D.-L.).

Cette solution est surprenante tant au regard du fait du créancier, qu'il est difficile de ne pas considérer comme fautif (I), qu'à l'égard de la perte préjudiciable de son droit par la caution (II) qu'il semble délicat de ne pas classer dans l'accueillante catégorie des « droits préférentiels ».

I. Le fait du créancier : absence ou présence d'une faute ?

Quel que soit le fondement théorique retenu pour justifier le mécanisme de l'article 2314 du Code civil, responsabilité civile contractuelle, condition de l'engagement de la caution ou simple déchéance légale, l'on s'accorde à retenir que la mise en œuvre du bénéfice de subrogation suppose le fait fautif du créancier(Malgré la lettre du texte qui invoque « le fait » du créancier, la jurisprudence s'accorde pour conditionner la libération de la caution à l'existence d'une faute imputable au créancier : Com. 2 avr. 1996, *D.* 1996. Somm. 268, obs. L. Aynès. Cette exigence d'une faute s'explique davantage si l'on retient la théorie de la responsabilité contractuelle ou de la déchéance comme explication au mécanisme du bénéfice de subrogation). En effet, l'exception de subrogation fait perdre au créancier le cautionnement, ce qui suppose une faute de celui-ci. Reste à savoir si celle-ci est constituée lorsque pèse sur le créancier une simple faculté et non une véritable obligation. Cela dit, sur ce point précis, l'on s'attendait, non pas à un revirement jurisprudentiel, mais à l'application de la jurisprudence passée au cas particulier. Or, contre toute attente, il n'en est rien.

A. *De lege ferenda* : l'application prévisible à la cession de créances professionnelles de la solution applicable à la cession de créances de droit commun

La Cour de cassation avait déjà affirmé, à deux reprises, que l'absence de recours à sa faculté de notification de la cession de créances professionnelles par la banque cessionnaire ne pouvait constituer une faute de sa part au sens de l'article 2314 du Code civil (Com. 18 nov. 1997, *D.* 1998. Somm. 140, obs. A. Bénabent ; *RTD com.* 1998. 187, obs. M. Cabrillac ; Com. 11 déc. 2011, *D.* 2003. Somm. 342, obs. D. R. Martin ; *APC* 2002/3, comm. n° 40, obs. D. Legeais) — à l'époque article 2037 du Code civil. Outre que cette solution était en elle-même critiquable, en ce sens qu'elle revenait à autoriser le créancier « *à prendre un risque à la charge d'autrui* », ce qui, comme le note un auteur (v. obs. A. Benabent, préc.), « *constitue une faute civile* » justifiant la décharge de la caution, depuis, la Cour de cassation semblait avoir modifié sa solution. En effet, dans une décision remarquée du 3 mai 2006 (Com. 3 mai 2006, n° 04-17283, *Bull. civ.* 2006. IV. n° 104 ; *D.* 2006. 1364, obs. V. A. Robardet ; *JCP* E 2006. 2061, note D. Legeais ; *D.* 2006. Jur. 1693, note D. Houtcieff), elle avait jugé qu'un créancier qui avait négligé de mettre en œuvre une cession de loyers qui lui avait été consentie pour garantir un prêt, par ailleurs cautionné, était fautif, autorisant alors la caution à se prévaloir du bénéfice de subrogation. L'ensemble de la doctrine en avait alors déduit que cette position aurait nécessairement un retentissement favorable en matière de cession Dailly, constituant le cessionnaire n'exerçant pas sa faculté de notifier la cession de créances professionnelles, fautif. Depuis, en présence de pluralité de sûretés, la jurisprudence a jugé que le créancier titulaire d'une sûreté provisoire s'oblige à rendre celle-ci définitive (Cass., ch. mixte, 17 nov. 2006, *Bull. ch. mixte*, n° 10 ; *D.* 2006. 2907 , obs. V. A. Robardet ; *RTD civ.* 2007. 157, obs. P. Crocq) ; de même le créancier bénéficiaire d'une sûreté légale s'oblige à inscrire celle-ci afin de la rendre efficace (Civ. 1re, 3 avr. 2007, *Bull. civ.* I, n° 138 ; *D.* 2007. 1572, note D. Houtcieff ; *JCP* 2007. I. 158, n° 13, obs. Ph. Simler ; *RTD civ.* 2007. 595, obs. P. Crocq). L'on en déduisait que le cumul de garanties contraint le créancier à prendre en compte, outre son intérêt, celui de la caution, transformant une simple faculté en véritable obligation lorsqu'il y va de l'intérêt de celle-ci, à condition toutefois que l'exercice de cette faculté ne représente pas un surcoût pour le créancier.

Dans la mesure où tel n'est pas le cas en présence d'une notification Dailly, laquelle peut intervenir par n'importe quel moyen, il était raisonnable de penser que cette faculté de notifier devenait obligatoire en présence d'un crédit cautionné. Aussi le silence de la Cour de cassation sur ce point est-il surprenant. L'on pouvait légitimement penser que la Cour énonce que la notification de la cession d'une créance professionnelle bien qu'étant une simple faculté pour l'établissement de crédit cessionnaire, devient une obligation lorsque le crédit en remboursement duquel la cession a été consentie est garanti par un cautionnement.

B. *De lege lata* : la non-transposition de la solution applicable à la cession de créances de droit commun

En l'espèce, la qualité de la caution, et sa connaissance de la situation expliquent probablement, tout au moins en opportunité, la solution. En effet, à la lecture des moyens, il apparaît que la société cédée avait réglé directement la société cédante au mois de juillet alors que cette dernière avait sollicité des délais de paiement (invoquant un retard de paiement de la SCI Casa) à la banque fin septembre, soit à un moment où les factures avaient déjà été payées, ce qu'elle ne pouvait ignorer. Pour autant, cette attitude indéniablement fautive du cédant était-elle exclusive d'une faute du cessionnaire ?

Celui-ci n'était-il pas malgré tout fautif de ne pas avoir notifié la cession de créances professionnelles ? Certes l'article L. 313-28 du Code monétaire et financier prévoit que « l'établissement de crédit *peut* à tout moment interdire au débiteur de la créance cédée ou nantie de payer entre les mains du signataire du bordereau » et qu'à compter « de cette notification (...) le débiteur ne se libère valablement qu'auprès de l'établissement de crédit », précisant ainsi le caractère facultatif de la notification. Cette précision signifie simplement que la cession de créances est parfaite *inter partes*, et opposable aux tiers, dès la date apposée sur le bordereau de cession (v. art. L. 313-27 al. 1er du C. mon. fin. qui précise que « *la cession prend effet entre les parties et devient opposable aux tiers à la date apposée sur le bordereau lors de sa remise (...) sans qu'il soit besoin d'autre formalité (...)* ».) sans qu'il soit besoin de notifier cette cession. L'effet translatif de la cession intervient dès cette date, sans qu'une notification au cédé ne soit nécessaire. En revanche, pour que la cession soit pleinement efficace à l'égard de ce tiers particulier qu'est le débiteur cédé, il faut lui notifier ladite cession. À défaut il se libère valablement entre les mains du cédant en vertu du mandat tacite de recouvrement que le banquier cessionnaire confie au débiteur, cédant. Si l'établissement de crédit veut contraindre le débiteur cédé à s'acquitter de sa dette entre ses mains, comme l'a soutenu l'avocat général dans cette affaire, « *on quitte alors le domaine du facultatif pour entrer dans celui de l'obligatoire* ». En effet, pour éviter l'effet libératoire du paiement effectué par le cédé auprès du cédant, la notification de la cession au cédé par le cessionnaire devient impérative. Dès lors, à cet égard, et dans le contexte d'un crédit cautionné, le cessionnaire non notifiant devient fautif. Pour autant, la caution peut-elle invoquer la perte d'un droit préférentiel ?

II. La perte du droit de la caution : absence ou présence d'un droit préférentiel ?

La solution est également surprenante lorsque l'on raisonne en termes de préjudice. Au regard de l'évolution de la notion de « droits » visés à l'article 2314 du Code civil, l'on pouvait raisonnablement s'attendre à voir la cession de créances professionnelles entrer dans la catégorie des « droits préférentiels ». Cela dit, la solution peut peut-être se justifier en opportunité.

A. La notion de « droit préférentiel » remise en question ?

Pour bénéficier de la décharge de l'article 2314 du Code civil, la caution doit invoquer la perte d'un « droit préférentiel » ou « d'un droit exclusif » conférant un avantage particulier au créancier pour le recouvrement de sa créance. À cet égard, la jurisprudence a également évolué. L'application de l'article 2314 du Code civil fut d'abord cantonnée à la stricte perte d'un droit préférentiel afin d'éviter de fragiliser la garantie en ouvrant trop largement la voie de la décharge. La notion de droit préférentiel se définissait principalement par rapport à celle de sûreté. Puis, cette notion a été élargie à des avantages dont dispose le créancier qui ne sont pas à proprement parler des droits de préférence, mais qui lui évitent de subir le concours des autres créanciers. Parmi ces avantages rendant finalement plus facile le recouvrement de la créance, ont été visés la compensation de créances réciproques, le droit d'agir en résolution (Civ. 1re, 17 févr. 1993, *Bull. civ.* I, n° 75), le droit de rétention (Com. 25 nov. 1997, *Bull. civ.* IV, n° 301) ou encore le droit de propriété réservé par le créancier (Com. 14 févr. 1995, *Bull. civ.* IV, n° 41). On a alors évoqué la notion de « droits exclusifs » dans la mesure où ceux-ci confèrent aussi au créancier « un avantage particulier ». Le bénéfice d'une cession fiduciaire de créance (Com. 3 mai 2006, préc.) entre à l'évidence dans le champ d'application de l'article 2314 du Code civil. Il aurait logiquement dû en aller de même d'une cession de créances professionnelles. Puis la notion s'est encore dilatée puisqu'à l'occasion d'un défaut de déclaration de créance, la Cour de cassation a jugé que « *lorsque le créancier a omis de déclarer sa créance, peu important la nature de celle-ci, la caution est déchargée de son obligation si cette dernière avait pu tirer un avantage effectif du droit d'être admise dans les répartitions et dividendes, susceptible de lui être transmis par subrogation* » (Com. 19 févr. 2013, n° 11-28423 ; Civ. 1re, 3 juill. 2013, n° 12-21126 ; Com. 8 avr. 2015, n° 13-22969). Pourtant en l'espèce, le créancier était chirographaire. Comme certains n'ont pas manqué de le noter, on a donc glissé de la notion de perte « d'un droit préférentiel ou exclusif » à celle de perte d'un « avantage effectif » (v. L. Aynès et P. Crocq, *Droit des sûretés*, 10e ed., LGDJ, n° 283, p. 155).

Dès lors, n'est-ce pas le cas d'une cession de créances professionnelles non notifiée ? Le créancier cessionnaire qui ne notifie pas au débiteur cédé ladite cession n'empêche-t-il pas la caution d'être subrogée dans un avantage effectif ?

Dans la mesure où la notification d'une cession de créances professionnelles, emporte, au profit du cessionnaire un droit à paiement direct, le débiteur cédé ne se libérant plus valablement qu'entre les mains de l'établissement cessionnaire, l'on comprend que la caution ait vu dans le défaut de notification la perte d'un avantage particulier. En effet, ce qui était en cause en l'espèce n'était pas la titularité des droits sur la créance (l'effet translatif avait bien eu lieu et le créancier s'en était prévalu), mais le caractère libératoire du paiement effectué en d'autres mains que celles du cessionnaire, et donc l'imputation sur la dette cautionnée. Le préjudice de la caution résultait en l'occurrence du maintien de l'effet libératoire du paiement effectué (entre les mains du cédant) par le cédé non informé de la cession. En conséquence, le droit au paiement direct et exclusif dont bénéficiait la banque, cessionnaire Dailly, avait bel et bien été perdu. Aussi la solution rendue en matière de cession de créances de droit commun nous paraissait-elle pouvoir être transposée à l'espèce observée. Dès lors, en considérant que « *la caution qui invoque la subrogation dans les droits du cessionnaire ne justifie pas de la perte d'un droit préférentiel conférant un avantage particulier au créancier pour le recouvrement de sa créance* », la solution de la Cour de cassation surprend. À moins que la solution ne se justifie par le régime des sommes perçues par le cessionnaire des créances cédées.

B. Les tentatives de justification de la solution

La solution peut toutefois tenter d'être expliquée à la fois en logique juridique et en opportunité.

1. En logique juridique

Deux tentatives de justifications peuvent être trouvées. D'abord en invoquant la distinction entre la cession escompte et la cession garantie, ensuite en revenant sur la comparaison avec l'arrêt du 3 mai 2006 précité (Com. 3 mai 2006, n° 04-17283, *Bull. civ.* 2006. IV. n° 104).

En premier lieu, une distinction entre cession-escompte et cession à titre de garantie pourrait être établie. En effet, si la cession Dailly est une cession-escompte (Vasseur, *L'application de la loi Dailly. Escompte ? Cession de créance en propriété à titre de garantie ? Ou bien l'un ou l'autre suivant les cas ?, D.* 1982. Chron. 273), le transfert de propriété est définitif. Aussi, ne pas notifier la cession est assurément fautif et revient à négliger de préserver le droit à subrogation de la caution puisque celle-ci aurait dû bénéficier du transfert de propriété des créances cédées venant s'imputer sur le crédit restant dû. En revanche, en présence d'une cession à titre de garantie, le transfert de propriété n'a qu'un caractère temporaire et suppose un retransfert si le crédit est remboursé avant le recouvrement des créances cédées (Com. 8 janv. 1991, *Bull. civ.* 1991. IV. n° 8 ; *RD Bancaire et bourse* 1991, p. 96, obs. F. Crédot et Y. Gérard ; *RTD civ.* 1991. 368, note M. Bandrac ; *RTD com.* 1991. 271, obs. M. Cabrillac et B. Teyssié ; *RJ com.* 1993, p. 190, note D. Fenouillet). Si l'article L. 313-28 du CMF pose le principe d'un droit au paiement direct, il ne dit rien des sommes versées. Or, dans une décision récente (Com. 30 juin 2015, n° 14-13784, JurisData n° 2015-016142 ; *JCP* G 2015, 1095, note C. Coupet ; V. égal. Civ. 1re, 19 sept. 2007, n° 04-18.372 : JurisData n° 2007-040380 ; *Bull. civ.* 2007. I. n° 275 ; *D.* 2007. 2532, obs. X. Delpech ; *RTD com.* 2008. 162, note D. Legeais ; *LPA* 15 janv. 2008, p. 20, note M.-A. Rakotovahiny ; *RD banc. fin.* 2007, comm. 209, F. Crédot et T. Samin ; *Banque et droit* 2007, p. 30, Th. Bonneau ; *Dr. et patr.* mars 2008, p. 79, obs. J.-P. Mattout et A. Prüm), la chambre commerciale s'est prononcée sur le régime des sommes reçues par le cessionnaire Dailly au titre des créances cédées en refusant qu'elles soient déduites du montant déclaré par le créancier au titre de la créance garantie, dans la procédure collective du cédant. Les juges suprêmes semblent donc considérer que ces sommes (correspondant aux créances cédées, la cession Dailly ayant été notifiée) ne s'étaient pas imputées sur la créance garantie. Le cessionnaire les aurait touchées sans pour autant que le crédit n'ait été remboursé. Dès lors, la caution étant tenue de la même façon que le débiteur principal, ne pourrait pas non plus bénéficier d'une quelconque imputation. Aussi, en ne notifiant pas, le cessionnaire n'aurait commis aucune négligence dans la préservation du droit à subrogation de la caution. Cela dit, cette solution ne nous semble concerner que l'hypothèse où la créance garantie n'est pas encore échue. Il est alors logique de permettre au banquier cessionnaire de conserver les sommes reçues à titre de sûreté. Mais tout l'intérêt d'une cession Dailly à titre de garantie est d'autoriser une imputation immédiate lorsque le terme de l'obligation garantie est échu (V. art. 2364 C. civ.). Auquel cas, ne pas notifier ladite cession, en présence d'une caution, nous paraît fautif car le cessionnaire ne peut ni percevoir le paiement directement du débiteur cédé, ni réaliser sa sûreté en se payant sur les fonds reçus, une fois la créance garantie échue. Les intérêts de la caution sont alors à l'évidence malmenés et celle-ci devrait pouvoir être déchargée, à supposer toutefois que le créancier ne rapporte pas la preuve d'une absence de préjudice. À cet effet, le créancier pourrait alors tenter d'invoquer le fait que la caution garantit un débiteur qui est par ailleurs garant solidaire du paiement des créances cédées. La caution est en effet débitrice de la garantie légale (Com. 1er avr. 2008, n° 06-21458, *Bull. civ.* IV, n° 73 ; *GPC* 2003, n° 3, 49, obs. R. Bonhomme ; *Banque et Droit* juill. 2008. 16, obs. Th. Bonneau ; *RDBF* mai 2008. 36, obs. A. Cerles ; *JCP* G 2008. I. 198, n° 10, obs. M. Cabrillac) issue de l'art. L. 313-24 al. 2 du Code monétaire et financier, au même titre que le cédant. Aussi est-elle tenue de payer si le débiteur cédé ne le fait pas. Pour autant, l'on peut douter que cette obligation conduise à démontrer l'absence de préjudice de la caution qui, doit-on le rappeler, reste un débiteur subsidiaire non tenu définitivement à la dette.

En second lieu, dans l'arrêt précité du 3 mai 2006, la banque n'avait jamais fait valoir une cession de loyers qui lui avait été accordée sous condition suspensive, alors même que la condition s'était réalisée ; puis elle s'était retournée contre la caution. Elle avait donc laissé dépérir une garantie qui lui avait été accordée par le débiteur principal. Dans le présent litige, la situation n'est pas exactement similaire. On peut effectivement soutenir que la banque n'a pas laissé dépérir son droit. La cession avait été conclue et était opposable aux tiers. Parce que le cédant était titulaire d'un mandat tacite de recouvrement des créances cédées, la banque a attendu le paiement du cédant conformément à la logique de la cession du Dailly. Puis, faute de paiement, elle s'est retournée directement contre le cédé pour lui demander ledit paiement. Celui-ci lui a alors valablement opposé l'exception de paiement, libératoire donc, qu'il avait déjà effectué entre les mains de son créancier par ailleurs cédant. D'où la poursuite de la caution. L'absence de notification n'empêche pas que la cession était valable et opposable aux tiers, dont le cédé. Seulement, le cessionnaire n'avait pas révoqué le mandat tacite dont bénéficiait le cédant. Voir dans l'absence de révocation du mandat tacite de recouvrement du cédant la perte d'un droit préférentiel est visiblement considéré par la Cour de cassation comme une interprétation trop souple de l'article 2314 du Code civil.

2. En opportunité

Par ailleurs, la solution se justifie peut-être par des raisons d'opportunité. Il est vrai qu'en l'espèce la caution était gérante et associée de la société cédante. Si en principe, il n'y a pas lieu de distinguer selon la qualité de la caution, pour obtenir la décharge au titre du bénéfice de subrogation, le cas d'espèce pourrait conduire à revoir cette position.

En l'occurrence, le cautionnement litigieux était certes destiné à couvrir les sommes dues au titre du concours consenti dans le cadre de la ligne dite de cession Dailly, mais en tant que caution avertie, elle n'ignorait pas les risques de son engagement de caution. Et cela d'autant moins qu'elle avait tenté de négocier avec la banque prêteuse des délais de paiement pour le remboursement dudit concours, au motif que son client cédé tardait à la régler, alors qu'elle avait déjà été payée des factures cédées par bordereau Dailly. Dès lors, deux remarques s'imposent. D'une part, le caractère averti de la caution ne pourrait-il pas faire obstacle à la mise en œuvre du bénéfice de subrogation, même en présence d'une négligence fautive du créancier constituant la cause exclusive de la perte d'un droit préférentiel de la caution ? Auquel cas, la seule qualité de caution avertie, interdirait à la caution d'invoquer le bénéfice de subrogation, alors que le texte n'opère certes pas cette distinction. D'autre part, à l'heure où la loyauté contractuelle devient officiellement l'un des piliers de notre droit des contrats, le comportement de la gérante de la société débitrice ne peut-il être considéré comme à l'origine du défaut de notification par le cessionnaire ? Auquel cas, pourquoi ne pas envisager une sanction adaptée ? Le comportement du gérant de la société AIP Batifort était en effet à tout le moins déloyal, voire avait pour effet d'induire son partenaire en erreur. Dès lors, la sanction de cette mauvaise foi ne pourrait-elle pas être le blocage du bénéfice de subrogation ?

Par ailleurs, d'un point de vue pratique, la solution peut aussi se justifier et être finalement appréciable. En effet, une solution inverse conduirait à obliger — indirectement — le cessionnaire à notifier la cession dès lors qu'il a exigé un cautionnement. Or cela ne correspond pas nécessairement à l'économie de la cession Dailly. La notification est onéreuse, et en pratique assez exceptionnelle. L'absence de notification permet de conserver une confidentialité appréciable pour le cédant, vis-à-vis du cédé. La possibilité de ne pas notifier révèle par ailleurs tout l'intérêt du Dailly pour le banquier cessionnaire, qui bénéficie ainsi d'un mécanisme très souple et moins formaliste que les autres modes de cession de créance. En définitive, on peut finalement se demander dans quelle mesure une autre solution n'aurait pas considérablement affaibli l'intérêt que présente la cession Dailly.

Cas pratique

La Banque nationale du crédit a assigné M. Vallez, en sa qualité de caution solidaire, en raison du solde débiteur du compte courant. M. Vallez répond en invoquant la responsabilité de la banque par voie d'exception. Il espère obtenir sa libération des poursuites, les dommages-intérêts ainsi obtenus permettant de compenser le montant des sommes garanties (I). Toutefois, il pourrait aussi envisager de refuser le paiement en évoquant sa décharge sur le fondement de l'article 2314 du Code civil (II).

I. L'action en responsabilité civile du créancier

A. Les exigences procédurales de l'action

La mise en œuvre de la responsabilité civile du créancier est devenue une cause supplémentaire de déchéance de son action, car il peut être privé de son droit en raison des conséquences de sa faute. En ce qui concerne les modalités procédurales de l'action, la jurisprudence de la Cour de cassation a évolué en raison de la dualité de fondements susceptibles d'être utilisés : soit la caution invoque et démontre la faute du créancier ainsi que le préjudice qu'elle subit en conséquence, pour solliciter une compensation, ce qui suppose une demande reconventionnelle ; soit la caution s'oppose simplement à la demande en évoquant uniquement la faute de la caution, et il s'agit alors d'un moyen de défense.

La Cour de cassation avait initialement estimé que la responsabilité du créancier devait être invoquée par la caution uniquement par le biais d'une demande principale ou d'une *demande reconventionnelle* définie à l'article 69 du Code de procédure civile comme une demande par laquelle « Le défendeur originaire prétend obtenir un avantage autre que le simple rejet de la prétention de son adversaire ». Les juges considéraient que la volonté de la caution n'était pas uniquement d'écarter la demande du créancier, mais aussi de relever la faute de ce dernier afin d'obtenir des dommages-intérêts, ce qui légitimait la mise en œuvre d'une demande reconventionnelle (Com. 16 mars 1993, *D.* 1993. Somm. 314, obs. L. Aynès). Il était cependant reproché à cette analyse de ne pas respecter l'article 64 du Code de procédure civile, selon lequel la demande reconventionnelle doit tendre à un avantage qui ne peut être le pur et simple rejet de la prétention contraire. Or, le but de certaines cautions était uniquement d'obtenir le rejet de la prétention adverse par une demande de dommages-intérêts correspondant au montant de la dette. De vives critiques doctrinales ont été émises, souhaitant que la faute de la banque puisse constituer un moyen de défense au fond, sans nécessiter une demande reconventionnelle (S. Guinchard, « Le droit a-t-il encore un avenir à la Cour de cassation », *in Mélanges Fr. Terré*, Dalloz-PUF-Litec, 1999, p. 764).

La Cour de cassation a opéré un revirement de jurisprudence, tout d'abord par les chambres commerciale et civile (Com. 26 oct. 1999 ; Civ. 1re, 4 oct. 2000, *RTD civ.* 2001. 627, obs. P. Crocq ; *D.* 2001. Somm. 96, obs. L. Aynès), puis par une chambre mixte selon laquelle les cautions disposent désormais d'une certaine liberté procédurale entre la voie de la défense au fond et celle de la demande reconventionnelle : « les demandes reconventionnelles et les moyens de défense sont formés de la même manière à l'encontre des parties à l'instance ». Les juges du fond sont donc tenus de statuer sur la demande de la caution « quelle qu'en fût la qualification procédurale » (Ch. mixte, 21 févr. 2003, *D.* 2003. 829, obs. V. Avena-Robardet, *JCP* 2003. II. n° 10103, note F. Boucard, *JCP* 2003. I. 128, n° 19, obs. L. Cadiet, *RTD com.* 2003. 353, obs. D. Legeais, *LPA* 30 juin 2003, n° 129, P. 9, note D. Houtcieff ; *Banque et Droit* juill.-août 2003, P. 60, obs. F. Jacob ; *RD banc. fin.* 2003, comm. n° 70, obs. D. Legeais ; Procédures 2003, comm. n° 118, obs. H. Croze.). Cette solution peut être justifiée par les formes identiques qui sont requises dans les deux cas, car il convient de procéder par voie de conclusions comme l'indique l'article 68 alinéa 1er du Code de procédure civile : les demandes incidentes sont formées « de la même manière que sont présentés les moyens de défense ». Cette assimilation a néanmoins pu être critiquée en raison des différences de régime entre un moyen de défense au fond et une demande reconventionnelle, cette dernière devant notamment être rattachée avec un lien suffisant à la prétention initiale (art. 70 C. pr. civ.), condition non exigée pour une simple défense au fond.

En l'espèce, au plan procédural, l'argumentation mise en œuvre par M. Vallez est parfaitement valable : il peut invoquer, à titre de défense au fond, le défaut de diligence de la banque qui n'a pas appelé la garantie à première demande, comportement constitutif d'une faute.

B. Le fond de l'action

La mise en œuvre de la responsabilité de la Banque nationale du crédit par M. Vallez suppose, comme pour toute action en responsabilité civile, que soient démontrés une faute, un dommage et un lien de causalité.

Le *dommage* susceptible d'être invoqué par la caution est soit celui de la perte d'une chance de ne pas être poursuivie en paiement par le créancier, soit la perte d'une chance d'exercer un recours efficace contre le débiteur, en l'espèce devenu insolvable. Ces deux arguments pourraient parfaitement être invoqués par M. Vallez. En ce qui concerne le constat d'une *faute*, la démonstration de cet élément risque de se révéler plus délicate. En l'occurrence, la caution reproche à la Banque nationale du crédit de ne pas avoir mis en œuvre la garantie à première demande du solde débiteur en compte courant avant l'expiration du délai contractuellement prévu.

La question est donc la suivante : la banque créancière a-t-elle commis une faute en choisissant de mettre en œuvre un droit, issu du contrat de cautionnement plutôt qu'un autre ? Peut-on lui reprocher, en conséquence, d'avoir appelé en garantie la caution plutôt que le garant à première demande. Or, le créancier qui bénéficie d'une pluralité de sûretés doit pouvoir choisir librement de réclamer le paiement à n'importe lequel de ceux contre qui il dispose d'un droit. Ainsi, en l'espèce, la Banque nationale du crédit avait le choix de demander la totalité de la dette garantie à l'une quelconque des cautions ou de s'adresser à ses cautions plutôt qu'au garant à première demande. La Cour de cassation a ainsi affirmé que « le créancier qui bénéficie d'une pluralité de sûretés ne commet pas de faute en choisissant le moyen d'obtenir le paiement de sa créance » (Com. 2 juin 2004, *CCC* août-sept. 2004, p. 11 ; *RLDC* janv. 2005, p. 21, note D. Pardoel ; *Dr. et proc.* nov.-déc. 2004, p. 356, obs. O. Salati). Une nuance a cependant été apportée par les juges, qui écartent ce choix dans les hypothèses d'abus ou de fraude. Il appartient en l'espèce à M. Vallez de démontrer le comportement frauduleux de la banque, qui aurait directement affecté ses propres intérêts. Si un tel argument est retenu, la caution pourra obtenir une décharge partielle ou totale de son engagement, par application du mécanisme de la compensation.

De même, on peut imaginer qu'une clause organise à l'avance une hiérarchie entre les différentes sûretés consenties au créancier : par exemple, une garantie à première demande pourrait être organisée de façon à ne jouer qu'après une tentative infructueuse de mise en œuvre d'un cautionnement.

II. La décharge de la caution

En cas d'échec de la mise en œuvre de la responsabilité civile de la banque, la caution pourrait invoquer le mécanisme du bénéfice de subrogation prévue à l'article 2314 du Code civil. Selon ce texte, la caution est déchargée « lorsque la subrogation aux droits, hypothèques et privilèges du créancier ne peut plus, par le fait de ce créancier, s'opérer en faveur de la caution ». En l'espèce, peut-on considérer que la Banque nationale du crédit a trompé la confiance de la caution en faisant disparaître un droit, en l'occurrence la garantie à première demande, dont elle disposait contre la banque Hyper-Crédit ? La Banque nationale du crédit n'a-t-elle pas, par « son fait », laissé se perdre la possibilité, pour M. Vallez, d'appeler la banque Hyper-Crédit en garantie avant le 1er octobre 2006 ?

En dépit des termes employés par l'article 2314 du Code civil, les droits dont la caution peut invoquer la perte sont plus généralement qualifiés de « droits préférentiels ». Parmi ces derniers, outre les hypothèques et les privilèges, figurent tous les droits qui peuvent s'ajouter au droit de gage général. Sont notamment visées les sûretés personnelles comme le cautionnement ou la garantie à première demande. Une condition supplémentaire s'impose néanmoins : pour que la caution, M. Vallez, soit déchargée, encore faut-il qu'elle ait pu compter sur le droit préférentiel au moment où elle s'est engagée. En d'autres termes, il faut que ce droit ait été certain au moment où la caution s'est engagée. Or, lorsque M. Vallez s'est engagé, la garantie à première demande n'avait pas été constituée puisqu'elle date du 1er octobre 2006. Par ailleurs, la Banque nationale du crédit n'avait pas non plus pris l'engagement de la constituer, lors de la conclusion, le 10 février 2006, des contrats de cautionnements. La solution retenue par la Cour de cassation est dénuée de toute ambiguïté : par application du bénéfice de subrogation, « la caution n'est libérée lorsque la subrogation aux droits, privilèges et hypothèques du créancier ne peut plus s'opérer en sa faveur, que si ces garanties existaient antérieurement au contrat de cautionnement ou si le créancier s'était engagé à les prendre » (Civ. 1re, 17 oct. 1995). Aucune de ces circonstances ne semble réunie en l'espèce, ce qui va limiter la possibilité d'obtenir gain de cause pour M. Vallez.

chapitre 5

La garantie autonome

Plan analytique

Section 1

La notion de « garantie autonome »

§ 1 Contexte et structure de l'opération

- A. La garantie autonome internationale
- B. La garantie autonome interne

§ 2 Définition de la garantie autonome

- A. Définition positive
- B. Définition négative

Section 2

Le régime de la garantie autonome

§ 1 Déclenchement

- A. Conditions de validité
- B. L'appel en garantie

§ 2 Développement

- A. Le paiement du garant
- B. Les recours après paiement

§ 3 Dénouement

- A. Lié à la durée du contrat
- B. Indifférent à la durée du contrat

Compléments pédagogiques

La garantie autonome

La garantie autonome est également désignée sous le vocable de « garantie indépendante », « lettre de garantie » ou « garantie à première demande » – bien que ce dernier terme soit mal adapté car trop restrictif, la garantie à première demande étant une variété (la plus courante) de la garantie autonome. Elle est une garantie personnelle indépendante révélatrice d'une certaine défiance à l'égard du cautionnement. Issue de la pratique internationale, elle fut transposée en droit interne dans les années 1970, même si les justifications de son recours dans le commerce international n'existent pas nécessairement dans un contexte hexagonal (v. P. Ancel, « Nouvelles sûretés pour créanciers échaudés », *Cah. dr. entr.* 1989, n° 5, p. 3). Appartenant à l'espèce des crédits par signature, elle s'en singularise toutefois ostensiblement par son caractère indépendant qui est sa « marque de fabrique ». En effet, cette garantie est généralement définie comme un engagement contracté par une personne, le garant, à la demande d'un débiteur, le donneur d'ordre, de verser à un créancier une somme d'argent sur appel de ce dernier. Le corollaire de cette définition, ainsi que son principal attrait, est le principe de l'inopposabilité des exceptions. Le garant ne pourra invoquer les exceptions inhérentes à la dette garantie, pour s'exonérer de son engagement. Cet embryon de régime mérite d'être approfondi. Aussi consacrerons-nous les développements qui vont suivre à la notion de garantie autonome (section 1), avant d'en exposer le régime juridique (section 2). 248

section 1

La notion de « garantie autonome »

Bien qu'aujourd'hui consacrée par la loi, cette notion mérite que l'on s'arrête d'abord sur son contexte et sa structure (1), avant d'en dégager la définition (2). 249

§ 1 Contexte et structure de l'opération

Illustration de la technique contractuelle, la garantie autonome est le fruit de l'imagination des parties, elles-mêmes guidées par les besoins, au départ du commerce international (A), puis des relations purement internes aux entreprises, mais aussi des particuliers (B). Aussi, la structure de l'opération se révèle-t-elle variable, selon le contexte dans lequel elle est utilisée. 250

A. La garantie autonome internationale

251 La pratique du commerce international qui a dégagé ce mécanisme en a fait une garantie multiforme (2) dont la structure classiquement triangulaire est parfois renforcée (1) par l'intervention d'un quatrième personnage.

1. *Une structure triangulaire*

252 La garantie autonome est théoriquement une opération à trois personnes qui superpose deux contrats : le contrat de garantie *strictu sensu* et le contrat de base en considération duquel la garantie est octroyée. En général, dans le domaine international, une entreprise exportatrice européenne notamment, souhaite remporter un marché, de construction d'une usine par exemple, auprès d'un maître d'ouvrage étranger. Afin de renforcer ses chances d'être sélectionnée et d'inspirer confiance à ce partenaire convoité, l'une des meilleures solutions est d'obtenir de sa banque qu'elle se porte garante du paiement des sommes qu'elle pourrait éventuellement devoir à ce maître de l'ouvrage étranger, créancier d'une obligation de faire. Le remboursement des acomptes versés par le maître de l'ouvrage à l'entrepreneur explique la démarche du second pour que sa banque fournisse au premier cette garantie autonome. Ainsi, au contrat de base liant l'entrepreneur européen, exportateur, au maître de l'ouvrage étranger, importateur, se superpose un groupe de contrats de garantie. Au point de vue terminologique, interviennent le donneur d'ordre qui n'est autre que le débiteur, en l'occurrence l'exportateur qui mènera les démarches pour obtenir la garantie de sa banque, le bénéficiaire de la garantie, c'est-à-dire le créancier maître de l'ouvrage, et enfin la banque garante, qui souscrit la garantie en question. Plus précisément, ce groupe de contrats fait intervenir deux engagements : l'engagement du banquier envers le donneur d'ordre, et l'engagement du garant envers le bénéficiaire, dit lettre de garantie ou contrat de garantie autonome. Par le premier contrat, celui conclu entre le donneur d'ordre et son banquier, le banquier s'engage envers le donneur d'ordre en lui promettant d'apporter son concours dans une opération de garantie et en lui promettant de s'engager au profit du bénéficiaire dans une lettre de garantie. Comme le note le professeur Thierry Bonneau (T. Bonneau, *Droit bancaire*, 11e éd., LGDJ, n° 826, p. 604), ce contrat s'analyse en *« une promesse de crédit par signature puisque le banquier promet, contre rémunération, de mettre les fonds à la disposition du bénéficiaire si les conditions de cette mise à disposition sont réunies »*. Par le second contrat, celui de garantie autonome, conclu entre le créancier (dans notre exemple l'importateur) devenu bénéficiaire, et la banque garante, le banquier s'engage à payer, à la demande du bénéficiaire, une somme d'argent déterminée. Ce contrat est distinct du contrat de base, comme de la promesse de crédit. Même si la lettre de garantie ne manque pas de faire référence au contrat de base, elle en est autonome (v. ss 268). Le garant est généralement soit un banquier du pays de l'exportateur, soit une compagnie d'assurance.

253 Toutefois, ce schéma simple est fréquemment renforcé d'une contre-garantie. En effet, l'importateur étranger se contente rarement de la garantie d'une banque étrangère et exige souvent que la garantie soit fournie par une banque de son pays qu'il désigne même parfois nommément. Le donneur d'ordre demande alors à sa propre banque (que l'on va supposer française) de conclure un accord avec un établissement du pays du bénéficiaire : cet établissement consent alors une garantie de premier rang, mais pourra après paiement, exercer un recours contre la banque

française, contre-garante. Dans ce cas de figure, deux contrats de garantie sont émis : une première garantie autonome profite directement à l'importateur étranger, bénéficiaire final, et l'autre, tout aussi autonome, appelée contre-garantie, bénéficie à la banque étrangère dite « garant de premier rang » (v. Ph. Delebecque, « Garanties et contre-garanties », in *Mélanges Ch. Gavalda*, Dalloz, 2001, p. 91 et s. ; C. Houin-Bressand, *Les contre-garanties*, Dalloz, 2006, préf. H. Synvet). L'intérêt de cette contre-garantie, outre la nationalité de la banque garante de premier rang, réside dans son indépendance, que ce soit par rapport au contrat de base, ou à la garantie de premier rang (Com. 26 nov. 1996, *RJDA* 1997, n° 397 ; CA Paris, 26 avr. 2007, *Juris Data* n° 2007-340539 ; Com. 13 sept. 2011, n° 10-19384, *Gaz. Pal.* 22 déc. 2011, p. 20, obs. M.-P. Dumont-Lefrand où la Cour de cassation juge que le délai de prescription de l'action du garant contre le contre-garant court du jour de l'exigibilité de la contre-garantie qui n'est pas subordonnée à l'exécution de son propre engagement par le garant de premier rang ; Com. 3 mai 2016, n° 14-28962 où la Cour juge que le caractère manifestement abusif de l'appel de la contre-garantie ne peut résulter du seul caractère manifestement abusif de l'appel de la garantie de premier rang). Toutefois, la Cour de cassation a jugé que l'indépendance de la contre-garantie à l'égard de la garantie de premier rang n'interdit pas au donneur d'ordre, tenu au titre de la garantie autonome à première demande, d'agir en responsabilité contre l'un quelconque des garants qui, par sa faute, l'a contraint de payer (Com. 30 mars 2010, *D.* 2010. 2274, note C. Houin-Bressand).

2. *Une garantie multiforme*

Cette garantie autonome internationale se caractérise par ses finalités (a) mais aussi par sa diversité (b). 254 ■

a. Finalités de la garantie

Le recours à ce type de garantie a accompagné le développement des marchés internationaux de travaux et de fourniture avec de nouveaux pays émergents, orientaux notamment, demandeurs de matériel et de savoir-faire. Ce mécanisme destiné à pallier les différences de culture mais aussi le risque d'inadaptation du bien livré dans un pays généralement éloigné, a surtout pour but d'éviter à l'importateur insatisfait d'aller devant les tribunaux du pays de l'exportateur pour voir son contrat exécuté. Face à des contrats souvent complexes et des législations inconnues, il est plus simple de sécuriser la relation en demandant au pays exportateur de fournir une garantie qui peut consister soit en la consignation d'une somme d'argent, soit en la fourniture d'un engagement bancaire de verser cette somme. Le dépôt de fonds étant trop coûteux, sont ainsi nées les garanties autonomes, exécutoires sur simple injonction de l'importateur bénéficiaire. En effet, en cas de difficultés, quelles qu'elles soient, il lui suffira de demander que les sommes convenues lui soient versées, et elles devront l'être. La finalité de cette garantie est donc à la fois de contraindre la partie exportatrice à bien exécuter son contrat, sous peine de voir la garantie activée, et de permettre à la partie importatrice de bénéficier d'une source certaine d'indemnisation, même si le montant de la garantie ne couvre jamais l'intégralité du marché. 255 ■

b. Diversité des garanties

Dans le contexte international, ces garanties autonomes sont fréquemment utilisées pour garantir des obligations de faire dues aux différents stades de la relation contractuelle à sécuriser. On les rencontre aussi bien dans la phase précontractuelle 256 ■

que contractuelle ou postcontractuelle. Les trois plus célèbres sont la garantie de soumission, la garantie de restitution d'acompte et la garantie de bonne fin. Toutefois, vu le fondement de cette garantie, il en existe d'autres garantissant d'autres risques encore, notamment liés au paiement de somme d'argent, comme la garantie de paiement des droits de douane par exemple.

Ainsi, la *garantie de soumission* (*bid bond*) a-t-elle pour objet de garantir son bénéficiaire contre le risque de rupture brutale des pourparlers par le soumissionnaire. Généralement d'un montant égal à 5 % à 10 % du marché, elle garantit le bénéficiaire contre le risque de refus de signature du contrat et expire avec celle-ci.

La *garantie de restitution d'acompte* (*advance payement guarantee*), quant à elle, garantit la restitution par le soumissionnaire choisi, des acomptes éventuellement versés, en cas d'inexécution ou d'exécution partielle du marché. Généralement d'un montant oscillant entre 10 % et 20 % de celui des sommes avancées par le bénéficiaire, elle en garantit le remboursement et prend fin au fur et à mesure que les acomptes sont utilisés pour l'exécution du contrat. La garantie est alors dite « glissante » ou « réductible » (Com. 5 déc. 1989, *D.* 1990. Somm. 207, obs. M. Vasseur).

Enfin, la *garantie de bonne fin* (*performance bond* ; à distinguer de la garantie de livraison des maisons individuelles : v. Civ. 3e, 19 mars 2013, *RDBF* 2013, n° 94, obs. D. Legeais ; Civ. 3e, 17 juin 2015, n° 14-19863, *Gaz. Pal.* 9-10 déc. 2015, n° 344, obs. M.-P. Dumont-Lefrand qui juge qu'une garantie à première demande de bonne fin d'un contrat de sous-traitance ne se confond pas avec la retenue de garantie de 5 % du montant des travaux exigée par la loi du 16 juillet 1971) garantit le bénéficiaire contre les risques de mauvaise exécution, d'exécution tardive ou d'inexécution du marché par le soumissionnaire. Elle est généralement d'un montant représentant une fraction du marché, compris entre 5 % à 20 % de celui-ci. Elle est cependant indépendante de l'exécution ou de l'inexécution du marché en cause, le garant s'engageant à verser la somme promise, en tout état de cause.

B. La garantie autonome interne

■ 257 La transposition en droit interne de la garantie autonome internationale n'a pas tardé. Toutefois, l'ordonnance réglemente cette garantie dans certains domaines. Aussi convient-il de s'attarder sur cette transposition dans les relations internes (1) avant de se pencher plus précisément sur son domaine (2).

1. *La transposition aux relations internes*

■ 258 Elle s'est par exemple développée pour garantir le remboursement d'emprunts (S. Blot, « Les garanties autonomes face à la pratique bancaire », *LPA* 27 mars 2008), le financement de crédit-bail, le paiement de créances de loyers d'habitation, l'exécution de marchés publics (CE 11 juill. 2008, *RJDA* 2/ 2009, n° 141) ou le paiement du dépôt de garantie dû par le bénéficiaire d'une promesse unilatérale de vente. Ainsi, même si les raisons propres à son rayonnement en droit du commerce international n'existent pas en droit interne, il est apparu fort utile d'y recourir pour d'autres motifs tenant notamment aux inconvénients liés à l'immobilisation de sommes d'argent ou à la crise du cautionnement. S'il apparaît tout à fait intéressant pour chacun des protagonistes de remplacer l'exigence d'un dépôt de sommes d'argent par une garantie autonome, son utilisation en tant que substitut au cautionnement est plus controversée. D'abord parce qu'elle n'est plus nécessairement accordée par un établissement de crédit mais peut l'être par une entreprise, ou une personne physique, qu'elle soit professionnelle ou profane. Or, un particulier non rompu au milieu des affaires n'aura pas nécessairement conscience de l'engagement qu'il prend. Par ailleurs, on s'est un temps interrogé sur la fraude : recourir à la garantie autonome pour éviter le caractère accessoire du cautionnement n'est-ce pas détourner la loi ? (sur cette tentation, v. D. Houtcieff, « Les dispositions applicables au cautionnement issues de la loi pour l'initiative économique », *JCP* 2003. I. 161). Mais la réponse ne peut être que négative dans la mesure où le caractère accessoire du cautionnement n'est pas d'ordre public (v. ss 26) et où la liberté contractuelle est le fondement de la garantie autonome. En effet, même si les tribunaux sont attentifs aux fausses garanties autonomes et n'hésitent pas à les requalifier en cautionnements (v. ss 270 s.), le principe de l'autonomie de la volonté ne saurait s'opposer à leur souscription.

La garantie autonome en droit interne, contrat *sui generis* par excellence, par lequel un garant prête au débiteur son crédit (par signature), s'est donc développée sans réglementation particulière si ce n'est le droit commun des contrats (P. Puig, « Les garanties autonomes », *LPA* 27 mars 2008, p. 9), la jurisprudence veillant et à la qualification de ce contrat et à l'élaboration progressive de son régime. 259 ■

2. *Le domaine de la garantie autonome*

Avant l'intervention de l'ordonnance du 23 mars 2006, le recours à une sûreté indépendante dans le domaine de la garantie des crédits à la consommation ou des obligations locatives était déjà regardé avec circonspection (v. rapport sous Com. 13 déc. 1994, *Bull. civ.* IV, n° 375 ; *D.* 1995. Jur. 209). En effet, les garants des crédits à la consommation ou les garants d'obligations locatives n'étaient pas soumis au droit commun du cautionnement. Aussi envisageait-on difficilement de voir d'éventuels garants de telles obligations soumis à des règles plus sévères que celles du cautionnement, en l'occurrence celles d'une garantie autonome. Fort heureusement ces questions ont été envisagées par les textes récents. Le premier est un texte d'interdiction, tandis que le second est un texte d'encadrement. 260 ■

En premier lieu, l'article 39 de l'ordonnance précitée a inséré un article L. 314-19 dans le Code de la consommation lequel dispose : « La garantie autonome définie à l'article 2321 du Code civil ne peut être souscrite à l'occasion d'un crédit relevant des chapitres I et II du présent titre ». Il est par conséquent impossible de garantir un contrat de crédit immobilier ou mobilier à la consommation par une garantie autonome. Le créancier, enserré dans de tels liens, sera tenu de respecter les mentions manuscrites et les dispositions protectrices des articles L. 314-15 et suivants du Code de la consommation (v. ss 103). 261 ■

En second lieu, un nouvel article 22-1-1 a également été inséré dans la loi du 6 juillet 1989 tendant à améliorer les rapports locatifs et dispose que « La garantie autonome prévue à l'article 2321 du code civil ne peut être souscrite qu'en lieu et place du dépôt de garantie prévu à l'article 22 et que dans la limite du montant résultant des dispositions du premier alinéa de cet article », en l'occurrence deux mois de loyer. Une telle réglementation de l'utilisation de la garantie autonome en matière de bail d'habitation a le mérite de corroborer l'analyse qui voit dans un tel engagement de payer un substitut aux consignations de sommes d'argent. En revanche, comme le 262 ■

relève notre collègue D. Houtcieff (D. Houtcieff, « Les sûretés personnelles », *JCP* 2006, supplément au n° 20, p. 7 s.), il n'est pas certain que les créanciers d'obligations locatives changent leurs habitudes et se laissent tenter par une telle garantie, le dépôt d'une somme d'argent étant plus simple, et tout aussi efficace.

§ 2 Définition de la garantie autonome

263 Comme souvent, la définition d'une telle notion, véritable sûreté personnelle, peut s'établir à la fois positivement, grâce aux efforts jurisprudentiels ou légaux (A), et négativement, par opposition aux mécanismes s'en rapprochant, comme le cautionnement, en l'occurrence (B).

A. Définition positive

264 En l'absence de réglementation particulière, même si des modèles auraient pu être trouvés dans les travaux de la Chambre de commerce internationale (S. Piedelièvre, « Remarques sur les règles uniformes de la CCI relatives aux garanties sur demande », *RTD com.* 1993. 615 ; Ph. Simler, « Règles uniformes de la CCI relatives aux garanties sur demande », *LPA* 13 mai 1992, p. 25) ou dans ceux de la Commission des Nations unies pour le commerce international (J. Stoufflet, « La convention des Nations unies sur les garanties indépendantes et les lettres de crédit *stand-by* », *RD bancaire et bourse* 1995. 132 ; S. Piedelièvre, « Le projet de convention de la Commission des Nations unies », *RTD com.* 1996. 633), c'est la jurisprudence qui a d'abord dégagé une définition de cette garantie. Puis, la réforme du droit des sûretés intervenue par l'ordonnance n° 2006-346 du 23 mars 2006 relative aux sûretés, a jugé utile de consacrer en droit français une définition de la garantie autonome sans toutefois rigidifier le mécanisme en détaillant son régime.

1. *Définition jurisprudentielle*

265 Avant que la Cour de cassation n'intervienne, le recours à la garantie autonome en droit interne divisait les auteurs entre ceux qui y voyaient un cautionnement particulier et ceux qui l'analysaient en un simple engagement de payer indépendant, d'un genre innommé.

Mais la chambre commerciale de la Cour de cassation est venue clarifier la situation au début des années 1980. Ainsi, dans deux arrêts rendus le 20 décembre 1982 à propos de la même affaire (Com. 20 déc. 1982, *Bull. civ.* IV, n° 417 ; *D.* 1983. 365, obs. M. Vasseur), où la société Paribas s'était engagée envers la société Creusot-Loire « à la payer à première demande » et où la question s'était posée de savoir si la banque garante pouvait opposer au créancier bénéficiaire l'exception de nullité du contrat de base, la Cour de cassation a jugé que « cet engagement ne constituait pas un cautionnement mais une garantie autonome, ce qui interdisait à la banque de se prévaloir, en l'état, des exceptions que le donneur d'ordre pouvait opposer au bénéficiaire tenant à l'inexécution du contrat les unissant »... (1er arrêt)... « L'engagement de la banque... était un “engagement à première demande” autonome à l'égard du contrat de base et... régi par les seules dispositions de la lettre de garantie »... (2e arrêt). Puis, l'année d'après, la Cour de cassation complète son analyse et affirme, à propos d'une contre-garantie, que la nullité de l'obligation principale « serait sans influence sur l'engagement indépendant de la banque contre-garante »

(Com. 13 déc. 1983, *D.* 1984. 420, obs. M. Vasseur; v. égal. Com. 27 nov. 2004, *D.* 1985. 269, obs. M. Vasseur jugeant que « la contre-garantie donnée par la banque est une obligation autonome tant par rapport à la garantie de premier rang... que par rapport au contrat de base » et Com. 2 févr. 1988, *Bull. civ.* IV, n° 55).

La garantie autonome apparaît donc comme un engagement de payer une somme d'argent déterminée à l'avance, à la demande du créancier bénéficiaire, sans pouvoir différer le paiement ou soulever de contestations issues du contrat de base. L'office des juges est alors de déterminer si le garant s'est bien engagé à verser, de manière indépendante, une somme d'argent (Com. 3 nov. 1992, *JCP* E 1993. II. 454, obs. F. Jacob). Les deux traits principaux de cette définition tiennent donc à la nature de l'engagement du garant, un engagement de payer, et à son caractère essentiel, un engagement autonome. Ces deux éléments se retrouvent dans la définition légale.

2. *Définition légale*

La garantie autonome est un type de crédit par signature : le garant prête son crédit au débiteur en acceptant de payer une somme d'argent à son créancier, le bénéficiaire de la garantie, à charge pour le débiteur de lui rembourser ensuite cette somme. Mais, depuis l'ordonnance du 23 mars 2006, l'article 2321 alinéa 1er du Code civil prend la peine de la définir comme suit : « La garantie autonome est l'engagement par lequel le garant s'oblige, en considération d'une obligation souscrite par un tiers, à verser une somme soit à première demande, soit suivant des modalités convenues ». À travers cet effort de définition (v. A. Prüm, « La consécration légale des garanties autonomes », in *Études offertes au Doyen Ph. Simler*, Dalloz-Litec, 2007, p. 409), les deux éléments précédemment identifiés ressortent indéniablement et permettent ainsi d'établir la spécificité de cette garantie. 266

a. Un engagement de payer

Le garant s'engage à payer une somme d'argent à concurrence d'un certain montant déterminé, ou déterminable, dans le contrat de garantie laquelle peut être inférieure, égale ou supérieure à celle due au titre du contrat de base. Mais il ne s'agit en aucun cas de la « propre dette » du débiteur (Com. 13 déc. 1994, *Bull. civ.* IV, n° 375 ; *D.* 1995. Jur. 209, rapp. Le Dauphin, note L. Aynès ; *RTD com.* 1995. 458, obs. M. Cabrillac), l'article 2321 du Code civil définissant bien cette garantie comme l'engagement de « verser une somme », ce qui identifie bien la dette comme celle du garant et non du débiteur. Le garant ne s'engage donc pas à payer la dette d'autrui en se substituant à lui, mais bien à régler la sienne propre. En ce sens, la garantie autonome remplace une consignation de sommes d'argent, un gage-espèce (v. ss 430) que le donneur d'ordre devrait laisser entre les mains de son cocontractant. Mais, vu le coût de l'immobilisation de liquidités, le donneur d'ordre préfère recourir à un crédit par signature aux termes duquel le garant s'engage à faire l'avance de sommes qu'il reconnaît devoir personnellement, même s'il le fait au regard de l'action en remboursement dont il dispose ensuite contre son donneur d'ordre. Cela étant, pour que le bénéficiaire de cette garantie accepte son principe, encore fallait-il que ce type d'engagement soit indépendant, voire irrévocable. Tel est bien le second trait de la définition légalement retenue. 267

b. Un engagement de payer autonome

268 Bien que le texte du Code civil prenne la peine de préciser que le garant s'oblige « en considération d'une obligation souscrite par un tiers », le caractère autonome de son engagement ne fait pas de doute (v. ss 284 sur la cause).

La fonction même de garantie de la garantie autonome suppose que ce contrat soit conclu à l'occasion d'une opération économique principale qu'il s'agit de sécuriser. Dès lors, la souscription d'une garantie autonome dépend nécessairement d'une obligation principale habituellement désignée sous le vocable « contrat de base ». Comme l'écrivent fort clairement les professeurs Ph. Simler et Delebecque (Ph. Simler et Ph. Delebecque, *Les sûretés, La publicité foncière*, Dalloz, coll. « Précis », 5ᵉ éd., 2009, nᵒ 284), « nul ne garantit le néant ou l'inconnu », mais le lien entre le contrat de garantie et le contrat de base est uniquement « d'ordre chronologique », et n'a vocation à exister que « pendant la négociation préalable ». Il est ensuite « instantanément et volontairement rompu dès l'instant de la souscription de la garantie, qui prend alors son autonomie ».

Ce caractère autonome résulte de l'objet même de l'engagement du garant : le paiement d'une somme d'argent, généralement à première demande. En définissant la garantie autonome comme l'engagement de payer une dette — à la demande du bénéficiaire ou selon les modalités convenues (v. ss 290 s.) —, qui n'est pas celle du débiteur, l'article 2321 alinéa 1er du Code civil affirme clairement le caractère non accessoire et autonome de ladite garantie. En effet, le garant contracte un engagement personnel, nouveau et distinct du contrat de base. La conséquence de cette autonomie de son engagement est qu'il ne peut pas se prévaloir des exceptions tenant à l'obligation garantie (v. ss 296). Sa garantie est due quel que soit le sort du contrat de base, dès l'appel de son bénéficiaire, à condition que cet appel ne soit pas abusif. Les deux engagements sont totalement indépendants l'un de l'autre, le garant s'engageant à « garantir non pas l'exécution des obligations essentielles du contrat mais simplement l'exécution d'une obligation marginale : le versement du montant de la consignation » (M. Cabrillac, Ch. Mouly, S. Cabrillac et Ph. Pétel *Droit des sûretés*, Litec, 10ᵉ éd., 2015, nᵒ 511), ce qui est une autre façon de dire que l'engagement de payer du garant est détaché du contrat de base.

Ainsi, si la spécificité de la garantie autonome est justement ce caractère indépendant et autonome de l'engagement du garant, en pratique, toute la difficulté est justement de reconnaître ce caractère autonome de l'engagement du garant. C'est sa présence ou son absence qui permettront de distinguer la garantie autonome d'autres sûretés personnelles ou d'autres mécanismes plus ponctuels de garantie.

B. Définition négative

269 Classiquement comparée au contrat de cautionnement, la garantie autonome ne manque pourtant pas de s'en distinguer (1). Par ailleurs, son indépendance permet également de la différencier d'autres mécanismes que sont la délégation imparfaite (2) et le crédit documentaire (3).

1. *Garantie autonome et cautionnement*

270 Depuis que la Cour de cassation a consacré, en 1982, la spécificité de la garantie autonome, en théorie, garantie autonome et cautionnement sont deux mécanismes bien distincts. Alors que le cautionnement est un engagement accessoire, la garantie

autonome ne l'est pas. Toutefois, malgré ce critère de détermination apparemment très clair, en pratique, de nombreuses difficultés de qualification n'ont pas manqué de survenir. Les dangers de la garantie autonome ont souvent incité les garants à tenter de démontrer qu'ils étaient en réalité de simples cautions. À l'inverse, les créanciers essayent de prouver qu'ils bénéficient d'engagements indépendants. Ainsi, en matière de garanties financières professionnelles – obligatoires pour les professionnels qui détiennent des fonds pour le compte de leurs clients –, alors que la qualification classique était celle de « cautionnement » (Civ. 1re, 10 janv. 1995, *D.* 1995. 178, obs. L. Aynès), un arrêt de l'Assemblée plénière s'est prononcé en faveur de la qualification de « garantie autonome » dans le but d'écarter l'extinction de la garantie à laquelle aurait nécessairement conduit l'admission de son caractère accessoire (Ass. plén., 4 juin 1999, *RTD civ.* 1999. 665, obs. P. Crocq ; *JCP* 1999. II. 10152, note M. Béhar-Touchais) en cas de procédure collective du professionnel, sous l'empire de la loi du 25 janvier 1985. Cette jurisprudence, qui avait l'inconvénient de contredire le critère de la garantie autonome, par ailleurs constamment réaffirmé (Com. 19 sept. 2006, *JurisData* n° 035086), semble toutefois délaissée au profit de la technique de l'assurance (Civ. 3, 1er mars 2006, *Bull. civ.* III, n° 50 ; *D.* 2006. IR. 99 ; Civ. 3e, 27 sept. 2006, *D.* 2006. IR. 2479 ; v. égal. S. Cabrillac, *Les garanties financières professionnelles*, Litec, 2000, préface P. Pétel). À cet égard, les termes employés dans l'acte de garantie, pas toujours révélateurs de la volonté des parties, ont conduit les tribunaux à affiner la distinction en précisant utilement les mentions révélatrices de l'autonomie de la garantie (a), par opposition à celles ne permettant pas d'exclure cette autonomie (b).

a. Les mentions révélatrices de l'autonomie de la garantie

L'autonomie de la garantie résulte de l'objet de l'obligation du garant. Le garant s'engage à verser une « somme d'argent » et non à se substituer au débiteur. Bien que pris « en considération d'une obligation », son engagement est personnel et indépendant du contrat de base. À cet égard, une jurisprudence constante énonce « qu'un engagement ne peut être qualifié de garantie autonome que s'il n'implique pas une appréciation des modalités d'exécution du contrat de base pour l'évaluation des montants garantis ou pour la détermination des durées de validité et s'il comporte une stipulation de l'inopposabilité des exceptions » (Cass. 27 juin 2000, *RD banc. fin.* 2000, n° 355, obs. J.-P. Mattout ; v. égal. Com. 30 janv. 2001, *Bull. civ.* IV, n° 25 ; *JCP* E 2001. 568, note D. Legeais et p. 851, note J.-P. Reméry ; Com. 18 mai 1999, *Bull. civ.* IV, n° 102 ; *JCP* 1999. II. 10199, note J. Stoufflet ; *D. Affaires* 2000. Jur. 112, note Y. Picod ; *RTD com.* 1999. 734, obs. M. Cabrillac). Il résulte de cette formulation que deux mentions permettent de caractériser une garantie autonome, l'une négative, l'autre positive. 271 ■

Négativement d'abord, la *référence au contrat de base* ne doit pas conditionner l'engagement du garant. L'engagement ne doit pas impliquer une appréciation des modalités d'exécution du contrat de base. Si toute évocation du contrat garanti n'est bien entendu pas exclue – dans la mesure où comme toute sûreté, la garantie autonome vient sécuriser une obligation préexistante –, la référence au contrat de base doit révéler l'autonomie de la garantie (Com. 2 oct. 2012, n° 11-23401, *Gaz. Pal.* déc. 2012, p. 19, obs. M.-P. Dumont-Lefrand ; *JCP* 2013. 1291, obs. Ph. Simler). La garantie ne doit pas être déterminée par la dette principale mais par les seuls termes de l'engagement accepté (Com. 11 juin 2002, *D.* 2002. 3332, obs. L. Aynès ; Com. 3 juin 2014, n° 13-17643, *Dr. et patr.* 2014, n° 241, p. 107, obs. A. Aynes où la Cour juge qu' *« un engagement ne peut être qualifié de garantie autonome que s'il n'a pas pour objet la dette du débiteur principal et comporte une stipulation de l'inopposabilité des exceptions* »). Cette indépendance s'apprécie aussi bien au regard du montant (Paris 8 sept. 2005, *JurisData* n° 280181) que de la durée de validité de l'engagement. Ainsi la qualification de « garantie autonome » sera-t-elle écartée dès lors que « le garant s'engage à payer les sommes dues par le débiteur principal » (Civ. 1re, 23 févr. 1999, *JCP* 1999. II. 10189 ; Com. 5 déc. 2000, *RD banc. fin*. 2001, n° 88, note A. Cerles ; Com. 6 mai 2003, *JCP* 2003. II. 10186, note F. Guerchoun ; Civ. 1re, 6 juill. 2004, *Bull. civ.* I, n° 199 ; *D.* 2004. AJ. 2373). En revanche, il est possible d'exiger du bénéficiaire qu'il motive son appel en garantie (v. ss 288), dès lors qu'il n'a pas à en discuter le bien-fondé. C'est toute la différence entre la forme et le fond. Que le bénéficiaire de la garantie ait à indiquer que le donneur n'a pas exécuté ses obligations n'implique pas une appréciation des modalités d'exécution du contrat de base (v. déjà Com. 30 janv. 2001, *préc.*). En ce sens, il a été jugé que l'obligation faite au bénéficiaire d'une garantie bancaire d'indiquer au garant le montant de sa créance n'a pas pour effet de faire perdre à la garantie sa qualification d'« autonome », pas plus que celle d'avoir à attester que le donneur d'ordre n'a pas rempli ses obligations (Com. 12 juill. 2005, 2 arrêts, *D.* 2005. 2214, obs. X. Delpech ; RTD com. 2005. 823, obs. D. Legeais ; *RD banc. fin*. 2005, n° 172, obs. A.C. ; *Dr. et patr.* 2006, p. 132, obs. Ph. Dupichot).

Positivement ensuite, l'acte de garantie doit comporter une *stipulation d'inopposabilité des exceptions* du type « sans que le garant puisse différer le paiement ou soulever d'opposition ». Si cette mention qui est la principale conséquence de l'autonomie de la garantie est nécessaire, elle n'est toutefois pas suffisante. En effet, la Cour de cassation décide que l'engagement de payer la dette du débiteur en cas de défaillance de celui-ci est un cautionnement, quelles que soient par ailleurs les clauses de renonciation aux exceptions (Com. 25 juin 2002, *D.* 2002. 3333, obs. L. Aynès ; v. égal. CE 6 juin 2007, *Juris Data* n° 2007-072000 ; *JCP E* 2008, 1036, n° 11, obs. Ph. Simler). Ce type de clause n'est pas de nature à modifier la qualification de « cautionnement » dès lors que l'objet de l'engagement du garant est la dette propre du débiteur.

b. Les mentions non exclusives de l'autonomie de la garantie

272 En premier lieu, ce n'est pas parce que l'acte de garantie s'intitule « cautionnement » qu'il ne s'agit pas d'une garantie autonome (Com. 17 oct. 1984, *Bull. civ.* IV, n° 265 ; Paris, 2 avr. 2000, *JurisData* n° 116913). En deuxième lieu et comme il a été vu antérieurement, « des garanties ne sont pas privées d'autonomie par de simples références au contrat de base » (Com. 30 janv. 2001, *préc.* ; Paris, 28 juin 2002, *JurisData* n° 190797 ; Com. 7 juin 2006, n° 05-11.779), même s'il faut toutefois être vigilant en la matière et éviter la reproduction servile dans la lettre-garantie des dispositions figurant dans le contrat de base (V. M.-H. Maleville, « Le point sur la confusion entre cautionnement et garanties autonomes », *JCP E* 2002, p. 1117). En troisième lieu, la jurisprudence n'exige pas que l'engagement du garant soit irrévocable ou inconditionnel. En effet, à côté des garanties à première demande, existent des garanties dites « justifiées » (v. ss 292). Ainsi, un appel en garantie motivé par l'inexécution de ses obligations par le débiteur ne permet pas de disqualifier une garantie autonome en cautionnement (Com. 5 oct. 2010, *Gaz. Pal.* 30-31 mars 2010, obs. M.-P. Dumont-Lefrand ; *JCP* E 2010. 2124, note Ch. Juillet). Du reste, un engagement consenti de manière irrévocable et inconditionnelle a été qualifié de « cautionnement » (Com. 28 janv. 1992, *JCP* N 1992. 2397, p. 549, n° 12, obs. Ph. Simler et Ph. Delebecque).

2. *Garantie autonome et délégation imparfaite*

Le Code civil, dans son article 1336, définit la délégation comme l'opération « par laquelle une personne, le délégant, obtient d'une autre, le délégué, qu'elle s'oblige envers une troisième, le délégataire, qui l'accepte comme débiteur ». Et, lorsque la délégation prend la forme d'une délégation imparfaite, c'est-à-dire sans novation, le délégant reste tenu à l'égard du créancier délégataire. Dès lors, pour ce dernier, la délégation a un effet indéniable de garantie puisque le délégataire dispose non seulement du patrimoine du délégant mais aussi de celui du délégué contre lequel il pourra exercer ses recours en cas de défaillance du délégant. En effet, le délégué, une fois qu'il a accepté la délégation, est tenu d'une obligation personnelle et autonome envers le délégataire. En conséquence, il ne peut opposer au délégataire ni les exceptions nées de ses rapports avec le délégant, ni celles que le délégant pourrait opposer au délégataire. Cette indépendance ainsi que sa conséquence, rapprochent évidemment beaucoup la délégation imparfaite de la garantie autonome. Toutefois, l'effet de garantie lié à la délégation imparfaite n'est qu'un effet induit et la ressemblance entre les deux institutions s'arrête dès que l'on se penche sur l'origine du mécanisme de la délégation. Si le délégué accepte la délégation, c'est en général parce qu'il est lui-même débiteur du délégant. Aussi devra-t-il supporter définitivement la charge du paiement de la créance du délégataire sans pouvoir agir en remboursement contre le délégant. Rien de tel en matière de garantie autonome (v. ss 304 s.). 273 ■

3. *Garantie autonome et crédit documentaire*

Le crédit documentaire s'est notamment développé dans les ventes internationales, où l'on parle, le plus souvent, de crédit à l'importation. En l'occurrence, le banquier d'un importateur lui ouvre un crédit qu'il promet de verser à l'exportateur en règlement du prix d'un marché. L'ouverture de ce crédit est toutefois subordonnée à la présentation de documents convenus à l'avance (Com. 6 févr. 2007, *D.* 2007. AJ. 723, obs. X. Delpech précisant la notion de « condition documentaire »), établissant la correcte exécution du marché. Et lorsque le crédit est irrévocable, la promesse du banquier fait naître au profit du bénéficiaire un engagement ferme et direct. Dès lors, la situation du banquier est comparable à celle du garant (souvent banquier) autonome – documentaire (v. ss 291). Cela étant, alors que le crédit documentaire est un véritable crédit, fût-il soumis à un formalisme important, la garantie autonome reste, quant à elle, avant tout une sûreté. Dans le premier cas, les sommes ont donc vocation à être versées, alors que dans le second leur versement n'est envisagé qu'en cas de difficultés dans la réalisation de l'opération qu'elle vient sécuriser. C'est toute la différence entre un véritable crédit et un simple crédit par signature (v. Ph. Simler, *Cautionnement et garanties autonomes*, Litec, 4e éd., 2008, n° 901). 274 ■

section 2

Le régime de la garantie autonome

275 Illustration de l'imagination des parties recourant à la technique contractuelle, la garantie autonome est un contrat unilatéral au terme duquel le garant s'oblige à payer une certaine somme au créancier. Cette nature juridique de la garantie autonome, qui se caractérise donc par son objet, n'a guère posé de difficultés. La Cour de cassation a très vite indiqué que « constitue une garantie autonome... le contrat par lequel le garant s'engage à effectuer, sur demande du bénéficiaire, le paiement d'une somme à concurrence d'un montant convenu [...] » (Com. 2 févr. 1988, *Bull. civ.* IV, n° 55). Aussi, comme tout engagement unilatéral de payer une somme d'argent, cela aura des conséquences sur les règles de preuve applicables (v. ss 287).

L'analyse du régime juridique de la garantie autonome impose d'étudier son déclenchement (1), son développement (2) et enfin son dénouement (3).

§ 1 Déclenchement

276 Le déclenchement de la garantie autonome suppose un appel en garantie de la part de son bénéficiaire. Toutefois, avant d'envisager ce fait générateur permettant effectivement de déclencher la garantie (B), encore faut-il que le contrat la prévoyant soit valable (A).

A. Conditions de validité

277 Les conditions nécessaires à la validité même d'une garantie autonome tiennent tant au fond (1) qu'à la forme de celle-ci (2).

1. *Conditions de fond*

278 Les conditions de fond indispensables à la validité d'une garantie autonome, et donc à son déclenchement ultérieur, sont celles du droit commun des contrats. Ainsi, à côté des conditions tenant à la capacité et au pouvoir du garant (a), on retrouve celles tenant au consentement (b), à l'objet (c) et à la cause du contrat (d).

a. Capacité et pouvoir

279 La garantie autonome étant un engagement de payer une somme d'argent, il faut tout simplement que le garant soit en mesure d'engager son patrimoine. Les règles de capacité applicables en la matière sont donc les mêmes que celles requises pour une caution (v. ss 73 s.). En revanche, en ce qui concerne les règles de pouvoir, le rapprochement avec le droit du cautionnement est plus discutable. Comme en matière de lettre d'intention, deux hypothèses sont à envisager : les engagements pris au nom d'une société et ceux qui sont le fait d'un époux.

280 En ce qui concerne les *engagements pris au nom d'une société*, lorsqu'il s'agit d'une société anonyme, les articles L. 225-35 alinéa 4 et L. 225-68 alinéa 2 du Code de commerce qui visent « Les cautions, avals et garanties donnés par des sociétés

anonymes autres que celles exploitant des établissements bancaires ou financiers » s'appliqueront nécessairement, la garantie autonome devant faire l'objet d'une autorisation préalable du conseil d'administration ou du conseil de surveillance (Com. 26 janv. 1993, *D.* 1995. Somm. 17, obs. M. Vasseur ; *Bull. Joly* 1993. 569, note Ph. Delebecque). Toutefois les textes ne sont pas toujours aussi clairs. Ainsi, en matière de SARL, l'article L. 223-21 du Code de commerce interdit aux gérants ou associés de « faire cautionner ou avaliser » par la société leurs engagements envers des tiers. Est-ce à dire qu'une garantie autonome serait visée ? On peut le penser dans la mesure où il s'agit d'une sûreté personnelle, tout aussi dangereuse qu'un cautionnement, si ce n'est plus étant donné son caractère autonome.

De même, en matière *d'engagements pris par un époux*, et plus particulièrement de souscription d'une garantie autonome, la question de l'application de l'article 1415 du Code civil n'a pas manqué de se poser. Aux termes de ce texte, dérogeant à l'article 1413 du Code civil, « Chacun des époux ne peut engager que ses biens propres et ses revenus, par un cautionnement ou un emprunt... ». Faut-il quand même appliquer cette disposition dérogatoire à la garantie autonome ? Malgré le principe d'interprétation stricte, et au nom de la protection des biens communs, les juges du fond ont opté pour l'affirmative (Paris, 3 nov. 1994, *D.* 1995. 532, note M. Lecène-Marinvaud et Somm. 326, obs. M. Grimaldi ; Versailles 19 mai 1994, *Bull. Joly* 1994. 964, note P. Le Cannu), raisonnant par analogie par rapport au cautionnement. Puis, la Cour de cassation a à son tour jugé l'article 1415 du Code civil applicable « à la garantie à première demande qui, comme le cautionnement, est une sûreté personnelle, laquelle consiste en un engagement par lequel le garant s'oblige, en considération d'une obligation souscrite par un tiers, à verser une somme déterminée, et est donc de nature à appauvrir le patrimoine de la communauté » (Civ. 1re, 20 juin 2006, *D.* 2006. AJ. 1815, note V. Avena-Robardet). 281 ■

b. Consentement

Comme tout contrat, la garantie autonome suppose qu'existe un consentement exempt de vices. Puisqu'il s'agit plus précisément d'un contrat unilatéral, l'analyse des vices du consentement se fait en la personne du garant puisque ce sera lui qui aura intérêt à invoquer la théorie des vices du consentement. 282 ■

En premier lieu, il faut qu'existe un consentement, ce qui suppose une offre acceptée. La garantie autonome étant gouvernée par le principe du consensualisme, aucun formalisme complémentaire n'est exigé. En particulier, il n'existe pas de disposition comparable à celle de l'article 2292 du Code civil qui, en matière de cautionnement, exige une volonté expresse. Aussi, en principe on pourrait concevoir une offre verbale suivie d'une acceptation tacite. Toutefois la jurisprudence ne l'entend pas ainsi et refuse de conclure à l'existence d'engagements autonomes à partir de simples faits ou comportements (Com. 26 janv. 1993, *Bull. civ.* IV, n° 28 ; Com. 1er déc. 1998, *JCP* E 1999. 765, obs. Ch. Gavalda et J. Stoufflet).

En second lieu, le consentement doit être exempt de vices. À ce jour, la violence — économique — n'a encore jamais été retenue, en raison de l'absence d'une véritable contrainte sur le garant (Versailles, 28 févr. 1992, *D.* 1993. Somm. 109 ; Rennes 26 juin 1992, *JurisData* n° 048868). De même, l'erreur semble difficile à invoquer dans la mesure où la solvabilité du débiteur n'est pas en cause, l'engagement du garant étant autonome. Seule une erreur sur ce caractère indépendant pourrait être invoquée, mais il s'agirait alors d'une erreur sur la nature de l'engagement, rare en pratique. La cause la plus plausible d'annulation de la garantie est donc le dol, à condition toutefois qu'il émane du bénéficiaire (Paris, 27 juin 1990, *RD bancaire et bourse* 1991. 27, obs. Contamine-Raynaud ; Com. 18 déc. 1990, *D.* 1991. Somm. 193, obs. M. Vasseur), alors pourtant qu'il n'est pas partie à la convention de garantie autonome. Les juridictions du fond ont, à cet égard, déjà annulé des garanties autonomes au motif d'un manquement du créancier à son obligation de contracter de bonne foi, voire son devoir d'information (Paris, 5 avr. 1994, *JCP* E 1994. II. 603, obs. S. Piedelièvre ; Paris, 16 avr. 1996, *JCP* E 1997. I. 633, obs. Ph. Simler ; Aix-en-Provence, 2 sept. 1999, *RD banc. fin.* 2000, n° 85, obs. J.-P. Mattout ; Com. 14 mai 2008, *RD banc. fin.* 2008, comm. 111, obs. D. Legeais ; *Banque et droit* sept-oct. 2008, p. 81 s., obs. N. Rontchevsky ; *JCP* E 2008, 2493, n° 11, obs. crit. Ph. Simler rendu à l'occasion d'une cession de titres accompagnée de la conclusion d'un contrat de travail au profit du gérant cédant, ce dernier ayant pris soin de prévoir que lui soit versée une indemnité de rupture en cas de licenciement. Alors qu'une banque avait émis une garantie autonome qui garantissait seulement le paiement partiel des parts sociales et que son bénéficiaire, le gérant cédant, l'avait mise en œuvre pour tenter d'obtenir le paiement de son indemnité de rupture, la Cour annule la garantie pour dol pour tromperie sur l'obligation principale). Mais le degré de compétence et d'information du donneur d'ordre n'est pas non plus à négliger (Com. 3 mai 2000, *RD banc. fin.* 2000. 231, obs. J.-P. Mattout).

c. Objet

283 Comme il a été précédemment vu, l'objet de la garantie autonome est le versement d'une somme d'argent destinée à garantir la dette du débiteur principal, en l'occurrence le donneur d'ordre. Ainsi, alors qu'en présence d'un cautionnement l'objet du contrat n'est autre que la dette du débiteur principal, en notre matière le garant a une dette personnelle, totalement indépendante du contrat de base. Il est bien évident que le garant ne souhaitera jamais garantir une dette du débiteur principal inexistante ou simplement éventuelle, mais il n'en reste pas moins que son engagement se distingue de l'objet de l'obligation de ce dernier.

Ceci étant précisé, conformément au droit commun, l'objet de l'obligation du garant autonome doit être déterminé, ou tout au moins déterminable conformément à l'article 1163 du Code civil. À cet effet, et conformément au nouvel article 2321 du Code civil, la dette principale pourra être prise « en considération ». Toute la subtilité sera alors de définir l'objet de l'obligation du garant, quitte à se référer au contrat de base (Com. 18 mai 1999, *Bull. civ.* IV, n° 102), sans toutefois le confondre avec la dette du débiteur principal (v. Com. 13 déc. 2005, *JCP* 2006. I. 131, n° 11, obs. Ph. Simler et Ph. Delebecque). Il suffit que « le garant s'engage à payer une somme déterminée ou déterminable par un procédé n'impliquant pas l'établissement d'une dette actuelle à la charge du donneur d'ordre » (v. L. Aynès et P. Crocq, *Les sûretés, La publicité foncière*, 10e éd., Defrénois, 2016, n° 341). Ainsi par exemple, l'engagement de payer au bénéficiaire « ce qu'il affirmait avoir réglé », à concurrence de 2 500 000 francs, sans élever d'objections ni d'exceptions, a été jugé comme constituant une garantie autonome, l'objet de l'engagement étant déterminable, sans égard pour la dette du donneur d'ordre (Com. 7 oct. 1997, *Bull. civ.* IV, n° 242 ; v. égal. Com. 19 oct. 1999, *RJDA* 12/1999, n° 1384). En revanche, l'engagement de payer « ce qui est dû par le débiteur au cas où il ne remplirait pas son obligation » ne saurait être une garantie à première demande, malgré le rajout de l'expression « sans argutie ni contestation »

(Paris, 22 sept. 2005, *JCP* 2006. I. 131, n° 11, obs. Ph. Simler et Ph. Delebecque) qui est donc sans incidence sur la qualification de la sûreté.

d. Cause

La cause de la garantie autonome a fait débat. La doctrine s'est en effet divisée sur le point de savoir si cette garantie était un acte abstrait ou un acte causé. Les partisans de l'abstraction invoquent généralement la nécessaire rapidité et sécurité des affaires qui, comme en matière de lettre de change par exemple, exige de ne pas tenir compte de la cause de l'acte dans un but de protection du créancier. La garantie autonome serait donc abstraite de sa cause, celle-ci n'étant pas une condition de validité de celle-là. En revanche, les auteurs causalistes se scindent en deux camps : ceux qui recherchent la cause dans les rapports du garant et du donneur d'ordre, et ceux qui la trouvent dans la relation unissant le donneur d'ordre au bénéficiaire. Pour les premiers, le garant s'engagerait en considération du recours en paiement dont il dispose contre le donneur d'ordre ainsi que de la rémunération (à moins qu'il ne soit animé d'une intention libérale) que ce dernier lui versera sous forme de commission. Les seconds, quant à eux, estiment que le garant s'engage au regard de l'opération commerciale garantie, c'est-à-dire par rapport au contrat de base. La première position est peut-être plus conforme à la réalité, spécialement lorsque le garant est une banque rémunérée. De surcroît, elle ne remettrait pas en cause l'efficacité de la sûreté et la sécurité du créancier bénéficiaire dès lors que la cause existe lorsque la garantie est donnée. La seconde position quant à elle est conforme à la fonction même de sûreté de la garantie autonome et se rapproche de la solution rendue en matière de cautionnement (v. arrêt *Lempereur* du 8 novembre 1972 ; v. ss 92), sans pour autant fragiliser la règle de l'inopposabilité des exceptions (v. ss 296) qui interdit au garant d'opposer l'absence de cause. 284 ■

Cette seconde conception a été consacrée par la Cour de cassation à l'occasion d'une affaire un peu complexe où on l'interrogeait sur le régime de la garantie autonome, et plus précisément sur le point de savoir si la cause de la garantie à première demande pouvait résider dans un contrat de base dont le donneur d'ordre n'était pas signataire. En l'espèce, la garantie avait été accordée en considération d'un projet de contrat de fournitures qui ne fut jamais signé. Mais grâce à celle-ci, le fournisseur avait pu obtenir des facilités de caisse qui auraient dû lui permettre d'acquérir les matières premières, objet du contrat projeté. La garantie ayant été appelée malgré la non-conclusion du contrat, la banque garante en demanda la nullité pour absence de cause. Mais la Cour de cassation refusa au motif que la garantie était causée par l'intérêt économique que représentait pour l'importateur la facilité de caisse accordée au fournisseur. La Cour de cassation répond donc de façon positive à la question posée *in limine*, en jugeant que « l'engagement d'un garant à première demande est causé, dès lors que le donneur d'ordre a un intérêt économique à la conclusion du contrat de base, peu important qu'il n'y soit pas partie » (Com. 19 avr. 2005, *JCP* 2005. II. 10075, note S. Piedelièvre ; *JCP* E 2005. 916, note J. Stoufflet ; *RD banc. fin.* août-sept. 2005, n° 133, obs. A. Cerles ; *Banque et Droit mai-juin* 2005, p. 63, obs. F. Jacob ; *JCP* 2005. I. 185, n° 9, obs. Ph. Simler et Ph. Delebecque ; v. égal. Com. 3 juin 2014, n° 13-17643). L'intérêt de cette décision est double. D'une part, elle consacre la thèse causaliste en permettant d'identifier la cause : celle-ci réside dans la relation de base. D'autre part, elle fournit un critère de définition de la cause : le garant peut s'engager envers le bénéficiaire en l'absence de relation contractuelle entre ce dernier et le donneur d'ordre, son intérêt économique pour la conclusion du contrat de base étant suffisant. On peut simplement regretter le caractère particulièrement large, pour ne pas dire flou, de ce critère. En effet, si la cause de la garantie autonome peut exister en dehors du contrat de base conclu entre le bénéficiaire et le donneur d'ordre dès lors que ce dernier a un intérêt économique à la conclusion de ce contrat, il y a de fortes probabilités pour qu'elle existe dans toutes les situations. Une telle solution a le mérite de montrer la volonté de la Cour de cassation de ne pas annuler ce type de contrat pour défaut de cause. En s'excluant quasiment du contrôle de la cause, elle marque en effet son attachement au caractère autonome de la garantie. C'est en effet l'autonomie de la volonté qui justifie l'autonomie de la garantie, preuve en est que les arrêts ci-dessus évoqués visent feu l'article 1134 al. 1er du Code civil (aujourd'hui art. 1103 C. civ.). Vu la récente réforme du droit des obligations, les garants qui seront tentés de plaider le défaut de cause en l'absence d'intérêt économique du donneur d'ordre à la conclusion du contrat de base, faute de conclusion d'un tel contrat par exemple, ne seront pas forcément bien inspirés.

2. *Conditions de forme*

285 La question des conditions de forme est celle de l'existence de règles de forme *stricto sensu*, mais également celle des règles de preuve.

286 En premier lieu, il n'existe pas de *conditions de forme* particulières à la garantie autonome. Ainsi, par exemple, lorsqu'elle émane d'une commune, la garantie autonome est régulièrement accordée par une délibération du conseil municipal. La signature ultérieure du maire est juridiquement indifférente à la validité de l'acte (Civ. 1re, 9 janv. 2007, *RD banc. fin.* 2007, comm. 58, obs. Cerles). On s'est là encore (v. ss 95 s.) interrogé pour savoir s'il fallait étendre les règles protectrices de la caution au garant autonome. Mais le principe d'interprétation stricte des exceptions nous paraît devoir gouverner la réponse. Et cela d'autant plus que la récente réforme a pris en compte les principaux risques en les éliminant puisque le nouvel article L. 313-10-1 du Code de la consommation interdit de recourir à une telle sûreté pour garantir un contrat de crédit immobilier ou mobilier à la consommation.

287 Quant aux *règles de preuve*, c'est le droit commun qui s'applique. Ainsi, lorsque la garantie autonome est souscrite par un commerçant, l'article L. 110-3 du Code de commerce sur la liberté de la preuve a vocation à jouer. En revanche, lorsqu'elle est consentie par un particulier, l'unilatéralité du contrat ainsi que son objet conduisent à respecter la règle de preuve de l'article 1326 du Code civil et sa mention manuscrite. Le garant devra apposer, par lui-même, en chiffres et en lettres le montant de la garantie. Mais il ne s'agit que d'une règle de preuve. À défaut, l'acte vaudra comme commencement de preuve par écrit et pourra être complété par un élément extrinsèque. La Cour de cassation a en ce sens jugé que « la preuve d'un engagement, serait-il autonome, qualité qui n'est pas contestée par le moyen, peut résulter de la souscription d'un acte écrit, même imparfait au regard de l'article 1326 du Code civil, dès lors qu'en tant que commencement de preuve par écrit, il est complété par un élément extrinsèque établissant que la personne engagée avait une exacte conscience de la nature et de la portée de l'obligation » (Com. 10 janv. 1995, *JCP* 1995. II. 22397, note M. Billiau ; *D.* 1995. 201, note L. Aynès ; *Gaz. Pal.* 1996. 1. 144, note S. Piedelièvre ; v. égal. Com. 22 nov. 1996, *RTD civ.* 1997. 183, obs. M. Bandrac). Au demeurant, et bien que la règle de l'article 2292 du Code civil n'existe pas en la matière, il est conseillé de recourir à une forme expresse, en insistant à la fois sur le principe de l'inopposabilité des exceptions, sur l'identité précise des partenaires au contrat, et sur les modalités de mise en œuvre de la garantie.

B. L'appel en garantie

La mise en œuvre de la garantie indépendante suppose que le bénéficiaire, ou une personne munie d'un mandat spécial (V. Com. 10 févr. 2015, n° 12-26580, *Gaz. Pal.* mai 2015, p. 21, obs. M.-P. Dumont-Lefrand où la Cour invalide l'appel en garantie de l'avocat du bénéficiaire de la garantie au motif qu'il ne justifiait pas d'un mandat spécial), l'appelle. Par cet appel, le bénéficiaire de la garantie autonome demande au garant de lui verser la somme convenue. En théorie, aucune règle de forme ne régit cet appel en garantie. Aussi, en pratique relèvera-t-il des stipulations contractuelles prévues par les parties au contrat (V. Civ. 3e, 4 févr. 2016, n° 14-29836, *Gaz. Pal.* 21 juin 2016, n° 23, obs. M.-P. Dumont-Lefrand qui rappelle que l'objet de la garantie autonome conditionne l'appel en garantie : lorsqu'une garantie autonome remplace la retenue de garantie d'exécution des travaux de levée des réserves, son objet est exactement identique et ne saurait couvrir le surcoût d'achèvement des travaux). En effet, le nouvel article 2321 du Code civil incite à envisager l'encadrement de cette mise en œuvre puisqu'il dispose que la garantie autonome est l'engagement de payer « soit, à première demande, soit suivant des modalités convenues ». Ainsi, si en principe, l'appel du bénéficiaire est discrétionnaire (1), les parties peuvent avoir convenu de modalités précises (2). L'autonomie de la garantie est alors susceptible de degrés. 288 ■

1. *Le principe*

Dans la majorité des cas, la garantie autonome est « à première demande ». Elle est alors pure et simple ou encore inconditionnelle, c'est-à-dire que les parties n'ont stipulé aucune modalité. Dès que le bénéficiaire appellera la garantie, le garant devra immédiatement régler les sommes dues. L'appel du bénéficiaire est *discrétionnaire*, celui-ci n'ayant rien à justifier en l'absence de stipulations en ce sens. Cet appel en garantie doit par ailleurs être *ferme* et non équivoque. La question s'est notamment posée à l'occasion de la clause dite « prorogez ou payez ». Fallait-il la considérer comme un appel ferme ou estimer qu'en l'absence de prolongation, la garantie était éteinte ? Tout le débat consistait à savoir s'il s'agissait d'une simple alternative proposée au garant, non constitutive d'un appel ferme, ou d'un appel non équivoque, le garant étant tenu de payer en cas de refus de prorogation. Dans un premier temps, la jurisprudence semble avoir jugé que ce type d'appel en garantie offrait une alternative, et n'était donc pas un appel ferme (Com. 24 janv. 1989, *D.* 1989. Somm. 159, obs. M. Vasseur, *JCP* 1990. II. 21425, note J.-P. Mattout et A. Prüm). Puis, elle a reconsidéré la question et retient dorénavant qu'en l'absence de prorogation, le bénéficiaire appelle fermement la garantie. Aussi, en l'absence de prorogation, le garant doit régler la somme déterminée. 289 ■

De son côté, une fois l'appel en garantie régulier, le garant ne peut invoquer aucune exception pour refuser le paiement. Et, si le bénéficiaire n'a en principe à respecter aucune forme précise pour cet appel, le garant, quant à lui, sera bien inspiré de se ménager une preuve qu'il a effectué le paiement à bon droit. En effet, un paiement effectué de façon prématuré (Paris, 2 juin 1982, *D.* 1983. IR. 437, obs.

M. Vasseur) ou, à l'inverse tardivement (alors que la garantie est expirée ou résiliée, par exemple), engagera la responsabilité de son auteur. Le garant n'est toutefois tenu d'informer son donneur d'ordre ni de l'appel en garantie, ni de son paiement, et encore moins de solliciter son accord avant de régler (Paris, 22 juin 1978, *D.* 1978. 259, obs. M. Vasseur).

2. Les modalités

290 Il est également possible, la liberté contractuelle étant le principe, que les parties encadrent l'appel en garantie et prévoient des modalités spécifiques. Le but de celles-ci est alors de prévenir les appels en garantie injustifiés. C'est notamment le cas de la garantie à première demande dite « documentaire » (a), ou de la garantie à première demande dite « justifiée ».

a. La garantie à première demande documentaire

291 La garantie à première demande documentaire est celle aux termes de laquelle les parties décident que l'appel en garantie du bénéficiaire est subordonné à la production de documents prévus par le contrat. Le bénéficiaire de la garantie est donc tenu de présenter les documents convenus pour mettre en œuvre la garantie. À défaut de présentation des documents convenus, l'appel de cette garantie documentaire est légitimement tenu en échec (CA Nancy, 10 oct. 2007, *Juris Data* n° 2007-360540). Ces documents peuvent être divers et variés (Com. 16 mai 1995, *JCP E* 1995. II. 734, note L. Leveneur) et une fois convenus, le bénéficiaire ne pourra en fournir d'autres, même équivalents. Toutefois, en aucun cas il ne s'agit de mettre à la charge du garant une obligation de vérification de l'exécution du contrat de base. Tout comme en matière de crédit documentaire, le garant est simplement tenu de s'enquérir de la conformité des documents au contrat de garantie, et non pas de celle des marchandises objets du contrat principal. L'exigence de cette vérification documentaire n'est pas non plus une dérogation à l'automaticité de la garantie permettant au garant d'invoquer le contrat de base. La garantie « documentaire » est juste une façon d'assouplir conventionnellement le caractère discrétionnaire de l'appel en garantie. Elle suppose simplement une justification formelle destinée à démontrer la légitimité de l'appel.

b. La garantie à première demande justifiée

292 La garantie à première demande justifiée est celle par laquelle le bénéficiaire doit justifier des motifs de son appel. Ainsi, dans une espèce où le bénéficiaire devait simplement motiver son appel « par l'indication que le donneur d'ordre n'avait pas rempli ses obligations » et où le garant demandait la requalification de la garantie en engagement accessoire, la Cour de cassation a jugé qu'il s'agissait bien d'une garantie à première demande justifiée précisant que « l'exigence d'une demande "justifiée", qui ne confère pas au garant une quelconque faculté d'en discuter le bien-fondé, ne suffit pas à écarter la qualification de garantie autonome » (Com. 12 juill. 2005, 2 arrêts, *D.* 2005. AJ. 2214, obs. X. Delpech ; *Banque et Droit* nov.-déc. 2005, p. 80, obs. Th. Bonneau ; *RD banc. fin.* sept.-oct. 2005, n° 172, obs. A. Cerles ; *RTD com.* 2005. 823, obs. D. Legeais ; *Dr. et patr.* févr. 2006, p. 132, obs. Ph. Dupichot ; Com. 5 oct. 2010, n° 09-14673, *Gaz. Pal.* 31 mars 2011, p. 20, obs. M.-P. Dumont-Lefrand ; Com. 31 mai 2011, n° 10-14979, *Gaz. Pal.* 22 sept. 2011, p. 25, obs. M.-P. Dumont-Lefrand). Ainsi, la garantie « justifiée » est également une protection purement formelle : à partir du moment où le bénéficiaire de la garantie fournit les pièces justificatives convenues, le garant n'a pas la faculté de discuter le bien-fondé de l'appel.

§ 2 Développement

Dès lors que le garant a reçu une demande ferme de paiement, il est tenu de régler la somme convenue sans avoir à apprécier le caractère exagéré ou justifié de l'appel de la garantie (Dijon, 11 mai 2004, *JurisData* n° 269759 : le garant doit s'exécuter nonobstant la saisie-attribution pratiquée entre ses mains). Toutefois, son paiement ne clôture pas l'opération puisqu'il permettra, au contraire, l'exercice de différents recours entre les parties à l'opération. Le développement de la garantie à première demande suppose donc de s'intéresser au paiement du garant (A), avant d'envisager les recours après paiement (B). 293 ■

A. Le paiement du garant

Le nécessaire paiement de la garantie par le garant, dès lors que les éventuelles modalités contractuelles de l'appel en garantie ont été respectées, est la conséquence du caractère autonome de cette sûreté. Tout l'intérêt d'une telle garantie réside dans cette autonomie de l'engagement du garant, dont la principale conséquence est le principe d'inopposabilité des exceptions. 294 ■

Mais l'indépendance de la garantie n'a pas pour seul effet de rendre le paiement du garant obligatoire (1). Certains comportements du bénéficiaire conduiront, à l'inverse, à l'interdiction de payer du garant (2). Or, cette interdiction, est également une conséquence indirecte de l'autonomie de la garantie.

1. *L'obligation de payer*

Conséquence du principe d'inopposabilité des exceptions (a), l'obligation de payer du garant explique également l'irrecevabilité des moyens de défense parfois invoqués par les donneurs d'ordre (b). 295 ■

a. L'inopposabilité des exceptions

Aux termes de l'article 2321 alinéa 3 du Code civil, « Le garant ne peut opposer aucune exception tenant à l'obligation garantie ». Cette affirmation légale du principe d'inopposabilité des exceptions que l'on rencontre par exemple en matière cambiaire, est l'élément primordial du régime de la garantie autonome : le garant ne peut opposer aucune exception liée à l'obligation garantie, c'est-à-dire au contrat de base, pour refuser de payer. Cela étant, pourrait-il alors invoquer ses relations avec le donneur d'ordre pour s'opposer au paiement ? Les deux hypothèses doivent être distinguées : la relation donneur d'ordre/bénéficiaire (1°) et la relation garant/donneur d'ordre (2°). 296 ■

1. La relation donneur d'ordre/bénéficiaire

La lecture de l'article 2321 alinéa 3 du Code civil signifie que le garant ne peut opposer d'exceptions tirées du contrat de base pour refuser de payer (Com. 9 déc. 2008, *RJDA* 9/2009 où la Cour réaffirme que la garantie à première demande est indépendante du contrat de base, ce dont il résulte que les conditions d'exécution de ce contrat et l'existence ou non des manquements reprochés au bénéficiaire de la garantie sont dépourvus d'incidence pour l'appréciation des droits de ce dernier, auquel aucune exception tirée de celles-ci n'est opposable). Qu'il s'agisse de l'exécution ou de l'inexécution de celui-ci, l'indépendance de l'engagement du garant lui 297 ■

interdit de s'en prévaloir. Ainsi, la jurisprudence a-t-elle jugé que le garant ne pouvait invoquer ni l'exécution (Com. 21 mai 1985, *Bull. civ.* IV, n° 160 ; Com. 18 mai 1999, *Bull. civ.* IV, n° 102 ; Com. 25 mars 2003, *RJDA* 10/2003) du contrat garanti, ni le fait que son inexécution serait due à un cas de force majeure ou à une faute du créancier bénéficiaire de la garantie (Com. 17 oct. 1984, *Bull. civ.* IV, n° 265 ; Paris, 17 févr. 1993, *RD bancaire et bourse* 1994, p. 88, obs. M. Contamine-Raynaud). De même, le garant ne saurait arguer de l'extinction de la dette garantie, que ce soit par compensation, par confusion, par novation (Paris, 7 nov. 1983, *D.* 1984. IR. 205, obs. M. Vasseur), par défaut de déclaration de créance dans la procédure collective du débiteur (Com. 30 janv. 2001, *Bull. civ.* IV, n° 25), ni de la nullité du contrat de base (Com. 20 déc. 1982, *D.* 1983. Jur. 365, note M. Vasseur ; Com. 13 déc. 1983, *D.* 1984. Jur. 420, note M. Vasseur), ou encore de sa résiliation ou résolution (Paris, 13 févr. 1987, *D.* 1987. Somm. 172, obs. M. Vasseur ; Paris, 19 mai 1988, *D.* 1989. Jur. 146, note M. Vasseur).

2. La relation garant/donneur d'ordre

■ 298 Le texte de l'article 2321 alinéa 3 du Code civil ne vise pas la relation garant/donneur d'ordre. Donc, *a priori*, l'on pourrait penser que le garant peut opposer les exceptions tirées de sa relation avec le donneur d'ordre. Ce serait toutefois négliger le principe élémentaire de l'effet relatif des contrats. Ainsi, le résultat est le même que si la règle de l'inopposabilité des exceptions s'appliquait.

b. L'irrecevabilité des moyens de défense du donneur d'ordre

■ 299 Comme il vient d'être vu, dès lors que les termes du contrat de garantie sont respectés, le garant tenu de payer, tente rarement de s'y opposer. Et cela d'autant plus que généralement, tout au moins au plan international, sa réputation en dépendra. Aussi est-il beaucoup plus fréquent que ce soit le donneur d'ordre qui essaye de faire obstacle au paiement par le garant. Conscients de la difficulté de recouvrement des sommes déjà payées, surtout en terre étrangère, les donneurs d'ordre ont eu recours à différentes techniques de blocage du paiement.

■ 300 Ils ont d'abord pensé à notifier au garant une *défense de payer*, ou à solliciter les articles 872 et 873 du Code de procédure civile en tentant d'obtenir du juge de l'urgence le même type de mesure, voire une *mise sous séquestre*. Toutefois, ni l'une, ni l'autre de ces tentatives n'ont convaincu. Une défense de payer entre directement en contradiction avec le caractère autonome de l'engagement du garant, et la nature unilatérale de la garantie. Dans une espèce où la banque garante s'était obligée « à payer à première demande… toute somme qui lui serait déclarée due à concurrence d'une certaine somme » et où le débat portait sur la légitimité de l'interdiction faite à la banque de payer, la Cour de cassation a approuvé les juges du fond d'avoir jugé que le caractère autonome de la garantie était exclusif de toute possibilité de faire obstacle à son exécution (Com. 30 oct. 2007, *RD banc. et fin.* 2007, comm. 223, obs. D. Legeais ; *JCP E* 2008, 2013, n° 11, note Ph. Simler). Quant à la défense judiciaire de payer ou la mise sous séquestre, il faut établir le dommage imminent qu'il convient de prévenir. Si l'intérêt à agir du donneur d'ordre a été retenu (Com. 11 déc. 1985, *Bull. civ.* IV, n° 292), le paiement par le garant lui causant un préjudice certain (le droit à remboursement du garant non nécessairement couvert par le recours du donneur d'ordre contre le bénéficiaire), la jurisprudence ne s'est pas montrée favorable à de telles mesures (Paris, 3 déc. 1984, *RTD com.* 1985. 342, obs. M. Cabrillac et B. Teyssié). Elle l'a notamment jugée contraire au principe de l'inopposabilité des exceptions (Com. 21 mai 1985, *Bull. civ.* IV, n° 160 ; Com. 19 mai 1992, *Bull. civ.* IV, n° 187 ; Com. 26 nov. 2003, *Bull. civ.* IV, n° 175 ; *JCP E* 2004, 1246, n° 9 ; *D.* 2004. Act. 133), à moins que l'appel en garantie ne respecte pas les termes du contrat de garantie (Com. 5 févr. 1985, *Bull. civ.* IV, n° 45).

Ils ont ensuite utilisé la *saisie conservatoire* ou même la *saisie-attribution*. En effet, dans l'hypothèse où le donneur d'ordre est créancier du bénéficiaire, pourquoi ne pas pratiquer entre les mains du garant, débiteur de son débiteur une telle voie d'exécution ? Ce blocage provisoire, ou définitif, du paiement a toutefois été refusé par la jurisprudence (Com. 15 juin 1999, *Bull. civ.* IV, n° 126 ; Dijon 11 mai 2004, *préc.*), que la créance invoquée par le donneur d'ordre soit issue du contrat de base (Com. 14 oct. 1981, *D.* 1982. 301, note M. Vasseur) ou tirée d'un autre rapport contractuel (Com. 18 mars 1986, *D.* 1986. 374, note M. Vasseur). La première exclusion est totalement justifiée car, comme l'écrivent les professeurs Philippe Simler et Delebecque (Ph. Simler et Ph. Delebecque, *Droit civil, Les sûretés, La publicité foncière, op. cit.,* n° 304, p. 269), elle revient à autoriser le donneur d'ordre à revenir sur son propre engagement de fournir une garantie autonome détachée du contrat de base ainsi que sur les instructions irrévocables données en ce sens au garant. Or, en acceptant le principe d'inopposabilité des exceptions inhérent à la garantie autonome, le donneur d'ordre a implicitement accepté de renoncer à pratiquer une saisie (Paris, 27 oct. 1981, *RTD com.* 1982. 281, note M. Cabrillac et B. Teyssié). En revanche, la seconde solution est plus discutable dans la mesure où l'extériorité de la créance dont le donneur d'ordre tente en réalité d'obtenir la compensation ne remet pas en cause le principe d'inopposabilité des exceptions tel qu'il résulte dorénavant de l'article 2321 alinéa 3 du Code civil.

Enfin, les donneurs d'ordre ont parfois eu recours à la *plainte avec constitution de partie civile* qui permet effectivement d'aboutir à un blocage des fonds en vertu de l'adage « le pénal tient le civil en l'état » (Paris, 13 janv. 1989, *D.* 1990, somm. p. 211, obs. M. Vasseur ; *RTD com.* 1990, p. 444, note M. Cabrillac et B. Teyssié ; Paris, 20 mai 2005, *Banque et droit* sept.-oct. 2005, n° 103, p. 80, obs. J. Stoufflet et G. Affaki ; Com. 5 et 7 juin 2007, *JCP E* 2008, 1036, n° 13, obs. Ph. Simler). Toutefois, cette démarche suppose l'existence d'une fraude aux droits du donneur d'ordre. Par ailleurs, le nouvel article 4 al. 3 du Code de procédure pénal, issu de la loi n° 2007-291 du 5 mars 2007, qui limite l'effet de cette règle traditionnelle à l'action civile en dommages et intérêts devrait mettre fin à cette brèche introduite dans le principe d'autonomie de cette garantie.

2. *L'interdiction de payer*

Aux termes de l'article 2321 alinéa 2 du Code civil, « Le garant n'est pas tenu en cas 301 ■
d'abus ou de fraude manifestes du bénéficiaire ou de collusion frauduleuse de celui-ci avec le donneur d'ordre ». D'ordinaire présentés comme une exception au principe d'inopposabilité des exceptions, l'abus ou la fraude nous paraît être, plus simplement, une réaffirmation du caractère autonome de l'engagement du garant. L'articulation des alinéas 2 et 3 de l'article 2321 du Code civil en atteste. En effet, comme l'écrivait déjà Planiol, « là où il y a abus de droit, il n'y a plus de droit » (v. en ce sens D. Houtcieff, « Les sûretés personnelles », *CCC* 2006, n° 19 s.) ; de même « la fraude corrompt tout » ; aussi est-il normal qu'en de telles circonstances, l'obligation de payer n'existe plus et disparaisse au profit d'une interdiction de paiement.

D'après le texte évoqué, le caractère obligatoire du contrat de garantie, et donc du paiement par le garant, cède donc en cas de fraude ou d'abus manifestes du bénéficiaire (a), ou de collusion frauduleuse de celui-ci avec le donneur d'ordre (b).

a. L'abus ou la fraude

302 En aucun cas, la garantie autonome ne doit être un moyen pour le bénéficiaire de spolier les droits d'autrui. Or, en cas de fraude ou d'abus manifestes du bénéficiaire dans l'appel de sa garantie, tel est bien le cas : l'appel abusif ou frauduleux de la garantie justifie alors l'interdiction de payer par le blocage du paiement, lequel pourra notamment être sollicité en référé (CA Paris, 1er mars 2012, n° 11/09732, *JCP* 2012. Chron. 1291, obs. Ph. Simler où la Cour juge que l'exécution de la garantie est justifiée en dépit de la défense de payer, dès lors que l'appel en garantie n'est pas manifestement abusif). Mais quel est le contenu exact de ces deux notions ? Les deux expressions sont-elles synonymes ?

Classiquement, *l'abus de droit*, qui est un détournement du droit de sa finalité, suppose l'existence d'un droit dont son titulaire fait un usage anormal, créant à autrui un préjudice. En matière de garantie autonome, le droit en cause est incontestablement le contrat de base, l'abus résultant d'un appel en garantie alors que le donneur d'ordre ne doit plus rien au bénéficiaire, le risque garanti n'existant plus. En revanche, *la fraude* suppose l'utilisation ou le détournement d'une règle de droit pour acquérir un droit dont on est normalement privé. Elle suppose par conséquent des manœuvres de la part du bénéficiaire. La jurisprudence ne distingue toutefois pas les deux notions (Com. 20 juin 1987, *Bull. civ.* IV, n° 19) et semble recourir indifféremment à la fraude ou à l'abus dès lors qu'ils sont *manifestes* et que le bénéficiaire est de *mauvaise foi* (Com. 18 avr. 2000, *RJDA* 7-8/2000, n° 803 ; Paris, 18 mars 1986, *RTD com.* 1987. 557, obs. M. Cabrillac et B. Teyssié ; Com. 10 juin 1986, *Bull. civ.* IV, n° 117 ; Com. 12 janv. 1993, *Bull. civ.* IV, n° 1).

En effet, seule une fraude ou un abus irréfutables (Paris, 27 mai 2005, *JurisData*, n° 272313 qui relève que, si le marché avait été apparemment exécuté, des doutes pouvaient subsister sur le fait que les travaux avaient été intégralement et correctement exécutés), apparaissant par conséquent immédiatement et de façon évidente, autorisent le blocage du paiement. En effet, dans la mesure où le principe fondant la garantie autonome est celui de l'inopposabilité des exceptions, pour qualifier l'appel d'« abusif » ou de « frauduleux » — ce qui suppose de s'intéresser au contrat de base, pour en déduire l'absence de droit du bénéficiaire contre le donneur d'ordre —, encore faut-il que cette fraude ou cet abus soient éclatants. On a parlé de fraude « qui crève les yeux » (v. M. Vasseur, *Rép. com.* Dalloz, V° Garantie indépendante, n° 119 ; Com. 7 oct. 1997, *JCP E* 1998. 226, obs. D. Legeais ; V. aussi Com. 31 mai 2011, n° 10-14979, préc., v. ss 292 où la Cour de cassation juge que les juges du fond n'ont pas caractérisé « l'existence d'une fraude manifeste de la banque qui aurait permis de paralyser l'exécution de la garantie à première demande ») ou d'abus « manifeste » avant que le nouvel article 2321 alinéa 2 ne reprenne ce dernier terme à son compte. Or, cette preuve de l'évidence ira souvent de pair avec la mauvaise foi du bénéficiaire, cumulativement exigée. Et là encore, la fraude et l'abus sont assimilés. Traditionnellement, la fraude se caractérise par l'intention de nuire alors que l'abus de droit suppose simplement la conscience de causer un préjudice à autrui. Mais, la Cour de cassation a assoupli cette différence et considère qu'il y a fraude dès lors que le bénéficiaire de la garantie autonome a conscience de causer un préjudice au donneur d'ordre (Com. 11 déc. 1985, *Bull. civ.* IV, n° 292 où les ingénieurs des entreprises chargées de l'exécution des marchés avaient été expulsés pour cause de crise politique internationale). En revanche, l'existence plausible d'un préjudice est exclusive du caractère manifestement abusif de l'appel de la garantie (Com. 30 oct. 2007, *JCP E* 2008, 2013, n° 11). Ainsi, le bénéficiaire qui appelle la garantie alors qu'il sait ne pas être dans la situation qui le justifie, procède à un appel qui peut être indifféremment qualifié d'« abusif » ou de « frauduleux » (Com. 4 juin 2002, *RJDA* 11/2002, n° 1196). Le « ou » employé par le nouvel article 2321 alinéa 2 du Code civil semble aller en ce sens et être un « ou » marquant cette équivalence. En effet, en sollicitant le garant alors qu'il se sait sans droit contre le donneur d'ordre, le bénéficiaire commet un abus car détourne de son but, en l'occurrence garantir, le droit dont il dispose. Par ailleurs, il est également l'auteur d'une fraude dès lors qu'en l'absence de créance contre le donneur d'ordre, il sait qu'il sera à l'origine d'un préjudice (v. F. Jacob, *Lamy Droit des sûretés, La garantie autonome*, n° 135-77 s.). De même, est manifestement abusif l'appel fondé sur l'inexécution d'une obligation qui n'est pas couverte par la garantie autonome (Com. 18 avr. 2000, *RJDA* 7-8/2000, n° 803). En revanche, le bénéficiaire de la garantie pourra l'appeler si, de bonne foi, il croit avoir un droit de créance sur le donner d'ordre (Com. 30 oct. 2007, *RJDA* 8-9/2008, n° 949). Si l'appel s'avère par la suite injustifié, le donneur d'ordre pourra réclamer au bénéficiaire la restitution des fonds versés par le garant.

En conséquence, en présence d'une contre-garantie, si l'appel en garantie du garant par le bénéficiaire est manifestement abusif, l'appel en garantie du contre-garant par le garant de premier rang devrait nécessairement lui aussi être manifestement abusif (V. toutefois Paris, 26 avr. 2007, *JCP E* 2008, 1036, n° 12, obs. crit. Ph. Simler). En revanche, de simples doutes du garant rendent l'appel en garantie simplement potentiellement abusif et ne lui interdisent par conséquent ni de payer le bénéficiaire, ni d'appeler en garantie le contre-garant.

b. La collusion

L'article 2321 alinéa 2 du Code civil évoque également la collusion du bénéficiaire avec le donneur d'ordre. Sur la notion de « collusion », cette disposition ne paraît rien ajouter au droit positif en ce qu'elle ne se distingue pas de celle de « fraude ». En revanche, l'utilité de la précision nous semble provenir de l'identité des parties à la collusion. Elle recouvre en effet l'hypothèse où la fraude proviendrait d'un concert entre le bénéficiaire et le donneur d'ordre afin de spolier le garant, ou tout au moins de s'en servir de fournisseur de fonds. L'intérêt de cet ajout semble alors d'autoriser le garant à refuser de payer *ab initio*, soit dès l'appel de sa garantie. Un auteur (v. D. Gallois-Cochet, « Garantie autonome et lettre d'intention », *RLDA* 2007/14, p. 68, spéc. p. 72) a toutefois émis l'hypothèse que les rédacteurs du texte auraient, en réalité, voulu viser l'hypothèse d'une collusion entre le bénéficiaire et le garant de premier rang – quand il y a une contre-garantie. Auquel cas, le contre-garant est libéré de son obligation à l'égard du garant. 303 ■

B. Les recours après paiement

En cas d'échec des tentatives de blocage du paiement, celui-ci interviendra nécessairement puisque tel est le but et l'objet de la garantie autonome. Toutefois, le garant d'une part (1), et le donneur d'ordre d'autre part (2), ne restent pas sans possibilité après le paiement de la garantie. 304 ■

1. *Les recours du garant*

305 Très logiquement, le garant dispose d'un recours contre le donneur d'ordre (a). Mais il est également possible d'envisager un recours contre le bénéficiaire (b).

a. Contre le donneur d'ordre

306 Le garant dispose d'abord d'un recours personnel contre son donneur d'ordre. En effet, c'est sur son ordre que le garant s'est engagé à payer une somme d'argent au bénéficiaire en cas de réalisation d'un risque précisé dans le contrat les unissant. Il est en conséquence admis, qu'au titre de cette relation contractuelle, qu'il s'agisse d'un mandat, ou plus certainement d'un contrat de crédit (le garant agissant certes pour le compte du donneur d'ordre, mais pas en son nom), le garant (ou le contre-garant) peut se retourner contre son donneur d'ordre en vue de demander le remboursement des sommes payées au bénéficiaire en principal, intérêts et frais. Ce droit au remboursement lié au paiement effectué par le garant explique qu'il n'existe pas avant paiement (à l'inverse de ce que prévoit l'anc. art. 2032 C. civ. en matière de cautionnement), et ne cède qu'en cas de paiement injustifié, c'est-à-dire dans l'hypothèse d'un appel manifestement abusif, prématuré ou périmé. En dehors de ces cas particuliers, le donneur d'ordre ne peut s'y opposer. Aussi est-il très fréquent que le contrat liant le donneur d'ordre et le garant, qui est très souvent un banquier, envisage concrètement ce droit en prévoyant qu'il aura lieu par une inscription au débit du compte du donneur d'ordre. Pourtant, bien que l'on puisse soutenir que ce recours naît du paiement du garant, la jurisprudence juge, comme en matière de cautionnement (Com. 16 juin 2004, *D.* 2004. AJ. 2046 ; *RTD com.* 2004. 811, obs. A. Martin-Serf) que la créance de recours du garant contre le donneur d'ordre prend naissance à la date à laquelle l'engagement à première demande autonome a été souscrit (Com. 19 déc. 2006, *D.* 2007. AJ. 158, obs. A. Lienhard qui juge, par ailleurs, que le caractère autonome d'une telle garantie exclut toute connexité – susceptible d'évincer l'interdiction des paiements des créances antérieures en cas de procédure collective – entre la créance du garant à l'encontre du débiteur et toute créance de celui-ci à l'encontre du garant).

307 Le garant dispose ensuite d'un recours subrogatoire contre son donneur d'ordre. En effet, bien que les conditions de l'article 1346 du Code civil ne soient pas réunies, garant et donneur d'ordre n'étant pas tenus à la même dette, la jurisprudence admet classiquement que « celui qui s'acquitte d'une dette qui lui est personnelle peut néanmoins prétendre bénéficier de la subrogation s'il a, par son paiement, libéré envers leur créancier commun ceux sur qui doit peser la charge définitive de la dette » (Civ. 1re, 23 févr. 1988, *Bull. civ.* I, n° 50 ; Com. 9 mai 1990, *Bull. civ.* IV, n° 146). À supposer que les parties n'aient pas réglé cette question conventionnellement, cette solution a récemment été transposée en matière de garantie autonome (Com. 24 juin 2008, *JCP E* 2008, n° 2493, n° 12, obs. Ph. Simler) dans une espèce où elle a jugé que le recours subrogatoire du garant autonome contre le débiteur suppose que la créance garantie ait été admise à la procédure collective du débiteur.

b. Contre le bénéficiaire

308 En principe, l'action en restitution ou indemnisation des sommes versées au titre d'une mise en jeu injustifiée de la garantie ou de la contre-garantie autonomes à raison de l'inexécution du contrat de base par le bénéficiaire, ne peut être exercée que par le donneur d'ordre, seul partie à ce contrat. Le caractère autonome de la

garantie (ou de la contre-garantie) fait obstacle à ce que le garant (ou le contre-garant) soit subrogé dans les droits du donneur d'ordre (Com. 4 juill. 2006, *D.* 2006. AJ. 2097, obs. X. Delpech). Ainsi, que le garant ait un recours contre le bénéficiaire alors qu'il ne peut lui opposer d'exception et qu'il dispose, en tout état de cause d'un droit au remboursement contre son donneur d'ordre paraît impossible car contrariant l'autonomie de la garantie. Mais justement, dans l'hypothèse où ce remboursement ne pourrait intervenir, en cas notamment d'insolvabilité de son donneur d'ordre, l'éventualité d'une action oblique du garant, contre le débiteur de son débiteur, pourrait être envisagée bien que non consacrée.

2. *Les recours du donneur d'ordre*

Là encore, le donneur d'ordre dispose de deux recours : le premier, évident, contre le bénéficiaire (a), et le second, plus rare, contre son garant (ou contre-garant) (b). 309 ■

a. Contre le bénéficiaire

Le donneur d'ordre dispose, quant à lui, d'un recours contre le bénéficiaire dès lors que celui-ci aura reçu un paiement indu, le risque couvert n'étant pas réalisé. Le fondement d'une telle action réside bien évidemment dans le contrat de base, mais le donneur d'ordre aura la charge de la preuve de l'imputabilité de son inexécution, sans avoir à rapporter celle d'un abus ou d'une fraude. La Cour de cassation a en effet jugé, en ce sens, que « le donneur d'ordre d'une garantie à première demande est recevable à demander la restitution de son montant au bénéficiaire, à charge pour lui d'établir que celui-ci en a reçu indûment le paiement, par la preuve de l'exécution de ses obligations contractuelles, ou par celle de l'imputabilité de l'inexécution du contrat à la faute du cocontractant bénéficiaire de la garantie, ou par la nullité du contrat de base, et ce sans avoir à justifier d'une fraude ou d'un abus manifeste, comme en cas d'opposition préventive à l'exécution de la garantie par le garant » (Com. 7 juin 1994, *Bull. civ.* IV, n° 202 ; V. égal. Com. 31 mai 2016, n° 13-25509, *JCP* G 2016, p. 1471 ; *RD banc. et fin.* 2016, comm. 163, obs. A. Cerles où la Cour juge que *« si, après la mise en œuvre d'une garantie à première demande, le donneur d'ordre réclame au bénéficiaire de celle-ci le montant versé par le garant qu'il estime ne pas être dû, ce litige, eu égard à l'autonomie de la garantie à première demande, ne porte que sur l'exécution ou l'inexécution des obligations nées du contrat de base, de sorte qu'il incombe à chaque partie à ce contrat de prouver cette exécution ou inexécution conformément aux règles de preuve du droit commun »*). 310 ■

b. Contre le garant

Dans l'hypothèse où le garant a payé alors qu'il ne le devait pas, en ayant par exemple connaissance du caractère manifestement abusif de l'appel en garantie, ou si la garantie était en réalité un cautionnement, le donneur d'ordre dispose contre lui d'une action en responsabilité afin de se faire indemniser de son préjudice. Il en sera de même si l'appel de la garantie était irrégulier. Le garant qui aura payé l'a alors fait à ses risques et périls et s'expose en conséquence à devoir indemniser le donneur d'ordre (Com. 15 juin 1999, *Banque et Droit* nov. 1999, p. 52, obs. A. Prüm). D'où l'intérêt pour le garant de se ménager une preuve qu'il a effectué le paiement à bon droit. 311 ■

§ 3 Dénouement

312 Mécanisme de paiement automatique, la garantie autonome a vocation à s'éteindre dès lors que le garant a réglé sa dette, et cela quel que soit le sort du contrat de base. Toutefois, en dehors de cette hypothèse déjà étudiée, le dénouement de l'opération est tantôt lié à la durée du contrat de garantie autonome (A), tantôt indifférente à celle-ci (B). Mais dans les deux cas, seules les causes d'extinction du contrat nous intéresserons, les conséquences venant d'être évoquées.

A. Lié à la durée du contrat

313 Comme tous les contrats, la garantie autonome peut être soit à durée déterminée (1), soit à durée indéterminée (2), même si cette dernière hypothèse est probablement plus rare, les garants n'acceptant généralement que de s'engager pour une opération déterminée.

1. *Contrat à durée déterminée*

314 En premier lieu, un contrat à durée déterminée suppose que la date d'expiration ou que le fait entraînant l'expiration soient clairement identifiés. En second lieu, et conformément au droit commun des contrats, l'arrivée du terme entraîne l'extinction immédiate de la garantie (Civ. 1re, 24 févr. 1998, *JCP* 1998. I. 49, n° 10, obs. Ph. Simler), et donc celle de l'obligation de payer. Nous ne retrouvons pas la distinction entre « obligation de couverture » et « obligation de règlement » qui, en matière de cautionnement, conduit la caution à continuer d'être tenue des dettes nées avant l'extinction du contrat de cautionnement. En l'espèce, vu l'indépendance de l'engagement du garant, si à l'arrivée du terme – qu'il s'agisse d'une date précise ou d'un événement déterminé – le garant n'a pas payé la somme convenue, celle-ci n'est, en tout état de cause, plus due. Un appel de la garantie après l'arrivée du terme n'est donc pas possible, le contrat étant expiré. En revanche, si la garantie a été appelée avant l'arrivée du terme (ce qui sera le cas dans l'hypothèse de l'emploi par le bénéficiaire de la formule « prorogez ou payez », v. ss 289), le bénéficiaire pourra réclamer le versement de la somme convenue malgré l'expiration du contrat.

2. *Contrat à durée indéterminée*

315 Il peut également arriver que les parties n'aient donné aucune indication de durée : le contrat est alors à durée indéterminée. Là encore, le droit commun des contrats retrouve son empire : la garantie peut s'éteindre par les causes habituelles d'extinction des contrats, qu'il s'agisse de résiliation, prescription, compensation, confusion, novation ou remise de dettes. Le recours au contrat à durée indéterminée est toutefois d'un maigre intérêt dans la mesure où le garant peut le rompre à tout moment sous réserve d'un préavis raisonnable.

B. Indifférent à la durée du contrat

316 Parmi les causes envisageables d'extinction du contrat de garantie autonome, non liées à sa durée, toutes ne sont pas possibles. L'étude des causes d'extinction écartées (1), précédera celle des causes d'extinction retenues (2).

1. Les causes d'extinction écartées

Toutes les causes d'extinction classiquement liées au *caractère accessoire* de l'engagement du garant ne sont bien entendues pas envisageables en notre matière. Ainsi en est-il de l'exécution du contrat de base, ou de l'extinction de la créance du bénéficiaire (le défaut de déclaration de sa créance dans la procédure collective du donneur d'ordre n'étant plus sanctionné par l'extinction de la créance, mais par l'inopposabilité à la procédure). Le garant autonome pourra donc être poursuivi indépendamment de ces événements. Tel est même l'objectif d'une telle garantie. 317 ■

En revanche, le garant autonome personne physique bénéficie d'une protection particulière en cas de procédure collective du débiteur principal puisqu'aux termes de l'article L. 622-28 du Code de commerce, les poursuites contre lui sont suspendues malgré le caractère non accessoire de son engagement. Les garants autonomes, de même que les cautions personnes physiques, qu'elles soient réelles ou personnelles, bénéficient de la règle de l'interdiction des poursuites pendant la période d'observation.

Par ailleurs, en l'absence de texte similaire, la cause d'extinction propre au cautionnement qu'est le *bénéfice de subrogation* n'est pas transposable à la garantie autonome (Paris, 1er juill. 1986, *D.* 1988. Somm. 243).

2. Les causes d'extinction retenues

Une première cause d'extinction de la garantie autonome est liée à la *transmission du contrat de base*. On s'est en effet interrogé sur la transmissibilité de la garantie en même temps que la créance principale : la garantie autonome doit-elle suivre le sort de l'obligation garantie et être transmise au cessionnaire du contrat garanti ? Dans l'ensemble, la doctrine opte pour la négative, estimant que la garantie autonome s'éteint en cas de transfert de l'obligation garantie. Au soutien de cette solution, on invoque l'autonomie de la garantie, détachée de la créance principale, ainsi que le caractère *intuitu personae* de l'engagement du garant. La dernière réforme du droit des sûretés, dans l'embryon de régime juridique qu'elle a prévu pour la garantie autonome, a entériné cette position puisque le nouvel article 2321 alinéa 4 du Code civil dispose : « Sauf convention contraire, cette sûreté ne suit pas l'obligation garantie ». Ainsi, la cession de l'obligation principale en considération de laquelle le garant s'est engagé à verser une somme d'argent au bénéficiaire, entraîne l'extinction de la garantie autonome. Toutefois, rien interdit aux parties d'en disposer autrement et d'envisager à l'avance la solution inverse, le texte précisant bien « sauf convention contraire ». Cela étant, cette éventuelle convention ne saurait porter atteinte à l'autonomie : si le garant a accepté de garantir un futur cessionnaire, l'autonomie de son engagement reste entière. 318 ■

Il devrait en être de même en cas de décès ou de fusion-absorption du bénéficiaire, ou encore d'apport partiel d'actif. Pourtant, la Cour de cassation a décidé (Com. 19 déc. 2006, *JCP* 2007. I. 158, n° 14, obs. Ph. Delebecque) qu'une garantie autonome se transmettait avec le prêt garanti en cas d'apport partiel d'actif, dès lors qu'elle se rattachait à la branche d'activité apportée. Pourtant, comme le note Philippe Delebecque, le fait qu'il s'agissait, non d'une cession à titre particulier, mais d'une transmission universelle ou à titre universel, n'aurait pas dû avoir d'influence : c'est bien en tant qu'accessoire à l'obligation garantie que l'effet translatif a été admis. Or, la garantie autonome n'est précisément pas accessoire… à moins que l'on ne considère, à tort, que le principe de la transmission universelle du patrimoine devrait s'appliquer à la garantie.

■ 319 Une autre cause non pas d'extinction de la garantie, mais plutôt de mise en sommeil de la créance du bénéficiaire de cette garantie sera son *défaut de déclaration* à la procédure collective du garant. En effet, aux termes de l'article L. 622-26 du Code de commerce, à défaut de déclaration dans les deux mois à compter de la publication du jugement d'ouverture au *Bulletin officiel des annonces civiles et commerciales (BODACC)*, les créanciers ne sont pas admis dans les répartitions et les dividendes, à moins que le juge-commissaire ne les relève de leur forclusion. Toutefois, et c'est l'une des originalités de la loi de sauvegarde des entreprises, cette forclusion n'entraîne pas l'extinction de la créance : une créance déclarée n'est pas éteinte. L'extinction est en quelque sorte remplacée par une inopposabilité à la procédure. En conséquence, si la procédure est clôturée par extinction du passif, le maintien de l'existence de sa créance lui permettra de retrouver son droit de poursuite individuelle. De même, en cas de clôture pour insuffisance d'actif, il nous semble possible d'envisager, conformément à l'article L. 643-11-V *in fine* du Code de commerce, que le créancier forclos dont la créance n'a pas, par définition, été vérifiée, puisse mettre en œuvre son droit de poursuite individuelle dans les conditions de droit commun. Le garant devrait alors pouvoir à son tour se retourner contre son donneur d'ordre.

Compléments pédagogiques

Mémo

Notion. D'abord développée au sein des relations internationales, la garantie autonome n'a pas tardé à être transposée en droit interne, avant que le législateur de 2006 ne l'intègre dans le Code civil, à la suite du cautionnement. Le recours à une garantie autonome suppose un engagement par lequel le garant s'oblige, en considération d'une obligation souscrite par un tiers, à verser une somme soit à première demande, soit suivant des modalités convenues (art. 2321 al. 1er C. civ.). Positivement définie, cette sûreté est un *engagement de payer autonome*. Le garant ne s'engage pas à payer la dette d'autrui en se substituant à lui, mais bien à régler la sienne, propre. Aussi, négativement, la garantie autonome se distingue-t-elle du *cautionnement*, engagement accessoire par excellence, ou d'autres mécanismes plus ponctuels de garantie, comme par exemple la *délégation imparfaite* ou le *crédit documentaire*.

Régime. En dehors des *conditions de validité* de la garantie autonome, son *déclenchement* suppose un *appel en garantie* de la part du bénéficiaire ou d'une personne munie d'un mandat spécial. Si, en principe, cet appel en garantie du bénéficiaire est discrétionnaire, « à première demande », les parties peuvent avoir convenu de modalités précises. C'est notamment le cas en présence d'une garantie à première demande documentaire ou justifiée. Dès lors que le garant a reçu une demande ferme de paiement, il est tenu de régler la somme convenue sans avoir à apprécier le caractère exagéré ou justifié de l'appel de la garantie, ni pouvoir opposer d'exception tenant à l'obligation garantie. Cette *inopposabilité des exceptions* qui est la conséquence du caractère autonome de l'engagement, cède toutefois devant certains comportements du bénéficiaire, en l'occurrence en cas de *fraude* ou *d'abus* manifestes du bénéficiaire, ou encore de collusion frauduleuse de celui-ci avec le donneur d'ordre. Au-delà de cette obligation de paiement, le *développement* de la garantie autonome conduit aussi à reconnaître des *recours* après paiement au garant. Enfin, son *dénouement* obéit à un régime propre puisque toutes les causes d'extinction classiquement liées au caractère accessoire de l'engagement du garant ne sont pas envisageables. En revanche, à moins d'une convention contraire, cette sûreté ne suit pas l'obligation garantie. Ainsi, la *cession de l'obligation principale* en considération de laquelle le garant s'est engagé à verser une somme d'argent au bénéficiaire, entraîne l'extinction de la garantie autonome.

Document

Com. 18 mai 1999
(*Bull. civ.* IV, n° 102)

« Un engagement ne peut être qualifié de garantie autonome que s'il n'implique pas une appréciation des modalités d'exécution du contrat de base pour l'évaluation des montants garantis ou pour la détermination des durées de validité et s'il comporte une stipulation de l'inopposabilité des exceptions ».

Com. 5 oct. 2010
(n° 09-14673, *JCP* 2010. 226, n° 9, obs. Ph. Simler; *RLDC* 2010/77, p. 35, obs. J.-J. Ansault; *D.* 2010. 409, obs. P. Crocq)

Toutefois, dans une espèce où la convention de garantie prévoyait que la demande du bénéficiaire devait être formulée par lettre recommandée avec accusé de réception (LRAR), attestant que la somme demandée était due par le débiteur, la Cour a jugé que :
« la demande formulée par le bénéficiaire de la garantie, s'analysait en un appel motivé par l'inexécution par le débiteur de ses obligations, de sorte que les garants à réception de cette demande ne pouvaient en différer le paiement ni soulever d'exception ».

Com. 10 fév. 2015
(n° 12-26580)

La Cour a rejeté la demande en paiement du bénéficiaire formulée par l'intermédiaire de son avocat, lequel n'était pas muni d'un pouvoir spécial à cet effet en jugeant que :
« Le strict respect des conditions de forme et de rédaction de l'appel en garantie, telles que prévues par la lettre de garantie et les Règles Uniformes de garanties sur demande, publication CCI n° 458, est la contrepartie de l'autonomie de la garantie, que le bénéficiaire doit les respecter pour mettre en jeu celle-ci et que le garant doit vérifier l'apparente régularité de la demande qui lui est adressée avant de payer ».

Com. 31 mai 2016
(n° 13-25509)

La Cour juge que « si, après la mise en œuvre d'une garantie à première demande, le donneur d'ordre réclame au bénéficiaire de celle-ci le montant versé par le garant qu'il estime ne pas être dû, ce litige, eu égard à l'autonomie de la garantie à première demande, ne porte que sur l'exécution ou l'inexécution des obligations nées du contrat de base, de sorte qu'il incombe à chaque partie à ce contrat de prouver cette exécution ou inexécution conformément aux règles de preuve du droit commun ».

Biblio

- G. Affaki, « Les nouvelles Règles uniformes relatives aux garanties sur demande (RUGD) 758 », *Banque et Droit* mars-avr. 2010, p. 37.
- P. Ancel, « Nouvelles sûretés pour créanciers échaudés », *Cah. dr. entrep.* 1989, no 5, p. 3.
- A. S. Barthez, « L'avenir des sûretés personnelles alternatives », *RD banc. fin.* 2016, dossier 4.

- S. Blot, « Les garanties autonomes face à la pratique bancaire », *LPA* 27 mars 2008.
- F. Crédot, « L'actualité des garanties autonomes », *LPA* 17 juin 1998, p. 68.
- J.-J. Daigre, « Les substituts du cautionnement – De la lettre à la garantie, la revanche de la liberté », *Cah. dr. entr.* 1992/6.
- Ph. Delebecque, « Garanties et contre-garanties », in *Mélanges Ch. Gavalda*, Dalloz, 2001, p. 91 s.
- J. Devèze, « Aux frontières du cautionnement : lettres d'intention et garanties indépendantes », *Cah. dr. entr.* 1992/2, 26 s.
- J. Djoudi, « La garantie à première demande et les risques du banquier garant », *RD banc. fin.* mars-avril 2006, p. 71.
- D. Gallois-Cochet, « Garantie autonome et lettre d'intention », *RLDA* 2007/14, p. 68.
- O. Gout, « Des imperfections du droit actuel des garanties autonomes », *D.* 2011. 655.
- C. Houin-Bressand, « Les contre-garanties », *Dalloz*, 2006, préf. H. Synvet.
- D. Houtcieff, « Les sûretés personnelles », *JCP* 2006, supplément au n° 20, p. 7 s. ; « La garantie autonome souscrite par une personne physique : une sûreté en quête d'identité », *RLDC* juill.-août 2006.
- Ch. Mouly, « L'avenir de la garantie indépendante en droit interne français », in *Mélanges A. Breton et F. Derrida*, Dalloz, 1991, p. 267.
- A. Prüm, *La garantie à première demande*, Litec, 1994 ; « La consécration légale des garanties autonomes », in *Études offertes au Doyen Ph. Simler,* Dalloz-Litec, 2006, p. 409.
- P. Puig, « Les garanties autonomes », *LPA* 27 mars 2008, p. 9.
- Ph. Simler, « Les solutions et substitutions au cautionnement », *JCP* 1990. I. 3427 ; « À propos des garanties autonomes de droit interne souscrites par des personnes physiques », *JCP* N 1991. I. 343.

Quiz

1) Sujets corrigés

A) Cas pratiques

Énoncé n° 1

Grand homme d'affaires, M. Mad 'off connaît quelques déconvenues. Il vient vous consulter et vous expose les éléments suivants.

Il y a peu de temps, il s'est découvert une passion pour la culture asiatique. Sa dernière folie a été de faire fabriquer un vrai bar à sushis avec toute la technologie High-tech, par le meilleur fabriquant japonais M. Maki, qui équipe tous les plus grand restaurant « sushi shop » de New-York.

M. Maki le convainc alors de choisir un comptoir doré à l'or fin, et non en zinc comme M. Mad'off l'avait envisagé, ce qui permettrait un meilleur « roulage » des sushis selon lui. M. Mad'off, soucieux d'épater ses amis fortunés, demande également qu'il soit fourni une véritable machine à wasabi. M. Maki lui conseille vivement de choisir le dernier modèle, la Wasa2015, qui, selon lui, est plus performant que l'ancien, la Wasa2014, ce que fait M. Mad'off.

Afin de sécuriser le contrat de fourniture, une garantie à première demande est émise par la BNP au profit de M. Maki, pour le compte de M. Mad'off rédigée en ces termes : « *La BNP s'engage en qualité de garant, irrévocablement et inconditionnellement, d'ordre et pour compte, à payer à première demande toute somme jusqu'à concurrence de la somme de 250 000 euros, sans que le garant puisse différer le paiement ou soulever d'opposition* ». La garantie stipule également une clause précisant que « *M. Maki pourra en réclamer le paiement après l'avoir formulé par lettre recommandée avec accusé de réception, précisant que la somme est due par M. Mad'off* ».

M. Maki, qui pense avoir « flairé le bon client », profite de la crédulité de M. Mad'off en remplaçant la machine de wasabi commandée, la Wasa2015, par l'ancien modèle, la Wasa2014, pour faire des économies de marge. Aucune différence de performance n'existe entre les deux machines sauf le prix. Lors de la livraison, M. Mad'off se rend compte de la supercherie en ce qui concerne les machines et apprend qu'un comptoir en or massif ne permet pas un meilleur roulage des sushis. M. Mad'off refuse alors de payer la commande.

En refusant de payer la livraison, il s'expose à ce que M. Maki mette en œuvre la garantie à première demande. Néanmoins, il se demande s'il s'agit vraiment d'une garantie autonome. Qu'en pensez-vous ?

De plus, la marchandise n'étant pas conforme à ce qui était prévu, M. Mad'off s'estime créancier de M. Maki. Il décide de mandater un huissier afin que celui-ci procède à une saisie-attribution des sommes entre les mains de la BNP, ce qui lui permettrait, peut-être, de faire obstacle au paiement de la garantie et se dégager de celle-ci.

Cette action a-t-elle des chances d'aboutir ?

À défaut, M. Mad'off se demande s'il pourrait agir directement contre M. Maki. Une telle action est-elle envisageable et sur quel fondement ?

Voir le corrigé en fin de rubrique.

Énoncé n° 2

M. Alain, gérant de la société Cmax et époux commun en biens, a souscrit une garantie autonome à première demande au bénéfice de la société Socoford, sans que son épouse en soit même informée. Suite à son refus de payer, la société Socoford vient d'obtenir en référé sa condamnation au paiement d'une indemnité provisionnelle, et s'apprête à faire procéder à la saisie vente des biens meublants de l'appartement du couple. Les époux peuvent-ils s'y opposer ?

Voir le corrigé en fin de rubrique.

Énoncé n° 3

Dans le cadre d'une cession d'actions intervenue le 1er janvier 2007 entre la société Staracademia et la société Topallo, comprenant une garantie de passif accordée par la société cédante, cette dernière a demandé à la banque Chantefaux de bien vouloir contre-garantir son engagement de garantie de passif. La banque s'est engagée aux termes d'une garantie rédigée comme suit :

« Nous représentants de la banque Chantefaux

Vu le contrat de cession d'actions conclu entre la société Staracademia, cédante, et la société Topallo, cessionnaire

Vu la garantie de passif émise par la société Staracademia au profit de la société Topallo.

Nous engageons irrévocablement à payer à première demande de cette dernière nous informant qu'elle demande l'exécution de la garantie, à condition qu'elle joigne à cette demande le montant de sa créance, appuyé de toutes pièces justificatives, la somme due dans la limite d'un montant de 100 000 euros, sans pouvoir différer le paiement, ni soulever d'exception.

La présente garantie expirera trois ans après la date de signature de l'ordre de virement par la société Staracademia ».

Alors que la société Topallo vient de demander le paiement de la somme de 100 000 euros en ayant pris la peine de joindre les pièces justificatives appropriées, en l'occurrence un redressement fiscal sur la période 2011-2010-2009, la banque refuse de régler ledit montant au motif que la garantie de passif contre-garantie ne couvre pas les dettes ayant leur origine postérieurement à la cession d'actions. Qu'en pensez-vous ?

Voir le corrigé en fin de rubrique.

B) Commentaire d'arrêt

Com. 3 mai 2016 (n° de pourvoi : 14-28962)

Sur le premier moyen, pris en ses deux premières branches :

Vu l'article 2321, alinéa 2, du code civil ;

Attendu que le caractère manifestement abusif de l'appel de la contre-garantie ne peut résulter du seul caractère manifestement abusif de l'appel de la garantie de premier rang, mais suppose de démontrer l'existence, au moment de l'appel de la contre-garantie, d'une collusion entre le garant de premier rang, bénéficiaire de la contre-garantie, et le bénéficiaire de la garantie de premier rang ;

Attendu, selon l'arrêt attaqué, que par un marché de travaux du 12 janvier 2011, la société française Litwin s'est engagée à fournir à la société égyptienne N-Fert une usine « clé en mains » ; que la société National Bank of Abu Dhabi (la société NBAD) a émis en faveur de la société N-Fert une garantie de restitution d'avance et une garantie d'exécution ; que le 15 septembre 2011, la société Atradius Credit Insurance N.V (la société Atradius) a contre-garanti ces deux garanties autonomes en faveur de la société NBAD ; que le 26 janvier 2012, la société N-Fert a prononcé la résiliation du contrat et appelé la garantie de premier rang ; que par lettre du 27 janvier 2012, la société NBAD a appelé la garantie de la société Atradius, qui a refusé d'exécuter son engagement ; que la société Atradius a assigné la société NBAD afin que son appel de la contre-garantie soit jugé manifestement abusif ; que la société NBAD a demandé, à titre reconventionnel, sa condamnation à exécuter son engagement de contre-garantie ;

Attendu que pour rejeter la demande de la société NBAD tendant à la condamnation de la société Atradius à exécuter son engagement de contre-garantie, l'arrêt énonce que l'appel d'une contre- garantie est abusif si l'appel en garantie l'est également, puis retient que l'appel de la garantie de premier rang par la société N-Fert était manifestement abusif, de sorte que la demande d'appel de la contre-garantie l'est également ;

Qu'en statuant ainsi, la cour d'appel a violé le texte susvisé ;

PAR CES MOTIFS, et sans qu'il y ait lieu de statuer sur les autres griefs : CASSE ET ANNULE, en toutes ses dispositions, l'arrêt rendu le 25 novembre 2014, entre les parties, par la cour d'appel de Paris ; remet, en conséquence, la cause et les parties dans l'état où elles se trouvaient avant ledit arrêt et, pour être fait droit, les renvoie devant la cour d'appel de Paris, autrement composée ;

Voir le corrigé en fin de rubrique.

2) Corrigés

Cas pratique n° 1

Pour réaliser un bar à sushi, M. Mad'off a fait appel à un fournisseur, M. Maki. Ce dernier était chargé de lui livrer un comptoir en or permettant une meilleure réalisation des sushis et une machine à wasabi, modèle Wasa2015. Une garantie avait été conclue. Estimant qu'il a été trompé par M. Maki, Mad'off refuse de payer lors de la livraison.

Il convient d'éclairer Mad-off sur les différents problèmes qui se posent à lui.

I. L'impossible disqualification de l'engagement de la BNP en cautionnement

M. Mad'off, en refusant de payer, s'expose à ce que Maki mette en œuvre la garantie conclue. Ladite garantie a été rédigée en ces termes « *La BNP s'engage en qualité de garant, irrévocablement et inconditionnellement, d'ordre et pour compte, à payer à première demande toute somme jusqu''à concurrence de la somme de 250 000 euros, sans que le garant puisse différer le paiement ou soulever d'opposition* » ; « *M. Maki pourra en réclamer le paiement après l'avoir formulé par lettre recommandée avec accusé de réception, précisant que* la somme est due *par M. Mad'off* ».

La garantie conclue risque-t-elle d'être requalifiée ? Plus précisément, la référence faite à « *la somme due* » par le débiteur est-elle révélatrice d'un cautionnement ? Le garant s'est-il engagé à payer une somme d'argent de manière autonome ou s'est-il engagé à payer la dette due par le débiteur ?

L'article 2321 du Code civil définit la garantie autonome, également appelée garantie à première demande ou garantie indépendante, comme un « *engagement par lequel le garant s'oblige, en considération d'une obligation souscrite par un tiers, à verser une somme soit à première demande, soit suivant des modalités convenues* ».

Pour être qualifiée de garantie autonome, certains éléments ont été dégagés par la jurisprudence. La garantie autonome constitue :

- *Un engagement de payer.* Le garant s'engage à payer une somme d'argent déterminée ou déterminable et non à se substituer au débiteur. Cette somme d'argent est déterminée indépendamment de celle due par le débiteur : le garant peut s'engager à un montant inférieur, supérieur ou égal au montant de la dette du débiteur.

En ce sens : l'obligation du garant n'est pas la dette même du débiteur, mais une dette d'un montant déterminée et définitif (Com. 13 déc. 1994, *Bull. civ.* IV, n° 375).

- *Un engagement de payer autonome.* L'engagement est pris en considération d'une obligation préexistante, d'un contrat de base. Il faut bien une obligation principale à garantir pour que la garantie autonome intervienne. La garantie autonome constitue un rapport juridique qui vient s'adjoindre à un rapport préexistant. Mais pour que l'engagement puisse être qualifié de garantie autonome, cet engagement doit bénéficier d'une autonomie par rapport au contrat de base.

Se pose alors le problème de savoir si la garantie autonome peut faire l'objet d'une requalification en cas de référence au contrat de base.

Toute référence au contrat de base n'est pas exclue mais cette référence doit révéler l'autonomie de la garantie autonome. L'autonomie se mesure tant à l'égard du montant que de la durée de la validité de l'engagement.

En ce sens, Com. 18 mai 1999, *Bull. civ.* IV, n° 102 est venu préciser dans quelles conditions et limites il est possible de faire référence au contrat de base au sein même de la garantie autonome sans risque de requalification. Les références au contrat de base sont admises si elles n'impliquent pas « *une appréciation des modalités d'exécution [du contrat de base] pour l'évaluation des montants garantis ou pour la détermination des durées de validité* ». (v. égal. Com. 5 oct. 2010, n° 09-14673 ; Com. 2 oct. 2012, n° 11623401).

Par exemple, ne constitue pas une garantie autonome l'engagement par lequel le « garant » s'engage à payer les sommes dues par le débiteur (Civ. 1re, 23 févr. 1999, *JCP* 1999. II. 10199, note J. Stoufflet).

En l'espèce, la BNP s'est engagée à payer toutes sommes réclamées à hauteur de 250 000 € sans pouvoir discuter le bien fondé de l'appel en garantie et sans pouvoir opposer d'exceptions (« *sans que le garant puisse différer le paiement ou soulever d'opposition* »). Mais, les parties ont imposé au bénéficiaire l'envoi d'une LRAR devant préciser que le débiteur n'avait pas acquitté sa dette et donc qu'il devait bien telle somme (« *M. Maki pourra en réclamer le paiement après l'avoir formulé par lettre recommandée avec accusé de réception, précisant que* la somme est due *par M. Mad'off* »).

Impact de la LRAR ?

Dans une affaire récente, aux faits similaires, des époux s'étaient portés garants des engagements d'une société au profit d'un bénéficiaire. Ce dernier, suite à l'inexécution de ses obligations par le débiteur, avait appelé les époux en garantie puis les avait assignés en exécution de leur engagement. La cour d'appel avait considéré que l'engagement ne constituait pas une garantie autonome car les parties avaient soumis l'appel en garantie à l'envoi d'une LRAR devant indiquer que la somme demandée était due par le débiteur. Dès lors, pour les juges du fond, les époux s'étaient engagés à payer la dette du débiteur. Com. 5 octobre 2010 casse et annule en précisant « *alors qu'il résultait de ses propres constatations que la demande formulée par le bénéficiaire de la garantie, s'analysait en un* appel motivé par l'inexécution par le débiteur *de ses obligations, de sorte que les garants à réception de cette demande* ne pouvaient en différer le paiement ni soulever d'objection, *la cour d'appel a violé le texte susvisé* »

Il s'agissait bien d'une garantie autonome malgré la référence aux sommes dues par le débiteur imposée lors de l'appel en garantie. Plus exactement, il s'agissait ici d'une garantie à première demande justifiée (laquelle est reconnue par l'article 2321 alinéa 1er du Code civil, et également par l'article 20 du RUGD (« règles uniformes relatives aux garanties sur demande » qui prévoit que la demande doit être formulée par un écrit indiquant que le donneur d'ordre a manqué à une ou plusieurs de ses obligations prévues par le contrat de base et préciser en quoi il a manqué à ses obligations).

Rappel : en principe, aucune condition de forme n'est imposée pour l'appel en garantie. Le bénéficiaire appelle en garantie le garant, qui doit s'exécuter à première demande. Mais les garanties à première demande documentaire ou à demande justifiée sont admises. Mais elles ne confèrent pas au garant la faculté de discuter le bien fondé de l'appel en garantie, Com. 12 juill. 2005, v. ss 292.

En l'espèce, l'engagement constitue une garantie autonome, le fait que le bénéficiaire ait à indiquer la somme due par le débiteur lors de son appel en garantie est insuffisant à entraîner une quelconque disqualification de l'engagement en cautionnement.

La garantie conclue constitue bien une garantie autonome. Une fois appelée en paiement, la BNP devra exécuter son engagement de payer sans pouvoir opposer une quelconque exception au bénéficiaire (qu'il s'agisse d'une exception tirée du rapport donneur d'ordre/bénéficiaire — ici application effet relatif et non-inopposabilité des exceptions —, ou du rapport garant/donneur d'ordre).

II. La paralysie de la garantie autonome par le donneur d'ordre ?

Mad'off refuse de payer son fournisseur car les engagements de ce dernier n'étaient que de vagues promesses (le comptoir en or ne permet pas une meilleure confection des sushis) et la marchandise livrée n'est pas conforme à celle qui a été commandée (Mad'off a commandé la Wasa2015, il a reçu la Wasa2014). Pour autant, il ne souhaite pas que la BNP puisse être actionnée car cela reviendrait *in fine* à le faire payer. Il décide de mandater un huissier afin que celui-ci procède à une saisie-attribution des sommes entre les mains de la BNP.

Question : Le donneur d'ordre, qui se trouve être créancier du bénéficiaire, peut-il faire obstacle au paiement de la garantie, en pratiquant une saisie-attribution entre les mains du garant, débiteur de son propre débiteur ?

La saisie-attribution est régie par la loi du 9 juillet 1991 et le décret du 31 juillet 1992.

La saisie-attribution permet au créancier, porteur d'un titre exécutoire, de se faire payer une somme d'argent par le débiteur de son débiteur.

En l'espèce, Mad'off serait créancier de Maki s'il saisit la juridiction compétente pour se faire octroyer des dommages et intérêts soit pour délivrance non conforme, soit pour dol. Mad'off saisirait alors, seulement s'il a obtenu un titre exécutoire, les sommes dues par son débiteur, Maki, dans le patrimoine de la BNP, débiteur du débiteur au titre de la garantie autonome.

Le garant doit payer le bénéficiaire à première demande et il ne peut opposer aucune exception au bénéficiaire. Dès lors, les donneurs d'ordre n'ont pas manqué d'imagination pour tenter de faire obstacle à l'exécution de la garantie, notamment en utilisant la saisie attribution.

Com. 14 octobre 1981 (v. ss 300) a refusé au donneur d'ordre le droit de bloquer le paiement par le biais d'une saisie, lorsque la créance invoquée par le donneur d'ordre est issue du contrat de base.

La doctrine a approuvé cette décision cohérente, puisque admettre le contraire reviendrait à permettre au donneur d'ordre de revenir sur son engagement, celle de donner une garantie autonome.

L'action de M. Mad'off est donc vouée à l'échec.

III. Le recours possible de M. Mad'off après paiement

La garantie conclue va alors aboutir au paiement par la BNP des sommes demandées par Maki sans que d'une part, la BNP ne puisse opposer d'exceptions et d'autre part, que Mad'off puisse faire obstacle à ce paiement. La BNP n'a pas vocation à supporter le poids de la dette et va, à ce titre, exercer un recours contre le donneur d'ordre pour se faire rembourser (recours qui ne cède qu'en cas de paiement injustifié, c'est-à-dire en cas d'appel manifestement abusif, prématuré ou périmé). Une fois que le donneur d'ordre a remboursé, il peut exercer un recours contre le bénéficiaire ou contre son garant si celui-ci a payé et qu'il ne devait pas.

En l'espèce, la BNP, garante, devait payer Maki, bénéficiaire. Le donneur d'ordre ne détient donc pas de recours contre son garant. Seul le recours contre le bénéficiaire doit être envisagé.

Se pose ainsi la question de savoir quels sont les recours possibles du donneur d'ordre, Mad'off, contre le bénéficiaire de la garantie, Maki ?

Comme évoqué, le donneur d'ordre dispose d'un recours après paiement contre le bénéficiaire, fondé sur le contrat de base si ce dernier a reçu un paiement indu.

La cour de cassation a ainsi jugé que « *le donneur d'ordre d'une garantie à première demande est recevable à demander la restitution de son montant au bénéficiaire, à charge pour lui d'établir que celui-ci en a reçu indûment le paiement, par la preuve de l'exécution de ses obligations contractuelles, ou par celle de l'imputabilité de l'inexécution du contrat à la faute du cocontractant bénéficiaire de la garantie, ou par la nullité du contrat de base, et ce sans avoir à justifier d'une fraude ou d'un abus manifeste, comme en cas d'opposition préventive à l'exécution de la garantie par le garant* » (Com. 7 juin 1994, *Bull. civ.* IV, n° 202).

Ainsi, pour bénéficier de ce recours, Mad'off va devoir prouver que Maki a reçu indûment paiement, car l'inexécution du contrat de base serait due à la faute du bénéficiaire.

En effet, il semblerait que M. Maki ait trompé M. Mad'off, profitant de sa crédulité pour pousser ce dernier à choisir un comptoir doré à l'or fin et fournir une machine à wasabi du modèle de l'année précédente, identique en tous points au nouveau modèle à la différence du prix.

Il faut envisager le dol : article 1116 du Code civil « *Le dol est une cause de nullité de la convention lorsque les manœuvres pratiquées par l'une des parties sont telles, qu'il est évident que, sans ces manœuvres, l'autre partie n'aurait pas contracté* » :

- *Une manœuvre intentionnelle,* soit un fait positif, un mensonge ou une réticence dolosive ayant pour objet de tromper le cocontractant : ici mensonge intentionnel.

- *Ayant provoqué une erreur :* oui.

- *Caractère déterminant de l'engagement* : oui.

- Le dol doit émaner d'un *contractant* : oui.

En l'espèce, M. Maki convainc M. Mad'off de choisir un comptoir plus coûteux en or sous prétexte qu'il permettrait un meilleur roulage des sushis, ce qui s'est avéré faux. Il lui fait également choisir un modèle de machine à wasabi plus coûteux en lui expliquant que ce modèle est meilleur que l'ancien, alors que les deux machines possèdent les mêmes qualités techniques.

On peut estimer que M. Maki a menti poussant M. Mad'off à acheter des options inutiles à son bar à sushis et que ce dernier n'aurait sans doute pas contracté dans ces conditions-là.

Le contrat de base est susceptible d'être annulé.

M. Mad'off est fondé à demander la restitution des sommes versées en exécution de la garantie au bénéficiaire M. Maki.

Cas pratique n° 2

Problème de droit

Question de l'application de l'article 1415 du Code civil à la garantie à première demande selon lequel « Chacun des époux ne peut engager que ses biens propres et ses revenus, par un cautionnement ou un emprunt, à moins que ceux-ci n'aient été contractés avec le consentement exprès de l'autre conjoint qui, dans ce cas, n'engage pas ses biens propres ». Ce texte, applicable au contrat de cautionnement en particulier, peut-il être étendu à la garantie autonome qu'il ne vise pas ? Son application suppose l'existence d'un engagement personnel, ce qui exclut les sûretés réelles (v. d'une part, Ch. mixte, 2 déc. 2005, où la Cour exclut du champ d'application de cette disposition le « cautionnement réel », précisément parce qu'il ne peut être assimilé à un cautionnement, et d'autre part, la façon dont le législateur a réagi : art. 1422 al. 2 C. civ.). Mais pour autant, toutes les sûretés personnelles sont-elles visées par ce texte ?

Arguments *pro*

Raisonnement par analogie : la finalité de l'article 1415 du Code civil est la protection du patrimoine familial. Or celui-ci est menacé que ce soit par un cautionnement ou par la souscription d'une garantie autonome, voire même plus par cette dernière. En effet, en raison du principe de l'inopposabilité des exceptions, le patrimoine des époux a plus de risques d'être amoindri qu'en présence d'un simple cautionnement, garantie accessoire.

En résumé, on peut avancer trois arguments : la *ratio legis* ayant présidé à l'adoption de l'article 1415 du Code civil, le risque d'appauvrissement de la communauté, et enfin le caractère risqué de la garantie autonome (plus dangereux que le cautionnement).

Arguments *contra*

Principe d'interprétation stricte des exceptions : l'article 1415 est en effet un texte dérogatoire, qui déroge au principe posé à l'article 1413 du Code civil.

Nature juridique de la garantie à première demande : l'article 1413 du Code civil dispose que « Le paiement des dettes dont chaque époux est tenu, pour quelque cause que ce soit, pendant la communauté, peut toujours être poursuivi sur les biens communs ». Et si l'article 1415 déroge à cette règle, c'est parce que la caution n'a pas vocation à payer sa propre dette, mais celle d'autrui. Or, la garantie autonome ne répond pas à cette définition. C'est l'inverse d'un engagement accessoire.

La Cour de cassation a tranché la question dans le sens de l'extension en utilisant le raisonnement par analogie : « ce texte est applicable à la garantie à première demande qui, comme le cautionnement, est une sûreté personnelle, laquelle consiste en un engagement par lequel le garant s'oblige, en considération d'une obligation souscrite par un tiers, à verser une somme déterminée, et est donc de nature à appauvrir le patrimoine de la communauté » (Civ. 1re, 20 juin 2006).

Solution de droit

Si l'article 1415 du Code civil s'applique à la garantie à première demande (et plus largement à tout type de garantie autonome), c'est parce qu'il s'agit d'une sûreté personnelle, tout comme le cautionnement, de nature à appauvrir le patrimoine de la communauté. La sûreté personnelle, de nature à appauvrir le patrimoine de la communauté (parce qu'elle consiste à verser une somme déterminée) est donc le critère de l'applicabilité de l'article 1415 du Code civil. La garantie autonome s'apparentant à un cautionnement au regard des risques pesant sur le patrimoine des époux, ils pourront s'opposer à la saisie sur les biens communs (Civ. 1re, 20 juin 2006, *D.* 2006. AJ. 1815, note V. Avena-Robardet).

On peut toutefois s'interroger sur l'opportunité de cet argument d'analogie par rapport à d'autres dispositions comme la mention manuscrite ou l'obligation d'information. Faut-il transposer ces obligations à la garantie à première demande au motif qu'elle est plus dangereuse qu'un cautionnement (la preuve en est que le nouvel art. L. 313-10-1 C. consom. la prohibe en matière de crédit à la consommation et de crédit immobilier) ?

Il nous semble que le caractère autonome de la garantie, et la rédaction des textes (sur la mention manuscrite et les obligations d'information) s'opposent à ces transpositions, mais c'était également le cas pour l'article 1415 du Code civil.

Selon nous, la transposition des règles du cautionnement à la garantie autonome devrait respecter la logique suivante :

- lorsque les dispositions relatives au cautionnement s'appliquent à lui en tant qu'engagement unilatéral de payer une somme d'argent, elles sont transposables ;

- lorsqu'au contraire, il s'agit de dispositions spécifiques liées au caractère accessoire du cautionnement, elles ne devraient pas pouvoir être transposées.

Cas pratique n° 3

Nous sommes en présence d'une garantie autonome, et non pas d'une contre-garantie (engagement d'une banque contre-garante garantissant la banque garante).

Plus précisément, il s'agit d'une garantie autonome justifiée émise au profit de la société Topallo sur ordre de la société Staracademia, cliente de la banque Chantefaux. Un tel engagement est destiné à préserver les intérêts de la société cessionnaire.

Comment cette garantie est-elle mise en œuvre (I) ? Le garant peut-il s'opposer au paiement (II) ?

I. La mise en œuvre de la garantie

Une garantie autonome inconditionnelle doit être exécutée par le garant dès qu'elle est appelée. Toutefois, l'autonomie est susceptible de degrés. Ainsi, une garantie à « demande justifiée », comme c'est le cas en l'espèce suppose que le bénéficiaire de la garantie justifie des motifs de son appel. En l'occurrence, pour bénéficier de la garantie, la société cessionnaire devait joindre à sa demande le montant de sa créance appuyée de toute pièce justificative. Cette garantie « justifiée » ne fait pas perdre à la garantie son caractère autonome. Si le bénéficiaire de la garantie doit motiver son appel en garantie, il n'est pas pour autant tenu de démontrer l'exactitude des motifs invoqués. Cette exigence n'est que formelle et n'autorise pas le garant à discuter le bien-fondé de l'appel en garantie (Com. 12 juill. 2005).

II. L'opposition au paiement

Le garant doit, au terme de son engagement, payer à première demande sans pouvoir opposer d'exception, après avoir simplement pris la peine de vérifier que le contrat est encore en cours de validité, ce qui est le cas, et que l'appel correspond bien au contrat pour lequel la garantie a été souscrite. Il ne peut se faire juge du bien-fondé de la demande et n'a pas à vérifier les conditions d'exécution du contrat de base, et en l'occurrence il n'avait pas à discuter la portée de la clause de garantie de passif. La seule exception au principe d'inopposabilité des exceptions est la fraude ou l'abus manifestes de l'appel qui n'étaient pas suspectés en l'espèce.

En revanche, la requalification de la garantie autonome en contrat de cautionnement autoriserait le garant à opposer des exceptions pour tenter d'échapper au paiement. Dès lors, en l'espèce, on pourrait songer à contester la qualification de garantie autonome au motif que le montant de la garantie n'était pas fixé forfaitairement, seul un plafond étant envisagé. Ce serait toutefois ajouter une condition à la définition de la garantie autonome. Pour la Cour de cassation, comme pour le législateur de 2006 (v. art. 2321 al. 1er C. civ. : « le garant s'oblige [...] à verser une somme »), ce qui est essentiel, c'est que le garant s'engage à payer toute somme réclamée par le bénéficiaire, sans pouvoir différer le paiement, ni soulever d'exception (Com. 12 juill. 2005). Peu importe que le garant ne se soit pas engagé à payer une somme déterminée.

Commentaire d'arrêt

Introduction

En matière de garantie comme de contre-garanties autonomes, la preuve du caractère manifestement abusif de l'appel est un enjeu considérable puisque cela permet de bloquer la garantie. Le donneur d'ordre, sur lequel pèse la charge définitive du paiement aura en effet intérêt à s'en prévaloir pour interdire au garant ou au contre-garant d'exécuter son obligation. C'est parfois le contre-garant qui invoquera le caractère manifestement abusif de l'appel de la garantie de 1er rang pour refuser d'honorer son engagement. C'est ce qui s'était passé en l'espèce...resituer les FAITS.. ..sachant que la preuve du caractère abusif de l'appel est difficile à démontrer. Dans cet arrêt du 3 mai 2016 la Cour rappelle les principes qui gouvernent la matière.

SOLUTION de droit + annonce de PLAN

I. L'insuffisance du caractère manifestement abusif de l'appel de la garantie de premier rang

A. L'intérêt d'une contre-garantie

1. La notion de garantie autonome

Distinguer la garantie autonome d'autres sûretés personnelles, du cautionnement notamment.

2. L'enjeu d'une contre-garantie

Bien identifier les parties et rappeler le contexte de ces contre-garanties : la contre-garantie n'est que la garantie dont bénéficie le garant.

B. Le caractère abusif de l'appel de la contre-garantie

La première partie de la solution se justifie doublement, et par l'autonomie de la garantie autonome par rapport au contrat de base, et par rapport à l'indépendance de la contre-garantie par rapport à la garantie autonome.

1. L'autonomie de la contre-garantie par rapport au contrat de base

2. L'indépendance de la contre-garantie par rapport à la garantie autonome

II. L'exigence d'une collusion frauduleuse entre le garant de premier rang et le bénéficiaire final

A. La définition de la collusion frauduleuse

1. Les différentes hypothèses de collusion

Le blocage de l'appel en garantie suppose soit la démonstration de la fraude du garant de 1er rang, soit la démonstration d'une collusion de ce dernier avec le bénéficiaire final de la garantie. Alors que la première hypothèe est assez rare, la seconde s'envisage plus facilement. Il est difficile de déterminer exactement ce que recouvre la notion de collusion. La jurisprudence en retient une conception souple, la caractérisant dès lors que le garant a connaissance du caractère manifestement abusif de l'appel de sa propre garantie.

2. La précision apportée par la Cour

La chambre commerciale n'apporte aucune précision quant au critère de la collusion. En revanche, elle prend la peine de préciser que la collusion intervient entre le garant de 1er rang, bénéficiaire de la contre-garantie, et le bénéficiaire de la garantie de 1er rang, bénéficaire final. Cette précision n'est pas inutile au regard du visa retenu par l'arrêt, soit l'art. 2321 al. 2 C. civ. qui vise le bénéficiaire et le donneur d'ordre. Il est bien évident que le donneur d'ordre doit être mis hors de cause.

B. Le moment de la collusion frauduleuse

1. Les termes du choix

2. La solution retenue par la Cour de cassation

Selon la Cour, la collusion doit être établie au moment de l'appel de la contre-garantie (V. déjà Com. 26 nov. 2003, n° 01-10062). Cela dit, on aurait aussi pu apprécier la collusion au moment de l'exécution de la garantie de 1er rang, et non au jour de l'appel de la contre-garantie par le garant de 1er rang. Mais tel n'est pas le cas. Ce faisant, alors même qu'il a payé de bonne foi, le garant de 1er rang pourra voir son propre appel bloqué. La Cour préfère ménager l'intérêt du contre-garant, et indirectement du donneur d'ordre, plutôt que celui du garant de 1er rang.

chapitre 6

Les lettres d'intention

Plan analytique

section 1

La notion de « lettre d'intention »

§ 1 Définition

A. Définition négative

B. Définition positive

§ 2 Nature juridique

A. Nature de l'engagement

B. Objet de l'engagement

section 2

Le régime juridique de la lettre d'intention

§ 1 Déclenchement

A. Conditions de validité

B. Fait générateur

§ 2 Développement

A. Conséquences de la nature de l'obligation de l'émetteur

B. Conséquences du caractère de l'obligation de l'émetteur

§ 3 Dénouement

A. L'indemnisation du bénéficiaire

B. Le recours de l'émetteur

Compléments pédagogiques

Les lettres d'intention

Les lettres d'intention, également appelées « lettres de confort », « lettre de patronage » ou « de parrainage » puisent leur origine dans la pratique anglo-saxonne des *comfort letters*. Elles se sont développées en France plus récemment, à partir des années 1970. Le but d'une telle technique, particulièrement utilisée dans les groupes de sociétés, est de permettre à une société – fille ou sœur – d'obtenir un crédit grâce au soutien affiché d'une autre société – mère ou sœur – au renom généralement indiscuté tant sur le plan commercial que financier (v. le parère du 30 oct. 1973 du président de l'Association professionnelle des banques). Ce soutien s'exprime au moyen d'une lettre au contenu fréquemment et de manière délibérée imprécise, et donc discutable. Si elle est généralement le fait d'une société-mère connue de l'établissement de crédit, il arrive également qu'elle soit émise par un dirigeant ou un associé à destination du banquier de la société à laquelle il appartient (Com. 20 févr. 2007, *Bull. civ.* IV, n° 62 ; *D.* 2007, p. 807, obs. X. Delpech). D'un usage beaucoup plus souple que le cautionnement ou la garantie autonome, la lettre d'intention permet à son émetteur de ne pas être tenu aussi fortement qu'une caution ou un garant autonome. Selon la rédaction de la lettre, deux écueils majeurs peuvent même être évités : en premier lieu, il n'est pas nécessaire de la faire figurer à l'annexe de son bilan (v. art. L. 232-1, I, 1° C. com.), ce qui présente l'avantage de ne pas obérer la propre capacité d'emprunt de son auteur ; en second lieu, le dirigeant émetteur a souvent tendance à considérer qu'il n'est pas non plus utile de solliciter l'autorisation du conseil d'administration ou de surveillance de sa société (v. art. L. 225-35 al. 4 et L. 225-68 al. 2 C. com.). 320

Cela étant, ce double intérêt dépend de l'intensité de l'engagement de l'émetteur de la lettre d'intention. Or, la jurisprudence a identifié plusieurs types de lettres d'intention. Par ailleurs, la mauvaise volonté mise par certains émetteurs à exécuter leurs engagements a permis aux tribunaux de dégager le régime juridique de ces lettres d'intention. Classiquement, celui-ci est dépendant de celle-là. Aussi convient-il d'étudier la notion de « lettre d'intention » (section 1) avant d'en déterminer le régime juridique (section 2).

section 1

La notion de « lettre d'intention »

Technique contractuelle issue de la pratique internationale, puis interne, la lettre d'intention n'est pas une notion unitaire. Celle-ci dépend grandement de la volonté de son émetteur et de la façon dont il s'est exprimé. Toutefois, un effort de définition peut être fourni afin de mieux cerner le flou entretenu autour de cette notion. Par ailleurs, les incertitudes entourant la nature juridique de la lettre d'intention peuvent 321 également être levées. À cet effet, nous étudierons la définition (1) et la nature juridique (2) des lettres d'intention.

§ 1 Définition

322 Livrer une définition de la lettre d'intention suppose d'aborder la question sous un angle à la fois négatif et positif. En effet, la diversité des lettres d'intention ne confère pas à leurs bénéficiaires les mêmes droits. À côté des « vraies » lettres d'intention, existent des « fausses » lettres. Aussi donnerons-nous une définition négative (A) des lettres d'intention avant d'en retenir une définition positive (B).

A. Définition négative

323 Ce que nous appelons les « fausses » lettres d'intention relèvent aussi bien de l'engagement purement moral (1) que du véritable engagement juridique (2).

1. *Un simple engagement moral*

324 Il arrive assez fréquemment que l'émetteur d'une lettre d'intention n'ait absolument pas l'intention de s'engager auprès du créancier de sa filiale par exemple, mais veuille tout de même donner à cette dernière un « petit coup de pouce » pour qu'elle puisse obtenir un crédit notamment. À cet effet, il rédigera une lettre d'intention juste pour inspirer confiance au créancier potentiel. Il s'agira d'un simple engagement moral de sa part, d'un engagement d'honneur (v. B. Oppetit, « L'engagement d'honneur », *D.* 1979. Chron. 107), d'un *gentlemen's agreement* reposant sur le seul respect de la parole donnée, qui prend généralement la forme d'une lettre de recommandation (v. Paris, 4 mai 1993, *Bull. Joly* 1993. 729, note Ph. Delebecque). L'émetteur de la lettre n'a pas l'intention de s'engager juridiquement mais tient à faire profiter le bénéficiaire de sa réputation, en le recommandant auprès d'un tiers dispensateur de crédit, en l'informant de sa participation dans la société débitrice ou en précisant l'intérêt qu'elle peut lui porter. Dépourvu de toute valeur contraignante, ce premier type de lettre ne débouche sur aucune sanction et n'entraîne donc pas de conséquences pécuniaires. Il est toutefois à noter qu'un engagement expressément qualifié de purement moral peut être source d'obligations. La Cour de cassation vient en effet de juger, dans une hypothèse ne concernant certes pas une lettre d'intention, que « en s'engageant, fût-ce moralement, à ne pas copier les produits commercialisés par la société X, la société Y avait exprimé la volonté non équivoque et délibérée de s'obliger envers la société concurrente ; que la cour d'appel qui n'encourt aucun des griefs du moyen, en a donc exactement déduit que cette clause avait une valeur contraignante pour l'intéressée et qu'elle était juridiquement opposable » (Com. 23 janv. 2007, *Bull. civ.* IV, n° 12 ; *RDC* 2007/3, p. 697, obs. Y.-M. Laithier).

2. *Un véritable engagement juridique*

325 De véritables engagements juridiques de cautionnement, de garantie autonome, de promesse de porte-fort ou de constitut peuvent se dissimuler derrière une fausse lettre d'intention. Là encore, tout dépend de la formulation retenue dans ladite lettre.

Ainsi, lorsque l'émetteur s'engage à « se substituer au débiteur afin de faire face à tous les engagements que ce dernier pourrait prendre à l'égard du créancier », malgré la qualification retenue par les parties, il s'agit indéniablement d'un *cautionnement*, l'engagement pris étant la copie quasi servile de l'article 2288 du Code civil (v. Com. 21 déc. 1987, *Bull. civ.* IV, n° 281 ; *JCP* 1988. II. 31113, concl. avocat général Montanier ; *D.* 1989. 112, note J.-P. Brill ; *Rev. sociétés* 1988. 398, note H. Synvet ; *Banque* 1988. 361, obs. J.-L. Rives-Lange ; *RD bancaire et bourse* 1988. 101, obs. M. Contamine-Raynaud). Dès lors qu'il s'agit de se substituer au débiteur défaillant et donc de payer la dette d'autrui, sans contrepartie, la Cour de cassation n'hésite pas à requalifier la lettre d'intention en contrat de cautionnement simple, malgré l'exigence de l'article 2292 du Code civil (v. ss 21), tant la manifestation de volonté de l'émetteur, en réalité caution, est non équivoque (v. Com. 21 déc. 1987, *préc.*).

De même, lorsque l'émetteur s'engage, non pas à se substituer au débiteur en cas de défaillance de celui-ci, mais à régler une somme d'argent au destinataire de la lettre afin de garantir l'exécution de l'obligation d'un tiers débiteur à son égard, il s'agit en réalité d'une *garantie autonome*. L'émetteur de la lettre n'est autre qu'un garant dont l'engagement est autonome par rapport à l'obligation principale. Contrairement à l'hypothèse précédente, il ne s'agit pas d'une substitution du garant au débiteur. Une telle requalification est cependant rare, l'émetteur s'engageant le plus souvent à payer la dette d'autrui.

Entre le contrat de cautionnement et la garantie autonome, existe le *constitut* (v. F. Jacob, *Le constitut, ou l'engagement de payer la dette d'autrui à titre de garantie*, th. Strasbourg, 1995, LGDJ, 1998, préf. Ph. Simler), institution romaine définie comme l'engagement de payer comme débiteur principal la dette d'autrui. Bien que d'une utilité douteuse au regard notamment des deux sûretés évoquées précédemment, la Cour de cassation a reconnu que cet engagement n'était pas inconcevable à l'occasion de l'examen d'une lettre d'intention (Com. 7 oct. 1997, *Bull. civ.* IV, n° 242 ; *JCP E* 1998. 810, note D. Legeais et *JCP E* 1998, 606, obs. P. Mousseron).

Enfin, selon la thèse développée par le professeur Ph. Simler (v. Ph. Simler, « Peut-on substituer la promesse de porte-fort à certaines lettres d'intention comme technique de garantie ? », *RD bancaire et bourse* 1997, p. 223) qui voit dans la promesse de porte-fort (v. art. 1204 C. civ.) une garantie d'exécution des obligations, la lettre d'intention par laquelle l'émetteur garantirait (ou promettrait) l'exécution de l'obligation du débiteur pourrait être requalifiée en *porte-fort dit « d'exécution »* (v. égal. N. Rontchevsky, « Faire le nécessaire », *in Études offertes au Doyen Ph. Simler*, Dalloz-Litec, 2006, p. 417 s., spéc. n° 16 s.). Mais, pour séduisant que soit le raisonnement conduit par cet auteur, la jurisprudence n'a pas encore reconnu l'existence d'une telle sûreté (v. Civ. 1re, 25 janv. 2005, *Bull. civ.* I, n° 43 ; *Dr. et patr.* oct. 2005, n° 141, obs. Ph. Stoffel-Munck ; *RTD civ.* 2005. 391, obs. J. Mestre et B. Fages ; *Banque et Droit* mai-juin 2005, p. 41, obs. N. Rontchevsky ; v. égal. Com. 18 déc. 2007, *Banque et Droit* 2008, p. 43, obs. N. Rontchevsky qui assimile une promesse de porte-fort de l'exécution d'une obligation à un cautionnement).

B. Définition positive

Lorsque l'émetteur de la lettre d'intention ne s'engage ni à payer la dette d'autrui, que ce soit à titre principal ou accessoire, ni à verser une somme d'argent déterminée, mais simplement à adopter un certain comportement à l'égard du débiteur, qui lui permette de faire face à ses engagements, on peut parler de « vraie » lettre 326 ■

d'intention. Cette définition positive, qui mérite d'être approfondie, a été élaborée et par la jurisprudence (1), et par les travaux du groupe Grimaldi, à l'origine de l'ordonnance n° 2006-346 du 23 mars 2006 réformant pour partie le droit des sûretés (2).

1. *La définition jurisprudentielle*

■ 327 Depuis l'arrêt fondateur de la chambre commerciale du 21 décembre 1987, « une lettre d'intention peut, selon ses termes, [...], constituer à la charge de celui qui l'a souscrite un engagement contractuel de faire ou de ne pas faire pouvant aller jusqu'à l'obligation d'assurer un résultat, même si elle ne constitue pas un cautionnement » (v. égal. CA Aix-en-Provence, 22 févr. 2007, *RD banc. fin.* 2007, comm. 225, obs. A. Cerles ; *RJDA* 2008/5, n° 576).

Ainsi, la lettre d'intention est une garantie originale qui fait naître à la charge de son émetteur une obligation de faire ou de ne pas faire (a), dont l'inexécution entraînera, conformément au droit commun, sa condamnation à des dommages-intérêts. Celle-ci sera toutefois plus ou moins délicate à mettre en œuvre selon la nature de l'obligation en cause : obligation de moyen ou de résultat (b) ?

a. Obligation de faire ou de ne pas faire

■ 328 Par une lettre d'intention, l'émetteur s'engage généralement à une obligation de faire contenant aussi bien des engagements déterminés qu'indéterminés. Ainsi est-il assez fréquent de rencontrer l'obligation pour l'émetteur de maintenir sa participation dans le capital de sa filiale, ou l'obligation soit d'informer le bénéficiaire de la lettre (v. Versailles, 9 févr. 1989, *D.* 1990. Somm. 35, obs. M. Vasseur), soit de lui octroyer une garantie de substitution (v. Paris, 4 mai 1982, *Gaz. Pal.* 1983. 1. 52, note A.P.S.) en cas de cession de titres, ou encore de donner à la filiale les moyens financiers nécessaires au paiement des dettes de remboursement. Cette dernière mesure peut consister en une augmentation de capital, un prêt, une avance en compte courant ou un abandon de créance, ou enfin l'obligation de contrôler la gestion de la filiale afin qu'elle dispose des réserves de trésorerie nécessaires au paiement de sa dette (v. Com. 15 oct. 1996, *D.* 1997. Jur. 330, note S. Piedelièvre). Il est également assez courant que l'obligation de faire soit rédigée de façon plus lâche, l'émetteur de la lettre s'engageant par exemple « à faire tout son possible pour que... », « à faire tout le nécessaire pour que... », « à faire tous ses efforts pour que... », « à tout mettre en œuvre pour assurer les besoins financiers de la filiale », « à faire en sorte que la société débitrice puisse satisfaire à ses obligations... », « à veiller à ce que la filiale dispose d'une trésorerie suffisante pour assurer le paiement de sa dette », « à prendre toutes les dispositions pour que la société débitrice soit en mesure de tenir ses engagements... », « à apporter son appui ou son soutien financier dans les engagements de la filiale ».

■ 329 Le comportement promis par l'émetteur de la lettre d'intention peut également consister en une obligation de ne pas faire, comme celle de ne pas céder ou réduire sa participation dans la filiale débitrice tant que celle-ci n'a pas exécuté son obligation à l'égard du bénéficiaire de la lettre. Ce type d'obligation n'est autre qu'une clause d'inaliénabilité temporaire, laquelle est valable dès lors qu'elle respecte les conditions habituelles d'intérêt sérieux et légitime (Versailles, 2 juill. 1992, *BRDA* 1992, n° 20, p. 15).

b. Obligation de résultat ou de moyen ?

Si les obligations de ne pas faire, qualifiées d'« obligation de résultat », ne posent aucune difficulté, celles dites « de faire », selon la manière dont la lettre d'intention est rédigée, peuvent révéler une obligation de moyens ou, une obligation de résultat. En effet, parmi les formules précédemment citées, tantôt l'émetteur promet un résultat donné, tantôt il s'engage à essayer de parvenir au résultat promis. Lorsque l'émetteur s'engage de façon claire et déterminée, l'obligation de résultat ne fait pas grand doute. En revanche, quand tel n'est pas le cas, il faut tenir compte du caractère plus ou moins aléatoire de l'obligation souscrite. C'est ainsi que les lettres d'intention comprenant l'obligation de « veiller à l'exécution des obligations du débiteur », « d'apporter son soutien aux engagements de la filiale », « de faire tout son possible... » ou « de faire les meilleurs efforts... » (CA Paris, 22 janv. 2009, *RD banc. fin.* 2009/3, comm. 91, obs. D. Legeais) sont classiquement analysées comme contenant une simple obligation de moyens. En revanche, les obligations de « prendre toutes les dispositions pour que... » ou de « tout mettre en œuvre pour que... », ou encore de « faire en sorte que... les besoins de trésorerie de la société soient assurés au mieux » (Com. 20 févr. 2007, *JCP E* 2007. 1661, note F. Descorps-Declère ; *D.* 2007, p. 807, obs. X. Delpech ; Com. 17 mai 2011, *D.* 2011. 1404, obs. X. Delpech) ont été qualifiées d'« obligation de résultat ». Cependant, la jurisprudence n'est pas toujours d'une lisibilité absolue. 330 ■

À cet égard, les fluctuations jurisprudentielles à propos de l'engagement de « faire tout le nécessaire pour que le débiteur soit en mesure de faire face à ses obligations » sont révélatrices. C'est ainsi que dans l'arrêt *Sony* (Com. 26 janv. 1999, *Bull. civ.* IV, n° 31 ; *D.* 1999. Jur. 579, note L. Aynès ; *JCP* 1999. II. 10087, note D. Legeais ; *JCP* E 1999. 1584, n° 7, obs. Ph. Simler ; *Defrénois* 1999, art. 37008, p. 740, obs. D. Mazeaud ; *RTD com.* 1999. 424, obs. C. Champaud et D. Danet, p. 443, obs. B. Petit et Y. Reinhard ; v. égal. Com. 18 avr. 2000, *Bull. civ.* IV, n° 78), la chambre commerciale a approuvé une cour d'appel d'avoir déduit de cette formule que la lettre d'intention donnait naissance à une obligation de moyens. Puis, dans l'arrêt *Lordex* (Com. 9 juill. 2002, *Bull. civ.* IV, n° 117 ; *D.* 2003. 545, note B. Dondero ; *D.* 2002. Somm. 3332, obs. L. Aynès ; *JCP* 2002. II. 10166, note G. François ; *Defrénois* 2002, art. 37644, p. 1614, obs. R. Libchaber ; *RTD com.* 2002. 714, obs. M. Cabrillac ; *JCP* 2003. I. 124, n° 10, obs. Ph. Simler ; *LPA* 9 oct. 2002, p. 15, note D. Houtcieff), elle a reproché à l'arrêt d'appel d'avoir retenu cette analyse « alors que la société La Rhénane avait pris l'engagement de faire tout le nécessaire envers la société Lordex pour mener l'opération à bonne fin, ce dont il résultait qu'elle s'était engagée à un tel résultat », confirmant semble-t-il l'analyse déjà faite quelques mois auparavant dans l'arrêt *Sofiber* (Com. 26 févr. 2002, *Bull. civ.* IV, n° 43 ; *D.* 2002. 1273, obs. A. Lienhard ; Somm. 3331, obs. L. Aynès ; *JCP E* 2002. 1003, note D. Legeais ; *JCP* 2002. I. 162, n° 13, obs. Ph. Simler ; *Banque et Droit* 2002, p. 42, note N. Rontchevsky). La jurisprudence sur ce point semble stabilisée, la Cour de cassation ayant à nouveau jugé, dans un attendu qui frappe par sa généralité, dans un arrêt *Askea*, « que la société qui s'oblige à faire le nécessaire pour que sa filiale respecte ses engagements envers un tiers contracte à l'égard de celui-ci une obligation de faire qui s'analyse en une obligation de résultat » (Com. 19 avr. 2005, *RD banc. fin.* 2005, n° 135, obs. A. Cerles ; v. égal. Com. 19 avr. 2005, *RD banc. fin.* 2005, n° 173, obs. A. Cerles). À partir du moment où l'émetteur a souscrit cet engagement – obligation de résultat –, il ne peut le modifier unilatéralement. Dans une espèce où une société s'était engagée à « faire le nécessaire » pour que sa filiale soit en mesure de faire face à ses obligations et où elle avait, par la suite, adressé une lettre au créancier précisant qu'elle n'entendait être tenue que d'une obligation de moyen, la Cour de cassation a jugé que faute de preuve de l'acceptation de la banque de cette modification, la société mère restait tenue d'une obligation de résultat (Com. 19 janv. 2010, n° 09-14438, *RJDA* 2010, p. 430).

Selon qu'elle est constitutive d'une obligation de résultat ou de moyens, le régime juridique de la lettre d'intention sera différent (v. ss 347 ; v. ss 354).

2. *La définition légale*

■ 331 Suivant en cela le projet de réforme du droit des sûretés du groupe Grimaldi, l'ordonnance n° 2006-346 du 23 mars 2006 s'est prononcée pour une définition, en droit positif de la lettre d'intention, dans un article unique, l'article 2322 du Code civil situé dans le chapitre III : « De la lettre d'intention » du titre I intitulé « Des sûretés personnelles », du nouveau Livre IV « Des sûretés » du Code civil, aux termes duquel « La lettre d'intention est l'engagement de faire ou de ne pas faire ayant pour objet le soutien apporté à un débiteur dans l'exécution de son obligation envers son créancier ».

Cet effort de définition, dans le Code civil, outre qu'il a le mérite d'exister, nous paraît trouver sa place dans ce code dans la mesure où les lettres d'intention, même si elles sont plutôt fréquentes en droit des sociétés, peuvent être souscrites par des particuliers commerçants ou non (Versailles, 5 mai 1988, *JCP* 1988. II. 21112, note P. Estoup). Par ailleurs, cette définition positive ne remet pas en cause les acquis jurisprudentiels, l'ordonnance réaffirmant l'irréductibilité du mécanisme à un contrat de cautionnement, au profit d'un engagement de faire ou de ne pas faire qui peut être constitutif soit d'une obligation de moyens, soit d'une obligation de résultat.

§ 2 Nature juridique

■ 332 S'interroger sur la nature juridique des lettres d'intention suppose de s'intéresser et à la nature de l'engagement (A) que constitue une telle lettre, et à l'objet de cet engagement (B).

A. Nature de l'engagement

■ 333 La nature de l'engagement d'une lettre d'intention pose la question de savoir s'il s'agit d'un acte unilatéral (1) ou d'un contrat (2).

1. *Un acte juridique unilatéral*

■ 334 Pour certains, l'émetteur d'une lettre d'intention est engagé en l'absence de toute acceptation de son bénéficiaire, de telles lettres révélant une déclaration d'intention unilatérale. En revanche, pour d'autres, une lettre d'intention est le fruit d'une négociation contractuelle aboutissant à la conclusion d'un contrat dès lors que l'offre de l'émetteur a été acceptée par le créancier destinataire de celle-ci.

2. *Un contrat*

Bien qu'en théorie, rien ne s'opposait à qualifier une lettre d'intention d'« acte juridique unilatéral », la Cour de cassation, dès l'arrêt fondateur du 21 décembre 1987 (*préc.*) a « fait parler » les circonstances de l'émission d'une telle lettre. Elle a en effet clairement affirmé le caractère contractuel de celle soumise à son analyse en jugeant que « malgré son caractère unilatéral, une lettre d'intention peut, selon ses termes, lorsqu'elle a été acceptée par son destinataire et eu égard à la commune intention des parties, constituer à la charge de celui qui l'a souscrite un engagement contractuel de faire ou de ne pas faire... ». Une lettre d'intention est donc un contrat unilatéral, ce qui a l'avantage d'empêcher son débiteur de tenter d'échapper à son engagement en se fondant sur la qualification écartée. Mais il est tout à fait envisageable qu'une lettre d'intention se loge dans une stipulation pour autrui. Dès lors, c'est l'acceptation du bénéficiaire qui confèrera à cette garantie sa perfection (v. Com. 20 févr. 2007, préc. où l'engagement de « faire en sorte que les besoins de trésorerie de la société soient assurés au mieux » figurait dans un pacte d'actionnaires et non dans un acte dont le créancier, en l'occurrence le cessionnaire de titres sociaux, était immédiatement destinataire). 335 ▪

B. Objet de l'engagement

L'objet de l'engagement contenu dans une lettre d'intention pose la question de la qualification de cette technique contractuelle au regard de la catégorie des garanties : la lettre d'intention est-elle une garantie (1) ? Et dans l'affirmative, s'agit-il d'une garantie accessoire au contrat de base (2) ? 336 ▪

1. *Une fonction de garantie*

À la lecture de la nouvelle définition positive de l'article 2322 du Code civil, qui ne contredit pas l'actuelle jurisprudence, une lettre d'intention a « pour objet le soutien apporté au débiteur dans l'exécution de son obligation envers le créancier ». La lettre d'intention a donc indéniablement pour fonction de garantir son bénéficiaire. La raison d'être d'une telle lettre est d'inspirer confiance au créancier afin qu'il accorde son concours à la filiale garantie, sachant que cette dernière est soutenue dans l'exécution de son obligation. Ceci ne signifie pas pour autant que l'émetteur de la lettre se substituera au débiteur défaillant. Il ne s'engage qu'à la soutenir afin qu'elle puisse remplir personnellement son obligation et donc satisfaire son créancier. Ce seul objet de son engagement, à savoir le soutien du débiteur dans l'exécution de son obligation, suffit à conférer aux lettres d'intention cette finalité de garantie. 337 ▪

Toutefois, si l'émetteur recourt à une telle technique plutôt qu'à un cautionnement ou une garantie autonome, c'est notamment pour éviter les règles parfois contraignantes de ces garanties. Aussi, celui-ci ne s'engage-t-il pas à payer le créancier, mais à adopter un comportement, plus ou moins déterminé, permettant au débiteur d'assumer l'exécution de son obligation. Comme l'écrit notre collègue J. Dupichot, la lettre d'intention est originale en ce sens qu'elle oblige « l'émetteur envers le bénéficiaire à observer un certain comportement à l'égard du débiteur de nature à faciliter indirectement la satisfaction du créancier, et ce sans garantir nécessairement au créancier qu'il recevra la satisfaction promise par le débiteur cautionné » (v. J. Dupichot, chron. *Dr. et patr.* 2006, p. 130). Il convient de distinguer l'obligation comportementale souscrite par l'émetteur à l'endroit du débiteur principal et l'obligation satisfactoire éventuellement contractée au bénéfice du créancier. Et, à de rares exceptions près, l'émetteur d'une lettre d'intention ne s'engage qu'à une obligation comportementale, qui peut être de moyens ou de résultat. La garantie consiste alors dans le comportement promis, qu'il s'agisse d'une prestation ou d'une abstention, et non dans l'exécution de l'obligation du débiteur. C'est toute la différence entre l'engagement de soutenir un débiteur dans l'exécution de son obligation envers un créancier, et l'engagement d'exécuter l'obligation du débiteur envers le créancier.

2. *Une garantie accessoire ?*

■ 338 La lettre d'intention ayant une fonction de garantie de la créance initiale, celle du débiteur envers le bénéficiaire, doit-on en déduire que ces lettres ont un caractère accessoire ? Malgré la réponse affirmative apportée par d'éminents auteurs (v. M. Cabrillac, Ch. Mouly, S. Cabrillac et Ph. Pétel, *Droit des sûretés*, Litec, 10e éd., 2015, n° 574 ; J. Devèze, « Aux frontières du cautionnement, lettres d'intention et garanties indépendantes », *in* coll. Toulouse, *Cah. dr. entr.* 2-92 ; *JCP* E 1992. 30 ; R. Baillod, « Les lettres d'intention », *RTD com.* 1992. 547 s.), nous ne le pensons pas (v. égal. note H. Synvet, sous Com. 21 déc. 1987, *Rev. sociétés* 1988. 398). Certes, l'obligation de l'émetteur de la lettre n'existe qu'en garantie de celle du débiteur principal ; certes, la disparition de la dette du débiteur principal entraîne corrélativement celle de l'émetteur ; mais cela ne s'explique pas par la règle de l'accessoire (v. ss 353), mais par la disparition de la cause objective de la lettre d'intention, ainsi que par la spécificité des conditions de mise en œuvre de la responsabilité civile (v. ss 357). Puisqu'il n'y a plus de dette à garantir, l'obligation comportementale convenue n'a plus lieu d'être. Et, à supposer qu'elle soit maintenue, en l'absence de préjudice subi par le créancier, l'émetteur de la lettre n'a pas à l'indemniser.

Ainsi, à la différence du cautionnement, la lettre d'intention est donc une garantie indemnitaire non accessoire, ce qui ne signifie pas pour autant qu'elle a un caractère autonome. Si tel était le cas, l'obligation du « garant » subsisterait malgré la disparition de la dette du débiteur.

La définition et la nature juridique de la lettre d'intention étant clarifiées, il convient maintenant d'aborder le régime juridique de cette garantie, sur lequel l'article 2322 du Code civil reste silencieux (L. Jambort, « Les lettres d'intention sont-elles mortes ? », *Bull. Joly*, p. 668 s.).

section 2

Le régime juridique de la lettre d'intention

■ 339 L'étude du régime juridique de la garantie indemnitaire que constitue la lettre d'intention suppose que soient respectivement précisés le déclenchement (1), le développement (2) et enfin le dénouement (3) de cette garantie.

§ 1 Déclenchement

Le déclenchement de la garantie que constitue la lettre d'intention implique qu'elle soit entrée en phase active. Or, avant d'en étudier le fait générateur (B), encore faut-il que la lettre d'intention soit valable (A). 340

A. Conditions de validité

Les conditions nécessaires à la validité même d'une lettre d'intention tiennent tant au fond (1) qu'à la forme (2) de celle-ci. 341

1. *Conditions de fond*

Les conditions de fond indispensables à la validité d'une lettre d'intention, et donc à son déclenchement ultérieur, sont celles du droit commun des contrats. Ainsi, l'émetteur d'une lettre d'intention doit avoir la capacité civile de contracter s'il s'agit d'un non-commerçant et la capacité commerciale s'il s'agit d'un commerçant. De même, vu la nature contractuelle de la lettre d'intention, sont applicables toutes les règles générales du droit des obligations des articles 1109 et suivants du Code civil relatifs aux vices du consentement. 342

2. *Conditions de forme*

Les conditions de forme méritent davantage que l'on s'y arrête dans la mesure où certaines d'entre elles ont donné lieu à des contentieux retentissants. Elles touchent à la preuve de l'acte d'une part (a), et au pouvoir d'émission d'une telle lettre d'autre part (b). 343

a. Preuve

La preuve d'une lettre d'intention émise par un non-commerçant pose la question de l'application de l'article 1326 du Code civil. Ce texte, dorénavant considéré comme une simple condition de preuve (v. ss 139 s.), qui exige notamment que la caution écrive, par elle-même, en toutes lettres et en chiffres la somme pour laquelle elle s'engage, concerne-t-il aussi les émetteurs de lettres d'intention ? La réponse ne peut être que négative dans la mesure où la formalité de l'article 1326 du Code civil ne s'applique qu'aux engagements de payer des sommes d'argent ou de fournir des choses fongibles (Versailles, 15 janv. 1988, *D.* 1988. Somm. 272, obs. L. Aynès). Par conséquent, il ne saurait s'appliquer à la vraie lettre d'intention dès lors qu'elle ne constitue qu'un engagement de faire ou de ne pas faire. La Cour de cassation a notamment refusé d'exiger ce formalisme probatoire à une obligation de résultat découlant d'une lettre d'intention et consistant en un apport en trésorerie (Com. 17 déc. 2002, *JCP* 2003. I. 176, n° 13, obs. Ph. Simler ; v. toutefois le maintien de cette exigence de forme en cas de mandat de se porter caution, alors qu'il ne s'agit pas plus d'un engagement de payer). Toutefois, la reconnaissance légale d'un formalisme protecteur des cautions pourrait néanmoins inciter les émetteurs de telles lettres à tenter d'en bénéficier. 344

b. Pouvoir

Tout comme en matière de cautionnement, la question du pouvoir, c'est-à-dire la possibilité qu'a une personne d'engager les biens d'autrui, a suscité des difficultés 345 concrètes en matière de droit des sociétés (1°), et pourrait en soulever entre conjoints (2°).

1. Les groupes de sociétés

346 Fréquemment utilisée dans les groupes de sociétés, l'émission d'une lettre d'intention suppose, outre le respect du principe de spécialité, que l'on s'interroge sur celui des procédures d'autorisation exigées en cas d'engagement d'une société anonyme. En effet, selon les articles L. 225-35 alinéa 4 et L. 225-68 alinéa 2 du Code de commerce, les cautions, avals et garanties donnés par des sociétés anonymes autres que celles exploitant des établissements bancaires ou financiers doivent faire l'objet d'une autorisation préalable du conseil d'administration ou du conseil de surveillance (en cas de structure binaire), laquelle ne peut être supérieure à un an, quelle que soit la durée des engagements cautionnés, avalisés ou garantis. À défaut, l'engagement pris par le président-directeur général ou le directeur général, seuls, est inopposable à la société (Com. 8 déc. 1998, *RTD com.* 1999. 445, obs. B. Petit et Y. Reinhard ; *JCP* E 1999. 668, obs. A. Viandier et J.-J. Caussain ; *Bull. Joly* 1999. 535, n° 113, note P. Le Cannu ; R. Micha-Goudet, « Inopposabilité des cautions, avals et garanties irrégulièrement donnés par le président du conseil d'administration : une sanction critiquable », *JCP* E 1998. 840). Par ailleurs, le bénéficiaire de la lettre d'intention ne peut pas non plus envisager de poursuivre ce président-directeur général ou ce directeur en nom personnel (l'engagement n'étant pas nul) dans la mesure où la Cour de cassation juge que leur faute n'est pas détachable de leurs fonctions (sur la notion de faute détachable : Com. 20 mai 2003, *JCP E* 2003. 1203, obs. J.-J. Caussain, F. Deboissy et G. Wicker ; CA Paris, 3 avr. 2008, *RD banc. fin.* 2008/5, comm. 131, obs. D. Legeais). Leur responsabilité personnelle ne peut donc être engagée (Com. 18 déc. 2001, *Dr. sociétés* 2002, n° 68, obs. D. Vidal ; Com. 9 mai 2001, *Dr. sociétés*, n° 118, obs. F.-X. Lucas).

α. Sur l'exigence de l'autorisation

347 Lorsque la lettre d'intention est une « fausse lettre » dissimulant en réalité un cautionnement et contenant par conséquent un engagement de payer la dette d'autrui en cas de défaillance de celui-ci, la procédure d'autorisation du conseil d'administration ou de surveillance doit bien entendu être respectée (Com. 21 déc. 1987, *préc.*).

Mais lorsqu'il s'agit d'une « vraie lettre d'intention », la jurisprudence distingue selon que l'obligation de faire pesant sur l'émetteur est une obligation de moyens ou de résultat. En cas d'obligation de résultat, l'autorisation est jugée nécessaire (Com. 23 oct. 1990, *Bull. civ.* IV, n° 256 ; Com. 19 mars 1991, *Bull. civ.* IV, n° 110), la lettre d'intention étant considérée comme une garantie au sens des articles précités. Cette solution a été réaffirmée par l'arrêt *Maxi Livres* (Com. 19 avr. 2005, *RD banc. fin.* 2005, n° 173, obs. A. Cerles) qui a conclu, dans une espèce où la société Maxi Livres avait promis de faire le nécessaire pour « couvrir les créances » d'une banque sur sa filiale Magis Book et, le cas échéant, de « solder » ses débits éventuels sur demande écrite de la banque, qu'il s'agissait d'une « obligation de faire, qui s'analyse en une obligation de résultat constitutive d'une garantie nécessitant l'autorisation du conseil d'administration de la société ». Vu le contexte, et s'agissant manifestement d'un cautionnement non requalifié, l'application des règles de pouvoir spécifiques aux cautions, avals et garanties était de toute façon indiscutable. *A contrario*, lorsque la lettre d'intention ne comporte qu'une obligation de moyens, la jurisprudence considère qu'elle ne constitue pas une garantie au sens des articles L. 225-35 et L. 225-68 du Code de commerce et qu'il n'y a donc pas lieu à autorisation (Com. 26 janv. 1999, *Bull. civ.* IV, n° 31, *préc*; Com. 24 oct. 2000, *RJDA* 2/2001, n° 164; *JCP* 20013. I. 315, n° 10, obs. Ph. Simler).

Pourtant cette dichotomie, qui a des conséquences importantes, ne nous paraît pas être la bonne. Pourquoi de la qualification d'obligation de moyens, il « résulterait nécessairement » que l'engagement en cause n'est pas une garantie? Comme l'énoncent les professeurs Philippe Simler et Delebecque, entre les deux variétés d'obligations, n'existe qu'une différence de degré et non de nature (Ph. Simler et Ph. Delebecque, *Droit civil, Les sûretés, La publicité foncière*, Dalloz, coll. « Précis », 5ᵉ éd., 2009, n° 332). En effet, une lettre d'intention, qu'elle comporte une obligation de moyens ou de résultat, est une garantie visant à sécuriser son bénéficiaire (v. ss 337). Aussi, les textes évoqués ont-ils vocation à s'appliquer dans les deux cas. D'ailleurs, la récente réception de la lettre d'intention comme sûreté personnelle (v. la place de l'art. 2322 C. civ. situé dans le chapitre III, du titre I « Des sûretés personnelles », du Livre IV du Code civil et le texte de l'art. 2287-1 du Code civil) milite en faveur de cette solution. En effet, la lettre d'intention étant dorénavant légalement qualifiée de « sûreté », sans distinction selon le caractère plus ou moins contraignant de l'engagement, il paraît délicat de maintenir la distinction jurisprudentielle évoquée. Dès lors, l'autorisation évoquée serait requise pour toutes les lettres d'intention constitutives de garantie (en ce sens, v. N. Rontchevsky, « Faire le nécessaire », *in Études offertes au Doyen Ph. Simler, op. cit.*, n° 26).

Poursuivant le rejet de la solution fondée sur la distinction prônée par Demogue, l'on pourrait soutenir, à l'inverse, que ce régime d'autorisation n'est pas applicable aux lettres d'intention dès lors qu'elles ne contiennent que des obligations comportementales. En effet, si le Code de commerce organise cette procédure particulière d'autorisation en restreignant les pouvoirs légaux des organes de direction d'une société anonyme, c'est pour la protéger des actes dangereux revêtant notamment la forme d'engagements de payer, susceptibles de vider son patrimoine et d'obérer, voire de ruiner, sa situation financière. Or, lorsqu'une société anonyme promet un comportement, sans prendre d'engagement de payer à la place du débiteur, il est tout à fait envisageable de considérer que « cet engagement, qui relève de la politique générale de la société mère, entre dans les attributions ordinaires de la direction générale » (Ph. Malaurie et L. Aynès, *Les sûretés, la publicité foncière*, par L. Aynès et P. Crocq, 10ᵉ éd., Defrénois, 2016, n° 321). En conséquence, nulle nécessité de respecter les articles L. 225-35 et L. 225-68 du Code de commerce.

β. Sur la preuve de l'autorisation

Est-ce au bénéficiaire qui se prévaut d'une lettre d'intention de prouver l'existence 348
d'une décision du conseil d'administration autorisant son président à souscrire, pour le compte d'un tiers, une telle garantie, ou est-ce à la société émettrice de la lettre qu'il appartient de prouver que cette décision n'existe pas? Cette question du fardeau de la charge de la preuve d'un fait négatif a été résolue par la Cour de cassation au détriment de l'émetteur (Com. 16 nov. 2004, *RD banc. fin.* 2005, n° 134, obs. A. Cerles, confirmant Paris, 21 juin 2000, *RTD com.* 2000. 959, obs. J.-P. Chazal et Y. Reinhard). Cette solution fait peser sur la société émettrice la charge de la preuve de l'absence d'autorisation du conseil, cette preuve étant jugée plus facile à rapporter par la société émettrice défenderesse que par la société bénéficiaire demanderesse. Et

l'arrêt de conclure qu'en l'absence de production du registre des délibérations du conseil d'administration, la preuve de l'absence d'autorisation n'était pas rapportée. Au demeurant, à l'heure où loi et jurisprudence n'hésitent pas à imposer des obligations de se renseigner (v. en matière de lettre d'intention, Paris, 3 nov. 1999, *Bull. Joly* 2000. 266), il est étonnant qu'un professionnel (en l'occurrence il s'agissait d'une banque) n'ait pas exigé la preuve de la délibération du conseil d'administration avant d'accepter la garantie constituée par la lettre d'intention litigieuse.

2. Entre conjoints

349 La question du pouvoir d'un époux marié sous le régime de la communauté, d'émettre une lettre d'intention sans l'autorisation de son conjoint pourrait également soulever des difficultés. Ne faut-il pas l'autorisation du conjoint pour engager les biens communs ? En matière de cautionnement, la réponse est positive et se fonde sur l'article 1415 du Code civil qui dispose que « Chacun des époux ne peut engager que ses biens propres et ses revenus, par un cautionnement ou un emprunt, à moins que ceux-ci n'aient été contractés avec le consentement exprès de l'autre conjoint qui, dans ce cas, n'engage pas ses biens propres ». Toutefois, en notre matière, en l'absence de formule similaire à celle de l'article L. 225-35 alinéa 4 qui vise expressément « les cautions, avals et *garanties* », il paraît délicat d'étendre ce texte aux lettres d'intention, d'autant plus que l'article 1415 du Code civil est d'interprétation stricte car dérogatoire au principe posé à l'article 1413 du même Code. Par ailleurs, malgré la nature de sûreté personnelle de la lettre d'intention, le contenu de l'engagement de l'émetteur, tenu d'une obligation comportementale, et non pas du versement d'une somme d'argent – qu'elle soit propre au garant ou celle même du débiteur –, milite également contre l'extension de l'article 1415 du Code civil aux lettres d'intention (Civ. 1re, 20 juin 2006, *préc.*, *a contrario*).

B. Fait générateur

350 Les conditions de déclenchement de la garantie constituée par une lettre d'intention tiennent à l'inexécution de ses obligations par l'émetteur (1) ainsi qu'à l'existence d'un préjudice en découlant, subi par le bénéficiaire (2).

1. *L'inexécution de l'émetteur*

351 Dans les garanties classiques que sont le cautionnement ou la garantie autonome, c'est l'exécution par le garant de son obligation de payer qui déclenche le mécanisme de garantie. Or rien de tel en présence d'une lettre d'intention. C'est même l'inverse, puisque la garantie qu'offre la lettre est déclenchée suite à l'inexécution par l'émetteur de son obligation de faire ou de ne pas faire. Vu la nature contractuelle de la lettre d'intention, la garantie qu'elle offre n'est autre qu'une mise en œuvre des règles de la responsabilité civile contractuelle (v. S. Piedelièvre, « L'efficacité des lettres de confort », *Dr. et patr.* 1996, n° 34, p. 57). C'est en ce sens que l'on parle de « garantie indemnitaire ». Lorsque l'émetteur exécute normalement ses obligations, il n'y a aucune raison de mettre en œuvre ce mécanisme. En revanche, l'inexécution de ses obligations déclenche le droit pour le créancier d'être indemnisé, et donc d'obtenir réparation, mais à condition de subir un préjudice. L'appréciation de cette inexécution relève du pouvoir souverain des tribunaux qui devront rechercher « 1) ce que le débiteur devait ; 2) s'il a bien fait ce qu'il devait » (v. D. Mazeaud, « Variations sur une garantie épistolaire et indemnitaire », in *Mélanges M. Jeantin*, Dalloz, 1999,

p. 341 s., spéc. n° 14). C'est ainsi, par exemple, que dans une lettre d'intention comportant une obligation comportementale de moyens (la société Danel, société mère de la société Debar, avait adressé à la société BASF, une lettre dont ci-joint un extrait : « nous avons pris la décision de recapitaliser notre filiale par abandon de créances pour lui donner les moyens de poursuivre le redressement déjà entamé. Ceci permettra de porter la situation nette à environ 12 millions de francs. J'espère que ceci vous confirmera notre volonté de soutenir la société Debar et éliminera les craintes que vous pourriez avoir dans vos relations avec elle ») la chambre commerciale a approuvé la cour d'appel d'avoir débouté le bénéficiaire de la lettre de son action en dommages-intérêts après avoir relevé que « la société Danel ne s'était engagée ni à garantir, ni même à se substituer à sa filiale en cas de carence de celle-ci, que l'objet de sa lettre était seulement d'informer la société BASF de son intention de soutenir la société Debar pour lui permettre de poursuivre son redressement et en constatant que la société Danel avait soutenu sa filiale par un ensemble de mesures qu'elle a analysées et estimées suffisantes et qui établissaient que la société Danel avait respecté ses engagements » (Com. 18 mai 2005, *RD banc. fin.* 2005, n° 173, obs. A. Cerles).

2. *Le préjudice du bénéficiaire*

Une fois la faute du débiteur de l'obligation comportementale avérée (sur le régime de la preuve, v. ss 344), encore faut-il que le bénéficiaire de la lettre d'intention établisse que son préjudice, en l'occurrence le non-paiement de sa créance, est lié (Com. 15 oct. 1996, *D.* 1997. Jur. 330, note S. Piedelièvre où la preuve de ce lien de causalité n'était pas établie) au non-respect de ses obligations par l'émetteur de la lettre envers son protégé, le débiteur du bénéficiaire. 352

§ 2 Développement

Comme il a été vu précédemment, la lettre d'intention est une technique originale de garantie. Celle-ci consiste en un comportement de nature à faciliter la satisfaction du créancier. C'est la prestation ou l'abstention promises qui constituent la garantie, sachant qu'elles peuvent être dues soit en cas de défaillance du débiteur, soit indépendamment de celle-ci, tout au long du remboursement du crédit, par exemple. 353

Le développement de ce mécanisme de garantie indemnitaire suppose de s'intéresser aux prestations que l'émetteur de la lettre sera amené à fournir, et plus précisément aux conséquences de la nature (A) et du caractère (B) de l'obligation due.

A. Conséquences de la nature de l'obligation de l'émetteur

Comme il a été déjà été évoqué (v. ss 330), actuellement la jurisprudence distingue les lettres d'intention comprenant des obligations de résultat de celles ne contenant qu'une (ou plusieurs) obligation(s) de moyens. Or, selon que l'émetteur a souscrit l'un ou l'autre type d'obligations, le régime de la preuve (v. Com. 19 avr. 2005, *préc.*) et donc la mise en cause de sa responsabilité ne sera pas identique. En effet, en cas d'obligation de résultat, l'émetteur de la lettre d'intention est tenu de fournir le résultat promis et ne pourra se voir libéré de son obligation qu'en rapportant la preuve d'une cause étrangère exonératoire, le risque de procédure collective n'en étant pas une. Il est donc responsable de plein droit du préjudice subi par le 354 bénéficiaire de la lettre en cas de défaillance de son débiteur. En revanche, en cas d'obligation de moyens, l'émetteur a promis de mettre en œuvre tous les moyens pour parvenir à l'exécution de son contrat. Par conséquent, pour engager sa responsabilité, le bénéficiaire de la lettre d'intention devra prouver la faute de son partenaire, celui-ci pouvant toujours s'exonérer en démontrant son absence de faute. On passe donc d'un régime de responsabilité présumée à une responsabilité qui doit être prouvée.

Toutefois, la qualification d'obligation de « moyens » ou de « résultat » est critiquable et obéit à une casuistique qui confine très souvent à l'incertitude. Le critère de la volonté des parties, très souvent complété par celui de l'existence d'un aléa dans l'exécution de l'obligation, n'est en effet pas facile à mettre en œuvre, d'autant plus qu'il peut exister des obligations de résultat allégées et des obligations de moyens renforcées. Si la diversité des obligations comportementales issues d'une lettre d'intention peut donner lieu à des engagements plus ou moins fermes, il serait opportun que la Cour de cassation abandonne son contrôle et laisse aux seuls juges du fond le soin de rechercher la commune intention des parties.

B. Conséquences du caractère de l'obligation de l'émetteur

355 Toute la question est ici de savoir si l'émetteur d'une lettre d'intention peut soulever les exceptions attachées à la dette garantie. Or, la réponse dépend du caractère de son obligation, et plus précisément de son caractère accessoire ou non par rapport à la dette du débiteur. Deux thèses sont alors soutenables.

En premier lieu, à l'instar des professeurs M. Cabrillac et Mouly, il est possible de considérer que les lettres d'intention sont accessoires de l'opération principale, l'obligation de l'émetteur n'existant qu'en garantie de celle du débiteur principal. L'existence de l'obligation de l'émetteur est alors soumise à la règle de l'accessoire, celui-ci pouvant en conséquence soulever toutes les exceptions attachées à la dette garantie (v. égal. J. Devèze, *art. préc.* ; R. Baillod, *art. préc.*).

En second lieu, et en accord avec les professeurs H. Synvet et N. Rontchevsky notamment, il est tout à fait envisageable de considérer qu'en tant qu'instrument de garantie, la lettre d'intention a une dimension accessoire, *lato sensu*, de la dette principale, sans pour autant que la règle de l'accessoire s'applique. Il ne faut pas oublier que si la pratique a eu recours à ce contrat, c'est justement pour éviter les contraintes et les conséquences inhérentes à la souscription de sûretés classiques. Aussi le caractère non accessoire de l'engagement de l'émetteur d'une lettre d'intention nous semble devoir être retenu sans pour autant que l'émetteur ne puisse opposer aucune exception au bénéficiaire de la lettre. Il paraît plus conforme à la volonté des parties – puisque la lettre d'intention est le fruit de la liberté contractuelle – de recourir aux théories de la cause ou de l'objet plutôt que celle de l'accessoire pour permettre à l'émetteur de se libérer de son (ou ses) obligation(s) en cas de disparition de la dette garantie. Ainsi, la nullité de la dette initiale entraînera l'extinction de celle de l'émetteur pour défaut de cause de son engagement. De même, l'extinction de la dette initiale, que ce soit pour résolution ou résiliation du contrat, ou pour paiement (quel qu'en soit le mode) de la dette entraînera également celle de l'émetteur pour défaut d'objet de son engagement. Quant au défaut de déclaration de créance à la procédure collective du débiteur, habituellement invoqué en cas de sûreté accessoire, l'article L. 622-26 du Code de commerce ayant supprimé la sanction de l'extinction de la créance, au profit d'une « inopposabilité au débiteur », entendu au sens d'inopposabilité à la procédure les garants non accessoires, ne peuvent plus en bénéficier, si ce n'est pendant l'exécution du plan où il est prévu que les créances non déclarées sont « inopposables aux personnes physiques ayant consenti une sûreté personnelle » (art. L. 622-26 al. 2 C. com.). Enfin, l'exception propre au cautionnement qu'est le bénéfice de subrogation de l'article 2314 du Code civil ne devrait pas non plus trouver à s'appliquer en présence d'une lettre d'intention, la lettre du texte en cause ne l'ouvrant qu'à la caution. L'objet de l'obligation de l'émetteur (une obligation comportementale de faire ou de ne pas faire) s'oppose à la transposition de cette exception.

Cela étant, rien interdit aux parties de prévoir, lors de la rédaction de la lettre d'intention, ce caractère accessoire et de convenir à l'avance que l'émetteur ne pourra être tenu davantage que le débiteur initial.

§ 3 Dénouement

Le dénouement de cette technique de garantie débouchera, si le contrat qu'est la lettre d'intention n'a pas été correctement exécuté, sur l'indemnisation du créancier (A). Toutefois, l'émetteur dispose en retour d'un possible recours contre le débiteur (B). 356 ■

A. L'indemnisation du bénéficiaire

Le dénouement de cette technique de garantie consacrée par le Code civil, qui n'en a toutefois pas précisé le régime, se traduira par le versement de dommages-intérêts dont il convient de découvrir le fondement (1) avant d'en déterminer le montant (2). 357 ■

1. *Fondement de l'indemnisation*

Si d'ordinaire, le garant est tenu de payer au créancier soit le montant de la dette de son débiteur, soit une somme déterminée à l'avance, rien de tel en matière de lettre d'intention. Comme il a déjà été précisé, l'émetteur d'une lettre d'intention ne s'engage pas à payer pour autrui au cas où le débiteur défaille (sauf requalification en cautionnement), mais s'engage au paiement par autrui, en l'occurrence le débiteur « soutenu », de ce qu'il doit au bénéficiaire de la lettre (v. D. Mazeaud, « Variations sur une garantie épistolaire et indemnitaire », *art. préc.*, spéc. n° 9). L'émetteur de la lettre prend l'engagement d'apporter son soutien au débiteur afin qu'il ne défaille pas. Il promet donc un comportement propre (v. B. Fages, *Le comportement du cocontractant*, PUAM, 1997, spéc. n° 99 et 100), destiné à garantir l'exécution de son obligation par le débiteur envers son créancier, sans qu'il y ait nécessairement coïncidence avec la satisfaction attendue par le créancier. Aussi est-ce seulement en cas d'inexécution fautive de son engagement, et non pas en cas de défaillance du débiteur (même si la défaillance du débiteur « soutenu » sera souvent révélatrice de l'inexécution de son engagement par l'émetteur de la lettre), que cette nouvelle technique de sûreté personnelle recevra application. C'est donc ici le mécanisme de la responsabilité civile contractuelle et l'article 1142 du Code civil qui sont sollicités. N'ayant pas exécuté son obligation comportementale (qu'elle soit de moyens ou de résultat), l'émetteur de la lettre versera des dommages-intérêts destinés à réparer le dommage causé au bénéficiaire de la lettre par l'inexécution ou l'exécution défectueuse de son obligation. 358 ■

Plutôt que de raisonner en termes de responsabilité, on pourrait raisonner en termes de contrat, privilégiant l'article 1134 du Code civil et considérer que les dommages-intérêts ne sont qu'un mode d'exécution du contrat, indépendamment de l'existence ou non du préjudice (Ph. Rémy, « La “responsabilité contractuelle” : histoire d'un faux concept », *RTD civ.* 1997. 323 ; C. Radé, « L'impossible divorce de la faute et de la responsabilité civile », *D.* 1998. Chron. 301 ; Ph. Le Tourneau, *Droit de la responsabilité et des contrats*, Dalloz, coll. « Dalloz Action », 6e éd, 2006-2007, n° 3202 s.). Toutefois, depuis l'arrêt du 3 décembre 2003 (Civ. 3e, 3 déc. 2003, *AJDI* 2004. 395) revenant sur l'arrêt *Bolmont* (Civ. 3e, 30 janv. 2002, *Bull. civ.* III, n° 17 ; *D.* 2002. Jur. 2288 note J.-L. Elhoueiss ; *D.* 2003. Somm. 458, obs. D. Mazeaud), cette thèse nous semble devoir être écartée. Après avoir prouvé les trois éléments classiques nécessaires à la mise en œuvre du mécanisme de responsabilité, le créancier de l'obligation inexécutée pourra obtenir la condamnation de l'émetteur de la lettre d'intention à des dommages-intérêts venant réparer son préjudice. Mais de quel montant ?

2. *Montant de l'indemnisation*

359 Conformément au droit commun de la responsabilité, l'émetteur de la lettre d'intention devra verser des dommages-intérêts d'un montant équivalent au préjudice subi par son créancier du seul fait de l'inexécution de son obligation. Les dommages-intérêts ne seront donc pas nécessairement égaux au montant de la dette garantie (T. com. Paris, 13 oct. 1981, *Banque* 1981. 1455, note L.-M. Martin). Ce ne sera le cas que si le préjudice souffert par le bénéficiaire de la lettre est égal à cette dette. Or, généralement, il ne consistera qu'en la perte d'une chance que le débiteur initial ait exécuté sa dette, si l'émetteur avait respecté les engagements pris dans la lettre (v. M. Cabrillac, Ch. Mouly, S. Cabrillac et Ph. Pétel, *Droit des sûretés*, Litec, 10e éd., 2015, n° 576). En conséquence, et en théorie le montant de la réparation due pourra donc être soit inférieur, soit supérieur, soit égal à la dette garantie. D'où l'importance du choix des termes employés dans une lettre d'intention car les conséquences en matière de régime applicable à l'engagement sont distinctes selon qu'il s'agit d'un cautionnement (où la société garante ne peut devoir plus que celle garantie) ou d'une obligation de faire qui peut la conduire à verser une somme supérieure à celle de la dette du débiteur garanti (Aix-en-provence, 22 févr. 2007, *RJDA* 2008/5, n° 576). Toutefois, en pratique, il est rarement supérieur en raison de l'article 1150 du Code civil qui limite la réparation aux dommages contractuels prévisibles, et rarement inférieur, les juridictions ayant tendance à se caler sur le montant de la dette restée impayée.

B. Le recours de l'émetteur

360 À supposer que l'émetteur de la lettre d'intention ait été condamné à indemniser le bénéficiaire, dispose-t-il d'un recours contre le débiteur de la dette initiale ?

Si la jurisprudence n'a pas encore tranché la question, en théorie une réponse positive nous paraît pouvoir être apportée selon que les parties ont ou non envisagé la question.

En présence d'un accord entre l'émetteur de la lettre et le débiteur « soutenu », les termes de celui-ci devront être respectés et l'on peut imaginer que le « souteneur » aura pris la peine de se réserver un recours personnel contre le débiteur, au même titre que celui dont dispose la caution contre le débiteur garanti, sur le fondement de l'article 2305 alinéa 1er du Code civil.

En l'absence d'accord entre ces parties, la doctrine reconnaît la possible existence d'un recours personnel de l'émetteur fondé sur la gestion d'affaires. Par ailleurs, bien que l'émetteur de la lettre d'intention ne soit pas tenu de payer « pour d'autres », elle envisage également l'éventualité d'un recours subrogatoire fondé sur l'interprétation jurisprudentielle extensive de l'article 1251, 3° du Code civil également retenue en matière de garantie à première demande (v. ss 307).

6

Compléments pédagogiques

Mémo

Technique contractuelle issue de la pratique, la lettre d'intention n'est pas une *notion* unitaire. Il existe plusieurs types de lettres d'intention : des fausses lettres d'intention ne contenant qu'un engagement moral ou, au contraire, un véritable engagement juridique comme un cautionnement, par exemple, et des vraies lettres d'intention prévoyant un engagement de faire ou de ne pas faire. Le nouvel article 2322 du Code civil, issue de la réforme du 23 mars 2006, a défini la lettre d'intention comme « l'engagement de faire ou de ne pas faire ayant pour objet le soutien apporté au débiteur dans l'exécution de son obligation envers le créancier ». Il s'agit d'un *contrat* ayant une fonction de garantie de la créance initiale. Cette technique de garantie est originale dans la mesure où le garant ne s'engage pas à payer la dette d'autrui, mais à avoir un comportement de nature à faciliter la satisfaction du créancier. C'est la prestation ou l'abstention promises qui constituent la garantie, laquelle n'a pas un caractère accessoire par rapport à la créance initiale.

L'émission d'une lettre d'intention, fréquemment utilisée dans les groupes de sociétés, pose la question du pouvoir du dirigeant d'engager sa société. Selon les articles L. 225-35 alinéa 4 et L. 225-68 alinéa 2 du Code de commerce, les cautions, avals et garanties donnés par des sociétés anonymes doivent faire l'objet d'une autorisation préalable du conseil d'administration ou du conseil de surveillance, laquelle ne peut être supérieure à un an. À défaut, l'engagement pris par le président-directeur général ou le directeur général, seuls, est inopposable à la société. Or selon une jurisprudence dorénavant claire, une lettre d'intention qui contient une obligation de résultat est une véritable garantie au sens des articles précités. *A contrario*, tel n'est pas le cas d'une simple obligation de moyens. Toutefois, la nouvelle qualification des lettres d'intention en sûretés personnelles risque d'anéantir cette jurisprudence, toutes les lettres d'intention étant soumises à autorisation dès lors qu'elles sont constitutives d'une garantie.

La *mise en œuvre* d'une lettre d'intention suppose une inexécution de son obligation par l'émetteur de la lettre. En raison de la nature contractuelle de la lettre d'intention, la garantie qu'elle offre n'est autre qu'une mise en jeu des règles de la responsabilité civile contractuelle. C'est pourquoi l'on parle de « garantie indemnitaire ». À cet égard, la nature de l'obligation de l'émetteur, selon qu'il s'agit d'une *obligation de résultat* ou d'une *obligation de moyens*, permettra au créancier de la lettre d'intention d'engager plus ou moins facilement la responsabilité de l'émetteur.

Le *dénouement* de cette technique de garantie se traduit par le versement de dommages-intérêts dont le montant devra être équivalent au préjudice subi par le créancier de la lettre d'intention du seul fait de l'inexécution de son obligation par l'émetteur. Les dommages-intérêts ne sont donc pas nécessairement égaux au montant de la dette garantie. Ce ne sera le cas que si le préjudice souffert par le bénéficiaire de la lettre est égal à cette dette. Enfin, en théorie, l'indemnisation du bénéficiaire de la lettre devrait permettre à son émetteur d'exercer un recours, personnel ou subrogatoire, contre le débiteur de la dette initiale.

Documents

Parère du 30 octobre 1973.

« Je soussigné Hottinguer Rodolphe, Président de l'Association professionnelle des banques, atteste et certifie que, dans les usages bancaires français, la lettre par laquelle une société de renom indiscuté sur le plan tant de la morale commerciale que de l'assise financière parraine une société qu'elle contrôle pour l'obtention ou le maintien d'un crédit, constitue un engagement moral d'assurer la bonne fin du crédit et est considérée comme présentant en pratique une sécurité comparable à celle d'un engagement de caution ».

1) Sur la nature de l'obligation de faire d'une lettre d'intention : obligation de résultat ou de moyens ?

Com. 26 janv. 1999 (*Bull. civ.* IV, n° 31)

Ayant pris l'engagement de faire le nécessaire pour favoriser toute solution amiable « et que ni dans le protocole, ni dans la lettre d'intention elle n'avait pris l'engagement de payer au lieu et place de sa sous-filiale mais seulement promis de faire respecter par celle-ci les engagements conclus dans le protocole, la cour d'appel a pu en déduire que l'obligation souscrite n'était que de moyens ce dont il résultait qu'elle ne constituait pas une garantie au sens de l'art. 98 de la loi du 24 juillet 1966 et ne nécessitait pas une autorisation préalable du conseil d'administration ».

2) Sur l'application du formalisme probatoire de l'art. 1326 C. civ. aux lettres d'intention

Com. 17 déc. 2002 (*JCP* 2003. I. 176, n° 13, obs. Ph. Simler)

« Mais attendu que la cour d'appel n'a pas qualifié l'engagement de cautionnement, mais d'obligation de résultat consistant en un apport en trésorerie ; qu'une telle obligation n'est pas soumise, pour sa preuve, à l'exigence d'une mention manuscrite exprimant la connaissance de la nature et de l'étendue de l'engagement ».

Biblio

- R. Baillod, « Les lettres d'intention », *RTD com.* 1992. 547 s.
- J. Devèze, « Aux frontières du cautionnement, lettres d'intention et garanties indépendantes, coll. Toulouse, *Cah. dr. entr.* 2-92 ; *JCP* E 1992. 30.
- J. Dupichot, Le pouvoir des volontés individuelles en droit des sûretés, thèse Paris II, 2003.
- B. Fages, Le comportement du cocontractant, PUAM, 1997.

- D. Mazeaud, « Variations sur une garantie épistolaire et indemnitaire », in *Mélanges M. Jeantin*, Dalloz, 1999, p. 341 s.
- J. Mestre *et alii*, « Lettres d'intention : de l'engagement d'honneur au cautionnement déguisé », *Dr. et patr.* 1999, n° 67, p. 45.
- Ch. Meyer, « Les lettres d'intention », *Dr. sociétés* 2000. Chron. n° 5.
- R. Micha-Goudet, « Inopposabilité des cautions, avals et garanties irrégulièrement donnés par le président du conseil d'administration : une sanction critiquable », *JCP* E 1998. 840.
- B. Oppetit, « L'engagement d'honneur », *D.* 1979. Chron. 107.
- S. Piedelièvre, « L'efficacité des lettres de confort », *Dr. et patr.* 1996, n° 34, p. 57.
- C. Pomart, « La lettre d'intention après l'ordonnance du 23 mars 2006 relative aux sûretés », *LPA* 27 mars 2008, p. 19.
- N. Rontchevsky, « Faire le nécessaire », in *Études offertes au Doyen Ph. Simler*, Dalloz-Litec, 2006, p. 417.
- Ph. Simler, « Peut-on substituer la promesse de porte-fort à certaines lettres d'intention comme technique de garantie ? », *RD bancaire et bourse* 1997, p. 223 ; « Les solutions de substitution au cautionnement », *JCP* 1990. I. n° 3427.

Quiz

1) Sujet corrigé

Cas pratique

Énoncé

La Société Générale a accepté de consentir une facilité de caisse à hauteur de 400 000 euros et d'accorder un crédit d'un montant de 200 000 euros à la société V, filiale de la société anonyme A, suite à la lettre d'intention signée par cette dernière. En effet, après avoir refusé de se porter caution, la société A s'est engagée, par lettre signée du président de son conseil d'administration, « à soutenir sa filiale en s'obligeant à faire le nécessaire pour qu'elle respecte ses engagements envers la Société Générale ». La banque n'a pas demandé à se faire remettre la délibération du conseil d'administration nécessaire à l'opération.

La société V ayant été mise en redressement judiciaire, la Société Générale reproche à la société A d'avoir manqué à ses obligations et demande qu'elle soit condamnée à lui payer la somme de 600 000 euros ainsi que les intérêts y afférents. Voyant sa filiale en difficultés financières, la société A lui avait toutefois consenti un abandon de créances à hauteur de 50 000 euros avant d'être à son tour contrainte de solliciter une procédure de sauvegarde. Inquiet, le nouveau responsable juridique de la Société Générale, monsieur B, vient vous consulter afin de savoir s'il peut obtenir gain de cause. Qu'en pensez-vous ?

Par ailleurs, monsieur B est à son tour sur le point d'accepter une lettre d'intention dans laquelle le confortant, une société anonyme à directoire, s'engage à « veiller à ce que sa filiale dispose d'une trésorerie suffisante pour assurer le paiement de sa dette ». Il voudrait savoir s'il n'y a pas un formalisme particulier à respecter.

Voir le corrigé en fin de rubrique.

2) Corrigé

Cas pratique

I. La lettre d'intention n° 1 (déjà conclue)

Il convient en premier lieu de s'interroger sur la *nature* de l'engagement en cause : s'agit-il d'une lettre d'illusion ou d'une véritable lettre d'intention ?

À la lecture de son contenu, il s'agit indéniablement d'une lettre contenant un véritable engagement juridique qui ne saurait être un engagement de payer, la société A ayant bien pris la peine, avant de signer la lettre d'intention, de refuser de se substituer au débiteur défaillant puisqu'elle n'a pas souhaité se porter caution. La société A ne s'engage pas à payer la dette d'autrui, ni à verser une somme d'argent déterminée, mais simplement à adopter un certain comportement à l'égard de sa filiale, afin de lui permettre de faire face à ses engagements. En l'occurrence, le comportement promis par l'émetteur de la lettre d'intention est une obligation de faire.

Il convient en second lieu de s'interroger sur la *nature de l'obligation de faire* en cause : s'agit-il d'une obligation de moyens ou de résultat ?

Là encore, à la lecture de son contenu (« faire le nécessaire »), il s'agit indéniablement d'une obligation de résultat. En effet, les fluctuations jurisprudentielles en la matière semblent appartenir au passé, la Cour de cassation étant revenue plusieurs fois (Com. 26 févr. 2002 ; Com. 9 juill. 2002 ; Com. 19 avr. 2005) sur le fameux arrêt, contestable, *Sony* (Com. 26 janv. 1999, *Bull. civ.* IV, n° 31). En effet, les derniers arrêts ont jugé que « la société qui s'oblige à faire le nécessaire pour que sa filiale respecte ses engagements envers un tiers contracte à l'égard de celui-ci une obligation de faire qui s'analyse en une obligation de résultat » (Com. 19 avr. 2005, *préc.*).

La nature de l'obligation en cause étant déterminée, il convient de s'interroger en troisième lieu sur l'incidence de la qualification d'obligation de résultat de l'obligation de faire en cause : permettra-t-elle d'obtenir la condamnation de l'émetteur de la lettre d'intention ? Dans l'affirmative, à hauteur de combien ?

Une lettre d'intention, qui contient une obligation de résultat, est une véritable garantie au sens de l'article L. 225-35 du Code de commerce. Or, ce texte exige que « les cautionnements, avals et garanties » souscrits par une société anonyme au profit de tiers soient préalablement autorisés par le conseil d'administration. À défaut, la garantie non autorisée est déclarée inopposable à la société (Com. 8 déc. 1998). Par ailleurs, il n'est pas non plus possible d'envisager de poursuivre le signataire de la lettre d'intention dans la mesure où la Cour de cassation juge que la faute commise par ce dernier n'est pas détachable de ses fonctions (Com. 18 déc. 2001). Ainsi, on aboutit au résultat paradoxal suivant qu'il n'est pas possible de réclamer le paiement des sommes dues ni à la société, laquelle n'a aucune possibilité de ratification postérieure de la lettre, ni au responsable signataire de la lettre dont la responsabilité personnelle ne peut être engagée.

Toutefois, en l'espèce, se posait un problème de *preuve de l'autorisation* du conseil d'administration. En effet, d'après l'énoncé, la banque aurait omis de se faire remettre la délibération du conseil d'administration ayant autorisé l'opération. Aussi faut-il déterminer sur qui pèse la charge de la preuve de l'absence d'autorisation du conseil d'administration. Dès lors, deux attitudes sont possibles :

- soit on la fait peser sur la banque en exigeant d'elle une obligation de s'informer ;

- soit on la fait peser sur la société garante en l'obligeant à verser au débat le registre spécial des délibérations du conseil.

Cette question a été tranchée d'abord par la cour d'appel de Paris, puis par la Cour de cassation (Com. 16 nov. 2004, *JurisData* n° 2004-026777) qui ont jugé « qu'à défaut de preuve de l'absence d'autorisation, l'engagement [...] et son avenant [...] sont opposables au confortant » (Paris, 21 juin 2000). Cette solution est certes sévère pour la société garante, mais conforme aux principes du droit de la preuve. En effet, il appartient au créancier qui invoque la garantie d'en prouver l'existence et au garant qui en conteste l'efficacité de prouver la cause de celle-ci. Par ailleurs, en pratique, cette preuve est beaucoup plus facile à administrer pour la société garante que pour l'établissement bancaire.

Ainsi, en l'absence de production du procès-verbal des délibérations du conseil ayant autorisé l'opération par la société garante, monsieur B n'a rien à craindre et devrait pouvoir obtenir la condamnation de la société. Reste à s'interroger sur le fondement et les conditions de cette condamnation.

En présence d'une lettre d'intention stipulant une obligation de faire, qu'elle soit de moyen ou de résultat, « le mécanisme de garantie personnelle est obtenu par un mécanisme de responsabilité civile » (v. S. Piedelièvre, « L'efficacité des lettres de confort », *Dr. et patr.* 1996, n° 34), même si certains réfutent ce concept de responsabilité contractuelle au profit d'un mécanisme d'exécution forcée du contrat par équivalent. Aussi, pour obtenir la condamnation de la société A, il faudra établir et la faute de cette dernière, et le préjudice subi par la banque.

- Sur la faute de la société émettrice

La situation du créancier d'une obligation de résultat est avantageuse car l'inexécution de sa créance fait présumer la faute du débiteur, émetteur de la lettre d'intention. Il sera donc condamné à verser des dommages-intérêts à son créancier pour le préjudice subi par celui-ci du fait de l'inexécution, à moins que soit démontrée la présence d'une cause étrangère, à l'origine de cette inexécution. Dans notre espèce, dans la mesure où l'engagement pris par la société A n'était pas un engagement déterminé, le simple défaut de paiement, même partiel, de la dette initiale garantie suffit à démontrer la faute de l'émettrice de la lettre d'intention. On considère que celle-ci s'est engagée à garantir le créancier de tout impayé provenant du débiteur initial. Dès lors, l'existence même de l'impayé démontre la défaillance du garant et donc l'inexécution de son obligation, cause des dommages-intérêts.

On peut néanmoins s'interroger sur l'existence d'une cause d'exonération de l'émettrice. En effet, celle-ci peut toujours tenter de démontrer que l'inexécution de son engagement provient d'un cas fortuit, d'un cas de force majeure ou du fait du créancier. Or, en l'espèce, la société confortante avait tout de même accordé un abandon de créances de 50 000 euros avant d'être mise à son tour en procédure collective, fût-ce par une décision volontaire de sa part. Dès lors, ne peut-on déduire qu'elle s'est légitimement abstenue de soutenir le débiteur afin de ne pas être à son tour, mise en cessation des paiements. Ce risque de « faillite » de la société émettrice de la lettre d'intention ne constitue-t-il pas un cas de force majeure permettant à cette dernière d'être exonérée de responsabilité ? La réponse nous semble devoir être négative dans la mesure où ce risque ne répond pas à la définition juridique de la force majeure, faute d'imprévisibilité (*contra*, obs. L. Aynès sous Paris, 13 janv. et 10 mars 1989, *D.* 1989. Somm. 194), d'autant plus que la procédure de sauvegarde ici en cause est un acte de gestion par anticipation.

- Sur le montant des dommages-intérêts

La lettre d'intention étant une garantie indemnitaire mettant en cause le droit commun de la responsabilité, l'émetteur de la lettre d'intention doit verser des dommages-intérêts d'un montant équivalent au préjudice subi par son créancier du fait de l'inexécution de son obligation comportementale. Les dommages-intérêts ne sont pas nécessairement égaux au montant de la dette garantie. En l'espèce, on peut cependant penser que le préjudice souffert par la Société Générale, bénéficiaire de la lettre, est égal à cette dette. Reste que celle-ci étant également en procédure collective, monsieur B ne pourra que déclarer la créance de sa banque conformément aux articles L. 622-24 et L. 622-25 du Code de commerce.

II. La lettre d'intention n° 2 (à conclure)

La question du formalisme ici posée, est toujours celle du pouvoir qu'a une personne d'engager les biens d'autrui. En l'occurrence, est encore en cause la procédure d'autorisation exigée en cas d'engagement d'une société anonyme. Or, tout comme précédemment, mais en application de l'article L. 225-68 alinéa 2 du Code de commerce, les garanties données par une société anonyme à structure binaire doivent faire l'objet d'une autorisation préalable du conseil de surveillance laquelle ne peut être supérieure à un an.

Reste à savoir si, en l'occurrence, la Société Générale est en présence d'une véritable garantie. À la lecture du contenu de la lettre d'intention, la société émettrice de ladite lettre n'est tenue que d'une obligation de moyens. En effet, l'auteur de la lettre ne promet pas que le débiteur exécutera son engagement, mais promet simplement de mettre en place certains moyens, qu'il choisira, afin que le débiteur puisse respecter son engagement. Il convient de se demander si cette obligation comportementale de faire de moyens, correspond à une garantie au sens de l'article L. 225-68 alinéa 2 du Code de commerce.

D'après une jurisprudence dorénavant bien arrêtée, lorsque la lettre d'intention ne comporte qu'une obligation de moyens, elle ne constitue pas une garantie au sens des articles L. 225-35 et L. 225-68 du Code de commerce et n'exige donc pas une autorisation des organes précités (Com. 26 janv. 1999 ; Com. 24 oct. 2000 ; Com. 18 mai 2005, *JurisData* n° 2005-028479).

Toutefois, cette dichotomie a été critiquée. En effet, pourquoi de la qualification d'obligation de moyens, il « résulterait nécessairement » que l'engagement en cause n'est pas une garantie ? Comme l'énoncent les professeurs Philippe Simler et Delebecque, entre les deux variétés d'obligations, n'existe qu'une différence de degré et non de nature (Ph. Simler et Ph. Delebecque, *Droit civil, Les sûretés, La publicité foncière*, Dalloz, coll. « Précis », 7e éd., 2016, n° 333). Une lettre d'intention, qu'elle comporte une obligation de moyens ou de résultat, est une garantie visant à sécuriser son bénéficiaire. Par ailleurs, la récente réception de la lettre d'intention comme technique de sûreté personnelle dans le Code civil (v. la place de l'art. 2322 C. civ. situé dans le chapitre III, du titre I, du Livre IV du Code civil) milite aussi en faveur de cette solution. En effet, la lettre d'intention étant légalement qualifiée de

« sûreté », sans distinction selon le caractère plus ou moins contraignant de l'engagement, il paraît délicat de maintenir la distinction jurisprudentielle évoquée. Dès lors, il semble plus prudent de conseiller à monsieur B. de demander à la société garante l'extrait certifié conforme des délibérations du conseil de surveillance ayant autorisé l'opération, tout en vérifiant que cette autorisation ne soit pas d'une date antérieure de plus d'un an à celle de l'engagement souscrit.

De façon beaucoup plus risquée, il serait possible de soutenir, à l'inverse, que ce régime d'autorisation n'est pas applicable aux lettres d'intention dès lors qu'elles ne contiennent que des obligations comportementales. En effet, si le Code de commerce organise cette procédure particulière d'autorisation en restreignant les pouvoirs légaux des organes de direction d'une société anonyme, c'est pour la protéger des actes dangereux revêtant notamment la forme d'engagements de payer, susceptibles de vider son patrimoine et d'obérer, voire de ruiner, sa situation financière. Or, telle n'est pas la nouvelle définition de l'article 2322 du Code civil aux termes de laquelle « La lettre d'intention est l'engagement de faire ou de ne pas faire ayant pour objet le soutien apporté au débiteur dans l'exécution de son obligation envers le créancier ». Ainsi, lorsqu'une société anonyme promet un comportement, sans prendre d'engagement de payer à la place du débiteur, il est tout à fait envisageable de considérer que « cet engagement, qui relève de la politique générale de la société mère, entre dans les attributions ordinaires de la direction générale » (Ph. Malaurie et L. Aynès, *Les sûretés, la publicité foncière*, par L. Aynès et P. Crocq, 10e éd., Defrénois, 2016, n° 361). En conséquence, nulle nécessité de respecter l'article L. 225-68 du Code de commerce. Cela étant, monsieur B posant la question alors que la lettre d'intention n'est qu'à l'état de projet, la sécurité juridique et la prudence sont de lui conseiller la solution précédente.

partie **2**

Les sûretés réelles

La réforme du droit des sûretés organisée par l'ordonnance du 23 mars 2006, n'a pas donné de définition des sûretés réelles (section 1). Aussi, pour les identifier est-il nécessaire de se référer à la liste des différentes sûretés, tant mobilières qu'immobilières, dorénavant donnée par les textes (section 2), sans que cela empêche la liberté contractuelle de déployer ses effets. 361

section 1

L'absence de définition de la notion de « sûreté réelle »

Bien que la notion de « sûreté réelle » n'ait pas été définie par le législateur, une concorde existe entre les auteurs pour en délimiter les contours, révélant l'existence de degrés dans sa détermination. En premier lieu, l'on s'accorde à retenir qu'il s'agit de l'affectation d'un ou plusieurs biens d'un débiteur – ou exceptionnellement d'un tiers, lequel peut constituer une sûreté réelle pour autrui – au paiement préférentiel de son créancier. Ce paiement préférentiel permet au créancier d'échapper à la loi du concours en étant préféré aux créanciers chirographaires. Toutefois, même entre créanciers privilégiés, un classement s'impose lorsqu'ils entrent en concurrence. En second lieu, la sûreté réelle peut aller jusqu'à conférer au créancier une véritable situation d'exclusivité, qu'elle soit fondée sur la propriété – transmise au créancier ou retenue par lui –, ou sur la possession – à travers le droit de rétention. Dans l'une et l'autre de ces hypothèses, l'affectation ou la propriété/possession d'un bien, la sûreté réelle n'est autre qu'un droit réel accessoire qui suit la créance garantie à laquelle elle est affectée. Aussi, a-t-on pu dégager une sorte de régime de base des sûretés réelles (v. J. Mestre, E. Putman et M. Billiau, *Droit commun des sûretés réelles, traité de droit civil*, LGDJ, 1996). En effet, qu'elles soient d'origine légale, judiciaire ou conventionnelle, elles se caractérisent par l'existence d'un droit de préférence au profit du créancier, souvent doublé d'un droit de suite lui permettant d'exercer son droit de préférence même lorsque le bien n'est plus entre les mains du débiteur. 362

La difficulté, récemment introduite en droit interne, résulte de l'éventuelle possibilité de constituer une sûreté réelle au titre d'un patrimoine d'une EIRL afin de garantir des dettes de l'autre patrimoine (sur l'influence respective de l'EIRL et les sûretés réelles, Ch Albiges « Sûretés et EIRL : les sûretés réelles portant sur un bien déterminé », *Cah. dr. entrep.* 2011, n° 3, p. 41.) De telles sûretés « croisées » ne peuvent être constituées selon certains auteurs afin de respecter le cloisonnement patrimonial souhaité par le législateur (B. Saintourens, « L'EIRL », *Rev. Sociétés* 2010. 351 ; C. Champaud et D. Danet, « Petites et moyennes sociétés et entrepreneurs à responsabilité limitée au regard des besoins de financements et des pratiques bancaires », *RTD com.* 2010. 365). À l'inverse, en l'absence d'interdiction formulée par le législateur, d'autres auteurs soutiennent qu'une sûreté réelle pourrait être constituée, au nom de la libre disposition des biens et de la liberté contractuelle notamment (F. Pérochon, « EIRL : un patrimoine peut en garantir un autre », *Rev. proc. coll.*, mars-avr. 2011, p. 98, sur de telles incertitudes, H. Synvet et A. Gaudemet, « EIRL et sûretés », *LPA* 28 avr. 2011, p. 31, spéc. n° 33 ; pour les différents arguments avancés, F. Macorig-Venier, « Observations sur l'EIRL et les sûretés », *Bull. Joly* mars 2011, p. 253, spéc. n° 12 ; plus spécialement sur le nantissement, C. Lisanti, « Le nantissement du patrimoine affecté », *cah. dr. entrep.* 2011, n° 3, p. 45).

■ 363 Par ailleurs, la réforme, notamment guidée par des objectifs de simplification et de modernisation des sûretés réelles (v. ss 2), a permis de dégager un critère précis de classification de celles-ci. Si en 1804, l'on distinguait les sûretés avec dépossession — cantonnées au gage et à l'antichrèse — des sûretés sans dépossession — limitées à l'hypothèque —, l'évolution des biens susceptibles d'être offerts en garantie avait conduit à la prolifération de gages sans dépossession, brouillant la *summa divisio* d'alors. Or, celle-ci est restaurée par l'ordonnance de 2006 qui a consacré comme critère de différenciation l'assiette de la garantie. Désormais, le Code civil oppose les sûretés réelles immobilières aux sûretés réelles mobilières, et au sein de ces dernières, celles ayant une nature corporelle ou incorporelle qualifiant les premières de « gage » et les secondes de « nantissement » (v. P. Crocq, « La réforme des sûretés mobilières », in *Le droit des sûretés à l'épreuve des réformes*, Éditions juridiques et techniques, coll. « Droit et Procédures », 2006, p. 17 s.). Mais le texte ne pousse pas l'effort d'uniformisation au-delà, maintenant un système plural de garanties.

section 2

Les différentes catégories de sûretés réelles

■ 364 Les différentes sûretés réelles sont le gage, le nantissement, l'hypothèque, l'antichrèse, désormais qualifiée de « gage immobilier » (*v. ss 670*) les privilèges et la propriété-garantie auxquels il faut rajouter le droit de rétention même s'il n'est pas visé par les articles 2329 et 2373 du Code civil. Le choix de l'une ou l'autre de ces solutions sera guidé par son régime particulier, sachant qu'il ne faut pas négliger l'incidence du droit des procédures collectives sur l'efficacité de ces différentes sûretés.

Le gage est la convention par laquelle le constituant accorde au créancier le droit de se faire payer par préférence à ses autres créanciers sur un bien mobilier ou un ensemble de biens mobiliers corporels, présents ou futurs, sachant que la seule condition de validité désormais exigée est l'existence d'un écrit, la dépossession étant devenue une simple condition d'opposabilité aux tiers en cas de gage sans dépossession. Il peut être constitué sur des stocks de marchandises, un gage sur stocks ayant par ailleurs été consacré aux articles L. 527-1 et suivants du Code de commerce. Le nantissement est l'affectation en garantie d'une obligation, d'un bien meuble incorporel ou d'un ensemble de biens meubles incorporels, présents ou futurs. L'exigence de dépossession via la signification du nantissement de créance est remplacée par une simple faculté de notification du nantissement au débiteur de la créance nantie lequel ne peut alors plus se libérer entre les mains de son créancier après celle-ci, conférant au créancier nanti un véritable pouvoir de blocage sur cette créance. L'hypothèque, qui peut être conventionnelle, légale ou judiciaire est un droit réel sur les immeubles affectés à l'acquittement d'une obligation. De nature indivisible, elle occupe toujours une place privilégiée en matière de sûretés réelles grâce à son système de publicité foncière bien établi. Le gage immobilier, anciennement qualifié d'« antichrèse » avant l'adoption de la loi n° 2009-526 du 12 mai 2009, est une sûreté avec dépossession appliquée à un immeuble, conférant au créancier titulaire de ce gage un droit de rétention fort utile, opposable à toute personne inscrite postérieurement. Les privilèges, aussi bien généraux que spéciaux, sont des sûretés légales justifiées par la qualité de la créance ayant pour principal attrait – et danger à la fois – d'être, la plupart du temps, occultes. La propriété-garantie est apparemment la meilleure des sûretés, même si le Code civil, au titre des sûretés réelles, n'a consacré que la propriété retenue, à travers la clause de réserve de propriété applicable aussi bien en matière mobilière qu'immobilière. Une esquisse de fiducie-sûreté a toutefois émergé à travers la loi du 19 février 2007 sur la fiducie. Enfin, le droit de rétention, même si sa nature est encore aujourd'hui discutée, mérite d'être étudié avec les sûretés réelles tant son efficacité participera du choix du créancier de sélectionner une sûreté qui en sera pourvu. Par ailleurs, si sa localisation dans le Code civil — article 2286 C. civ. — n'en fait pas une sûreté réelle, il les concurrence très efficacement, y compris en cas de procédure collective puisque le rétenteur peut refuser de restituer le bien détenu tant qu'il n'a pas été intégralement payé.

À côté de ces différentes sûretés réelles classiques, il existe ce que la pratique a appelé des « sûretés réelles négatives », c'est-à-dire des clauses contractuelles par lesquelles un débiteur prend des engagements de ne pas faire à l'égard de son créancier pour ne pas compromettre la valeur de son droit de gage. Ainsi la déclaration d'insaisissabilité créée par la loi n° 2003-721 du 1er août 2003 dont le domaine a été étendu à tous les immeubles non affectés à l'activité professionnelle (C. com., art. L. 526-1) du débiteur en offre un exemple. Comme l'écrit notre collègue Pierre Crocq (*D.* 2012. Panorama. 1574), aujourd'hui, pour constituer une garantie sur un immeuble, il n'est plus nécessaire d'accorder au créancier un droit de préférence. Il suffit de lui permettre d'éviter d'entrer en concours avec d'autres créanciers. La solution : la déclaration d'insaisissabilité. Elle empêche les créanciers à qui cette déclaration est opposable (sur l'opposabilité de cette déclaration d'insaisissabilité en cas de procédure collective : V. Com. 28 juin 2011, n° 10-15482, *D.* 2011. 1751, obs. A. Lienard et 2485, point de vue, V. Legrand ; *Rev. sociétés* 2011. 526, obs. P. Roussel-Galle ; *Dr. et patr.* nov. 2011. 74 s., obs. P. Crocq ; Com. 13 mars 2012, n° 11-

15438, *D.* 2012. 807, obs. A. Lienhard et 1460 , obs. F. Marmoz ; *Rev. sociétés* 2012. 394, obs. L.-C. Henry), de saisir l'immeuble concerné. Ensuite, le déclarant peut renoncer à cette insaisissabilité au profit du créancier qu'il souhaite « préférer », ce qui lui conférera le droit de saisir l'immeuble, droit refusé aux autres créanciers.

365 Justement, l'efficacité des sûretés réelles se doit d'être éprouvée en cas de procédure collective du débiteur. Or, dans une telle situation, celles-ci ont pu apparaître quelque peu défaillantes. De manière générale, l'article 2287 du Code civil rappelle le caractère dérogatoire au droit commun des sûretés du droit des procédures collectives. Or, la nouvelle procédure de conciliation consacre un privilège de *« new money »* favorable aux apporteurs « d'argent frais » dans le cadre d'un accord amiable homologué, primant tous les créanciers sauf le superprivilège des salariés et les frais de justice. Les procédures de sauvegarde et de redressement judiciaire s'opposent à toute poursuite individuelle et donnent un rang prioritaire aux créanciers de la procédure. Il est toutefois à noter un recul de ce privilège (v. Ph. Pétel, « La réforme collatérale : les incidences de la modification du droit des procédures collectives par la loi du 26 juillet 2005 », *in Le droit des sûretés à l'épreuve des réformes*, *op. cit.*, p. 31 s.), son périmètre ayant été redélimité en fonction de la finalité de la créance postérieure (v. art. L. 622-17 et L. 641-13 C. com.). Seule la liquidation judiciaire – ainsi que le plan de cession, y compris arrêté au stade de la période d'observation – permet à certains créanciers antérieurs titulaires de sûretés réelles spéciales de primer les créanciers postérieurs.

chapitre 7

Le droit de rétention

Plan analytique

section 1

Les conditions du droit de rétention

§ 1 La créance

§ 2 La détention d'une chose

A. L'objet de la détention

B. Les conditions de la détention

§ 3 Le lien de connexité entre la créance et la chose retenue

A. La connexité juridique

B. La connexité matérielle

C. La connexité conventionnelle

D. Le droit de rétention du créancier gagiste sans dépossession

section 2

Les effets du droit de rétention

§ 1 Les effets du droit de rétention entre les parties

A. L'utilité

B. La valeur

§ 2 L'opposabilité du droit de rétention aux tiers

A. En l'absence de procédure collective

B. En présence d'une procédure collective

Compléments pédagogiques

7

Le droit de rétention

Définition. Le droit de rétention est la possibilité accordée à un créancier qui détient la chose de son débiteur, de lui en refuser la restitution à défaut de paiement de l'intégralité de sa créance. Conséquence d'un gage avec dépossession, le droit de rétention peut aussi être détaché de toute sûreté réelle. C'est à ce droit autonome de rétention que seront consacrés les développements qui suivent. 366

Histoire. À l'origine, ce droit n'existait dans le Code civil qu'à l'état parcellaire. Seules quelques dispositions éparses reconnaissaient son existence dans certaines situations particulières, contractuelles ou non. C'est ainsi, par exemple, qu'en matière de contrat de dépôt l'article 1948 du Code civil admet que « Le dépositaire peut retenir le dépôt jusqu'à l'entier payement de ce qui lui est dû à raison du dépôt », ou qu'en matière de contrat de vente au comptant l'article 1612 *in limine* du même Code dispose que « Le vendeur n'est pas tenu de délivrer la chose, si l'acheteur n'en paye pas le prix [...] » ou encore qu'en matière de contrat de gage, l'article 2339 du Code civil ne permet au constituant d'exiger « [...] la restitution du bien gagé qu'après avoir entièrement payé la dette garantie [...] », ou enfin qu'en matière de bail commercial, l'article L. 145-28 du Code de commerce aménage le droit au maintien dans les lieux du locataire non renouvelé, en disposant qu'« Aucun locataire pouvant prétendre à une indemnité d'éviction ne peut être obligé de quitter les lieux avant de l'avoir reçue [...] ». Mais en dehors de ces contrats synallagmatiques, le droit de rétention se rencontre aussi dans d'autres hypothèses, étrangères à toute idée de réciprocité. C'est notamment le cas de l'acquéreur d'un bien meuble perdu ou volé qui, dès lors qu'il l'a acheté dans les conditions de l'article 2280 alinéa 1er du Code civil, ne le restituera au propriétaire originaire que si ce dernier lui rembourse le prix qu'il lui a coûté. On retrouve cette faculté à travers la théorie des impenses qui autorise un possesseur d'immeuble à le retenir face à la revendication du véritable propriétaire, tant qu'il n'a pas été indemnisé des impenses qu'il a faites. 367

Prenant acte de ces réglementations ponctuelles, qui n'ont pas toutes leur siège dans le Code civil — c'est ainsi que les notaires (art. 8 Décr. 8 mars 1978) et les huissiers (art. 28 Décr. 5 janvier 1967) disposent d'un droit de rétention sur les dossiers de leurs clients en garantie du paiement de leurs honoraires, ce qui n'est pas le cas des avocats ou des avoués pour leurs honoraires — la jurisprudence a peu à peu étendu le domaine d'application du droit de rétention à des hypothèses non prévues par les textes, jusqu'à bâtir une véritable théorie générale du droit de rétention fondée sur « les principes relatifs au droit de rétention » (Civ. 1re, 17 juin 1969, *JCP* 1970. II. 16162, note N. Catala). Pour autant, le droit de rétention n'était pas offert à tout créancier pour n'importe quelle créance. Ce mécanisme était strictement encadré, les juges posant des conditions précises pour son application.

Poursuivant, ou plutôt entérinant l'œuvre de la jurisprudence, le législateur de 2006 a généralisé le droit de rétention en le consacrant légalement (v. A. Aynes, « La consécration légale des droits de rétention », *D.* 2006. 1301, dossier sur « La réforme du droit des sûretés ») à l'article 2286 du Code civil.

368 *Nature : ce n'est pas une sûreté.* Cet article 2286 du Code civil est certes intégré dans le Livre IV du Code civil intitulé « Des sûretés ». Pour autant, le droit de rétention ne saurait être considéré comme une sûreté (en ce sens, v. Com. 20 mai 1997, *Bull. civ.* IV, n° 141 ; *D.* 1998. 479, note F. Kendérian ; *D.* 1998. Somm. 115, obs. R. Libchaber ; *RTD com.* 1997. 707, obs. P. Crocq ; Com. 22 mars 2005, *JCP* 2005. I. 135, n° 17, obs. Ph. Delebecque et Ph. Simler), mais plutôt comme une garantie (sur la distinction, v. ss 7). C'est en effet une garantie, en ce sens qu'il est l'accessoire d'une créance (F. Pérochon, « Le droit de rétention accessoire de la créance », *in Mélanges R. Cabrillac*, Litec, 1999, p. 379) et ne saurait survivre à l'extinction de la créance. En revanche ce n'est pas une sûreté *stricto sensu*. D'abord, sa localisation dans le Livre IV ne saurait tromper. L'article 2286 du Code civil fait en effet partie de quatre articles introductifs qui précèdent la distinction entre les sûretés personnelles et les sûretés réelles. Il suit l'énoncé du droit de gage général des créanciers qui figurait autrefois aux articles 2092 et 2093 du Code civil et que personne n'aurait l'idée saugrenue de qualifier de « sûretés », au prétexte qu'ils sont situés au début de ce titre IV. Ensuite, ni l'article 2329 du Code civil, qui énonce les différentes sûretés mobilières, ni l'article 2373, qui énumère les sûretés sur les immeubles, ne l'évoquent.

Au-delà de cette distinction, la nature juridique du droit de rétention a été très controversée, et devrait l'être encore puisque la réforme ne s'est pas prononcée sur ce point de droit fondamental. Il a tour à tour été présenté comme un droit réel (Civ. 1re, 7 janv. 1992, *Bull. civ.* I, n° 4 ; Com. 3 mai 2006, *Bull. civ.* IV, n° 106) opposable à tous, un droit réel inachevé (H., L. et J. Mazeaud et F. Chabas, *Sûretés – Publicité foncière, Leçons de droit civil* par Y. Picod, Tome III, Volume Ier, Montchrestien, 7e éd., 1999, n° 129) ne comportant ni droit de préférence, ni droit de suite, ou encore comme un droit personnel, plus exactement une modalité de l'obligation de restitution — en l'occurrence un terme suspensif — pesant sur le rétenteur (N. Catala, « De la nature juridique du droit de rétention », *RTD civ.* 1967. 9). Enfin, plus récemment, la nature plurale du droit de rétention a été proposée et analysée, en fonction du lien de connexité, condition de son existence (A. Aynes, *Le droit de rétention, unité ou pluralité*, Economica, 2005, préface Ch. Larroumet). En réalité, ces différentes tentatives de trouver, positivement, la nature juridique du droit de rétention se heurtent à la diversité des éléments de son régime juridique progressivement élaboré par la jurisprudence. Or, il est plus simple de révéler ce qu'est le droit de rétention négativement : un pouvoir de blocage sur la chose détenue. Dès lors, ce droit est un moyen de pression qui s'apparente aux contraintes que les procédures civiles d'exécution permettent à un créancier d'exercer sur un débiteur défaillant. Certains n'ont pas hésité à évoquer, à son propos, un mode de justice privée (S. Piedelièvre, « L'efficacité du droit de rétention face aux autres sûretés réelles », *Rev. huiss.* 2001. 290 ; C. Pourquier, « La rétention du gagiste ou la supériorité du fait sur le droit », *RTD com.* 2000. 569).

369 Cela étant, même si ce n'est pas une sûreté réelle, le droit de rétention a une incidence sur le régime de la sûreté réelle (v. A. Aynes, *art. préc.*, n° 2), d'où son étude à ce stade de nos développements. Il sera procédé à la présentation de son régime juridique à travers l'analyse de ses conditions d'une part (section 1) et de ses effets d'autre part (section 2).

section 1

Les conditions du droit de rétention

L'exercice du droit de rétention suppose qu'existe une créance impayée revêtue de certaines caractéristiques (1), que le créancier détienne légitimement la chose (2) et enfin qu'un lien de connexité entre la créance et la chose soit établi (3). 370 ■

§ 1 La créance

Traditionnellement, pour permettre l'exercice du droit de rétention, la créance doit remplir certaines caractéristiques, en l'occurrence être certaine, liquide et exigible. Cependant, la nouvelle consécration du droit de rétention n'apporte pas de précisions sur ces exigences. Aussi peut-on s'interroger sur leur maintien. 371 ■

En tant que moyen de pression destiné à contraindre le débiteur à payer, le droit de rétention implique nécessairement l'existence d'une créance. À défaut de créance certaine, qu'elle ne soit pas née, ou qu'elle soit éteinte, aucun droit de rétention ne peut être déclenché (Com. 26 mars 2013, n° 12-12204, *Gaz. Pal.* juin 2013, p. 20, obs. M.-P. Dumont-Lefand). Cela étant, si un doute survient quant à la certitude de la créance, et qu'un procès soit en cours, rien n'empêche le créancier d'exercer son droit de rétention, à ses risques et périls. C'est ainsi que dans une espèce où un avoué faisait valoir son droit de rétention sur un jugement revêtu de la forme exécutoire, en vue d'obtenir le paiement du solde de sommes qui lui étaient dues au titre de ses états de frais et où les débiteurs contestaient une partie de la somme requise — une action étant pendante devant le conseiller taxeur — la Cour de cassation a approuvé les juges d'appel en jugeant que : « l'arrêt retient exactement que le caractère certain, liquide et exigible de la créance n'est pas affecté par le recours formé devant le premier président et qu'un arrêt revêtu de la formule exécutoire constitue un titre sur lequel le droit de rétention prévu par l'article 6 du décret du 30 juillet 1980 peut être exercé » (Civ. 2e, 6 avr. 2006, *RLDC* juin 2006, p. 29). Ce faisant, l'arrêt milite implicitement en faveur de la persistance des trois caractéristiques jusqu'à présent requises. 372 ■

Le critère de l'exigibilité de la créance, quant à lui, nous paraît devoir être maintenu. Un droit de rétention sur une créance à terme n'a pas de sens puisqu'aucune pression n'a besoin d'être exercée tant que la créance n'est pas exigible. L'article 2286 du Code civil emploie d'ailleurs à deux reprises le terme de créance « impayée » ce qui suppose qu'elle soit arrivée à terme (CA Lyon, 3 avr. 2014, n° 13/02999 à propos d'un commissionnaire de transport qui bloquait les marchandises expédiées, n'ayant pas été réglé de sa commission dans le délai de l'art. L. 441-6 C. com.). En revanche, un délai de grâce ou une suspension des poursuites ne remettant pas en cause l'exigibilité de la créance, mais son recouvrement, ne font pas obstacle — si les autres conditions sont réunies — à l'exercice du droit de rétention. 373 ■

374 Enfin, en ce qui concerne le critère de liquidité, la même réserve que pour celui de certitude nous paraît devoir être formulée, sachant que, avant la réforme, la jurisprudence était souple car elle laissait le créancier exercer son droit pendant le temps nécessaire à la liquidation de sa créance (Civ. 3e, 23 avr. 1974, *JCP* 1975. II. 18170, note B. Thuillier). Ce critère de liquidité, comme celui d'exigibilité, sont toujours d'actualité. Une cour d'appel a rappelé ces exigences dans le contexte suivant. Le solde du prix de cession d'un paquet d'actions était affecté en gage pour garantir le respect de l'obligation de non-concurrence souscrite par le cédant au profit du cessionnaire. Et les juges du fond ont retenu qu'une telle clause ne saurait autoriser le cessionnaire « à retenir le solde du prix indépendamment de toute décision de justice constatant la réalité de la violation et l'étendue du préjudice subi du fait de cette violation » (Nancy, 28 nov. 2007, *JCP* 2008. IV. 2546). Au-delà de la question de la qualification de la sûreté, la solution est classique et rappelle que le droit de rétention ne peut garantir qu'une créance certaine, liquide et exigible. Or en l'absence de décision établissant le manquement à l'obligation de non-concurrence, la créance en question n'était ni liquide, ni exigible.

§ 2 La détention d'une chose

375 Comme l'ont exprimé MM. Marty, Raynaud et Jestaz « pour retenir, il faut d'abord tenir ». Bien que cet aphorisme soit tout à fait éclairant, il convient de s'intéresser à l'objet de la détention (A), avant d'en aborder les conditions (B).

A. L'objet de la détention

376 L'objet du droit de rétention suppose de s'attarder sur sa détermination tant physique (1) que juridique (2).

1. *Au plan physique*

377 Au départ, le droit de rétention était traditionnellement attaché aux biens corporels, qu'ils soient meubles ou immeubles. Ni la possibilité de retenir un bien meuble, ni celle de retenir un immeuble (Civ. 3e, 16 déc. 1998, *Bull. civ.* III, n° 253 qui précise que l'opposabilité d'un droit de rétention sur un immeuble n'est pas subordonnée à l'accomplissement des formalités de publicité foncière) n'ont posé de réelles difficultés. Étant l'un et l'autre susceptibles de faire l'objet d'une détention matérielle, ils peuvent en conséquence être retenus. Ainsi, en matière immobilière, l'article 545 du Code civil, qui dispose que « Nul ne peut être contraint de céder sa propriété, si ce n'est pour cause d'utilité publique, et moyennant une juste et préalable indemnité », est une illustration de ce droit de rétention. Si à première vue, ce droit se limite aux choses susceptibles de subir un pouvoir matériel, la jurisprudence était parfois allée au-delà, reconnaissant l'existence de ce droit en dehors de toute détention matérielle. C'est notamment le cas en matière de gage automobile (v. ss 463) où, même depuis la réforme, le créancier dispose toujours d'un droit de rétention fictif sur le véhicule, ou encore en matière de gage de compte d'instruments financiers où le créancier gagiste bénéficie d'un droit de rétention sans être en possession effective du compte, si ce n'est par la déclaration du constituant (v. ss 533). De même, sur certains biens dits « mixtes » parce qu'à la fois corporels et incorporels, un droit de rétention a aussi été reconnu. Tel est en particulier le cas des œuvres d'art (Civ. 1re, 14 juin 1971,

Bull. civ. I, n° 178) ou des fichiers sur bandes magnétiques (Com. 8 févr. 1994, *Bull. civ.* IV, n° 56 ; *D.* 1995. Somm. 91, obs. R. Libchaber) : en l'occurrence, même si la détention porte matériellement sur le support, le droit de rétention concerne aussi le bien incorporel. Cette évolution a été poursuivie par la réforme : en employant le terme de « chose » au lieu de celui de « bien », le nouvel article 2286 du Code civil – « peut se prévaloir d'un droit de rétention sur la chose [...] celui [...] » – étend indéniablement le domaine du droit de rétention aux biens meubles incorporels, et plus particulièrement aux créances. À ce propos, l'article 2363 du Code civil organise la notification du nantissement de créance et consacre l'existence d'un droit de rétention en la matière, puisque le créancier dispose, par ce biais, d'une véritable emprise sur la créance.

2. *Au plan juridique*

Au même titre que les professeurs Cabrillac et Mouly (*op. cit.*, n° 559), nous pensons que puisque le droit de rétention n'a pas vocation à déboucher sur une réalisation du bien retenu, mais constitue simplement un moyen de pression, il peut porter sur des choses hors commerce, dans la limite évidente du respect de l'ordre public. Ainsi le droit de rétention peut-il porter sur des documents administratifs (v. Ph. Devesa, « La rétention de documents : contribution à la notion générale de rétention », *LPA* 19 juin 1995, p. 11) comme une carte grise (v. toutefois, Com. 11 juill. 2000, D. 2001. 465, note S. Piedelièvre ; *JCP* 2001. I. 298 note M. Cabrillac ; V. égal. Com. 23 avr. 2013, n° 12-13690, *Gaz. Pal.* juin 2013, p. 21, obs. M.-P. Dumont-Lefrand jugeant que le droit de rétention ne s'étend pas au véhicule, ni au prix de revente desdits véhicules), sur des pièces d'un dossier ou sur d'autres choses hors commerce. En revanche, la contrainte de l'ordre public, qu'il soit moral, politique ou économique, s'oppose notamment à l'exercice d'un tel droit sur une partie du corps humain (Dijon 17 janvier 1933, *DH* 1933. 188), sur la prothèse dentaire d'un patient (Civ. 1re, 11 déc. 1985, *Bull. civ.* I, n° 348) ou sur des marchandises contrefaites (Com. 26 oct. 1999, *Bull. civ.* IV, n° 185, *RJ com.* 2000. 253, n° 1560, note M.-P. Dumont ; *JCP* E 2000. 458, obs. Ph. Delebecque ; *D.* 1999. 365, obs. J. Marotte ; *D.* 2000. Somm. 388, obs. S. Piedelièvre). 378

B. Les conditions de la détention

L'examen des conditions de la détention implique de revenir sur la notion même de « détention » (1) avant d'envisager les caractéristiques qu'elle doit revêtir (2) pour que le droit de rétention puisse s'exercer. 379

1. *La notion de « détention »*

La détention est par essence précaire, c'est-à-dire que le détenteur exerce un pouvoir de fait sur la chose, tout en sachant pertinemment qu'il n'en est pas propriétaire. Ce détenteur n'a que le *corpus*, à la différence du possesseur, qui exerce aussi un pouvoir de fait sur la chose – qui pourra toutefois se muter en relation de droit –, qui a le *corpus* et l'*animus*, c'est-à-dire la maîtrise de la chose et la volonté de se comporter en véritable propriétaire. C'est justement parce qu'il n'a que le *corpus* que le détenteur exercera son droit de rétention, dans le but de faire pression sur le propriétaire de la chose détenue afin que ce dernier lui règle sa créance. 380

381 Cela étant, la détention ne suppose pas nécessairement que la chose soit physiquement entre les mains du créancier. Il est tout à fait possible d'être détenteur *corpore alieno*, par entiercement notamment. À l'inverse, celui qui s'est dessaisi volontairement de la chose perd son droit de rétention (art. 2286 al. 2 C. civ.). Ainsi, en restituant la chose à son propriétaire — même s'il la récupère ultérieurement — ou en pratiquant une saisie entre ses propres mains, le détenteur se dessaisit volontairement de la chose et perd en conséquence son droit de rétention pour obtenir paiement de la créance correspondant à la période de détention achevée.

2. *Les caractéristiques de la détention*

382 En plus d'être effective, on enseigne traditionnellement que la détention doit être régulière. Ceci signifie que la détention du créancier doit être exempte de vices. En d'autres termes, ce dernier doit être entré en possession du bien légitimement, c'est-à-dire en l'absence de fraude, de faute ou de violence (Com. 26 oct. 1999, *préc.*). Pour autant, cette condition de régularité ne saurait être confondue avec une quelconque exigence de bonne foi du détenteur, puisque comme le possesseur de mauvaise foi, le détenteur sait ne pas être propriétaire du bien en cause. Comme le relèvent certains auteurs (M. Cabrillac, Ch. Mouly, S. Cabrillac et Ph. Pétel, *op. cit.*, n° 640), comment le détenteur pourrait-il être de bonne foi dans la mesure où il n'a pas l'*animus*, et sait pertinemment qu'il doit restituer le bien, qu'il retient à dessein ? La jurisprudence a en ce sens jugé à plusieurs reprises qu'un rétenteur de mauvaise foi pouvait toutefois exercer son droit de rétention (Civ. 1re, 7 janv.1992, *Bull. civ.* I, n° 4 ; Civ. 3e, 23 avr. 1974, *Bull. civ.* III, n° 164).

Par ailleurs, la détention semble devoir être complète. La Cour de cassation a ainsi refusé à un entrepreneur impayé le droit de rétention sur l'immeuble construit (Civ. 3e, 23 juin 1999, *Bull. civ.* III, n° 150) parce qu'il n'en avait pas une détention complète. En effet, l'entrepreneur n'a pas la détention de l'immeuble en entier, mais seulement des constructions. En revanche, elle l'accorde au tiers constructeur sur le terrain d'autrui qui peut retenir ses constructions et ouvrages — malgré sa mauvaise foi — tant qu'il n'a pas été indemnisé de ses améliorations (Civ. 3e, 23 avr. 1974, *préc.*). Enfin, le rétenteur n'abuse pas de son droit lorsqu'il existe une disproportion entre le montant de sa créance et le prix des marchandises bloquées (CA Versailles, 12e ch., 10 mars 2015, n° 13/05398 où la Cour juge qu' *« en vertu des articles 1948 et 2286 du code civil, le dépositaire impayé peut retenir la marchandise ; ce droit, étant discrétionnaire et indivisible, l'on ne saurait lui reprocher la disproportion entre le montant de sa créance* (24 748 euros) *et le prix des marchandises bloquées* (724 468 euros) *»*.

§ 3 Le lien de connexité entre la créance et la chose retenue

383 Ce n'est pas parce que le créancier détient un bien de son débiteur qu'il peut le retenir afin d'obtenir le paiement de sa créance. Le droit de rétention doit être justifié par autre chose que cette seule détention. Jusqu'à présent, la jurisprudence avait trouvé cette justification dans l'exigence d'un lien de connexité entre la créance impayée et la chose retenue. Cette exigence vient d'être rappelée par l'article 2286 du Code civil qui consacre ce lien de connexité comme fondement du droit de rétention. Plus précisément, ce lien de connexité peut prendre trois formes

différentes : la connexité juridique (A), la connexité matérielle (B) ou la connexité conventionnelle (C). Toutefois, de façon assez étrange, la loi n° 2008-776 du 4 août 2008 sur la modernisation de l'économie, dans son article 79, a rajouté un 4° à l'article 2286 du Code civil qui assortit le gage sans dépossession d'un droit de rétention (D).

A. La connexité juridique

Il y a connexité juridique (on dit aussi « subjective ») lorsque la créance et la détention 384 ■
de la chose ont leur source dans le même lien de droit, qu'il s'agisse d'un contrat ou d'un quasi-contrat. Cette faculté est souvent assimilée à l'exception d'inexécution dont elle est parfois la copie conforme, notamment lorsque l'obligation du créancier est effectivement une obligation de restitution, comme cela peut, par exemple, être le cas du dépositaire. Toutefois cette similitude n'est souvent qu'une simple proximité. D'abord parce que l'exception d'inexécution suppose une inexécution d'une certaine gravité, ce qui n'est pas le cas du droit de rétention. Ensuite, parce que la réciprocité propre à l'exception d'inexécution est rarement existante en cas d'exercice du droit de rétention. Ainsi, la contrepartie de l'obligation de payer du client qui a déposé son véhicule chez le garagiste est une obligation de réparation. Et, très souvent le garagiste retient le véhicule alors qu'il l'a réparé, mais n'est pas payé. D'ailleurs, le garagiste qui, confiant, restituerait ledit véhicule à son propriétaire ne peut plus exercer de droit de rétention puisqu'il s'en est dessaisi volontairement (v. ss 381 ; Com. 23 juin 1964, *D.* 1965. Jur. 79, obs. R. Rodière). Et, même si ce véhicule lui était à nouveau confié, pour une nouvelle réparation, il ne pourrait le retenir pour obtenir paiement de la première, à moins d'un contrat global d'entretien (Civ. 1re, 25 avr. 1967, *Bull. civ.* I, n° 145). Ainsi, le droit de rétention a un domaine plus étendu que celui de la simple *exceptio non adimpleti contractus.*

Or, selon l'article 2286 alinéa 1er, 2° du Code civil d'après lequel « Peut se prévaloir d'un droit de rétention sur la chose : Celui dont la créance impayée résulte du contrat qui l'oblige à la livrer », on pourrait se demander si le législateur n'a pas entendu restreindre la notion. Toutefois, comme M. A. Aynes l'appelle de ses vœux, il serait « souhaitable que la jurisprudence ne s'arrête pas à une lecture littérale du terme « contrat », mais confirme que la connexité juridique existe dès lors que les obligations réciproques sont nées d'un même rapport synallagmatique, spécialement dans le cadre des restitutions consécutives à l'anéantissement rétroactif d'un contrat » (A. Aynes, « La consécration légale des droits de rétention », *D.* 2006. 1301, spéc., n° 4 *in fine*).

B. La connexité matérielle

Il y a connexité matérielle lorsque la créance du rétenteur se rattache à la détention 385 ■
de la chose. L'article 2286 alinéa 1er, 3° dispose en effet que « Peut se prévaloir d'un droit de rétention sur la chose : Celui dont la créance impayée est née à l'occasion de la détention de la chose ». Cette formulation, qui reprend la définition jusqu'à présent prétorienne et doctrinale, permet de mettre l'accent sur deux points : d'une part, la chose sert de garantie aux dépenses qu'elle engendre (qu'il s'agisse de frais de conservation ou d'amélioration, par exemple) et d'autre part, seul le lien entre la créance et la détention de la chose – et non la chose elle-même – peut engendrer une connexité matérielle justifiant l'exercice d'un droit de rétention. Par conséquent,

si le créancier se dessaisit volontairement de celle-ci, toute connexité matérielle disparaît, entraînant avec elle la perte du droit de rétention.

Il arrive fréquemment qu'une connexité juridique se double d'une connexité matérielle et l'exemple du garagiste peut encore ici être évoqué. Ce cumul n'est ni pénalisant, ni nécessaire pour la mise en œuvre du droit de rétention. Une simple connexité matérielle peut parfaitement suffire.

C. La connexité conventionnelle

■ 386 Avant la réforme du droit des sûretés, la question d'un droit de rétention conventionnel était discutée. En posant que « Peut se prévaloir d'un droit de rétention sur la chose : Celui à qui la chose a été remise jusqu'au paiement de sa créance », l'article 2286 alinéa 1er, 1° du Code civil vient de le consacrer.

Il y a donc connexité conventionnelle lorsque les parties conviennent que le débiteur remettra à son créancier une chose en garantie de sa créance, que ce dernier pourra retenir à défaut de paiement à l'échéance. Ainsi, à la différence des deux cas précédents, la connexité conventionnelle ne suppose pas une créance impayée. Bien au contraire, il s'agit d'anticiper un défaut de paiement à l'échéance. Ici, la volonté des parties — qui devra être univoque — remplace la connexité. Il peut n'y avoir aucun lien de connexité, juridique ou matériel, entre la créance et la chose remise, dès lors que les parties se sont entendues sur le principe du mécanisme de garantie. Cette hypothèse recouvre et celle du contrat de gage avec dépossession qui est aussi l'affectation en garantie d'un bien remis au créancier, et celle d'un droit de rétention conventionnel. Au demeurant, il ne faudrait pas que ce soit juste un moyen de détourner les règles de constitution du contrat de gage. Au demeurant, même si tel était le cas, outre qu'une telle convention nécessitera probablement un écrit — même s'il n'est que probatoire —, elle n'emportera jamais les effets positifs du contrat de gage, se contenant d'aménager un simple pouvoir de blocage ou droit de ne pas restituer.

D. Le droit de rétention du créancier gagiste sans dépossession

■ 387 Après le 3° de l'article 2286, la loi LME a inséré un 4° rédigé comme suit : « 4° Celui qui bénéficie d'un gage sans dépossession ». Ainsi, outre les trois possibilités ci-dessus évoquées qui supposent une connexité entre la créance garantie et le bien gagé, peut se prévaloir d'un droit de rétention sur la chose « celui qui bénéficie d'un gage sans dépossession ». Dans cette hypothèse d'un gage sans dépossession, le droit de rétention ne repose sur aucune connexité, mais sur une simple fiction légale. Il existe donc, à l'heure actuelle, trois droits de rétention distincts : le droit de rétention effectif, bien réel, autonome ou conséquence d'un gage avec dépossession, le droit de rétention fictif, dématérialisé qu'est le gage sur véhicule, et enfin le droit de rétention fictif « LME », conséquence d'un gage sans dépossession. La création de ce nouveau droit de rétention est indéniablement liée au semi-échec du gage sans dépossession, nécessairement dépourvu de droit de rétention. Dans la mesure où à côté de celui-ci, le gage avec dépossession (et donc droit de rétention) a subsisté, le gage sans dépossession n'a pas eu le succès escompté (V. D. Legeais, « Droit de rétention du créancier gagiste », *RD banc. fin.* sept. 2008, comm. n° 139 ; L. Aynès et Ph. Dupichot, *Dr. et patr.* 2008, n° 174, p. 99 ; S. Piedelièvre, « Le nouvel article 2286-4° du Code civil », *D.* 2008, p. 2950 ; A. Aynes, « L'extension du droit de rétention dans le projet de réforme des procédures collectives », *JCP* 2008, act. 300 ; P. Crocq, *D.* 2008, pan. 2106). L'une des solutions était donc d'accorder au créancier gagiste sans dépossession un droit de rétention fictif afin de compléter la seule prérogative dont il disposait jusqu'à présent : un droit de préférence. Il était en effet primé par bon nombre de créanciers, en cas de procédure collective de son débiteur. D'où la précision du législateur qui a pris la peine, en même temps qu'il a instauré ce nouveau droit de rétention, d'investir le gouvernement du pouvoir de préciser par voie d'ordonnance son régime en cas de procédure collective. Or, il s'avère que l'effet de ce droit de rétention est sérieusement paralysé en cas de procédure de sauvegarde et de redressement judiciaire (v. ss 401 s.). Aussi peut-on douter de l'efficacité de ce droit, tant lorsque le débiteur est *in bonis*, puisque le créancier est dépourvu du pouvoir de blocage qui fait en principe tout l'intérêt de ce droit, que lorsqu'il est en procédure collective.

Par ailleurs, comme plusieurs auteurs n'ont pas manqué de le soulever, ce nouveau droit de rétention « LME » ne va pas manquer de poser des problèmes de conflits de droit de rétention. Puisqu'il n'y a plus que des créanciers titulaires d'un droit de rétention, comment se réglera le conflit entre un créancier muni d'un droit de rétention effectif et un créancier bénéficiaire d'un droit de rétention fictif ? Devra-t-on distinguer selon les fictivités ? Faudra-t-il suivre la jurisprudence passée qui préférait le droit de rétention effectif au droit de rétention fictif (Com. 11 juin 1969, *D.* 1970, p. 244, note Ph. Birh) ou appliquer l'article 2240, alinéa 2 du Code civil (v. ss 440 s.) qui fait primer le créancier gagiste sans dépossession qui a régulièrement inscrit son gage (et donc le droit de rétention fictif) sur le créancier gagiste avec dépossession ? Si l'on suit la logique du législateur, la seconde solution devrait être privilégiée. Par ailleurs, qui préférera-t-on du gagiste sans dépossession ou du simple rétenteur ? La logique de la maîtrise matérielle de la chose sortira-t-elle victorieuse d'une réponse guidée par la chronologie des situations ? La première solution nous semblerait devoir être consacrée. 388 ■

section 2

Les effets du droit de rétention

Bien que n'étant pas une sûreté (v. ss 364), le droit de rétention en a tout de même certains des effets, notamment en ce qu'il est opposable aux tiers et à la procédure collective. Aussi convient-il d'en envisager les effets entre les parties d'abord (1) et à l'égard des tiers ensuite (2). 389 ■

§ 1 Les effets du droit de rétention entre les parties

Entre les parties, le droit de rétention ne traduit qu'un simple pouvoir de fait du rétenteur sur la chose. Pour reprendre la distinction chère au regretté professeur Christian Mouly, le rétenteur conserve l'utilité de la chose (A) sans pouvoir bénéficier de sa valeur (B). 390 ■

A. L'utilité

1. Le droit de ne pas restituer la chose

391 L'utilité de la chose n'est pas ici le droit, pour le débiteur, d'user de la chose, mais fait référence à la gêne que son défaut génère pour le créancier. En effet, n'étant pas en possession matérielle de la chose, le débiteur peut pourtant en avoir un cruel besoin. Et c'est tout l'intérêt du droit de rétention que de développer entre les parties un effet négatif, passif : le droit pour le créancier de ne pas restituer la chose, ni même les fruits qu'elle pourrait produire. Ce simple pouvoir de blocage peut, si l'utilité et la valeur du bien retenu sont importantes, être très gênant pour le débiteur. Dès lors, s'il veut récupérer son bien il n'aura d'autre choix que de payer le débiteur. L'efficacité de ce droit de rétention est d'autant plus remarquable que joue en la matière un principe d'indivisibilité la conditionnant. Cela signifie deux choses. D'une part, tant que le créancier rétenteur n'est pas intégralement payé de sa créance, il peut continuer de retenir la chose (Paris, 5 mars 1992, *JCP* 1992. I. 3623, obs. Ph. Delebecque où le droit de rétention est admis alors même que le créancier avait conclu une transaction aux termes de laquelle il s'engageait à restituer le bien moyennant paiement d'une somme, laquelle s'est ensuite révélée inférieure à sa créance). D'autre part, aucune exigence de proportionnalité entre la chose retenue et la créance impayée n'est, pour l'instant, nécessaire.

En revanche, si la gêne provoquée par le droit de rétention n'est pas suffisante, le droit de rétention restera lettre morte. Cependant, le créancier n'a pas pour autant intérêt à se dessaisir volontairement de la chose, en faisant par exemple pratiquer une saisie entre ses mains, car il perdrait son droit (v. ss 381) sans obtenir la moindre préférence sur le prix résultant d'une vente forcée, sauf à bénéficier d'une sûreté par ailleurs. Il redeviendrait simple créancier chirographaire. De même, le créancier ne peut en principe solliciter l'attribution en pleine propriété du bien retenu car en se dessaisissant de celui-ci il perdrait ses prérogatives. C'est pourquoi il ne peut demander en justice que le bien retenu lui soit attribué en pleine propriété (Com. 9 juin 1998, *Bull. civ.* IV, 1998, n° 181 ; *JCP* 1999. I. 116, n° 12, obs. Ph. Delebecque ; Paris, 12 sept. 2008, *BTL* 2009, p. 96, qui précise que si le transporteur rétenteur peut refuser la restitution des marchandises sur lesquelles il exerce son droit, il ne peut prétendre à l'attribution de leur propriété). Les choses se présentent naturellement différemment lorsque c'est le liquidateur qui prend l'initiative de vendre le bien formant l'objet de la rétention : le droit de rétention se reporte alors sur le prix dégagé par la vente et se transforme en véritable privilège de premier rang.

2. Le devoir de conserver la chose

392 Un devoir de conservation de la chose retenue accompagne la rétention. Si celui-ci a toujours été retenu à la charge du rétenteur (Civ. 1re, 4 juin 1971, *Bull. civ.* I, n° 178 ; *D.* 1971. 489, obs. R. Lindon ; *JCP* 1971. II. 16913, note J.-F. Durand et Ph. Letourneau qui jugeait déjà : « le droit de rétention... oblige le rétenteur à ne pas user de la chose et à en prendre soin »), le débat a récemment été renouvelé pour deux raisons : d'une part, grâce à la réforme du droit des sûretés qui, en matière de gage, met officiellement une obligation de conservation à la charge du créancier ou du débiteur selon que le gage est avec ou sans dépossession (v. ss 434 s.), d'autre part, à travers un arrêt intéressant. En l'occurrence, les adhérents d'une société coopérative spécialisée dans

le séchage des prunes et la commercialisation des pruneaux en résultant, avaient convenu avec la coopérative de lui confier le séchage de leur récolte. Devant leur refus de payer le prix de la prestation, la coopérative devait exercer son droit de rétention sur les fruits séchés. Ce n'est qu'à la suite d'une décision de justice les condamnant, que les producteurs s'exécutèrent. La coopérative restitua alors la marchandise, mais celle-ci avait entre-temps perdu tout caractère comestible, et était devenue impropre à toute commercialisation. Assignée en dommages-intérêts, la coopérative invoqua le rôle principal des producteurs dans la survenance de leur préjudice. La Cour de cassation n'entend pas cet argument et confirme sa jurisprudence en jugeant que « le droit de retenir la marchandise jusqu'à complet paiement ne dispense aucunement le rétenteur de procéder aux diligences nécessaires à sa conservation » (Civ. 1re, 7 nov. 2006, *RTD civ.* 2007. 159, obs. P. Crocq ; *JCP* 2007. I. 158, n° 20, obs. Ph. Delebecque et P. Simler). La question était celle des contours de l'obligation de conservation du rétenteur face à des biens périssables. Certes, on ne peut obliger le créancier à se dessaisir du bien, fût-il périssable, au profit du débiteur (Com. 19 nov. 2002, *Bull. civ.* IV, n° 172 ; *JCP* 2003. I. 124, n° 17, obs. Ph. Delebecque), mais la Cour de cassation tranche le débat en mettant apparemment à la charge du rétenteur, assimilé à un dépositaire, une obligation de résultat atténuée. Pourtant, cette affaire aurait pu être l'occasion de dire si l'obligation de conservation pouvait impliquer le droit pour le rétenteur de disposer de la chose afin d'en conserver la valeur. On aurait pu imaginer qu'« un tel acte de disposition (en l'occurrence la vente des pruneaux), étant imposé par l'obligation de conservation, ne pourrait être considéré comme un acte de dépossession volontaire », la logique voulant « que le droit de rétention puisse se reporter sur le prix ainsi consigné » (v. obs. P. Crocq sous cet arrêt, *RTD civ.* 2007. 160).

B. La valeur

La particularité du droit de rétention, outre ce pouvoir négatif (v. ss 391) est qu'il ne 393 ■
confère au créancier rétenteur aucun droit sur la valeur de la chose. Le créancier n'a pas le pouvoir de solliciter la réalisation du bien, qu'il s'agisse de sa vente forcée (Com. 1er févr. 1958, *Bull. civ.* III, n° 82), ou de son attribution, judiciaire (Com. 9 juin 1998, *Bull. civ.* IV, n° 181) ou conventionnelle, en propriété. De même, le créancier n'a pas de droit de suite sur la chose, son droit étant perdu dès son dessaisissement volontaire.

§ 2 L'opposabilité du droit de rétention aux tiers

Bien que n'étant pas une sûreté, le droit de rétention n'en est pas moins opposable 394 ■
aux tiers, que ce soit en l'absence (A) ou en présence d'une procédure collective (B).

A. En l'absence de procédure collective

Le droit de rétention est opposable *erga omnes*, à l'égard de tous, qu'il s'agisse des 395 ■
autres créanciers en général (1), ou du propriétaire du bien en particulier (2).

1. Opposabilité aux créanciers

a. Le principe

396 En tant que pouvoir de fait sur la chose, le créancier peut opposer son droit de rétention à tous, y compris aux créanciers de son débiteur (Civ. 1re, 7 janv. 1992, *JCP* 1992. II. 21971, note Ramarolanto-Ratiary ; *RTD civ.* 1992. 586, obs. P.-Y. Gauthier ; *JCP* 1992. I. 3583, n° 6, obs. Ph. Delebecque). Ce n'est que l'application de l'adage *« nemo plus juris ad alium transfere potest »*. En effet, le créancier ne peut avoir plus de droits qu'on ne lui en a transmis. Ainsi, le créancier qui diligenterait une saisie du bien entre les mains du rétenteur ne pourra en obtenir la délivrance qu'après l'avoir payé. C'est ici la grande force du droit de rétention qui ne procure au créancier rétenteur aucun droit de préférence sur la chose, mais qui, par une simple abstention, lui permet d'obtenir paiement de sa créance, par un tiers, alors que son propre débiteur ne le peut, ou ne le veut pas. Toutefois ce n'est qu'un pouvoir négatif qui, au plan procédural, se développera par voie d'exception. Ce pouvoir de blocage qui se solde généralement par le paiement volontaire du tiers acculé ne confère pas au rétenteur le droit d'exiger, par voie d'action, le paiement du tiers. De surcroît, cette faculté d'opposer son droit de rétention aux tiers n'est subordonnée à aucune condition de publicité. Cela a notamment été jugé à propos du droit de rétention d'un immeuble (Civ. 3e, 16 déc. 1998, *préc.* où la Cour retient que « l'opposabilité du droit de rétention n'est pas subordonnée à la publicité foncière »). Cette solution s'explique par l'absence de droit du rétenteur sur la valeur de l'immeuble (le simple rétenteur n'est pas susceptible d'entrer en conflit avec un autre créancier muni de sûreté) et tend à contredire l'affirmation selon laquelle le droit de rétention serait un droit réel (v. ss 368).

b. Les atténuations du principe

397 Ce principe d'opposabilité *erga omnes* du droit de rétention rencontre deux limites dont la première, récente, est une véritable exception au principe, alors que la seconde, plus ancienne, se trouve être, en fait, une application du principe. D'une part, pour ne pas entraver le développement du gage sans dépossession, la réforme des sûretés a prévu, à l'article 2340 alinéa 2 du Code civil, qu'en cas de conflit entre un créancier gagiste sans dépossession et un créancier gagiste ultérieur avec dépossession, le premier devait l'emporter sans que le droit de rétention du second ne soit un obstacle. Du reste, l'application de cette règle en cas de procédure collective du débiteur risque de poser difficulté (v. ss 440) : faudra-t-il que le débiteur, pour récupérer le bien nécessaire à la poursuite de l'activité, règle d'abord le premier créancier gagiste, sans dépossession, alors que seul le second le retient effectivement (sur cette interrogation, v. A. Aynes, *art. préc.*, n° 7) ? D'autre part, en cas de conflit entre un créancier titulaire d'un droit de rétention effectif, qu'il soit autonome ou la conséquence d'une sûreté, et un créancier avec un droit de rétention fictif, comme cela peut être le cas de celui disposant d'un gage automobile, la jurisprudence fait primer le premier. Le véritable pouvoir de blocage, lié à la possession effective et matérielle de la chose l'emporte sur la fiction légale.

2. Opposabilité au tiers propriétaire

398 Dans l'hypothèse où le débiteur n'est pas le propriétaire du bien retenu, qu'en est-il de l'opposabilité du droit de rétention au véritable propriétaire qui n'est pas le

débiteur ? Il se trouve que la jurisprudence a affirmé, à plusieurs reprises, que le droit de rétention est opposable *erga omnes*, y compris au tiers non tenu à la dette qu'est le propriétaire. (Civ. 1re, 24 sept. 2009, *Gaz. Pal.* 13-14 janv. 2010, p. 22, obs. M.-P. Dumont-Lefrand, où la Cour rappelle que « le droit de rétention est un droit réel, opposable à tous, y compris aux tiers non tenus à la dette », mais précise qu'il est opposable aux sous-acquéreurs en dépit de leur bonne foi et de l'insolvabilité de la société intermédiaire (acheteur-revendeur) tombée en liquidation judiciaire, ces deux éléments « ne pouvant faire dégénérer en abus l'exercice de ce droit »). Toutefois, deux situations doivent être distinguées selon que le tiers est devenu propriétaire alors que le bien était déjà retenu, ou qu'il l'est devenu après.

Dans le premier cas, le sous-acquéreur ne saurait acquérir plus de droits que son créancier, en l'occurrence débiteur du rétenteur. Il acquiert donc une chose supportant déjà un droit de rétention. Par conséquent, il est logique de reconnaître au créancier rétenteur un droit de rétention qui est lui est opposable (Com. 31 mai 1994, *Bull. civ.* IV, n° 195 ; *JCP* 1994. I. 3807, n° 21, obs. Ph. Delebecque ; *JCP* 1996. II. 22622, note Ch. Jubault), et ceci qu'il ait ou non payé le prix entre les mains de son vendeur/débiteur (Com. 14 avr. 1992, *Bull. civ.* IV, n° 164 ; *D.* 1993. Somm. 298, obs. F. Pérochon). La rétention ne saurait être subordonnée à l'existence d'une dette pesant sur le sous-acquéreur, mais à celle d'une créance au bénéfice du rétenteur (Com. 21 févr. 2006, *RLDC* déc. 2006, p. 23, obs. A. Aynes). En l'espèce, le sous-acquéreur d'un véhicule dont les papiers étaient détenus par le vendeur initial demeuré impayé, prétendait en obtenir la restitution moyennant le paiement direct au rétenteur du solde restant dû, soit 20 % du prix (le vendeur intermédiaire ayant déjà perçu 80 % du prix). Or cette somme ne couvrait pas la créance du rétenteur qui lui opposait en conséquence son droit de rétention. La Cour de cassation l'en approuve, jugeant que le vendeur initial « était en droit d'exercer une rétention des documents administratifs accessoires à la vente des véhicules tant qu'(il) n'était pas intégralement payé de leur prix », peu important que le sous-acquéreur ait « rempli partiellement son obligation de règlement du prix en s'en acquittant de 80 % » auprès du vendeur intermédiaire. Mais, comme évoqué précédemment, cette opposabilité à l'égard du sous-acquéreur ne saurait se transformer en une transmission de plein droit à l'acquéreur de la dette garantie par le droit de rétention (Civ. 8 déc. 1868, *DP* 1869. I. 76). Par conséquent, en principe, aucune condamnation personnelle ne peut être prononcée contre ce tiers (v. toutefois, Com. 3 mai 2006, *RTD civ.* 2006. 584, obs. Th. Revet ; v. ss 400). 399 ■

Dans le second cas, lorsque le propriétaire l'est devenu alors que la chose était libre de tout droit de rétention (la chose a été remise au rétenteur après le transfert de propriété), ou que le propriétaire n'est pas l'ayant cause à titre particulier du débiteur, la Cour de cassation juge que le droit de rétention est opposable au tiers propriétaire lorsque la créance prend naissance à l'occasion de la détention de la chose, par l'effet d'une connexité matérielle (Civ. 1re, 22 mai 1962, *D.* 1965. 58, note R. Rodière). En revanche lorsque le droit de rétention est fondé sur un lien de connexité purement juridique, il ne peut être invoqué contre le propriétaire non débiteur (CE 2 juill. 2003, *RTD civ.* 2004. 324 obs. crit. P. Crocq ; *JCP* 2003. II. 10180, note J. Martin et P.-Y. Nauleau). Ainsi, parce que la dette naît à l'occasion de la détention, le droit de rétention est opposable au tiers propriétaire non débiteur. Ce raisonnement est admissible dans la mesure où la créance profite à la chose — peu 400 ■

importe qu'il n'en résulte pas d'augmentation de valeur. Étant née *intuitu rei*, à l'occasion de la chose retenue, la jurisprudence considère qu'il est normal que la chose retenue garantisse le remboursement de cette créance, par l'intermédiaire de celui qui exerce sur elle son pouvoir, c'est-à-dire le propriétaire. Toutefois, la Cour de cassation semble récemment être allée plus loin en autorisant le rétenteur, à propos d'une créance de gardiennage, par conséquent née à l'occasion de la détention de la chose, à exercer son droit de rétention en en exigeant le paiement directement au tiers propriétaire. Pourtant, le véhicule gardé avait été apporté chez le garagiste par son locataire, lequel avait conclu avec lui un contrat de réparation, le propriétaire/bailleur y étant étranger. En qualifiant le droit de rétention de « droit réel opposable à tous, y compris aux tiers non tenus à la dette », et en constatant que la créance en cause était née à l'occasion de la détention du bien, la Cour en conclut que la dette personnelle du locataire se double d'une obligation réelle du propriétaire à qui le rétenteur peut en conséquence demander le paiement de sa créance (Com. 3 mai 2006, *RTD civ.* 2006. 584, obs. T. Revet).

B. En présence d'une procédure collective

401 Le créancier rétenteur est celui qui semble le mieux résister (v. toutefois, P. Crocq, « La réforme des procédures collectives et le droit des sûretés », *D.* 2006. 1306 qui s'inquiète de l'éventuelle combinaison des articles 2286 et 2287 du Code civil — celui affirmant la prééminence du droit des procédures collectives sur le nouveau droit des sûretés figurant au nouveau Livre IV du Code de commerce —, craignant que cela ait « pour conséquence que le droit de rétention cesserait subitement d'être opposable à la procédure collective en dehors des cas où cette opposabilité a été expressément admise par un article du Livre VI du Code de commerce, remettant ainsi en cause la jurisprudence antérieure qui avait généralisé cette opposabilité ! ») au séisme que représente pour les créanciers une procédure collective de leur débiteur. Le pouvoir de fait que représente ce droit pourra lui permettre d'éviter le fameux principe d'interdiction des paiements des créances antérieures qui gouverne la procédure collective. En effet, que ce soit en période d'observation, ou en cas de liquidation judiciaire, les organes de la procédure pourront être amenés à désintéresser le créancier rétenteur nonobstant l'interdiction des paiements. Aussi convient-il d'examiner si le créancier rétenteur est tenu de déclarer sa créance (1) avant d'envisager son sort pendant la période d'observation (2), puis en cas de liquidation judiciaire (3).

1. *La déclaration de créance*

402 En vertu de l'article L. 622-24 alinéa 1er du Code de commerce, tout créancier doit déclarer sa créance à la procédure collective de son débiteur dans les deux mois de la publication du jugement d'ouverture au BODACC. À défaut, la créance n'est plus éteinte mais est inopposable à la procédure, « pendant l'exécution du plan et après cette exécution lorsque les engagements énoncés dans le plan ou décidés par le tribunal ont été tenus » (art. L. 622-26 al. 2 C. com.) Le créancier forclos n'est pas admis dans les répartitions et les dividendes à moins que le juge-commissaire ne le relève de sa forclusion dans les conditions de l'alinéa premier du texte. S'il s'agit d'une créance privilégiée, le créancier ne doit pas omettre de signaler la nature du privilège ou de la sûreté dont la créance est éventuellement assortie, sous peine de

perdre son privilège. On s'est alors interrogé sur l'applicabilité de ce texte au droit de rétention.

La jurisprudence a distingué selon que le droit de rétention est un droit autonome, ou la conséquence d'un privilège. Elle a d'abord jugé que lorsque le droit de rétention est un droit autonome, n'étant ni une sûreté, ni assimilable au gage, il n'a pas à être déclaré (Com. 20 mai 1997, *Bull. civ.* IV, n° 141 ; *D.* 1998. Jur. 479, note F. Kandérian ; *D.* 1998. Somm. 102, obs. S. Piedelièvre ; *RTD civ.* 1997. 7, obs. P. Crocq ; V. égal. Com. 16 juin 2015, n° 13-27736, *RTD com.* 2015. 745 ; *JCP* G 2016. 553, p. 948, obs. Delebecque). À l'inverse, lorsqu'il s'agit d'un droit de rétention conséquence d'une sûreté, elle n'a pas hésité à juger que le défaut de déclaration entraînait aussi la disparition du droit de rétention, en tant qu'accessoire de la sûreté. Cela a été retenu, à propos du privilège d'un commissionnaire de transport. Se fondant sur ce caractère accessoire du droit de rétention vu comme « la conséquence du privilège », elle en a déduit que le commissionnaire « qui n'a demandé son admission au passif de la procédure collective du commettant débiteur qu'à titre chirographaire, perdant ainsi son privilège, ne peut non plus retenir la marchandise » (Com. 8 juin 1999, *Bull. civ.* IV, n° 125 ; *D.* 2000. Somm. 388, obs. S. Piedelièvre ; *D.* 2000. Somm. 297, obs. B. Mercadal ; *RTD com.* 1999. 968, obs. A. Martin-Serf ; *RTD com.* 2000. 167, n° 10, obs. B. Bouloc ; *JCP* 2000. I. 209, obs. Ph. Delebecque ; *JCP* 2000. I. 233, obs. M. Cabrillac ; v. aussi, F. Pérochon, « Le droit de rétention, accessoire de la créance », in *Mélanges M. Cabrillac*, Dalloz, 1999, p. 389 ; A. Ghozi, « Sur la dualité du droit de rétention : à propos du droit de rétention du commissionnaire de transport », in *Mélanges P. Catala*, Litec, 2001, p. 719 ; M.-P. Dumont, *L'opération de commission*, Litec, 2000, n° 45, préface J.-M. Mousseron, p. 783 s.). Toutefois, maintenant que la sanction du défaut de déclaration de créance n'est plus l'extinction de la créance, mais sa simple inopposabilité à la procédure, le créancier forclos rétenteur sera-t-il tenu de se dessaisir de son bien faute de pouvoir opposer son droit de rétention ? À cette question, le professeur Crocq répond par la négative au prétexte que le lien de connexité qui est le fondement du droit de rétention n'est pas atteint par le défaut de déclaration de créance, celle-ci n'étant plus éteinte (*D.* 2006. 1307, n° 11). Dans le même sens, notre collègue A. Aynes estime que l'efficacité du droit de rétention ne saurait être remise en cause par un défaut de déclaration de créance, puisqu'il s'agit simplement de rester passif (A. Aynes, *op. cit.*, n° 378, p. 306). Toutefois, d'accord avec le professeur Pérochon, il nous semble que le caractère accessoire du droit de rétention fonde son inefficacité pendant toutes les phases de la procédure collective (F. Pérochon et R. Bonhomme, *Entreprises en difficultés, Instruments de crédit et de paiement*, LGDJ, 7ᵉ éd., 2006, n° 537, p. 521) dans la mesure où le créancier rétenteur ne peut plus invoquer sa créance, tout au moins jusqu'à la clôture de la procédure.

2. *La rétention pendant la période d'observation*

L'article L. 622-7-I du Code de commerce pose le principe de l'interdiction du paiement des créances antérieures à compter du jugement d'ouverture (V. F. Pérochon, « Les interdictions de paiement et le traitement des sûretés réelles », *D.* 2009, *Dossier sur la réforme du droit des entreprises en difficulté*, p. 651). Toutefois, aux termes de l'article L. 622-7-II alinéa 2 du Code de commerce, le juge-commissaire peut autoriser le chef d'entreprise ou l'administrateur à payer des créances antérieures au jugement d'ouverture « pour retirer le gage ou une chose légitimement retenue [...], lorsque ce retrait ou ce retour est justifié par la poursuite de l'activité ». 403

Ainsi, la survenance d'une procédure collective du débiteur n'a quasiment pas d'incidence sur la situation de force du créancier rétenteur, tout au moins dans l'hypothèse où le retrait de la chose qu'il détient est nécessaire à la poursuite de l'activité. En effet, sous réserve que le juge-commissaire vérifie la nécessité du bien retenu, le rétenteur pourra, malgré le principe d'interdiction des paiements des créances antérieures, obtenir le règlement de sa créance. En outre, contrairement à l'article L. 622-8 alinéa 3 du Code de commerce qui autorise le juge-commissaire à ordonner une substitution de garantie en l'absence d'accord du créancier, la jurisprudence a conclu que le rétenteur ne peut se voir imposer la substitution d'un autre bien aux lieux et place de celui retenu en garantie (Com. 4 juill. 2000, *Bull. civ.* IV, n° 136 ; *D.* 2001. Somm. 441, obs. S. Piedelièvre ; *RTD com.* 2000. 569, spéc. n° 14 ; *JCP* E 2001. 174, obs. M. Cabrillac).

404 Qu'en est-il de la situation du créancier gagiste sans dépossession désormais titulaire d'un droit de rétention fictif ? La réponse est fournie par l'article L. 622-7-I al. 2 du Code de commerce qui dispose que « de même, il (le jugement d'ouverture) emporte, de plein droit, inopposabilité du droit de rétention conféré par le 4° de l'article 2286 du Code civil pendant la période d'observation et l'exécution du plan, sauf si le bien objet du gage est compris dans une cession d'activité décidée en application de l'article L. 626-1 ». Ainsi, pendant la période d'observation et d'exécution du plan (sauf s'il s'agit d'un plan de cession : *cf.* n° suivant), l'intérêt du droit de rétention fictif « LME » est paralysé. Tout se passe comme si le droit de rétention n'existait pas. Le créancier gagiste ne pourra se prévaloir d'aucun retrait contre paiement pour obtenir le règlement de sa créance, ce qui est somme toute assez logique dans la mesure où cette dérogation au principe de l'interdiction des paiements n'est pas une faveur faite au créancier rétenteur mais une prise en compte de la nécessité du bien retenu à la poursuite de l'activité. Or, dans la mesure où le créancier gagiste sans dépossession n'a pas le bien entre les mains, lequel a été conservé par le débiteur, il n'y a pas de raison de le régler pour pouvoir avoir la libre disposition du bien. Cela étant, la neutralisation du droit de rétention est strictement limitée au droit de rétention fictif « LME », à l'exclusion du droit de rétention fictif « classique », qui demeure, quant à lui opposable. Cette solution découle du rapport au président de la République, aux termes duquel : « Il est ainsi permis au débiteur de continuer à faire usage du bien gagé, ce qui apparaît de nature à favoriser le maintien de l'exploitation. Celui-ci pourra, par exemple, utiliser les stocks grevés d'un gage sans dépossession soumis aux dispositions des articles L. 527-1 et suivants du Code de commerce. Le titulaire d'un tel gage tient en effet son droit de rétention de l'article 2286 (4°) du Code civil. En revanche, cette disposition n'affectera pas les droits de rétention institués par des textes spéciaux ». Cela étant, la jurisprudence avait pu juger l'inverse dans le cadre d'un warrant agricole où le créancier est pourtant titulaire d'un droit de rétention fictif (Com. 9 avr. 1991, *Bull. civ.* IV, n° 131). Il faudra par ailleurs veiller à ce que le créancier déclare, outre sa créance, le gage et le droit de rétention qui en sont l'accessoire dans la mesure où l'inopposabilité à la procédure pourra n'être que temporaire.

405 Si ce nouveau droit de rétention fictif est inopposable à la procédure pendant la période d'observation et l'exécution du plan, l'article L. 622-7-I al. 2 réserve expressément l'hypothèse où « le bien objet du gage est compris dans une cession d'activité décidée en application de l'article L. 626-I ». Dès lors, ce droit de rétention devient opposable à la procédure lorsque le plan de sauvegarde ou de redressement comporte une cession d'activité incluant la cession du bien grevé. Le créancier peut donc faire obstacle à la cession tant qu'il n'est pas intégralement payé. Cette solution, déjà admise à l'égard du rétenteur effectif qui pouvait refuser de remettre le bien retenu au cessionnaire (Com. 20 mai 1997, *Bull. civ.* IV, n° 151 ; *D.* 1997, somm. comm. p. 312, obs. A. Honorat ; *D.* 1998, somm. comm. p. 102, obs. S. Piedelièvre ; *RTD civ.* 1997, p. 708, obs. P. Crocq), est dorénavant consacrée par l'article L. 642-12 al. 5 qui dispose que : « Les dispositions du présent article (lequel est relatif à l'extinction des sûretés moyennant l'affectation d'une quote-part du prix de cession) n'affectent pas le droit de rétention acquis par un créancier sur les biens compris dans la cession ».

3. La rétention en phase de liquidation judiciaire

En cas de liquidation judiciaire du débiteur, le créancier rétenteur continue de bénéficier d'une situation très enviable dans la mesure où son droit continue d'être opposable, en l'occurrence à la procédure collective (v. Com. 21 mars 2006, *RLDC* déc. 2006 cité par A. Aynes, « Actualité jurisprudentielle de la rétention », p. 23 où la Cour juge que « si le droit de rétention n'est pas un privilège, il en a les effets en ce qu'il est opposable à la procédure collective et confère à son titulaire le droit de refuser la restitution de la chose jusqu'au complet paiement de sa créance ou d'être payé sur son prix en cas de vente par le liquidateur »). La situation du créancier varie selon le choix du mandataire habilité. 406 ■

En premier lieu, il peut, comme en période d'observation obtenir paiement de sa créance si l'administrateur, le cas échéant, s'il n'en a pas été désigné, le liquidateur, autorisé par le juge-commissaire souhaite « retirer [...] la chose retenue » (art. L. 641-3 al. 2 C. com.). La seule condition mise à ce paiement, outre la déclaration de créance, est l'existence de fonds suffisants. Nulle nécessité que le bien retenu soit nécessaire à une quelconque poursuite d'activité, le but de ce retrait étant simplement de réaliser le bien dans les meilleures conditions possibles. Cette possibilité bénéficie aussi au titulaire d'un droit de rétention « LME » dans la mesure où l'art. L. 641-3 al. 1 ne renvoie pas au deuxièmement de l'art. L. 622-7-I : ce créancier bénéficie du retrait contre paiement si l'initiative en est prise par le mandataire habilité.

En second lieu, si le bien retenu n'a pas été retiré, le liquidateur doit dans les six mois du jugement de liquidation judiciaire demander l'autorisation au juge-commissaire (art. L. 642-20-1 al. 1 C. com.), de vendre le bien. Dès lors, le droit de rétention du créancier est de plein droit reporté sur le prix (sauf en matière d'immeubles : Civ. 3e, 23 oct. 2002, *JCP* 2003. I. 113, n° 7, obs. M. Cabrillac ; *JCP* 2003. I. 124, n° 13, obs. Ph. Delebecque ; *RD banc. fin.* 2003. 25, obs. D. Legeais, ce qui lui permet, par l'effet de la subrogation réelle, et même s'il est simplement créancier chirographaire, d'être payé avant tous les autres, y compris le superprivilège des salariés (Com. 15 oct. 1991, *Bull. civ.* IV, n° 288 ; *JCP* 1992. I. 3623, n° 24, obs. Ph. Delebecque). Ce faisant, le droit de rétention, simple droit de résister devient un véritable privilège, de surcroît de premier rang. De plus, le rétenteur, même s'il n'est pas encore admis, peut demander au juge-commissaire, avant la réalisation, l'attribution judiciaire (art. L. 642-20-1 al. 2 C. com.). La seule erreur que le rétenteur devra veiller à ne pas commettre serait de se dessaisir du bien car l'exclusivisme ne dure que le temps de la détention. Or il faudra parfois lire l'ordonnance du juge-commissaire avec attention (Com. 16 janv. 2007, *JCP* 2007. I. 158, n° 21, obs. Ph. Delebecque).

7

Compléments pédagogiques

Mémo

Le droit de rétention est un mécanisme de garantie fondé sur la conservation de la possession du bien par le rétenteur. On peut le *définir* comme la possibilité accordée à un créancier qui détient la chose de son débiteur de lui en refuser la restitution à défaut de paiement de l'intégralité de sa créance. Il est traditionnellement la conséquence d'un gage avec dépossession, mais la loi LME n° 2008-776 du 4 août 2008, l'a étendu à l'hypothèse d'un gage sans dépossession (art. 2286-4° C. civ. : hypothèse que nous désignerons par l'expression de droit de rétention fictif « LME »). Il peut aussi être détaché de toute sûreté réelle. On parle alors de *droit autonome de rétention*. Réglementé de façon ponctuelle dans le Code civil notamment, la jurisprudence avait peu à peu étendu le domaine d'application du droit de rétention autonome à des hypothèses non prévues par les textes, jusqu'à bâtir une véritable théorie générale du droit de rétention fondée sur « les principes relatifs au droit de rétention ». Entérinant l'œuvre de la jurisprudence, le législateur de 2006 a généralisé le droit de rétention en le *consacrant légalement* à l'article 2286 du Code civil. Malgré sa localisation dans le Livre IV du Code civil intitulé « Des sûretés », ce n'est *pas une sûreté* mais plutôt une garantie.

Au-delà de cette distinction, la *nature juridique* du droit de rétention a été très controversée, et devrait l'être encore puisque la réforme ne s'est pas prononcée sur ce point. Il a tour à tour été présenté comme un droit réel opposable à tous, un droit réel inachevé, comme un droit personnel, et plus récemment comme de nature plurale en fonction du lien de connexité, condition de son existence. En réalité, ces tentatives de trouver, positivement, la nature juridique du droit de rétention sont vouées à l'échec. Il est plus simple de révéler ce qu'est le droit de rétention négativement : un pouvoir de blocage sur la chose détenue.

Par ailleurs, le *régime juridique* du droit de rétention suppose que soient remplies certaines *conditions* : qu'existe une *créance impayée* revêtue de certaines caractéristiques, que le créancier *détienne légitimement* la chose et enfin que soit établi un *lien de connexité* entre la créance et la chose, qui peut être juridique, matériel ou conventionnel, sauf dans l'hypothèse du droit de rétention fictif « LME ». Bien que n'étant pas une sûreté, le droit de rétention en a tout de même certains des *effets*. *Entre les parties*, le droit de rétention ne traduit qu'un simple pouvoir de fait du rétenteur sur la chose. Il a le droit de ne pas restituer la chose, mais il a le devoir de conserver la chose. Outre ce pouvoir négatif, le droit de rétention ne confère au créancier rétenteur aucun droit sur *la valeur* de la chose. Le créancier n'a pas le pouvoir de solliciter la réalisation du bien, qu'il s'agisse de sa vente forcée, ou de son attribution, judiciaire ou conventionnelle, en propriété. De même, le créancier n'a pas de droit de suite sur la chose, son droit étant perdu dès son dessaisissement volontaire. *À l'égard des tiers*, le droit de rétention leur est opposable. En l'absence de procédure collective, il est opposable *erga omnes*, qu'il s'agisse des autres créanciers en général, ou du tiers propriétaire du bien en particulier. En cas de procédure collective de son débiteur, le créancier rétenteur résiste très bien, les organes de la procédure étant autorisés à le *désintéresser* nonobstant l'interdiction des paiements (sauf dans l'hypothèse du droit de rétention fictif « LME »), son droit de rétention pouvant même, en cas de liquidation judiciaire, être de plein droit reporté sur le prix de vente, y compris lorsqu'il est la conséquence d'un gage sans dépossession.

Documents

Art. 2286 du Code civil

« Peut se prévaloir d'un droit de rétention sur la chose :

1° Celui à qui la chose a été remise jusqu'au paiement de sa créance ;

2° Celui dont la créance impayée résulte du contrat qui l'oblige à la livrer ;

3° Celui dont la créance impayée est née à l'occasion de la détention de la chose ;

4° Celui qui bénéficie d'un gage sans dépossession.

Le droit de rétention se perd par le dessaisissement volontaire ».

Cass. 7 nov. 2006
(*RTD civ.* 2007. 159, obs. P. Crocq ; *JCP* 2007. I. 158, n° 20, obs. Ph. Delebecque)

« [...] la cour d'appel, qui a exactement énoncé que le droit de retenir la marchandise jusqu'à complet paiement ne dispense aucunement le rétenteur de procéder aux diligences nécessaires à sa conservation, avec la possibilité de réclamer au débiteur les frais afférents, a relevé que, lors de la récupération des fruits, ceux-ci étaient infectés d'excréments d'insectes, et que la coopérative qui n'alléguait aucune détérioration étrangère à la période de rétention ni force majeure, ne pouvait ignorer, en tant que professionnel le risque inhérent à l'exposition des pruneaux à l'extérieur, sous plastique, et pendant plusieurs mois ».

Civ. 2e, 6 avr. 2006
(*RLDC* juin 2006, p. 29)

« [...] ayant relevé que (l'avoué) réclamait le paiement des débours et émoluments vérifiés par le greffier, l'arrêt retient exactement que le caractère certain, liquide et exigible de la créance n'est pas affecté par le recours formé devant le premier président et qu'un arrêt revêtu de la formule exécutoire constitue un titre sur lequel le droit de rétention prévu par l'article 6 du décret du 30 juillet 1980 peut être exercé ».

Com. 21 mars 2006
(*RLDC* déc. 2006, p. 23, obs. A. Aynes)

« [...] si le droit de rétention n'est pas un privilège, il en a les effets en ce qu'il est opposable à la procédure collective et confère à son titulaire le droit de refuser la restitution de la chose jusqu'au complet paiement de sa créance ou d'être payé sur son prix en cas de vente par le liquidateur ».

Com. 3 oct. 1989
(*JCP* 1990. II. 21454, note M. Behar-Touchais)

« Une cour d'appel décide à juste titre qu'un commissionnaire de transport est fondé à invoquer un droit de rétention de créancier gagiste à l'égard du vendeur de marchandises bénéficiaire d'une clause de réserve de propriété dès lors qu'elle retient que n'est pas établi que le commissionnaire de transport ait eu connaissance de la clause de réserve de propriété grevant une partie des marchandises ».

Civ. 1re, 24 sept. 2009
(*Banque et Droit* 2009. 64, obs. N. Rontchevsky ; *Gaz. Pal.* 13-14 janv. 2010, p. 22, obs. M.-P. Dumont-Lefrand)

Le droit de rétention « est un droit réel opposable à tous, y compris aux tiers non tenus de la dette, tiers dont la bonne foi ne peut faire dégénérer en abus l'exercice de ce droit ».

Civ. 3e, 16 déc. 1998
(*Bull. civ.* III, n° 253 ; *RDI* 1999. 293, obs. Ph. Théry)

« L'opposabilité du droit de rétention n'est pas subordonnée à la publicité foncière ».

Com. 20 mai 1997
(*Bull. civ.* IV, n° 141 ; *D.* 1998. Jur. 479, note F. Kandérian ; *D.* 1998. Somm. 102, obs. S. Piédelièvre ; *RTD civ.* 1997. 7, obs. P. Crocq)

« Le droit de rétention n'est pas une sûreté et n'est pas assimilable au gage. En conséquence, dès lors que le rétenteur a déclaré au passif sa créance, le liquidateur judiciaire ne peut retirer la chose retenue qu'en payant, avec l'autorisation du juge-commissaire, celle-ci. C'est donc à bon droit que, en l'absence de paiement de la créance d'un carrossier qui a effectué des travaux sur un véhicule du débiteur, une cour d'appel a dit opposable son droit de rétention au liquidateur judiciaire ».

Com. 8 juin 1999
(*Bull. civ.* IV, n° 125 ; *D.* 2000. Somm. 388, obs. S. Piédelièvre ; *D.* 2000. Somm. 297, obs. B. Mercadal ; *RTD com.* 1999. 968, obs. A. Martin-Serf ; *RTD com.* 2000. 167, n° 10, obs. B. Bouloc ; *JCP* 2000. I. n° 209, obs Ph. Delebecque ; *JCP* 2000. I. n° 233, obs. M. Cabrillac)

« Le droit de rétention dont bénéficie le commissionnaire de transport sur les marchandises qui lui ont été confiées pour l'expédition est la conséquence du privilège institué au profit de tout commissionnaire par l'article 95 du Code de commerce ; [...] la cour d'appel en a exactement déduit que le commissionnaire qui n'a demandé son admission au passif de la procédure collective du commettant débiteur qu'à titre chirographaire, perdant ainsi son privilège, ne peut non plus retenir la marchandise ».

Biblio

- A. Aynes, « Précisions sur le sort du gage sans dépossession en cas de procédure collective », *JCP* 2009. I. 119, p. 17 ; « L'extension du droit de rétention dans le projet de réforme des procédures collectives », *JCP* 2008, act. 300 ; « La consécration légale des droits de rétention »,

D. 2006. 1301 ; *Le droit de rétention, unité ou pluralité*, Économica, 2005, préface Ch. Larroumet.
- R. Bernard-Ménoret, « Le droit de rétention au sein des sûretés », *LPA* 27 mars 2008, p. 55.
- E. Cadou, « Justice privée et procédures collectives », *RTD com.* 2000. 817.
- M.-J. Campana et J.-M. Calendini, « Droit de rétention et procédures collectives : la dissipation des dernières ambiguïtés ? », *JCP* E 1998. 1083.
- P. Crocq, « La réforme des procédures collectives et le droit des sûretés », *D.* 2006. 1306.
- P. Crocq, « L'ordonnance du 18 décembre 2008 et le droit des sûretés », *Rev. proc. coll.* 2009/1. 75, *in* Le dossier sur la réforme des procédures collectives, p. 35 s.
- A. Ghozi, « Sur la dualité du droit de rétention : à propos du droit de rétention du commissionnaire de transport », in *Mélanges P. Catala*, Litec, 2001, p. 719.
- D. Legeais, « Le droit de rétention du créancier gagiste », *RD banc. fin.* 2008, comm. 139.
- K. Luciano, Analyse juridique du droit de rétention, *Rev . proc. coll.* 2012, étude 29.
- A. Pélissier, *Possession et meubles incorporels*, Dalloz, coll. « Nouvelles bibliothèques de thèses », vol. 8, 2001.
- F. Pérochon, « Le droit de rétention, accessoire de la créance », in *Mélanges M. Cabrillac*, Dalloz, 1999, p. 389 ; « Les interdictions de paiement et le traitement des sûretés réelles », *D.* 2009. 651, *in* le dossier sur la réforme du droit des entreprises en difficultés, p. 638 s.
- S. Piedelièvre, « Remarques sur le rôle perturbateur du droit de rétention dans le droit des sûretés immobilières », *Dr. et patr.* avril 2000, p. 42 s. ; « Le nouvel article 2286,4° du Code civil », *D.* 2008. 2950.
- C. Pourquier, « Faculté de rétention et procédures collectives », *D. Affaires* 1998. 936 ; « La rétention du gagiste ou la supériorité du fait sur le droit », *RTD com.* 2000. 569.

Quiz

1) Sujet corrigé

A) Commentaire d'arrêt

Énoncé

Com. 3 mai 2006 (1er moyen) (*Bull. civ.* IV, n° 106)

« Attendu, selon l'arrêt déféré, que la société Beaunier a donné en location un véhicule à M. X... qui l'a confié pour réparation à la société garage Kablé (société Kablé) ; que cette dernière, dont les prestations n'avaient pas été payées, ayant retenu le véhicule, la société Beaunier l'a assignée en restitution et en dommages-intérêts ; que reconventionnellement la société Kablé a prétendu au paiement de ses prestations et de ses frais de gardiennage ; que le tribunal a accueilli les demandes principales et ordonné, avec exécution provisoire et sous astreinte, la restitution du véhicule ; que la cour d'appel a infirmé le jugement et condamné la société Beaunier à payer à la société Kablé le montant des réparations effectuées sur le véhicule mais a rejeté la demande de paiement des frais de gardiennage ;

Sur le premier moyen :

Vu l'article 1948 du Code civil ;

Attendu que le droit de rétention est un droit réel, opposable à tous, y compris aux tiers non tenus à la dette et peut être exercé pour toute créance qui a pris naissance à l'occasion de la chose retenue ;

Attendu que pour rejeter la demande des frais de gardiennage du véhicule dus à la société Kablé, l'arrêt retient que cette demande est à tort formulée à l'encontre de la société Beaunier et que seul M. X... aurait pu être tenu de rembourser ces frais et que, dans la mesure où aucune demande n'a été dirigée par la société Kablé contre lui, la demande doit être rejetée ;

Attendu qu'en statuant ainsi, après avoir relevé que la créance de frais de gardiennage du véhicule avait pris naissance à l'occasion de la détention du véhicule par la société Kablé, ce dont il résulte que cette dernière était en droit, en exerçant son droit de rétention, d'en exiger le paiement à la société Beaunier, la cour d'appel n'a pas tiré les conséquences légales de ses constatations ;

Et sur le second moyen :

Vu l'article 33 de la loi du 9 juillet 1991 ;

Attendu que la réformation d'une décision assortie d'une astreinte entraîne de plein droit, pour perte de fondement juridique, l'anéantissement des décisions prises au titre de la liquidation de l'astreinte, fussent-elles passées en force de chose jugée, et ouvre, dès lors, droit, s'il y a lieu, à restitution ;

PAR CES MOTIFS :

CASSE ET ANNULE, mais seulement en ce qu'il a rejeté la demande de remboursement de la somme de 2 000 euros au titre de la liquidation de l'astreinte ordonnée par le jugement infirmé et en ce qu'il a rejeté la demande d'indemnisation des frais de gardiennage présentés par la société garage Kablé, l'arrêt rendu le 6 février 2004, entre les parties, par la cour d'appel de Paris ; remet, en conséquence, quant à ce, la cause et les parties dans l'état où elles se trouvaient avant ledit arrêt et, pour être fait droit, les renvoie devant la cour d'appel de Versailles ; »

Voir le corrigé en fin de rubrique.

B) Cas pratique

Énoncé

M. Raja, garagiste de profession, se demande s'il n'a pas besoin d'un juriste à plein-temps, vu les difficultés qu'il rencontre avec certains de ses clients.

I

Mme Sangène qu'il connaît depuis des années, lui a déposé sa voiture le 1er juin 2007 afin qu'il change la courroie de distribution. Ayant oublié son carnet de chèques le jour de la reprise du véhicule, elle est repartie en promettant de lui adresser son paiement de 1 200 euros par la poste, très vite. Le 15 juin suivant, alors qu'elle n'avait toujours pas réglé son garagiste, elle revient déposer son véhicule pour un problème de direction. De bonne composition, M. Raja s'en occupe, la réparation s'élevant à 800 euros. Mais le jour convenu pour sa restitution, sa cliente n'a toujours pas de moyen de paiement à sa disposition. Agacé, ce dernier refuse de lui remettre les clés, l'invitant à revenir ultérieurement, muni d'un règlement de 2000 euros. Qu'en pensez-vous ?

II

Il a actuellement dans son garage une BMW quasiment neuve, mais sérieusement accidentée par son propriétaire au début du mois de juillet 2007. Il vient d'en changer tout l'avant. Son jeune propriétaire lui a confié ne pas avoir les moyens de le régler pour l'instant. Ils se sont donc entendus pour que M. Raja conserve le véhicule, dans l'attente du règlement de sa réparation pour laquelle il lui a accordé deux mois de délais. Or, il se trouve que ce véhicule avait été acheté à crédit et que le concessionnaire disposant d'un gage automobile n'a pas été réglé des échéances de mai, juin et juillet. Qu'en pensez-vous ?

III

De temps en temps, M. Raja sert d'intermédiaire dans l'achat/vente de véhicules d'occasion qui sont, par facilité, déposés dans son garage afin que d'éventuels acquéreurs puissent les observer. En l'espèce, M. Ripou a ainsi vendu son véhicule à Mme Parl, lesquels se sont entendus sur un montant de 8 000 euros, freins neufs à la charge du vendeur. Lors de la vente, le véhicule était encore au garage de M. Raja qui achevait de changer les freins. Mme Pari a réglé son vendeur, mais M. Raja n'ayant toujours pas été réglé de sa réparation, retient le véhicule. Qu'en pensez-vous ?

IV

Enfin, M. Raja est en possession de deux véhicules de luxe, l'un accidenté, l'autre en panne. Le premier est celui d'un particulier, pour lequel M. Raja a déjà effectué certaines réparations, l'expert de la compagnie d'assurance ayant donné son feu vert. Mais, dorénavant poursuivi pour homicide involontaire, l'expert judiciaire commis dans le cadre du procès pénal a ordonné la remise du véhicule comme pièce à conviction. Le second est celui du PDG de la société Acrobat qui vient d'être mise en liquidation judiciaire. Or, M. Raja vient d'achever pour 4 000 euros de réparations. Il est inquiet du sort de ces deux véhicules.

Voir le corrigé en fin de rubrique.

2) Corrigés

Commentaire d'arrêt

Moyen de pression d'une efficacité souvent redoutable, le droit de rétention récemment intégré à l'article 2286 du Code civil, figurant en tête du Livre IV consacré aux sûretés devrait continuer de solliciter la sagacité des tribunaux. En effet, si le nouveau texte qui lui est consacré a le mérite d'en préciser le fondement — en l'occurrence le lien de connexité entre la créance garantie et la chose retenue — en en réservant l'accès à trois catégories de créanciers, il n'en fixe ni la nature, ni le régime juridique. Seule l'hypothèse du dessaisissement volontaire a été envisagée.

Aussi, la présente espèce apporte-t-elle sa participation à la discussion, toujours vive, sur la nature de cette garantie, et pose une nouvelle pierre à l'édifice de son régime peu à peu élaboré par la jurisprudence. En l'occurrence, le locataire d'un véhicule automobile l'avait confié, pour réparation, à un garagiste qui, n'ayant pas été payé par ce locataire, refusa de le rendre au propriétaire/bailleur. Celui-ci devait alors l'assigner en restitution de son bien et en dommages-intérêts. Devant les premiers juges, sa demande fut entendue et la restitution du véhicule ordonnée sous astreinte. Mécontent, le garagiste interjeta appel, et sollicita la condamnation du bailleur à lui verser le prix des réparations et les frais de gardiennage du véhicule. Dans un arrêt du 6 février 2004, la cour d'appel de Paris fit partiellement droit à sa demande, condamnant le propriétaire au paiement de la créance de réparation, mais rejetant ses prétentions quant aux frais de gardiennage. Selon l'arrêt, seul le locataire pouvait être redevable de cette somme, le rétenteur ne pouvant, en opposant son droit au propriétaire, le contraindre à payer ces frais. La question posée était donc celle de l'opposabilité au propriétaire d'un véhicule, de la rétention exercée par un garagiste, en garantie du paiement de créances de réparation et de gardiennage, paiement qui incombait au locataire du véhicule.

Refusant de disjoindre le sort des créances du garagiste, la Cour de cassation énonce, au visa de l'article 1948 du Code civil, que « le droit de rétention est un droit réel opposable à tous, y compris aux tiers non tenus à la dette et peut être exercé pour toute créance qui a pris naissance à l'occasion de la chose retenue ». Puis, elle en déduit que dès l'instant où la créance de gardiennage, tout comme celle de réparation, « avait pris naissance à l'occasion de la détention du véhicule », le garagiste « était en droit, en exerçant son droit de rétention, d'en exiger le paiement » du propriétaire bailleur.

Par une telle solution, la démarche de la Cour de cassation consiste à faire dépendre le régime juridique du droit de rétention, en l'occurrence ses effets, de sa nature, qu'elle s'applique ici à réaffirmer. Plus précisément, la qualification du droit de rétention en un « droit réel » est destinée à soutenir, d'une part son opposabilité aux tiers (I), et d'autre part, à découvrir une obligation de paiement à la charge du tiers propriétaire (II). Ce faisant, l'arrêt confirme sur le premier point, une position déjà admise, mais consacre, sur le second, une solution inédite.

I. La confirmation de l'opposabilité du droit de rétention

En affirmant que le droit de rétention est un droit réel (v. déjà Civ. 1re, 7 janv. 1992), alors que cette qualification paraissait avoir été abandonnée (Com. 20 mai 1997, jugeant que le droit de rétention n'est pas une sûreté ; or une sûreté n'est rien d'autre qu'un droit réel accessoire), la Cour de cassation cherche à mieux asseoir l'opposabilité de ce droit de rétention. Plus l'opposabilité du droit de rétention sera étendue, plus celle-ci pourra avoir des effets induits. En effet, l'étendue de l'opposabilité de la rétention (A) dissimule un objectif qui n'a, en réalité, rien de secret (B).

A. L'étendue de l'opposabilité

En reprenant la formule déjà utilisée par l'arrêt de 1992, « le droit de rétention est un droit réel, opposable à tous, et même aux tiers non tenus à la dette », la Cour réaffirme que son opposabilité vaut *erga omnes* (1), y compris à l'égard du propriétaire non débiteur (2).

1. Une opposabilité erga omnes

Il est depuis longtemps acquis, que ce soit en recourant à la notion de « droit réel », mais aussi en se référant au simple pouvoir de fait sur la chose qu'est en réalité le droit de rétention, que le créancier peut opposer son droit de rétention à tous, en l'occurrence les créanciers de son débiteur (Civ. 1re, 7 janv. 1992, *préc.*). Ce n'est que l'application de l'adage « *nemo plus juris ad alium transfere potest* ». En effet, le créancier ne peut avoir plus de droits qu'on ne lui en a transmis. Toutefois, en identifiant parmi ces tiers, ceux « non tenus à la dette », l'arrêt a indéniablement souhaité se préoccuper davantage du sort du propriétaire non débiteur.

2. Une opposabilité au tiers propriétaire non-débiteur

L'opposabilité *erga omnes* du droit de rétention n'épargne pas le tiers non tenu à la dette qu'est le propriétaire. Lorsque ce propriétaire est le sous-acquéreur du bien retenu, cette opposabilité n'est pas surprenante et n'est, à nouveau, que l'application de la règle « *nemo plus juris* », qui a vocation à jouer que le nouveau propriétaire ait ou non payé le prix entre les mains de son vendeur/débiteur (Com. 14 avr. 1992). La rétention ne saurait être subordonnée à l'existence d'une dette pesant sur le sous-acquéreur, mais à celle d'une créance au bénéfice du rétenteur. Lorsque le propriétaire n'est pas l'ayant cause à titre particulier du débiteur, comme c'était le cas en l'espèce, la Cour de cassation juge que le droit de rétention est opposable au tiers propriétaire lorsque la créance prend naissance à l'occasion de la détention de la chose, par l'effet d'une connexité matérielle (Civ. 1re, 22 mai 1962). Or notre arrêt ne fait que confirmer cette solution.

Toutefois, derrière l'affirmation d'une telle étendue de l'opposabilité du droit de rétention, l'objectif recherché est d'aménager l'efficacité optimale de celui-ci.

B. L'objectif de l'opposabilité

L'objectif de cette opposabilité *erga omnes* du droit de rétention, y compris le tiers non tenu à la dette, est de forger un moyen de pression tel que ce dernier, de guerre lasse d'attendre son bien, paye le rétenteur. Or, l'obtention de ce paiement de la dette d'autrui (1) peut être considérée comme un détournement du mécanisme (2).

1. Le paiement de la dette d'autrui

En permettant au rétenteur d'opposer son droit au *verus dominus*, qui n'est pas débiteur de la dette, ni ayant cause de celui-ci, le but de la jurisprudence est d'assurer l'efficacité du pouvoir de blocage du rétenteur. Indirectement, il s'agit pour le rétenteur d'obtenir paiement de sa dette par le tiers propriétaire. En effet, de fait, le propriétaire qui souhaite pouvoir jouir de son bien dans des délais raisonnables, n'a pas d'autre choix pratique que de régler la dette d'autrui, car seul le paiement peut contraindre le rétenteur à délivrer la chose retenue.

Toute la force du droit de rétention, qui ne procure ni droit de préférence, ni droit de suite au créancier, est de lui permettre d'obtenir, par une simple abstention, le paiement de sa créance, par un tiers, alors que son propre débiteur ne le peut, ou ne le veut pas.

Pour autant, jusqu'à maintenant, il n'en résultait pas l'obligation pour ce tiers propriétaire de payer le garagiste à la place de son débiteur. Il ne s'opérait aucune transmission à sa charge de la dette garantie par le droit de rétention (Civ. 8 déc. 1868).

2. Le détournement du mécanisme

En affirmant ainsi l'opposabilité *erga omnes* du droit de rétention, l'arrêt favorise le paiement par le tiers propriétaire non débiteur de la dette d'autrui. Ce faisant, l'on peut considérer, à l'instar des professeurs, M. et S. Cabrillac, Ch. Mouly et Ph. Pétel, qu'il s'agit « d'un détournement de l'institution » (M. Cabrillac, Ch. Mouly, S. Cabrillac et Ph. Pétel, *Droit des sûretés*, Litec, 9e éd., 2010, n° 617, p. 421). En effet, le droit de rétention est un moyen de pression attribué au créancier afin de contraindre son débiteur à le régler. En autorisant le rétenteur à faire peser cette pression sur le tiers propriétaire, le mécanisme a déjà un rayonnement anormal que l'on pourrait avoir envie de limiter. Or, loin de le restreindre, l'arrêt l'ouvre davantage en consacrant une véritable obligation de payer à la charge du tiers propriétaire.

II. La consécration d'une obligation de paiement à la charge du propriétaire

Alors que la cour d'appel avait considéré que la demande de paiement des frais de gardiennage avait été formulée à tort contre le propriétaire, la Cour de cassation juge, quant à elle, pour la première fois à notre connaissance, que le créancier rétenteur pouvait parfaitement exiger le paiement de la société propriétaire du véhicule. La consécration d'une telle solution mérite tout à la fois d'en observer le fondement (A) avant d'en apporter l'appréciation (B).

A. Le fondement de l'obligation de payer

À la lecture du second attendu observé, le fondement de la solution est double. Il tient à la fois à la qualité de la créance (1), et à la nature réaffirmée du droit de rétention (2).

1. La qualité de la créance de gardiennage

La cour d'appel avait rejeté la demande du garagiste adressée au propriétaire, en remboursement de ses frais de gardiennage, parce qu'ils étaient la conséquence du contrat de réparation auquel seul le locataire était partie. Ainsi, elle se conformait à la jurisprudence qui énonce que lorsque le droit de rétention est fondé sur un lien de connexité purement juridique, il ne peut être invoqué contre le propriétaire non débiteur (CE 2 juill. 2003). Toutefois l'arrêt est cassé, au motif que cette créance « avait pris naissance à l'occasion de la détention du véhicule », ce dont il résultait qu'il « était en droit, en exerçant son droit de rétention, d'en exiger le paiement » au propriétaire non partie au contrat de réparation.

L'opposabilité du droit de rétention qui permet au rétenteur d'aller jusqu'à demander le paiement de sa créance à ce tiers est donc justifiée par la nature de la créance, en l'occurrence une « créance qui a pris naissance à l'occasion de la chose retenue ». Jusqu'à présent, l'opposabilité au tiers propriétaire du droit de rétention était déjà fondée sur cette connexité matérielle. En effet, la créance étant née à l'occasion du bien retenu, il paraissait légitime que le bien soit matériellement affecté à la garantie de son paiement. Or, cette circonstance, le fait que la créance soit née *intuitu rei*, qui justifiait jusqu'à maintenant que la rétention du véhicule soit opposable à son propriétaire, permet dorénavant de lui en demander le paiement. La Cour continue sa construction prétorienne avec le même argument, la nature du droit de rétention venant toutefois en renfort.

2. La nature du droit de rétention

Parce que le droit de rétention est un droit réel et que la créance garantie a pris « naissance à l'occasion de la détention du véhicule » par le garagiste, ce dernier est en droit de l'exercer en en exigeant le paiement auprès du propriétaire bailleur. Si la solution est inédite dans son résultat, elle ne souffre pas la critique précédemment exposée à propos du paiement de la dette d'autrui, « détournement de l'institution ». En effet, comme le commente le très talentueux professeur Th. Revet (v. obs. Th. Revet *in RTD civ.* 2006. 584 s. sous Com. 3 mai 2006) l'obligation faite au propriétaire de payer la dette de détention est une obligation réelle, conséquence de la nature réelle du droit de rétention. Elle est justifiée par le service rendu à la chose, et a donc comme débiteur celui « ayant un droit direct sur la chose », en l'occurrence le propriétaire. Alors que le locataire est débiteur de la dette née du contrat, le propriétaire est tenu de celle née de la détention. « La dette réelle du propriétaire de la chose viendrait donc doubler la dette personnelle du remettant de cette chose, non-propriétaire et cocontractant du rétenteur » (v. obs. Th. Revet, *préc.*, p. 587).

Même si le fondement de la solution n'aboutit pas à contraindre le propriétaire à payer la dette d'autrui, mais bien sa propre dette, ou tout au moins celle de la chose, il n'est pas exempt de critiques.

B. L'appréciation du fondement de l'obligation de payer

L'analyse du fondement de la solution commentée, conduit à conclure qu'elle est mal fondée d'une part, et que le même résultat pouvait être produit en recourant à d'autres voies, d'autre part.

1. Une solution mal fondée

Faire reposer la solution sur la nature réelle du droit de rétention ne peut aller sans discussion. Par essence, un droit réel sur une chose confère à son titulaire des utilités et un droit sur sa valeur. Or, le rétenteur n'a ni l'usage, ni la jouissance de la chose. La seule utilité qu'il en retire est de pouvoir retenir le bien, sans toutefois bénéficier de l'affectation de sa valeur. En effet, alors que les prérogatives classiques d'un droit réel sont le droit de préférence et le droit de suite, celles-ci ne sont pas conférées au rétenteur. Il semblerait même que le nouvel article 2286 alinéa 2 du Code civil ait consacré l'absence de droit de suite du rétenteur, en affirmant la perte de son droit suite à un dessaisissement volontaire. Dès lors, il n'est pas opportun de vouloir justifier l'opposabilité au tiers propriétaire du droit de rétention, par cette référence. L'existence d'un lien de connexité matérielle, impliquant que la créance soit née « à l'occasion de la détention » de la chose dont il est propriétaire devrait suffire, surtout depuis que la loi l'a consacré comme fondement du droit de rétention.

2. Un résultat possible autrement

Par ailleurs, comme le note encore le professeur Revet, l'obligation de payer mise à la charge du propriétaire non débiteur de la dette contractuelle, pourrait également être obtenue en recourant à la théorie des impenses. En effet, aux termes de l'article 1381 du Code civil, le possesseur, même de mauvaise foi, doit être indemnisé, lorsqu'il rend le bien au véritable propriétaire, des dépenses nécessaires et utiles faites pour la conservation de la chose. Ne pourrait-on pas transposer cette solution au rétenteur ? Certes, à la différence du possesseur, même de mauvaise foi, qui possède le *corpus* et l'*animus*, le rétenteur est un simple détenteur, n'ayant que le *corpus*. Mais cela est-il dirimant ? Si l'on indemnise le possesseur restituant, ce n'est pas parce qu'il s'est comporté en propriétaire, mais parce qu'il a conservé la chose. Or, le rétenteur titulaire d'une créance liée à des frais de gardiennage ou de réparation n'a-t-il pas aussi participé à la conservation de la chose ?

Cas pratique

I

Mme Sangène est apparemment une « mauvaise payeuse », et doit à M. Raja deux factures, l'une de 1 200 euros et l'autre de 800 euros. Toutefois, entre la première réparation ayant donné lieu à la première facture et la seconde, M. Raja avait restitué le véhicule à sa propriétaire.

La question de droit qui se pose est de savoir si en cas de remises successives de la même chose, le créancier, qui s'est dessaisi de la chose entre deux prestations, mais qui la détient à nouveau, peut exercer un droit de rétention au titre des différentes créances dues.

Aux termes de l'article 2286 alinéa 1er du Code civil, le droit de rétention — en l'occurrence autonome — est fondé sur l'existence d'un lien de connexité entre la créance impayée et la chose retenue. Celui-ci peut être conventionnel, matériel ou juridique. Il se trouve qu'en l'espèce, il est à la fois juridique et matériel dans la mesure où la créance est à la fois issue d'un rapport de droit, et à la fois née à l'occasion de la chose. Mais, selon l'alinéa 2 du texte, le droit de rétention se perd par le dessaisissement volontaire. Dès lors, doit-on considérer les deux prestations isolément et en déduire que pour la première créance, celle de 1 200 euros, le garagiste a perdu son droit de rétention en restituant le véhicule ? Ou, peut-on considérer la relation dans son ensemble et autoriser le droit de rétention pour l'intégralité des sommes impayées ?

Avant la réforme des sûretés, la jurisprudence avait réglé la question en distinguant les hypothèses de contrats isolés, de celles où existe une convention globale et unique. Lorsque les remises successives sont le fait de contrats isolés qui se suivent, le droit de rétention ne peut s'exercer que pour la dernière créance, le(s) dessaisissement(s) précédent(s) ayant fait perdre au créancier son moyen de pression. En revanche, la solution inverse était admise en cas de groupe de contrats ou de convention globale, le droit de rétention pouvant être exercé en garantie d'une créance née d'une remise antérieure (Com. 23 juin 1964 ; Civ. 1re, 25 avr. 1967). Depuis la réforme, le nouveau texte ne précise pas si le créancier recouvre son droit de rétention lorsque, après qu'il s'en est volontairement dessaisi, le bien se retrouve en son pouvoir de blocage. Aussi, dans le silence du texte, les solutions antérieures lui refusant ce droit, paraissent devoir être maintenues.

En l'espèce, toute la question sera de savoir, si connaissant Mme Sangène depuis longtemps, M. Raja avait conclu avec elle un contrat d'entretien, ce qui expliquerait sa légèreté dans l'oubli de ses moyens de paiement, ou non. Si tel est le cas, et que les créances sont exigibles, il pourra retenir le véhicule jusqu'au complet paiement des

2 000 euros. Si tel n'est pas le cas, il ne pourra le retenir que pour obtenir le paiement de la seconde facture, soit 800 euros.

II

Va immanquablement survenir un conflit entre deux créanciers : le garagiste impayé de sa créance de réparation, et le vendeur à crédit impayé d'une partie de son prix de vente. Or, le garagiste dispose d'un droit effectif de rétention en ce sens qu'il a le bien en sa possession matérielle. De son côté le vendeur à crédit dispose d'une sûreté légale lui conférant un droit de rétention fictif. Or, le conflit entre le titulaire d'un droit de rétention réel, et d'un droit de rétention fictif se règle au profit du premier, la réalité l'emportant sur la fiction (Com. 11 juin 1969, *D.* 1970. Jur. 244, note Ph. Birh).

Toutefois, dans notre espèce, le garagiste a commis l'erreur, probablement attendri par la jeunesse, d'accorder des délais de paiement à son client. Ce faisant, sa créance n'est plus exigible. Or, il est de jurisprudence constante (Com. 7 janv. 1992, *Bull. civ.* IV, n° 10) que la mise en œuvre du droit de rétention suppose l'existence d'une créance exigible. À ce propos, l'article 2286 alinéa 1er du Code civil utilise bien le terme de créance « impayée ». En conséquence, cette faveur, ce terme accordé à son débiteur devrait l'empêcher d'exercer son droit de rétention et il devrait en conséquence être primé par le concessionnaire Wolkswagen.

Cela étant, le garagiste pourrait envisager, en termes de risques, l'intérêt pour lui de violer son engagement contractuel en exerçant quand même son droit de rétention, à moins de convenir avec son débiteur de l'octroi d'une nouvelle sûreté.

III

L'hypothèse évoquée met en cause l'opposabilité aux tiers, en l'occurrence le tiers propriétaire, du droit de rétention. En effet, en l'espèce, Mme Pari, nouvelle propriétaire du véhicule retenu, n'est pas la débitrice du rétenteur puisque lors de l'acte de vente, il avait été convenu entre les parties que la mise à neuf des freins était à la charge du vendeur. La question est donc celle de l'opposabilité à Mme Pari, tiers acquéreur de la chose retenue, du droit de rétention. Il se trouve que sur cette question délicate, l'on peut distinguer selon que le tiers a acquis la chose déjà retenue, ou libre de tout droit de rétention. Or, en l'espèce, l'on peut hésiter.

Soit l'on considère que lors de la vente, la réparation venait de s'achever. Dès lors, la créance de M. Raja étant impayée, on peut considérer que M. Raja exerçait déjà son droit de rétention lorsque Mme Pari a acheté le véhicule. Dans ce type de situation, la jurisprudence considère que l'existence du droit de rétention ne fait pas obstacle à la vente, mais en paralyse l'un des effets principaux, en l'occurrence la délivrance. Le droit de rétention sera donc opposable à Mme Pari puisqu'elle a acquis un bien qui faisait déjà l'objet d'un droit de rétention (Com. 31 mai 1994). En application de la règle *nemo plus juris*, Mme Pari recueille un bien déjà grevé d'un droit de rétention. Le vendeur n'a pas pu lui transmettre plus de droits qu'il n'en avait lui-même. Le fait qu'elle ait déjà réglé l'intégralité de sa dette ne remet pas en cause la solution puisque l'exercice du droit de rétention est conditionné par l'existence d'une créance au bénéfice du rétenteur et non celle d'une dette à la charge du sous-acquéreur (Com. 21 févr. 2006). En revanche, si le droit de rétention est opposable à Mme Pari, elle n'est pas tenue de payer le garagiste à la place de son vendeur. Il ne s'opère aucune transmission à sa charge de la dette garantie (Civ. 8 déc. 1868 ; v. toutefois Com.

3 mai 2006). Toutefois, si Mme Pari souhaite pouvoir jouir de son véhicule dans des délais raisonnables, elle n'aura pas d'autre choix pratique — outre celui de poursuivre son vendeur, au titre du contrat de vente — que de régler M. Raja car seul le paiement peut le contraindre à délivrer le véhicule.

Soit l'on considère que la réparation n'étant pas achevée lors du contrat de vente, Mme Pari a acquis le véhicule libre de tout droit de rétention. Dans cette hypothèse, lorsque le propriétaire l'est devenu alors que la chose était libre de tout droit de rétention (en l'occurrence la chose avait tout de même déjà été remise au rétenteur avant le transfert de propriété, mais sa créance n'était pas encore exigible), la Cour de cassation juge que le droit de rétention est opposable au tiers propriétaire lorsque la créance prend naissance à l'occasion de la détention de la chose, par l'effet d'une connexité matérielle (Civ. 1re, 22 mai 1962 ; Com. 3 mai 2006). En revanche lorsque le droit de rétention est fondé sur un lien de connexité purement juridique, il ne peut être invoqué contre le propriétaire non débiteur (CE 2 juill. 2003). En l'espèce, la connexité n'est pas purement juridique puisqu'elle est aussi matérielle, la créance étant née à l'occasion du bien retenu. Il est donc légitime que le bien soit matériellement affecté à la garantie de son paiement. Cette circonstance, le fait que la créance soit née *intuitu rei* (Com. 3 mai 2006) justifie que la rétention du véhicule soit opposable à Mme Pari. Il serait même envisageable, pour M. Raja d'aller plus loin et de demander à Mme Pari de lui régler sa créance de réparation au regard de la récente jurisprudence qui semble découvrir, à la charge du propriétaire une obligation réelle de payer, conséquence de la qualification de « droit réel opposable à tous, y compris aux tiers non tenus à la dette » du droit de rétention. (v. en ce sens Com. 3 mai 2006 ; v. *supra*, exercice corrigé, commentaire d'arrêt, n° 1).

IV

Sur le premier véhicule : la question est de savoir si M. Raja va toujours pouvoir être réglé de sa créance alors qu'il va être contraint de se départir du véhicule. Cette interrogation est en réalité celle du caractère du dessaisissement à intervenir : s'agit-il d'un dessaisissement volontaire qui entraîne la perte du droit de rétention (art. 2286 al. 2 C. civ.), ou peut-il être assimilé à une dépossession involontaire n'ayant pas ce type d'effet dévastateur pour le rétenteur ? Sur ce point la jurisprudence a tranché dans une espèce ancienne en jugeant que « la remise de pièces justificatives aux mains d'un expert commis par la justice ne constitue pas un dessaisissement au profit de la partie adverse et de nature à compromettre le droit de rétention » (Req. 19 juill. 1904, *DP* 1906. I. 9, note E. Glasson). Par conséquent M. Raja n'a pas à s'inquiéter quant à sa position de rétenteur ; pour autant il n'obtiendra pas forcément son paiement, dans la mesure où dans les faits son moyen de pression est nécessairement atténué.

Sur le second véhicule : le second véhicule est utilisé par le PDG de la société Acrobat mise en liquidation judiciaire. Propriété de cette société, il est évident que ce véhicule, de luxe, sera un élément d'actif qui ne manquera pas d'intéresser le liquidateur. Celui-ci aura le choix entre deux options :

- il peut souhaiter « retirer la chose retenue » (art. L. 641-3 al. 2 C. com.). Dès lors, autorisé par le juge-commissaire, il pourra payer M. Raja à partir du moment où il dispose des fonds nécessaires. Il n'est pas nécessaire que le bien retenu soit nécessaire à une quelconque poursuite d'activité, le but de ce retrait étant simplement de réaliser le bien dans les meilleures conditions possibles ;

- il peut aussi, dans les six mois du jugement de liquidation judiciaire demander l'autorisation au juge-commissaire (art. L. 642-20-1 al. 1 C. com.), de vendre le bien. Dès lors, le droit de rétention du créancier est de plein droit reporté sur le prix, ce qui lui permet, par l'effet de la subrogation réelle, d'être payé avant tous les autres, y compris le superprivilège des salariés (Com. 15 oct. 1991). Ce faisant, le droit de rétention, simple droit de résister, devient un véritable privilège, de surcroît de premier rang. Ainsi, si le liquidateur opte pour cette solution, M. Raja, simple créancier chirographaire, sera payé avant tous les autres, y compris ceux munis de sûretés.

Si, par extraordinaire, vu la probable valeur du véhicule retenu, le liquidateur n'usait ni de sa faculté de retrait du bien contre paiement, ni de celle de demander sa réalisation, M. Raja devra veiller à ne surtout pas s'en dessaisir car l'exclusivisme ne dure que le temps de la détention (Com. 16 janv. 2007).

Enfin, en tout état de cause, M. Raja devra penser à déclarer sa créance à la procédure collective de la société Acrobat dans les deux mois de la publication du jugement d'ouverture au *BODACC*, tant que la jurisprudence n'est pas fixée sur l'incidence de l'absence de déclaration sur le droit de rétention (v. ss 402). En effet, le caractère accessoire du droit de rétention pourrait parfaitement fonder son inefficacité dans la mesure où le créancier rétenteur négligent, et par conséquent forclos, ne peut plus invoquer sa créance — inopposable à la procédure —, tout au moins jusqu'à la clôture de la procédure.

chapitre 8

Le gage de meubles corporels

Plan analytique

section 1

Le droit commun du gage

§ 1 La notion

A. Les raisons de l'alternative

B. Le constat de l'alternative

§ 2 Le régime

A. Les conditions du gage

B. Les effets du gage

section 2

Les gages spéciaux

§ 1 Le gage portant sur un véhicule automobile

A. La nature du gage automobile

B. Le régime du gage automobile

§ 2 Le gage sur stocks

A. Les conditions du gage des stocks

B. Les effets du gage des stocks

§ 3 Le gage commercial

A. La nature du gage commercial

B. Le régime du gage commercial

§ 4 Les warrants

A. Le warrant de marchandises

B. Les warrants spéciaux

§ 5 Le gage du matériel et de l'outillage

A. La constitution du gage du matériel et de l'outillage

B. Les effets du gage du matériel et de l'outillage

Compléments pédagogiques

Le gage de meubles corporels

Avant la réforme du 23 mars 2006, l'identification du contrat de gage était le résultat d'une lecture combinée des articles 2071 et 2072 du Code civil. Le premier définissait le nantissement comme le contrat par lequel un débiteur remet une chose à son créancier pour sûreté de sa dette, tandis que le second précisait que le nantissement d'une chose mobilière s'appelait gage, et celui d'une chose immobilière, antichrèse. Or, l'une des premières innovations de la loi consiste en une évolution terminologique puisque dorénavant le terme de « gage » est réservé aux biens meubles corporels tandis que celui de « nantissement » sera l'apanage des biens meubles incorporels. 407

Par ailleurs, jusqu'alors, le contrat de gage se caractérisait par la dépossession du débiteur visant à attirer son attention sur la gravité de ce contrat, ainsi qu'à conditionner son efficacité. En effet, cette privation de l'utilité du bien ne pouvait qu'inciter le débiteur à s'acquitter rapidement de sa dette, tout en rassurant le créancier sur les risques de disparition du bien, amplifiés par la règle de l'article 2276 du Code civil. Toutefois, cette exigence de dépossession est vite apparue gênante et l'exigence de développement du crédit a conduit le législateur à découvrir de nouveaux gages, sans dépossession, où le créancier s'est alors vu affecter la valeur du bien. C'est ainsi que sont nés des régimes spéciaux, comme le « nantissement » du matériel et de l'outillage, le nantissement du fonds de commerce, les warrants ou le gage du vendeur à crédit d'automobile. Le droit du gage est alors devenu un véritable labyrinthe où il était bien facile de se perdre. Aussi, l'un des buts de la réforme de mars 2006 a-t-il été de simplifier cette sûreté en consacrant l'existence du gage sans dépossession. Tel est l'objet de la section I intitulée « Du droit commun du gage » du chapitre II du sous-titre II relatif aux sûretés mobilières, consacré au « gage de meubles corporels ». Mais, à côté de ce droit commun du gage conférant une nouvelle souplesse au mécanisme, se sont maintenus certains gages spéciaux, anciens ou nouveaux, trouvant leur siège soit dans le Code civil, soit dans le Code de commerce. Aussi convient-il d'étudier d'une part le droit commun du gage (section 1), et d'autre part les gages spéciaux (section 2). 408

section 1

Le droit commun du gage

L'étude du droit commun du gage suppose d'envisager la notion d'abord (1), et son régime ensuite (2). 409

§ 1 La notion

410 À travers la réécriture du gage de meubles corporels, l'objectif de l'ordonnance du 23 mars 2006 a visiblement été celui d'une utilisation efficace de la valeur des meubles corporels. Pour y parvenir, elle a innové en modifiant l'essence même du gage : celui-ci n'est plus un contrat réel. À cet égard, il nous a semblé possible d'évoquer l'idée d'une « rupture tranquille » (M.-P. Dumont-Lefrand, *Le gage de meubles corporels, Évolution des sûretés réelles : regards croisés Université-Notariat*, Litec, 2007, coll. « Colloques et débats », p. 31). Rupture, parce que le caractère réel du gage est supprimé. Mais tranquille parce que le texte offre des alternatives qui sont autant d'espaces de liberté que les parties pourront décider d'utiliser. La liberté contractuelle est en effet au cœur du nouveau droit commun du gage dont les articles 2333 à 2354 du Code civil aménagent incontestablement la possibilité de choisir la formule contractuelle la plus adaptée. Ce choix de la formule contractuelle est le trait caractéristique du nouveau droit commun du gage. Ainsi, les nouveaux textes consacrent-ils une alternative.

411 De quelle alternative s'agit-il ? La lecture des articles 2333 et suivants du Code civil permet de répondre assez rapidement à cette question. Ce texte, dans son alinéa premier, définit le gage comme « une convention par laquelle le constituant accorde à un créancier le droit de se faire payer par préférence à ses autres créanciers sur un bien mobilier ou un ensemble de biens mobiliers corporels, présents ou futurs ». Outre la précision terminologique, il résulte de cette nouvelle définition que le gage ne suppose plus la remise de la chose au créancier, et donc la dépossession du constituant. Le gage sans dépossession est enfin consacré, permettant ainsi au débiteur de conserver la chose gagée, en général utile à son activité économique. Il suffit de parcourir les articles suivants pour s'apercevoir que le gage avec dépossession n'a pas pour autant, disparu.

412 Aussi convient-il de traiter les raisons de l'alternative (A) avant de s'arrêter sur son constat (B).

A. Les raisons de l'alternative

413 À côté du gage sans dépossession qui fait son entrée dans le Code civil pour devenir le modèle du gage, subsiste le gage avec dépossession qui continue d'offrir un intérêt certain. La consécration de cette alternative a pour premier atout d'offrir de la souplesse : alors que le gage sans dépossession est en principe exclusif de tout droit de rétention (sauf lorsque la loi en décide autrement, ce qui est le cas du gage automobile qui continue de conférer à son titulaire un droit de rétention fictif : v. art. 2352 du Code civil : « Par la délivrance du reçu de la déclaration, le créancier gagiste sera réputé avoir conservé le bien remis en gage en sa possession »), le gage avec dépossession continue de conférer au créancier gagiste un droit de rétention fort utile en cas de procédure collective du débiteur. Par ailleurs, la coexistence des deux formules de gage offre au créancier le choix d'une solution confidentielle. En effet, le gage avec dépossession présente l'avantage d'être beaucoup plus discret que le gage sans dépossession. Enfin, on peut imaginer que cette dualité de gages s'adaptera mieux à la diversité des situations. Un gage avec dépossession, sans

publicité, semble mieux convenir aux relations civiles entre deux personnes physiques notamment.

B. Le constat de l'alternative

En optant pour cette consécration alternative du gage, la réforme du droit des sûretés transforme le contrat réel en véritable « peau de chagrin ». Alors que le contrat de gage était quasiment le dernier spécimen de la famille des contrats réels, il s'en détourne à son tour. Mais c'était la condition *sine qua non* de l'adaptation du droit des sûretés au monde moderne. 414 ■

En accueillant le gage sans dépossession dans le Code civil, l'ordonnance autorise en conséquence la constitution d'un gage sur stocks, sûreté réelle en l'occurrence plus adaptée au monde professionnel des affaires. Pour une raison anachronique à l'époque actuelle, en l'occurrence l'opposition entre droit civil et droit commercial, la Chancellerie a ainsi permis la création d'un gage sur stocks (v. ss 474) venu se loger aux articles L. 527-1 et suivants du Code de commerce. Restera alors à découvrir si les deux régimes se superposeront ou seront exclusifs l'un de l'autre (sur ce point, v. not. L. Aynès, « Le nouveau droit du gage », *Dr et patr.* juill.-août 2007, p. 485, spéc. p. 52). 415 ■

Les nouveaux textes maintiennent ensuite la possibilité d'opter pour un gage avec dépossession. Mais, et c'est l'un des regrets de cette réforme, l'article 2354 du Code civil n'exclut pas pour autant les gages avec dépossession spéciaux. Ainsi, le gage commercial (v. ss 486 s.) subsiste. Son régime figure toujours aux articles L. 521-1 et suivants du Code de commerce, sauf que l'ordonnance a abrogé l'article qui prescrivait la dépossession du constituant, et a transposé la faculté de convenir d'un pacte commissoire. 416 ■

§ 2 Le régime

Comme tous les contrats, le régime du contrat de gage de meubles corporels fait l'objet d'une réglementation minutieuse tant en ce qui concerne ses conditions (A) que ses effets (B). 417 ■

A. Les conditions du gage

Intéressant non seulement les parties, mais aussi les tiers, le Code civil distingue la constitution du gage dans les rapports *inter partes* (1), qui suppose la solennité d'un écrit, mais également l'opposabilité du gage aux tiers (2) qui résulte d'une formalité supplémentaire et différente selon que le gage est avec ou sans dépossession. 418 ■

1. *La constitution du gage dans les rapports constituant/créancier*

La constitution du gage suppose que soient respectées des conditions de fond (a), mais également des conditions de forme (b). Cela étant, entre les parties, ces dernières se résument à l'exigence unique d'un écrit dont la vigueur ainsi que la teneur constituent une innovation de la loi nouvelle. 419 ■

a. Les conditions de fond

420 Les conditions de fond tiennent d'une part à l'identification des parties au contrat (1°), et d'autre part à l'objet du contrat (2°).

1. Les parties au contrat de gage

α. La capacité des parties

421 Les parties au contrat de gage lient le constituant, débiteur qui offre son bien(s) en gage, et le créancier qui accepte de se faire payer par préférence aux autres créanciers sur le(s) bien(s) gagé(s). Si tous deux doivent avoir la capacité de contracter, le constituant doit en outre avoir la capacité d'aliéner l'objet du gage car, en cas de défaillance de sa part, le contrat de gage pourrait déboucher sur la vente du bien(s) gagé(s).

β. La qualité du constituant

422 Par ailleurs, le nouvel article 2334 du Code civil prévoit que le gage peut être « consenti par le débiteur ou par un tiers ».

Le gage peut d'abord être consenti par le débiteur, à condition qu'il soit propriétaire du meuble. Si cela ne pose pas de difficulté lorsque le gage porte sur une chose présente, cela se complique lorsqu'il porte sur une chose future (v. ss 419 s.).

Le gage peut ensuite être consenti par un tiers. Dans ce cas, la suite de l'article précise que « le créancier n'a d'action que sur le bien affecté en garantie ». Par cette disposition, l'ordonnance a consacré la jurisprudence (Ch. mixte, 2 déc. 2005, *JCP* 2005. II. 10183, obs. Ph. Simler) qui refuse de voir dans ce qu'on appelait jusqu'alors un « cautionnement réel » un engagement personnel du tiers. Le tiers ne souscrivant aucun engagement personnel, n'est pas tenu de payer la dette. Le créancier dispose simplement d'un droit préférentiel sur le bien. Par conséquent, le tiers ne peut être poursuivi que sur le bien affecté en garantie. Toutefois, si un tel gage est consenti par un époux commun en biens, le concours de son conjoint est requis, l'article 50-II de l'ordonnance ayant ajouté un alinéa à l'article 1422 du Code civil en ce sens. L'article 1415 du même Code ne s'applique peut-être plus à ce type d'engagement puisqu'il ne s'agit plus d'un cautionnement (v. ss 47), fût-il réel, mais le nouvel article 1422 alinéa 2 permet d'aboutir au même résultat, même s'il n'emprunte pas les mêmes voies. En effet, le nouveau texte (« Les époux ne peuvent l'un sans l'autre, affecter l'un des biens de la communauté, à la garantie de la dette d'un tiers ») pose une règle de cogestion sanctionnée par la nullité. Alors qu'en principe un époux peut disposer seul d'un bien commun, que ce soit activement (art. 1421 C. civ.) ou passivement (art. 1413 C. civ.), il ne pourra plus le faire lorsqu'il s'agira de garantir la dette d'un tiers (en ce sens, v. J. Revel, « La garantie de la dette d'autrui et le droit du régime matrimonial », *D.* 2006. 1309).

2. L'objet du contrat de gage

423 L'étude de l'objet du contrat de gage suppose de s'intéresser d'abord à la créance garantie, puis au bien donné en gage, c'est-à-dire à l'assiette du gage.

α. La créance garantie

424 Le gage suppose une créance à garantir dont il est l'accessoire. Dès lors, la disparition de la créance garantie (nullité, inexistence) entraînera celle du gage. De même, la

nature de la créance garantie communiquera au contrat de gage son caractère, civil ou commercial (Com. 5 févr. 1962, *JCP* 1962. IV. 43). En revanche si jusqu'à présent, la créance garantie devait être née, quitte à n'être qu'éventuelle, peu important qu'elle ne soit ni liquide, ni exigible, il peut désormais s'agir d'une créance future, dès lors qu'elle est déterminable. En effet, l'article 2333 alinéa 2 du Code civil dispose que « Les créances garanties peuvent être présentes ou futures ; dans ce dernier cas, elles doivent être déterminables ». Cette déterminabilité pourra résulter d'un accord sur l'identité du créancier ou la destination du crédit, par exemple.

β. L'assiette du gage

À partir du moment où cesse l'exigence de dépossession, puisque le gage peut dorénavant être avec ou sans dépossession (v. ss 414), il était possible d'assouplir les règles relatives à l'assiette du gage. C'est ce que prévoit l'article 2333 alinéa 1er du Code civil en envisageant que le gage peut porter sur un meuble ou un ensemble de meubles corporels, une chose présente ou future, et enfin des objets fongibles. Chacune de ces trois précisions traduit la volonté affichée des auteurs de la réforme de consacrer la possibilité d'un gage sur stocks. Si les deux premiers aménagements portent sur la validité du gage, le troisième met en cause ses effets. 425 ■

♦ Un meuble ou un ensemble de meubles corporels

En premier lieu, le gage peut porter sur un bien mobilier ou un ensemble de biens mobiliers corporels. 426 ■

La notion de « bien mobilier » pose la question de l'applicabilité du droit commun du gage aux parts sociales non soumises à un régime de publicité spécifique comme les parts de sociétés civiles, de SARL ou de SNC (v. ss 538 s.). Jusqu'à présent la pratique appliquait les règles du nantissement de créance. Mais ces parts sociales ne sont pas qu'une créance contre la société, elles sont également des biens meubles incorporels, et en application de l'article 2355 alinéa 5 du Code civil, elles relèvent des règles prévues pour le gage de meubles corporels.

Par ailleurs, il suffit qu'un meuble appartienne à un ensemble, comme une collection par exemple, pour pouvoir faire l'objet d'un gage. Comme l'écrivent L. Aynès et P. Crocq dans leur ouvrage (*Les sûretés, La publicité foncière*, 10e éd., Defrénois, 2016, n° 504, p. 283), il s'agit de permettre « la constitution en gage d'une universalité de fait composée de plusieurs meubles présents et futurs rassemblés autour d'un principe d'organisation commun. Ils peuvent donc être désignés et engagés à raison de cet élément fédérateur ».

Enfin, le gage de droit commun ne peut être constitué sur un bien meuble après que celui-ci est devenu immeuble par destination. Mais, *a contrario*, il peut l'être avant. La question se pose alors de savoir si cette sûreté devient caduque après l'immobilisation ou si elle demeure efficace (Sur ce point, A. Hontebeyrie, *« Le gage sans dépossession et l'immeuble par destination »*, *JCP* N 2016. 1108). Dans l'affirmative, comment se règlerait un éventuel conflit avec un créancier hypothécaire ? *A priori*, la comparaison des dates de publication des sûretés devrait s'imposer, à moins que l'hypothèque ne soit systématiquement préférée comme c'est le cas entre le privilège du trésor public et celui du vendeur de meubles.

♦ Une chose présente ou future

En second lieu, le gage peut porter sur une chose présente ou future. En autorisant le gage de choses futures, l'ordonnance vise en réalité deux situations : le gage d'une 427 ■

chose inexistante, mais à naître, et le gage d'une chose existante, mais qui n'appartient pas encore au constituant. Et, dans l'un et l'autre cas, aucune formalité supplémentaire ne sera nécessaire : lorsque le bien entrera dans le patrimoine du constituant, il sera automatiquement gagé.

■ 428 Le gage d'une *chose future inexistante*, comme par exemple une chose à construire, est possible à condition que sa naissance soit programmée. En effet, la possibilité de constituer un gage de choses futures ne s'accompagne pas de la disparition du principe de spécialité. Cette innovation, qui aura pour probable conséquence la disparition des promesses de gage, suppose que le bien futur soit désigné dans l'écrit formant le contrat. Ainsi le gage de choses futures inexistantes ne pose pas de difficulté particulière si ce n'est celle de la limite liée à leur désignation (art. 2, 4° Décr. 23 déc. 2006).

■ 429 En revanche, le *gage d'une chose existante*, mais n'appartenant pas encore au constituant, une chose sous réserve de propriété par exemple, ne manquera pas de poser la question de sa validité à cause de l'article 2335 du Code civil. Cet article, rajouté par la Chancellerie en dernière minute, dispose : « Le gage de la chose d'autrui est nul. Il peut donner lieu à des dommages et intérêts lorsque le créancier a ignoré que la chose fut à autrui ». Dès lors, de deux choses l'une : soit l'on considère que la chose gagée ne peut pas être celle qui n'appartient pas encore au constituant, soit l'on admet la validité d'un gage portant sur une chose n'appartenant pas encore au constituant dès lors qu'il est conclu sous la condition suspensive de l'entrée du bien dans son patrimoine.

Retenir la première hypothèse, celle de la nullité du gage parce que constitué sur la chose d'autrui, reviendrait à restreindre considérablement le nouveau droit commun du gage de meubles corporels futurs. Par ailleurs, dans la mesure où la loi ne précise pas la nature de la nullité encourue, on peut fort bien soutenir que le gage n'est pas nul de plein droit, mais réserve au créancier une nullité relative protectrice de ses seuls intérêts (v. CA Poitiers, 11 janv. 2011, SAS Miele ; Juris-Data n° 2011-019778 ; *JCP* G 2011. 626, n° 22 qui a opté pour la nullité relative).

Aussi, la seconde hypothèse nous semble-t-elle préférable : le gage sur un bien dont le constituant n'est pas encore propriétaire devrait pouvoir être valablement conclu sous la condition qu'il en acquière effectivement la propriété. L'article 2335 du Code civil peut être interprété de la même manière que l'article 1599 du Code civil, réservant au créancier gagiste qui découvre que le constituant n'est pas propriétaire, une action en annulation. Si une telle situation est claire en cas de gage sans dépossession, la situation se complique en cas de gage avec dépossession. Le créancier en possession de la chose d'autrui devra-t-il la restituer au véritable propriétaire et demander les dommage-intérêts de l'article 2335 du Code civil, ou pourra-t-il faire application de l'article 2276 alinéa 1er du Code civil en invoquant sa bonne foi ? L'alternative semble possible : découvrant la situation, le créancier aura la possibilité soit de se faire indemniser après avoir invoqué la nullité du gage, soit de conserver le bien en arguant de la protection possessoire. Ainsi, face à un vendeur sous réserve de propriété, le créancier gagiste avec dépossession, titulaire d'un droit de rétention, pourrait se prévaloir avec succès de l'article 2276 alinéa 1er du Code civil, à condition d'être de bonne foi (comp., Com. 26 sept. 2006, *JCP* 2006. I. 195, spéc. n° 16, obs. Ph. Delebecque rendu sous l'empire des anciens textes, à propos d'un gage de choses présentes, où le créancier gagiste est présumé possesseur de bonne foi alors que le gage était constitué sur des produits pétroliers — entre les mains d'un tiers détenteur — appartenant partiellement à d'autres que le constituant ; v. égal. C. Lopard, « Le gagiste *a non domino* », *LPA* 22 janv. 2004, p. 5). Il semblerait qu'une réponse ministérielle aille en ce sens, les pouvoirs publics ayant répondu qu'il « ne paraît pas opportun d'obliger les établissements financiers, avant d'accepter un gage, de s'assurer de l'inexistence d'une clause de réserve de propriété sur les biens gagés et à défaut, en cas de conflit, de faire primer le titulaire de la clause de réserve de propriété sur le créancier gagiste » (Rép. min. n° 16491 : *JO AN* Q, 29 avr. 2008, p. 3667 ; *D.* 2008, p. 1335 ; *RTD civ.* 2008, p. 519, obs. P. Crocq ; Com. 11 sept. 2012, n° 11-22240, *JCP* G 2012, 1291, obs. Ph. Delebecque). En revanche, le conflit opposant un vendeur sous réserve de propriété au créancier gagiste sans dépossession tournera au bénéfice du premier. En l'absence de publication de la réserve de propriété, le créancier gagiste sans dépossession n'a aucun moyen de savoir que le bien gagé est réservé. D'où la proposition du groupe de travail, malheureusement non retenue, de publier les biens sous réserve de propriété d'une certaine valeur sur le même registre que les gages sans dépossession…

♦ Des objets fongibles

Nouvelle manifestation de l'admission du gage de stocks, la loi admet que puissent être gagées des choses fongibles (art. 2341 C. civ.). Toutefois les textes distinguent les conséquences de cette innovation selon que l'on est en présence d'un gage avec ou sans dépossession (v. ss 444 s.). Ce faisant, le *gage-espèces* — bien que son nom ne soit pas prononcé — reçoit un fondement textuel, mais sans que son régime soit clairement dégagé (v. S. Bros, « Le gage-espèce après l'ordonnance du 23 mars 2006 », *RLDA* 2007/14, p. 86). 430 ■

Bien fongible par excellence, la monnaie peut être remise en gage comme c'est fréquemment le cas en matière locative. Mais seule la monnaie fiduciaire (remise de la main à la main) est incontestablement un meuble corporel. Or, très souvent les sommes sont déposées en compte, et devenant scripturale, elle change de nature pour devenir un bien incorporel. Dès lors, c'est le droit du nantissement qui devrait s'appliquer. Mais l'ordonnance ni n'a différencié le gage de monnaie fiduciaire de celui de monnaie scripturale, ni n'a reconnu le nantissement de monnaie scripturale, lequel obéit donc aux règles gouvernant le gage de meubles corporels (art. 2355 al. 5 C. civ.). Aussi l'appartenance du gage-espèces à la famille du gage de meubles corporels semble-t-elle consacrée. La jurisprudence semble d'ailleurs avoir consacré cette lecture. Dans une espèce assez complexe, elle a jugé que le nantissement de sommes transférées sur un compte impersonnel purement interne à la banque ouvert au nom du débiteur « pour la seule commodité des écritures », « portait sur un gage-espèce et non sur une créance de restitution » (Com. 6 févr. 2007, *RTD civ.* 2007. 373, obs. P. Crocq). Mais ne peut-il s'agir que d'un gage ? La référence à une cession fiduciaire n'étant pas totalement exclue, la réponse pourrait être négative (V. en ce sens, D.-R. Martin, « Du gage-espèces », *D.* 2007, p. 2556, n° 13). Toutefois, en disposant que le créancier gagiste acquiert « la propriété » des biens fongibles gagés et non séparés, l'article 2341 alinéa 2 évoque en réalité la conséquence de la fongibilité des biens. Comme l'a écrit L. Aynès, « le créancier n'acquiert pas véritablement un droit de propriété sur les biens gagés, mais plutôt un droit d'en disposer, le constituant conservant la propriété de la valeur » (L. Aynès, « Le gage des meubles corporels », *Dr. et patr.* sept. 2005, p. 61 s.). En conséquence bien que translatif de propriété, le gage-espèces n'en reste pas moins un gage. Plus précisément, il s'agira d'un gage avec ou sans dépossession selon que la somme d'argent sera déposée sur un compte spécial ouvert au nom du créancier, ou sur un compte bloqué ouvert au nom du débiteur. Cette consécration d'un gage spécifique qui transfère au créancier la propriété des espèces laisse toutefois perplexe sur le régime de cette sûreté : faudra-t-il respecter la formalité solennelle de l'article 2336 du Code civil (v. ss 435) ainsi que les modes de réalisation du gage ? Les parties devraient avoir la possibilité de choisir entre la remise en propriété, c'est-à-dire la fiducie-sûreté innommée, et le gage avec dispense d'individualisation (v. L. Aynès, « Le nouveau droit du gage », *art. préc.*, p. 52). Mais dans le doute, les parties auront tout intérêt à recourir à l'écrit en s'exprimant clairement sur leur choix d'un contrat de gage, et sur celui d'un pacte commissoire.

Lorsque le gage ne porte pas sur une quantité de choses fongibles, ou encore sur un ensemble de choses, il est possible de prévoir le remplacement de l'objet du gage par un autre, de nature et de qualité différentes, par une clause de substitution, sans que cela ne constitue un nouveau gage (Com. 26 mai 2010, n° 09-65812, *Bull. civ.* IV, n° 08 ; *JCP* E 2010, 1601, note D. Legeais ; *Dr. et patr.* sept. 2010, p. 94, obs Ph. Dupichot ; *RDC* 2010. 1341, obs. A. Aynès ; *RTD civ.* 2010. 595, obs. P. Crocq ; *JCP* G 2011. 226, n° 17, obs. Ph. Delebecque). L'oppoçsabilité du droit du créancier gagiste aux tiers a alors pour limite l'équivalence du bien nouveau à l'ancien, ce qui suppose que les biens successivement grevés appartiennent à une même catégorie de biens. Dans une espèce où il n'y avait pas de clause de substitution, la Cour (Com. 27 sept. 2016, n° 15-10421) a jugé que la modification de l'assiette d'un gage sans dépossession intervenue en période suspecte, n'emportait pas automatiquement nullité de la sûreté dès lors que la substitution opérée ne confère pas au bénéficiaire un gage supérieur, dans sa nature et dans son assiette. Il restera à la juridiction de renvoi à se prononcer sur cette exigence d'équivalence entre le gage initial et le gage substitué.

b. La condition de forme : un écrit sous peine d'inexistence

■ 431 Avant l'entrée en vigueur de la réforme en date du 23 mars 2006, l'article 2074 du Code civil exigeait un écrit pour informer les tiers de l'existence du gage : « ce privilège [le droit de préférence] n'a lieu à l'égard des tiers qu'autant qu'il y a eu acte authentique ou sous seing privé, dûment enregistré, contenant la déclaration de la somme due, ainsi que de l'espèce et de la nature des biens donnés en gage... ». La jurisprudence exigeait en conséquence que l'écrit ait acquis date certaine au sens de l'article 1328 du Code civil. À défaut, le gage demeurait valable mais était inopposable aux tiers (Com. 8 déc. 1987, *Defrénois* 1988. 480, note L. Aynès) dont on pouvait penser que le débiteur voulait frauder les droits en avantageant le créancier gagiste. Le contrat de gage demeurait donc un contrat consensuel, l'écrit n'étant exigé qu'*ad probationem*.

Désormais, le gage n'est plus constitué par la seule remise de la chose. Les parties peuvent, selon leur volonté, opter pour un gage avec ou sans dépossession. Mais cette perte du caractère réel du contrat a eu pour contrepartie l'émergence d'un nouveau contrat solennel. En effet, aux termes de l'article 2336 du Code civil, « Le gage est parfait par l'établissement d'un écrit contenant la désignation de la dette garantie, la quantité des biens donnés en gage ainsi que leur espèce ou leur nature ». Le contrat de gage est par là même devenu très formaliste puisque l'écrit est dorénavant exigé *ad validitatem*. En l'absence d'écrit le contrat n'est pas formé, et n'existe pas. La nature de l'écrit importe peu : il peut être dressé sous seing privé sans avoir à être enregistré, ou par acte authentique. Et, en cas de sous seing privé, l'écrit devra être dressé sur support papier, le souci de protection du débiteur ayant conduit le législateur à écarter le principe d'équivalence entre l'écrit sur support papier et l'écrit sur support électronique (art. 1108-2, 2o C. civ.).

Cette nécessité d'un écrit semble néanmoins supporter une exception : le gage commercial de meubles corporels (v. ss 489).

2. *L'opposabilité du gage aux tiers*

Jusqu'à la réforme de 2006, la dépossession était nécessaire pour assurer l'efficacité de la sûreté et cette exigence s'expliquait par le caractère réel du gage. Mais la consécration de l'alternative entre gage sans dépossession et gage avec dépossession a nécessairement eu une influence sur l'opposabilité du gage à l'égard des tiers. Celle-ci dépend en effet d'une formalité différente (a) selon la formule choisie, dont l'accomplissement permettra de régler les éventuels conflits entre créanciers (b). 432 ■

a. La formalité d'opposabilité

La formalité d'opposabilité n'est pas la même selon que le gage est avec (1°) ou sans (2°) dépossession. 433 ■

1. En cas de gage avec dépossession

En présence d'un gage avec dépossession, c'est la dépossession elle-même qui devient la condition d'opposabilité à l'égard des tiers. En effet, la dépossession n'étant plus de l'essence du gage, celle-ci ne peut que conditionner l'opposabilité du contrat au tiers, revêtant ainsi une fonction publicitaire. Le contrat est valablement formé par la seule rédaction d'un écrit mais n'est opposable aux tiers que par la dépossession, qui peut avoir lieu soit entre les mains du créancier, soit entre celles d'un tiers convenu, autrement dit par entiercement (art. 2337 al. 2 C. civ.). À cet égard, le créancier peut confier les marchandises à un magasin général chargé de posséder pour son compte, même si les locaux d'entreposage sont ceux du constituant, mis à disposition du tiers convenu (dès lors que ce dernier en a les clefs), voire si les salariés du constituant sont mandatés par le tiers convenu pour gérer lesdits entrepôts (Com. 12 janv. 2010, *RDC* 2010. 1336, obs. A. Aynes ; *JCP* G 2010. Doctr. 708, n° 15, obs. Ph. Delebecque ; *RD banc. fin.* 2010, n° 61, obs. D. Legeais ; *Dr. et patr.* sept. 2010, p. 93, obs. Ph. Dupichot). Il faut toutefois veiller à ce que cette dépossession soit effective, apparente et non équivoque. Le tiers qui détient les marchandises pour le compte du créancier doit se trouver effectivement mis en possession, ce qui n'est pas le cas lorsque le tiers convenu possède les marchandises gagées dans des locaux mis à disposition du constituant aux termes d'un bail commercial, sans que le bailleur n'ait autorisé cette seconde mise à disposition (Com. 23 sept. 2014, n° 12-26203, *Gaz. Pal.* déc. 2014, p. 23, obs. M.-P. Dumont-Lefrand). 434 ■

2. En cas de gage sans dépossession

En présence d'un gage sans dépossession, l'article 2337 alinéa 1er du Code civil innove en instituant un système de publicité personnelle puisqu'il dispose que le « gage est opposable aux tiers par la publicité qui en est faite ». L'opposabilité du gage résulte donc d'une formalité de publicité consistant en une inscription – comparable à l'inscription hypothécaire – sur un registre spécial faite à la requête du créancier et tenu par le greffier du tribunal de commerce (y compris pour les non-commerçants) dans le ressort duquel le constituant est immatriculé ou, s'il n'est pas soumis à l'obligation d'immatriculation, dans le ressort duquel est situé son siège ou son domicile (art. 1er Décr. n° 2006-1804 du 23 décembre 2006 entré en vigueur le 1er mars 435 ■

2007). Il est possible de procéder à cette inscription soit sur « papier libre », le décret n'ayant pas prévu de modèle type de bordereau, soit par voie électronique, dans les conditions prévues par l'article 1316-4 du Code civil ainsi que le décret n° 2001-272 du 30 mars 2001.

■ 436 Aux fins d'inscription de son gage, le créancier devra remettre ou adresser au greffier du tribunal de commerce l'un des originaux de l'acte constitutif de la sûreté ou une expédition si l'acte est établi sous forme authentique, accompagné d'un bordereau d'inscription initiale en deux exemplaires (sur lequel l'inscription de la sûreté sera mentionnée : art. 3 Décr. 23 décembre 2006). Les bordereaux d'inscription doivent mentionner : la qualité des parties, la date et la nature de l'acte constitutif de la sûreté, le montant de la créance garantie en principal, la date de son exigibilité, l'indication du taux des intérêts ainsi que le cas échéant, la mention de l'existence d'un pacte commissoire si celui-ci est stipulé dans l'acte constitutif de la garantie, pour les créances futures éventuelles les éléments permettant de les déterminer, la désignation du bien gagé avec l'indication des éléments permettant de l'identifier, la catégorie à laquelle le bien affecté en garantie appartient par référence à une nomenclature fixée par arrêté du 1er février 2007 (*JO* 10 févr. 2007, p. 2565 : cet arrêté énumère 17 catégories dont la dernière, résiduelle, est intitulée « Autres »), et le cas échéant, la faculté pour le constituant d'aliéner les choses fongibles gagées dans les conditions de l'article 2342 du Code civil, la mention de l'inscription du gage, c'est-à-dire la date de l'inscription et le numéro de celle-ci (art. 2 Décr. 23 déc. 2006). Le greffier procède alors à l'inscription et la reporte au fichier électronique national (art. 9 Décr.), puis il remet l'un des deux bordereaux au créancier requérant avec certification que l'inscription a été faite, et conserve le second exemplaire au greffe.

Les inscriptions régulièrement faites prendront effet à leur date (en cas d'inscriptions multiples le même jour, le rang des créanciers est déterminé par l'ordre des inscriptions établi en fonction du numéro d'enregistrement au greffe) et conserveront le gage pendant cinq ans à compter du jour de sa date (art. 7 Décr.), sachant qu'une demande d'inscription modificative ou de radiation pourra être portée devant le greffier du tribunal de commerce auprès duquel la sûreté a été inscrite, nonobstant tout changement d'adresse du constituant.

■ 437 L'intérêt de cette mesure est la création d'un support unique de publicité de tous les gages sans dépossession, sachant que l'objectif de la chancellerie était de centraliser la publicité sur un fichier national accessible gratuitement par Internet au nom du constituant : c'est chose faite puisque l'article 9 du décret du 23 décembre 2006 a créé ce fichier, tenu par le Conseil national des greffiers des tribunaux de commerce. Grâce à cette formalité supplémentaire qu'est l'inscription du gage sans dépossession, les biens meubles corporels pourront enfin faire l'objet de gages successifs. La disparition de l'exigence de dépossession lève l'obstacle jusqu'alors mis à cette utilisation successive du gage sur un même bien. Il suffira donc à toute personne potentiellement créancière du constituant, de consulter ce fichier (en renseignant et la rubrique « constituant » et la rubrique « bien », par référence à la nomenclature précédemment évoquée sachant que chaque consultation ne peut porter que sur une même catégorie de biens : v. art. 10 Décr.) et d'en demander un relevé, afin de vérifier l'existence d'éventuelles inscriptions antérieures sachant que le constituant ne pourra exiger la radiation de l'inscription (ou la restitution du bien) que sur justificatif (accord des parties, acte donnant mainlevée de l'inscription ou décision passée en force de chose jugée) et après avoir entièrement payé la dette garantie, en principal, intérêts et frais (art. 2339 C. civ. et art. 8 Décr. 23 déc. 2006). Ce sera donc l'inscription sur ce registre qui réglera les problèmes de concours entre créanciers gagistes (l'éventuel concours entre deux créanciers gagistes avec dépossession, nécessairement par entiercement, devant être réglé au profit du créancier entré le premier en possession) ou entre créancier gagiste et ayant cause à titre particulier.

b. Le sort des concours entre créanciers

Non seulement l'inscription du gage sans dépossession rend opposable aux tiers le droit de préférence du créancier gagiste, mais elle lui confère aussi un droit de suite permettant de faire échec au droit du tiers acquéreur de bonne foi. 438 ■

Ainsi, en cas de concours entre plusieurs créanciers gagistes sans dépossession, le conflit sera réglé selon l'ordre de leurs inscriptions (art. 2340 al. 1er C. civ.). 439 ■

Il est toutefois envisageable qu'après avoir consenti un gage sans dépossession, le constituant remette en garantie à un autre, la chose même déjà gagée : un conflit risque alors de survenir entre le créancier gagiste n° 1 sans dépossession, et le créancier gagiste n° 2, avec dépossession. Cette hypothèse est réglée par l'article 2340 alinéa 2 du Code civil qui fait primer le créancier gagiste antérieur, dès lors qu'il aura régulièrement publié son droit. Par cette disposition, l'ordonnance affaiblit le droit de rétention du créancier titulaire d'un gage avec dépossession, mais c'était la condition *sine qua non* de l'efficacité du gage sans dépossession. Depuis, la loi de modernisation de l'économie n° 2008-776 du 4 août 2008 est venue renforcer encore la position du créancier gagiste sans dépossession en lui conférant un droit de rétention fictif (C. civ., art. 2286-4° ; v. ss 383). 440 ■

La situation peut toutefois se compliquer en cas de procédure collective du constituant. Doit-on appliquer les règles propres aux procédures collectives et notamment les articles L. 622-7-II al. 2 ou L. 642-20-1 du Code de commerce permettant au chef d'entreprise, à l'administrateur ou au liquidateur (sur autorisation du juge-commissaire) de payer des créances antérieures au jugement d'ouverture pour retirer le gage lorsque ce retrait est justifié par la poursuite de l'activité, ou continuer d'appliquer l'article 2340 alinéa 2 du Code civil et la logique de sécurité juridique qu'il sert, le créancier gagiste rétenteur devant supporter le droit de préférence du gagiste préalablement inscrit ? Les dispositions de l'article 2287 du Code civil qui excluent les règles du droit civil au profit de celles prévues en cas de procédure collective pourraient être un indice. Mais contrairement à ce que pourrait laisser penser une lecture un peu rapide du texte, elles nous paraissent militer en faveur du créancier gagiste régulièrement inscrit. En effet, les articles autorisant le retrait du bien gagé, reposent sur l'hypothèse implicite que le rétenteur est le seul en lice. Dès lors, les règles civilistes ne contrarient pas celles du droit des procédures collectives et peuvent s'appliquer. Reste alors à envisager comment s'exercera ce droit de préférence du créancier gagiste inscrit ? Soit le débiteur ou son représentant auront eu besoin de retirer le bien et ils devront par conséquent être prêts à payer les deux créanciers (en ce sens, v. F. Pérochon, « Les gages et droits de rétention dans la liquidation judiciaire », Gaz. proc. coll. 2007, n° 2). Soit le bien retenu n'aura pas encore été retiré et, en principe, le gagiste régulièrement inscrit devrait pouvoir exiger l'attribution judiciaire du bien. Cela implique alors que le gagiste rétenteur se dessaisisse du bien sans être payé... Mais n'est-il pas alors à craindre qu'il s'y refuse, continuant d'exercer son pouvoir de blocage sur la chose (v. A. Aynes, « La consécration du droit de rétention », *D.* 2006, Dossier « La réforme du droit des sûretés », p. 1301 s ; spéc. n° 7) ?

441 Le même conflit pourrait opposer le créancier gagiste sans dépossession régulièrement inscrit à un créancier simplement rétenteur. Or, dans un tel cas, la loi n'a rien prévu. Dès lors, soit l'on raisonne *a fortiori* avec l'hypothèse précédente refusant de voir le créancier simplement rétenteur, mieux traité qu'un créancier gagiste avec dépossession. Soit l'on raisonne *a contrario*, en s'opposant à toute extension de l'article 2340 alinéa 2 du Code civil au-delà de son champ d'application. Le simple rétenteur primerait alors le créancier gagiste sans dépossession pourtant régulièrement inscrit.

442 Enfin, en cas de concours entre un créancier gagiste sans dépossession et un ayant cause à titre particulier du constituant (par conséquent resté en possession), ce dernier n'est plus préféré, l'article 2337 alinéa 3 du Code civil prenant la peine d'écarter le fameux article 2276 du Code civil : « En fait de meubles, possession vaut titre ». Dès lors que le gage aura été régulièrement publié, les ayants cause à titre particulier du constituant, acquéreur, créancier saisissant, donataire ou créancier gagiste postérieur ne pourront arguer de leur bonne foi au sens de l'article 2276 du Code civil (c'est-à-dire de l'article 550 du Code civil) pour primer le créancier gagiste sans dépossession (pour une critique de ce recours à l'art. 2279 C. civ., v. R. Boffa, « L'opposabilité du nouveau gage sans dépossession », *D.* 2007. Chron. 1161, spéc., n° 12 s.). À l'inverse, si la sûreté n'est pas publiée, elle sera inopposable à l'ayant cause, celui-ci n'ayant pas pu en prendre connaissance. Du reste, il est à espérer que cette neutralisation des effets de la possession impliquera un nouveau comportement des acquéreurs de biens meubles corporels qui auront intérêt à consulter systématiquement le fichier informatique du registre des inscriptions des gages sans dépossession. Cela dit, comme l'écrit notre collègue le professeur Picod (Y. Picod, *Droit des sûretés*, 3e éd., PUF, 2016, n° 202), la paralysie des effets de l'article 2276 du Code civil ne vise que les ayants cause du constituant. Dès lors, le sous-acquéreur de bonne foi du constituant devrait pouvoir primer le créancier gagiste. En effet, il n'y a pas de raison qu'il soit informé ni de l'identité du constituant, ni de l'existence du gage.

B. Les effets du gage

443 Les effets du contrat de gage se manifestent à deux moments différents : pendant le déroulement du contrat, alors que le débiteur n'est pas encore défaillant, l'échéance n'étant pas encore arrivée, et lors du dénouement de la relation contractuelle, lorsqu'à l'échéance le débiteur s'exécute ou, au contraire, ne paye pas. Si pendant la première phase, les effets du contrat de gage sont dictés par la nature du contrat (1), pendant la seconde, ils tiennent à l'objet du contrat (2).

1. *Les effets tenant à la nature du contrat*

444 Les effets du contrat de gage avant l'échéance de la créance garantie varient selon que le gage est avec ou sans dépossession. En effet, dans le premier cas, le bien étant détenu par le créancier, le risque qui pèse est que celui-ci s'en serve ou ne veille pas à sa bonne conservation (a) ; en revanche, dans le second cas, le débiteur gardant la

détention du bien, le risque est inversé et pèse sur le créancier qui peut craindre de voir la valeur du bien gagé diminuer (b).

a. En cas de gage avec dépossession

L'intérêt de cette possession, qu'elle soit personnelle ou par entiercement, est qu'elle procure au créancier gagiste, un droit de rétention, ainsi que, mais uniquement lorsqu'elle est personnelle, le droit de percevoir les fruits du bien gagé pour les imputer sur les intérêts ou, à défaut, sur le capital de la dette. La convention contraire est toutefois autorisée (art. 2345 C. civ. ; C. Kuhn, « Le droit commun du gage », *LPA* 27 mars 2008, n° 34, p. 43). En revanche, l'inconvénient, tout au moins dans le cas d'une possession personnelle par le créancier, est l'obligation de conservation qui pèse sur lui. En effet, tenu de restituer le bien gagé une fois qu'il sera payé, le créancier gagiste n'a ni le droit d'en user, ni celui de l'administrer (Com. 12 juill. 2005, *RD banc. fin.* sept.-oct. 2005, n° 174, obs. D. Legeais ; *Dr. et patr.* févr. 2006, p. 126, obs. Ph. Dupichot), mais en revanche l'obligation de le conserver. L'article 2344 du Code civil prévoit même qu'en cas d'inexécution de cette obligation, le constituant peut lui réclamer outre la restitution du bien gagé, des dommages et intérêts. L'article 2343 du Code civil dispose cependant que « Le constituant doit rembourser au créancier ou au tiers convenu les dépenses utiles ou nécessaires que celui-ci a faites pour la conservation du gage ». Enfin, le gage étant indivisible (art. 2349 C. civ.) le créancier n'est tenu de restituer le bien gagé qu'après avoir été entièrement réglé de sa créance, intérêts et frais (art. 2339 C. civ.), sachant qu'en principe c'est le bien remis qui devra être rendu. 445 ■

Une atténuation est cependant aménagée en cas de gage portant sur des choses fongibles. Certes, il faudra éviter que ces biens, par définition non individualisés, ne se mélangent avec ceux éventuellement de même nature du créancier. En ce sens, l'article 2341 alinéa 1er du Code civil dispose que le créancier gagiste doit en principe les tenir séparées des choses de même nature lui appartenant. Il s'agit en effet de permettre l'identification des biens gagés en vue de leur restitution au débiteur, ou au contraire, de l'exercice de ses droits par le créancier. Cependant, l'article 2341 alinéa 2 du Code civil autorise la convention à dispenser le créancier de cette obligation. Les choses fongibles gagées et celles de même nature appartenant au créancier se mêleront, empêchant toute différenciation entre les unes et les autres. Dès lors, l'article poursuit en prévoyant que le gagiste « acquiert la propriété des choses gagées à charge de restituer la même quantité de choses équivalentes » (v. ss 430 à propos du gage-espèces). À cet égard, la Cour de cassation retient une conception assez souple de la notion de biens fongibles. En effet, elle accepte les clauses de substitution dans les gages avec dépossession. Elle a ainsi admis, sous l'empire de l'ancienne législation, que les parties pouvaient convenir, dans une certaine mesure, d'une fongibilité subjective en validant une clause de substitution conventionnelle résultant d'un accord de volonté des parties, disposant que « les biens substitués seront remplacés par le débiteur constituant par la même quantité de choses équivalentes » (Com. 26 mai 2010, *JCP* E 2010, 1601, note D. Legeais ; *Gaz. Pal.* 16 oct. 2010, p. 19, obs. F. Pérochon ; *Banque et Droit* juillet-août 2010, p. 47, obs. F.J. ; *RTD civ.* 2010. 595, obs. P. Crocq où des jambons secs ou en cours d'affinage initialement gagés avaient été remplacés par des noix de jambon). 446 ■

b. En cas de gage sans dépossession

447 Si le gage est constitué sans dépossession, le principe est que le constituant conserve la propriété des biens tout en étant débiteur d'une obligation de conservation sous peine de déchéance du terme ou de demande de complément de gage (art. 2344 al. 2 C. civ.). Mais, lorsqu'il porte sur des biens fongibles, l'article 2342 du code civil prévoit que la convention de gage peut autoriser le constituant à aliéner les biens fongibles « à charge de les remplacer par la même quantité de choses équivalentes ». Le décret précise alors que cette faculté d'aliénation des choses fongibles gagées doit être envisagée dans l'écrit exigé *ad validitatem* (art. 2-7° Décr. 23 déc. 2006). L'intérêt évident d'une telle prévision est de permettre au constituant de vendre ses stocks et d'utiliser ses matières premières notamment. Au demeurant, risque de se poser un problème de substituabilité des biens fongibles que les parties auront intérêt à anticiper en prévoyant dans leur contrat les modalités de la substitution.

Par ailleurs, depuis la loi n° 2008-776 LME du 4 août 2008, le créancier gagiste sans dépossession dispose d'un droit de rétention fictif (*v. ss 449* ; v. ss 383). Toutefois, la rétention attachée artificiellement au gage sans dépossession était à peine reconnue que le législateur (par l'ordonnance du 18 décembre 2008) est venu la frapper d'inopposabilité dans les procédures collectives (v. ss 450).

Enfin, l'article 2349 C. civ. dispose que le « gage est indivisible nonobstant la divisibilité de la dette entre les héritiers du débiteur ou ceux du créancier ». Cette règle édictée dans un contexte propre (héritiers du créancier ou du débiteur) signifie que chaque partie du gage répond de la totalité de la dette et inversement. Cela dit, en dehors de ce contexte, l'indivisibilité n'est pas intangible et rien ne s'oppose à ce que la convention des parties en dispose autrement (Com. 10 juill. 2012, n° 11-22846, *JCP* G 2012, 1291, n° 18, obs. Ph. Delebecque).

2. *Les effets tenant à l'objet du contrat*

448 À l'arrivée du terme de la créance garantie, de deux choses l'une. Idéalement, dès que le débiteur aura intégralement payé son créancier, le contrat de gage trouvera son dénouement dans l'obligation de restitution pesant sur le détenteur (en cas de gage avec dépossession). Le gage s'éteint alors par voie principale, la créance garantie ayant disparu (pour cause de paiement). Mais le débiteur peut également s'avérer défaillant. Dès lors, le contrat de gage va pouvoir jouer son rôle de sûreté. Le créancier dispose, d'une part, d'un droit de rétention (a) et, d'autre part, du droit de réaliser le gage (b).

a. Le droit de rétention

449 Depuis la loi LME précitée, les créanciers gagistes avec et sans dépossession bénéficient tous deux d'un droit de rétention, le premier effectif et le second fictif. Mais, à la différence du créancier gagiste sans dépossession qui, par définition, ne possède pas le bien gagé, le gagiste avec dépossession retient la chose. Dès lors, le créancier gagiste avec dépossession, ou le simple rétenteur d'ailleurs, ont un véritable pouvoir de fait sur une chose qui leur permet d'en refuser la restitution tant que le débiteur n'a pas intégralement exécuté son obligation envers lui. Paré des atouts de la consécration légale (art. 2286-1° C. civ.), ce droit de rétention effectif est d'une efficacité redoutable, mettant à mal l'ordre des privilèges. Tant qu'il n'est pas désintéressé, le créancier peut refuser de se dessaisir du bien gagé, en s'opposant

par exemple à la saisie de la chose par un autre créancier (sauf l'art. 2317 al. 2 C. civ.), y compris privilégié ou propriétaire, ou à la vente de celle-ci.

En revanche, la situation est un peu plus difficile à comprendre en présence d'un gage sans dépossession. Dans la mesure où le débiteur a conservé l'utilité de la chose gagée, la condition de détention inhérente au mécanisme de la rétention fait défaut. Dès lors, l'on imagine mal quel pouvoir de blocage le créancier peut avoir et cela d'autant plus que les biens objet de ce type de gage sans dépossession ne sont pas soumis à une exigence d'immatriculation. Si traditionnellement le droit de rétention ne suppose pas toujours une emprise matérielle sur le bien, jusqu'à 2008, le pouvoir de blocage procédant d'un droit de rétention fictif résultait d'une disposition spécifique permettant au créancier, par exemple, d'empêcher la livraison du bien grevé tant qu'il n'est pas désintéressé (en matière de warrants), de mettre fin à la libre disposition des instruments financiers (en matière de nantissement de compte d'instruments financiers) ou de se réserver le paiement d'une créance (en cas de notification d'un nantissement de créance). Or, comme l'écrit notre collègue P. Crocq (P. Crocq, « Panorama de droit des sûretés », *D.* 2008, Panorama, 2104, n° 3), « on a du mal *a priori*, à déceler la présence d'un tel pouvoir (de blocage) dans le cas du gage sans dépossession de droit commun ». Mais, peut-être pourrait-on s'inspirer de la situation du créancier titulaire d'un gage automobile (v. ss 473). Auquel cas le pouvoir de blocage du créancier gagiste sans dépossession résulterait du droit de suite attaché à son gage rendant difficile la cession du bien gagé sans son accord. De même, l'on peut penser qu'en cas de conflit entre un droit de rétention effectif et ce nouveau droit de rétention fictif, la question soit résolue, comme en matière de gage automobile (*v. ss 469*), au profit du premier.

La vigueur du droit de rétention effectif n'est pas atténuée en cas de procédure collective du débiteur. En revanche, depuis l'ordonnance du 18 décembre 2008, intervenue très peu de temps après la consécration du droit de rétention fictif par la loi du 4 août 2008, ce dernier est neutralisé en cas de procédure collective. **450** ■

La position de force du droit de rétention effectif s'affirme dans toutes les phases de la procédure collective, dès lors que la créance concernée a été déclarée. Ainsi, aux termes de l'article L. 622-7 alinéa 3 du Code de commerce, pendant la période d'observation de la procédure de sauvegarde et de redressement judiciaire, si le bien retenu est nécessaire à la « poursuite de l'activité », le juge-commissaire peut autoriser le chef d'entreprise ou l'administrateur à payer le créancier gagiste rétenteur « pour retirer le gage » (C. com., art. L. 622-7,II, al. 2 et par renvoi, L. 631-14). De même, l'efficacité de ce droit de rétention a été maintenue, sans le secours de la loi, y compris en plan de cession où la jurisprudence (Com. 20 mai 1997, *JCP* E 1998. 1083, spéc. n° 27, note M.-J. Campana et J.-M. Calendini ; Com. 12 avr. 2005, n° 00-20455) reconnaît l'opposabilité du droit de rétention au cessionnaire de l'entreprise qui doit donc payer intégralement la créance du gagiste s'il veut retirer le bien gagé. Au demeurant, depuis, la question a été réglée légalement puisque le nouvel article L. 642-12 al. 5 du Code de commerce, issu de l'ordonnance du 18 décembre 2008, dispose désormais que « les dispositions du présent article n'affectent pas le droit de rétention acquis par un créancier sur des biens compris dans la cession ». Ainsi, le rétenteur dont la garantie est autonome ou résulte d'un gage avec dépossession ne peut être rempli de ses droits par le paiement d'une quote-part du prix de cession qui lui serait affectée pour l'exercice du droit de préférence. Enfin, en cas de liquidation **451** ■

judiciaire, l'article L. 641-3 al. 2 du Code de commerce édicte la même règle que celle de l'article L. 622-7 alinéa 3 précédemment évoquée. Et, si le liquidateur ne procède pas au retrait du bien contre paiement, il peut dans les 6 mois, demander au juge-commissaire l'autorisation de vendre le bien. Mais à ce moment-là, le droit de rétention du créancier gagiste est de plein droit reporté sur le prix (art. L. 642-20-1 al. 1 C. com.), par l'effet de la subrogation réelle, ce qui lui permet d'être payé avant tous les autres créanciers.

■ 452 Le droit de rétention fictif de l'article 2286, 4°, du Code civil, qui recouvre le gage sans dépossession de droit commun a vu ses effets aménagés par l'ordonnance du 18 décembre 2008, qui poursuivait deux objectifs : favoriser le sauvetage de l'entreprise en paralysant les effets du droit de rétention fictif (on peut penser qu'au-delà de celui de l'art. 2286, 4°, sont également visés les autres droits de rétentions fictifs consacrés par des textes spéciaux) en cas de sauvegarde et de redressement, et au contraire, renforcer ce droit en cas de liquidation judiciaire, pour favoriser le crédit aux entreprises. Ainsi, le jugement ouvrant la procédure de sauvegarde ou de redressement judiciaire (C. com., art. L. 622-7, I, al. 2 et L. 631-14, al. 1) « emporte, de plein droit, inopposabilité du droit de rétention conféré par le 4° de l'art. 2286 du Code civil pendant la période d'observation et l'exécution du plan ». Le créancier gagiste ne peut donc ni réclamer la détention du bien, ni recevoir un paiement direct. Tout se passe comme si le droit de rétention n'existait pas. Toutefois, le droit de rétention fictif redevient efficace en cas de bien gagé inclus dans une cession d'activité ou en cas de plan de cession globale (v. ss 405) où le cessionnaire est tenu de payer au créancier titulaire du droit de rétention fictif la totalité de ce qui lui est dû. Ceci dit, cette opposabilité du droit de rétention risque fort de rester « lettre morte » en l'absence de réel pouvoir de blocage du créancier, sauf à imposer au débiteur ou à l'administrateur de ne pas remettre le bien gagé au cessionnaire (v. A. Aynes, « Précisions sur le sort du gage sans dépossession en cas de procédure collective », *JCP* 2009. I. 119). Enfin, le régime du gage sans dépossession est le même que celui du gage avec dépossession en cas de liquidation judiciaire du débiteur. Aucun traitement particulier n'est réservé au droit de rétention fictif.

■ 453 Le seul inconvénient du droit de rétention est qu'il ne confère à son titulaire qu'un droit négatif, celui de s'opposer à la restitution du bien, sans l'autoriser à réaliser son gage. En se dessaisissant volontairement du bien, le rétenteur perdrait sa position de force (art. 2286 dern. al. C. civ.). Ce texte révèle d'ailleurs l'incohérence de l'article 2286-4° du Code civil puisque le créancier aurait bien des difficultés à se dessaisir d'un bien dont il a laissé l'usage à son débiteur. Mais tout créancier gagiste, dispose par ailleurs d'un droit de préférence qui se traduit par la possibilité de réaliser son gage.

b. La réalisation du gage

■ 454 Le créancier impayé a le choix du mode de réalisation du gage de meubles corporels. À cet effet, il dispose d'une option entre la réalisation forcée du gage qui ne peut être que judiciaire (1°) et son attribution en propriété, qui peut être conventionnelle (2°).

1. La réalisation forcée du gage ou le maintien de la prohibition de la clause de voie parée

■ 455 Aux termes de l'article 2346 du Code civil, « À défaut de paiement de la dette garantie, le créancier peut faire ordonner en justice la vente du bien gagé ». Ainsi, l'exercice du droit de préférence du créancier gagiste passe par la vente en justice du bien gagé. Toutefois l'article poursuit en précisant que la vente aura lieu selon les modalités prévues par les procédures civiles d'exécution, et « sans que la convention de gage puisse y déroger ». L'article 2346 *in fine* maintient donc la prohibition de la clause de voie parée permettant au créancier de vendre le bien à l'amiable. Les dangers qu'elle recèle demeurent. Il est notamment à craindre que le créancier gagiste n'abandonne la propriété du bien gagé pour un prix inférieur à sa valeur, dès lors que sa créance (la créance garantie par le gage) sera couverte par la somme offerte par l'acquéreur.

Sur la forme, en cas de gage avec dépossession, le créancier n'aura qu'à saisir le juge compétent, sachant qu'entreprenant lui-même les poursuites, il est en conséquence présumé avoir renoncé à son droit de rétention. Dès lors, il sera primé par les créanciers qui jouissent d'un meilleur rang tel que le superprivilège des salariés, celui des frais de justice et la plupart des privilèges généraux du Trésor, sans compter le privilège du conservateur lorsque les frais de conservation sont postérieurs à la naissance des autres privilèges. Mais ensuite s'appliquera l'article 2332-1 du Code civil selon lequel, « les privilèges spéciaux priment les privilèges généraux ». En revanche, si la vente est imposée au créancier gagiste, resté en possession du bien gagé, il disposera de son droit de rétention et pourra faire échec aux droits des tiers, y compris privilégiés, sauf un gagiste ayant antérieurement inscrit son droit (v. ss 440). En cas de gage sans dépossession, la seule particularité est qu'une saisie préalable, en l'occurrence une saisie-appréhension, s'imposera. 456 ■

Par ailleurs, en termes d'effets de la réalisation du gage, la jurisprudence a précisé que lorsqu'un gage garantit partiellement une dette, le versement résultant de sa réalisation s'impute sur le montant pour lequel la sûreté a été consentie (Ass. Plén., 6 nov. 2009, *Gaz. Pal.*, 13-14 janv. 2010, p. 24, obs. Ch. Albiges ; *JCP* G 2010, 20, note S. Piedelièvre et 708, obs. Ph. Delebecque ; *RTD Civ.* 2010. 358, obs. P. Crocq ; *RLDC* janv. 2010, 35, obs. J.-J. Ansault). Ainsi, à la différence de la solution retenue en matière de cautionnement (v. ss 206), celle-ci, fondée sur le principe de spécialité, est favorable au débiteur.

Cette première prérogative est cependant tenue en échec par la procédure collective du débiteur puisqu'à partir du jugement d'ouverture de la procédure s'applique le principe de la suspension des poursuites.

2. L'attribution du gage ou la suppression de la prohibition du pacte commissoire

En premier lieu, l'inexécution de l'obligation garantie peut (Com. 3 nov. 1983, *JCP* 1984. II. 20234, note J. Mestre insistant sur l'aspect facultatif de cette prérogative) déboucher sur une demande d'attribution judiciaire du gage, qu'il soit avec (Com. 5 avr. 1994, *Bull. civ.* IV, n° 146 : sauf si le créancier s'est volontairement dessaisi du bien au profit de son véritable propriétaire) ou sans dépossession (sur la prescription de l'attribution judiciaire, v. Com. 31 oct. 2006, *D.* 2006. AJ. 3052, obs. X. Delpech). L'article 2347 du Code civil maintient en effet cette solution classique en disposant que « Le créancier peut aussi faire ordonner en justice que le bien lui demeurera en paiement », l'effet translatif de propriété lié à cette attribution judiciaire opérant dès le jugement d'attribution (Com. 24 janv. 2006, *JCP* E 2006. 1753, obs. Ph. Delebecque). Mais l'expertise pour évaluer le bien n'est plus nécessairement ordonnée par le juge, l'article 2347 ne faisant plus aucune référence à la nécessité d'une telle expertise, laquelle peut néanmoins être ordonnée par le juge. Conformément à l'alinéa 2 du 457 ■

texte, lorsque la valeur du bien excède le montant de la dette garantie, la somme égale à la différence est soit versée au débiteur, soit consignée, s'il existe d'autres créanciers gagistes, sans dépossession. En conséquence, une pluralité de gagistes ne fait pas obstacle à une demande d'attribution judiciaire. Cette faculté d'attribution judiciaire peut être exercée même en cas de pluralité de créanciers ayant des droits sur le même bien. L'ordre de classement des droits de préférence est alors indifférent. Ainsi, lorsque la créance garantie par un gage de premier rang n'est pas exigible, il est logique d'admettre que le créancier de second rang dont la créance est exigible ait le droit de demander (et d'obtenir) l'attribution judiciaire du bien grevé dans la mesure où les deux créanciers ne sont pas en concours. Cela étant, à l'échéance de sa créance, le créancier de premier rang pourra faire jouer son droit de suite, opposable à l'ayant cause à titre particulier du constituant qu'est le créancier de second rang (Com. 3 juin 2008, *RTD civ.* 2008. 701, obs. P. Crocq ; *RLDC* sept. 2008. 31, obs. G. Marraud Des Grottes).

■ 458 Toutefois, la survenance d'une procédure collective affectera ce droit à l'attribution judiciaire du créancier gagiste, les principes de suspension des poursuites et d'interdiction des paiements des créances antérieures faisant obstacle à une telle action. Le créancier pourra renouveler sa demande en cas de liquidation judiciaire, que le gage soit avec ou sans dépossession (Com. 6 mars 1990, 2 arrêts, *Bull. civ.* IV, n° 67 ; *D.* 1990. 311, note F. Derrida). L'attribution judiciaire retrouve alors son intérêt puisqu'elle permettra d'éviter tout concours avec les autres créanciers, qu'ils soient privilégiés ou superprivilégiés (art. L. 643-7 C. com.). D'ailleurs, lorsque le gage est doublé d'un cautionnement, cette faculté devient une obligation si le créancier ne veut pas prendre le risque que la caution argue du bénéfice de subrogation dès lors que le non-exercice de cette prérogative lui aura causé un préjudice (v. ss 246). En revanche, l'inconvénient de cette attribution est que le créancier gagiste devient propriétaire d'un bien dont il peut n'avoir aucune utilité et dont la revente ne sera pas nécessairement ni facile, ni fructueuse.

■ 459 En second lieu, et c'est l'une des innovations de l'ordonnance du 23 mars 2006, l'attribution conventionnelle du bien gagé n'est plus prohibée. Le pacte commissoire au sein du contrat de gage n'est plus interdit. Les parties peuvent convenir, soit lors de la conclusion du contrat, soit postérieurement, « qu'à défaut d'exécution de l'obligation garantie, le créancier deviendra propriétaire du bien gagé » (art. 2348 al. 1er C. civ.). Cette prohibition était destinée à protéger le constituant de la sûreté contre le risque d'une éventuelle spoliation. À l'origine, il s'agissait d'assurer la défense des emprunteurs contre les usuriers pratiquant le prêt sur gage, puis l'on a tout simplement craint que le créancier gagiste ne sous-évalue le bien gagé au détriment des autres créanciers. Cette interdiction de l'ancien article 2078 du Code civil était toutefois interprétée souplement par la jurisprudence. D'abord sa violation n'était sanctionnée que par une nullité relative (Com. 5 oct. 2004, *Bull. civ.* IV, n° 276 ; *D.* 2005. Pan. 2083, obs. P. Crocq ; *RTD com.* 2005. 408, note B. Bouloc ; *JCP* 2004. II. 10191, note S. Piedelièvre). Ensuite, la jurisprudence avait écarté l'application de l'ancien article 2078 au gage-espèces (Com. 9 avr. 1996, *D.* 1996. 399, note Ch. Larroumet ; *RTD civ.* 1996. 669, obs. P. Crocq), et au chèque de garantie (Com. 3 juin 1997, *Bull. civ.* IV, n° 165 ; Com. 17 nov. 1998, *D. Affaires* 1999. 78 ; *RTD civ.* 1999. 156 s.), reconnaissant ainsi la validité du pacte commissoire, le risque de sous-évaluation n'existant pas dans ces hypothèses. De même, elle admettait qu'un pacte commissoire pouvait être convenu après la conclusion du contrat de gage (Com. 5 oct. 2004, *préc.*), le risque de déséquilibre étant alors jugé moindre que lors de la conclusion du contrat de gage.

Ce pacte commissoire, qui n'est autre qu'une convention extinctive à terme, les parties devant s'entendre sur le moment de l'extinction de la dette (v. F. Macorig-Venier, « Le pacte commissoire (et les sûretés réelles mobilières) », *RLDA* 2007/14, p. 79, spéc. p. 83), doit être révélé aux tiers. Ainsi, en cas de gage publié par inscription, l'article 2-3° du décret prévoit-il que le pacte doit être mentionné sur le bordereau d'inscription (v. ss 436). Et s'il est convenu après l'inscription initiale, une inscription modificative sera nécessaire (art. 4 Décr.)

Cela étant, si la prohibition du pacte commissoire a disparu, l'ordonnance a encadré cette admission en prévoyant des mesures de protection du débiteur. **460**

D'abord, le pacte commissoire reste interdit et en matière de crédit à la consommation (art. L. 311-32 al. 3 C. consom.) et en cas de procédure collective. En la matière l'article L. 622-7 alinéa 1er du Code de commerce *in fine* prévoit que le jugement d'ouverture empêche non seulement la conclusion mais aussi la réalisation d'un tel pacte. Si le maintien de l'interdiction de la conclusion d'un tel pacte se comprend, au stade de la réalisation, cela est plus critiquable. En effet, « à quoi sert un pacte commissoire que l'on ne peut invoquer en cas de défaillance du constituant ? » (v. P. Crocq, « La réforme des sûretés mobilières », in *Le droit des sûretés à l'épreuve des réformes*, *op. cit.*, n° 39). L'intérêt d'y recourir est alors bien amenuisé. Il ne restera au gagiste que la faculté d'attribution judiciaire, laquelle n'est toutefois possible qu'en matière de liquidation judiciaire.

Ensuite, une évaluation objective de la valeur du bien est organisée. Cette valeur devra être fixée soit à dire d'expert, soit par une cote, toute clause contraire étant réputée non écrite (art. 2348 al. 2 C. civ.). La première solution consiste à recourir soit amiablement, soit — à défaut — judiciairement à un expert, véritable technicien, qui déterminera la valeur du bien gagé, le texte disposant que cette valeur est déterminée « au jour du transfert ». Se posera alors la question de la date de ce transfert : est-elle celle de la défaillance du débiteur ou de l'estimation de l'expert ? En l'absence de précision textuelle, il vaudra mieux le préciser dans la convention. La logique serait de ne pas faire dépendre le transfert de propriété de l'évaluation, afin d'éviter le risque de perte de temps inhérent à une estimation, notamment judiciaire, qui empêcherait le créancier de revendre le bien (v. toutefois, Com. 15 nov. 2005, *Bull. civ.* IV, n° 228 ; *Droit et patr.* févr. 2006, chron. « Droit des sûretés », obs. Ph. Dupichot). Aussi est-il recommandé de s'entendre sur le moment du transfert de propriété ainsi que la constatation de la défaillance. La seconde solution dépend de l'éventuelle existence d'une cote du bien gagé. L'article 2348 alinéa 2 du Code civil évoque en effet l'existence d'une « cotation officielle du bien sur un marché organisé au sens du Code monétaire et financier ». Le problème est toutefois que le Code monétaire et financier ne définit ni la notion de « cotation officielle », ni celle de « marché organisé ». Mais même si cette référence au Code monétaire et financier est imparfaite, on comprend que l'ancienne prohibition n'a pas vocation à s'appliquer aux gages portant en eux-mêmes leur valeur (valeurs mobilières cotées, sommes d'argent, bons de caisse), même s'il n'existe pas de cotation sur un marché officiel. Enfin, si la valeur du bien gagé excède celle de la créance garantie, comme en matière d'attribution judiciaire, « la somme égale à la différence est versée au débiteur, ou, s'il existe d'autres créanciers gagistes, est consignée » (art. 2348 al. 3 C. civ.).

section 2

Les gages spéciaux

461 À côté du droit commun du gage, il existe différents gages spéciaux (V. M. Julienne, « Les gages spéciaux : modèles pour le droit commun ? », *D.* 2016. 1266), avec ou sans dépossession, ou encore de nature mixte, c'est-à-dire sans dépossession mais avec droit de rétention. En effet, l'ordonnance du 23 mars 2006, a elle-même créé cette catégorie des gages spéciaux, au sein même du Code civil d'abord, en insérant à la suite de la section I consacrée au droit commun du gage, une section II relative au gage sur véhicule automobile (1), et au sein du Code de commerce ensuite, en créant un gage sur stocks (2). Par ailleurs, elle a laissé subsister les anciens gages spéciaux du Code de commerce, en les amodiant parfois, comme le gage commercial (3) qui peut dorénavant être sans dépossession, les warrants (4) et le gage sur le matériel et l'outillage (5).

§ 1 Le gage portant sur un véhicule automobile

462 Au départ réglementé par une loi du 29 décembre 1934, puis par le décret du 30 septembre 1953 lequel avait permis aux vendeurs à crédit ainsi qu'aux prêteurs de deniers en vue de l'acquisition au comptant d'un véhicule automobile de bénéficier d'une sûreté sur le véhicule vendu, le gage automobile est dorénavant régi par les articles 2351 à 2353 du Code civil. Les dispositions relatives au gage automobile sont dorénavant insérées dans le code civil, dans une section II intitulée « Du gage portant sur un véhicule automobile », leur entrée en vigueur ayant été subordonnée à l'adoption d'un décret intervenu le 9 février 2009. Le régime de ce gage (B) a été modifié, les voies d'exécution de ce type de sûreté étant régies par le Code civil, et non plus par le Code de commerce. Par ailleurs, cette localisation du gage automobile conduit à s'interroger sur la nature (A) exacte de cette sûreté.

A. La nature du gage automobile

463 La principale interrogation consiste à savoir s'il s'agit d'un gage avec ou sans dépossession. D'un côté, le constituant conserve l'usage de son véhicule, ce qui milite en faveur de la qualification d'un gage sans dépossession. D'un autre côté, le créancier reçoit de la préfecture un reçu en vertu duquel il est censé « avoir conservé le bien remis en gage en sa possession » (art. 2352 C. civ.). Cette mise en possession dématérialisée, qui lui confère un droit de rétention (v. ss 470) plaiderait plutôt pour l'existence d'un gage avec dépossession. Or, l'ordonnance de 2006 n'apporte pas de réponse à cette question (v. D. Legeais, « Le nouveau droit du gage portant sur un véhicule automobile », *JCP* E 2007. 1482 qui évoque la notion de « nature mixte »). Mais dans la mesure où « le gage est opposable aux tiers par la déclaration » (art. 2351 C. civ.) qui en est faite à la préfecture, et où il n'y a pas de remise physique du bien gagé, il nous paraît logique de conclure à la qualification de gage sans dépossession avec droit de rétention fictif.

La seconde interrogation consiste à cerner le degré de spécificité de ce gage automobile. S'agit-il d'un gage si spécial qu'il ne peut exister qu'en respectant la procédure des articles 2351 à 2353 du Code civil, ou peut-il relever du droit commun du gage ? En clair, le créancier bénéficie-t-il d'une option ? La question est d'importance puisque de la réponse dépendront l'existence d'un possible cumul de garanties, et donc le classement des différents créanciers. Bien que là encore la loi ne soit pas d'un grand secours, la réponse nous semble devoir être négative. En effet, quel serait l'intérêt de prévoir une section II propre au gage automobile pour ensuite autoriser les créanciers à emprunter la voie du droit commun du gage ? Par ailleurs, pour la réalisation du gage automobile (v. ss 471), l'article 2353 du Code civil prend soigneusement la peine de renvoyer aux articles 2346 à 2348. Dès lors, puisqu'il n'est fait appel au droit commun du gage que pour réglementer les effets du gage automobile, il nous apparaît qu'en dehors de ces dispositions, le gage automobile relève de règles particulières, spécifiques et exclusives de toutes autres. 464 ■

B. Le régime du gage automobile

Classiquement l'étude du régime du gage automobile suppose d'envisager sa formation (1) et ses effets (2). 465 ■

1. *La formation du gage automobile*

Des conditions de fond (a) et de forme (b) président à cette formation. 466 ■

a. Conditions de fond

1. L'assiette de la garantie

Le gage portant sur un véhicule automobile, que l'on appelle par facilité « le gage automobile » peut en réalité porter « sur un véhicule terrestre à moteur ou une remorque immatriculés » (art. 2351 C. civ.), ce qui semble assez large pour viser toutes sortes « d'engins roulants » (v. D. Legeais, *art. préc.*), dès lors qu'ils sont immatriculés, peu important leur ancienneté. 467 ■

2. Les parties au gage automobile

Si le décret du 30 septembre 1953 en faisait une sûreté légale dont ne pouvaient bénéficier que le vendeur à crédit et le prêteur de deniers, sans l'accord exprès du débiteur, la nouvelle rédaction de 2006 l'a transformée en sûreté conventionnelle désormais ouverte à toutes sortes de créanciers. En effet, le gage automobile n'est plus réservé à une catégorie particulière de créanciers. Cet élargissement du champ d'application du gage automobile milite en faveur de l'exclusivité des règles qu'il comporte (v. ss 464). Puisque tous les créanciers peuvent recourir au gage automobile, point besoin de recourir au droit commun du gage, qui risquerait d'affaiblir le principal intérêt de la sûreté, en l'occurrence son droit de rétention fictif (v. ss 473). 468 ■

Par ailleurs, le constituant doit être le propriétaire du véhicule, l'article 2335 du Code civil prévoyant la nullité du gage de la chose d'autrui étant en l'occurrence applicable. Toutefois, le créancier vendeur qui se serait réservé la propriété du véhicule au moyen d'une clause n'est pas nécessairement protégé par ce texte en cas de gage portant sur ledit véhicule.

b. Conditions de forme et d'opposabilité

■ 469 En l'absence de précision dans les articles 2351 à 2353 du Code civil, il faut en revenir au droit commun du gage dont le gage automobile est une variété.

En conséquence, entre les parties, le contrat de gage devrait être parfait par l'établissement d'un écrit matérialisant leur accord. Mais, si le créancier gagiste souhaite disposer de la prérogative que constitue le droit de rétention, il devra par ailleurs procéder à une déclaration en préfecture (v. ss 473) donnant lieu à la délivrance d'un reçu (art. 2352 C. civ.).

En revanche, à l'égard des tiers, le gage leur est opposable « par la déclaration qui en est faite à l'autorité administrative » dans des conditions qui devaient être fixées par décret (art. 2351 C. civ.), lequel devait intervenir au plus tard le 1er juillet 2008. Ce délai avait été jugé nécessaire pour permettre aux préfectures de se doter des moyens informatiques indispensables à la mise en œuvre du registre qui sera établi, pour recueillir les déclarations de gage. On peut en effet envisager des gages successifs éventuels sur un même véhicule automobile. Aucune disposition du Code civil n'interdit ce cumul de sûretés, et l'on peut même penser que l'informatisation du système à venir est destinée à gérer ce type de situation, des déclarations successives pouvant être enregistrées. Au demeurant, il conviendrait de déterminer avec exactitude la situation du premier créancier par rapport à celle des suivants, ceux-ci ne pouvant prétendre posséder le bien gagé, en possession, certes fictive, du premier déclarant. Cela étant, cette interprétation sera nécessairement source de complexité, et l'on pourrait à l'inverse, soutenir que la possession du véhicule, même fictive, par le premier créancier, fait obstacle à la constitution par un autre d'un droit concurrent sur le même bien (en ce sens, v. D. Legeais, *art. préc.*). La seule situation de concurrence envisageable serait alors celle d'un premier créancier, négligent, ayant omis de procéder à la déclaration rendant son droit opposable aux tiers, et celle d'un second créancier, diligent, qui primerait alors le précédent.

2. *Les effets du gage automobile*

■ 470 Comme dans le droit commun du gage, l'on peut distinguer deux phases. Avant l'échéance de la créance garantie, le débiteur qui a l'usage du bien doit aussi en assurer la conservation. Après l'échéance, en cas de défaillance dans le remboursement de sa dette, le gage automobile confère alors au créancier trois prérogatives : le droit de faire vendre le bien, celui de se le faire attribuer en propriété, en justice ou à l'amiable, mais surtout un droit de rétention.

■ 471 La vente forcée du bien suit le déroulement déjà décrit en matière de droit commun du gage, tout régime dérogatoire étant écarté. En effet, l'article 2353 du Code civil renvoie « aux règles prévues aux articles 2346 à 2348 ». La procédure simplifiée de réalisation du gage de l'article L. 521-3 du Code de commerce (huit jours après une simple signification faite au débiteur, le créancier pouvait faire procéder à la vente publique des objets gagés) est donc abandonnée au profit d'une vente judiciaire. Toutefois, cette réalisation implique la possession du bien par le créancier. Aussi, sera-t-il nécessaire qu'elle devienne effective. À cet égard, soit le véhicule est encore entre les mains du débiteur, soit il a été revendu à un tiers acquéreur. Dans la première hypothèse, s'il est défaillant, le débiteur est tenu de remettre le bien gagé au créancier. Dans la seconde hypothèse, le créancier gagiste dispose d'un droit de suite et pourra opérer une saisie automobile (art. 57 et 58 de la loi du 9 juillet 1991) entre les mains du tiers acquéreur, lequel ne pourra lui opposer l'article 2276 du Code civil, le créancier gagiste étant censé avoir conservé la possession du bien, « Par la délivrance du reçu de la déclaration » (art. 2352 C. civ.). La procédure collective du débiteur fera cependant échec à cette première prérogative, le droit de poursuite du créancier gagiste étant suspendu à compter du jugement d'ouverture de la procédure.

Le créancier peut par ailleurs, comme précédemment (v. ss 457) soit solliciter l'attribution judiciaire du bien dans les conditions de l'article 2347 du Code civil, soit convenir d'une attribution amiable conformément à l'article 2348 du Code civil. Toutefois, la survenance d'une procédure collective affectera ce droit à l'attribution en propriété du créancier. Elle fera échec à l'attribution conventionnelle. Et, s'agissant de l'attribution judiciaire, son intérêt ne sera réactivé que par la survenance de la liquidation judiciaire. Elle présente en effet l'avantage d'éviter le concours avec les autres créanciers. 472 ■

Enfin, aux termes de l'article 2352 du Code civil, « Par la délivrance du reçu de la déclaration, le créancier gagiste sera réputé avoir conservé le bien remis en gage en sa possession ». Ainsi, le créancier déclarant pourra bénéficier d'un droit de rétention, malgré l'absence de possession matérielle du véhicule. Il s'agit d'un droit de rétention fictif. Ce droit de rétention est la prérogative la plus intéressante des trois puisqu'il est opposable aux tiers (V. Civ. 1re, 16 janv. 2013, n° 12-12226, *Gaz. Pal.* 20 et 21 mars 2013, p. 23, obs. Ch. Albiges, où la Cour précise qu'un créancier gagiste peut écarter une demande de main levée de la sûreté, pour invoquer son droit de suite afin de reprendre un véhicule automobile gagé, en quelques mains qu'il se trouve), même en cas de procédure collective du débiteur. En revanche, étant fictif il cédera devant un droit de rétention réel exercé par un autre créancier (un garagiste, par exemple). Par ailleurs, le créancier gagiste perd son droit de rétention sur le véhicule s'il s'en dessaisit volontairement, par exemple en donnant son accord à la vente poursuivie ou en provoquant lui-même la vente forcée du véhicule (Caen, 29 avr. 2010, *Rev. proc. coll.* sept.-oct. 2010, n° 179, p. 35, obs. F. Pérochon). 473 ■

§ 2 Le gage sur stocks

Cette nouvelle sûreté, qui figure aujourd'hui aux articles L. 527-1 et suivants du Code de commerce, a été introduite *in extremis* par la Chancellerie, la commission Grimaldi ne l'ayant pas proposée. Or, comme il a déjà pu être relevé, l'existence même de ce gage des stocks, ainsi que sa localisation dans le chapitre VII du titre V, du Livre II du Code de commerce, portent indéniablement atteinte « aux objectifs fondamentaux de la réforme du droit des sûretés, en l'occurrence la restauration de lisibilité du droit français et la modernisation de textes devenus désuets » (v. S. Cabrillac, « Le gage sur stocks », *in Évolution des sûretés réelles : regards croisés Université-Notariat*, Litec, coll. « Colloques et débats », 2007, p. 45 s.). Ce double défaut de gestation et de cohérence explique probablement le concert de propos négatifs que son apparition a pu susciter. C'est ainsi que le professeur S. Cabrillac (*art. préc.*) évoque, non sans humour, « le florilège des réactions suscitées », qui va de l'étonnement courroucé : « le lecteur de l'ordonnance découvre avec stupeur un gage sans dépossession » (D. Legeais, « La réforme du droit des garanties ou l'art de mal légiférer », *in Études offertes au Doyen* 474 ■

Ph. Simler, Litec-Dalloz, 2006, p. 367, n° 13), aux jugements critiques : « contraignant » (P. Bouteiller, « Le gage sur stocks de biens ou de marchandises », *JCP* E 2006. 1698), « aussi superflu qu'anachronique » (R. Dammann, « La réforme des sûretés mobilières : une occasion manquée », *D.* 2006. 1298), « incohérence » (P. Crocq, « La réforme des sûretés mobilières », *in Le droit des sûretés à l'épreuve des réformes*, Éditions juridiques et techniques, 2006, n° 34), « ne manquera pas de susciter des conflits de frontières » (P. Simler, « Dispositions générales du Livre IV nouveau du Code civil », *JCP* 2006. I. 2) et formule plus imagée mais non moins sévère : « c'est dire si la bonne fée ne s'est pas penchée sur son berceau » (D. Legeais, « Le gage de meubles corporels », *JCP* supplément du 17 mai 2006, Études, p. 4, n° 46).

Cela étant, même s'il recèle une distinction surannée entre droit civil et droit commercial, le gage sur stocks, qui est un gage sans dépossession (art. L. 527-1 al. 1er C. com.), existe. Aussi convient-il d'en étudier le régime en décelant ses spécificités par rapport au droit commun du gage, que ce soit dans ses conditions (A) ou ses effets (B).

475 Toutefois, avant de se pencher sur son étude, ce gage spécifique fait-il double emploi avec le gage de droit commun, sans dépossession ? Plus précisément les dispositions du Code de commerce sur le gage sur stock sont-elles exclusives de celles du Code civil sur le gage sans dépossession ? En l'absence de précisions textuelles sur cette question de concurrence entre deux dispositions, les deux types de réponses sont possibles. L'esprit de la réforme devrait autoriser le créancier à choisir entre les deux sûretés, d'autant plus que l'absence de dispositions légales écartant le droit commun plaide en faveur de ce libre choix (en ce sens, v. D. Legeais, « Le gage de meubles corporels », *art. préc.* ; V. égal. Ph. Stoffel-Munck, « Premier bilan de la réforme du droit des sûretés en droit français », *Dr. et patr.* avr. 2012, p. 56). Cela étant, il est possible de rétorquer qu'en accordant au créancier une telle option, cela revient à nier les dispositions protectrices du constituant prévues par le gage sur stocks. L'adage *« specialia generalibus derogant »* pourrait, à l'inverse, trouver à s'appliquer et légitimer l'exclusion des dispositions du droit commun du gage sans dépossession lorsque les conditions du champ d'application d'un gage sur stock sont réunies (en ce sens, v. R. Dammann, « La réforme des sûretés mobilières : une occasion manquée », *art. préc.*). Depuis ces interrogations, la chambre commerciale a tranché le débat de cette cohabitation entre le régime de droit commun et celui du gage sur stocks en refusant à l'établissement de crédit prêteur qui entend prendre en gage les stocks de son débiteur toute possibilité d'opter conventionnellement pour le droit commun du gage sans dépossession, révélant ainsi le caractère impératif des règles gouvernant le gage sur stocks des articles L. 527-1 et suivants du Code de commerce (Com. 19 févr. 2013, n° 11-21763, *Gaz. Pal.* 21 mars 2013, p. 22, obs. M.-P. Dumont-Lefrand ; *D.* 2013, Actu. 493, obs. R. Dammann ; *JCP* E 2013. 1173, note D. Legeais ; *JCP* 2013. Actu. 299, obs. A. Cerles ; *JCP* 2013. 539, note N. Martial-Braz ; *Dr. et patr.* 2013, n° 227, p. 94, note A. Aynes ; V. égal. Ch. Gijsbers, « L'exclusion du droit commun du gage par le régime spécial du gage des stocks », *RLDC* 2013/103, p. 26). Mais les juges du fond ont résisté (CA Paris, pôle 5, ch. 7, 27 févr. 2014, n° 13/03840, *Gaz. Pal.* juin 2014, p. 20, obs. M.-P. Dumont-Lefrand ; *Dr. et patr.* nov. 2014, p. 109, obs. A. Aynes). Par la suite, l'assemblée plénière est intervenue dans un arrêt du 7 décembre 2015 (Cass., ass. plén., 7 déc. 2015, n° 14-18435, *JCP* G 2016. 57, note J.-J. Ansault et Gijsbers ; *RTD civ.* 2016, p. 416, obs. P. Crocq ; *Gaz. Pal.* 16 févr. 2016, p. 30, obs. M.-P. Dumont-Lefrand ; *RDC* 2016. 410, obs. M. Julienne ; *Banque et Droit* 2016, n° 165, p. 84, obs. N. Rontchevsky) où elle a confirmé que le régime spécial du gage sur stocks du Code de commerce est exclusif du gage de droit commun sans dépossession. Elle a en effet jugé, au visa des articles 2333 du Code civil et L. 527-1 du Code de commerce, dans un attendu identique à celui de l'arrêt du 19 février 2013 (Com. 19 févr. 2013, n° 11-21763 : Juris-Data 2013-002730 ; *Bull. civ.* IV, n° 29) que *« s'agissant d'un gage portant sur des éléments visés à l'article L. 527-3 du code de commerce et conclu dans le cadre d'une opération de crédit, les parties, dont l'une est un établissement de crédit, ne peuvent soumettre leur contrat au* droit *commun du gage de meubles sans dépossession ».* Depuis, l'art. 240 de la loi dite Macron n° 2015-990 du 7 août 2015 a habilité le gouvernement à légiférer par voie d'ordonnance pour modifier le régime du gage sur stocks ce qui fut fait par l'ordonnance n° 2016-56 du 29 janvier 2016 dont l'objectif était de clarifier le régime de cette sûreté ainsi que de le rapprocher de celui du gage de droit commun du Code civil (V. Y. Blandin, « La réforme du gage des stocks par l'ordonnance n° 2016-56 du 29 janvier 2016 », *RD banc. fin.* juill.-août 2016, Étude 20, p. 33 ; M. Bourassin, « Réforme du gage des stocks : de l'attraction à l'attractivité », *Gaz. Pal.* 8 mars 2016, p. 53 ; J. Clavel-Thoraval, « L'ordonnance n° 2016-56 du 29 janvier 2016 relative au gage des stocks : le régime spécial assure-t-il le financement par le stock sans compromettre la survie de l'entreprise ? », *RLDA* mars 2016, p. 8 ; Ch. Juillet, « La réforme du gage de stocks », *D.* 2016. 561 ; S. Piedelièvre, « La réforme du gage de stocks », *Gaz. Pal.* 16 févr. 2016, p. 11 ; J.-F. Riffard, *« Bis repetita (non) placet »*, *RD banc. fin.* mai-juin 2016, p. 26). Les deux nouveautés de ce régime du gage sur stocks sont : le libre choix entre le gage spécial et le gage de droit commun, et la possibilité de prévoir, dans les deux hypothèses, un pacte commissoire. Cela dit cette ordonnance n'est applicable qu'aux contrats de gage de stocks conclus à compter du « 1er jour du troisième mois suivant sa publication », soit le 1er avril 2016.

A. Les conditions du gage des stocks

Les conditions du gage des stocks tiennent à sa constitution (1) d'une part, et à son opposabilité (2) d'autre part. **476**

1. *La constitution du gage des stocks*

La constitution du gage sur stocks est strictement encadrée, qu'il s'agisse de la créance garantie, de l'assiette de la sûreté ou encore de sa forme. **477**

En premier lieu, l'article L. 527-1 du Code de commerce pose la définition du gage sur stocks, ainsi défini et continue de réserver la possibilité de recourir à une telle sûreté à des personnes déterminées pour des opérations précises. Il dispose en effet que « Le gage de stocks est une convention par laquelle une personne morale de droit privé ou une personne physique accorde à un établissement de crédit ou à une société de financement qui lui a consenti un crédit pour l'exercice de son activité professionnelle le droit de se faire payer sur les stocks par préférence à ses autres créanciers. **478**

Le gage sur stocks peut être constitué avec ou sans dépossession.

Il relève des art. 2286 al. 1er et 4, 2333, 2335, 2337 al. 3, 2339 à 2341, 2343, 2344 al. 1er et 2345 à 2350 du Code civil ainsi que des dispositions du présent chapitre.

Les parties demeurent libres de recourir au gage des stocks prévu au présent chapitre ou au gage de meubles corporels prévu aux articles 2333 et suivants du code civil ». Le créancier doit donc nécessairement être un établissement de crédit, tandis que le constituant peut être une personne physique ou morale, dès lors qu'il s'agit du débiteur et qu'il a contracté dans l'exercice de son activité professionnelle. En revanche, toutes les opérations de l'établissement de crédit ne sont pas concernées, le texte visant seulement les opérations de crédit.

479 En deuxième lieu, l'article L. 527-3 du Code de commerce évoque l'assiette de la garantie qui est constituée, comme l'évoque le nom même de cette sûreté, par les stocks du débiteur. Toutefois, dans un souci de précision, l'article évoqué dresse la liste des stocks concernés : après avoir écarté les biens soumis à une clause de réserve de propriété, il énumère « les stocks de matières premières et approvisionnements, les produits intermédiaires, résiduels et finis ainsi que les marchandises appartenant au débiteur et estimés en nature et en valeur à la date du dernier inventaire ». Pour autant, il est possible de constituer un tel gage sur des biens futurs (art. L. 527-1 al. 3, 6° C. com.). En revanche, il ne peut porter sur la chose d'autrui (art. L. 527-1 al. 4 C. com.), ce qui conforte l'exclusion des biens dont la propriété est réservée. Cela étant, dans la mesure où de telles clauses ne sont pas publiées, il n'est pas improbable qu'un bien vendu sous réserve de propriété soit l'objet d'un gage de stocks. Dans l'éventuel conflit l'opposant au vendeur, le créancier en sortirait nécessairement perdant, quitte à se retourner en responsabilité contre le constituant.

480 En troisième lieu, la constitution d'un gage sur stocks suppose toujours un écrit, en l'occurrence un acte sous seing privé comportant, à peine de nullité, un certain nombre de mentions validantes qui ont été allégées suite à l'ordonnance du 29 janvier 2016. Il s'agit dorénavant de la désignation des créances garanties, de la description des biens gagés, présents ou futurs (en nature, qualité, quantité et valeur, ainsi que l'indication du lieu de leur conservation), de la durée de l'engagement (à moins que la créance garantie soit à durée indéterminée, auquel cas le gage peut l'être également), et si le gage est avec dépossession, l'identité du tiers qui a pu être constitué gardien des biens gagés (art. L. 527-2 C. com.). En effet, dans une telle hypothèse, le gardien des stocks gagés doit être désigné dans l'acte de gage. L'exigence de ces mentions suscitera, parmi d'autres, au moins deux questions que l'on peut ici relever. D'abord celle de la sanction en cas de défaut de l'une d'elles, en l'occurrence la nullité absolue. L'omission d'une seule mention, si infime soit-elle, permettra-t-elle d'obtenir la nullité de l'acte, ou pourra-t-on se référer à la jurisprudence plus souple, rendue en matière de cautionnement, qui permettrait de valider la sûreté, dès lors que le consentement du constituant ne serait pas en cause ? En accord avec les idées développées par notre collègue S. Cabrillac (« Le gage sur stocks », art. préc.), il ne nous semble pas possible de raisonner par analogie avec le cautionnement dans la mesure où les formalités énoncées à l'article L. 527-2 du Code de commerce ne sont pas imposées pour s'assurer du consentement du constituant. Par conséquent, les informations données par le créancier, voire les conseils fournis par un notaire ne peuvent remplacer les mentions obligatoires de l'article en cause, et les parties ne peuvent y déroger. Ensuite, la désignation d'un gardien des biens gagés ne manquera pas de poser la question de ses pouvoirs et de sa responsabilité. Quelles seront notamment ses prérogatives, coincées entre celles du propriétaire resté en possession et autorisé à aliéner les stocks gagés, et celles du créancier gagiste susceptible, notamment, de poursuivre la réalisation des biens gagés ? La solution devrait résider dans la rédaction, la plus soigneuse possible, d'une clause envisageant son statut.

2. *L'opposabilité du gage des stocks*

Désormais, « le gage des stocks est opposable aux tiers par son inscription sur un registre public tenu au greffe du tribunal dans le ressort duquel le débiteur a son siège ou son domicile. Il est également opposable aux tiers dès lors que ce dernier est informé de la dépossession du bien entre les mains du créancier ou d'un « tiers convenu ». Le gage sur stocks peut donc être avec (V. Com. 1er mars 2016, n° 14-14401) ou sans dépossession. Lorsqu'il est sans dépossession, le gage des stocks ne produit effet que s'il est inscrit sur un registre public – malheureusement distinct de celui accueillant les inscriptions de gages sans dépossession de droit commun –, tenu au greffe du tribunal de commerce dans le ressort duquel le débiteur a son siège ou son domicile (art. L. 527-4 C. com.). On peut continuer de penser que les créanciers prennent rang à la date de leur inscription, si ce n'est que les créanciers inscrits le même jour viendront en concurrence. Mais puisque les stocks peuvent également faire l'objet d'un gage de droit commun, un concours peut surgir entre un créancier sans dépossession bénéficiant d'un gage sur meubles corporels et un établissement de crédit, au titre d'un gage de stocks. Faudra-t-il prendre en considération la date d'inscription alors que les gages ne figurent pas sur les mêmes registres ? La question se posera certainement... 481 ■

Alors que sous l'empire de l'ancien texte, la publicité était validante de l'acte même de gage, le créancier gagiste devant l'effectuer, sous peine de nullité de la sûreté, dans le délai de quinze jours à compter de la formation de l'acte constitutif, tel n'est plus le cas. La nullité n'est plus encourue en cas de défaut de publication du gage. C'est une simple formalité d'opposabilité. Les modalités de l'inscription du gage peuvent avoir lieu par la voie classique, sur papier, ou par la voie électronique (V. décret n° 2006-1803 du 23 décembre 2006 (*JO* 31 déc. 2006, p. 20367). Le contenu (art. 4 Décr.) et les effets de l'inscription (art. 5 Décr.) sont sensiblement les mêmes qu'en matière de gage de droit commun. La principale différence réside dans le mode de consultation du registre par les tiers. Alors que pour le gage de droit commun un fichier central accessible gratuitement sur Internet a été instauré, pour le gage sur stocks, l'article 12 du décret organise la délivrance d'un état certifié des inscriptions, aux frais du requérant, sous forme de copies ou d'extraits délivrés par le greffier chargé de la tenue du registre, sachant que le requérant doit former autant de demandes qu'il existe de débiteurs et de stocks engagés. 482 ■

B. Les effets du gage des stocks

Classiquement, les effets du gage des stocks peuvent être observés avant (1), puis après l'échéance (2) de la créance garantie, lorsque celle-ci est impayée. 483 ■

1. *Avant l'échéance*

Les stocks constituent, jusqu'au remboursement total des sommes avancées, la garantie de l'établissement de crédit. En effet, par principe, « les stocks restent entièrement gagés jusqu'au complet paiement de la créance garantie » (art. L. 527-5 C. com.). Toutefois les parties peuvent convenir que la part des stocks engagés diminuera à proportion du désintéressement du créancier. La subrogation s'applique : « *les biens acquis en remplacement des biens gagés et aliénés sont de plein droit* 484 ■

compris dans l'assiette du gage», sachant que le créancier *«peut à tout moment et à ses frais faire constater l'état des stocks engagés»*.

Aussi, lorsque le gage est sans dépossession, le débiteur est-il tenu de veiller à leur conservation en bon père de famille, que ce soit en quantité ou en qualité (art. L. 527-6 al. 1er C. com. qui renvoie à l'art. 1197 C. civ.). Il doit donc y apporter tous les soins raisonnables et doit tenir à la disposition du créancier un état des stocks engagés ainsi que la comptabilité de toutes les opérations les concernant (art. L. 527-6 al. 2 C. com.), sachant que ce dernier peut à tout moment, mais à ses frais, faire constater l'état des stocks engagés (art. L. 527-5 al. 3 C. com.). De même, le constituant s'engage à ne pas diminuer de son fait la valeur des stocks. En clair, il peut parfaitement aliéner les stocks engagés, mais à charge de les reconstituer, y compris avec des marchandises différentes (sauf à ce que l'acte de gage en décide autrement), dès lors que la valeur du stock initial est maintenue. Dès lors, on peut penser que privilège du créancier passe de plein droit des stocks aliénés à ceux qui leur sont substitués.

En dehors de cette classique obligation de conservation, peut-être alourdie en l'occurrence, le législateur a repris le mécanisme de la clause dite «d'arrosage» (v. S. Cabrillac, *art. préc.*). En effet l'article L. 527-6 alinéa 3 du Code de commerce prévoit que lorsque l'état des stocks fait apparaître une diminution d'au moins 10 % de la valeur du gage initial, quelle qu'en soit la raison, le créancier peut exiger, après une mise en demeure du débiteur, le rétablissement de la garantie ou le remboursement d'une partie des sommes prêtées en proportion de la diminution constatée (art. L. 527-6 al. 3 C. com.). Et lorsque l'état des stocks fait apparaître une diminution d'au moins 20 % de leur valeur, le créancier peut exiger, toujours après mise en demeure du débiteur, le remboursement total de la créance considérée comme échue (art. L. 527-6 al. 4 C. com.). Plus précisément, le débiteur dispose d'un délai de 15 jours pour satisfaire son partenaire (art. 18 Décr.). À défaut, le créancier peut exiger le remboursement total de la créance, considérée comme échue. Cette sanction, la déchéance du terme, alors que les causes de la diminution de valeur des stocks peuvent être multiples et dépendre aussi bien d'une baisse des cours des marchés que d'une vétusté des biens gagés, constitue et le risque majeur de cette sûreté pour le constituant, et le principal intérêt de celle-ci pour le créancier. Cela dit, l'ordonnance du 29 janvier 2016 a apporté un peu de souplesse puisque les parties peuvent prévoir des taux supérieurs (art. L. 527-6 al. 4 C. com.). Par ailleurs, l'obligation d'assurance contre les risques d'incendie et de destruction est supprimée, mais les parties peuvent la prévoir dans leur contrat.

2. *Après l'échéance*

485 Bien que le gage soit en principe indivisible, lorsque la santé financière de l'entreprise lui permet de rembourser sa créance de manière anticipée, le Code de commerce précise que *«le débiteur n'est pas tenu des intérêts restant à courir jusqu'à l'échéance. Si le créancier refuse les offres du débiteur, celui-ci peut, pour se libérer, consigner la somme offerte»* (art. L. 527-7 C. com.). Sinon, en cas de paiement de sa dette par le débiteur à l'échéance, l'inscription de gage sera radiée, soit à la demande de l'établissement de crédit, soit à celle du constituant justifiant de l'extinction de la dette garantie.

Mais, dans l'hypothèse plus fréquente où le débiteur ne remboursera pas sa dette à l'échéance, l'article L. 527-8 du Code de commerce autorise le créancier à poursuivre la réalisation de son gage dans les conditions prévues aux articles 2346 et 2348 du Code civil, soit la vente judiciaire du bien gagé ou son attribution judiciaire. Par ailleurs, le pacte commissoire, un temps interdit, est dorénavant autorisé dans ce gage spécial puisque l'art. L. 527-8 vise aujourd'hui l'article 2348 du Code civil. Toutefois l'ordonnance n'étant entrée en vigueur que le 1er avril 2016, ne s'appliquera qu'aux contrats conclus à partir de cette date.

§ 3 Le gage commercial

Au départ, il a semblé nécessaire au législateur de doter les commerçants d'une garantie à offrir à leurs créanciers, plus simple à constituer et plus adaptée à leurs besoins que le gage du droit civil. À cet effet, une loi du 23 mai 1863, modifiée en 1937 et 1945, a inséré dans le Code de commerce d'alors des dispositions spécifiques au gage commercial, qui figurent actuellement aux articles L. 521-1 à L. 521-3 du Code de commerce. Gage spécial par excellence, le gage commercial aurait pu disparaître à l'occasion de la réforme du 23 mars 2006, pour rejoindre le moule du droit commun. Il n'en a rien été puisque l'article 2354 du Code civil consacre, au contraire, la subsistance « des règles particulières prévues en matière commerciale » à côté du nouveau droit commun du gage. Aussi convient-il de s'attarder sur la nature de ce gage (A), avant de présenter ce qui fait l'originalité de son régime (B). 486 ■

A. La nature du gage commercial

Le gage commercial a posé deux séries de difficultés concernant sa nature : les premières, rapidement réglées, sont relatives à la détermination de ce caractère commercial (1) ; les secondes, encore d'actualité, tiennent à la constatation du gage commercial (2). 487 ■

1. *Le critère du gage commercial*

Selon que le gage aura une nature civile ou commerciale, les règles applicables ne seront pas tout à fait les mêmes, malgré le rapprochement opéré par l'ordonnance du 23 mars 2006. Aussi est-il nécessaire de connaître les critères d'identification de la nature d'un gage. Interprétant l'article L. 521-1 alinéa 1er du Code de commerce, la jurisprudence a toujours affirmé que « la nature civile ou commerciale de la constitution du gage s'apprécie selon la nature civile ou commerciale de la dette garantie, quelle que soit la qualité du constituant » (Com. 11 juin 1974, *Bull. civ.* IV, n° 190 ; Civ. 9 janv. 1905, *S.* 1907. 1. 115). Ainsi, peu importe la qualité du constituant, peu importe même la nature des biens donnés en gage (qui peuvent notamment être des valeurs négociables ou nominatives : v. art. L. 521-1 al. 2 et 3 C. com.) ; l'élément essentiel réside dans la nature de la dette garantie dont le gage est l'accessoire. C'est elle qui communique au gage sa qualification de gage « civil » ou « commercial ». Et la nature commerciale de cette dette s'apprécie par rapport à son débiteur. Un gage commercial peut donc être accordé soit par un commerçant, soit par un non-commerçant dès lors que la finalité est de garantir un acte de commerce. Le gage commercial est ainsi celui qui garantit une créance née d'un acte de commerce ou d'un acte mixte. 488 ■

2. *La constatation du gage commercial*

■ 489 Aux termes de l'article L. 521-1 alinéa 1er du Code de commerce, « Le gage constitué soit par un commerçant, soit par un individu non commerçant pour un acte de commerce, se constate à l'égard des tiers, comme à l'égard des parties contractantes, conformément à l'article L. 110-3 ».

De cette règle de preuve, puisque tel est bien l'objet du texte, on en déduit qu'entre commerçants, la preuve du gage est libre. L'écrit n'est pas nécessaire pour prouver l'existence du contrat de gage commercial, ce qui a notamment pour conséquence d'écarter le principe de spécialité de la créance garantie (il appartiendra aux juges du fond de décider souverainement pour quelle créance, le gagiste met en œuvre sa sûreté). La doctrine a néanmoins tendance à considérer que cette dispense d'écrit ne vaut qu'entre commerçants (v. J.-B. Seube, *Droit des sûretés*, 8e éd., Dalloz, coll. « Cours », 2016, no 294). Elle invoque à cet égard le texte même de l'article L. 110-3 du Code de commerce qui accorde, certes, la liberté de prouver les actes de commerce par tous moyens, mais seulement « à l'égard des commerçants ». Mais, la Cour de cassation a jugé, à plusieurs reprises, en application de l'article L. 521-1 alinéa 1er du Code de commerce que « même si les constituants n'étaient pas eux-mêmes commerçants », le gage peut être prouvé par tous moyens (Com. 23 oct. 1984, *Bull. civ.* IV, no 78, *RTD com.* 1985. 816, obs. J. Hémard et B. Bouloc ; Com. 9 mai 2001, *JCP* 2001. I. 356, no 16, obs. Ph. Delebecque ; Com. 2 oct. 2001, *RTD com.* 2002. 33, obs. B. Saintourens). Dans la dernière espèce par exemple, des époux avaient constitué un nantissement de titres au profit d'un établissement de crédit en garantie du remboursement d'un prêt consenti par cet établissement à une société. Pour s'opposer à la réalisation du gage par la banque, ils invoquaient une irrégularité dans l'acte de nantissement, celui-ci n'ayant pas précisé la nature et le nombre des titres nantis. À cet effet, ils soutenaient que n'étant pas commerçants, leur qualité imposait que le nantissement ne puisse être établi à leur encontre que par acte authentique ou sous seing privé indiquant, entre autres, les mentions manquantes. Mais la Cour juge que le nantissement ayant été consenti en garantie de la dette d'un commerçant envers un autre commerçant, il était de nature commerciale. Elle en approuve alors la cour d'appel d'avoir jugé, qu'en application des articles L. 521-1 et L. 110-3 du Code de commerce, le nantissement pouvait être librement prouvé, même si les constituants n'étaient pas eux-mêmes commerçants. La règle mise en place à l'article L. 110-3 du Code de commerce pour des commerçants est donc utilisée au détriment de non-commerçants.

■ 490 Ainsi, la dispense d'écrit pour prouver l'existence du contrat de gage commercial ne concerne-t-elle pas seulement les contrats conclus entre deux commerçants. Mais cette dispense est-elle toujours d'actualité face à l'exigence de droit commun d'un écrit *« ad validitatem »* ? On peut se le demander même si tel n'était visiblement pas l'esprit de la réforme. À cet égard, l'absence de modification de l'article L. 521-1 alinéa 1er du Code de commerce, alors que l'article L. 521-2 a été abrogé, l'exigence de dépossession ayant été modifiée (v. ss 414), plaide en faveur du maintien de la dispense d'écrit (Com. 17 févr. 2015, no 13-27080, *Gaz. Pal.* mars 2015, p. 18, obs. M.-P. Dumont-Lefrand ; *D.* 2015. 787, note N. Borga ; *JCP* 2015. 604, p. 1020, obs. Ph. Delebecque, *AJCA* avr. 2015. 176, obs. Ch. Albiges, où la Cour a jugé fort clairement que « l'article L. 512-1, al. 1 C. com., qui n'a pas été modifié par l'ordonnance no 2006-346 du 23 mars 2006, permettant de constater par tous moyens le gage commercial, rend inapplicables à ce dernier les dispositions de l'article 2336 du code civil qui subordonne la validité du gage à la rédaction d'un écrit »). Devraient ainsi continuer d'être dispensés d'écrit les gages consentis entre commerçants ainsi que les autres gages commerciaux, notamment ceux consentis par un non-commerçant, en garantie des engagements d'un commerçant envers un autre commerçant. Toutefois, un bordereau d'inscription publié au greffe du tribunal de commerce est exigé pour rendre le gage opposable aux tiers, peu important qu'il vise l'intégralité des stocks sans désigner plus avant chaque bien gagé (Com. 17 févr. 2015, préc.).

B. Le régime du gage commercial

Le régime du gage commercial est calqué sur celui de droit commun, si ce n'est que son mode de réalisation est plus simple. 491 ■

En effet, l'ordonnance du 23 mars 2006 a d'abord abrogé l'article L. 521-2 du Code de commerce qui exigeait la mise en possession apparente du créancier ou d'un tiers convenu, afin d'offrir, comme en droit commun, le choix d'un gage avec ou sans dépossession.

En revanche, l'article L. 521-3 alinéa 1er prévoit qu'« À défaut de paiement à l'échéance, le créancier peut faire procéder à la vente publique des objets donnés en gage huit jours après une simple signification faite au débiteur et au tiers bailleur de gage, s'il y en a un, et selon les modalités prévues par le présent article, sans que la convention puisse y déroger ». Le créancier gagiste est donc dispensé de passer par la voie judiciaire pour solliciter la vente forcée des biens gagés. Il lui suffit de signifier son intention au débiteur et de faire procéder, s'il n'obtempère pas dans les huit jours, à la vente publique des objets gagés. Si le créancier gagiste n'est pas tenu de demander la réalisation de son gage à échéance (Com. 10 oct. 2000, *Bull. civ.* IV, n° 151 ; *JCP* 2000. II. 10575, note S. Piedelièvre), une fois la procédure engagée et la notification signifiée (sur l'exigence de signification, v. Com. 1er mars 1971, *JCP* 1971. IV. 98), le débiteur ne peut faire échec à la vente publique en sollicitant des délais de grâce (Com. 10 déc. 1979, *Bull. civ.* IV, n° 328). En pratique, celle-ci a lieu par l'intermédiaire de courtiers. Mais, sur la requête des parties, le président du tribunal de commerce peut aussi désigner, pour y procéder, une autre classe d'officiers publics (art. L. 521-3 al. 2 C. com.). Par ailleurs, le créancier peut également demander l'attribution judiciaire du gage ou convenir de son appropriation conformément aux articles 2347 et 2348 du Code civil. On le voit, la faculté de convenir d'un pacte commissoire a été transposée au gage commercial.

§ 4 Les warrants

Pour permettre à certains professionnels d'obtenir du crédit, le législateur a organisé la possibilité, pour eux, de donner en gage les biens ou produits, moyens ou objets de leur exploitation. Mais comme le créancier n'est généralement pas en mesure de conserver l'objet de la garantie, la loi a imaginé un gage par entiercement : les marchandises sont entreposées dans des magasins généraux (art. L. 522-1 à L. 522-23 C. com.) qui délivrent en échange à chaque déposant des récépissés-warrants qui sont des titres à ordre susceptibles de circuler par voie d'endossement, représentant et la marchandise confiée, et la créance garantie. À ce jour, il existe différents warrants : le 492 ■

warrant des magasins généraux, encore appelé « warrant de marchandises » (A), et divers warrants plus spéciaux (B), dont le warrant agricole qui paraît le plus susceptible d'être utilisé.

A. Le warrant de marchandises

■ 493 Même s'il arrive que la marchandise reste matériellement entre les mains du débiteur, généralement emprunteur, le porteur du warrant est considéré comme un créancier gagiste puisque les biens donnés en gage sont représentés par le titre. Ainsi, le warrant est un gage sans dépossession, mais avec droit de rétention fictif. Il est toutefois une hypothèse où le débiteur se dépossède réellement de la marchandise pour la confier à un magasin général : il s'agit du warrant de marchandises réglementé aux articles L. 522-24 à L. 522-37 issus de l'ordonnance du 6 août 1945.

Lors du dépôt de la marchandise, le gestionnaire du magasin général délivre au déposant un récépissé auquel est annexé un warrant contenant les mêmes mentions que le récépissé. Le récépissé constate la propriété de la marchandise alors que le warrant constitue un bulletin de gage. Les récépissés et warrants peuvent être transférés par voie d'endossement, ensemble ou séparément. Pour constituer le gage, le déposant doit endosser le warrant séparé du récépissé (art. L. 522-28 al. 1er C. com.), alors que l'endossement du récépissé transmet au cessionnaire le seul droit de disposer de la marchandise, à charge pour lui de payer la créance garantie par le warrant (art. L. 522-28 al. 2 C. com.).

Par ailleurs, le porteur du warrant doit immédiatement faire transcrire l'endossement sur les registres du magasin, avec les énonciations dont il est accompagné, sachant que cette transcription rend le warrant opposable aux tiers à compter de sa date. Enfin, et c'est tout l'intérêt du warrant, si son porteur n'est pas payé à l'échéance, il peut, sans aucune formalité de justice, faire procéder à la vente publique aux enchères de la marchandise engagée (art. L. 522-31 al. 1er C. com.). Il sera alors payé directement, par privilège et préférence à tous créanciers, si ce n'est les contributions indirectes et droits de douane dus sur les marchandises, ainsi que les divers frais de vente, magasinage et autre conservation (art. L. 522-32-I C. com.).

B. Les warrants spéciaux

■ 494 Par ailleurs, à côté de ce véritable gage par entiercement, différents autres warrants sans dépossession, non réformés par l'ordonnance de 2006, ont le mérite d'exister. Offrant plus ou moins d'intérêt, dans l'ordre croissant, on rencontre :

– le warrant industriel, issu d'une loi du 12 septembre 1940, revêtant un intérêt quasi historique puisque lié à l'état de guerre ;

– le warrant pétrolier, issu d'une loi du 21 avril 1932, figurant dorénavant aux articles L. 524-1 à L. 524-21 du Code de commerce, permettant aux opérateurs, détenteurs de stocks de pétrole brut ou de produits pétroliers de les warranter en garantie de leurs emprunts, tout en en conservant la garde dans leurs usines ou dépôts. Ce warrant pétrolier est établi par le greffier du tribunal de commerce de la situation des produits à warranter, sachant que ceux-ci restent le gage du porteur du warrant jusqu'au remboursement des sommes avancées. Toutefois, le créancier ne peut prétendre qu'au prix de vente des produits stockés désignés en quantité dans les warrants, et non à une somme égale à celle de l'évaluation figurant dans les warrants en application de l'article L. 524-2 du Code de commerce (Com. 11 janv. 2005, *Banque et Droit* mai-juin 2005, p. 91, obs. A. Affaki et J. Stoufflet) ;

– le warrant hôtelier, issu d'une loi du 8 août 1913 aujourd'hui insérée aux articles L. 523-1 à L. 523-15 du Code de commerce permettant à l'hôtelier de se procurer des crédits en engageant les meubles de son hôtel, bien que ceux-ci soient d'abord exposés à l'éventuel privilège du bailleur d'immeuble (v. ss 773). Ce warrant hôtelier est également délivré par le greffier du tribunal de commerce dans le ressort duquel est exploité l'hôtel, qui ne peut en établir qu'un seul pour les mêmes objets ;

– le warrant agricole issu d'une loi du 18 juillet 1898, plusieurs fois modifiée, devenue les articles L. 342-1 à L. 342-17 du Code rural. D'utilité plus fréquente, ce warrant mérite que l'on précise quelque peu son régime.

Le warrant agricole (Sur la distinction entre le warrant agricole réservé aux agriculteurs et notamment aux viticulteurs et le warrant simplifié mis à la disposition des producteurs de vins, v. Com. 26 janv. 2016, n° 14-23390, *Rev. proc. coll.* 2016, comm. 77, obs. Ch. Lebel) permet à un exploitant agricole de se procurer des fonds en offrant en garantie son matériel agricole, ses récoltes, voire ses animaux, sans pour autant s'en déposséder. La constitution d'un tel warrant suppose un certain nombre de conditions de fond et de forme, tandis que ses effets tiennent tant à la possibilité de transmission du warrant que dans les différents droits du créancier porteur du warrant. **495 ■**

Sur le fond, les conditions du warrant agricole tiennent aux qualités du constituant, aux biens warrantés ainsi qu'à la créance garantie. En effet, le constituant doit exercer une activité agricole, qu'il s'agisse d'une personne physique ou morale (Com. 3 janv. 1995, *Bull. civ.* IV, n° 6 qui juge que la constituante ne pouvait se prévaloir de son défaut de qualité), et doit être capable d'aliéner les biens warrantés, ce qui supposera parfois une capacité de disposer lorsque le bien en question s'avérera être un immeuble par nature (une récolte pendante par exemple) ou par destination (art. 524 C. civ. visant le matériel d'exploitation ou les animaux mis au service, attachés au fonds agricole). Par ailleurs, les biens warrantés doivent être la propriété du constituant sans que leur liste soit limitative. Peuvent ainsi être warrantés les produits de l'exploitation de l'agriculteur, le matériel contenant ces produits, toute chose composant le matériel affecté à l'exploitation agricole, les récoltes pendantes par les racines et les fruits non encore recueillis, les objets ayant le caractère d'immeubles par nature et par destination, à l'exception de ceux scellés au mur. La Cour de cassation a récemment admis qu'un warrant agricole puisse avoir pour objet des récoltes futures au motif que le droit commun du gage autorise la constitution d'une telle sûreté sur des biens futurs et que cette possibilité n'est pas expressément exclue par la réglementation spéciale applicable au warrant agricole (Civ. 1re, 12 nov. 2015, n° 14-23106, *RTD civ.* 2016. 415, obs. P. Crocq ; *D.* 2016. 178, obs. Ch. Juillet ; *Gaz. Pal.* 16 févr. 2016, p. 8, obs. Ch. Albiges ; *JCP* G 2016, 553, n° 23, obs. Ph. Delebecque ; *RDC* 2016, obs. M. Julienne ; *RD banc. fin.* janv./févr. 2016, comm. 23, p. 50, obs. D. Legeais). Lorsque l'assiette du warrant comporte des biens fongibles, leur substitution au fur et à mesure du renouvellement des stocks est possible. Enfin, la loi ne précise rien quant à la nature de la créance garantie. Il semble donc possible qu'elle soit ou non contractée pour les besoins de l'exploitation. **496 ■**

497 Sur la forme, le warrant agricole peut être établi soit par le greffier du tribunal d'instance du lieu de situation des biens gagés, soit par les parties elles-mêmes sachant qu'à défaut de publicité légale (transcription sur le registre spécial tenu par le greffier du tribunal d'instance dans le ressort duquel se trouvent les marchandises warrantées), le warrant restera valable *inter partes* (Civ. 1re, 27 févr. 1985, *D.* 1985. IR. 298), mais sera inopposable aux tiers (art. L. 342-4 al. 2 C. rur.). Toutefois, une réponse ministérielle (Rép. min. n° 13608, *D.* 2008, *Actualité législative*, n° 836) envisage d'autoriser les parties à ne pas passer par l'intermédiaire du greffier, les incitant, pour désengorger les greffes, à établir elles-mêmes le warrant.

498 Sur les effets du warrant agricole, la créance et la garantie constatées par le warrant sont transmissibles par voie d'endossement (art. L. 342-10 al. 1er C. rur.). Dès lors, comme tout créancier porteur légitime d'un titre à ordre, le porteur du warrant impayé pourra exiger d'être réglé par n'importe lequel des endossataires précédents signataire du warrant (art. L. 342-10 al. 2 C. rur.). Par ailleurs, avant l'échéance, en tant que gagiste titulaire d'un droit de rétention, fût-il fictif, le porteur du warrant pourra s'opposer à toute délivrance du bien gagé à un éventuel acquéreur. En revanche, si la livraison a eu lieu, son droit de suite n'est pas efficace dans la mesure où il cède face à un acquéreur postérieur, entré en possession de bonne foi, invoquant l'article 2276 du Code civil (Civ. 1re, 18 déc. 2001, *Bull. civ.* I, n° 326 ; Civ. 1re, 18 janv. 2000, *Bull. civ.* I, n° 17 ; CA Poitiers, 4 avr. 2007, *Juris Data* n° 2007-352 102 : « le bénéficiaire du warrant n'est pas fondé à reporter un droit de préférence sur le prix de vente du bien warranté, dès lors qu'il a perdu le gage sur le produit par l'effet de la vente à l'amiable de la récolte warrantée et qu'est établie la bonne foi du détenteur des biens warrantés »). En revanche, en cas de procédure collective du débiteur, et plus particulièrement de liquidation judiciaire de celui-ci, la Cour de cassation vient de juger que le bénéficiaire d'un warrant agricole voit son droit de rétention fictif reporté sur le prix de vente des biens gagés et vendus par le liquidateur (Com. 26 janv. 2010, *Gaz. Pal.* 5-6 mai 2010, p. 23, obs. M.-P. Dumont-Lefrand ; *RLDC* mars 2010, p. 31, obs. J.-J. Ansault ; *JCP* G 2010. Doctr. 708, n° 18, obs. Ph. Delebecque ; *Dr. et patr.* sept. 2010, p. 89, obs. Ph. Dupichot ; *RD banc. fin.* 2010, n° 62, obs. D. Legeais ; v. égal. Com. 4 mars 2003, *D.* 2002. 1627, obs. P.-M. Le Corre ; *contra* : Com. 9 avr. 1991, *Bull. civ.* IV, n° 131). Ainsi, par le jeu de la subrogation réelle, le droit de rétention fictif du créancier se mute en véritable privilège de premier rang lui conférant une priorité absolue, quand bien même il y aurait des créances de la procédure ou superprivilégiées. À l'échéance, comme tout créancier gagiste, il dispose bien évidemment du droit de faire vendre les objets warrantés, son droit de préférence se reportant sur le prix de vente déduction faite des contributions directes et des frais de vente, par préférence aux autres créanciers (sauf qu'il se fera primer par le propriétaire, bailleur des terres sur lesquelles est exploitée l'activité, qui dispose d'un privilège sur les récoltes évoqué à l'art. 2332, al. 1er, 1o ainsi que de celui d'en demander l'attribution judiciaire).

§ 5 Le gage du matériel et de l'outillage

499 Les dispositions régissant le gage de l'outillage et du matériel, pour l'instant encore appelé « Du nantissement de l'outillage et du matériel d'équipement » (intitulé du chapitre V, du titre II consacré aux garanties, du Livre V du Code de commerce) est issu d'une loi du 18 janvier 1951 reprise aux articles L. 525-1 à L. 525-20 du Code de commerce. Initialement créé pour pallier l'interdiction de nantir le matériel et l'outillage dans le cadre d'un nantissement de fonds de commerce, et pour favoriser le rééquipement de l'industrie (G. Ripert, « Le nantissement de l'outillage et du matériel d'équipement », *D.* 1951. 41 s.) cette sûreté réelle est, aujourd'hui encore, réservée aux vendeurs à crédit ou aux prêteurs de deniers destinés à financer ce type d'acquisitions. On peut penser que l'avènement du gage sans dépossession, la validité des clauses de réserve de propriété portant sur des biens d'équipement professionnels, opposables en cas de procédure collective, ou encore le développement du crédit-bail contribueront au déclin de cette garantie. Cela étant, sa positivité suppose de s'intéresser à sa constitution (A) avant de développer ses effets (B).

A. La constitution du gage du matériel et de l'outillage

Constituer du matériel ou de l'outillage en gage suppose de respecter des conditions de fond (1), de forme et d'opposabilité (2). 500 ■

1. *Les conditions de fond*

Aux termes de l'article L. 525-1 alinéa 1er du Code de commerce, « Le paiement du prix d'acquisition de l'outillage et du matériel d'équipement professionnel peut être garanti, soit vis-à-vis du vendeur, soit vis-à-vis du prêteur qui avance les fonds nécessaires au paiement du vendeur, par un nantissement restreint à l'outillage ou au matériel ainsi acquis ». Les deux alinéas suivants déterminent plus précisément les dispositions applicables selon que l'acquéreur a, ou non, la qualité de commerçant. Aussi peut-on évoquer les conditions tenant au débiteur, à l'assiette du gage et à la créance garantie qui sont toutes guidées par la finalité de la loi. 501 ■

En premier lieu, un tel gage ne peut être consenti que par un professionnel, et plus précisément un professionnel agissant pour ses besoins professionnels ce qui exclut celui faisant l'acquisition de biens d'équipement pour ses besoins privés. En revanche, peu importe l'activité de ce professionnel qui peut ou non être commerçant. Ainsi, un agriculteur ou un artisan pourraient très bien nantir de tels biens. Mais, avant de grever le matériel ou l'outillage d'un tel droit, il lui faudra veiller à obtenir l'accord de son conjoint, dès lors que ce dernier participe à son activité professionnelle en qualité de conjoint travaillant dans l'entreprise (v. art. L. 121-5 C. com.). À défaut, le conjoint qui n'aurait pas donné son consentement à l'acte pourra en demander l'annulation pendant deux ans à compter du jour où il en aura eu connaissance. 502 ■

En deuxième lieu, le gage ne peut porter que sur l'outillage et le matériel, c'est-à-dire sur des biens d'équipement (même s'ils deviennent immeuble par destination : v. art. L. 525-8 C. com.), sans autre restriction particulière si ce n'est l'exclusion des biens énoncés à l'article L. 525-18 du Code de commerce (véhicules automobiles, navires de mer et bateaux de navigation fluviale, aéronefs). Le législateur a ainsi voulu éviter les conflits de gages spéciaux portant sur des biens identiques. Par ailleurs, lorsque ce matériel ou outillage est compris dans le nantissement d'un fonds de commerce (à condition d'être expressément désigné : v. en ce sens l'art. L. 142-2 C. com.), il n'est plus régi par les dispositions des articles L. 525-1 et suivants du Code de commerce mais relève de la loi du 17 mars 1909 sur le 503 ■

nantissement de fonds de commerce (Com. 23 nov. 1999, *Bull. civ.* IV, n° 208 ; *D.* 2000. AJ. 23, obs. A. L. - M. D.). En revanche, peu importe la destination des biens gagés. Il a notamment été jugé que la constitution du nantissement est possible lorsque l'acquéreur fait achat de l'outillage ou du matériel d'équipement professionnel en vue de la revente (Com. 15 mars 1971, *D.* 1971. Somm. 207).

504 En dernier lieu, un tel gage ne peut garantir que la créance du vendeur représentant le prix d'achat de cet outillage ou matériel d'équipement ou la créance du prêteur qui avance les fonds nécessaires au paiement du vendeur (art. L. 525-1 al. 1er C. com.) à laquelle est assimilée celle des garants qui interviennent en qualité de caution, de donneur d'aval, ou d'endosseur dans l'octroi des crédits d'équipement (art. L. 525-2 dern. al. C. com.). Outre le montant de la créance en principal, le gage garantit en même temps deux années d'intérêts (art. L. 525-11 al. 2 C. com.).

2. *Les conditions de forme et de publicité*

505 Le Code de commerce énonce que « Le nantissement est consenti par un acte authentique ou sous seing privé enregistré » (art. L. 525-2 al. 1er C. com.), à peine de nullité, dans un délai de deux mois suivant la livraison du matériel d'équipement sur les lieux où il doit être installé (art. L. 525-3 al. 1er C. com.). Lorsqu'il est consenti au vendeur, il est donné dans l'acte de vente. Lorsqu'il est consenti au prêteur qui avance les fonds nécessaires au paiement du vendeur, il est donné dans l'acte de prêt. L'écrit doit mentionner, à peine de nullité, un certain nombre d'indications tenant à la finalité des fonds avancés, à la description des biens nantis, ou au lieu où les biens ont leur attache fixe à moins qu'ils ne soient susceptibles d'être déplacés.

506 Le législateur a, par ailleurs prévu deux publicités, l'une obligatoire conditionnant le droit de préférence du créancier, et l'autre facultative permettant au droit de suite de s'exercer.

En premier lieu, la validité du gage est subordonnée à son inscription sur un registre spécial tenu par le greffe du tribunal de commerce dans le ressort duquel l'acquéreur est domicilié ou, s'il s'agit d'une personne morale exploitant un fonds de commerce ou un fonds artisanal, dans le ressort duquel est situé le fonds (art. L. 525-16 C. com.). Le choix du greffe est important puisqu'une inscription effectuée auprès d'un greffe territorialement incompétent rend le gage nul (Montpellier, 2 nov. 1960, *D.* 1964. 256). Cette inscription doit, à peine de nullité, être prise dans le délai de quinze jours à compter de la date de l'acte constitutif du gage, sachant qu'elle conserve le gage pendant cinq ans et ne peut être renouvelé que deux fois (art. L. 525-11 C. com.). En cas de déplacement du lieu d'exploitation du débiteur, le créancier gagiste doit procéder à une inscription modificative (art. L. 525-10 C. com.), mais elle est normalement subordonnée à un avis du débiteur. Toutefois, la jurisprudence a retenu que la connaissance effective du déplacement du fonds supplée la carence du débiteur entraînant de fait la déchéance de la sûreté du créancier (Com. 7 juill. 2009, *Gaz. Pal.* 13-14 janv. 2010, p. 25, obs. M.-P. Dumont-Lefrand).

En second lieu, les biens donnés en garantie peuvent, à la requête du bénéficiaire de la sûreté, être revêtus sur une pièce essentielle et d'une manière apparente d'une plaque fixée à demeure (Aix-en-Provence, 22 juin 1993, *JCP* E 1994. I. 365, obs. Ph. Delebecque) indiquant le lieu, la date et le numéro d'inscription du privilège dont ils sont grevés. Le débiteur ne peut faire obstacle à cette apposition, ni détruire, retirer ou recouvrir les marques apposées avant l'extinction du privilège, sous peine d'être puni des peines prévues pour l'abus de confiance.

B. Les effets du gage du matériel et de l'outillage

Le gage du matériel et de l'outillage produit ses effets et à l'égard du constituant qui, avant l'échéance, est débiteur d'obligations, et vis-à-vis du créancier gagiste qui bénéficie d'un certain nombre de droits en cas de défaut de paiement de sa créance. 507 ■

1. *À l'égard du constituant*

Le constituant est d'abord tenu, sous peine de sanctions pénales, d'une obligation de conservation des biens gagés. En effet, toute tentative ou tout acte visant à détruire, détourner ou altérer l'objet du gage, en vue de faire échec aux droits du créancier, est passible des peines prévues pour l'abus de confiance (art. L. 525-19 C. com.). 508 ■

Par ailleurs, toujours sous peine des mêmes sanctions, si le constituant souhaite procéder à la vente amiable de tout ou partie des biens nantis, il doit au préalable solliciter le consentement du créancier, et à défaut demander une autorisation judiciaire au juge des référés du tribunal de commerce statuant en dernier ressort (art. L. 525-7 C. com.). Malgré le principe d'interprétation strict régissant la matière, il semblerait que cette précaution doive être prise face à tout acte de disposition dès lors que l'intérêt du créancier est en jeu. En revanche, la question se pose avec davantage d'acuité en cas de simple déplacement des biens gagés. La réponse semble découler de l'article L. 525-10 du Code de commerce qui envisage le déplacement du fonds de commerce et à propos duquel il est prévu que le constituant doit informer le créancier inscrit sur le matériel et l'outillage.

2. *À l'égard du créancier gagiste*

En premier lieu, le gage du matériel et de l'outillage confère à son titulaire un privilège spécial, primant tout privilège général, qui s'exerce sur les biens grevés de préférence à tous autres privilèges, à l'exception du privilège des frais de justice, du privilège des frais exposés pour la conservation de la chose et du superprivilège des salariés (art. L. 525-9-I C. com. ; Com. 8 juin 1982, *Bull. civ.* IV, n° 225). Il s'exerce notamment à l'encontre de tout créancier hypothécaire, et par préférence aux privilèges du Trésor, de la Sécurité sociale, du vendeur de fonds de commerce ainsi que du créancier nanti sur l'ensemble du fonds, préalablement inscrits. Toutefois, pour que son privilège soit opposable au créancier hypothécaire, au vendeur du fonds de commerce et au créancier nanti sur l'ensemble du fonds, le créancier gagiste ne devra pas omettre de signifier à ces créanciers, par acte extrajudiciaire, une copie de l'acte constatant le nantissement, dans les deux mois de sa conclusion (art. L. 525-9-III C. com.). Ce droit de préférence ainsi que le rang qu'il confère à son créancier est donc fort intéressant. Il supposera toutefois que le créancier gagiste poursuive la réalisation du bien en respectant les dispositions des articles L. 521-3 (relatives au gage commercial) et L. 143-10 (relatif à l'information des créanciers inscrits sur le fonds de commerce) du Code de commerce). Cela étant, en cas de procédure collective, comme tout créancier antérieur, même muni de sûretés, le droit de poursuite du gagiste est suspendu. Mais ce créancier retrouve une position privilégiée, y compris par rapport aux créanciers postérieurs de la procédure (art. L. 622-17-I C. com.) en cas de liquidation judiciaire (v. art. L. 641-13-II), même 509 ■

s'il sera toujours plus habile de solliciter l'attribution judiciaire des biens afin d'échapper au redoutable superprivilège des salariés.

510 En second lieu, le créancier gagiste qui aura pris la précaution d'apposer des plaques sur le matériel et l'outillage nanti (v. ss 506) aura un droit de suite sur celui-ci et pourra le revendiquer entre les mains d'un éventuel tiers acquéreur sans avoir à démontrer sa mauvaise foi. En revanche, s'il n'avait pas sacrifié à cette élémentaire prudence, il pourra se voir valablement opposer l'article 2279 du Code civil, dès lors que les conditions en seront réunies (Com. 9 mai 1990, *D.* 1990. IR. 143 où il a été jugé que malgré l'absence de plaques, le créancier pouvait revendiquer la grue gagée, le sous-acquéreur connaissant l'existence du nantissement). Au demeurant, ce droit de suite est bien peu de chose, en l'absence de possession, en cas de procédure collective du constituant.

Aussi, les créanciers bénéficiaires d'un tel gage ont-ils tenté de revendiquer un droit de rétention ainsi que le droit à l'attribution judiciaire des biens. Alors que la jurisprudence a refusé le premier, elle a accordé le second. Le refus de reconnaître un droit de rétention s'autorise et du défaut de possession des biens par le créancier, et de l'absence de texte en ce sens. Pourtant, il aurait été possible de le reconnaître, fictivement, dans la mesure où le constituant n'a pas la libre disposition de ses biens. Toutefois, dans une espèce où étaient en cause les limites des attributions du juge-commissaire, la Cour de cassation en a profité pour affirmer, on ne peut plus clairement, que le nantissement sur l'outillage et le matériel « ne confère pas de droit de rétention » (Com. 4 janv. 2005, *D.* 2005. 970, obs. A. Aynes). De ce refus, on aurait pu déduire l'impossibilité pour le créancier de se faire attribuer en propriété le matériel et l'outillage nantis. En effet, certains n'ont pas hésité à relever que l'attribution en propriété n'est que le prolongement du droit de rétention. Mais la Cour de cassation a d'abord jugé que « l'attribution du gage n'est pas subordonnée à l'existence d'un droit de rétention » (Com. 18 juill. 1978, *D.* 1978. Jur. 404, note C. Mouly). Le débat a continué d'agiter doctrine et jurisprudence, évoquant notamment le régime du nantissement du fonds de commerce, auquel les articles L. 525-1 et suivants du Code de commerce renvoient, qui exclut expressément l'attribution judiciaire au profit du créancier (v. ss 571), jusqu'à ce que l'assemblée plénière juge qu'« à défaut de disposition contraire, l'attribution judiciaire du gage est offerte au créancier titulaire d'un nantissement sur outillage et matériel d'équipement qui ne poursuit pas la réalisation du bien grevé » (Ass. plén., 26 oct. 1984, *D.* 1985. 33, concl. J. Cabannes, note F. Derrida). Par la suite, la question s'est à nouveau posée en raison de la rédaction de l'article L. 642-25 alinéas 3 et 4 du Code de commerce telle qu'issue de la réforme de 1994, qui avait pu sembler réserver l'attribution judiciaire en cas de liquidation judiciaire, au créancier gagiste avec droit de rétention. Mais la Cour de cassation est venue répéter sa solution dans plusieurs arrêts extrêmement clairs (Com. 6 mars 1990, *Bull. civ.* IV, n° 67 ; *D.* 1990. Jur. 311, note F. Derrida ; Com. 6 janv. 1998, *Bull. civ.* IV, n° 9 ; *D. Affaires* 1998. 157, obs. A. Lienhard). Le créancier devra cependant veiller à agir avant que l'ordonnance du juge-commissaire autorisant le liquidateur à vendre le bien nanti, en vertu de l'article L. 642-25 alinéa 2 du Code de commerce, soit passée en force de chose jugée (Com. 16 avr. 1996, *Bull. civ.* IV, n° 122).

8

Compléments pédagogiques

Mémo

Jusqu'à la réforme du 23 mars 2006, le contrat de gage se caractérisait par la dépossession du débiteur visant à attirer son attention sur la gravité de ce contrat, laquelle conditionnait son efficacité. Cette exigence s'est cependant vite révélée gênante et sont apparus de nouveaux gages, sans dépossession, où le créancier s'est vu affecter la valeur du bien. Sont ainsi nés des régimes spéciaux. Le droit du gage est alors devenu fort complexe. Affichant un objectif de simplification, la réforme du droit des sûretés a alors consacré l'existence du gage sans dépossession, celle-ci n'étant plus une condition de validité du gage. Mais, à côté de ce nouveau *droit commun du gage*, se sont maintenus certains *gages spéciaux*.

Le gage se *définit* comme la convention par laquelle le constituant accorde à un créancier le droit de se faire payer par préférence à ses autres créanciers. Il peut être *avec ou sans dépossession*.

Les *conditions* de sa constitution intéressent non seulement les parties, mais aussi les tiers. Dans les rapports *inter partes*, le gage est parfait par l'établissement d'un *écrit* contenant la désignation de la dette garantie, la quantité des biens donnés en gage ainsi que leur espèce ou leur nature. Le contrat de gage n'est plus un contrat réel mais un contrat solennel puisque l'écrit est dorénavant exigé *ad validitatem*. Par ailleurs, les règles relatives à *l'assiette du gage* ont été assouplies puisqu'il peut désormais porter sur un meuble ou un ensemble de meubles corporels, une chose présente ou future, et même des objets fongibles. Le *gage-espèces* reçoit ainsi un fondement textuel. La consécration de l'alternative entre gage avec et sans dépossession a aussi une influence sur *l'opposabilité du gage* à l'égard des tiers. En présence d'un gage avec dépossession, c'est la *dépossession* elle-même qui devient la condition d'opposabilité à l'égard des tiers. En présence d'un gage sans dépossession, l'opposabilité du gage résulte d'une *formalité de publicité* consistant en une inscription sur un registre spécial faite à la requête du créancier et tenu par le greffier du tribunal de commerce. C'est cette inscription qui règle les problèmes de *concours* entre créanciers gagistes ou entre créancier gagiste et ayant cause à titre particulier.

Les *effets du contrat* de gage se manifestent à deux moments différents : avant et après l'échéance de la créance garantie. *Avant l'échéance*, ils varient selon que le gage est avec ou sans dépossession. Dans le premier cas, le créancier gagiste dispose principalement d'un droit de rétention, sachant que lorsque ce sont des biens fongibles, le créancier gagiste doit en principe les tenir séparées des choses de même nature lui appartenant sauf convention l'en dispensant. Dès lors, le gagiste acquiert la propriété des choses gagées à charge de restituer la même quantité de choses équivalentes. Dans le second cas, le principe est que le constituant conserve la propriété des biens tout en étant débiteur d'une obligation de conservation sous peine de déchéance du terme ou de demande de complément de gage. Mais, lorsqu'elle porte sur des biens fongibles, la convention de gage peut autoriser le constituant à aliéner les biens fongibles à charge de les remplacer par la même quantité de choses équivalentes. *À l'arrivée du terme* de la créance garantie, si le débiteur s'avère défaillant, le créancier dispose d'une part d'un *droit de rétention* – que le gage soit avec ou sans (v. ss 387) dépossession –, et d'autre part du droit de *réaliser le gage*. Le créancier impayé a le choix du mode de réalisation du gage de meubles corporels : il dispose d'une option entre la réalisation forcée du gage qui ne peut être que judiciaire et son attribution en propriété, qui peut être conventionnelle. En effet, si la réforme a maintenu la *prohibition de la clause de voie parée*, elle a supprimé la *prohibition du pacte commissoire, sauf en cas de procédure collective où sa constitution comme sa réalisation sont prohibées.*

En dehors du droit commun du gage, existent différents gages spéciaux. Le *gage automobile* fait son entrée dans le Code civil, tandis que le Code de commerce héberge le nouveau *gage sur stocks* et conserve les anciens gages spéciaux que sont le *gage commercial*, qui peut dorénavant être sans dépossession, les *warrants*, et le *gage sur le matériel et l'outillage*.

Document

Com. 6 février 2007 (*RLDC* 2007/6, p. 27)

« Mais attendu qu'après avoir rappelé que par l'acte du 30 septembre 1996 les sommes nanties devaient être transférées à un compte impersonnel, purement interne à la banque ouvert au nom de M. A "pour la seule commodité des écritures", l'arrêt relève que cet acte donnait à la banque, sans nécessité d'une autorisation préalable de M. et Mme A, l'autorisation irrévocable de prélever à tout moment les intérêts et capitaux des sommes nanties afin de régulariser le règlement des créances de la banque, sous la seule condition que le cours du dollar atteigne un certain seuil ; d'où elle déduisait qu'avait été transféré à la banque la propriété des sommes nanties ; qu'ayant ainsi fait ressortir que le nantissement portait sur un gage-espèces et non sur une créance de restitution, la cour d'appel a pu statuer comme elle a fait ; »

Com. 10 juillet 2012 (n° 11-22846)

Attendu, selon l'arrêt attaqué, que par acte du 16 janvier 2004, la société C a consenti à six banques, en garantie de divers concours que celles-ci lui avaient accordés, un gage sur stock portant sur des marchandises détenues par la société A, tiers convenu, la valeur du gage représentant pour chacune des banques 110 % de l'autorisation accordée ; que ce contrat a fait l'objet de différents avenants, essentiellement pour modifier le montant du gage à proportion de la variation des concours, et aussi réduire l'assiette du gage à 70 % des autorisations accordées ; que le 12 mars 2007, la société C a été mise en redressement judiciaire, la société B étant désignée en qualité d'administrateur judiciaire ; que le 21 septembre 2007, trois des six banques créancières ont cédé leur créance à la société de droit chinois T, actionnaire unique de la société C, laquelle a ensuite renoncé au bénéfice du gage garantissant les créances cédées ; que la société C a assigné les trois banques encore créancières, la Société générale, la

BNP Paribas, la Banque populaire provençale et corse (la Banque populaire), pour obtenir la réduction de l'assiette du gage à 70 % de leurs créances cumulées, soit à 1 810 146,98 euros; qu'elle a bénéficié entre-temps d'un plan de redressement, la société B étant désigné commissaire à l'exécution du plan;

Sur le moyen unique, pris en sa première branche :

Vu l'article 1134 du code civil ;

Attendu que pour infirmer le jugement en ce qu'il avait dit que le gage bénéficiant à la BNP Paribas, la Société générale et la Banque populaire représentait une valeur de 1 810 146,98 euros et que la société A n'avait la qualité de tiers détenteur que pour ce qui concernait le gage de cette valeur, la cour d'appel retient qu'il résulte de l'ensemble des actes formant la convention de parties que la société C a donné un stock en gage pour l'ensemble des créances détenues par les six banques, de façon globale et indivisible, sans prévoir la divisibilité du gage en fonction des créances détenues individuellement par chacune des banques au sein de la créance globale unique garantie par le gage, également unique, et détenu par le même tiers convenu ;

Attendu qu'en se déterminant ainsi, sans rechercher si la stipulation selon laquelle « la couverture pour chaque banque représente 110 % de l'autorisation accordée », ultérieurement ramenée à 70 %, n'avait pas précisément pour objet d'individualiser la part du gage affectée à la créance distincte de chaque banque, la cour d'appel a privé sa décision de base légale ;

Sur le moyen, pris en sa deuxième branche :

Vu l'article 2349 du code civil ;

Attendu que pour statuer comme il fait, l'arrêt retient également que l'article 2349, anciennement 2083, du code civil dispose que le gage est indivisible nonobstant la divisibilité de la dette ;

Attendu qu'en statuant ainsi, alors que ce texte n'édicte l'indivisibilité du gage qu'entre les héritiers d'un créancier ou d'un débiteur unique, la cour d'appel l'a violé, par fausse application ;

Sur le moyen, pris en sa quatrième branche :

Vu l'article 1134 du code civil ;

Attendu que pour statuer comme il fait, l'arrêt retient encore que le tiers convenu pour détenir la marchandise gagée était unique et agissait au nom et pour le compte des six banques, de sorte que le mandat reçu par ce tiers était donné communément et de façon indivisible par les créanciers et non à titre individuel et cumulé ;

Attendu qu'en se déterminant ainsi, alors qu'un mandataire unique peut agir pour le compte de plusieurs personnes sans qu'il en résulte une confusion des mandats, de sorte que l'existence de ce mandataire unique ne faisait pas obstacle à l'individualisation de la part de chaque banque, la cour d'appel, qui a statué par un motif inopérant, n'a pas donné de base légale à sa décision ;

PAR CES MOTIFS, et sans qu'il y ait lieu de statuer sur les autres griefs : CASSE

Biblio

- Ch. Albiges, « La place du gage sans dépossession au sein des sûretés réelles mobilières », *in* N. Borga et O. Gout, *L'attractivité du droit français des sûretés réelles*, 2016, LGDJ, coll. « Grands colloques », p. 117.

- M.-C. Amiot, « Le nantissement sur le matériel de la loi du 18 janvier 1951 et le gage sur véhicule satisfont-ils encore les établissements de crédit ? », *RD bancaire et bourse* 1989. 191.

- L. Andreu, « Gage avec dépossession contre gage sans dépossession », *D.* 2012. 1761 ; « Risque de non-paiement : le gage avec dépossession et le gage sans dépossession sont-ils équivalents ? », in *Risques d'entreprises : quelles stratégies juridiques ?*, LGDJ, 2012, p. 329.
- G. Ansaloni, « Sur l'opposabilité de gage sans dépossession de droit commun », *JCP* E 2009. 1672.
- J.-J. Ansault, « Le gage du Code civil : gage de droit commun ou droit commun du gage ? », *RD banc. fin.* sept.-oct. 2014, p. 77 ; « L'efficacité du gage sans dépossession », *in* N. Borga et O. Gout, *L'attractivité du droit français des sûretés réelles*, *op. cit.*, p. 101.
- L. Aynès, « Le gage des meubles corporels », *Dr. et patr.* sept. 2005, p. 61 s. ; « Le nouveau droit du gage », *Dr. et patr.* juill.-août 2007, p. 48 s.
- Y. Blandin, *Sûretés et bien circulant*, thèse Paris II, 2014, ss dir. A. Ghozi.
- R. Boffa, « L'opposabilité du nouveau gage sans dépossession », *D.* 2007. Chron. 1161.
- P. Bouteiller, « La publicité des gages sans dépossession », *JCP* E 2007. 1112 ; « Le gage sur stocks de biens ou de marchandises », *JCP* E 2006. 1698.
- S. Bros, « Le gage-espèces après l'ordonnance du 23 mars 2006 », RLDA 2007/14, p. 86
- M. Cabrillac, « Le gage commercial », in colloque de *Droit et commerce* Deauville, 10-11 juin 1994, n° spécial *RJ com.* nov. 1994.
- M. & S. Cabrillac, « Régime général du gage commercial », *Rép. com.*, *V°* « Gage », juill. 2010.
- P. Crocq, « La réforme des sûretés mobilières », in *Le droit des sûretés à l'épreuve des réformes*, Éditions juridiques et techniques, 2006, n° 34.
- R. Dammann, « La réforme des sûretés mobilières : une occasion manquée », *D.* 2006. 1298.
- Ph. Delebecque, « L'attribution du bien, l'originalité du gage commercial », in colloque de *Droit et commerce* Deauville, 10-11 juin 1994, n° spécial *RJ com.* nov. 1994.
- S. Hébert, « Le pacte commissoire après l'ordonnance du 23 mars 2006 », *D.* 2007. Chron. 2052.
- C. Kuhn, « Le droit commun du gage », *LPA* 27 mars 2008, p. 37.
- V. Larribau-Terneyre, « La pluralité des régimes de gage », *RLDA* 2007/14, p. 73.
- E. Le Corre-Broly, « Le gage sur véhicule automobile source d'interrogations », *D.* 2014. 440.
- D. Legeais, « Le nouveau droit de gage portant sur un véhicule automobile », *JCP* E 2007. 1482 ; « La réforme du droit des garanties ou l'art de mal légiférer », in *Études offertes au Doyen Ph. Simler*, Litec-Dalloz, 2006, p. 367 ; « L'avenir du gage-espèces », RLDC 2007/6, p. 25.
- F. Macorig-Vernier, « Le pacte commissoire (et les sûretés réelles mobilières) », *RLDA* 2007/14, p. 79.
- M. Mignot, « La nature juridique du gage immobilier », *LPA* 4 déc. 2014, p. 7.
- J. Revel, « La garantie de la dette d'autrui et le droit du régime matrimonial », *D.* 2006. 1309.
- G. Ripert, « Le nantissement de l'outillage et du matériel d'équipement », *D.* 1951. 41 s.
- P. Simler, « Dispositions générales du Livre IV nouveau du Code civil », JCP 2006. I. 2, supplément au n° 20.
- S. Torck, « Les garanties réelles mobilières sur biens fongibles après l'ordonnance du 23 mars 2006 relative aux sûretés », *RD banc. fin.* 2006, p. 39.

Quiz

1) Sujets corrigés

Cas pratiques

Énoncé n° 1

En contrepartie de crédits octroyés à certains de ses clients, la banque a pris différentes garanties d'argent dont elle voudrait s'assurer de l'efficacité en vous consultant.

I

En garantie de différents comptes dont le solde était devenu fortement débiteur, M. Y a accepté de nantir, au profit de la banque Z le solde créditeur d'un autre compte à concurrence d'un montant de 200 000 euros, l'acte précisant que la banque avait « l'autorisation irrévocable de prélever à tout moment les intérêts et capitaux des sommes nanties afin de régulariser le règlement des créances de la banque ». Dans les faits, les sommes nanties ont été transférées à la banque Z sur un compte spécial, bloqué, interne au créancier, le nom de M. Y étant mentionné pour des raisons de commodité pratique. M. Y n'ayant pas comblé ses différents débits, la banque a procédé à la compensation de la totalité des soldes débiteurs par le compte créditeur. M. Y en demande l'annulation.

II

Prenant acte du fait que Mme X avait souscrit auprès d'elle un plan d'épargne populaire, elle lui a accordé un emprunt de 20 000 euros ainsi qu'un découvert autorisé jusqu'à 4 000 euros en concluant avec sa cliente un document intitulé « nantissement de titre » par lequel cette dernière affectait le PEP en nantissement pour sûreté des sommes pouvant être dues au titre de ces deux opérations. Mme X n'ayant pas remboursé plusieurs des échéances de son prêt malgré les relances de la banque, celle-ci a réalisé son gage en soldant les comptes de sa cliente par le biais du PEP. Mme X demande la reconstitution de son compte.

Voir le corrigé en fin de rubrique.

Énoncé n° 2

La banque MI6 a octroyé divers crédits auprès de différents clients. Afin de sécuriser les opérations elle s'est fait consentir des sûretés. Néanmoins, elle vient vous consulter car elle s'inquiète de l'efficacité de certaines d'entre elles.

I

La banque MI6 a accordé un crédit à une société d'armurerie située à Montpellier, la société « Bond ». La banque souhaite à ce titre obtenir un gage portant sur des stocks appartenant à la société. Son avocat lui conseille d'opter obligatoirement pour un gage sur stocks régi par le code de commerce. Il lui conseille par ailleurs d'assortir son gage d'un pacte commissoire, puisque en cas de procédure collective, la banque sera certaine de primer tous les autres créanciers.

II

Le 6 août dernier, Mme Moneypenny a vendu avec réserve de propriété, des stocks d'olives à dénoyauter à Mme Zitoun, fournisseur officiel du pub anglais « Casino royal », réputé pour servir les meilleurs martinis du pays. Le 1er août, cette dernière avait toutefois demandé l'octroi d'un crédit à la banque MI6, afin de pouvoir acheter ces stocks d'olives. La banque a alors accordé le crédit et en contrepartie, un gage avec dépossession sur ces mêmes olives a été conclu (le stock étant confié à une société chargée de les conserver). Ce gage comprenait en outre, une clause de substitution par la même quantité de marchandises équivalentes à celles initialement gagées. Malheureusement, Mme Zitoun dépose le bilan et Mme Moneypenny a revendiqué la propriété des olives à dénoyauter.

La banque MI6 souhaite opposer son droit de gage à Mme Moneypenny revendiquante. Or les olives ont été depuis dénoyautées et sont devenues des produits finis.

Voir le corrigé en fin de rubrique.

Énoncé n° 3

Madame Bernard a prêté le 7 juin 2009 à Monsieur Patrick la somme de 60 000 euros. Ce dernier a signé une reconnaissance de dette dans laquelle il est précisé que le prêt remboursable au plus tard le 28 février 2010, était garanti par un gage donné sur deux tableaux de Renoir : un intitulé « Ballade champêtre » et le second « Déjeuner dans le salon ».

Le 29 mai 2012, Mme Bernard a fait procéder à l'enregistrement de la reconnaissance de dette, et le 6 août 2012 à l'inscription de son gage.

Le prêt n'ayant pas été remboursé à la date prévue, Madame Bernard a pu obtenir seulement la remise du premier tableau « Ballade champêtre » par Monsieur Patrick. En effet, ce dernier l'a informée que le second tableau était détenu par Monsieur Jacques.

Par un écrit signé le 23 juin 2008, Monsieur Patrick avait reconnu à ce dernier lui devoir la somme de 70 000 euros, qu'il devait lui rembourser dès la vente de deux tableaux de Renoir. Monsieur Patrick, qui lui avait offert la garde d'un de ses tableaux, lui avait remis matériellement celui dénommé « Déjeuner dans le salon ».

Madame Bernard saisit un juge de l'exécution pour faire procéder à une saisie-appréhension contre Monsieur Jacques en qualité de détenteur du tableau. Le 22 mai 2012, il ordonne à Monsieur Jacques de délivrer ce tableau à Madame Bernard.

Monsieur Jacques a formé opposition à cette ordonnance. Il estime être titulaire d'un gage avec dépossession et être fondé à invoquer son droit de rétention sur ce tableau.

Qu'en pensez-vous ?

Voir le corrigé en fin de rubrique.

Énoncé n° 4

La société « Copy'express » obtient différents crédits auprès de six établissements bancaires en juin 2010. À la demande des banques, la société affecte en garantie, un stock de cartouches d'encre, détenu par un tiers qui a reçu mandat au nom et pour le compte des six établissements bancaires. Une stipulation dans la garantie prévoit que la couverture pour chaque banque représente un certain pourcentage de l'autorisation accordée.

Suite au placement en redressement judiciaire de la société en septembre 2011, trois des six banques ont cédé leur créance à l'actionnaire unique de la société. La société a assigné les trois banques encore créancières pour obtenir la réduction de l'assiette du gage à un pourcentage moindre de leurs créances cumulées, et ainsi se voir restituer la quantité corrélative des marchandises gagées.

Cette action a-t-elle des chances d'aboutir ?

Voir le corrigé en fin de rubrique.

Énoncé n° 5

La banque Tourisque a octroyé différents crédits pour sûreté desquels elle s'est fait consentir, ou est sur le point de conclure, certaines garanties dont son directeur juridique vient s'assurer auprès de vous de l'efficacité.

I

Elle a accepté de consentir un important crédit à M. Vigne, vigneron de son état, démarrant son activité et collectionneur de bandes dessinées à ses heures perdues. En contrepartie, ce dernier lui a offert en garantie un manuscrit illustré d'Hergé, et a proposé de lui consentir une sûreté sur son tracteur. *Qu'en pensez-vous, sachant que le Crédit Agricole, qui a financé l'acquisition dudit tracteur bénéficie dessus d'un gage de matériel d'équipement ?*

II

M. Legendridéal qui souhaite créer une société d'installation et de réparation d'ordinateurs a demandé à la banque de lui consentir un prêt de 110 000 euros, ce qu'elle a accepté. M. Legendridéal a affecté en garantie de la créance deux bijoux appartenant à sa belle-mère d'une valeur de 10 000 euros. Un contrat sous seing privé a été conclu avec un responsable de la banque qui, à ce jour, n'est toujours pas en possession des bijoux. La belle-mère de M. Legendridéal est fort inquiète car elle vient d'apprendre que le contrat conclu prévoit que si son gendre ne respecte pas son engagement de rembourser le prêt, la banque deviendra propriétaire des bijoux.

III

Absolument passionné de matériel hi-fi haute définition, M. Méloman vient d'acquérir une chaîne d'un montant de 30 000 euros dont il a fait l'acquisition à crédit grâce à la banque Tourisque. En garantie, la banque a obtenu de son meilleur ami, M. Gentil, le gage de la commode Louis XVI qu'il avait chèrement acquise au début de son mariage avec plus d'un an d'économies du couple. Mais, cette garantie étant insuffisante, il a régulièrement conclu avec la banque, se méfiant des achats compulsifs de son client, un contrat de gage portant sur son ancienne chaîne d'une valeur de 10 000 euros, qu'il a ensuite revendue à M. Naïf, actuellement en possession de celle-ci.

Voir le corrigé en fin de rubrique.

2) Corrigés

Cas pratique n° 1

I

La banque Z pouvait-elle procéder à une telle compensation ?

Il s'agit de s'interroger sur la nature de la sûreté en cause, avant de vérifier si le mode de réalisation utilisée par la banque est licite.

- *Sur la nature de la sûreté :* nantissement de créance ou gage-espèce ?

M. Y a affecté à la garantie de ses dettes contre la banque un compte bancaire, en l'occurrence un compte impersonnel d'espèces bloqué ouvert à son nom pour de simples raisons pratiques.

Pour qualifier cette sûreté, on peut hésiter entre le nantissement de créance et le gage-espèces. En effet, la garantie peut porter soit sur le solde du compte analysé en une créance de restitution, soit sur des espèces.

Or, dans une espèce similaire, la Cour de cassation a tranché en faveur de l'analyse du gage-espèces (Com. 6 févr. 2007, *RLDC* 2007, n° 39, obs. D. Legeais). Autrement dit, la garantie porte sur des espèces et non sur une créance. Bien que rendu sous l'empire des textes anciens, le sens de cette décision devrait être maintenu. Ainsi, le nantissement d'un compte spécial bloqué n'est pas un nantissement de créance (encore moins une cession de créance à titre de garantie) mais équivaut à la remise d'espèces au créancier. Pour autant, quel est son régime ? La compensation opérée par le créancier nanti est-elle licite ?

- Sur le régime de la sûreté : licéité de la compensation ?

Il s'agit de savoir si cette sûreté, analysée en une remise d'espèces, est un transfert fiduciaire ou un gage transférant la propriété des espèces ?

L'arrêt cité précédemment ne répond pas directement à cette question, bien qu'il utilise le terme de gage sans évoquer celui de transfert fiduciaire. Cela étant, la jurisprudence passée avait déjà consacré l'analyse du gage-espèces en un gage (Com. 9 avr. 1996). Aussi faut-il conclure à l'existence d'un gage. De plus la rédaction des nouveaux textes, et notamment de l'article 2341 du Code civil, ne s'y oppose pas, le terme de « propriété des choses gagées » employé par le législateur étant visiblement imposé comme une conséquence de la fongibilité des biens (v. ss 422).

Mais alors, s'agira-t-il d'un gage de bien corporel, ou d'un nantissement de biens incorporels autres qu'une créance ?

Que l'on retienne l'une ou l'autre des analyses, le résultat est le même :

- si l'on opte pour le nantissement de biens incorporels autres qu'une créance, l'article 2355 alinéa 4 du Code civil s'applique, et renvoie aux dispositions du gage de meuble corporel ;

- si l'on rejette la théorie de la scripturalisation et que l'on considère que le gage portant sur des espèces est un gage de meubles corporels, c'est aussi le droit du gage de meuble corporel qui joue.

Ainsi, en tout état de cause, s'applique le régime du gage de meubles corporels, la trilogie suivante devant être respectée :

- un écrit au sens de l'article 2333 du Code civil ;

- la dépossession qui s'opère par l'inscription au crédit du compte du créancier des sommes remises par le constituant ;

- un pacte commissoire.

À ces conditions, la réalisation pourra alors s'opérer par compensation, le créancier conservant définitivement les sommes remises si à l'échéance de la créance garantie, celle-ci n'est pas réglée.

Si le premier et le troisième élément du régime ne posaient guère de difficulté (l'écrit, dont on supposera que les mentions obligatoires étaient respectées, contenant une autorisation d'attribution conventionnelle des biens gagés), le second était plus mitigé. En effet, l'objet du gage étant un bien fongible par excellence, l'article 2341 du Code civil qui dispose « Lorsque le gage avec dépossession a pour objet des choses fongible, le créancier doit les tenir séparées des choses de même nature qui lui appartiennent... » sauf que « Si la convention dispense le créancier de cette obligation, il acquiert la propriété des choses gagées... » a vocation à s'appliquer. Il faudra toutefois s'assurer de deux choses : de la dépossession d'une part, et de la dispense accordée par le constituant d'isoler les biens gagés dans le patrimoine du créancier, d'autre part. En l'espèce, la dépossession résulte du blocage des sommes. *A priori* un compte bloqué suffit, même s'il est ouvert, pour des raisons de commodités pratiques, au nom du constituant. Par ailleurs, c'est de la dispense évoquée que découle l'acquisition de propriété des biens gagés par le créancier, et donc l'opposabilité de la compensation. Or, tel est bien le cas en l'espèce, vu l'autorisation irrévocable dont bénéficiait la banque. Dès lors, le transfert de propriété des espèces remises au créancier valide la compensation intervenue.

Aussi, au final, M. Y. ne devrait pas réussir à obtenir l'annulation de la compensation.

II

Comme dans la question n° I, la nature de la sûreté consentie est un gage-espèces appelant en conséquence l'application du régime de gage de meubles corporels.

Toutefois, le compte d'espèces est ici un peu particulier puisqu'il s'agit d'un plan d'épargne populaire (PEP), c'est-à-dire d'un compte d'épargne rémunéré dont la stabilité permet d'obtenir des exonérations fiscales et une prime d'épargne. Par conséquent, les sommes d'argent en l'occurrence déposées n'étaient ni consomptibles, ni fongibles. Aussi, aucun transfert de propriété, au sens de l'article 2341 alinéa 2 du Code civil, au profit de la banque ne pouvait en résulter.

Par ailleurs, n'ayant stipulé aucun pacte commissoire autorisant la compensation automatique des créances en cas de non-paiement du prêt ou de dépassement du découvert autorisé par Mme X, la banque ne pouvait ainsi s'attribuer le solde créditeur du PEP.

Aussi, la banque devra-t-elle rétablir le compte le PEP de Mme X et en solliciter judiciairement l'attribution en propriété.

Cas pratique n° 2

I

L'avocat de la banque lui indique qu'il faut nécessairement prendre un gage sur stocks régi par le Code de commerce et conclure un pacte commissoire pour assurer l'efficacité de la garantie en cas de procédure collective.

A. Sur le choix du gage sur stocks

C'est la question de la compatibilité du gage de droit commun sans dépossession et du gage sur stocks du Code de commerce. À partir du moment où il existe un texte spécifique, et que la situation du créancier entre dans le champ d'application de ce texte, peut-il se prévaloir du droit commun du gage ? L'on pouvait raisonnablement hésiter entre le principe de la liberté contractuelle (et valider l'option pour le créancier entre le gage sur stocks ou le gage de droit commun) et l'adage *specialia generalibus derogant* (et refuser l'option au seul profit du gage sur stocks)... La Cour de cassation a tranché le débat en défaveur de l'option (Cass., ass. plén., 7 déc. 2015, n° 14-18435, v. ss 475). Mais depuis, le législateur a autorisé le libre choix entre les deux types de gages.

L'établissement de crédit prêteur qui se fait consentir un gage sur les stocks de son débiteur peut opter pour le droit commun du gage sans dépossession, ou décider de soumettre son gage au régime spécial du gage sur stocks des articles L. 527-1 et suivants du Code de commerce. Si l'enjeu du débat résidait dans l'existence — et l'efficacité — du pacte commissoire puisqu'il était autorisé en droit commun du gage (C. civ., art. 2348), et prohibé dans le gage sur stocks (C. com., art. L. 527-2) tel n'est plus le cas aujourd'hui puisque le pacte commissoire n'est plus interdit en présence d'un gage de stocks au sens de l'art. L. 527-1 et ss. du Code de commerce.

Aussi, en l'espèce, il sera parfaitement possible de recourir à la formule du gage sur stocks du Code de commerce.

Dès lors, il faudra respecter les articles L. 527-1 et suivants du Code de commerce.

Les conditions de validité du gage sur stocks sont :

- *sur le fond :*

Le gage sur stocks peut garantir tout crédit (art. L. 527-1, al 1er C. com.).

Le créancier doit être un établissement de crédit et le débiteur une personne morale de droit privé ou une personne physique dans l'exercice de son activité professionnelle (art. L527-1, al 1er C. com.).

Le débiteur doit être propriétaire des stocks gagés (art. L. 527-1, al 4 et L. 527-3 C. com.).

L'assiette du gage porte sur « des matières premières et approvisionnements, des produits intermédiaires, résiduels et finis ainsi que des marchandises... » (art. L. 527-3 C. com.).

- *sur la forme :*

Le gage sur stocks est un gage sans dépossession (art. L 527-1, al 2 C. com.).

Le gage doit être constitué par écrit et comporter certaines mentions énumérées à l'art L. 527-2 C. com : on supposera qu'elles sont remplies.

Le gage doit être publié sur un registre public tenu par le greffe du tribunal de commerce dans lequel le débiteur a son siège ou domicile. Toutefois, cette inscription n'est plus requise *à peine de nullité de la garantie*, mais conditionne seulement l'opposabilité aux tiers.

B. Sur la compatibilité de gage sur stocks et le pacte commissoire

Il est dorénavant envisageable de permettre à l'avance l'attribution conventionnelle des stocks, y compris en cas de gage de stocks au sens du Code de commerce.

Toutefois la position qui assure l'efficacité du pacte commissoire en cas de procédure collective est fausse. En effet, l'art. L. 622-7 I 3° C. com. dispose que le jugement d'ouverture fait obstacle à la conclusion et à la réalisation d'un pacte commissoire et l'art. L. 641-3 C. com. prévoit la même chose lorsqu'un jugement prononce la liquidation judiciaire.

Le pacte commissoire ne pourra donc pas être réalisé en cas d'ouverture d'une procédure collective.

II

Mme Moneypeny vend des olives à dénoyauter avec réserve de propriété à Mme Zitoun. Ces mêmes olives constituent également l'assiette d'un gage avec dépossession au profit de la banque. Mme Zitoun tombe en procédure collective et Mme Moneypeny revendique son stock d'olives. Or la banque MI6 lui oppose le droit de gage qu'elle détient sur ce stock.

Il y a donc un conflit entre un créancier bénéficiant d'une créance avec réserve de propriété et un créancier gagiste avec dépossession.

Quelles sont les règles applicables au gage de stocks conclu pour garantir une créance professionnelle ? À quelles conditions un gage sur stock futur est-il valable et plus précisément, peut-il porter sur des choses fongibles futures ? Le créancier gagiste peut-il faire valoir ses droits sur l'objet du gage alors que celui-ci n'appartenait pas au constituant, pour avoir fait l'objet d'une réserve de propriété ?

A. Nature du gage et règles applicables

Aux termes de l'article L. 527-1 du Code de commerce, dans sa rédaction issue de l'ordonnance du 29 janvier 2016, applicable à compter du 1er avril 2016, le gage des stocks est une convention par laquelle une personne morale de droit privé ou une personne physique accorde à un établissement de crédit ou à une société de financement qui lui a consenti un crédit pour l'exercice de son activité professionnelle le droit de se faire payer sur ses stocks par préférence à ses autres créanciers. Le nouveau régime prévoit cependant que les parties demeurent libres de recourir au gage des stocks prévu au présent chapitre ou au gage de meubles corporels prévu aux articles 2333 et suivants du code civil. Cela peut être intéressant notamment au regard de l'article L. 527-3, qui prévoit que « peuvent être donnés en gage, à l'exclusion des biens soumis à une clause de réserve de propriété, les stocks de matières premières et approvisionnements, les produits intermédiaires, résiduels et finis ainsi que les marchandises appartenant au débiteur et estimés en nature et en valeur à la date du dernier inventaire ».

En l'espèce (...)

Conclusion : gage de stocks relevant *a priori* du Code de commerce. Mais pour plus de simplicité, on supposera que les parties ont soumis directement leur gage au Code civil (auxquels d'ailleurs le C. com. renvoie en partie).

B. Validité du gage

En application de l'article 2333 du Code civil, le gage peut porter sur des biens mobiliers corporels futurs, de sorte que le constituant n'a pas à être propriétaire du bien gagé lors de la constitution du gage et que les biens gagés peuvent avoir la nature de choses fongibles (le gage de choses fongibles fait d'ailleurs l'objet de dispositions expresses dans le C. civ., ce qui postule sa validité). L'article 2333 du Code civil suppose néanmoins que la chose entre ensuite dans le patrimoine du constituant, ce qui pose une difficulté lorsque la chose est vendue au constituant sous réserve de propriété. Si l'article 2335 C. civ. prévoit que le gage de la chose d'autrui est nul : (i) la jurisprudence appuyée par la doctrine semble décider que la nullité est relative (La nullité relative du gage de la chose d'autrui, *RTD civ.* 2008. 519 ; Poitiers, 11 janv. 2011, RG n° 09/04100) ; (ii) c'est d'ailleurs la seule solution compatible avec le fait que le conflit entre le créancier gagiste et le titulaire d'une réserve de propriété est réglé par l'article 2276 C. civ. La Cour de cassation décide ainsi qu'aucune obligation ne pèse sur les banques, en leur qualité de créancier gagiste, de vérifier, lors de la constitution du gage, que les marchandises litigieuses ne sont pas grevées d'une clause de réserve de propriété (Com. 11 sept. 2012, n° 11-22440), ce qui implique qu'un tel gage n'est pas nul de nullité absolue. Enfin, aux termes de l'art. 2337 C. civ. : le gage peut donner lieu à dépossession avec entiercement.

En l'espèce (...).

Conclusion : le gage est par conséquent ici valide sous réserve de l'existence d'un écrit conformément à l'art. 2336 C. civ., mais rien ne dit ici qu'il n'y en avait pas.

Remarque : Un décret du 6 octobre 2016 (Décr. n° 2016-1330, *JO* 8 oct., relatif au gage des stocks) adapte le bordereau d'inscription du gage des stocks.

C. L'opposabilité du gage au propriétaire revendiquant

1. Existence du conflit

En principe, *aux termes* de l'article L. 624-16 C. com., peuvent être revendiqués, « s'ils se retrouvent en nature au moment de l'ouverture de la procédure, les biens vendus avec une clause de réserve de propriété », étant observés que « *la revendication en nature peut également s'exercer sur des biens fongibles lorsque des biens de même nature et de même qualité se trouvent entre les mains du débiteur ou de toute personne les détenant pour son compte* ». Or, selon la Cour de cassation, la fongibilité est une question de fait, appréciable souverainement par les juges du fond, et étant observé que la fongibilité peut être conventionnelle, c'est-à-dire subjective et non objective, résultant de l'accord des parties et non de la nature des choses. Elle devrait toutefois n'être valable qu'entre les parties et non opposable aux tiers, en vertu de l'effet relatif des conventions (ancien art. 1165, applicable aux contrats conclus antérieurement au 1er oct. 2016). Toutefois, un arrêt de la Cour de cassation du 26 mai 2010 a admis non seulement que « *la substitution de nouvelles marchandises, de nature et de qualité différentes de celles initialement gagées, ne peut résulter que de l'exécution d'une clause de substitution conventionnelle, résultant d'un accord de volontés des parties, disposant que les biens substitués seront remplacés par le débiteur constituant par la même quantité de choses équivalentes* » (à propos de noix de jambons livrées comme produits finis et les jambons livrés à affiner pouvaient être assimilés) mais aussi que cette fongibilité conventionnelle est opposable au tiers vendeur avec clause de réserve de propriété, ce qui emporte alors un conflit à résoudre entre le vendeur véritable propriétaire et le créancier gagiste.

En l'espèce... une discussion sur l'équivalence peut s'instaurer.

Conclusion : Il y a donc un conflit à résoudre entre le vendeur sous clause de réserve de propriété et le créancier gagiste.

2. Résolution du conflit

Aux termes de l'article 2286 du Code civil., le créancier garanti par un gage avec dépossession dispose d'un droit de rétention sur la chose gagée, et il est admis que ce droit vaut même si la possession est confiée à un tiers, dès lors que ce tiers possède pour le créancier. De surcroît, l'article 2276 C. civ. prévoit qu'en fait de meubles, la possession vaut titre, la bonne foi étant toujours présumée en application de l'article 2274 du même code. À cet égard, la Cour de cassation, dans l'arrêt précité du 26 mai 2010, retient que « *l'action en revendication intentée* (...) *se heurtait au principe énoncé à l'ancien article 2279 du code civil autorisant le créancier gagiste, possesseur présumé de bonne foi, à invoquer son droit de rétention à l'égard du vendeur avec réserve de propriété* ». Par arrêt du 11 sept. 2012, la chambre commerciale de la Cour de cassation a précisé que pour l'appréciation de la bonne foi du créancier, « *aucune obligation ne pèse sur les banques, en leur qualité de créancier gagiste, de vérifier, lors de la constitution du gage, que les marchandises litigieuses ne sont pas grevées d'une clause de réserve de propriété* » (*a fortiori* donc lorsqu'après la constitution du gage). Cependant, pour conserver le bénéfice du gage avec entiercement, il faut que les conditions de l'article 2276 soient remplies et donc que la possession par le créancier gagiste (i.e. la dépossession du débiteur constituant) revête les qualités requises (v. Com. 8 avr. 2015, n° 14-13787 : la société débitrice gardait la maîtrise des marchandises dès lors qu'une simple déclaration au tiers était considérée comme suffisante ; rien ne permettait d'identifier et d'isoler, de manière non équivoque, les marchandises effectivement remises en gage et d'assurer la publicité de leur dépossession, de sorte que le gage obtenu par les banques, dont la dépossession ne s'était pas manifestée de manière non équivoque, ne primait pas le droit du vendeur avec réserve de propriété). Il ne faudrait pas que la maîtrise conservée par le constituant sur les stocks gagés, qui circulent, se reconstituent et sont transformés en produits finis, aboutissent à ce que la dépossession (et donc la possession) soient tenus pour équivoque, paralysant le jeu de l'article 2276 du Code civil. Mais il est vrai que dans les faits ayant donné lieu à l'arrêt de 2015, les locaux de stockage étaient ceux du constituant.

En l'espèce... Discuter sur le caractère équivalent et la possession.

Conclusion : On peut penser *a priori* ici que la substitution était valable et que le créancier gagiste était protégé par l'article 2276 C. civ.

Quid si jugé que « pas équivalent » ? La perte serait alors pour le créancier. Mais ici, une action en responsabilité contre le tiers serait sans doute envisageable.

Cas pratique n° 3

Monsieur Patrick a concédé un gage sans dépossession à Mme Bernard ayant pour assiettes deux tableaux. Mme Bernard procède à l'inscription de ce gage le 6 août 2012. Monsieur Patrick étant défaillant, Mme Bernard met en œuvre son droit de gage et demande l'attribution des deux tableaux. Or, elle apprend que le second tableau est en possession de M. Jacques. En effet, M. Patrick lui avait signé une reconnaissance de dette le 23 juin 2008 et lui avait attribué la garde de ce second tableau. M. Jacques s'estimait donc gagiste avec dépossession.

Dans un premier temps il convient de vérifier si M. Jacques et Mme Bernard peuvent opposer leur droit de gage aux tiers.

Depuis l'ordonnance du 23 mars 2006, le gage est régi par les dispositions des articles 2333 et suivants du Code civil.

Il est consenti sur un bien mobilier ou un ensemble de biens mobiliers corporels, présents ou futurs.

Aux termes de l'article 2336, le gage est parfait par l'établissement d'un écrit contenant la désignation de la dette garantie, la quantité des biens donnés en gage ainsi que leur espèce ou leur nature.

Le gage est opposable aux tiers par la publicité qui en est faite. Il l'est également par la dépossession entre les mains du créancier ou d'un tiers convenu du bien qui en fait l'objet (art. 2337 C. civ.).

Le gage de M. Jacques :

Il n'a jamais été publié, il n'est donc pas opposable aux tiers, et donc à Mme Bernard.

Toutefois, selon l'article 2286-1° du Code civil : peut se prévaloir d'un droit de rétention sur la chose celui à qui la chose a été remise jusqu'au paiement de sa créance. Il a été mis en possession de ce tableau en contrepartie d'un prêt accordé à Monsieur Patrick, il est donc simple rétenteur de ce tableau.

Le gage de Mme Bernard :

Il a bien été publié le 6 août 2012 et il est donc opposable aux tiers à cette date et donc à M. Jacques à partir de cette date.

Il convient donc de régler le conflit entre le gagiste sans dépossession et le rétenteur.

Le Code civil vient régir les conflits opposant les créanciers gagistes.

L'article 2340 alinéa 2 prévoit que le gagiste antérieur qui a régulièrement publié son gage prime l'autre gagiste. On fait donc application de la règle d'antériorité « *prior tempore, potior jure* ».

Dans le cas du conflit entre un gagiste sans dépossession et un simple rétenteur, la loi ne dit rien. Dès lors l'on raisonne soit *a fortiori* refusant de voir le créancier rétenteur mieux traité qu'un créancier gagiste avec dépossession. Soit l'on raisonne *a contrario*, en s'opposant à toute extension de l'art. 2340 al. 2 au-delà de son champ d'application et le rétenteur primerait alors le gagiste sans dépossession pourtant régulièrement inscrit.

Il semblerait que la jurisprudence ait eu l'occasion de préciser sa position et ait fait application de ce dernier principe dans un arrêt, Lyon, Ch. 01 B, 20 mars 2012 n° 11/01434 en décidant de faire primer le rétenteur qui possédait le bien avant que le gage du créancier ne lui soit opposable.

En l'espèce, Monsieur Jacques était rétenteur au moment de la saisie-appréhension, c'est-à-dire le 22 mai 2012, donc avant que Mme Bernard publie son gage le 6 août 2012 et qu'il soit opposable aux tiers. C'est donc M. Jacques qui prime en droit.

M. Jacques peut donc opposer son droit de rétention à Mme Bernard jusqu'à ce que M. Patrick l'ait remboursé.

Cas pratique n° 4

Plusieurs banques accordent des autorisations de découvert à la société Copy express. Un gage sur des stocks de cartouches d'encre avec entiercement est constitué. Ce gage prévoit en outre, que la couverture de chaque banque représente un certain pourcentage de l'autorisation de découvert accordée à la société. Suite à la mise en liquidation judiciaire de la société, trois banques abandonnent leurs créances. La société souhaite alors faire réduire l'assiette du gage des trois banques encore créancières, et obtenir ainsi la restitution corrélative des marchandises qui étaient gagées.

Rem. préalable (1) : il s'agit d'un gage *de* stocks avec dépossession, ce qui, même avant l'ordonnance de janvier 2016, le faisait échapper au régime spécial du Code de commerce, dans sa rédaction issue de l'ordonnance de 2006 (Com. 1er mars 2016, n° 14-14401). Ce gage relèvera sans doute du Code de commerce et de ses dispositions applicables au *droit* commun du gage commercial (L. 521-1 s. et Com. 11 juin 1974 montrant que la nature civile ou commerciale de la constitution du gage s'apprécie selon la nature de la dette garantie — acte civil ou acte de commerce). Pas d'incidence néanmoins ici.

Rem. préalable (2) : il faut comprendre que le cessionnaire des trois créances entend renoncer au gage pour un montant équivalent aux trois créances acquises.

L'assiette d'un gage peut-elle faire l'objet d'une réduction avant paiement des créances garanties en cas de renonciation au gage consenti par l'un des créanciers et si oui, dans quelle mesure ?

Il est de principe que les sûretés réelles sont indivisibles, de sorte que chaque fraction de la chose répond de la totalité de la dette et que les paiements partiels effectués par le débiteur ne permettent pas de réduire la sûreté à due concurrence. Ce principe trouve une expression en matière de gage à l'article 2339 C. civ. (« Le constituant ne peut exiger la radiation de l'inscription ou la restitution du bien gagé qu'après avoir entièrement payé la dette garantie en principal, intérêts et frais ») et à l'article 2349 du Code civil, même si ce dernier article est hors sujet ici, car concernant les successions. Cependant, il apparaît que cette indivisibilité n'est pas d'ordre public et admet la volonté contraire des parties. Ainsi, par arrêt du 10 juillet 2012 (v. rubrique « Document » ci-dessus), la Cour de cassation a décidé que la stipulation aux termes de laquelle la couverture pour chaque banque représente un certain pourcentage de l'autorisation accordée, pourrait avoir pour objet d'individualiser la part du gage affectée à la créance distincte de chaque banque et qu'un mandataire unique peut agir pour le compte de plusieurs personnes sans qu'il en résulte une confusion des mandats, de sorte que l'existence de ce mandataire unique ne faisait pas obstacle à l'individualisation de la part de chaque banque. Dès lors, la renonciation au gage par l'actionnaire du débiteur peut avoir pour conséquence de libérer l'assiette de la sûreté à due concurrence et c'est d'ailleurs à cette condition qu'elle présente un intérêt pour son auteur (v. *RLDC* 2012, n° 98, note C. Juillet).

En l'espèce (...)

Conclusion : L'action en justice aboutira partiellement : l'assiette peut être réduite, mais pas le pourcentage. Si la réduction à due concurrence de la renonciation, et la restitution corrélative des marchandises gagées est possible, il faut que l'assiette de la sûreté préserve à chaque banque la couverture convenue et donc le pourcentage de l'autorisation accordée. Autrement dit, chacune des banques encore créancières doit pouvoir obtenir, grâce au gage, le *même* pourcentage de sa créance garantie. Simplement, la valeur du gage correspondra désormais à la valeur des trois créances bénéficiant encore de la sûreté multipliée par le pourcentage des autorisations accordées. La situation des créanciers garantis demeure ainsi inchangée (v. *RLDC* 2012, n° 98, note C. Juillet).

Le droit pose donc un principe, celui de l'indivisibilité du gage. Cette règle implique que le débiteur ne peut pas réclamer une restitution anticipée des biens objet du gage en cas de paiement partiel. Elle n'est cependant pas intangible, les parties pouvant aménager une divisibilité (Civ. 18 déc. 1866, *DP* 1867. I. 307). Mais encore faut-il qu'elles le fassent explicitement, clarté qui faisait apparemment défaut dans cette espèce.

Cas pratique n° 5

I

Il convient d'étudier l'intérêt de chacune des sûretés proposées au regard des règles applicables à chacun des objets offerts en gage, mais aussi de l'éventuel concours avec le Crédit Agricole.

- Sur le « manuscrit » d'Hergé

Il s'agit d'un bien meuble corporel appartenant à M. Vigne, qui exploite à titre personnel, pour lequel la banque peut prendre deux types de gage :

- un gage avec dépossession, la banque pouvant parfaitement se faire remettre le manuscrit qu'elle pourra mettre dans l'un de ses coffres. Même si la dépossession n'est plus une condition de validité du gage — mais une simple condition d'opposabilité —, l'intérêt de cette formule est le droit de rétention qu'elle procure au créancier qui est un atout supplémentaire pour obtenir paiement de sa créance en cas de défaillance du débiteur, à condition de ne pas se dessaisir du manuscrit ;

- un gage sans dépossession qui présente l'avantage d'être constitué tout aussi simplement — un écrit, exigé *ad validitatem*, mentionnant notamment la créance garantie et le bien gagé — mais qui, pour être opposable aux tiers devra être publié, à la requête de la banque, sur un registre spécial tenu par le greffier du tribunal de commerce dans le ressort duquel est situé, en l'occurrence, le siège de l'exploitation (art. 1 Décr. n° 2006-1804 du 23 décembre 2006 entré en vigueur le 1er mars 2007).

Toutefois que la banque opte pour l'une ou l'autre des solutions, il faudra veiller à consulter le registre spécial des inscriptions de gage de biens meubles corporels afin de vérifier que le manuscrit n'ait pas déjà été gagé au profit d'un précédent gagiste sans dépossession. En effet, dans la première hypothèse, le gage avec dépossession, le droit de rétention ne peut être opposé au créancier gagiste antérieur ; de même en cas de conflit entre deux créanciers gagistes sans dépossession, le premier prime le second (art. 2340 C. civ.). On peut cependant imaginer que la valeur du manuscrit pourrait permettre de désintéresser plusieurs créanciers.

De même, les effets de chacune de ces deux formules sont identiques. La banque pourra soit vendre le manuscrit et se payer sur le prix, en respectant l'ordre des éventuels autres créanciers, soit se le faire attribuer en pleine propriété, judiciairement ou conventionnellement. Il serait alors bienvenu de lui conseiller d'intégrer dans son contrat un pacte commissoire, dorénavant autorisé, qui a le mérite d'éviter de passer par la justice, mais n'évacue pas le nécessaire recours à un expert, pour évaluer la valeur du bien gagé (2348 al. 2 C. civ.). Mais la banque devra savoir que cette possibilité ne fonctionne plus en cas de procédure collective (art. L. 622-7 C. com.).

- Sur le tracteur

Le tracteur fait déjà l'objet d'un gage de matériel et outillage régi par la loi du 18 janvier 1951. Cette sûreté sans dépossession permet à M. Vigne de continuer d'utiliser son tracteur, la dépossession étant remplacée par une publicité, imposée à peine de nullité, sur un registre spécial tenu au greffe du tribunal de commerce. La particularité de cette sûreté est qu'elle ne procure pas à son titulaire de droit de rétention (Com. 4 janv. 2005), mais lui permet quand même d'en demander l'attribution judiciaire (Ass. plén., 26 oct. 1984). Dès lors, la banque pourrait être tentée de prendre, le tracteur étant un « véhicule terrestre à moteur » au sens de l'article 2351 du Code civil, un gage sur véhicule automobile puisque celui-ci a été libéralisé. Titulaire d'un droit de rétention fictif, on peut alors imaginer que la banque s'oppose à toute restitution du tracteur tant qu'elle n'aura pas été réglée de sa créance. Certes, cette solution contrarie la logique instaurée à l'article 2340 alinéa 1er du Code civil ; pour autant, il n'est pas certain que cette règle du droit commun du gage s'applique dans une telle situation. La diversité des registres pénaliserait ici le premier créancier. Cela étant, tant que le gage sur véhicule automobile reste la sûreté légale réservée aux créanciers vendeur ou ayant financé l'acquisition du véhicule, le tracteur est sans intérêt pour la banque.

II

La question ici posée est celle de la validité du contrat de gage en cause. Si du point de vue formel, le contrat apparaît valable en ce qu'il respecte l'exigence d'un écrit de l'article 2336 du Code civil, il n'en va pas de même sur le fond. L'objet gagé, en l'occurrence les bijoux de la belle-mère est certes une chose mobilière pouvant être offerte en gage, mais qui appartient à autrui. Or, si le gage d'un tiers est autorisé (v. ss 422), encore faut-il que celui-ci donne son consentement. En l'occurrence, il s'agit tout simplement du gage de la chose d'autrui sanctionné, aux termes de l'article 2335 du Code civil, par la nullité du gage. Cet article dispose en effet : « Le gage de la chose d'autrui est nul. Il peut donner lieu à des dommages et intérêts lorsque le créancier a ignoré que la chose fut à autrui ». Même si le caractère absolu de cette nullité peut se discuter lorsqu'il s'agit de choses futures (v. ss 429), en l'espèce s'agissant d'une chose présente, la nullité ne peut être que prononcée. Aussi, la banque qui n'est pas en possession des bijoux n'aura d'autre choix que d'emprunter la voie de l'indemnisation prévue par l'article 2335 du Code civil. Si elle avait été effectivement en possession des bijoux, on aurait pu s'interroger sur l'applicabilité de l'article 2276 du Code civil. En effet, possesseur de bonne foi, la banque aurait pu invoquer la protection possessoire, celle-ci n'étant pas exclue par le nouveau texte (v. Com. 26 sept. 2006, rendu sous l'empire des textes anciens).

Quant à l'efficacité du pacte commissoire (art. 2348 al. 1er C. com.) prévu au contrat, qui inquiète la belle-mère « si son gendre ne respecte pas son engagement de rembourser le prêt, la banque deviendra propriétaire des bijoux », il n'y a pas de raison de s'alarmer outre mesure puisque le contrat étant annulable, il ne survivra pas à l'annulation du contrat.

En l'espèce, la banque a donc commis une erreur en ne se faisant pas remettre les bijoux au moment de la signature du contrat. Elle est donc privée de sa sûreté, même si elle dispose d'une action en réparation contre son client.

III

La situation décrite présente deux difficultés : d'une part, celle de la validité du gage de la commode Louis XVI par M. Gentil et d'autre part, celle du conflit risquant de surgir entre la banque et M. Naïf.

- Sur la validité du gage de la commode Louis XVI

Il s'agit du gage d'un bien meuble corporel offert par un tiers. Or, le nouvel article 2334 du Code civil prévoit que le gage peut être « consenti par le débiteur ou par un tiers ». Toutefois l'article poursuit en en précisant le régime : « le créancier n'a d'action que sur le bien affecté en garantie ». Ne souscrivant aucun engagement personnel, le tiers n'est pas tenu de payer la dette. Le créancier dispose simplement d'un droit préférentiel sur le bien. Par conséquent, le tiers ne peut être poursuivi que sur le bien affecté en garantie (v. déjà. Ch. mixte, 2 déc. 2005). Toutefois, en l'espèce, le gage a été consenti par un époux commun en biens. Or, dans cette hypothèse, le concours de son conjoint est requis, l'article 50 II de l'ordonnance ayant ajouté un alinéa à l'article 1422 du Code civil en ce sens (« Les époux ne peuvent l'un sans l'autre, affecter l'un des biens de la communauté, à la garantie de la dette d'un tiers »). Ce texte pose une règle de cogestion sanctionnée par la nullité. Alors qu'en principe un époux peut disposer seul d'un bien commun, que ce soit activement (art. 1421 C. civ.) ou passivement (art. 1413 C. civ.), il ne peut plus le faire lorsqu'il s'agit de garantir la dette d'un tiers. Dès lors, la banque ne pourra compter sur la garantie offerte par M. Gentil. En effet, l'article 1427 précise que si l'un des époux a outrepassé ses pouvoirs sur les biens communs, l'autre, à moins qu'il n'ait ratifié l'acte, peut en demander l'annulation.

- Sur l'efficacité du gage du matériel hi-fi ancien

Régulier en la forme, l'énoncé postule la validité du gage sans dépossession de l'ancienne chaîne hi-fi de M. Méloman. En revanche, rien n'est précisé quant à sa publication et donc son opposabilité. Or, son propriétaire a vendu ladite chaîne à un acquéreur qui n'était apparemment pas informé de l'existence de la sûreté.

Dès lors, si la banque — comme on peut raisonnablement le supposer — a pensé à procéder à l'inscription de l'article 2337 alinéa 1er du Code civil, en cas de conflit avec l'acquéreur, M. Naïf, la banque en sortira victorieuse, l'article 2337 alinéa 3 du Code civil disposant que lorsque le gage a été régulièrement publié, les ayants cause à titre particulier du constituant ne peuvent se prévaloir de l'article 2276 du Code civil. La publication empêche l'ayant cause d'arguer de sa bonne foi au sens de l'article 2276 du Code civil (c'est-à-dire de l'article 550 du Code civil) pour primer le créancier gagiste sans dépossession, même si l'on peut discuter de l'application de ce texte compte tenu de la situation, une acquisition *a domino* (v. R. Boffa, « L'opposabilité du nouveau gage sans dépossession », *D.* 2007. Chron. 1161). À l'inverse, si la sûreté n'est pas publiée, elle sera inopposable à l'ayant cause, celui-ci n'ayant pas pu en prendre connaissance.

Ainsi, si la banque a été diligente, elle disposera d'une sûreté réalisable d'une valeur de 10 000 euros, même si c'est au jour du transfert que la valeur du bien gagé devra être évaluée, par expert (art. 2348 al. 2 C. civ.), tout au moins en cas d'attribution en propriété. En revanche si la banque n'a pas publié elle sera créancier chirographaire.

chapitre 9

Le nantissement de meubles incorporels

Plan analytique

section 1

Le nantissement de créance

§ 1 Le droit commun du nantissement de créance

A. La constitution du nantissement de créance

B. Les effets du nantissement de créance

§ 2 Le nantissement de compte

section 2

Le nantissement d'autres meubles incorporels

§ 1 Le nantissement de droits sociaux

A. Le nantissement de comptes-titres

B. Le nantissement de parts sociales

§ 2 Le nantissement de fonds de commerce

A. La constitution du nantissement de fonds de commerce

B. Les effets du nantissement du fonds de commerce

§ 3 Le nantissement du contrat d'assurance-vie

A. La constitution du nantissement du contrat d'assurance-vie

B. La mise en œuvre du nantissement du contrat d'assurance-vie

Compléments pédagogiques

Le nantissement de meubles incorporels

Vu la diversité, la valeur et donc l'intérêt des meubles incorporels comme instrument de crédit, le droit des sûretés portant sur cette catégorie de biens était devenu à la fois complexe et confus. Il était en effet la résultante d'une accumulation de textes élaborés au fur et à mesure de l'apparition de nouveaux biens, sans aucun plan d'ensemble. Aussi l'objectif de la réforme du droit des sûretés a-t-il été, là encore, de simplifier la matière. À cet égard, l'introduction par l'ordonnance du 23 mars 2006, dans le Code civil, d'un chapitre III intitulé « Du nantissement de meubles incorporels », intégré dans le sous-titre II consacré aux sûretés sur les meubles, et constitué des articles 2355 à 2366 est déjà un progrès. Le législateur a manifestement souhaité, par l'emploi d'un terme unique, celui de « nantissement », exclusivement consacré aux biens meubles incorporels, montrer sa volonté d'affirmer la singularité de la notion. Une sûreté portant sur un bien meuble incorporel est un nantissement. À cet égard, la définition globale du nantissement donné à l'article 2355 alinéa 1er du Code civil est révélatrice : « Le nantissement est l'affectation, en garantie d'une obligation, d'un bien meuble incorporel ou d'un ensemble de biens meubles incorporels présents ou futurs ». 511

Toutefois, le législateur n'est pas parvenu à élaborer un régime unique du nantissement, tout simplement parce que les biens meubles incorporels sont divers et spécifiques. Aussi a-t-il fait le choix d'évoquer d'abord aussi bien le nantissement conventionnel que le nantissement judiciaire, pour lequel il renvoie aux dispositions applicables aux procédures civiles d'exécution (sur lequel, M. Julienne, « Le régime du gage : droit commun du nantissement ? », *RD banc. fin.* sept. 2014. Dossier 40). Puis, il a distingué, s'agissant du nantissement conventionnel, entre celui qui porte sur des créances (section 1), et celui qui porte sur d'autres meubles incorporels (section 2). Et, à l'intérieur même de cette distinction, il a envisagé à chaque fois, deux types de régime.

section 1

Le nantissement de créance

Le régime du nantissement de créance est envisagé à l'article 2355 alinéa 4 du Code civil qui dispose que « le nantissement conventionnel qui porte sur les créances est régi, à défaut de dispositions spéciales, par le présent chapitre ». La loi organise donc un nouveau régime du nantissement de créance qui devient donc le droit commun. Mais, à côté de ce droit commun du nantissement de créance, intégré dans le Code civil, le droit spécial du nantissement de créance demeure. Ainsi le Code monétaire et financier continue-t-il d'héberger les créances incorporées dans un effet de commerce pouvant être nanties par endossement pignoratif (art. L. 512-3 C. mon. 512

fin.), ainsi que le bordereau Dailly, également utilisable pour le nantissement de créances professionnelles (art. L. 313-23 C. mon. fin.). De même, le Code des assurances envisage-t-il toujours que la police d'assurance puisse être donnée en nantissement (art. L. 132-10 C. assur.) si ce n'est qu'elle peut l'être de différentes manières, y compris par un acte soumis aux formalités des articles 2355 à 2366 du Code civil. Renvoyant à d'autres études évoquant le droit spécial du nantissement de créance (v. not. F. Berthout, « Contrat d'assurance-vie et garanties », *Dr. et patr.* 2001, n° 94, p. 66) il convient d'évoquer principalement le droit commun du nantissement de créance auquel presque tous les articles du chapitre III sont consacrés (1), sans toutefois négliger de faire apparaître la spécificité du nantissement de compte (2), variété du nantissement de créance.

§ 1 Le droit commun du nantissement de créance

■ 513 Le nantissement de créance est une opération triangulaire puisque l'objet de la sûreté est une créance : la créance nantie. En effet, le créancier nanti intègre la relation contractuelle binaire unissant un créancier à son débiteur, pour acquérir contre ce dernier un droit personnel. Le régime de ce nantissement de créance conduit à s'intéresser à sa constitution (A), simplifiée, et à ses effets (B), renforcés et clarifiés.

A. La constitution du nantissement de créance

■ 514 Classiquement, la constitution de la garantie suppose des conditions de fond (1), d'une part, et des conditions de forme et d'opposabilité (2) d'autre part.

1. *Conditions de fond*

■ 515 Les conditions de fond concernent à la fois l'assiette de la garantie, à savoir la créance nantie (a) et l'objet à garantir, en l'occurrence la créance garantie (b).

a. La créance nantie

■ 516 La créance nantie offerte en garantie au créancier privilégié est celle qui lie son débiteur à l'un de ses propres débiteurs. Le législateur ne fixe aucune limite particulière dans la détermination de cette créance nantie. Bien au contraire, il semble laisser toute latitude aux parties. Cette souplesse se manifeste à plusieurs égards. D'abord parce que peut être affectée en garantie non seulement une créance, mais aussi un ensemble de créances, puisque l'article 2355 alinéa 1er du Code civil vise « un ensemble de biens meubles incorporels ». Il suffira simplement qu'elles soient identifiées (v. ss 519). Ensuite, parce que l'origine de la créance nantie importe peu : il n'est pas précisé que cette créance nantie doive avoir une origine particulière. Du moment qu'elle est disponible, elle pourra être de nature contractuelle ou délictuelle, commerciale ou civile, sachant que le nantissement s'étendra aux accessoires de la créance, à moins que les parties n'en conviennent autrement (art. 2359 C. civ.). Enfin, parce que les caractères de la créance peuvent être variés : elle peut être assortie d'un terme ou non, entière ou fractionnée, à moins qu'elle ne soit indivisible (art. 2358 al. 2 C. civ.), et surtout, et c'est une nouveauté par rapport au droit antérieur, future. Dès lors, le créancier nanti acquiert un droit sur la créance à naître dès sa naissance (art. 2357 C. civ.). Cette solution est intéressante car elle confère un droit de propriété au créancier qui, le premier, se fait consentir la sûreté. Cette possibilité de nantir des créances futures pourrait inviter à la fraude, d'autant plus que dans sa largesse, le législateur n'a pas donné de définition de la créance future, ne se référant ni à un acte intervenu, ni à un acte à intervenir (comp. art. L. 313-23 al. 2 C. mon. fin., en ce qui concerne la cession Dailly de créances futures). Cela étant, cette nouvelle liberté devrait être utilisée à bon escient, dans la mesure où il sera nécessaire d'individualiser ces créances nanties (v. ss 519). Ainsi, un nantissement de créances simplement éventuelles n'est pas envisageable.

b. La créance garantie

La créance garantie, quant à elle, ne fait pas non plus l'objet de restrictions si ce n'est qu'elle doit être désignée dans l'acte (v. ss 520 ; V. égal. Colmar, 24 nov. 2011, n° 11/022000, *JCP* G 2012. 1291, obs. Ph. Delebecque où la Cour a annulé un nantissement « omnibus », pour défaut d'individualisation des créances offertes en garantie. En l'espèce le client avait remis à sa banque à titre de sûreté « l'ensemble de ses comptes actuels et futurs en raison de toute avance, prêt ou crédit de toute nature, opération de bourse ou autre opération sur titres ou sur instruments financiers et au titre de toute prestation de service »). Aucune condition de qualité n'est exigée, ni à l'égard du débiteur principal, ni à l'égard du bénéficiaire de la sûreté qui n'a pas à être, comme en matière de nantissement de créances professionnelles, un établissement de crédit, ni même à l'égard du débiteur de la créance nantie. On peut donc tout à fait imaginer que le nantissement de créance de droit commun intervienne à l'occasion d'une activité professionnelle, au lieu et place d'une cession Dailly, par exemple (sur la possibilité pour les parties de choisir le régime du droit commun au détriment des dispositions sur le nantissement de créances professionnelles, v. J. Stoufflet, « Le nantissement de biens incorporels », *JCP* E 2006, supplément au n° 20-21 du 18 mai 2006, étude n° 5, p. 19, n° 2). Ce choix risque de n'être que théorique car si les conditions d'application de la loi « Dailly » sont réunies, les établissements de crédit choisissant probablement ce régime juridique optent pour la formule de la cession à titre de garantie. La sûreté ne peut cependant être mise en œuvre que si la créance garantie est certaine, liquide et exigible. 517 ■

2. *Les conditions de forme et d'opposabilité*

L'étude de la forme du nantissement de créance (a) précédera celle de son opposabilité (b). 518 ■

a. La forme du nantissement de créance

La simplification des règles relatives aux nantissements de créance tient notamment en un assouplissement de ses règles de constitution (v. C. Lisanti, « Le nantissement de biens meubles incorporels », in *Évolution des sûretés réelles : regards croisés Université-Notariat*, Litec, coll. « Colloques et débats », 2007, p. 53 s.) qui s'inspirent, certes des solutions retenues en matière de cession des créances professionnelles, sans pour autant en être la copie servile. 519 ■

L'acte de nantissement de créance doit revêtir la forme d'un écrit. Cet écrit est requis à peine de nullité, ce qui fait du contrat de nantissement un contrat solennel. Dès lors, il pourra être authentique ou sous seing privé, sans avoir à être enregistré, sachant que cette dernière possibilité déroge au principe posé par l'article 1328 du Code civil selon lequel les actes sous seing privé ne font pas foi de leur date par eux-mêmes. Le contenu de l'acte en lui-même est moins formaliste que le bordereau

Dailly car l'on ne retrouve pas la liste des mentions obligatoires exigées à l'article L. 313-23 et suivants du Code des marchés monétaire et financier. La seule exigence imposée par la loi tient à l'individualisation des créances. En effet, les créances garanties ainsi que les créances nanties doivent être désignées dans l'acte. Mais l'article 2356 alinéa 2 du Code civil n'en précise pas les modalités. Les parties seront donc libres, dès lors que la désignation sera claire, complète, non erronée, de faire référence à un autre acte ou de les mentionner directement. De même, et toujours à peine de nullité, si les créances désignées sont futures, l'acte devra permettre « leur individualisation ou contenir des éléments permettant celle-ci tels que l'indication du débiteur, le lieu de paiement, le montant des créances ou leur évaluation et, s'il y a lieu, leur échéance » (art. 2356 al. 3 C. civ.). Toutefois, là encore, le texte ne donne que la marche à suivre, sans prescrire obligatoirement les mentions évoquées. L'article indéfini « des » ainsi que l'adjectif « tels... que » militent indéniablement en faveur de cette liberté laissée aux parties. Liberté que l'on retrouve également dans la durée de la sûreté, puisque le nantissement peut être constitué pour un temps déterminé (art. 2358 al. 1er C. civ.). Cela étant, cette exigence d'individualisation n'est pas tout à fait anodine. D'une part parce qu'elle rendra délicate tout nantissement de créances futures (v. ss 516) ; et d'autre part parce qu'elle est requise pour la validité de l'acte. Cependant, la pratique sera probablement très inventive. Et l'on pourrait peut-être envisager, à l'instar des clauses d'arrosage en matière de gage, que les parties prévoient de substituer automatiquement aux créances nanties arrivées à échéance de nouvelles créances qui, dès lors qu'elles seraient issues du même contrat, seraient déterminables. Enfin, des mentions sont implicitement exigées, comme la date (v. ss 520) de l'acte en la signature des parties.

b. L'opposabilité du nantissement de créance

■ 520 En la forme, la rédaction d'un écrit est donc exigée à des fins de validité du nantissement. Sous l'empire des textes antérieurs, cette exigence, aussi d'actualité — mais qui supposait soit un acte authentique, soit un acte sous seing privé enregistré —, devait être complétée par la signification du nantissement au débiteur de la créance nantie, également requise aux mêmes fins. Cette exigence, que la Cour avait qualifiée de « condition substantielle de la naissance du droit réel au profit du créancier gagiste » (Com. 23 janv. 2001, *Bull. civ.* I, n° 20 ; *D.* 2001, AJ, 779, obs. A. Lienhard) pouvait toutefois être remplie jusqu'au moment où le juge statue sur la mise en œuvre du nantissement, c'est-à-dire, concrètement, statue sur la demande d'attribution judiciaire (Com. 9 mai 2007, *JCP E* 2008, 1036, n° 22, obs. Ph. Delebecque ; *RTD com.* 2007. 826, obs. B. Bouloc). Or, dans la loi nouvelle — applicable aux nantissements constitués à partir du 25 mars 2006 —, cette obligation d'information n'est requise qu'aux fins d'opposabilité du nantissement au débiteur de la créance nantie.

En effet, aux termes de l'article 2361 du Code civil, « le nantissement d'une créance, présente ou future, prend effet entre les parties et devient opposable aux tiers à la date de l'acte ». Est donc abandonnée — tout comme en matière de gage —, l'exigence validante de dépossession qui, à cause de la nature incorporelle de la créance, était réalisée et par l'accomplissement des formalités prévues à l'article 1690 du Code civil (acceptation du nantissement par le débiteur de la créance nantie par acte authentique, ou signification dudit nantissement au débiteur), et par la remise du titre (*contra* : Civ. 1re, 10 mai 1983, *Bull. civ.* I, n° 141 qui avait écarté cette condition lorsque la remise du titre était impossible ; Com. 23 janv. 2001, *Bull. civ.*

IV, n° 20 qui n'évoquait plus cette condition). Que le nantissement soit valable « *inter partes* » dès sa date, n'est pas surprenant puisque tel est déjà le principe en matière de cession de créance civile (Civ. 1re, 12 juin 1985, *Bull. civ.* III, n° 95 ; *RTD com.* 1986. 350, obs. J. Mestre ; Civ. 1re, 8 juin 1999, n° 97-10.913). Mais le nantissement, nécessairement écrit, est aussi opposable aux tiers « à la date de l'acte », sans que celui-ci ait à être enregistré (v. ss 519). Dès lors, la preuve de cette date, qui pourra être rapportée par tous moyens, risque de faire débat : devra-t-on considérer qu'il appartient au créancier privilégié de faire la preuve de l'exactitude de la date, ou cette tâche incombera-t-elle au tiers contestataire ? Si l'on se réfère à la solution retenue en matière de cession de créances professionnelle (art. L. 313-27 C. mon. fin.), on optera pour la première hypothèse, alors que si l'on respecte le droit commun de la preuve, on choisira la seconde (pour une présentation des deux solutions, v. D. Legeais, « Le nantissement de créances », *Dr. et patr.* juill.-août 2007, p. 54, spéc. p. 56). Même si les dispositions relatives au nantissement de créance sont visiblement inspirées de celles sur le bordereau Dailly, il ne nous paraît pas évident de transposer ici la solution propre à la cession de créance professionnelle car elle s'explique par une raison technique : la date est apposée non par le cédant mais par le cessionnaire (art. L. 313-25 al. 2 C. mon. fin.). Aussi, en l'absence d'une telle précision en notre matière, il paraît plus juste de retenir que la date de l'acte fera foi à l'égard des tiers jusqu'à ce qu'ils rapportent la preuve contraire. Mais comme l'indique le professeur Legeais (*art. préc.*), la solution la plus opportune est encore de faire enregistrer l'acte — s'il n'est pas conclu par acte authentique — afin qu'il ait date certaine.

Si l'acte de nantissement est en principe opposable *erga omnes* à la date portée sur celui-ci, il est toutefois un tiers qui fait exception à la règle et dont le législateur s'est plus particulièrement préoccupé : le débiteur de la créance nantie (plus généralement, M. Julienne, « Le nantissement de créance : un outil efficace ? », *in* N. Borga et O. Gout (dir.), *L'attractivité du droit français des sûretés réelles*, *op. cit.*, p. 140). En effet, à son égard, une sûreté occulte n'est pas admissible. Aussi l'ordonnance a-t-elle organisé un système d'information qui consiste, pour le débiteur, à recevoir une notification de l'acte de nantissement, ou à intervenir à l'acte (art. 2362 al. 1er C. civ.). Ce n'est qu'à partir de cette information — notification ou acceptation du nantissement dont la loi ne précise pas la forme, mais dont le créancier nanti devra se réserver la preuve — que le créancier nanti pourra valablement obtenir paiement de la créance nantie. Il aura donc, la plupart du temps, l'initiative de la demande en paiement. Cela étant, il n'est pas exclu que le créancier constituant continue de solliciter son débiteur, mais il le fera alors pour le compte du créancier nanti dont il sera le mandataire. Dans l'attente, le paiement qui serait effectué entre les mains du créancier constituant serait libératoire pour le débiteur. Ignorant l'existence du nantissement, il est normal qu'il ne soit pas pénalisé d'avoir réglé, de bonne foi, son créancier initial, en l'occurrence le créancier constituant. Le nantissement lui est inopposable. L'article 2362 alinéa 2 du Code civil dispose en ce sens qu'à défaut de notification, ou d'intervention à l'acte, « seul le constituant reçoit valablement paiement de la créance ». En revanche, l'article 2363 alinéa 1er poursuit : « Après notification, seul le créancier nanti reçoit valablement paiement de la créance donnée en nantissement tant en capital qu'en intérêts ». En d'autres termes, la notification — dont la forme est libre — emporte, à l'égard du débiteur de la créance nantie, défense de payer une autre personne que le créancier bénéficiaire de la sûreté. Ce faisant, la réforme a consacré un véritable droit de rétention au bénéfice du créancier nanti puisqu'en 521 ■

notifiant, il dispose du pouvoir de bloquer le paiement de la créance nantie (v. L. Aynès et P. Crocq, *Les sûretés, La publicité foncière*, 10e éd., Defrénois, 2016, n° 444). Facultative et laissée à la libre appréciation du créancier nanti, la notification est un réel moyen de protection que lui offre la loi. Au demeurant, le créancier est libre de ne pas notifier. Pour autant, lorsque tel est le cas, il ne renonce pas à sa garantie mais s'expose sur les sommes recouvrées par le constituant, à entrer en concours avec les autres créanciers.

B. Les effets du nantissement de créance

■ 522 Les effets du nantissement de créance peuvent d'abord se développer avant que la créance garantie ne soit exigible. Il s'agit à ce moment-là de préserver les intérêts du créancier en veillant à conserver la valeur de la chose gagée, tout en respectant les droits du constituant par principe libre d'action. On peut alors imaginer, dans l'hypothèse où la créance nantie est issue de relations d'affaires comme une convention cadre par exemple, que les parties au nantissement s'entendent sur une sorte de clause d'arrosage, au terme de laquelle le constituant serait contraint de reconstituer la valeur de la créance garantie dès lors qu'elle aurait atteint un montant, à la baisse, convenu par les parties. En revanche, le constituant ne saurait être dépouillé de ses prérogatives de propriétaire, à moins d'une clause restrictive en ce sens. Il a notamment été jugé, en matière de nantissement de contrat d'assurance, où le créancier nanti avait opposé un droit de véto aux arbitrages exercés par le souscripteur du contrat que « si la dépossession fait perdre au constituant une partie de ses prérogatives sur la chose donnée en gage, elle ne les confère pas pour autant au créancier nanti qui dispose, en sa qualité de dépositaire de la chose jusqu'à sa restitution, du seul pouvoir de les garder et conserver sans acquérir celui d'en user ou de l'administrer » (Com. 12 juill. 2005, *JCP* 2005. I. 185, n° 18, obs. Ph. Delebecque ; *RD banc. fin.* sept.-oct. 2005, p. 23, obs. D. L. ; *LPA* 24 janv. 2006, p. 5, obs. D. Houtcieff ; *Dr. et patr.* déc. 2005, p. 105, obs. A. Prüm). La solution est donc d'organiser conventionnellement la gestion du bien gagé en instaurant des procédures d'autorisation ou d'opposition, voire en envisageant un pacte commissoire.

■ 523 Ensuite, vu la particularité de l'assiette de la sûreté, l'exercice du droit de préférence n'a été que partiellement envisagé par l'ordonnance (v. not. art. 2365 al. 1er C. civ.). Les modes classiques de réalisation des sûretés réelles ne sauraient fonctionner : le créancier bénéficiaire de la sûreté ne sollicitera pas la vente forcée. En revanche l'attribution judiciaire ou conventionnelle de la créance lui conférera une situation d'exclusivité intéressante. Cela étant, avant l'entrée en vigueur de la réforme, une délégation de la faculté de rachat d'une police d'assurance au profit du créancier a été admise, la clause la prévoyant n'étant pas considérée comme entamant la prohibition du pacte commissoire (Civ. 1re, 28 févr. 2006, *Bull. civ.* I, n° 102 ; *RLDC* 2006, n° 2000). De façon plus pragmatique, la mise en œuvre de sa garantie consistera, pour le créancier nanti qui acquiert un droit personnel contre le débiteur de son débiteur, à demander — à condition d'avoir notifié — directement au débiteur le paiement de la créance nantie. Toutefois, en pratique, il sera peu fréquent que la date d'échéance de la créance garantie coïncide avec celle de la créance nantie. Aussi l'ordonnance a-t-elle remédié à cette situation en préservant les intérêts des parties en présence. Elle distingue en effet deux hypothèses : celle où la créance nantie arrive à échéance avant la créance garantie (1), et celle où, à l'inverse, la créance nantie arrive à échéance après la créance garantie (2).

1. *La créance nantie arrive à échéance avant la créance garantie*

Le problème que recèle la situation ici visée est que la créance objet du nantissement arrive à échéance alors que la créance garantie n'est pas encore exigible. Dès lors, il n'est pas encore possible de savoir si le débiteur du créancier nanti, en l'occurrence le créancier constituant, sera défaillant. Mais d'un autre côté, l'on comprend le désir du créancier nanti de préserver son gage en demandant sans attendre le paiement de cette créance échue. D'ailleurs, d'aucuns s'étaient interrogés – avant la réforme – sur le point de savoir s'il n'entrait pas dans ses prérogatives, attachées à la possession de la créance d'une part, et ses obligations tenant à la conservation du gage, d'autre part, de solliciter le paiement de la créance nantie échue, à condition d'en consigner la somme (v. Ph. Malaurie et L. Aynès, L*es sûretés, La publicité foncière*, *op. cit.*, n° 534). 524 ■

Le législateur semble les avoir entendus puisque dorénavant, à partir du moment où le nantissement a été notifié, le créancier nanti peut recouvrer le montant de la créance nantie. Cependant, il ne peut s'attribuer les sommes dès lors que sa créance n'est pas échue (art. 2364 al. 1er C. civ.). Cette situation confère au créancier une situation d'exclusivité qui lui permet d'échapper au concours des autres créanciers (Com. 26 mai 2010, *RTD civ.* 2010. 597, obs. P. Crocq, v. ss 723). L'article 2364 alinéa 2 du Code civil indique ensuite la marche à suivre. Le créancier nanti doit d'abord conserver les fonds perçus « à titre de garantie sur un compte ouvert auprès d'un établissement habilité à les recevoir à charge pour lui de les restituer si l'obligation garantie est exécutée ». Le texte ne précise pas si le compte doit être ouvert au nom du créancier ou du constituant, ni s'il peut être bloqué ou en cours de fonctionnement. Dès lors, les parties auront tout intérêt à fixer les règles conventionnellement. Ensuite, « En cas de défaillance du débiteur de la créance garantie et huit jours après une mise en demeure restée sans effet, le créancier affecte les fonds au remboursement de sa créance dans la limite des sommes impayées ». S'il a été payé au créancier nanti une somme supérieure à la dette garantie, celui-ci doit la différence au constituant (art. 2366 C. civ.). Il ne peut l'avoir reçue qu'en tant que mandataire du créancier constituant.

Cette nouvelle solution présente toutefois deux inconvénients, l'un voulu, l'autre non. En premier lieu, le débiteur pourra toujours opposer au créancier nanti les exceptions qu'il aurait pu invoquer dans sa relation avec le créancier constituant, liées à leur propre relation contractuelle. En second lieu, l'imprécision du législateur quant au « compte ouvert » pour la consignation des sommes, pourrait être préjudiciable au créancier constituant en cas de procédure collective du créancier nanti. Aussi sera-t-il bien inspiré de préciser, dès l'acte de nantissement, que les sommes éventuellement consignées le seront dans un compte spécial ou bloqué.

2. *La créance nantie arrive à échéance après la créance garantie*

Si à l'échéance de la créance garantie, le créancier nanti se heurte à la défaillance de son débiteur, différentes possibilités s'offrent à lui. 525 ■

En premier lieu, il peut être attentiste et, conformément à l'article 2365 alinéa 2 du Code civil, « attendre l'échéance de la créance nantie ». Dès lors qu'il a notifié le nantissement, il est protégé d'un paiement libératoire entre les mains du constituant, même s'il n'est pas à l'abri d'un refus de payer du débiteur de la dette nantie – la notification n'opérant pas purge des exceptions entre le constituant et son débiteur – ou d'une action en restitution d'un autre créancier s'estimant d'un rang préférable. Ce sera notamment le cas du vendeur avec réserve de propriété faisant valoir son droit sur la créance de revente ou du sous-traitant exerçant l'action directe (v. D. Legeais, *art. préc.*, spéc. p. 59).

En second lieu, « Le créancier nanti peut se faire attribuer, par le juge ou dans les conditions prévues par la convention, la créance donnée en nantissement ainsi que tous les droits qui s'y rattachent » (art. 2365 al. 1er C. civ.). Ainsi, l'article 2365 alinéa 1er du Code civil permet au créancier nanti d'agir dès l'échéance de la créance garantie, avant même celle de la créance nantie, de deux façons : par la voie d'une demande d'attribution judiciaire, ou par la mise en œuvre d'un pacte commissoire, ici aussi validé (v. ss 457 en matière de gage). Chacune de ces solutions présente l'intérêt de ne poser aucun problème d'évaluation du bien nanti. Par ailleurs, alors que dans la première hypothèse (2365 al. 2 C. civ.), le créancier le demeure, ayant seulement le droit – certes avantageux – de recevoir paiement de la part du débiteur de son débiteur, dans la seconde (art. 2365 al. 1er C. civ.), il devient véritablement titulaire, « propriétaire », de la créance nantie. Il devra alors simplement en attendre l'échéance pour pouvoir poursuivre celui devenu son débiteur.

§ 2 Le nantissement de compte

526 Bien qu'intitulé « Du nantissement de meubles incorporels », le chapitre III du sous-titre II relatif aux sûretés sur les meubles est presque exclusivement consacré à l'organisation du régime du nantissement de créance. L'article 2360 du Code civil met en exergue une créance particulière, celle constituée par le solde créditeur d'un compte d'espèces.

Il est en effet fréquent de vouloir concéder une sûreté portant sur de la monnaie. Toutefois seule la monnaie fiduciaire est incontestablement un meuble corporel. Or, les sommes sont très souvent déposées en compte, et devenant scripturale, elle change de nature pour devenir un bien incorporel. En effet, ce n'est plus la monnaie qui est l'assiette de la sûreté, mais la créance constituée par le solde bancaire du compte nanti (*contra* : D. Martin, « De la garantie monétaire », *RD banc. fin.* mars-avr. 2006, p. 43 s.). Dès lors, c'est le droit du nantissement qui devrait s'appliquer. Selon que le compte fonctionne normalement, ou est un compte spécial bloqué ouvert au nom du constituant, la situation n'est pas la même. À ce propos, la commission Grimaldi avait envisagé d'introduire dans le Code civil un nantissement de monnaie scripturale défini comme « la convention par laquelle le constituant affecte en garantie des fonds inscrits sur un compte bloqué ouvert à son nom auprès d'un établissement habilité à les recevoir ». Mais sa proposition n'a pas été suivie. Aussi distingue-t-on le nantissement d'un compte d'espèces non bloqué ouvert au nom du constituant relevant de l'article 2360 du Code civil, du nantissement de monnaie scripturale qui relève de l'article 2355 alinéa 5 du Code civil, lequel renvoie aux dispositions sur le gage de biens meubles corporels (Com. 6 févr. 2007, *RTD civ.* 2007, p. 373, obs. P. Crocq ; *RLDC* 2007, n° 39, p. 25, note D. Legeais ; v. ss 426).

Plus précisément, « Lorsque le nantissement porte sur un compte, la créance nantie s'entend du solde créditeur, provisoire ou définitif, au jour de la réalisation de la sûreté » (art. 2360 al. 1er C. civ., *in limine*). Par où l'on voit que le nantissement d'un tel compte est assimilé à un nantissement de créance – v. l'expression « la créance nantie» — qui relèvera donc des règles ci-dessus étudiées au titre du nantissement de créance de droit commun. La jurisprudence vient d'ailleurs de confirmer cette analyse dans une espèce où se posait la question de la loi applicable au nantissement de compte bancaire. Elle a retenu que la loi applicable était celle de la situation du bien qui forme l'objet de la sûreté, jugeant que la loi portugaise était la seule applicable aux droits dont le compte ouvert dans les livres d'une banque portugaise était l'objet (CA Paris, 10 mai 2007, *JCP E* 2008, 1036, n° 21, obs. Ph. Delebecque). Ainsi, le nantissement de compte devra être conclu, à peine de nullité, par écrit et la créance nantie, désignée. Il sera par ailleurs opposable aux tiers à la date de sa constitution : toute saisie-attribution ou avis à tiers détenteur intervenant sur le compte après la conclusion du nantissement sera vouée à l'échec. Toutefois, s'agissant d'une créance un peu particulière — la créance de solde créditeur d'un compte —, l'ordonnance a préféré préciser comment l'identifier. Cela étant, la constitution du nantissement, dans le respect des règles de l'article 2356 du Code civil, n'empêche pas le compte de fonctionner normalement. En effet, le nantissement interdit au constituant de disposer de la créance de solde, mais le laisse libre de faire fonctionner le compte (v. H. Synvet « Le nantissement de compte », *Dr. et patr.* juill.-août 2007, p. 64), ce qui fragilise indéniablement la sûreté du créancier. Ce n'est qu'en cas de défaillance du constituant, à l'échéance de la créance garantie, que le créancier nanti mettra en œuvre sa sûreté et pourra, par conséquent, demander au banquier débiteur du constituant, de lui régler sa créance. Dès lors, le montant de la créance nantie correspond au montant du solde créditeur apparaissant au jour de la réalisation de la sûreté « sous réserve de la régularisation des opérations en cours, selon les modalités prévues par les procédures civiles d'exécution » (art. 2360 al. 1er C. civ., *in fine*), c'est-à-dire celles prévues à l'article 47 de la loi du 9 juillet 1991. Le solde créditeur — provisoire ou définitif — assiette de la sûreté, sera corrigé, pendant quinze jours ouvrables à compter du blocage du compte, pour dénouer les opérations en cours et ainsi tenir compte des opérations antérieures à la réalisation de la sûreté. Seront imputées au débit les opérations déjà engagées mais non encore décaissées, et ajoutées au crédit les remises faites antérieurement mais non encore portées en compte. L'article 2360 alinéa 2 du Code civil prend ensuite la peine de préciser la méthode de détermination de la créance nantie en cas de procédure collective ou de surendettement des particuliers du constituant. Le mécanisme est identique : elle sera égale au montant du solde — éventuellement créditeur — à la date du jugement d'ouverture, sous réserve toujours, des mêmes règles de régularisation. Comme l'écrit le professeur Synvet (*art. préc.*, p. 66), « la créance représentée par le solde créditeur du compte au jour du jugement d'ouverture est en quelque sorte "gelée" au profit du créancier nanti ». Mais il poursuit en soutenant que « l'ouverture d'une procédure ne fait pas obstacle à la réalisation du nantissement de compte ». L'article L. 622-7 du Code civil lui paraît inapplicable en l'espèce dans la mesure où il analyse le nantissement de compte en un droit direct au paiement du créancier nanti, lequel ne suppose pas l'attribution d'une créance appartenant à son débiteur.

section 2

Le nantissement d'autres meubles incorporels

527 Aux termes de l'article 2355 alinéa 5 du Code civil, le nantissement qui porte sur d'autres meubles incorporels est soumis, à défaut de dispositions spéciales, aux règles prévues pour le gage de meubles corporels. Ainsi, pour les nantissements qui ne sont pas des nantissements des créances, l'ordonnance procède par renvoi aux dispositions spéciales et à défaut, au droit commun du gage.

En premier lieu, les dispositions spéciales élaborées au fur et à mesure de l'apparition de nouveaux biens meubles incorporels demeurent applicables malgré la réforme du droit des sûretés. Ces réglementations sont nombreuses et régissent, par exemple, le nantissement de droits de propriété industrielle ou intellectuelle comme notamment le nantissement des brevets, le nantissement sur film cinématographique, le nantissement du droit d'exploitation des logiciels, ou encore le nantissement de compte d'instruments financiers, le nantissement de parts sociales, le nantissement du fonds de commerce, et le nantissement de contrat d'assurance-vie etc. Ces différentes sûretés sont réglementées avec plus ou moins de précision (sur un tel constat, N. Martial-Braz, *Droit des sûretés réelles sur propriétés intellectuelles,* avant-propos M. Vivant, préf. D. Legeais, PUAM, 2007 ; N. Borga, « Pour un renouveau des garanties conventionnelles sur droit intellectuelle », *in* J.-M. Bruguière (dir.), *Les contrats de la propriété intellectuelle,* Dalloz, coll. « Thèmes et commentaires », 2013, p. 117 s.). Comme a pu le relever Cécile Lisanti (*art. préc.*), le législateur a parfois laissé « plus ou moins de « vide » au sein de ces régimes. Aussi, « au-delà des solutions spéciales, l'on doit, logiquement, retourner au droit commun, c'est-à-dire aux règles du gage des meubles corporels », même si « cette articulation entre droit commun et droit spécial sera parfois source de difficultés ».

En second lieu, en l'absence de texte spécial, l'ordonnance renvoie au droit commun du gage des meubles corporels (v. ss 526, à propos du nantissement de compte d'espèces non bloqué) sans autre précision. Il faudra donc veiller et à respecter les règles de constitution, en l'occurrence le recours à l'écrit *ad validitatem* permettant d'identifier la créance garantie et les biens nantis, et choisir la mesure dont dépendra l'opposabilité de la sûreté aux tiers. Au demeurant, en raison de la nature des biens en cause, on pourrait s'interroger sur l'éventualité d'un nantissement avec dépossession ainsi que sur les modalités d'une dépossession dématérialisée (v. C. Lisanti, « Quelques remarques à propos des sûretés sur les meubles incorporels dans l'ordonnance n° 2006-346 du 23 mars 2006 », D. 2006. 2671).

528 Dans le cadre de la présente étude, l'on procédera à l'analyse de trois types de nantissements spéciaux : le nantissement des droits sociaux (1), le nantissement de fonds de commerce (2), et le nantissement de contrat d'assurance-vie (3).

§ 1 Le nantissement de droits sociaux

Parmi les autres biens meubles incorporels, les droits sociaux qui appartiennent à la catégorie des droits de créance, font fréquemment l'objet d'un nantissement. Toutefois leur régime n'est pas unitaire. Selon que le titre peut ou non recevoir la qualification d'instrument financier, son nantissement relèvera du gage de compte d'instruments financier, désormais appelé « nantissement de comptes-titres » (C. mon. fin., art. L. 211-20) (A) ou du nantissement de parts sociales (B). 529 ■

A. Le nantissement de comptes-titres

Au départ, le gage de titres se faisait par tradition. Mais la dématérialisation des valeurs mobilières intervenue suite à la loi du 31 décembre 1981 a entraîné une modification du nantissement de ces valeurs, lequel fut soumis à un régime spécial organisé par l'article 29 de la loi du 3 janvier 1983. Puis, à l'occasion de la loi de modernisation des activités financières, un amendement proposant de réformer – dans un but de simplification et d'adaptation à l'ensemble des instruments financiers – le gage des titres dématérialisés fut proposé. Cela devait déboucher sur la loi du 2 juillet 1996 qui introduisit la notion d'« instruments financiers » comprenant aussi bien les valeurs mobilières, les parts ou actions d'organismes de placement collectifs, ou les contrats à terme. Ainsi était-il possible de gager un compte d'instruments financiers. Toutefois, la détermination de l'objet du gage de compte d'instruments financiers était discutée. Alors que certains considéraient que le gage avait pour objet un compte, c'est-à-dire une universalité de fait composée non seulement des instruments financiers figurant au départ dans le compte, mais aussi de ceux qui leur étaient par la suite substitués ou adjoints ; d'autres estimaient que l'objet du gage était cantonné aux seuls instruments financiers, et non au compte. Heureusement, l'ordonnance du 24 février 2005, transposant la directive n° 2002/47/CE du 6 juin 2002 concernant les contrats de garantie financière, a réglé ces difficultés. Depuis, l'article 152 de la loi LME du 4 août 2008 a habilité le gouvernement à « réformer et simplifier le droit applicable aux instruments financiers par la modification des définitions, de la nomenclature et de la présentation des dispositions qui leur sont applicables afin de rendre plus cohérent le droit des titres... ». Sont alors intervenus l'ordonnance n° 2009-15 du 8 janvier 2009 relative aux instruments financiers et le décret n° 2009-297 du 16 mars 2009 pris pour l'application de l'ordonnance. Mais, en notre matière, les modifications restent d'ordre terminologique. Ainsi, le « gage de compte d'instruments financiers » (C. mon. fin., art. L. 413-4) devient le « nantissement de comptes-titres » (C. mon. fin., art. L. 211-20), en cohérence avec l'article 2329 du Code civil résultant de l'ordonnance du 23 mars 2006 relative aux sûretés, mais ce nouvel article L. 211-20 reprend mot pour mot le contenu de l'article L. 413-4. Quant au décret n° 2009-297 du 16 mars 2009, publié au Journal officiel du 18 mars, s'il abroge les articles D. 431-1 à D. 431-5 du Code monétaire et financier applicables à la « mise en gage d'un compte d'instruments financiers » pour les remplacer par les articles D. 211-10 à D. 211-14 applicables au « nantissement de compte-titres » il n'en modifie pas pour autant, sous les réserves terminologiques susvisées, le contenu. 530 ■

531 L'étude du régime juridique de ce qu'il convient désormais d'appeler « le nantissement de comptes-titres » régi par l'article L. 211-20 du Code monétaire et financier suppose d'étudier sa constitution d'abord (1), et son exécution ensuite (2).

1. *La constitution*

532 Si la constitution du nantissement de compte d'instruments financiers exige toujours un écrit sous forme de déclaration (a), depuis l'ordonnance du 24 février 2005, l'évolution de son assiette ne suppose pas l'établissement d'une nouvelle déclaration (b).

a. L'exigence d'un écrit

533 Le compte d'instruments financiers est nécessairement tenu par un tiers qui peut être soit un émetteur d'instruments financiers, soit un intermédiaire habilité.

L'établissement d'un nantissement de compte d'instruments financiers suppose qu'une convention soit conclue entre le constituant et le créancier précisant les valeurs gagées ainsi que les règles de fonctionnement du compte pendant la durée de la sûreté, et notamment les conditions dans lesquelles le titulaire du compte pourra disposer des instruments financiers (art. L. 211-20-IV C. mon. fin.). Toutefois, la constitution de cette garantie est très formaliste et dépend d'un acte unique : la déclaration du constituant qu'il doit effectuer et adresser au teneur du compte, lequel retourne en général une attestation indiquant que le gage a bien été constitué. L'article L. 211-20 du Code monétaire et financier dispose en effet que « La constitution du nantissement de compte d'instruments financiers est réalisée tant entre les parties qu'à l'égard de la personne morale émettrice et des tiers, par une déclaration signée par le titulaire du compte ». Elle doit, par ailleurs contenir un certain nombre de mentions obligatoires énoncées à l'article D. 211-10 du Code monétaire et financier dont notamment l'identification de la créance garantie, celle du compte gagé ainsi que la nature et le nombre des instruments financiers inscrits initialement au compte gagé. On s'est interrogé sur la sanction en cas de non-respect de ces mentions. Plus précisément, la question s'est posée dans l'hypothèse où la mise en demeure adressée par le créancier nanti au débiteur ne reprenait pas toutes les mentions prévues par les textes. Alors que le créancier pensait que la mise en demeure pouvait tout de même produire ses effets, la Cour de cassation juge que l'article D. 211-11 2 – qui prévoit expressément la nullité de la mise en demeure en cas d'omission des indications qu'elle doit recueillir – doit être scrupuleusement respectée et conclut à la nullité de la mise en demeure (Com. 28 mars 2006, *Bull. civ.* IV, n° 83 ; *RLDC* 2006, n° 2095). Le défaut de mise en demeure du débiteur, par le créancier gagiste du compte d'instruments financiers, fait en effet obstacle à la réalisation du gage, de sorte que le premier doit restituer au second l'intégralité du portefeuille de titres indûment réalisés (Com. 18 nov. 2008, *RJDA* 3 sept., n° 271 ; *D.* 2008. AJ 3010). Par cet arrêt, la Cour de cassation opte pour la nullité de la réalisation du gage alors que la Cour d'appel avait cru pouvoir répondre à la question posée (celle de la sanction du défaut de mise en demeure) en termes de responsabilité et d'indemnisation pour perte de chance. Le mouvement de protection du débiteur se renforce donc (pour la sanction applicable en cas d'irrégularité de la mise en demeure, v. Com. 28 mars 2006, préc., *D.* 2006. AJ. 1046, obs. A. Lienhard ; *Dr. sociétés* 2006, n° 146, obs. T. Bonneau ; *Banque et Droit* juill./août 2006, 57, obs. N. Rontchevsky).

Cette déclaration est la seule condition de validité du nantissement, sachant que la date de constitution correspond à la date de réception de la déclaration par le teneur du compte. Il est en conséquence possible d'envisager que le constituant donne son compte en nantissement à plusieurs créanciers, dès lors que l'interposition du teneur de compte l'autorise. Les conflits entre les éventuels nantissements successifs se régleront en considération de cette date de réception.

b. L'assiette du nantissement

L'étude de l'assiette du nantissement de compte d'instruments financiers conduit à envisager sa consistance (1°) avant d'en établir la preuve (2°). 534 ■

1. La consistance de l'assiette

L'assiette du nantissement a posé différentes questions. On s'est d'abord interrogé sur l'objet initial de cette sûreté. Peut-on donner en gage un bien indisponible ? La doctrine classique répondait par la négative, au motif que la chose objet d'un gage devait « être dans le commerce, c'est-à-dire susceptible d'être vendue ou cédée » (M. Planiol et G. Ripert, *Traité pratique de droit civil français*, I, XII, Sûretés réelles, Première partie, avec le concours de E. Becqué, LGDJ, 1927, spéc. n° 77). Mais la Cour de cassation a apporté la réponse inverse jugeant que « l'indisponibilité d'une valeur mobilière, lorsqu'elle est simplement temporaire, ne fait pas obstacle à son affectation en nantissement (Com. 30 sept. 2008, *Banque et Droit* 2008, n° 122, p. 48, obs. N. Rontchevsky ; *RD banc. fin.* 2008/6, comm. 171, note A. Cerles ; *JCP E* 2008, 2493, n° 21, obs. Ph. Delebecque ; v. égal. V. Magnier, « Le nantissement d'actions indisponibles », *RTD com.* 2002, p. 433). Ainsi dès lors que l'indisponibilité n'est que temporaire la sûreté demeure valable puisque son objet est aliénable. Restera à savoir combien de temps le créancier doit supporter cette indisponibilité. Mais en tout état de cause, cela signifie que la créance garantie a une échéance antérieure à celle de la date d'expiration du délai d'indisponibilité du bien remis en garantie. On s'est ensuite interrogé sur l'évolution de l'objet de cette sûreté. Le nantissement du compte d'instruments financiers porte d'abord sur les instruments financiers figurant dans le compte au jour de sa constitution, mais peut également évoluer et être étendus à d'autres instruments en application de trois règles. 535 ■

L'objet du nantissement peut d'abord être étendu, par un double mécanisme de subrogation et d'accession à « ceux [les instruments financiers] qui leur sont substitués ou les complètent, de quelque manière que ce soit » (C. mon. fin. art. L. 211-20-I). Les nouveaux instruments financiers entrant dans le compte seront automatiquement affectés par le nantissement, peu importe le lien objectif ou non entre les anciennes actions et les nouvelles, et sans nécessité d'une nouvelle déclaration.

L'assiette du nantissement peut ensuite aussi comprendre « les fruits et produits en toute monnaie » (C. mon. fin. art.

L. 211-20-I) des instruments financiers. Comme l'indique le professeur H. Synvet (H. Synvet, « L'objet du gage de compte d'instruments financiers », in *Mélanges J. Beguin*, Litec, 2005, p. 719 s.), cette formule vise à étendre la sûreté aux sommes d'argent mises en distribution au profit des titulaires de valeurs mobilières engagées. Toutefois jusqu'à l'ordonnance du 24 février 2005, elle ne pouvait s'appliquer que dans l'hypothèse où le compte était tenu par un établissement de crédit, et non lorsque le teneur de compte était un émetteur d'instruments financiers. Depuis, le nouvel article L. 211-20-III du Code monétaire et financier a rectifié cette impossibilité.

Enfin, la dernière phrase de l'article L. 211-20-I – disposition reconnue à caractère interprétatif, par conséquent avec un effet rétroactif – valide les clauses d'arrosage qui permettent de maintenir la valeur du gage à hauteur du montant de la dette initialement garantie (v. P. Crocq, « Le point sur l'actualité législative en matière de sûretés réelles », *RLDC*, supplément au n° 25, mars 2006, p. 8 s.), le constituant s'engageant à parfaire le gage grâce à de nouveaux instruments financier en cas de baisse de la valeur des premiers. Il dispose en effet que les « instruments financiers et les sommes en toute monnaie postérieurement inscrits au crédit du compte gagé, en garantie de la créance initiale du créancier gagiste, sont soumis aux mêmes conditions que ceux y figurant initialement et sont considérés comme ayant été remis à la date de la déclaration de gage initiale ». En validant une telle clause, le texte permet d'écarter les deux arguments habituellement opposés pour invalider ces clauses : la nécessité d'une nouvelle déclaration de nantissement, et le risque de constitution en période suspecte. Cela étant, tel qu'il est rédigé, cet article s'oppose à tout nantissement de compte d'instruments financiers *omnibus* puisque seule la créance initiale peut être garantie par des instruments postérieurement inscrits au crédit du compte gagé.

2. La preuve de l'assiette

536 En ce qui concerne l'assiette initiale du nantissement, elle peut être établie de deux façons. D'une part, par un versement des instruments financiers dans un compte spécial ouvert au nom du constituant, et d'autre part par un « topage » informatique, les instruments financiers demeurant dans un compte titre non gagés, et ceux gagés faisant l'objet d'un marquage par voie informatique (C. mon. fin. art. L. 211-20-II al. 2).

En ce qui concerne l'assiette modifiée suite à un ajustement de la garantie, par application d'une clause d'arrosage, l'article L. 431-4-I du Code monétaire et financier énonce que les nouveaux instruments financiers, qui n'ont pas nécessairement de lien objectif avec les anciens qu'ils remplacent ou complètent, doivent être inscrits « en garantie de la créance initiale ». Par conséquent, comme le relève le professeur Pierre Crocq (*art. préc.*, p. 87), cela impliquera que « les parties veillent à se préconstituer la preuve de ce que les nouveaux instruments financiers entrant dans le compte sont bien destinés à garantir la créance initiale du créancier gagiste ».

2. *L'exécution*

537 Les différents droits que la loi reconnaît au créancier bénéficiant d'un nantissement sur un compte d'instruments financiers sont un droit de rétention, un droit de faire vendre les instruments financiers et un droit de s'attribuer la propriété d'espèces ou d'instruments financiers.

En premier lieu, un droit de rétention est reconnu au créancier nanti par l'article L. 211-20-III du Code monétaire et financier, par l'intermédiaire du teneur de compte lorsque ce n'est pas lui. Ce droit de rétention, nécessairement fictif vu la nature incorporelle des biens gagés, est la condition *sine qua non* de l'efficacité de cette sûreté en cas de procédure collective du constituant.

En second lieu, le créancier peut solliciter la mise en vente des titres ou leur attribution en propriété sachant que les modalités de mise en œuvre de ces prérogatives varient selon que les valeurs sont négociées ou non sur un marché réglementé. Si les titres sont cotés, toute intervention judiciaire est écartée. En effet, aux termes de l'article L. 211-20-V alinéa 1er du Code monétaire et financier, la cession ou l'attribution des valeurs mobilières ou des parts ou actions d'OPCVM est effectuée par le teneur de compte, pour son propre compte ou celui du créancier nanti. Et, si les titres ne sont pas cotés, l'article L. 211-20-V alinéa 2 du Code monétaire et financier prévoit que la réalisation s'effectue suivant les règles de l'article L. 521-3 du Code de commerce, ce qui n'est guère différent depuis que l'interdiction du pacte commissoire n'est plus.

B. Le nantissement de parts sociales

Les parts sociales n'étant pas inscrites en compte au sens de l'article de l'article L. 211-20 du Code monétaire et financier, elles ne peuvent pas faire l'objet du gage de compte d'instrument financier. Pour autant, elles ne sont pas exclues de la possibilité de constituer une sûreté. Il existe en effet la possibilité de nantir des parts sociales qui peut conduire à un nantissement soit conventionnel, soit judiciaire. Le second est une sûreté judiciaire, par conséquent ordonnée par le juge, régie par feu les dispositions de la loi du 9 juillet 1991 portant réforme des procédures civiles d'exécution. Comme toutes les mesures conservatoires dont elle fait partie, le nantissement judiciaire de parts sociales (art. L. 531-1 C. pr. exèc.) est utilisé par le créancier lorsque le recouvrement de l'une de ses créances lui paraît menacé (art. L. 511-1 C. pr. exèc.). Il a pour effet de conférer au créancier un droit de suite et de préférence, sans rendre les parts sociales indisponibles, le titulaire de celles-ci conservant l'exercice de ses droits non pécuniaires. 538 ■

En dehors de cette voie, il peut être recouru au nantissement conventionnel de parts sociales. Une part sociale n'est rien d'autre qu'un titre d'associé d'une société de personne représentant une fraction du capital social de cette société. Il est cependant délicat de réduire les parts sociales à de simples créances. Certes représentatives de la qualité d'associé, elles donnent droit à une partie d'éventuels bénéfices. Mais elles emportent aussi des droits politiques, ainsi qu'un droit sur une partie de l'actif social. Dès lors, ne constituant pas de simples créances, l'affectation de parts sociales en garantie devrait relever, en l'absence de dispositions particulières, non pas du nantissement de créance, mais des règles du gage. C'est d'ailleurs à cette conclusion que conduit également l'application de l'article 2355 alinéa 5 du Code civil. 539 ■

L'objet du nantissement est différent selon que les parts nanties sont des parts de société civile ou des parts de société commerciale, en l'occurrence des parts de SARL ou de SNC. Le régime juridique n'est pas le même selon l'assiette de la sûreté. Aussi convient-il de distinguer le nantissement de parts de société civiles (1) du nantissement de parts de sociétés commerciales (2). 540 ■

1. *Le nantissement de parts de sociétés civiles*

Aux termes de l'article 2355 alinéa 5 du Code civil, le nantissement « qui porte sur d'autres meubles incorporels est soumis, à défaut de dispositions spéciales, aux règles prévues pour le gage de meubles corporels ». Or, s'agissant des parts sociales de sociétés civiles, il existe justement des dispositions spéciales issues de la loi du 4 janvier 1978 prévues aux articles 1866 et suivants du code civil. Dès lors, la réforme du droit des sûretés réelles n'a pas eu d'incidence sur ce nantissement dont il convient d'envisager succinctement les conditions (a) et les effets (b). 541 ■

a. Les conditions

542 Le nantissement de parts de sociétés civiles nécessite un écrit, l'article 1866 alinéa 1er du Code civil disposant que de telles parts « peuvent faire l'objet d'un nantissement constaté, soit par acte authentique, soit par acte sous signatures privées ». Il n'existe aucune autre restriction, notamment quant à la qualité de constituant par rapport à la dette garantie. Ainsi un nantissement de parts de SCI peut être consenti au profit d'un tiers (Paris, 15 mai 2012, *JCP* G 2012. 1291, n° 19, obs. Ph. Delebecque). En revanche, cet écrit doit être signifié à la société ou accepté par elle dans un acte authentique. La Cour de cassation a précisé que l'intervention du notaire, en tant que rédacteur, se révélait essentielle : l'officier public est désormais tenu de prendre toutes les dispositions utiles pour assurer l'efficacité de la sûreté, sous peine d'engager sa responsabilité civile (Civ. 1re, 16 oct. 2008, *D.* 2009. 602, note Ch. Albiges ; *RD banc. fin.* 2008, n° 174, obs. D. Legeais ; v. aussi, Civ. 1re, 5 mars 2009, *D.* 2009. AJ 871). Mais l'article 1866 du Code civil poursuit en exigeant, en outre, une publicité du nantissement consistant en une inscription sur un fichier tenu au greffe du tribunal de commerce du lieu d'immatriculation de la société émettrice (art. 53 Décr. 3 juill. 1978). Il précise à ce propos que la publicité « détermine le rang des créanciers inscrits », ajoutant que « ceux dont les titres sont publiés le même jour viennent en concurrence ». La rédaction de cette disposition pose notamment deux questions. Quel est le rôle exact de ces différentes formalités ? Quel est le sort d'un nantissement de parts sociales d'une société civile non immatriculée ?

543 Sur la première interrogation, à la lecture du texte (art. 1866 al. 1er C. civ.), il apparaît que la première formalité, celle de l'écrit signifié — ou accepté — est validante alors que la seconde — la publicité — ne sert qu'à déterminer le rang des créanciers nantis. Cette interprétation a été retenue par un arrêt d'appel (Paris, 29 oct. 1987, *Bull. Joly* 1987. 869 ; *D.* 1987. IR. 262) dans une affaire où la publicité n'avait pas été effectuée, mais où seul un créancier était en lice. La Cour avait alors jugé que le nantissement pouvait produire ses effets malgré l'absence de publicité. La doctrine n'a toutefois pas manqué de critiquer cette décision en s'appuyant notamment sur l'article 1866 alinéa 2 du Code civil qui dispose que « Le privilège du créancier gagiste subsiste sur les droits sociaux nantis, par le seul fait de la publication du nantissement ». Cette formule, qui n'est pas sans rappeler celle de l'ancien article 2076 du Code civil, conduisait à considérer la publicité du nantissement non pas comme une simple condition d'opposabilité de la sûreté aux tiers, mais comme une véritable condition de validité. Il en était déduit que la publicité permettait de réaliser la dépossession. Mais maintenant que le gage peut être sans dépossession, et où le choix du recours à la publicité n'est qu'une condition d'opposabilité du gage aux tiers, il devrait être possible de considérer que tel est également le cas en matière de nantissement de parts de sociétés civiles.

544 Sur la seconde interrogation, la difficulté ne devrait plus être très longtemps d'actualité. En effet, les sociétés civiles constituées avant le 1er janvier 1978 pouvaient ne pas être immatriculées et avoir quand même la personnalité morale. Aussi, la question de la publicité du nantissement de leurs parts sociales était-elle réglée par une sorte de parallélisme des formes. La jurisprudence jugeait qu'en l'absence d'immatriculation d'une société civile créée avant le 1er juillet 1978, les nantissements n'ont pas à être publiés (Civ. 3e, 26 mai 1992, *Bull. civ.* III, n° 174 ; *RTD com.* 1993. 539, obs. E. Alfandari et M. Jeantin ; *Bull. Joly* 1992. 959 ; Com. 3 juin 2008, *RD banc. fin.* 2008, comm. 113,

obs. D. Legeais ; *JCP* 2008. IV. 2234 ; *JCP E* 2008. 2493. n° 20, obs. Ph. Delebecque ; *D.* 2008, AJ, 1861, obs. A. Lienhard). Elle a par la suite précisé que le nantissement est opposable du seul fait qu'il a été signifié à la société ou accepté par elle, ces formalités étant exigées à la fois pour la validité et l'opposabilité aux tiers de la sûreté (Com. 3 juin 2008, *RTD civ.* 2008. 701, obs. P. Crocq ; *RLDC* sept. 2008. 31, obs. G. Marraud Des Grottes). Mais depuis la loi NRE du 15 mai 2001, les sociétés civiles ont l'obligation d'être immatriculées. À défaut elles ne peuvent acquérir la personnalité morale. Dès lors, le nantissement de leurs parts sociales sera lui aussi soumis à publicité (v. M. Storck, *Banque et Droit* nov.-déc. 2002, p. 43). Dans l'hypothèse où la société ne serait pas immatriculée au 1er novembre 2002, elle perd sa personnalité morale, dégénérant en société de fait ou société en participation, privée de patrimoine, et donc de parts sociales, ce qui provoque l'extinction du nantissement. L'originalité du mécanisme ci-dessus décrit ne demeurera donc que pour les nantissements constitués avant le 1er novembre 2002.

b. Les effets

L'on peut distinguer les effets produits par un nantissement de parts sociales de société civile avant et après l'échéance de la créance garantie. **545**

Avant l'échéance de la créance garantie, le constituant ne perd pas sa qualité d'associé. Par conséquent, il conserve ses prérogatives de propriétaire. Ainsi peut-il continuer de participer et de voter aux assemblées, de percevoir les dividendes, voire de céder les parts sociales nanties. Toutefois, si par son comportement il venait à porter atteinte aux intérêts du créancier, notamment en altérant la valeur des parts gagées, ce dernier pourrait engager une action paulienne afin de s'opposer aux actes accomplis par son débiteur. Mais l'idéal serait de convenir, préventivement, de procédures d'autorisation ou de concours permettant au créancier d'avoir un droit de regard sur les initiatives de son débiteur. **546**

C'est surtout après l'échéance de la créance garantie, en cas de défaillance du constituant, que les droits du créancier nanti se manifestent. Il dispose d'un droit de préférence et d'un droit de suite, à l'exclusion de tout droit de rétention. Mais c'est essentiellement en cas de réalisation de la sûreté que les effets du nantissement méritent d'être étudiés. En effet, la réalisation du nantissement, qu'il s'agisse d'une vente forcée ou d'une attribution en propriété des parts nanties (Com. 3 juin 2008, préc. qui confirme la voie de l'attribution judiciaire laquelle peut être utilisée indépendamment de l'ordre dans lequel les privilèges s'exercent), conduira à l'intrusion d'un tiers dans une société de personnes, par conséquent à fort *intuitu personae*. Dès lors, le Code civil a organisé l'agrément du nouvel associé d'une double façon : soit par anticipation, soit *a posteriori*. **547**

Le constituant peut avoir pris la peine de demander à ses coassociés de consentir au projet de nantissement dans les mêmes conditions qu'en cas de cession. Le consentement donné au projet de nantissement emporte alors agrément du cessionnaire en cas de réalisation forcée des parts sociales à la condition que cette réalisation soit notifiée un mois avant la vente aux associés et à la société. Chaque associé peut alors se substituer à l'acquéreur dans un délai de cinq jours francs à compter de la vente. Si aucun associé n'exerce ce droit, la société peut racheter les parts elle-même en vue de leur annulation (art. 1867 al. 2 et 3 C. civ.).

Si le constituant n'avait pas pris la peine de faire consentir les autres associés à son projet de nantissement, ils seront alors conduits à se prononcer sur l'agrément de l'adjudicataire. La réalisation forcée devra pareillement être notifiée aux associés et à la société un mois avant la vente. Ils peuvent, dans ce même délai, soit décider la dissolution de la société, soit l'acquisition des parts dans les mêmes conditions et avec les mêmes conséquences que s'il s'agissait d'une cession amiable. Si la vente a eu lieu, ils peuvent encore se substituer à l'acquéreur dans un délai de cinq jours. À défaut, l'acquéreur est réputé agréé (art. 1868 al. 3, *in fine* C. civ.).

2. *Le nantissement de parts de sociétés commerciales*

548 Si la loi ne mentionne pas expressément la possibilité de nantir les parts de sociétés commerciales — mais le décret du 23 décembre 2006 y fait expressément référence —, elle réglemente les conséquences d'une vente forcée de parts de SARL nanties. Aussi doit-on reconnaître qu'elle admet implicitement la validité d'un tel nantissement. Par ailleurs, aucune disposition ne s'y opposant en matière de SNC ou de société en commandite simple, la doctrine majoritaire retient depuis longtemps cette éventualité. Dès lors, le nantissement de parts de SARL, de SNC ou de commandite simple étant tout à fait concevable, il convient de parcourir ses conditions de constitution et ses effets.

549 En ce qui concerne la constitution d'un tel nantissement, en l'absence de dispositions spéciales, ce sont les règles prévues pour le gage de meubles corporels qui ont vocation à s'appliquer (art. 2355 al. 4 C. civ.). Ainsi, la validité du nantissement est simplement soumise à l'établissement d'un écrit contenant la désignation de la dette garantie ainsi que la détermination des parts sociales nanties (CA Paris, pôle 5, ch. 6, 5 sept. 2013, n° 11/21225). Plus précisément, l'article 2-5° du décret du 23 décembre 2006 prévoit que pour les sociétés dont les parts sont nanties, l'acte doit contenir leur forme, leur dénomination sociale, l'adresse de leur siège social, leur numéro d'immatriculation au RCS, le nombre de parts sociales nanties et leur valeur nominale. Quant à l'opposabilité aux tiers du nantissement de ces parts sociales, elle résultera d'une inscription faite auprès du greffier du tribunal de commerce du lieu d'immatriculation de la société dont les parts sont nanties (comp. Com. 16 mai 2006, *Bull. civ.* IV, n° 121 où la Cour a retenu que la signification du nantissement à la société n'est pas une publication au sens des exigences du droit des procédures collectives). Le recours à la signification du nantissement, utilisé par le passé pour investir le créancier d'une forme de possession est dorénavant écarté (v. F. Jacob, « Le nantissement de parts sociales », *Dr. et patr.* juill.-août 2007, p. 72).

550 En ce qui concerne les effets du nantissement de parts de sociétés commerciales, en cas de non-paiement à l'échéance, ils sont conformes à ceux précédemment décrits en matière de gage de biens meubles corporels. Le créancier a le choix entre la vente en justice des parts sociales nanties et leur attribution en propriété, soit judiciairement, soit conventionnellement (pour un litige portant sur les conditions d'attribution judiciaire et la date d'évaluation des parts sociales, Com. 10 juin 2008, *RD banc. fin.* 2008, n° 112, obs. D. Legeais). Mais que ce soit dans l'un ou l'autre cas, l'adjudicataire ou l'attributaire devra être agréé par la société. Si la société a donné son consentement au projet de nantissement des parts sociales dans les conditions de majorités adéquates à l'agrément d'un tiers, cela emporte agrément du cessionnaire.

Toutefois, la société peut préférer, après la cession, racheter sans délai les parts afin de réduire son capital (art. L. 223-15 C. com.).

§ 2 Le nantissement de fonds de commerce

Le nantissement du fonds de commerce a été créé par une loi du 17 mars 1909 aujourd'hui transposée aux articles L. 142-1 et suivants du Code de commerce. Il a par la suite servi de modèle à l'établissement du régime juridique du nantissement de fonds artisanal régi par la loi du 5 juillet 1996 ainsi que du nantissement du fonds agricole (v. I. Pétel-Teyssié, « Une nouvelle sûreté : le nantissement du fonds agricole », *RD rur.* févr. 2006, p. 25 s.) issu de celle du 5 janvier 2006. 551 ■

Le nantissement du fonds de commerce peut être conventionnel ou judiciaire.

En effet, l'article L. 511-1 du Code des procédures civiles d'exécution dispose que « Toute personne dont la créance paraît fondée en son principe » et qui ne dispose pas d'un titre exécutoire, peut obtenir du juge, à titre conservatoire, un nantissement sur le fonds de commerce appartenant au débiteur « si elle justifie de circonstances susceptibles d'en menacer le recouvrement ». Muni de son autorisation d'inscription d'un nantissement provisoire, le créancier pourra ensuite poursuivre – dans un certain délai à peine de caducité – l'action contre son débiteur. S'il obtient une décision de condamnation, il pourra alors inscrire le nantissement définitivement, son inscription rétroagissant à la date de la provisoire. 552 ■

Le nantissement conventionnel de fonds de commerce, quant à lui, est le contrat par lequel une personne affecte spécialement la valeur de son fonds de commerce au paiement d'une dette. Souvent utilisé en complément du privilège du vendeur à l'occasion d'une vente du fonds dont une partie du prix est payable à terme, ou en garantie de l'octroi d'un crédit accordé au propriétaire du fonds, il permet au créancier nanti, en cas de défaillance du débiteur, de faire vendre le fonds et de se faire payer par préférence sur le prix. En revanche, il ne peut se le faire attribuer en propriété (C. com., art. L. 142-1 ; v. ss 571). Cela étant, il faut bien constater la fragilité de cette sûreté qui diminue avec la valeur du fonds. Or, lorsque le créancier est contraint à la réalisation de sa sûreté, en général le fonds est au plus bas car la défaillance du débiteur va souvent de pair avec la mauvaise santé de son commerce. Toutefois, le recours à cette sûreté continue d'être fréquent dans la mesure où certains éléments entrant dans l'assiette de la sûreté, comme le droit au bail par exemple, conservent une valeur non négligeable, même en cas d'exploitation déficitaire. Au demeurant, l'évaluation de l'assiette du nantissement reste délicate. À cet égard, le Conseil d'État a rendu une décision intéressante puisqu'elle dispose : « lorsqu'un contribuable propose le nantissement d'un fonds de commerce comme garantie afin de bénéficier du sursis de paiement d'impositions contestées, il est libre d'utiliser toute méthode pour justifier de la valeur de ce fonds » (CE, 9e et 10e sous-sect., 15 mars 2006, n° 280246, *JCP E* 2008, 1036, n° 23, obs. Ph. Delebecque). 553 ■

Classiquement, l'étude du nantissement conventionnel de fonds de commerce conduira à s'interroger sur sa constitution d'abord (A), et sur ses effets ensuite (B).

A. La constitution du nantissement de fonds de commerce

554 La constitution du nantissement conventionnel de fonds de commerce suppose de respecter des conditions de fond (1) et des conditions de forme et de publicité (2).

1. *Les conditions de fond*

555 Les conditions de fond nécessaires à la validité du nantissement tiennent à la qualité du constituant (a), à l'existence de créance garantie (b) ainsi qu'à l'objet du nantissement (c).

a. Le constituant

556 Pour consentir un nantissement, le débiteur doit, à peine de nullité, être propriétaire du fonds de commerce. En l'absence de précision dans les textes, on s'est longtemps interrogé sur la nature de cette nullité. Selon que l'on se référait à la vente de la chose d'autrui (art. 1599 C. civ.) ou à l'hypothèque de la chose d'autrui (anc. art. 2129 C. civ.), le nantissement de fonds étant souvent assimilé à une hypothèque mobilière (v. O. Barret, *Les contrats portant sur le fonds de commerce*, LGDJ, 2001, p. 297 s.), la nullité était tantôt relative, tantôt absolue. Mais la Cour de cassation a tranché le débat en jugeant que « la nullité du nantissement d'un fonds de commerce appartenant à autrui est couverte lorsque, avant toute action en nullité, le constituant devient propriétaire du fonds » (Com. 5 nov. 2002, *Bull. civ.* IV, n° 159 ; *D.* 2003. AJ. 70, obs. E. Chevrier ; *RTD com.* 2003. 58, obs. B. Saintourens). Ce faisant, elle fait implicitement référence au régime de la vente de la chose d'autrui à propos de laquelle une jurisprudence ancienne avait rendu une décision identique (Civ. 23 janv. 1832, *S.* 1832. 1. 666). Toutefois, cette solution n'est pas sans risque puisque l'action en nullité peut être introduite avant la signature de l'acte de cession du fonds, au bénéfice du constituant.

Par ailleurs, le nantissement risquant de déboucher sur la vente du fonds, comme en matière de gage, il conviendra que le constituant ait la capacité d'en disposer. Ainsi, en cas de bien commun, ou de procédure collective, il faudra le consentement du conjoint (art. 1424 C. civ.) ou l'autorisation du juge-commissaire (art. L. 622-7 C. com.) désormais donnée au débiteur.

b. La créance garantie

557 En premier lieu, le nantissement peut garantir toutes sortes de créances, en rapport ou non avec le fonds de commerce, en ce compris des créances futures, conditionnelles ou éventuelles. En revanche, en raison du caractère accessoire des sûretés réelles, les causes de nullité, d'extinction ou de résolution de la créance entraînent la nullité du nantissement.

En second lieu, outre la dette convenue, le nantissement garantit également « au même rang que le principal deux années d'intérêt » (C. com., art. L. 143-19, al. 2), à condition toutefois qu'il soit procédé à l'inscription du nantissement (v. ss 562).

c. L'objet du nantissement

558 La condition indispensable à la constitution d'un tel nantissement est l'existence du fonds de commerce. Dès lors, cette exigence élémentaire pose trois questions : celle de la validité d'un nantissement portant sur un fonds en formation, celle des éléments du fonds compris dans le nantissement, et enfin celle de la modification des éléments nantis.

Traditionnellement la jurisprudence subordonnait l'existence du fonds de commerce à son ouverture au public (Req. 30 janv. 1934, *S.* 1935. 1. 12). Pourtant l'article 1130 du Code civil admettant que les choses futures puissent être l'objet d'obligations plaidait en sens contraire. De même, l'absence de disposition spéciale interdisant expressément le nantissement d'un fonds de commerce en cours de formation militait en faveur de sa validité. Les juges du fond avaient d'ailleurs en partie reçu ces arguments dès lors que le lieu d'exploitation du fonds programmé était connu (Paris, 3 juill. 1963, *D.* 1964. 205 ; *RTD com.* 1964. 54, note A. Jauffret ; *JCP* 1963. II. 13398) avant de se contenter de valider une promesse de nantissement d'un fonds de commerce en cours de création (Paris, 27 sept. 1996, *D.* 1997. Somm. 251, obs. S. Piedelièvre ; *RTD com.* 1997. 629, obs. J. Derrupé). Il est fort probable que ce mouvement de reconnaissance se poursuive, maintenant que le gage sur biens futurs est possible. En effet puisque les dispositions propres au nantissement du fonds de commerce n'écartent pas le nantissement d'un fonds en cours de création, il convient de retourner au droit commun, en l'occurrence celui du gage de biens meubles corporels qui autorise à donner en gage des choses futures. 559 ■

Le nantissement d'un fonds de commerce pose ensuite la question de son assiette. Celle-ci est réglée par l'article L. 142-2 du Code de commerce dont l'alinéa 1er énumère, limitativement, les éléments susceptibles d'être compris dans le nantissement. Il s'agit de l'enseigne et du nom commercial, du droit au bail, de la clientèle et de l'achalandage, du mobilier commercial, du matériel et de l'outillage servant à l'exploitation du fonds, des brevets d'invention, des licences, des marques, des dessins et modèles industriels, et généralement des droits de propriété intellectuels attachés au fonds. Toutefois, l'alinéa 3 précise à son tour qu'« À défaut de désignation expresse et précise dans l'acte qui le constitue, le nantissement ne comprend que l'enseigne et le nom commercial, le droit au bail, la clientèle et l'achalandage ». Ainsi, trois conséquences peuvent être tirées de la combinaison de ces deux alinéas. En premier lieu, certains éléments sont exclus de l'assiette du fonds : les marchandises, les immeubles, par nature ou par destination, le mobilier personnel du commerçant, même disposé dans les lieux où le fonds est exploité, et enfin les contrats et les créances liés à l'exploitation du fonds. En deuxième lieu, pour faire porter le nantissement sur d'autres éléments que l'enseigne et le nom commercial, le droit au bail, la clientèle et l'achalandage, il faudra une stipulation expresse. Pour être inclus dans le nantissement du fonds de commerce, le matériel et l'outillage par exemple, même s'ils peuvent être nantis isolément, devront être expressément mentionnés dans l'acte de nantissement. Et dans cette hypothèse, il ne saurait se voir appliquer la réglementation propre au gage du matériel et de l'outillage (Com. 23 nov. 1999, *D. Affaires* 2000. AJ. 23, obs. A.-L. M.-D. ; *JCP* 2000. II. 10293, note M. Keita). En dernier lieu, sont de plein droit soumis au nantissement les éléments énumérés à l'alinéa 3 de l'article L. 142-2 du Code de commerce. Pour autant, en l'absence de disposition légale contraire, on devrait pouvoir envisager de réduire cette assiette par une clause (v. O. Barret, *op. cit.*, n° 513) dès lors que l'élément volontairement écarté de l'assiette de la sûreté n'est pas celui indispensable à l'attraction de la clientèle, et donc conditionnant l'existence du fonds de commerce. 560 ■

Enfin, dans quelle mesure la modification des éléments nantis peut-elle être prise en compte ? Cela dépend de la modification intervenue qui peut tour à tour consister en une adjonction, une disparition ou une substitution. 561 ■

En cas d'adjonction d'un élément, on considère que le nantissement ne s'étend pas à cet élément adjoint sauf en matière de brevet où la garantie est étendue au certificat d'addition postérieur au nantissement qui suit le sort du brevet auquel il s'applique (art. L. 142-2 al. 2 C. com.).

En cas de disparition d'un élément du fonds, la loi a aménagé une protection – générale et spéciale – du créancier nanti dont la sûreté est en danger. La protection générale provient de la déchéance du terme prévue à l'article 1188 du Code civil lorsque la diminution de la sûreté est le fait du débiteur, ou à l'article L. 143-1 du Code de commerce lorsque le fonds est déplacé sans information du créancier inscrit. Cette obligation d'information des créanciers inscrits est également organisée par plusieurs dispositions spécifiques qui visent aussi à sauvegarder la sûreté du créancier lorsque certains agissements risquent d'en compromettre la valeur. C'est notamment le cas de la résiliation du bail qu'elle soit amiable ou judiciaire (art. L. 143-2 C. com.), de la déspécialisation plénière du bail commercial (art. L. 145-49 al. 1er et L. 145-50 al. 3 C. com.), ou encore de la saisie-vente d'un élément du fonds (art. L. 143-10 C. com.).

En cas de substitution d'un élément du fonds par un autre, il est généralement admis que le nouvel élément, qui remplace l'ancien, soit lui aussi grevé par la sûreté, en application du mécanisme de la subrogation réelle. Parfois, c'est la loi elle-même qui organise l'extension de l'assiette du nantissement à une indemnité remplaçant un élément du fonds. Ainsi en est-il de l'article L. 141-5 du Code de commerce qui autorise la subrogation des créanciers inscrits sur le prix de vente du fonds de commerce, de l'article L. 121-13 du Code des assurances qui admet que le créancier inscrit bénéficie des indemnités d'assurance attribuées au commerçant en cas de destruction du fonds (v. toutefois Com. 9 nov. 1999, *D. Affaires* 2000. 1, obs. A.-L. M.-D. où la Cour a refusé d'englober une indemnité d'assurance dans le nantissement du fonds dans la mesure où elle ne remplaçait pas un élément disparu du fonds, mais garantissait la perte d'exploitation consécutive à l'incendie ayant détruit le local abritant le fonds), ou encore de l'article L. 12-3 du Code de l'expropriation à propos de l'indemnité d'expropriation. D'autres fois, ce sont les juridictions qui ont apporté leur contribution. Ainsi, en cas de renouvellement du bail, une jurisprudence ancienne a-t-elle admis que le nantissement portant sur le droit au bail s'étend à l'expiration du bail initial, au bail renouvelé (Paris, 19 juin 1924, *DP* 1924. 2. 129, note Lalou). En revanche, en cas de non-renouvellement du bail commercial, plus particulièrement en présence d'une résiliation amiable, un arrêt plus récent a refusé d'étendre l'assiette du nantissement à l'indemnité de résiliation convenue. La Cour de cassation a en effet jugé que « le créancier titulaire d'un nantissement sur un fonds de commerce ne bénéficie d'aucun droit de préférence ou de suite sur l'indemnité de résiliation du bail grâce auquel est exploité le fonds » (Civ. 3e, 6 avr. 2005, *Bull. civ.* III, n° 87 ; *D.* 2005. AJ. 1152, obs. Y. Rouquet et Jur. 1367, note S. Piedelièvre ; *RTD com.* 2006. 292, obs. B. Saintourens). Le débat peut être élargi à l'indemnité d'éviction, la solution de la Cour de cassation étant transposable. Pour refuser l'exercice du droit de préférence du créancier nanti sur l'indemnité de résiliation, la Cour se fonde sur sa fonction représentative du préjudice subi par le preneur suite à la rupture de son contrat. Et, faute de texte spécial en ce sens, ce caractère indemnitaire s'opposerait à toute subrogation réelle. Mais si le versement au preneur évincé d'une indemnité d'éviction vise, certes, à réparer « le préjudice causé par le défaut de renouvellement », l'article L. 145-14 alinéa 2 du Code de commerce évalue ce préjudice en faisant référence « à la valeur marchande du fonds » que l'indemnité représente. Dès lors, peu importe la fonction réparatrice de l'indemnité d'éviction, celle-ci n'est pas exclusive de l'idée de substitution du fonds (v. Civ. 3ᵉ, 6 avr. 2005, *D.* 2005. AJ. 1229, obs. Y. Rouquet ; *AJDI* 2005. 659, obs. M.-P. Dumont ; *Loyers et copr.* 2005, nº 156, obs. Brault où la Cour a considéré que le cessionnaire d'un fonds de commerce a droit au maintien dans les lieux et à l'indemnité d'éviction). Dans les hypothèses où la valeur du fonds est égale à celle du droit au bail, l'indemnité d'éviction est alors la version pécuniaire du droit au bail. Dans le patrimoine du preneur, elle se substitue au droit au bail. En conséquence la subrogation réelle devrait pouvoir jouer.

2. *Les conditions de forme et de publicité*

Les conditions de forme sont régies par l'article L. 142-3 du Code de commerce qui exige un écrit dûment enregistré. Plus précisément, « Le contrat de nantissement est constaté par un acte authentique ou par acte sous seing privé » (art. 142-3 al. 1ᵉʳ C. com. *in limine*). Conformément au nouveau droit du gage qui, lui, l'énonce expressément, la jurisprudence a fait de cette exigence une véritable condition de validité de l'acte (T. com. Versailles 28 juin 1950, *D.* 1950. 518) dont l'absence est sanctionnée par la nullité de la sûreté. Par ailleurs, cet écrit doit être enregistré. Si cette formalité est nécessaire en cas d'acte sous seing privé, une incertitude demeure en cas d'acte authentique, l'article L. 142-3 alinéa 1ᵉʳ disposant « Le contrat de nantissement est constaté par un acte authentique ou par acte sous seing privé, dûment enregistré ». Mais comme il a pu être écrit avec humour (G. Rouzet, « Le point sur la virgule (art. 10 al. 1ᵉʳ de la loi du 17 mars 1909) », in *Mélanges J. Derruppé*, GLN Joly et Litec, 1991, p. 355 s.), la virgule semble indiquer que même l'acte authentique doit être enregistré. 562 ■

Par ailleurs, l'écrit dûment enregistré doit être publié. À cet égard, l'article L. 142-3 alinéa 2 du Code de commerce énonce que « Le privilège résultant du contrat de nantissement s'établit par le seul fait de l'inscription sur un registre public tenu au greffe du tribunal de commerce dans le ressort duquel le fonds est exploité ». Cette inscription doit être prise, à peine de nullité du nantissement, dans la quinzaine de la date de l'acte constitutif (art. L. 142-4 al. 1ᵉʳ C. com.). Sur cette exigence, qui pèse exclusivement sur le créancier (v. Com. 23 nov. 2004, *D.* 2005. 276 où la Cour juge que la caution n'a pas l'obligation d'informer la banque sur les risques par elle encourus en cas d'inscription tardive de son nantissement) trois points méritent d'être signalés. 563 ■

a. Le lieu de l'inscription

D'abord, le lieu d'inscription est le lieu d'exploitation du fonds. Il ne saurait s'entendre du lieu, parfois indéterminé ou instable, où le propriétaire du fonds concentre la direction intellectuelle de l'entreprise, mais du lieu où se réalise objectivement, à la connaissance du public la mise en valeur des divers éléments soit corporels, soit incorporels, dont l'ensemble constitue le fonds de commerce et qui ont été remis en nantissement aux créanciers (Com. 13 nov. 2003, *RJDA* 2004, nº 629). Et si le fonds comprend des succursales, la même formalité doit être remplie au greffe du tribunal de commerce dans le ressort duquel est située chacune des succursales du fonds comprises dans le nantissement. 564 ■

b. Le contenu de l'inscription

565 Ensuite, le contenu de l'inscription consiste à déposer au greffe le titre qui constate le nantissement ainsi que deux bordereaux contenant un ensemble de mentions énumérées à l'article 24 alinéas 1 et 2 de la loi du 17 mars 1909, tenant à la désignation des parties, à la date et à la nature de l'acte, au montant de la créance ainsi qu'aux conditions relatives aux intérêts et à son exigibilité, et à la désignation du fonds grevé. À peine de caducité, huit jours au plus tard après le dépôt des bordereaux d'inscription ou la signification du nantissement, le débiteur en est informé par acte d'huissier de justice sachant que cet acte doit comporter un certain nombre de mentions, à peine de nullité. Cependant, en cas de procédure collective où le créancier titulaire d'une sûreté publiée doit être averti personnellement de l'obligation de déclarer sa créance (C. com., art. L. 622-24 al. 1), la Cour de cassation a jugé que sa qualité de créancier titulaire d'une sûreté publiée doit être appréciée à la date du jugement d'ouverture de la procédure collective (Com. 15 avr. 2008, *D.* 2008, *AJ* 1344, obs. A. Lienhard). Peu importe que la sûreté soit potentiellement caduque au jour du jugement d'ouverture, la publication de la sûreté n'ayant pas été dénoncée à son débiteur dans le délai de huit jours de l'article 255 du décret du 31 juillet 1992 aujourd'hui codifié à l'article R. 532-5 du Code des procédures civiles d'exécution.

c. Les sanctions du défaut d'inscription

566 Enfin, il convient de distinguer la sanction du défaut d'inscription en temps utile, de celle d'une mention omise ou inexacte. En premier lieu, l'inscription doit être prise, à peine de nullité du nantissement « dans la quinzaine de l'acte constitutif » (art. L. 142-4 al. 1er C. com.), c'est-à-dire du contrat de nantissement sous seing privé ou par acte authentique. La sanction est donc la nullité absolue de la sûreté, le créancier n'ayant alors pas la qualité de créancier inscrit (Com. 15 févr. 2012, n° 10-25443 et 11-10911 ; *JCP* E 2012. 1425, note Ph.-H. Brault ; *Gaz. Pal.* 20 sept. 2012, p. 23, obs. M.-P. Dumont-Lefrand ; *RD banc. et fin.* juill. 2012, comm. n° 122, obs. A. Cerles où la Cour juge que la banque créancière bénéficiaire d'un nantissement sur un fonds de commerce n'a pas la qualité de créancier inscrit si le nantissement a été inscrit après le délai de quinze jours suivant l'acte constitutif, le privant ainsi de la faculté de contester la résiliation du bail commercial engagée par le propriétaire des murs). La jurisprudence s'est toutefois prononcée sur l'hypothèse, certes marginale, où l'acte constatant le nantissement était dépourvu de date (en l'occurrence un acte sous seing privé, mais la solution est transposable en cas d'acte authentique) et a jugé que dans ce cas, le point de départ du délai d'inscription du nantissement du fonds de commerce est la date d'enregistrement de l'acte (Com. 17 sept. 2002, *D.* 2002. Jur. 2800 ; *RTD com.* 2003. 57, obs. B. Saintourens). Si la solution rendue ajoute au texte, elle permet de respecter l'objectif de sécurité juridique important en la matière sans trahir la volonté des parties. En second lieu, lorsque l'inscription est incomplète ou irrégulière, la nullité n'est encourue que si toute rectification, au moyen d'autres indications figurant sur le bordereau est impossible, et si l'inexactitude ou l'omission ont causé un préjudice au tiers. Ainsi, la jurisprudence a-t-elle validé un nantissement en jugeant que l'irrégularité de l'inscription affectant l'élection de domicile de l'une des parties à l'acte n'avait pas eu, pour l'acquéreur du fonds, de conséquences dommageables (Com. 1er déc. 1992, *Bull. civ.* IV, n° 383 ; *RTD com.* 1993. 286, obs. J. Derrupé). En revanche, elle a retenu que l'erreur sur la désignation du débiteur dans l'inscription du nantissement entraîne l'inopposabilité aux tiers de ce privilège (Com. 19 mai 1998, *Bull. civ.* IV, n° 159 ; *D.* 1998. Somm. 377, obs. S. Piedelièvre ; *JCP*

1999. I. 316, obs. Ph. Delebecque ; Orléans, 23 mars 2006, *RJDA* 2006, n° 675 où la Cour juge la même chose alors que malgré la dénomination sociale inexacte du débiteur, le fonds grevé était parfaitement déterminable, tous les éléments d'identification de celui-ci étant exacts).

B. Les effets du nantissement du fonds de commerce

Le nantissement conventionnel du fonds de commerce produit ses effets aussi bien entre les parties qu'à l'égard des tiers. Entre les parties, l'inscription conserve le nantissement pendant dix années à compter du jour de sa date. Son effet cesse si elle n'a pas été renouvelée avant l'expiration de ce délai (art. L. 143-19 al. 1er C. com.). La production de l'effet légal du nantissement (à la date de la notification de l'offre de purge faite par l'acquéreur en cas de cession amiable, et à la date de la publication du jugement d'adjudication en cas de cession forcée ; comp. avec l'hypothèque, v. ss 659) ne dispense pas le créancier de renouveler son inscription dans ce délai décennal, tout au moins jusqu'au paiement du prix ou à sa consignation (Com. 14 janv. 1997, *Bull. civ.* IV, n° 15 ; *D.* 1997. 315, rapp. J. Rémery). À l'égard des tiers, le nantissement ne prend rang qu'à la date de son inscription, laquelle réglera les éventuels conflits de privilège. En effet, entre les créanciers gagistes, le rang sera déterminé par la date de leurs inscriptions, les créanciers inscrits le même jour venant en concurrence (art. L. 142-5 C. com.). 567

Le nantissement produit des effets aussi bien avant l'échéance de la créance garantie (1), qu'à l'arrivée de son terme, lorsque le débiteur est défaillant (2). 568

1. *Les effets du nantissement avant l'échéance de la créance garantie*

Le nantissement produit des effets à l'égard du créancier nanti, dès son inscription. Dans la mesure où le nantissement de fonds de commerce est une sûreté sans dépossession, le risque d'un constituant négligent, voire malhonnête, venant diminuer la valeur du gage du créancier est réel. Aussi diverses dispositions spécifiques ont organisé la protection du créancier nanti en aménageant à son profit une obligation d'information sanctionnée. En effet, l'avantage de la dépossession est aussi la faiblesse de cette sûreté. Le débiteur ayant nanti son fonds conserve la faculté d'en disposer ou de le déplacer. Dès lors, les créanciers inscrits sont à la merci d'une fluctuation à la baisse de la valeur du fonds. 569

C'est pourquoi la loi encadre les pouvoirs du débiteur en prévoyant un certain nombre de réserves destinées à éviter que le gage des créanciers inscrits ne soit diminué. Ainsi ont-ils un droit de regard en cas de modification du fonds (v. ss 561), que celle-ci soit choisie par le débiteur — et ce sera par exemple le cas du déplacement du fonds de commerce ou de sa déspécialisation plénière —, ou qu'elle lui soit imposée, ce qui est souvent le cas en présence d'une résiliation du bail commercial (v. M.-P. Dumont-Lefrand, « Résiliation du bail : la nécessaire information des créanciers inscrits », *AJDI* 2007. 450), ou d'une saisie-vente d'un élément du fonds. En cas de résiliation du bail commercial, par exemple, l'article L. 143-2 du Code de commerce impose au propriétaire de l'immeuble dans lequel un fonds nanti est exploité, qui entend résilier le bail commercial consenti à l'exploitant, de notifier sa demande aux créanciers inscrits (Civ. 3e, 22 mars 2006, *JCP* N 2006. 1235, obs. J. Monéger ; *Rev. loyers* juin 2006, p. 276, note M. Prigent ; *D.* 2006. 1044, obs. Y. Rouquet, *Administrer* juill. 2006, p. 50 ; *Loyers et copr.* 2006, n° 105, obs. P. Pereira ; *RJDA* juin 2006, n° 628 précisant la date butoir à laquelle la notification doit intervenir ; V. Com. 9 nov. 2011, n° 10-20021, *Loyers et copr.* 2012, comm. 14, obs. Ph.-H. Brault ; *AJDI* 2012. 343, obs. M.-M. Dumont-Lefrand où le bailleur avait notifié tardivement la résiliation du bail au créancier régulièrement inscrit mais où la Cour prenant acte de l'inertie du créancier dans le recouvrement de sa créance ne fait pas droit à l'action en responsabilité du créancier contre le bailleur du local). Il s'agit de les informer qu'un des éléments de l'assiette de leur garantie est susceptible de disparaître, afin de les conduire à réagir, soit qu'ils pallient la défaillance de leur débiteur, soit qu'ils demandent de nouvelles garanties.

2. *Les effets du nantissement à l'échéance de la créance garantie*

■ 570 À l'échéance de la créance garantie, si le créancier se heurte à la défaillance du débiteur, il pourra réaliser sa sûreté. À cet effet, il dispose d'un droit de préférence (a) qui s'exerce sur le prix global de l'ensemble des éléments compris dans le nantissement, et d'un droit de suite (b).

a. Le droit de préférence

■ 571 Le créancier nanti dispose d'un droit de préférence lui permettant de faire vendre le fonds et de se faire payer par préférence. L'article L. 143-5 alinéa 1er du Code de commerce autorise le créancier inscrit, même en vertu d'un simple titre sous seing privé, à faire ordonner la vente du fonds objet du nantissement, huit jours après une sommation de payer faite au débiteur, demeurée infructueuse. La demande est alors portée devant le tribunal de commerce dans le ressort duquel est exploité le fonds. À défaut de sommation valable préalable à l'action en vente du fonds, celle-ci est irrecevable (Versailles, 10 mai 1990, *D.* 1990. IR. 169 ; *RTD com.* 1989. 560, obs. J. Derruppé). Toutefois, le rang du créancier n'est pas toujours optimal puisqu'il passe après les créanciers privilégiés au titre des frais de justice, après le trésor public, après le créancier spécialement nanti sur le matériel et l'outillage, après le privilège bénéficiant à la créance de conservation d'un des éléments du fonds, comme celui du bailleur d'immeuble sur le matériel inclus dans le fonds, ou encore après le privilège du vendeur du fonds de commerce. De plus, il n'a pas droit à l'attribution judiciaire du fonds en propriété (Com. 13 oct. 1998, *Bull. civ.* IV, n° 233 ; *D.* 1999. Somm. 299, obs. S. Piedelièvre), et ne dispose pas d'un droit de rétention, y compris fictif (Com. 26 nov. 2013, n° 12-27390, *Gaz. Pal.* mars 2014, p. 22, obs. M.-P. Dumont-Lefrand). Aussi, en cas de procédure collective, il ne peut invoquer le report du droit de rétention sur le prix (Com. 26 oct. 1971, *D.* 1972. Jur. 61, obs. F. Derrida).

■ 572 En revanche, on peut s'interroger sur la validité du pacte commissoire. Dans la mesure où un tel pacte n'est pas expressément prohibé par les dispositions du Code de commerce (v. art. L. 142-1 al. 2 C. com.), il est possible d'admettre sa licéité sur le fondement du droit commun. Cela revient à affirmer la coexistence du droit spécial propre à la réalisation d'un nantissement de fonds de commerce, et du droit commun auquel l'article 2355 alinéa 5 du Code civil renvoie. Par ailleurs, le transfert automatique de propriété qui en résulterait aurait l'avantage d'éviter les lenteurs du processus de la vente forcée. D'un autre côté, il vient d'être décrit que la réalisation du fonds de commerce obéit à une procédure stricte, à l'origine de l'exclusion de l'attribution judiciaire. Dès lors, il serait logique que le pacte commissoire le soit également. En outre, si l'attribution judiciaire est exclue c'est aussi à cause de la nature du fonds de commerce. Or cette raison constitue pareillement un obstacle à une attribution conventionnelle du fonds.

b. Le droit de suite

Par ailleurs, en vertu de l'article L. 143-12 alinéa 1er du Code de commerce, le privilège du créancier gagiste suit le fonds « en quelques mains qu'il passe ». Cette disposition consacre le droit de suite dont bénéficie le créancier nanti à l'égard des éventuels acquéreurs du fonds de commerce. En d'autres termes, le créancier régulièrement inscrit sur le fonds, qui n'aurait pas reçu paiement de sa créance à l'échéance, peut très bien mettre en œuvre la procédure de vente judiciaire de l'article L. 143-5 du Code de commerce, peu importe que le fonds se trouve entre les mains d'un sous-acquéreur. Ce droit de suite est assez avantageux puisqu'il permet à son bénéficiaire de primer les créanciers privilégiés du tiers acquéreur, y compris le trésor, et s'exerce *propter rem*, le créancier nanti n'ayant pas à déclarer sa créance à la procédure collective du sous-acquéreur (Com. 17 déc. 2002, *RTD com*. 2003. 365, obs. A. Martin-Serf ; *JCP* E 2003. 1440, obs. M. Kéita). En revanche, il ne peut s'exercer sur l'indemnité de résiliation du bail commercial (Com. 6 avr. 2005, *préc.* ; v. ss 561). En effet, le droit de suite ne peut être exercé que si l'aliénation a porté sur l'ensemble du fonds de commerce. Seul le droit de préférence peut être exercé sur un élément séparé du fonds (v. obs. G. Lardeux sous Com. 6 avr. 2005, *RDC* 2005. 1084). 573 ■

Le droit de suite du créancier nanti est toutefois susceptible de disparaître dans deux hypothèses : en cas de purge de l'inscription sur le fonds, ou en cas de renonciation du créancier à s'en prévaloir. 574 ■

La procédure de purge des inscriptions est celle qui permet aux créanciers inscrits d'être désintéressés sur le prix de vente en cas de cession du fonds nanti. Cela étant, la mise en œuvre de cette procédure par l'acquéreur n'est qu'une faculté. Comme l'a jugé un arrêt, « la procédure de purge des inscriptions sur le fonds de commerce ayant pour but de permettre à l'acquéreur de se garantir des poursuites des créanciers inscrits, sa mise en œuvre constitue une faculté dont l'acquéreur est, sauf faute lourde ou abus, libre de ne pas user, peu important qu'il ait connaissance des inscriptions grevant le fonds » (Com. 28 avr. 2004, *Bull. civ.* IV, n° 78 ; *D.* 2004. AJ. 1527 ; *RTD com.* 2004. 696, obs. B. Saintourens, *JCP* E 2004. 1740, n° 44, obs. M. Kéita ; *Defrénois* 2005. 344, obs. Ph. Théry). Il appartient en conséquence au créancier nanti de s'occuper lui-même de la préservation de ses droits.

Par ailleurs, le créancier peut renoncer à exercer son droit de suite, mais comme toute renonciation à un droit, celle-ci doit être dépourvue de toute équivoque. À cet égard, un arrêt a retenu que « l'acceptation, même sans réserve, par le créancier titulaire d'un nantissement sur le fonds de commerce, de sommes à lui versées par le séquestre du prix de cession de ce fonds, ne constitue pas une manifestation univoque de sa volonté de renoncer à son gage et n'implique donc, ni sa renonciation à exercer le droit de suite, ni son acceptation du caractère libératoire à son égard de la consignation de l'acquéreur » (Com. 18 févr. 1997, *D.* 1997. Somm. 251, obs. S. Piedelièvre ; *RTD com.* 1998. 325, obs. J. Derrupé).

§ 3 Le nantissement du contrat d'assurance-vie

575 Le contrat d'assurance-vie peut porter sur des sommes importantes, susceptibles d'être affectées en garantie pour le remboursement d'une créance. L'ordonnance du 23 mars 2006 et la loi du 17 décembre 2007 ont modifié les règles relatives à la constitution (A) et la mise en œuvre (B) du nantissement de cette catégorie d'assurance.

A. La constitution du nantissement du contrat d'assurance-vie

576 La constitution du nantissement suppose que soit rédigé un acte écrit exprimant le consentement de l'assuré (C. assur., art. L. 132-2, al. 2), celui de l'assureur et celui du tiers bénéficiaire acceptant. L'article L. 132-10 du Code des assurances prévoit désormais deux procédés (sur lesquels, A. Cerles, « Le nantissement d'assurance-vie après la loi du 17 décembre 2007 », *RD banc. fin.* 2008, Étude 22 ; N. Leblond, « Le nantissement d'assurance-vie : réforme en catimini », *Resp. civ. et assur.* 2008, étude 3) : soit la rédaction d'un avenant, soit le recours au formalisme conforme au droit commun des articles 2355 à 2366 du Code civil qui suppose la conclusion d'un écrit authentique ou sous seing privé. Il n'est plus possible de recourir à l'endossement pignoratif. Dès lors, par application d'une disposition relevant du droit commun du nantissement (art. 2362 C. civ.), l'opposabilité de la sûreté suppose une notification. À défaut d'une telle notification, le constituant demeure le seul habilité à recevoir le paiement de la créance.

B. La mise en œuvre du nantissement du contrat d'assurance-vie

577 La mise en œuvre de la sûreté répond aux dispositions générales du nantissement de créance. Le souscripteur dispose d'un droit de rachat anticipé (Sur ce droit exercé par le souscripteur en liquidation judiciaire, V. Com. 11 déc. 2012, n° 11-27437, *BJE* 2013/2, p. 85, obs. C. Lisanti). En ce qui concerne le créancier, il a été jugé par la Cour de cassation (Com. 26 mars 2008, *RD banc. fin.* janv. 2008, n° 76, obs. D. Legeais) que le créancier nanti ne pouvait exercer cette même faculté de rachat afin que l'assureur lui verse la valeur du contrat pour éteindre sa créance. Ce même créancier a cependant la possibilité d'aménager les conditions de réalisation de sa garantie en prenant par convention la qualité de délégataire (Com. 4 déc. 2001, *JCP* 2002. I. 120, n° 8, obs. P. Delebecque ; *RGDA* 2002, p. 163, note J. Kullmann ; *D.* 2002, Jur. p. 2980, obs. S. Bros ; *JCP E* 2002, 494, note A. Gourio ; Paris, 5 juin 2011, *JCP* G 2012. 626, obs. Ph. Delebecque). Il dispose ainsi du seul pouvoir de garder et conserver la chose jusqu'à sa restitution et n'a pas celui de l'user ou de l'administrer, sauf stipulation contraire (Com. 12 juill. 2005, *D.* 2005, p. 2142, obs. X. Delpech, *Banque et Droit* 2005, n° 103, p. 64, obs. N. Rontchevsky ; *RTD com.* 2006, p. 473, obs. B. Bouloc ; *LPA* 24 janv. 2006, p. 5, note D. Houtcieff ; *RD bancaire et financier* 2005. 23, obs. D. Legeais ; *JCP* 2005. I. 185, n° 17, obs. P. Delebecque). L'article L. 132-10 du Code des assurances prévoit à l'inverse, depuis la loi du 17 décembre 2007, que le droit de rachat est transféré au créancier, sauf clause contraire.

Par ailleurs, lorsque le contrat a été souscrit sur la tête d'un tiers, l'article L. 132-10 précise que :

- quand l'acceptation du bénéficiaire est antérieure au nantissement, il est subordonné à l'accord du bénéficiaire
- quand l'acceptation est postérieure au nantissement, elle est sans effet à l'égard du créancier nanti.

9

Compléments pédagogiques

Mémo

Le nantissement, terme désormais réservé aux biens meubles incorporels est défini à l'article 2355 alinéa 1er du Code civil comme « l'affectation, en garantie d'une obligation, d'un bien meuble incorporel ou d'un ensemble de biens meubles incorporels présents ou futurs ». Toutefois, vu la diversité des meubles incorporels, le législateur n'est pas parvenu à élaborer un régime unique du nantissement. Il a distingué, s'agissant du nantissement conventionnel, le *nantissement de créances*, et celui qui porte sur *d'autres meubles incorporels*.

Le nantissement de créance est principalement un *droit commun du nantissement de créance*. Sa particularité est liée à l'objet du nantissement : en l'occurrence la créance nantie. Le nantissement est valable *« inter partes »* dès sa date, mais également opposable *aux tiers* « à la date de l'acte », sans que celui-ci ait à être enregistré. Toutefois, à l'égard du débiteur de la créance nantie, seule la *notification* de l'acte de nantissement peut lui interdire de payer une autre personne que le créancier nanti (art. 2363 al. 1er C. civ.). À défaut, il peut valablement se libérer entre les mains du constituant. Les *effets du nantissement* varient selon que la créance nantie arrive à échéance avant la créance garantie où, qu'à l'inverse, la créance nantie arrive à échéance après la créance garantie.

À côté de ce droit commun du nantissement de créance, le législateur a fait apparaître la spécificité du *nantissement de compte* qui est une variété du nantissement de créance puisqu'en l'occurrence la créance nantie est le solde créditeur, provisoire ou définitif, au jour de la réalisation de la sûreté (art. 2360 al. 1er C. civ., *in limine*) du compte.

Le nantissement qui porte sur d'autres meubles incorporels est soumis, à défaut de dispositions spéciales, aux règles prévues pour le gage de meubles corporels. Ainsi, pour les nantissements qui ne sont pas des nantissements des créances, l'ordonnance procède par renvoi aux dispositions spéciales et à défaut, au droit commun du gage. Trois types de *nantissements spéciaux* sont particulièrement usités.

En premier lieu, le *nantissement des droits sociaux* révèle un régime qui n'est pas unitaire. Selon que le titre peut ou non recevoir la qualification d'instrument financier, son nantissement relèvera du *gage de compte d'instruments financier* ou du *nantissement de parts sociales*, sachant que selon l'objet de ce nantissement l'on sera en présence d'un *nantissement de parts de société civiles* ou d'un *nantissement de parts de sociétés commerciales*.

En second lieu, le *nantissement conventionnel de fonds de commerce* est le contrat par lequel une personne affecte spécialement la valeur de son fonds de commerce au paiement d'une dette. Régi par les articles L. 142-1 et suivants du Code de commerce, il exige un *écrit* dûment *enregistré* qui doit, de surcroît être *publié*, à peine de nullité du nantissement, dans la quinzaine de la date de l'acte constitutif. Le créancier nanti sur le fonds dispose d'un *droit de préférence* qui s'exerce sur le prix global de l'ensemble des éléments compris dans le nantissement ainsi que d'un *droit de suite*. En revanche, il n'a droit ni à l'attribution judiciaire du fonds en propriété, ni ne dispose d'un droit de rétention. On pourrait toutefois s'interroger sur la validité d'un pacte commissoire.

En dernier lieu, le *nantissement de contrat d'assurance-vie* permet d'affecter une police d'assurance en garantie du remboursement de prêts bancaires. L'ordonnance du 23 mars 2006 et la loi du 17 décembre 2007 ont simplifié le régime de ce nantissement qui se décalque sur celui du nantissement de créances. Il faudra simplement notifier l'accord intervenu entre le créancier et le débiteur à l'assureur et demander l'autorisation du bénéficiaire pour l'établir, lorsque le contrat aura été souscrit sur la tête d'un tiers.

Documents

Civ. 3e, 22 mars 2006
(*JCP* N 2006. 1235, obs. J. Monéger; *Rev. loyers* juin 2006, p. 276, note M. Prigent; *D.* 2006. 1044, obs. Y. Rouquet, *Administrer* juillet 2006, p. 50; *Loyers et copr.* 2006, n° 105, obs. P. Pereira; *RJDA* juin 2006, n° 628)

« Qu'en statuant ainsi, alors que le bailleur qui entend poursuivre en justice la résiliation du bail par acquisition de la clause résolutoire doit notifier sa demande à tous les créanciers inscrits à la date de celle-ci, la cour d'appel a violé le texte susvisé ; »

Biblio

- Ch. Albiges et Y. Picod, « Nantissement », *Rép. com. Dalloz*, 2008.
- A. Arsac et M. Roussile, « Blocage d'un compte bancaire nanti », *RD banc. fin.* 2014, étude 10.
- O. Barret, Les contrats portant sur le fonds de commerce, LGDJ, 2001.
- N. Borga, « Pour un renouveau des garanties conventionnelles sur droit intellectuelle », *in* J.-M. Bruguière (dir.), *Les contrats de la propriété intellectuelle,* Dalloz, coll. « Thèmes et commentaires », 2013, p. 117 et s.
- J. Chassery, « Le nantissement de parts sociales », *RTD com.* 1977. 435.
- M. Cabrillac, « Les sûretés conventionnelles sur l'argent », in *Mélanges J. Dérruppé*, GLN Joly et Litec, 1991, p. 233 s.
- P. Crocq, « Le nantissement de créance », *RLDC* 2006, n° 29, suppl. p. 13.
- P. de Coulibœuf, « Le nantissement de fonds de commerce », *Dr. et patr.* sept. 1995, p. 35.
- Ph. Dupichot, « Le nantissement, un an après », *LPA* 27 mars 2008, p. 27.
- F. Jacob, « Le nantissement de parts sociales », *Dr. et patr.* juill.-août 2007, p. 685.
- Ch. Gijsbers et M. Julienne, « La clause de blocage conservatoire du compte nanti », *Rev. Lamy dr. civ.* 2015, p. 28.
- M. Julienne, *Le nantissement de créance*, préf. L. Aynès, Economica, 2012 ; « Le régime du gage : droit commun du nantissement ? », *RD banc. fin.* sept. 2014. Dossier 40 ; « Le

nantissement de créance : un outil efficace ? », *in* N. Borga et O. Gout (dir.), *L'attractivité du droit français des sûretés réelles*, 2016, LGDJ, coll. « Grands colloques », p. 133.
- D. Legeais, *Les garanties conventionnelles sur créances*, préface Ph. Rémy, Economica, coll. « Dr. des aff. de l'entr. », 1986 ; « Gage de compte d'instruments financiers », *RD banc. fin.* 1997, p. 225 s. ; « Le nantissement de créances », *Dr. et patr.* juill.-août 2007, p. 545.
- C. Lisanti, *Les sûretés conventionnelles sur meubles incorporels*, préface F. Pérochon, Litec, 2001 ; « Quelques remarques à propos des sûretés sur les meubles incorporels dans l'ordonnance n° 2006-346 du 23 mars 2006 », *D.* 2006. 2671.
- D. Martin, « De la garantie monétaire », *RD banc. fin.* mars-avril 2006, p. 43 s. ; « Du gage d'actifs scripturaux », *D.* 1996. Chron. 263.
- M. Mignot, « L'indisponibilité de la créance nantie : une pièce manquante essentielle du dispositif législatif issu de l'ordonnance du 23 mars 2006 », *RD banc. fin*. janv.-févr. 2010, p. 17.
- M. Moulière, « Le nantissement de créances futures, un nouveau contrat aléatoire », *RTD com.* 2011. 677.
- S. Olivier, « Le notaire et le nantissement de fonds de commerce », *Dr. et patr.* juill. 2014, p. 24 s.
- I. Pétel-Teyssié, « Une nouvelle sûreté : le nantissement du fonds agricole », *Dr. rural* févr. 2006, p. 25 s.
- G. Piette, « Le nantissement de meubles incorporels », *RLDA* mars 2007, n° 14.
- J. Stoufflet, « Le nantissement de biens incorporels », *JCP* E 2006, supplément au n° 20-21 du 18 mai 2006, étude n° 5, p. 19.
- A. Raynouard, « Les gages de titres et les nantissements de créance après l'ordonnance du 23 mars 2006 », *RJ com.* 2006. 196.
- G. Rouzet, « Le point sur la virgule (art. 10 al. 1 de la loi du 17 mars 1909) », in *Mélanges J. Déruppé*, GLN Joly et Litec, 1991, p. 355 s.
- H. Synvet, « Le nantissement de biens incorporels », *Dr. et patr.* 2005, n° 147, p. 75 ; « L'assiette du gage de comptes d'instruments financiers », in *Études offertes à J. Beguin*, Litec, 2005, p. 719 ; « Le nantissement de compte », *Dr. et patr.* juill.-août 2007, p. 625.
- N. Thomassin, « La date de naissance des créances contractuelles », *RTD com.* 2007, p. 655.

Quiz

1) Sujet corrigé

Cas pratiques

Énoncé n° 1

Par un acte daté du 1er juin 2012, la banque Montpelliéraine du crédit a accordé à Mme Pou un crédit destiné à l'acquisition d'un corps de ferme, pour lequel elle a obtenu un nantissement portant sur une créance détenue par cette dernière sur Mme Pia. La créance de Mme Pou était exigible le 1er août 2012 alors que le prêt que lui a consenti la banque était, quant à lui, exigible le 1er septembre 2012. Mme Pou n'exécute pas son obligation de remboursement au jour de l'échéance. Que peut faire la banque sachant qu'elle a omis d'informer Mme Pia ?

Voir le corrigé en fin de rubrique.

Énoncé n° 2

Le directeur de la banque X se trouve face à un dossier complexe. Il se demande s'il existe une chance de récupérer quelque chose et vous demande conseil. Il vous indique que le 1er septembre 2012, la banque X a valablement consenti à Mme Y un prêt destiné à l'acquisition d'un fonds de commerce spécialisé dans la vente de produits animaliers, se faisant garantir par un nantissement authentique portant sur ce même fonds acquis par la débitrice dès le 3 septembre. Postérieurement, courant octobre, Mme Y a régulièrement consenti un second nantissement sur le fonds au profit de la banque Z en garantie d'un prêt octroyé, qui a procédé le jour suivant à son inscription. L'activité de Mme Y n'aboutit pas aux résultats escomptés, son chiffre d'affaires baisse de jour en jour, et est, aujourd'hui, dans l'incapacité de régler la totalité de ses créanciers. La banque X souhaite mettre en œuvre le nantissement qui lui a été consenti et qu'elle a inscrit le 5 septembre, mais la banque Z, créancier de second rang, s'y oppose et vous demande conseil.

Comme un malheur n'arrive jamais seul, la banque X se trouve confrontée à une véritable catastrophe. Le local dans lequel Mme Y exerçait son activité a été détruit par un incendie avant même qu'elle ait eu le temps de réaliser le nantissement. Son assureur vient de lui verser une indemnité.

Voir le corrigé en fin de rubrique.

2) Corrigés

Cas pratique n° 1

La Banque montpelliéraine du crédit s'est fait consentir une sûreté réelle, le *nantissement de créance*. Aussi peut-elle tenter de se retourner contre Mme Pia au titre du nantissement de créance ?

Textes applicables : Depuis l'ordonnance du 23 mars 2006, la garantie portant sur une créance (bien incorporel) est obligatoirement un nantissement régi par les articles 2355 et suivants du Code civil.

En l'espèce :

Créance garantie = le prêt accordé par la banque exigible le 1er septembre 2012

Créance nantie = créance due par Mme Pia à Mme Pou exigible à compter du 1er août 2012

Il apparaît que la créance nantie arrive à échéance avant la créance garantie.

Créance garantie exigible le 1er septembre 2012 :

Mme Pou à la Banque

Créance nantie exigible le 1er août 2012 :

Mme Pia à Mme Pou

Le problème de droit posé est donc le suivant :

Quels sont les effets, sur l'efficacité du nantissement, de la notification ou de l'absence de notification (du nantissement) au débiteur de la créance nantie ?

Quelles sont les conditions de mise en œuvre d'un nantissement de créance lorsque la créance nantie arrive à échéance avant la créance garantie ?

Deux questions se posent : celle de la validité du nantissement (I) et celle de son efficacité (II).

I. Sur la validité du nantissement

Il est nécessaire d'examiner en premier lieu la validité du nantissement en cause, ce qui suppose de vérifier que l'acte de nantissement est valable tant sur la forme que sur le fond. Ceci ne devrait toutefois pas poser de grandes difficultés dans la mesure où la loi est assez libérale.

A. Exigence d'un acte écrit

Sur la forme, l'acte de nantissement de créance doit figurer dans un *écrit, daté et signé, conclu à peine de nullité* (art. 2356 al. 1er C. civ.). C'est donc un contrat solennel.

Il peut être authentique ou sous seing privé, sans avoir à être enregistré par dérogation à l'art 1328 C. civ.

En l'espèce, les faits évoquant un acte du 1er juin 2012, la condition de forme est remplie. Il faut cependant vérifier son contenu.

À noter : pour le nantissement de créances : pas de mesure de publicité comme c'est le cas pour le gage : art. 2361 « Le nantissement d'une créance présente ou future, prend effet entre les parties et devient *opposable aux tiers à la date de l'acte* » (Mais une publicité est nécessaire pour les nantissements spéciaux).

B. Contenu de l'acte écrit.

Par ailleurs, *sur le contenu de l'acte*, la seule exigence imposée par la loi tient à l'individualisation des créances nanties et garanties qui doivent être désignées dans l'acte (art. 2356 al. 2 C. civ.).

Mais comment ?

Le législateur n'a pas donné de précisions. L'art. 2356 al. 2 C. civ. dispose « *les créances garanties et nanties sont désignées dans l'acte* ». Une très grande liberté contractuelle est laissée aux cocontractants. Il faut toutefois veiller à ce que la désignation des créances soit suffisante (claire, précise et conforme à la réalité).

En l'espèce :

- la désignation de *la créance garantie* ne pose pas de difficulté particulière : il s'agit d'un crédit conclu entre Mme Pou et la Banque.

- Quant à *la créance nantie*, les parties ont une grande latitude et peuvent nantir non seulement une créance, mais aussi un ensemble de créances, puisque l'article 2355 alinéa 1er du Code civil vise « *un ensemble de biens meubles incorporels* ».

L'origine de la créance nantie importe peu, du moment qu'elle est disponible, et les caractères de la créance peuvent être variés, sachant qu'elle peut même être future, dès lors que l'acte permet leur individualisation (art. 2356 al. 3 C. civ : nouveauté de l'ordonnance). (La créance ne peut pas n'être qu'éventuelle). Le nantissement porte également sur les accessoires de la créance, sauf si les parties en disposent autrement.

Le créancier nanti acquiert alors un droit sur la créance à naître dès sa naissance (art. 2357 C. civ.).

Toutefois, un tel problème ne semble pas se poser en l'espèce, puisque la créance nantie est née, mais n'est simplement pas encore exigible.

Dès lors, dans la mesure où l'article 2356 alinéa 2 du Code civil ne précise pas les modalités de désignation des créances, les parties sont libres, du moment que leur désignation est claire, de faire référence à un autre acte désignant la créance ou de les mentionner directement.

La seule incertitude tient en fait dans l'interrogation suivante : *le défaut d'une de ces désignations entraînera-t-il la nullité de l'acte ?* (Colmar, 24 nov. 2011, n° 11/022000, *JCP* G 2012. 1291, obs. Ph. Delebecque)

Même si la rédaction du texte semble plus libérale qu'en matière de cession Dailly — laquelle a inspiré le législateur en notre matière, *le défaut d'individualisation des créances devrait conduire à l'annulation du nantissement.* Cela étant, en l'espèce, rien ne laisse supposer une telle carence.

En l'espèce ce nantissement est donc valablement conclu. Nous pouvons en étudier les effets. Mais pour autant est-il opposable aux tiers, et donc efficace ?

II. Sur l'efficacité du nantissement

Il convient en second lieu de s'interroger sur l'efficacité de la sûreté.

Cette efficacité dépend pour partie de la notification du nantissement au débiteur de la créance nantie (A. pas de notification /B. hypothèse d'une notification).

A. Le constat et les effets de l'absence de notification du nantissement au débiteur de la créance nantie

L'écrit

Comme on vient de le voir, le nantissement de créance exige un écrit daté (art. 2356 al. 1er C. civ.). Cette date est importante puisque c'est à partir de celle-ci que le nantissement prend effet entre les parties, et est *opposable aux tiers* (art. 2361 C. civ.).

Débat sur la *charge de la preuve de la date* (doit être faite par le créancier nanti comme pour la cession de créance professionnelle ? Ou bien par le tiers souhaitant contester le nantissement comme l'imposerait le droit commun de la preuve ?). *A priori*, en l'absence de décision sur ce point, la date inscrite sur l'acte fait foi jusqu'à ce que le tiers apporte une preuve contraire. Le créancier a juste à avancer la date de l'acte, le tiers doit faire la preuve contraire.

En l'espèce c'est bien le cas (acte du 1er juin).

La notification (n'est plus une condition de validité)

Toutefois, pour être *opposable au débiteur de la créance nantie*, le nantissement de créance doit lui être notifié, à moins qu'il n'intervienne à l'acte (2362 al. 1er C. civ.).

En effet, art. 2362 : « Pour être opposable au débiteur de la créance nantie, le nantissement de créance doit lui être notifié ou ce dernier doit intervenir à l'acte. »

Les modalités de notification ne sont pas précisées par la loi. Donc par prudence, Lettre recommandé avec accusé de réception. Le créancier doit se ménager une preuve de l'information.

Or ici, *a priori* aucune notification à Mme Pia n'est intervenue.

Dans ce cas, c'est le second alinéa du même article qui s'applique : « *À défaut, seul le constituant reçoit valablement paiement de la créance* ».

Par conséquent, en l'espèce, à l'échéance de la créance nantie, soit le 1er août 2012, Mme Pia (débiteur de la créance nantie) pouvait parfaitement se libérer entre les mains de Mme Pou (le constituant, créancier de la créance nantie). En effet, *ce n'est qu'après notification que seul le créancier nanti (la Banque) reçoit valablement le paiement de la créance donnée en nantissement (art. 2363 al. 1er C. civ.).*

Ainsi, faute pour la banque d'avoir notifié à Mme Pia le nantissement intervenu, celle-ci prend le risque de perdre le bénéfice du nantissement de créance :

- *si Mme Pia a payé Mme Pou, elle l'aura fait valablement, le nantissement lui étant inopposable :* ignorant l'existence du nantissement, il est normal que Mme Pia ne soit pas pénalisée d'avoir réglée, de bonne foi, son créancier initial, en l'occurrence Mme Pou. L'article 2362 alinéa 2 du Code civil dispose en ce sens qu'à défaut de notification, ou d'intervention à l'acte, « seul le constituant reçoit valablement paiement de la créance » ; Ainsi, (v. ss 499) : « Le créancier est libre de ne pas notifier. Pour autant, lorsque tel est le cas, il ne renonce pas à sa garantie, il peut agir contre le débiteur constituant mais s'expose sur les sommes recouvrées par le constituant, à entrer en concours avec les autres créanciers »

- si Mme Pia n'a pas encore payé Mme Pou, la banque pourra toujours se prévaloir de son nantissement et se faire attribuer par le juge la créance donnée en nantissement, conformément à l'article 2365 du Code civil (attribution judiciaire ou pacte commissoire). Mais il faudra qu'elle attende la défaillance de son débiteur, et donc l'échéance de la créance garantie, soit le 1er septembre.

B. La mise en œuvre du nantissement dans l'hypothèse d'une notification effectuée

Etudions l'hypothèse selon laquelle la banque a pensé à notifier le nantissement à Mme Pia.

Dans ce cas le nantissement deviendrait opposable à Mme Pia débiteur de la créance nantie, qui ne peut payer valablement qu'au créancier nanti : c'est-à-dire à la banque.

Cependant la situation qui nous est soumise pose un problème car la créance nantie, due à Mme Pou par Mme Pla, arrive à échéance le 1er août, c'est-à-dire avant l'échéance de la créance garantie (le remboursement du crédit par Mme Pou à la Banque exigible le 1er septembre).

En effet, lors de la mise en œuvre du nantissement, la créance garantie doit être certaine, liquide et exigible (v. ss 517).

Donc, même si la banque avait pensé à notifier, en l'espèce, elle aurait pu recevoir les sommes, mais elle n'aurait pas pu s'attribuer les sommes, vu que sa créance contre Mme Pou n'était pas encore échue au 1er août (art. 2364 al. 1er C. civ.).

Dès lors et conformément à l'article 2364, alinéa 2 du Code civil, elle aurait dû ouvrir en son sein un compte spécial et y inscrire les sommes reçues à charge pour elle de les restituer si l'obligation garantie avait été exécutée. Le jour de l'exigibilité de la créance garantie, si Mme Pou paie, la banque doit lui restituer les sommes perçues de Mme Pia. En revanche, en cas de défaillance du débiteur de la créance garantie, le créancier doit le mettre en demeure et si huit jours après la mise en demeure est restée sans effet, le créancier peut affecter les fonds au remboursement de sa créance dans la limite des sommes impayées. Si les sommes perçues étaient supérieures à la créance garantie, le créancier doit restituer la différence à Mme Pou, constituant.

Cas pratique n° 2

Le directeur de la banque X vient vous demander conseil s'agissant d'un dossier pour le moins épineux. D'une part, la banque X s'est fait consentir un nantissement portant sur le fonds de commerce de Mme Y. Mais il s'avère que suite à sa défaillance, la banque X, qui souhaite mettre en œuvre la sûreté, se trouve confrontée à la banque Z, créancier nanti sur ce même fonds, qui invoque la nullité du nantissement du fonds de la chose d'autrui. D'autre part, le fonds de commerce a été détruit par incendie avant même que la banque n'ait pu réaliser le nantissement.

Se posent alors la question de la validité du nantissement (I), puis celle de son efficacité (II).

I. Sur la validité du nantissement

Le nantissement du fonds de commerce est une sûreté réelle fragile car la valeur du fonds est liée à la prospérité du commerçant.

Il a été créé par une loi en date du 17 mars 1909 et est régi par les articles L 142-1 du Code de commerce et suivant.

Le nantissement du fonds de commerce de Mme Y pose le problème de sa validité. Les conditions de validité du nantissement de fonds de commerce ont-elles été respectées ?

Le nantissement portant sur un fonds de commerce est soumis à des conditions de fond et de forme.

A. Sur la forme

Sur la forme, le contrat de nantissement doit être passé par écrit, acte authentique ou sous seing privé enregistré, à peine de nullité (art. L. 142-3 al 1er C. com.).

En l'espèce, la condition est remplie pour l'un et l'autre des nantissements. Le premier en date accordé à la banque X a été conclu par acte authentique, pour le second, aucune précision ne nous est founie mais il est indiqué que l'acte a été enregistré, un écrit a donc été établi.

Se pose toutefois la question de savoir si l'enregistrement doit avoir lieu que l'écrit soit conclu par acte authentique ou par acte sous seing privé ? Il semblerait que le législateur ne distingue pas entre le nantissement authentique et le sous seing privé. Dès lors, deux interprétations sont possibles.

Arguments pour :

- Le texte ne distingue pas, v. art. L. 142-3 C. com. qui indique « le contrat de nantissement est constaté par un acte authentique ou par un acte sous seing privé, dûment enregistré ».

- L'emplacement de la virgule au sein de l'article semble confirmer cette position, v. en ce sens G. Rouzet, « Le point sur la virgule (article 10 alinéa 1er de la loi du 17 mars

1909) », in *Mélanges J. Derrupé*, GLN Joly et Litec, 1991, p. 355 et s. et Ch. Albiges et M.-P. Dumont-Lefrand, *Droit des sûretés*, 3e éd., Dalloz, 2011.

Arguments contre :

Lorsque le nantissement est dressé en la forme authentique il est nécessairement enregistré, en ce sens *Lamy droit commercial*, Lamy, 2011, n° 771.

Quel est le délai pour enregistrer l'acte ?

Aucun délai n'est imposé mais l'enregistrement doit avoir lieu avant l'inscription de l'acte qui elle doit avoir lieu dans les 15 jours de l'acte constitutif.

De plus, l'écrit enregistré doit être publié sur un registre spécial auprès du greffe du du lieu d'exploitation dans les 15 jours de la date de l'acte constitutif (art. L. 142-4 al 1er C. com.). À défaut, le nantissement est nul, de nullité absolue. Si l'acte ne comporte aucune date, le délai de 15 jours court à compter de l'enregistrement de l'acte (Com 17 sept. 2002).

En l'espèce, la banque X a procédé à cette inscription dans les délais : le nantissement a été consenti le 1er septembre et il a été inscrit dès le 5 septembre. Le second nantissement, celui qui a été consenti à la banque Z, a également été régulièrement inscrit. Les deux nantissements sont valables sur la forme.

B. Sur le fond

Sur le fond, en sus du fait que le constituant doit avoir la capacité de disposer (ici *a priori* OK), que le fonds de commerce doit exister (ici OK également), le débiteur doit à peine de nullité être propriétaire dudit fonds de commerce. Nantir un fonds de commerce constitue un acte de disposition que seul un propriétaire peut effectuer valablement (en ce sens Paris, 22 oct. 1999, *Cah. Dr. aff.* 2000. AJ. 52 ; *RTD com.* 2000. 331, obs. J. Derrupé ; *RJDA* 2000, n° 3, n° 344). Ainsi, un usufruitier ne peut nantir le fonds de commerce.

Or, le nantissement a été consenti le 1er septembre, date à laquelle Mme Y n'était pas encore propriétaire du fonds, elle l'acquiert peu de temps après, le 3 septembre.

Le nantissement du fonds d'autrui est frappé de nullité. Cependant, la nature de cette nullité a donné lieu à controverses : s'agit-il d'une nullité relative ou absolue ? L'enjeu est de taille car si cette nullité n'est qu'une nullité de protection alors elle peut être couverte ce qui ne sera pas le cas de la nullité absolue.

La loi de 1909 ne nous fournit aucune indication sur la question. Soit on peut estimer que cette nullité est seulement relative en se fondant sur l'article 1599 du Code civil applicable à la vente de la chose d'autrui, soit qu'elle est nécessairement absolue en se fondant cette fois sur l'article 2413 du Code civil qui impose une nullité absolue en cas d'hypothèque de la chose d'autrui.

La jurisprudence a pu appliquer la nullité absolue (v. Rouen, 3 mai 1924, *Gaz. Pal.* 1924. Jur. 312). Cela signifie alors si l'on opte pour cette solution, que le constituant peut demander la nullité du nantissement alors même qu'il est devenu propriétaire du fonds ultérieurement.

Un arrêt de la chambre commerciale de la Cour de cassation du 5 novembre 2002 (*Bull. civ.* IV, n° 159 ; *Revue Lamy dr. aff.* 2003, n° 56, n° 3531, pbs. J. Vasa ; *D.* 2003. 70, obs. E. Chevrier ; *JCP* E 2003. 545, note M. Kéita ; *JCP* N 2003, 18 ; *RTD com.* 2003. 58, n° 4, obs. N. Saintourens ; *RTD com.* 2003. 360, n° 14, obs. B. Bouloc) est venu préciser « *la nullité du nantissement d'un fonds de commerce appartenant à autrui est couverte lorsque, avant toute action en nullité, le constituant devient propriétaire du fonds; que c'est donc à bon droit que l'arrêt statue en ce sens*». Le nantissement de fonds d'autrui est alors frappé de nullité relative, susceptible d'être couverte.

En l'espèce, si au jour de la conclusion du nantissement portant sur le fonds de commerce, c'est-à-dire le 1er septembre, Mme Y n'était pas encore propriétaire, elle le deviendra dès le 3 septembre, avant même que la banque X ne procède à son inscription et avant même l'action de la banque Z. Cette dernière ne peut donc pas s'opposer à la demande de réalisation du nantissement de la banque X qui détient un nantissement valable (sur le fond et sur la forme).

II. Sur l'efficacité/l'assiette du nantissement

Avant même que la banque X ne puisse réaliser son nantissement pour se faire payer, le fonds est détruit dans un incendie. L'assureur de Mme Y vient toutefois de lui verser une indemnité.

Problème de droit : le créancier nanti peut-il reporter sa garantie offert sur un fonds de commerce sur l'indemnité d'assurance versée au constituant suite à la disparition du fonds pour incendie ?

La question posée est celle de l'assiette du nantissement (art. L. 142-2 C.com.).

En principe, l'assiette est composée des éléments *limitativement énumérés* par l'art L. 142-2 alinéa 1er C. com.

Art. L. 142-2 C. com. : « Sont seuls susceptibles d'être compris dans le nantissement soumis aux dispositions du présent chapitre comme faisant partie d'un fonds de commerce : l'enseigne et le nom commercial, le droit au bail, la clientèle et l'achalandage, le mobilier commercial, le matériel ou l'outillage servant à l'exploitation du fonds, les brevets d'invention, les licences, les marques, les dessins et modèles industriels, et généralement les droits de propriété intellectuelle qui y sont attachés ».

Toutefois, l'alinéa 3 de cet art précise que « À défaut de désignation expresse et précise dans l'acte qui le constitue, le nantissement ne comprend que l'enseigne et le nom commercial, le droit au bail, la clientèle et l'achalandage ».

3 conséquences :

1) Certains éléments sont exclus de l'assiette du fonds (marchandises, immeubles, mobilier personnel...).

2) Pour faire porter le nantissement sur d'autres éléments que l'enseigne et le nom commercial, le droit au bail, la clientèle et l'achalandage, il faudra *une stipulation expresse* des parties.

3) Les éléments énumérés à l'alinéa 3 sont de plein droit soumis au nantissement, mais il est possible de réduire cette assiette par une clause.

Mais dans quelle mesure la modification des éléments nantis peut-elle être prise en compte ? Cela dépend de la modification intervenue. Plusieurs possibilités :

1) Adjonction d'un élément

Le nantissement ne s'étend pas à ce nouvel élément sauf en matière de brevet (la garantie est étendue au certificat d'addition postérieur au nantissement, art. L.142-2, al 2 C. com).

2) Substitution d'un élément

Par ex, substitution du droit au bail par l'indemnité d'éviction.

3) Disparition d'un élément

La sanction c'est la déchéance du terme de l'art. 1188 C. civ. lorsque la diminution provient du fait du débiteur ou de l'art. L. 143-1 C. com. lorsque le fonds est déplacé sans information du créancier.

En l'espèce, le fonds a disparu suite à un incendie et une indemnité d'assurance vient d'être versée au constituant.

En principe, le nouvel élément, qui remplace l'ancien, est lui aussi grevé par la sûreté, en application du mécanisme de la subrogation réelle.

C'est notamment le cas dans toutes les hypothèses où la loi elle-même organise l'extension de l'assiette du nantissement à une indemnité remplaçant un élément du fonds.

L'article L. 121-13 C. assur. admet que le créancier inscrit bénéficie des indemnités d'assurance attribuées au commerçant en cas de destruction du fonds (« Les indemnités *dues par suite d'assurance contre l'incendie, contre la grêle, contre la mortalité du bétail, ou les autres risques,* sont attribuées *sans qu'il y ait besoin de délégation expresse,* aux créanciers privilégiés ou hypothécaires, suivant leur rang »).

L'article L. 141-5 C. com. autorise la subrogation des créanciers inscrits sur le prix de vente du fonds de commerce. C'est encore le cas de l'indemnité d'expropriation (art. 12-3 C. expr.).

D'autre fois c'est la jurisprudence qui a prévu les solutions.

En cas de renouvellement du bail, il est admis que le nantissement portant sur le droit au bail s'étend à l'expiration du bail initial au bail renouvelé.

Néanmoins, en cas de non-renouvellement du bail, *Civ. 3e, 6 avr. 2005* refuse d'étendre l'assiette du nantissement à l'indemnité de résiliation convenue, le créancier ne bénéficiant ni d'un droit de suite, ni d'un droit de préférence sur cette indemnité, *car celle-ci représente la réparation du préjudice subi.* L'indemnité de résiliation a donc une nature indemnitaire s'opposant au jeu de la subrogation réelle en l'absence de texte.

Civ. 3e, 6 avr. 2005 : où la Cour a jugé que « le créancier titulaire d'un nantissement sur un fonds de commerce ne bénéficie d'aucun droit de préférence ou de suite sur l'indemnité de résiliation du bail grâce auquel est exploité le fonds ».)

Cependant, *Civ. 1re, 9 nov. 1999* est venu préciser « sans inverser la charge de la preuve, que le solde d'indemnité dû par l'assureur garantissait la perte d'exploitation et exactement relevé que cette perte d'exploitation, qui ne constitue pas un élément du fonds de commerce, n'était pas comprise dans le nantissement, la cour d'appel en a exactement déduit que le créancier nanti ne pouvait être attributaire de cette indemnité ». La subrogation réelle prévue par l'article L. 212-13 C. assur. ne joue qu'en cas de disparition d'un élément du fonds et non dans l'hypothèse d'une perte d'exploitation, qui ne constitue pas un élément du fonds et ne peut donc faire partie de l'assiette de celui-ci.

En l'espèce, la banque X pourra exercer son droit de préférence sur l'indemnité si l'assurance avait vocation à indemniser la perte d'un élément du fonds et non la perte d'exploitation.

chapitre 10

L'hypothèque

Plan analytique

section 1

Les dispositions communes

§ 1 Les biens concernés

A. Les immeubles

B. Les immeubles disponibles

§ 2 Le caractère indivisible de l'hypothèque

section 2

Les différentes catégories d'hypothèques

§ 1 L'hypothèque conventionnelle

A. Les conditions de fond

B. Les conditions de forme

§ 2 L'hypothèque légale

A. Présentation de l'hypothèque légale

B. Mises en œuvre de l'hypothèque légale

§ 3 L'hypothèque judiciaire conservatoire

A. Les conditions de l'hypothèque judiciaire conservatoire

B. Les effets de l'hypothèque judiciaire conservatoire

section 3

Le régime de l'hypothèque

§ 1 La publicité de l'hypothèque

A. Les conditions de l'inscription

B. Les effets de l'inscription

§ 2 Les effets de l'hypothèque

A. Les effets avant la réalisation de l'hypothèque

B. Les effets lors de la réalisation de l'hypothèque

§ 3 La transmission de l'hypothèque

A. La transmission à titre accessoire

B. La transmission à titre principal

§ 4 L'extinction de l'hypothèque

A. L'extinction à titre accessoire

B. L'extinction à titre principal

Compléments pédagogiques

L'hypothèque

Depuis l'ordonnance n° 2006-346 du 23 mars 2006 relative aux sûretés, les dispositions spécifiques à l'hypothèque sont placées au sein du Livre IV du Code civil, aux articles 2393 et suivants. Cette sûreté réelle permet l'affectation d'un immeuble déterminé au paiement d'une dette, conformément à la définition prévue à l'article 2393 du Code civil selon lequel une sûreté réelle immobilière correspond à « un droit réel sur les immeubles affectés à l'acquittement d'une obligation ». Le recours à cette sûreté suppose que le débiteur ne soit pas dépossédé du bien. En ce qui concerne le créancier, bénéficiaire de l'hypothèque, il demeure protégé par la possibilité de faire vendre le bien et exercer le droit de suite ou être payé en priorité, par la mise en œuvre du droit de préférence. Une différence fondamentale oppose les hypothèques telles qu'elles existaient à Rome ou sous l'Ancien Régime, par rapport à celles prévues par le Code civil de 1804 ou encore celles en vigueur de nos jours. Cette différence est directement liée au mécanisme de la publicité foncière qui s'est imposé en droit interne comme condition d'opposabilité de la sûreté à l'égard des tiers. 578

La technique de cette sûreté réelle ne s'est révélée qu'au Moyen Âge sous la forme de *l'obligatio bonorum*, une sûreté conventionnelle qui permettait de garantir ses dettes par tout ou partie de ses biens. Le terme « hypothèque » n'apparaît qu'au XVIe siècle, cette technique permettant de grever les immeubles du débiteur par acte notarié ou à la suite d'une condamnation judiciaire. Seule la loi du 25 mars 1855 consacra le recours à la publicité à l'égard de toutes les aliénations et constitutions de droits réels immobiliers, à l'exception cependant des hypothèques légales et privilèges généraux pourtant très nombreux. C'est le décret du 4 janvier 1955 qui va marquer l'évolution la plus importante. Ce texte modernise le régime de la publicité foncière tout en systématisant la publicité (sur laquelle, J. Piedelièvre et St. Piedelièvre, *La publicité foncière,* Defrénois, 2014). 579

Cette sûreté réelle dispose d'un effet psychologique important en raison notamment de la menace d'expulsion qui pèse sur le débiteur (G. Piette, « Les spécificités des sûretés réelles immobilières », in *Immeuble et droit privé – Approches transversales*, Lamy, coll. « Axe-Droit », 2012, p. 127). C'est sans doute cette dernière caractéristique qui fait que l'on assiste à un certain maintien de l'hypothèque face à d'autres sûretés pourtant réputées plus simple d'utilisation et ponctuellement privilégiée comme le privilège du prêteur de deniers notamment (sur cette sûreté, v. ss 800 s.). Lors de diverses crises économiques, le caractère inadapté de l'hypothèque a toutefois été ponctuellement souligné. Son formalisme, mais également son coût et les délais qu'elle impose font d'elle une sûreté parfois délicate à mettre en œuvre, d'autant que le législateur a encouragé des techniques de sûretés plus simples et sécurisantes. La réforme opérée par l'ordonnance du 23 mars 2006, complétée par l'ordonnance du 21 avril 2006 sur la saisie immobilière, a justement eu pour objectif de moderniser l'hypothèque, comme l'illustre l'étude des dispositions communes (section 1), celle des différentes catégories de cette sûreté (section 2) et celle de son régime (section 3). 580

section 1

Les dispositions communes

581 Que l'hypothèque soit d'origine conventionnelle, légale ou judiciaire (sur cette distinction, v. ss 586 le recours à cette sûreté suppose la présence d'une créance principale non viciée ou susceptible d'être annulée. La Cour de cassation a toutefois précisé que, même dans l'hypothèse d'un contrat principal annulé, en l'occurrence un prêt, l'obligation de restitution inhérente à ce prêt ainsi que l'hypothèque consentie, demeurent, tant que les parties n'ont pas été remises en l'état (Civ. 3e, 5 nov. 2008, *RTD civ. 2009.* 148, obs. P. Crocq ; *JCP N* 2009. 1001, n° 7, obs. S. Piedelièvre ; *RD banc. fin.* janv. 2006, n° 26, obs. D. Legeais). Un tel report des sûretés, même non préalablement convenu par les parties, a été intégré dans le Code civil à l'article 1352-9 depuis l'adoption de l'ordonnance du 10 février 2016. Dès lors que de telles circonstances sont écartées, les articles 2393 à 2399 du Code civil prévoient plusieurs éléments communs, relatifs aux biens concernés (1) et au caractère indivisible de la sûreté (2), qui s'imposent quelle que soit la source de l'hypothèque.

§ 1 Les biens concernés

582 Le recours à une hypothèque suppose qu'un immeuble soit apporté en garantie d'une créance (A), bien qui doit nécessairement être disponible (B).

A. Les immeubles

583 La nature immobilière du bien s'impose lors de la conclusion d'un contrat d'hypothèque, et plus généralement pour tout recours à cette sûreté. L'article 2393 du Code civil présente l'hypothèque comme un « droit réel sur les immeubles ». De plus, l'article 2398 du Code civil énonce à ce titre que « les meubles n'ont pas de suite par hypothèque » (E. Putman, « Sur l'origine de la règle "meubles n'ont point de suite par hypothèque" », *RTD civ.* 1994. 543). Cette exigence ne pose pas de difficultés pour les immeubles par nature, mais aussi pour les fonds de terre ou les bâtiments, qui sont susceptibles d'être hypothéqués. Pour le cas particulier des immeubles par destination, l'hypothèque ne peut être envisagée indépendamment du fonds auquel ils sont attachés. En ce qui concerne l'éventuelle utilisation du terme « hypothèque » à l'égard d'un bien mobilier, le législateur a admis le principe d'une hypothèque mobilière pour certains meubles susceptibles d'une localisation aisée et pour lesquels a été institué un mécanisme de publicité spécifique. Il en est ainsi en matière d'hypothèque maritime, la loi du 3 janvier 1967 ayant précisé les modalités de cette sûreté réelle à l'égard de navires et bâtiments de mer, mais aussi pour l'hypothèque fluviale, relative aux bateaux de navigation intérieure réglementée par la loi du 5 juillet 1917, modifiée par celle du 19 juillet 1934 ou enfin pour l'hypothèque aérienne sur les aéronefs, prévue à l'article L. 122-1 du Code de l'aviation civile.

B. Les immeubles disponibles

Les hypothèses dans lesquelles l'hypothèque ne sera pas possible demeurent ponctuelles. Il est nécessaire que les droits qui affectent le bien hypothéqué soient disponibles, quelle que soit l'origine de la sûreté, conventionnelle, légale ou judiciaire. En d'autres termes, il faut que l'immeuble soit dans le commerce juridique (art. 2397 C. civ.). C'est à ce titre que les immeubles du domaine public ne peuvent pas faire l'objet d'une hypothèque, avec cependant une réserve : la loi du 25 juillet 1994 permet, sous certaines conditions, de constituer cette sûreté sur certaines parties du domaine public. De même, les biens de famille sont insaisissables, situation qui affecte, depuis la loi du 1er août 2003, l'immeuble qui sert de résidence au commerçant, également déclaré non saisissable par l'entrepreneur individuel (art. L. 526-1 et s. C. com.). Ne peuvent enfin être affectés d'hypothèque conventionnelle les immeubles pour lesquels une clause d'inaliénabilité a été stipulée (solution qui demeure toutefois spécifique à l'hypothèque conventionnelle, Civ. 1re, 23 févr. 2012, n° 09-13113 ; *Banque et Droit* mars-avr. 2012, p. 41, obs. N. Rontchevsky ; *Defrénois* 2013. 294, obs. S. Cabrillac ; *Dr. et patr.* juill.-août 2012, p. 98, obs. L. Aynès ; *Gaz. Pal.* 28 et 29 mars 2012, p. 21, obs. Ch. Albiges ; *RD banc. fin.* 2012, n° 3, p. 56, obs. D. Legeais ; *RTDI* 2012, n° 2, p. 36, obs. O. Gout ; *JCP* 2012. 626, n° 16, obs. Ph. Delebecque ; *RTD civ.* 2012. 346, obs. P. Crocq ; sur les cas particuliers en matière d'hypothèque judiciaire également, J.-J. Ansault, « Le bien frappé d'inaliénabilité conventionnelle inéluctablement rebelle à l'hypothèque ? », *RLDC* oct. 2012, p. 29). 584

§ 2 Le caractère indivisible de l'hypothèque

Selon les termes de l'article 2393 alinéa 2 du Code civil, l'hypothèque « est, de sa nature, indivisible, et subsiste en entier sur tous les immeubles affectés sur chacun et sur chaque portion de ces immeubles ». Cette disposition ne fait que reprendre l'adage « *Hypotheca est tota in toto et tota in qualibet parte* », formulé par Dumoulin : chaque portion de l'immeuble doit répondre de la totalité de la dette (J. Souhami, « Retour sur le principe d'indivisibilité des sûretés réelles », *RTD civ.* 2008. 27). Une telle indivisibilité relevant de la « *nature* » de l'hypothèque, le créancier ne peut par principe y renoncer expressément (Req. 29 juill. 1958, *DP* 1859. 1. 125) ou de manière tacite (Req. 11 avr. 1902, *DP* 1903. 1. 465). Par application de ce caractère, la division de l'immeuble ne doit pas avoir d'incidences à l'égard de la sûreté. Lorsque l'hypothèque n'affecte qu'un immeuble, chaque portion de celui-ci a vocation à répondre de la totalité de la dette, ce qui permet au créancier de ne pas avoir à diviser les recours en cas de vente partielle du bien. En cas de partage, ce même créancier peut poursuivre pour le tout l'héritier qui a reçu dans son lot une partie de l'immeuble (Civ. 3e, 6 mars 1996, *JCP* 1996. I. 3942, n° 6, obs. Ph. Delebecque ; *Defrénois* 1997 art. 36526, obs. L. Aynès). De manière corrélative, la division de la dette garantie n'entraîne nullement celle de l'hypothèque, le créancier conservant l'intégralité de la sûreté réelle pour obtenir le paiement de la fraction due par le débiteur. En cas de division de la créance, chaque créancier hypothécaire dispose de la possibilité de saisir l'ensemble de l'immeuble hypothéqué. 585

section **2**

Les différentes catégories d'hypothèques

586 Selon l'article 2395 du Code civil, l'hypothèque peut être d'origine légale, résultant de la loi, judiciaire, au terme d'un jugement ou conventionnelle, lors de la conclusion d'un contrat d'hypothèque, conformément à l'ordre prévu par le texte. Trois modes de constitutions doivent donc être distinguées selon leur fréquence d'utilisation par la pratique : l'hypothèque conventionnelle (1), légale (2) et judiciaire (3).

§ 1 L'hypothèque conventionnelle

587 Les hypothèques d'origine conventionnelle sont le plus souvent utilisées, notamment lorsqu'un établissement de crédit prête une somme d'argent, et demande au débiteur de garantir le remboursement de ce prêt par une hypothèque sur un immeuble. Le constituant est la personne qui confère l'hypothèque au créancier, qu'il s'agisse du débiteur, plus occasionnellement d'un tiers (sur le cas particulier du « cautionnement réel », v. ss 44). Or, l'évolution récente de la matière a été marquée par une relative crise de cette sûreté (sur ce constat, S. Piedelièvre, « Premier aperçu sur la réforme du droit des sûretés par l'ordonnance du 23 mars 2006 », *Defrénois* 2006, art. 38393, p. 791, spéc. n° 28), justifiant différentes modifications et nouveautés apportées par l'ordonnance du 23 mars 2006, entrée en vigueur le 25 mars 2006. L'hypothèque, lorsqu'elle résulte d'un contrat, demeure très formelle, obéissant non seulement au droit commun, mais aussi à des conditions de fond (A) et de forme (B) spécifiques.

A. Les conditions de fond

588 Les conditions de fond sont relatives aux biens (1), aux personnes (2) et aux créances (3) concernés.

1. *Les biens concernés*

a. Le principe de spécialité

589 Au nom du principe de spécialité, écarté par certaines législations étrangères et ponctuellement contesté (P. Crocq, « Le principe de spécialité des sûretés réelles : chronique d'un déclin annoncé », *Dr. et patr.* avr. 2001, p. 58), l'hypothèque ne doit concerner qu'un bien au préalable déterminé (pour l'application de ce principe à l'égard des créances, v. ss 601). C'est à ce titre que l'article 2418 du Code civil impose que soient mentionnées, dans l'acte constitutif ou dans un acte postérieur, « la nature et la situation de chacun des immeubles sur lesquels l'hypothèque est consentie ». La validité de l'hypothèque est soumise au respect de telles indications relatives à l'assiette de la sûreté réelle, le titre constitutif de la créance indiquant précisément la situation et la contenance de l'immeuble sur lequel est consentie l'hypothèque, ainsi que sa désignation cadastrale. L'objectif est bien d'assurer la protection du débiteur, en limitant les droits du créancier, expressément précisés (F. Martin, « Le

principe de spécialité de l'hypothèque – Application et évolution », *Dr. et patr.* nov. 2005, n° 142, p. 59).

Cette assiette de l'hypothèque s'étend nécessairement aux accessoires matériels et juridiques de l'immeuble et concerne notamment les éventuelles servitudes, ainsi que les loyers. De même, les fruits et récoltes sont grevés par l'hypothèque comme faisant partie intégrante du fonds (art. 520 C. civ.). De telles informations, relatives au bien grevé, devront être apportées lors de l'inscription de l'hypothèque afin d'assurer une parfaite information aux tiers (v. ss 627 s.). L'assiette de la sûreté pourra de plus être étendue, au-delà de cette indication initiale : consacrant une pratique antérieure et à l'ancien article 2133 alinéa 1er du Code civil, l'ordonnance du 23 mars 2006 prévoit désormais que l'hypothèque « s'étend aux améliorations qui surviennent à l'immeuble » (art. 2397 al. 2 C. civ.). 590 ■

b. L'hypothèque de biens à venir

En principe, l'article 2419 du Code civil interdit à un propriétaire d'hypothéquer par avance un bien : « L'hypothèque ne peut, en principe, être consentie que sur des immeubles présents ». Le non-respect de cette disposition est sanctionné par la nullité absolue du contrat conclu. Cette règle peut se justifier car le propriétaire, constituant de la sûreté, doit au préalable être propriétaire du bien : il n'a, sur un tel bien à venir, par principe, aucun droit. Cette solution de principe doit en revanche supporter trois catégories d'atténuations prévues par le Code civil. 591 ■

Tout d'abord, l'article 2420, 1o autorise le propriétaire à consentir que chacun des biens qu'il pourra acquérir soit affecté en complément de l'hypothèque initiale. Ce constituant ne doit pas disposer d'un patrimoine suffisant pour garantir la dette lors de la constitution de l'hypothèque De plus, ceci suppose que le constituant ait prévu, dans l'hypothèque initiale, une inscription pour les futurs immeubles qu'il va acquérir. 592 ■

De plus, l'article 2420, 2o du Code civil énonce qu'en cas de perte de valeur de l'hypothèque initiale, notamment par dégradation matérielle de l'immeuble ou dépérissement, la sûreté conclue peut ne plus garantir de manière suffisante la créance. Dans cette hypothèse, le créancier à la possibilité de solliciter le remboursement de sa créance, c'est-à-dire obtenir une hypothèque supplémentaire qui peut alors porter sur les biens futurs appartenant au débiteur. Cette fluctuation de la valeur du bien hypothéqué doit être, selon le texte, liée à une dégradation matérielle, et non à des circonstances économiques (sur un tel constat, S. Piedelièvre, *Droit des sûretés*, 2e éd., Ellipses, 2015, n° 546).

Enfin, l'article 2420, 3o du Code civil permet de consentir une hypothèque sur un immeuble à construire, donc un bien futur. L'hypothèque sur le terrain s'étend alors aux constructions et cela notamment au profit de l'établissement de crédit qui financerait la construction.

L'ensemble de ces restrictions revient à tempérer fortement la portée de l'interdiction de principe, affirmée à l'article 2419 du Code civil.

2. *Les personnes concernées*

Conformément à l'exigence énoncée à l'article 2413 du Code civil, le constituant doit être doté de la *capacité* d'aliéner un immeuble, l'hypothèque étant un acte de disposition en ce qu'elle peut conduire à la vente de l'immeuble (v. ss 646). Par 593 ■

conséquent, un mineur (art. 457 C. civ.) ou un majeur (art. 495 C. civ.) placé sous tutelle ne peut agir seul et son tuteur a besoin de l'autorisation du conseil de famille.

594 En ce qui concerne le *pouvoir* de conclure un contrat d'hypothèque, la difficulté intervient lorsque l'immeuble est destiné au logement familial : le consentement des deux époux est requis sous peine d'annulation à la demande de l'autre, peu importe qu'il soit propre, commun ou indivis (art. 215 al. 3 C. civ. ; M. Farge, « Sûretés personnelles contre sûretés réelles : l'influence limitée du droit de la famille », *JCP* N 2012. 1337, spéc. n° 10). La Cour de cassation a toutefois précisé que l'action en nullité ne pouvait être exercée que lorsque l'époux demandeur habite toujours le logement familial (Civ. 1re, 3 mars 2010, *Banque et Droit* juill.-août 2010, p. 45, obs. F. Jacob ; *JCP* 2010, I, 708, n° 12, obs. Ph. Delebecque ; *Dr. famille* 2010, comm. 61, obs. B. Beignier ; *Defrénois* 2013. 294, obs. S. Cabrillac ; V. Brémond, « Protection du logement de la famille. La conformité de l'action en nullité de l'article 215, alinéa 3, du Code civil aux intérêts du conjoint demandeur », *JCP* N. 2010. 1226).

De même, si les époux sont mariés sous le régime de la communauté, le consentement des deux est requis pour pouvoir hypothéquer un immeuble de la communauté conformément aux exigences de l'article 1421 du Code civil. Le législateur a également précisé que les époux ne pouvaient l'un sans l'autre affecter les biens de la communauté « à la garantie de la dette d'un tiers », exigence qui limite le recours à un cautionnement hypothécaire (sur la notion de « cautionnement réel », v. ss 44).

595 Le constituant doit ensuite être titulaire d'un droit réel, formule qui impose une double précision. D'une part, l'hypothèque peut être souscrite quelle que soit la forme de ce droit réel : le droit de propriété le plus généralement, mais aussi le droit d'usufruit (art. 2397, 2° C. civ.) lorsque ce dernier est détaché de la pleine propriété (Civ. 12 avr. 1836, *S.* 1836. I. 366). Toutefois, le recours à l'hypothèque d'un usufruit présente peu d'intérêts pratiques en raison du caractère viager de ce droit réel et de sa faible valeur économique. Il a été également jugé que la nue-propriété pouvait être hypothéquée, uniquement par le nu-propriétaire, la sûreté convenue devant s'étendre à la pleine propriété lors de l'extinction de l'usufruit (Com. 13 mars 2012, n° 11-10289, *D.* 2012. 556, obs. P. Crocq ; *Defrénois* 2013. 295, obs. S. Cabrillac ; *Dr. et patr.* juill.-août 2012, p. 99, obs. L. Aynès ; *JCP* 2012. 1291, n° 15, obs. Ph. Delebecque ; *RTDI* 2012, n° 2, p. 35, obs. Ch. Albiges). De même, d'autres droits réels sont susceptibles d'hypothèque comme le droit de superficie, la nue-propriété ou l'emphytéose notamment. Si la liste des droits susceptibles de faire l'objet d'une hypothèque est donc très large (Ph. Simler et Ph. Delebecque, *Les sûretés, la publicité foncière*, 7e éd., Dalloz, coll. « Précis », 2016, n° 398), elle n'est pas illimitée car certains droits réels ne peuvent être hypothéqués en raison de leur caractère incessible. Il en est ainsi du droit d'usage (art. 631 C. civ.), du droit d'habitation (art. 634 C. civ.) ou encore des servitudes réelles lorsqu'elles ne peuvent être détachées du fonds dominant pour être aliénées séparément.

596 D'autre part, comme en matière de contrat de vente, l'hypothèque de la chose d'autrui est nulle, par application de l'adage que « nul ne peut transférer à autrui plus de droits qu'il n'en a lui-même ». Contrairement à la vente de la chose d'autrui, la jurisprudence frappe l'hypothèque de la chose d'autrui de nullité absolue qui peut être invoquée par toute personne intéressée, la Cour de cassation assimilant cette hypothèque à celle de biens à venir (Civ. 24 mai 1892, *DP* 1892. I. 327, *S.* 1892. 1. 289). L'unique réserve se manifeste par l'éventuelle application de la théorie de l'apparence en faveur du créancier de bonne foi qui a commis une erreur commune, qui aurait pu être commise par toute autre personne, le constituant n'étant que le propriétaire apparent du bien concerné.

La difficulté en la matière est relative à l'hypothèque conclue sur un bien indivis (plus généralement sur cette hypothèse, C. Grare-Didier, « La classification des actes de disposition, d'administration et conservatoires à l'épreuve de la constitution d'une sûreté réelle sur un bien indivis », *JCP N* 2017. 1149). Le constituant n'étant propriétaire que d'une partie du bien, différentes hypothèses sont envisageables, retenues initialement par la jurisprudence et adoptées lors de la réforme du 23 mars 2006. L'article 2414 du Code civil permet de distinguer deux situations. 597 ■

Si l'hypothèque affecte la totalité de l'immeuble tout d'abord et si *tous les coindivisaires* ont consenti la sûreté, cette dernière est considérée comme parfaitement valable. Le créancier peut accomplir immédiatement la saisie de l'immeuble, sans attendre le partage de l'indivision comme l'indique l'article 2414 alinéa 2 du Code civil. Cette disposition ne fait que confirmer une jurisprudence antérieure de la Cour de cassation (Com. 28 juin 2005, *JCP* 2005. I. 185, n° 14, obs. Ph. Delebecque ; *JCP N* 2006. 1025, note V. Brémond). Dans cette hypothèse, si un seul des coindivisaires a la qualité de débiteur, les autres auront la qualité de cautions réelles, en raison de l'affectation d'un bien à la garantie de la dette d'un tiers. À l'inverse, si un seul coindivisaire hypothèque le bien, le créancier ne pourra pas poursuivre la réalisation de son hypothèque avant le partage. Lors du partage, le créancier pourra exercer son droit sur la part de son débiteur, droit qui se reporte tout simplement sur le prix obtenu par le débiteur du fait du partage. Dans ce cas, la sûreté n'est pas nulle mais elle ne sera validée que si l'immeuble est mis dans le lot du constituant lors du partage. Elle sera considérée comme caduque si elle tombe dans celui d'un autre coindivisaire, car elle est censée avoir été conclue par un non-propriétaire.

Si l'hypothèque est consentie par *un seul coindivisaire*, mais uniquement sur sa quote-part des droits indivis sur l'immeuble, l'article 2414 alinéa 3 du Code civil indique que le créancier devra attendre le partage et l'éventuelle affectation au constituant de cette quote-part. Ce même texte précise que dans cette dernière hypothèse d'attribution du bien au constituant, l'hypothèque portera alors sur l'ensemble des droits obtenus dans le cadre du partage, sans être limitée à la « quote-part » initiale prévue lors de la constitution de l'hypothèque.

3. *Les créances concernées*

Avant la réforme du 23 mars 2006, au nom du principe de spécialité, le contrat d'hypothèque devait préciser la somme pour laquelle la sûreté était consentie, et indiquer le montant de la créance qui devait être déterminé ou déterminable. Dans cette dernière hypothèse, l'acte constitutif devait contenir une estimation de cette créance, en stipulant notamment un plafond pour garantir le solde d'un compte courant. Cette exigence, justifiée par la nécessité de protéger les intérêts des constituants, tempérait l'efficacité de cette sûreté réelle. Elle demeurait spécifique au droit français, certains pays admettant le principe d'un contrat d'hypothèque portant sur des créances futures (Ch Albiges, « L'hypothèque conventionnelle transfrontalière européenne », *Dr. et patr.* juill.-août 2006, p. 76). La réforme du 23 mars 2006 n'a certes pas totalement supprimé le caractère accessoire de l'hypothèque ou consacré 598 ■

le principe d'une hypothèque *omnibus*, mais certains tempéraments ont été apportés au principe de spécialité à plusieurs titres.

a. La créance lors de la constitution de l'hypothèque

599 Au jour de la conclusion du contrat d'hypothèque, les parties doivent, par principe, indiquer la cause de la créance garantie, ainsi mentionnée dans l'acte (art. 2421 al. 2 C. civ.). Elles précisent le contrat principal qui a justifié le recours à l'hypothèque qui en est l'accessoire, par exemple la conclusion préalable d'un contrat de prêt immobilier (sur les incidences de l'annulation du contrat de prêt et l'obligation de restitution garantie par l'hypothèque, Civ. 3e, 5 nov. 2008, n° 07-17357, *RTD civ.* 2009. 148, obs. P. Crocq ; *JCP* 2009. I. 150, n° 16, obs. Ph. Delebecque ; *RD banc. fin.* janv. 2009, n° 26, obs. D. Legeais). Le contrat d'hypothèque mentionne non seulement le montant de la créance garantie, mais désormais une « somme déterminée », représentant le capital immobilier affecté en garantie de la dette. Conformément aux modifications apportées par la réforme du 23 mars 2006, cette somme, qui correspond à la charge hypothécaire, peut être supérieure à la créance garantie, pour permettre de conclure une hypothèque rechargeable (art. 2423 al. 1er C. civ., v. ss 603). Une telle indication doit être impérativement portée dans l'acte, à peine de nullité du contrat conclu.

600 Ensuite, même lorsque la créance est présente, une nouvelle souplesse a été introduite avec le mécanisme du « prêt viager hypothécaire », parfois qualifiée « d'hypothèque inversée », réglementé aux articles L. 315-1 et suivants du Code de la consommation, anciennement L. 314-1 et suivants. Contrairement aux dispositions issues de la réforme, entrées en vigueur le 25 mars 2006, celles relatives au prêt viager hypothécaires ont été applicables à compter du 1er janvier 2007. L'article L. 315-1 de ce code précise qu'il s'agit d'un contrat par lequel un établissement de crédit ou un établissement financier consent à une personne physique « un prêt sous forme d'un capital ou de versements périodiques, garanti par une hypothèque constituée sur un bien immobilier de l'emprunteur à usage exclusif d'habitation et dont le remboursement – principal et intérêts – ne peut être exigé qu'au décès de l'emprunteur ou lors de l'aliénation ou du démembrement de la propriété de l'immeuble hypothéqué s'ils surviennent avant le décès ». L'objectif de cette mesure est de favoriser l'octroi du crédit, en permettant au débiteur propriétaire de l'immeuble à usage exclusif d'habitation – prioritairement les personnes âgées – de ne pas être tenu immédiatement au remboursement de la dette, mais uniquement lors de l'éventuelle vente du bien ou lors de son décès. Conformément à l'esprit du texte, le prêt ainsi obtenu ne doit pas avoir pour objet de financer une activité professionnelle, mais tous soins ou toutes autres activités. De plus, la Cour de cassation a précisé qu'un tel prêt n'étant exigible qu'au décès de l'emprunteur, la dette ainsi souscrite ne peut être traitée dans le cadre d'un plan de surendettement (Civ. 2e, 4 sept. 2014, n° 13-18.882, *RD banc. fin.* janv. 2014, n° 209, obs. S. Piédelièvre ; *RTDI* 2014, n° 4, p. 24, obs. O. Gout ; *Gaz. Pal.* 3 et 4 déc. 2014, p. 24, obs. Ch. Albiges ; *Defrénois* 2015, p. 493, obs. S. Cabrillac ; *JCP* 2015. I. 604, n° 9, obs. Ph. Delebecque) Au décès de l'emprunteur, les héritiers ont une double possibilité : rembourser le prêt souscrit, le capital et les intérêts, tout en conservant la propriété du bien ou affecter l'immeuble au créancier, en tant que garantie de la créance, avec la mise en œuvre d'une saisie immobilière, d'une attribution judiciaire ou d'un pacte commissoire (sur lesquelles, v. ss 644 s.).

L'ordonnance du 23 mars 2006 a certes introduit différentes dispositions, classiques en droit de la consommation, qui ont vocation à assurer la protection de l'emprunteur, qu'il s'agisse en particulier des règles relatives à l'offre préalable, au délai de réflexion, ainsi qu'au formalisme. De même, l'article L. 315-1 du Code de la consommation énonce que la dette de l'emprunteur ou de ses ayants droit ne peut jamais excéder la valeur de l'immeuble appréciée lors de l'échéance du terme. Enfin, la nouvelle codification du droit de la consommation précise les sanctions encourues dans l'hypothèse d'un non-respect des exigences prévues, en particulier la déchéance du droit aux intérêts (art. 341-55 C. cons.) ou le recours à des amendes (art. 341-56 s. C. cons.). Il n'en demeure pas moins que la doctrine a relevé les risques d'une telle opération, certes *a priori* indolore, mais qui va inciter à l'endettement de manière inéluctable, avec un risque de surendettement (S. Becquet-Ickowicz, « Les réformes de l'hypothèque », *Évolution des sûretés réelles : regards croisés Université-Notariat,* Litec, coll. « Colloques et débats », 2007, p. 91 ; P. Ancel, *Droit des sûretés,* 7e éd., Litec, 2014, n° 367, sur les réticences au sein même du projet de réforme rédigé par le groupe présidé par le professeur Grimaldi, M. Grimaldi, « L'hypothèque », *Dr. et patr.* sept. 2005, p. 73). Le coût financier de l'opération, particulièrement élevé pour l'emprunteur et ses héritiers, contribue ainsi au désintérêt actuel d'une telle opération (sur un tel constat, Ch. Gijsbers, « L'insuccès du prêt viager hypothécaire », *JCP N* 2016. 1103 ; « Dix ans après : l'hypothèque immobilière revivifiée ? », *in* N. Borga et O. Gout (dir.), *L'attractivité du droit français des sûretés réelles,* 2016, LGDJ, coll. « Grands colloques », p. 165).

b. Les créances postérieures à la constitution de l'hypothèque

La réforme du 23 mars 2006 a introduit dans le Code civil deux nouveautés qui permettent à un débiteur d'hypothéquer un bien pour garantir des créances futures. 601 ■
En premier lieu, l'article 2421 du Code civil prévoit désormais que « L'hypothèque peut être consentie pour sûreté d'une ou plusieurs créances, présentes ou futures. Si elles sont futures, elles doivent être déterminables ». Conformément à une pratique antérieure, le texte consacre la faculté de conclure une hypothèque pour garantir une créance future, en particulier le solde d'un compte courant. Il appartient au constituant d'indiquer dans l'acte constitutif le montant garanti ou la durée de la sûreté. Dans cette dernière hypothèse, si la créance est à durée indéterminée, l'article 2423 alinéa 3 du Code civil énonce que le constituant dispose de la faculté de résilier le contrat conclu, en respectant alors un délai de préavis de trois mois. Le constituant sera alors tenu pour toutes les « créances nées antérieurement », nouveauté qui consacre, en matière d'hypothèque, la distinction entre l'obligation de couverture, qui s'éteint, et celle de règlement, qui demeure, même après la résiliation (Ph. Dupichot, « La réforme du régime hypothécaire », *D.* 2006. 1292 (dossier) ; D. Robine, « Aperçu de la réforme du droit des sûretés par l'ordonnance n° 2006-346 du 23 mars 2006 », *Bull. Joly* 2006. 879, spec. n° 13).

En second lieu, le législateur a permis que l'hypothèque, dite « rechargeable », puisse 602 ■
être « ultérieurement affectée à la garantie de créances autres que celles mentionnées par l'acte constitutif » (art. 2422 C. civ.). Une telle faculté avait été sollicitée par les pouvoirs publics et introduite dans les propositions de la commission Grimaldi (M. Grimaldi, « L'hypothèque », *art. cit.* ; P. Crocq, « La future réforme du droit français des sûretés réelles », *RLDC* 2005, p. 31). L'ordonnance du 23 mars 2006 a fortement modernisé le droit de l'hypothèque, en introduisant dans un premier temps une telle

sûreté qui permet à un débiteur de réutiliser l'hypothèque afin de garantir le recouvrement de créances autres que celles prévues dans l'acte constitutif. La loi n° 2014-344 du 17 mars 2014, relative à la consommation a toutefois, dans un deuxième temps, abrogé l'article 2422 du Code civil, option privilégiée par le législateur, largement critiquée par la doctrine, en raison notamment de la crainte du surendettement liée aux financements obtenus garantis par une telle opération (notamment, A. Aynes, *Dr. et patr.* nov. 2014, p. 104 ; P. Crocq, *D.* 2014. 1661 ; Ch. Gijsbers, « Resquiem pour l'hypothèque rechargeable », *RLDC* mars 2014, p. 29 ; Ch. Albiges, « Abrogation des dispositions relatives à l'hypothèque rechargeable », *RTDI* 2014, n° 2, p. 11.).

Enfin, dans un troisième temps, cette même hypothèque rechargeable a été réintégrée dans le Code civil, toujours à l'article 2422, lors de l'adoption de la loi n° 2014-1545 du 20 décembre 2014, nouvelle réforme qui a également abrogé les dispositions initialement intégrées dans le Code de la consommation aux articles L. 313-14 et suivants (L. Andreu, « L'hypothèque rechargeable ressuscitée », *JCP* 2015. 78 ; S. Cabrillac, « Hypothèque rechargeable : réhabilititation partielle au profit des créances professionnelles », *Defrénois* 2015, p. 494 ; C. Le Gallou, « L'hypothèque rechargeable : un jeu de cache-cache ou de qui perd quoi ? », *RLDC* avr. 2015, p. 30 ; Ph. Delebecque, « L'hypothèque rechargeable : une résurection », *JCP* 2015. 604, n 8 ; Ch. Gijsbers, « Hypothèque rechargeable : rétablissement pour les professionnels par la loi du 20 décembre 2014 », *D.* 2015. 69 ; O. Gout, « Renaissance de l'hypothèque rechargeable », *RTDI* 2015, n° 1, p. 19) Le domaine d'application du mécanisme a toutefois été limité car l'hypothèque rechargeable est désormais réservée à la garantie d'un crédit octroyé à un professionnel. Selon la nouvelle rédaction du texte, cette sûreté ne pourra être convenue que lorsque la constitution a été réalisée initialement « à des fins professionnels » par une personne physique ou morale, les rechargements ne bénéficiant également qu'à des créances professionnelles. La mise en œuvre de ce mécanisme présente plusieurs attraits, notamment celui de réduire le coût de la constitution de l'hypothèque et ainsi favoriser le recours aux crédits, tout en sauvegardant les intérêts du ou des créanciers.

■ 603 En ce qui concerne les conditions, la « recharge » de la sûreté suppose qu'elle ait été au préalable prévue dans une clause expresse initialement prévue dans l'acte constitutif et soumise à une publicité lors de l'inscription de l'hypothèque (art. 2428 al. 3 C. civ.). Cette clause de rechargement prévoit la possibilité de garantir une nouvelle dette, selon la fraction de l'hypothèque non utilisée au titre de la garantie initiale ou celle libérée par les remboursements déjà effectués, dans la limite du montant maximal mentionné dans l'acte constitutif. Cette faculté est d'autant plus facilitée que cet acte aura stipulé une somme susceptible d'être supérieure à la créance garantie (art. 2423 al. 1er C. civ. ; v. ss 599, sur le principe d'une hypothèque rechargeable d'un montant supérieur à la créance garantie à l'origine, E. Frémeaux et G. Daublon, « La réforme du droit des sûretés », *Defrénois* 2006, art. 38420, p. 1085).

■ 604 Le bénéficiaire de cette recharge peut être le même créancier initial ou un autre créancier. En la matière, un doute a pu surgir liée à une exigence énoncée à l'article 2422 alinéa 2 qui prévoit qu'un nouveau créancier peut bénéficier de la recharge, « encore que le premier n'ait pas été payé ». Or, la recharge de l'hypothèque peut-elle intervenir, alors que la première créance n'est pas totalement payée ou même qu'aucun remboursement n'a été effectué ? Le professeur Grimaldi considère alors que « le nouveau créancier se trouvera, par rapport au premier, dans la situation d'un créancier de second rang. C'est-à-dire que sa sûreté sera précaire si la créance originaire est susceptible, le moment venu, d'absorber l'intégralité de la garantie hypothécaire » (M. Grimaldi, « L'hypothèque rechargeable et le prêt viager hypothécaire », *D.* 2006. 1296, dossier, n° 6).

Un formalisme spécifique est ensuite prévu à l'article 2430 alinéa 3 du Code civil, disposition également réintroduite dans le Code civil par la loi n° 2014-1545 du 20 décembre 2014 : la « convention de rechargement » doit être conclue sous la forme notariée, qui sera simplement mentionnée en marge de l'inscription initiale et publiée, à peine d'inopposabilité aux tiers, exigences qui limitent le coût par rapport à celui d'une constitution d'une nouvelle hypothèque (P.-F. Cuif, « Le caractère hybride de la convention de rechargement », *RLDC* janv. 2007, p. 27). Ces différentes conditions se sont imposées pour toutes les hypothèques rechargeables conclues à compter du 25 mars 2006, date d'entrée en vigueur du texte. Pour les hypothèques conclues avant cette date, l'ordonnance a prévu un formalisme supplémentaire : la faculté, pour les parties, de rédiger un avenant à la dernière hypothèque inscrite avant son entrée en vigueur, pour qu'elle puisse devenir ainsi rechargeable. Une double précision a été apportée en la matière. La loi de finances pour 2007 n° 2006-1666 du 21 décembre 2006 a prévu une exonération de la taxe de publicité foncière et du droit fixe d'enregistrement pour la transformation en hypothèque rechargeable d'une hypothèque ordinaire conclue par une personne physique. De plus, le décret n° 2007-404 du 22 mars 2007 précise le contenu du bordereau d'inscription de l'avenant transformant une hypothèque en une hypothèque rechargeable : il doit contenir différentes mentions obligatoires comme l'identification du propriétaire grevé, les références de publication et date d'extrême effet de l'hypothèque objet de l'avenant ou encore l'indication de la somme maximale en capital pour laquelle l'hypothèque peut être affectée à la garantie d'autres créances. 605

Quant aux effets, l'hypothèque rechargée permet au créancier de bénéficier du rang fixé au jour de la publication de l'hypothèque initiale, non lors de la date de rechargement. Cette disposition lui confère la faculté d'être préféré à celui qui a conclu une hypothèque ordinaire sur le même bien. Seul le premier créancier sera considéré comme prioritaire si le débiteur n'a pas payé l'intégralité de la dette. Plus globalement, entre les différents créanciers inscrits dans le cadre de la recharge, leur rang est fixé en fonction de la date de publication de l'acte mentionnée en marge de l'acte initial (M. Dagot, *L'hypothèque rechargeable*, Litec, coll. « Carré droit », 2006, n° 349 ; O. Salvat, « De quelques singularités de l'hypothèque rechargeable », *JCP N* 2012. 1299). En raison d'une certaine autonomie désormais reconnue à cette sûreté, l'hypothèque susceptible d'être rechargée est maintenue, en dépit de l'extinction de la dette principale. Il appartient au constituant de procéder à une mainlevée de l'hypothèque pour libérer l'immeuble de la garantie. 606

Les conditions requises du recours à une hypothèque rechargeable et ses effets doivent respecter les différentes directives énoncées par les textes d'ordre public (art. 2422 al. 6 C. civ.). Essentiellement dépendante de l'appréciation qui est portée par les établissements de crédit (E. Frémeaux, « Pour l'hypothèque rechargeable – Libres propos », *JCP N* 2016, 1102), cette opération contribue à tempérer le principe de spécialité de l'hypothèque conventionnelle, le montant de la créance garantie lors d'un rechargement étant par essence indéterminé dans l'acte constitutif de l'hypothèque rechargeable, seule la charge hypothécaire étant connue (sur ce constat, A. Gourio, « L'hypothèque rechargeable », *RD banc. fin.* 2006, n° 15).

B. Les conditions de forme

607 L'hypothèque est un acte potentiellement grave : elle affecte la valeur de l'immeuble et présente le risque, pour le débiteur, d'une perte de la propriété du bien s'il ne paye pas la totalité de la dette à l'échéance convenue (v. ss 646 s. pour la procédure de saisie). C'est pourquoi s'impose un régime protecteur du constituant afin d'attirer son attention lors de la conclusion d'une telle sûreté, en imposant un formalisme spécifique (1) contourné par le recours à une promesse d'hypothèque (2).

1. *Le formalisme du contrat d'hypothèque*

a. Présentation du formalisme

608 L'article 2416 du Code civil fait du contrat d'hypothèque un contrat solennel nécessairement conclu sous la forme d'un acte authentique. Ce texte prévoit plus précisément qu'il doit être passé devant notaire : « L'hypothèque conventionnelle ne peut être consentie que par acte notarié », formalisme imposé à peine de nullité absolue de la sûreté conclue (Civ. 1re, 10 mai 2005, *Banque et Droit* 2005, n° 102, p. 65, obs. N. Rontchevsky). La réforme du 23 mars 2006 a supprimé l'exigence de la présence de deux notaires ou celle d'un notaire et deux témoins, déjà implicitement abrogée antérieurement. L'acte constitutif est conservé en minute par le notaire, les parties pouvant toujours se procurer une copie exécutoire à ordre, facilitant la transmission de l'hypothèque (sur les attraits de ce formalisme, en particulier la fiabilité d'un tel acte, Institut d'études juridiques du Conseil supérieur du Notariat, « L'hypothèque et les sûretés personnelles, brève comparaison », *JCP E* 2012. 1318). En ce qui concerne le contenu de l'acte, au nom du principe de spécialité (v. ss 589), certaines mentions doivent impérativement apparaître dans le contrat d'hypothèque : l'acte doit contenir, sous peine de nullité, des précisions relatives à la nature et à la situation du ou des immeubles grevés, ainsi que des précisions qui permettent de déterminer la créance garantie. De plus, toujours dans le souci de protection du constituant, la loi encadre strictement les modalités du recours à une procuration : si le constituant ne peut être présent, il pourra conclure un contrat de mandat de constituer hypothèque, mandat nécessairement exprès selon l'article 1988 alinéa 2 du Code civil. Cette procuration devra être passée devant un notaire qui assurera, par son intervention, l'efficacité de l'acte conclu, en respectant nécessairement les exigences, et plus particulièrement les protections, prévues en droit interne (pour la non-reconnaissance d'un mandat conclu par un notary public australien : Civ. 1re, 14 avr. 2016, n° 15-18.157, *RD banc. fin.* 2016, n° 166, obs. A. Cerles ; *JCP N* 2016, n° 26, 1209 note M. Farge et F. Hébert ; *JCP* 2016. I. 1224, n° 13, obs. Ph. Delebecque ; *RD banc. fin.* 2016, comm. 214, note D. Robine).

b. Formalisme de l'hypothèque conclue à l'étranger

609 Enfin, conformément aux exigences énoncées à l'article 2417 du Code civil, la convention d'hypothèque, dès lors qu'elle porte sur un immeuble situé en France, doit nécessairement être conclue en France devant un notaire de nationalité Française : « Les contrats passés en pays étranger ne peuvent donner d'hypothèque sur les biens de France, s'il n'y a des dispositions contraires à ce principe dans les lois

politiques ou dans les traités ». Ce monopole, ponctuellement contesté et qualifié de « fossile nationaliste dans notre législation » (M. Cabrillac et Ch. Mouly, S. Cabrillac et Ph. Pétel, *Droit des sûretés,* Litec, 10e éd., 2015, n° 935), aurait pu être supprimé pour que le droit interne soit conforme à divers traités internationaux. En dépit de telles critiques, le principe *lex rei sitae* a été maintenu lors de la réforme des sûretés réelles du 23 mars 2006 (sur ce constat, et plus généralement sur la nécessité d'une approche différente de l'hypothèque au nom d'une éventuellement « eurohypothèque » Ch. Albiges, « L'hypothèque conventionnelle transfrontalière européenne », *Dr. et patr.* juill.-août 2006, p. 76 ; E. Muniz Espada, « L'eurohypothèque », *D.* 2007, p. 1712 ; pour une application de cette disposition pour un acte certes conclu à l'étranger, mais réitéré en France : Civ. 1re, 12 juin 2013, n° 12-15.467, *D.* 2013. 1540, obs. T. Ravel d'Esclapon ; *RD banc. fin.* 2013, n° 157, obs. A. Cerles ; *JCP* 2013. 1256, n° 10, obs. Ph. Delebecque ; *RTDI* 2013, n° 3, p. 26, obs. Ch. Albiges ; N. Randoux, « La forme de l'hypothèque à l'heure des rapports juridiques transfrontaliers », *JCP* N 2013. 1253).

c. Responsabilité notariale et convention d'hypothèque

En toutes hypothèses, les différentes exigences relevant du formalisme hypothécaire impliquent la présence d'un notaire, ce dernier exerçant un rôle important car il bénéficie du monopole lors de la rédaction de l'acte. De manière corrélative, il est tenu de respecter une obligation de conseil et sa responsabilité peut être engagée à plusieurs titres, en particulier lors de l'oubli de mentions obligatoires, lorsqu'il n'attire pas l'attention des clients sur l'insuffisance du bien affecté en garantie ou en cas de défaut de renouvellement d'inscription de la sûreté notamment (v. ss 638). La jurisprudence, sous le fondement de l'article 1382 du code civil, désormais codifié à l'article 1240 du Code civil, a imposé une certaine diligence aux notaires (Ch. Albiges, « Responsabilité notariale et sûretés réelles – L'exemple de la convention d'hypothèque », *Évolution des sûretés réelles : regards croisés Université-Notariat,* Litec, coll. « Colloques et débats », 2007, p. 19), qui doivent garantir ainsi l'efficacité de la sûreté convenue, sauf s'il en a été dispensé par les parties (sur l'obligation d'accomplir les formalités nécessaires à la mise en place des sûretés, mais aussi de remettre au créancier les fonds prêtés au lieu de les affecter au paiement de créances antérieures, Civ. 1re, 3 mars 2011, *Gaz. Pal.* 31 mars 2011, p. 23, obs. Ch. Albiges ; *RLDC* mai 2011, p. 36, obs. J.-J. Ansault ; *RD banc. fin.* 2010, n° 3, p. 17, obs. D. Legeais ; *Dr. et patr.* juill.-août 2011, p. 109, obs. L. Aynès ; *Defrénois* 2012. 238, obs. S. Cabrillac). 610 ■

Certaines nuances ont toutefois été apportées par la Cour de cassation : d'une part, il a été jugé que le notaire n'était pas tenu de contrôler la véracité des informations de nature factuelle communiquées par les parties quand aucun élément n'est susceptible d'éveiller les soupçons (Civ. 1re, 23 févr. 2012, préc.). D'autre part, dès lors qu'un droit de suite n'a pas été au préalable exercé, le créancier ne peut invoquer un préjudice certains et par là même engager la responsabilité du notaire en sa qualité de rédacteur d'acte (Civ. 1re, 11 févr. 2010, *RD banc. fin.* mai 2010, n° 97, obs. D. Legeais ; *Gaz. Pal.* 6 mai 2010, p. 24, obs. Ch. Albiges ; pour un raisonnement identique en matière d'hypothèque judiciaire, v. ss 622).

2. *La promesse d'hypothèque*

Les établissements de crédit ont cherché à contourner les formalités requises par la loi, singulièrement les frais engendrés par l'exigence d'une forme notariée de l'acte. 611 ■

Ils ont eu recours à la promesse d'hypothèque conclue sous la forme d'acte sous seing privé. Conformément à une jurisprudence constante (v. Brémont, « Hypothèque et promesse d'hypothèque, les liaisons dangereuses », *JCP N* 2003. 1374), cette dernière ne confère aucun droit réel au créancier et ne crée qu'une obligation de faire à la charge du débiteur : celle de passer l'acte notarié constitutif. Une double précision a été apportée par la Cour de cassation en matière de promesse d'hypothèque. D'une part, il a été jugé à juste titre que la promesse d'affectation hypothécaire ne constituant pas un acte de disposition, les exigences de l'article 215 alinéa 3 du Code civil, imposant le consentement des deux époux pour les actes affectant le domicile conjugal, n'étaient pas applicables (Civ. 3e, 29 mai 2002, *JCP* 2003. I. 124, n° 15, obs. Ph. Delebecque ; *LPA* 9 oct. 2002, p. 17, note D. Houtcieff ; *RD banc. fin.* 2002, n° 180, obs. D. Legeais ; *Defrénois* 2002. 1317, obs. G. Champenois). D'autre part, également à propos d'une telle promesse, la Cour de cassation a précisé que si celle-ci devait être suivie d'une convention d'hypothèque, la loi n'imposait « aucun délai pour la prise d'une inscription d'hypothèque conventionnelle », solution qui avait permis d'écarter toute éventuelle responsabilité notariale pour défaut d'inscription (Civ. 3e, 10 juill. 2002, *D.* 2002. Somm. 3338, obs. L. Aynès ; *JCP* 2003. I. 124, n° 14, obs. Ph. Delebecque ; *Defrénois* 2003. 784, obs. S. Piedelièvre ; sur l'absence de délai pour opérer les formalités d'inscription, v. ss 627).

■ 612 La promesse ainsi constituée facilitera la situation juridique du créancier lorsqu'il cherchera à obtenir une hypothèque judiciaire conservatoire. Dans une telle hypothèse, l'efficacité de la garantie demeure toutefois limitée pour le créancier pour deux raisons. D'une part, le non-respect de la promesse ne peut pas donner lieu à une exécution forcée, mais uniquement à une condamnation à verser des dommages et intérêts, qui pourrait être vaine en cas d'insolvabilité du débiteur (M. Dagot, « Promesse d'hypothèque. Ou le paradis des illusions », *JCP N* 2007. 1065). D'autre part, si un contrat d'hypothèque est conclu sous la forme authentique après la promesse, le rang conféré sera celui fixé lors de l'inscription, sans que soit reconnue une rétroactivité au jour de la créance.

§ 2 L'hypothèque légale

■ 613 Les hypothèques légales, dites « ordinaires », sont conférées par la loi à certains créanciers. Elles ont pour particularité de porter sur tous les immeubles qui appartiennent au débiteur. Le législateur a prévu, à l'article 2400 du Code civil, le recours à cette catégorie de sûreté dont il convient de présenter les principales caractéristiques (A), avant de relever les domaines concernés (B).

A. Présentation de l'hypothèque légale

■ 614 Diverses hypothèques sont accordées à certaines catégories de créanciers par application de textes spécifiques et portent de manière exclusive sur un immeuble. Il s'agit de sûretés d'origine légale pour lesquelles l'efficacité demeure soumise au respect de formalités de publicité accomplies au service de la publicité foncière. Le projet de réforme rédigé sous la présidence du professeur Grimaldi et l'ordonnance du 23 mars 2006 n'ont pas modifié ces sûretés. Comme avant la réforme par application de l'article 2401 du Code civil et conformément au principe de spécialité, le créancier titulaire de l'hypothèque légale peut l'inscrire sur tous les immeubles du débiteur, la sûreté portant sur chaque immeuble déterminé et pour une créance également précisée. Cette inscription est essentielle car elle va déterminer la date de prise d'effet de l'hypothèque. En outre, il faut préciser que si le débiteur considère que les inscriptions excèdent notablement la valeur de la créance, il peut demander au juge de les réduire.

B. Mises en œuvre de l'hypothèque légale

L'article 2400 du Code civil prévoit une liste d'hypothèques légales, qu'il s'agisse de l'hypothèque attribuée à un époux, sur les biens de l'autre, à des mineurs ou majeurs en tutelle, sur les biens du tuteur ou de l'administrateur légal, à l'État, aux départements, aux communes et aux établissements publics, sur les biens des receveurs et administrateurs comptables ou enfin à ceux du légataire, sur les biens de la succession. D'autres dispositions prévoient également le recours à cette sûreté en matière fiscale et sociale. Parmi ces principales illustrations, il convient de relever plus particulièrement l'hypothèque légale des époux (1) et celle qui concerne les incapables (2) et enfin l'hypothèque judiciaire attachée au jugement de condamnation (3). 615 ■

1. *L'hypothèque légale des époux*

L'hypothèque légale des époux était initialement limitée à l'épouse, bénéficiaire d'une hypothèque de la femme mariée. Cette sûreté portait sur tous les immeubles du mari et prenait rang au jour du mariage, les créanciers du mari pouvant être primés par ceux de l'épouse. La présence de cette hypothèque se justifiait par le peu de pouvoirs conférés par le régime légal au bénéfice de la femme mariée. Désormais, et conformément aux autres hypothèques légales, celle qui concerne les époux suppose le respect d'une publicité depuis le décret du 4 janvier 1955 et peut être mise en œuvre par chacun des époux, en portant sur les biens de l'autre. L'objectif de la sûreté est de garantir le paiement des créances qui vont naître entre ces mêmes époux. L'article 2403 du Code civil prévoit que cette inscription doit être demandée en justice, sauf dans les cas où il s'agit de garantir la créance de participation dans le régime de participation aux acquêts (art. 2402 C. civ.). Plus généralement, la doctrine souligne que cette sûreté n'exerce qu'un « rôle résiduel qui n'apparaît que dans les situations de crise » (P. Malaurie, L. Aynès, *Les sûretés, La publicité foncière*, par L. Aynès et P. Crocq, 10e éd., Defrénois, 2016, n° 708). 616 ■

2. *L'hypothèque des incapables*

Les articles 2409 à 2411 du Code civil prévoient la mise en œuvre d'une sûreté spécifique aux incapables. Qu'ils soient mineurs ou majeurs, ceux-ci disposent d'une hypothèque légale sur les biens de leur tuteur ou leurs administrateurs légaux. Le recours à cette sûreté a pour objectif de garantir le recouvrement des créances que l'incapable est susceptible d'avoir à l'égard de l'administrateur de ses biens. Le décret du 4 janvier 1955 (mod. L. 64-1230 du 14 déc. 1964) a imposé une inscription de cette hypothèque, prise par le conseil de famille ou le juge des tutelles pendant le cours de l'incapacité ou enfin par l'incapable lui-même après la fin de son incapacité. Il convient, comme en matière d'hypothèque légale entre époux, que le principe de 617 ■

spécialité soit respecté, ce qui suppose que soit déterminé l'immeuble sur lequel porte la sûreté ainsi que le montant de la créance garantie.

3. *L'hypothèque judiciaire attachée aux jugements de condamnation*

618 En dépit de sa dénomination, cette sûreté constitue plus certainement une hypothèse de sûreté d'origine légale (sur la non-application du régime de l'hypothèque judiciaire, en particulier l'exigence de publication, Civ. 1re, 14 mars 2012, n° 10-28143, *RD banc. fin.* 2012, n° 126, obs. S. Piédelièvre ; *RTDI* 2012, n° 2, p. 36, obs. Ch. Albiges ; *JCP* 2012. 626, n° 18, obs. Ph. Delebecque ; *RTD civ.* 2012. 345, obs. P. Crocq). Prévue à l'article 2412 du Code civil, elle concerne un créancier qui n'a pas pris d'hypothèque sur un immeuble appartenant à son débiteur, alors même qu'un jugement de condamnation affecte ce dernier. Il faut qu'un jugement d'une juridiction de droit commun ou d'exception ou une sentence arbitral revêtue de l'exequatur ait été prononcé et condamne le débiteur, quelles que soient la matière et la nature de la décision, définitive ou provisoire. Conformément au principe de spécialité, l'inscription hypothécaire (art. 2426 C. civ.) doit désigner spécialement chaque immeuble grevé, cette inscription ne pouvant s'appliquer qu'aux immeubles présents. Le créancier devra procéder à une nouvelle inscription sur les immeubles à venir au fur et à mesure de leur acquisition par le débiteur. Si ces différentes conditions sont réunies, l'article 2412 du Code civil permet au créancier qui anticipe l'éventuelle insolvabilité du débiteur, d'inscrire une hypothèque sur tous les immeubles de celui-ci sans qu'il ne puisse s'y opposer. Même si le fait générateur demeure le jugement (sur ce rappel, Civ. 1re, 28 oct. 2015, n° 14-15.114, *JCP* 2016. 553, n° 16, obs. Ph. Delebecque ; *Defrénois* 2016, p. 931, obs. Ch. Gijsbers), une telle hypothèque ne pourra prendre rang qu'au jour de son inscription et va couvrir la créance principale ainsi que les indemnités accessoires qui font l'objet de la condamnation du débiteur.

§ 3 L'hypothèque judiciaire conservatoire

619 Depuis la loi du 12 novembre 1955, un créancier peut se prémunir contre une menace d'insolvabilité de son débiteur en demandant au juge, par anticipation, que les biens de ce débiteur soient affectés d'une hypothèque d'origine judiciaire. L'article 2396 alinéa 2 du Code civil prévoit expressément que l'hypothèque judiciaire est « celle qui résulte des jugements » (même s'il s'agit d'un arrêt infirmatif, Civ. 3e, 15 sept. 2016, n° 15-21.483, *Defrénois* 2017, p. 113, obs. S. Piédelièvre ; *Gaz. Pal.* 29 nov. 2016, p. 28, obs. Ch. Albiges ; *JCP* 2016. 1224, n° 15, obs. Ph. Delebecque ; *Gaz. Pal.* 6 déc. 2016, p. 29, obs. J.-J. Ansault). La loi du 9 juillet 1991 portant réforme des procédures civiles d'exécution et le décret du 31 juillet 1992, désormais codifiés aux articles L. 531-1 et suivants et R. 531-1 et suivants du Code des procédures civiles d'exécution, ont précisé les conditions (A) et les effets (B) de la mise en œuvre de cette hypothèque.

A. Les conditions de l'hypothèque judiciaire conservatoire

620 Le recours à une hypothèque judiciaire conservatoire suppose que le créancier dispose d'une créance paraissant « fondée en son principe » et pour laquelle les circonstances sont « susceptibles d'en menacer le recouvrement » selon les termes de l'article 67 de la loi du 9 juillet 1991, devenu l'article L. 511-1 du Code des procédures

civiles d'exécution. Les juges du fond disposent d'un pouvoir souverain pour apprécier de telles circonstances au regard du patrimoine du débiteur concerné par la mesure. S'il s'agit par exemple d'une caution solidaire, seule la situation patrimoniale de cette dernière est légitimement prise en considération, non celle du débiteur principal (Civ. 2e, 23 juin 2016, n° 15-18.638, *Gaz. Pal.* 27 sept. 2016, p. 69, obs. M. Bourassin; *Banque et Droit* sept. 2066, p. 55, obs. F. Jacob; *Gaz. Pal.* 29 nov. 2016, p. 29, obs. Ch. Albiges; *JCP* 2016. 1224, n° 14, obs. Ph. Delebecque; *RD banc. fin.* 2016, n° 206, obs. S. Piédelièvre; *Dr. et pat.* janv. 2017, p. 83, obs. Ph. Dupichot). Dès lors que le créancier ne bénéficie pas de garanties suffisantes, il existe un risque d'être impayé, notamment si d'autres créanciers ont pris des garanties sur l'immeuble appartenant au débiteur. Dans de telles circonstances, une sûreté d'origine judiciaire peut être demandée, après une saisine par le dépôt d'une requête, soit du juge de l'exécution, soit du président du tribunal de commerce lorsque la créance est commerciale (art. L.511-3 C. pr. exéc.). Le débiteur, ainsi non informé, ne peut être incité à dissimuler son patrimoine et à organiser son insolvabilité. Il appartient au créancier de fournir au juge du lieu où demeure le débiteur, tous les documents démontrant les risques d'insolvabilité de ce dernier, en particulier le montant des sommes restant dues et les mises en demeure restées infructueuses. Conformément au principe de spécialité, l'article 212 du décret du 31 juillet 1992, codifié à l'article R. 511-4 du Code des procédures civiles d'exécution, prévoit que le juge saisi, donnant son autorisation à une inscription provisoire, fixe le montant de la créance garantie, ainsi que les immeubles grevés de la sûreté. Une telle autorisation préalable du juge est écartée dans certaines circonstances prévues à l'article 511-2 du Code des procédures civiles d'exécution, en particulier lorsque le créancier se prévaut d'un titre exécutoire ou d'une décision de justice qui n'a pas force exécutoire ou en cas de chèque ou loyer impayé. Une précision a toutefois été apportée par la Cour de cassation pour l'application de cette dernière disposition : un tel titre exécutoire, qui résulte en l'occurrence d'un acte notarié, passé pour la conclusion d'un contrat de prêt ne vaut pas titre exécutoire pour les opérations de remboursement du prêt inscrit sur un compte courant débiteur de l'emprunteur, opérations pour lesquelles il n'existait donc pas de titre exécutoire (Civ. 2e, 13 nov. 2014, n° 13-25.193, *RTDI* 2015, n° 1, p. 19, obs. O. Gout; *Dr. et proc.* févr. 2015, p. 7, obs. O. Salati; *JCP* 2015. 604, n° 13, obs. Ph. Delebecque; *Gaz. Pal.* 15-17 mars 2014, p. 21, obs. P. Pailler).

Enfin, au nom d'une exigence de proportionnalité également présente lors du recours à une hypothèque, l'article R. 532-9 du Code des procédures civiles d'exécution énonce qu'en matière d'hypothèque judiciaire plus spécialement (pour le droit de commun de l'hypothèque, article 2444 du Code civil, v. ss 637), « lorsque la valeur des biens grevés est manifestement supérieure au montant des sommes garanties, le débiteur peut faire limiter par le juge les effets de la sûreté provisoire s'il justifie que les biens demeurant grevés ont une valeur double du montant de ces sommes ». C'est à ce titre que la Cour de cassation a précisé que pour apprécier le caractère surdimensionné de la sûreté, le montant pris en compte devait être celui mentionné au moment de l'inscription, non celui ultérieurement constaté par une décision de justice (Civ., 21 mars 2013, n° 12-15071, *RD banc. fin.* 2013, n° 95, obs. A. Cerles; *JCP* 2013. 585, n° 12, obs. Ph. Delebecque; *RTDI* 2013, n° 2, p. 19, obs. Ch. Albiges; *D.* 2013. 1574, obs. A. Leborgne).

B. Les effets de l'hypothèque judiciaire conservatoire

■ 621 Dans un premier temps, l'hypothèque judiciaire conservatoire permet une *inscription provisoire* qui prend rang à la date où elle est prise. Cette inscription est réalisée dans le délai de trois mois à compter de la décision d'autorisation du juge, à peine de caducité de cette même autorisation conformément aux termes de l'article R. 511-6 du Code des procédures civiles d'exécution. Elle suppose le dépôt au service de la publicité foncière de deux bordereaux qui contiennent plusieurs éléments, notamment la désignation du créancier, l'indication de l'autorisation ou du titre en vertu duquel l'inscription est requise ou encore l'indication du capital et ses accessoires (art. R. 532-1 C. pr. exéc.). Cette même inscription est dénoncée au débiteur, à peine de caducité, par acte d'huissier dans le délai de huit jours après l'inscription. Selon l'article L. 512-1 du Code des procédures civiles d'exécution, le débiteur, ainsi informé, dispose toutefois de la possibilité de demander au juge la mainlevée de la mesure hypothécaire dès lors que les conditions prévues à l'article L. 511-1 de ce même Code ne sont pas réunies (demande de mainlevée qui doit intervenir, à peine d'irrecevabilité, avant l'inscription définitive, Civ. 2e, 25 juin 2015, n° 14-18.924, *JCP* 2015. 1222, n° 15, obs. Ph. Delebecque ; *Defrénois* 2015, p. 1235, obs. S. Piédelièvre v. ss 620). La Cour de cassation a de plus précisé que l'immeuble affecté d'une déclaration d'insaisissabilité, par application de l'article L. 526-1 du Code de commerce, pouvait faire l'objet d'une inscription d'une telle hypothèque judiciaire conservatoire, cette dernière ne constituant pas une saisie mais ayant vocation uniquement à rendre le bien indisponible (Com. 11 juin 2014, n° 13-13.643, *JCP* 2014. 1162, n° 13, obs. Ph. Delebecque ; *D.* 2014. 1613, obs. P. Crocq ; ; *Defrénois* 2015, p. 492, obs. S. Cabrillac ; *Dr. et proc.* févr. 2015, p. 6, obs. O. Salati ; *RD banc. fin.* juill. 2014, n° 135, obs. D. Legeais ; solution plus récemment confirmée, Com. 13 sept. 2016, n° 15-14.088, *Gaz. Pal.* 29 nov. 2016, p. 29, obs. Ch. Albiges ; *Defrénois* 2017, p. 114, obs. S. Piédelièvre). Ce juge peut substituer la mesure conservatoire initialement prise par toutes autres mesures qui permettent de « sauvegarder les intérêts des parties » selon l'article 512-1 alinéa 2 du Code précité. L'inscription provisoire, susceptible d'être renouvelée (renouvellement non obligatoire si le bien est vendu avant l'expiration du délai de validité de l'inscription provisoire, Civ. 1re, 22 mars 2012, n° 11-11.081, *JCP* 2012. 626, n° 19, obs. Ph. Delebecque ; *RTDI* 2012, n° 3, p. 32, obs. O. Gout ; *RD banc. fin.* 2012, n° 88, obs. D. Legeais), ne confère qu'un droit éventuel et doit être corroborée par une inscription complémentaire.

■ 622 Dans un second temps, une *inscription définitive* s'impose pour garantir la pleine efficacité de la sûreté. Elle est destinée à consolider le droit du créancier, dès lors que la créance est devenue liquide, certaine et exigible après que le créancier a obtenu une décision de justice qui condamne définitivement le débiteur. La Cour de cassation a récemment précisé qu'il s'agissait impérativement d'un jugement et non de tout autre titre exécutoire, par exemple un acte d'huissier de justice (Civ. 3e, 21 janv. 2016, n° 14-24.795, *D.* 2016. 1279, obs. A. Leborgne ; *Dr. et patr.* mai 2016, p. 125, obs. A. Aynes ; *JCP* 2016, 553, n° 17, obs. Ph. Delebecque). Le créancier doit au préalable avoir formulé une demande au fond dans le délai d'un mois à compter l'inscription provisoire selon l'article R. 511-7 du Code des procédures civiles d'exécution. L'article R. 533-2 du même Code précise que cette publicité définitive est réalisée conformément aux règles de droit commun, prévues pour l'hypothèque (art. 2428 C. civ., v. ss 629). Il a été jugé que le notaire engage sa responsabilité civile s'il distribue les deniers de la vente sans tenir compte d'une hypothèque judiciaire régulièrement publiée et devenue définitive (Civ. 1re, 30 sept. 2008, *RD banc. fin.* nov. 2008, n° 175, obs. D. Legeais). À l'inverse, cette même responsabilité a ponctuellement été écartée, notamment lorsque le créancier n'a pas procédé à l'inscription dans les délais (Civ. 1re, 23 juin 2011, n° 10-17.244, *JCP* 2011. 1259, n° 15, obs. Ph. Delebecque) ou encore quand le comportement du notaire n'a causé aucun préjudice certain au créancier, qui disposait du droit de suite sur l'immeuble vendu (Civ. 1re, 27 févr. 2013, n° 12-16891, *RTDI* 2013, n° 2, p. 20, obs. Ch. Albiges ; *RTD civ.* 2013. 609, obs. P. Jourdain ; *D.* 2014. 47, obs. O. Gout). L'inscription définitive a lieu dans les deux mois du jugement de condamnation passé en force de chose jugée, sous peine de caducité (art. 263 Décr. du 31 juill. 1992, devenu art. R. 533-4 C. pr. exéc.), sanction qui fait perdre alors au créancier tous ses droits. Elle va prendre rang à la date de l'inscription provisoire (art. R. 533-1 C. pr. exéc.).

L'ordonnance du 23 mars 2006 a apporté une précision en la matière : selon l'article 2425 du Code civil, les hypothèques judiciaires conservatoires ont vocation à passer avant les hypothèques rechargées, dès lors que la convention de rechargement est publiée après l'inscription de l'hypothèque judiciaire. 623 ■

section 3

Le régime de l'hypothèque

Quatre catégories de règles doivent être précisées : la publicité (1) et les effets de l'hypothèque (2), la transmission (3) et l'extinction de l'hypothèque (4) seront successivement abordés. 624 ■

§ 1 La publicité de l'hypothèque

L'hypothèque doit faire l'objet d'une publication afin d'être opposable aux tiers, impératif dont il convient de préciser les conditions (A) et les effets (B). 625 ■

A. Les conditions de l'inscription

Différentes formalités spécifiques à l'inscription hypothécaire doivent être respectées (1) pour assurer une réelle prise d'effet de la sûreté (2). 626 ■

1. *Les formalités relatives à l'inscription*

L'hypothèque doit être publiée auprès de l'administration qui gère la publicité foncière, le service de la publicité foncière, anciennement dénommée la Conservation des hypothèques jusqu'au 1er janvier 2013 (J. Piedelièvre et St. Piedelièvre, *La publicité foncière*, Defrénois, 2014, n° 53). Il appartient au créancier hypothécaire, ou généralement son notaire, d'accomplir une telle formalité. Ce système a été instauré pour tous les actes portant sur les droits réels immobiliers par deux décrets des 4 janvier et 14 octobre 1955. Ces actes, soumis à une inscription, sont les 627 ■

hypothèques, qu'elles soient « légales, judiciaires ou conventionnelles » (art. 2426, 2° C. civ.), à l'exception des conventions de rechargement de l'hypothèque, uniquement portées en marge de l'inscription initiale (v. ss 605). Une copie de ces actes, l'expédition, doit être déposée, généralement par le notaire du créancier hypothécaire, au service la publicité foncière dans le ressort duquel l'immeuble est situé. La Cour de cassation s'est prononcée sur l'éventuelle responsabilité d'un notaire qui, ne faisant pas preuve d'une certaine diligence selon le créancier, avait tardé à accomplir ces formalités d'inscription. Il s'était en l'espèce écoulé six mois entre la constitution de la sûreté et cette inscription. Or, il a été jugé (Civ. 1re, 1er févr. 2005, *Banque et Droit* mai-juin 2005, p. 65, obs. N. R ; JCP 2005. I. 135, n° 4, obs. Ph. Delebecque ; *D.* 2005. AJ. 565, note V. Avena-Robardet ; RLDC mars 2005, p. 23, obs. M. Séjean ; Ch. Albiges, « Responsabilité notariale et sûretés réelles – L'exemple de la convention d'hypothèque », *op. cit.*, p. 26) que le notaire qui attend un certain délai pour opérer les formalités d'inscription n'engage pas pour autant sa responsabilité.

■ 628 En ce qui concerne le *contenu* de l'inscription, le principe de spécialité, qui demeure présent lors de la conclusion du contrat d'hypothèque en dépit de la réforme de la matière (v. ss 589), s'impose à nouveau lors des formalités de publicité de celle-ci. L'article 2426 du Code civil prévoit la mise en œuvre de ce principe à un double niveau : à l'égard tout d'abord des *créances garanties,* l'inscription ne peut avoir lieu que pour une somme déterminée, ce qui impose que soient mentionnés non seulement le principal, mais aussi les accessoires de la dette. Pour ces derniers, l'article 2432 alinéa 1er du Code civil apporte une restriction : l'hypothèque ne garantit les accessoires au même rang que le capital que trois années d'intérêts à échoir. En d'autres termes, la sûreté conclue ne garantit les intérêts que pour trois ans, plus précisément les trois dernières années à compter du paiement. Pour que le créancier bénéficie d'une protection au-delà de ce délai, donc pour les intérêts antérieurs aux trois années, il doit prendre une inscription complémentaire.

■ 629 Quant à *l'assiette* de la sûreté ensuite, l'inscription ne peut porter que sur des immeubles déterminés. Cette exigence est respectée de manière automatique pour l'hypothèque conventionnelle (v. ss 588), le principe de spécialité s'imposant lors de la conclusion de l'acte. Pour une hypothèque légale, par essence générale, le créancier demeure également tenu de désigner, au moment de l'inscription, les immeubles sur lesquels il prend l'hypothèque. Il convient d'indiquer la nature, la localisation, la contenance de l'immeuble et la désignation cadastrale.

De manière complémentaire, l'article 2428 du Code civil prévoit qu'une inscription est accomplie sur deux bordereaux « datés, signés et certifiés », en précisant divers éléments comme la désignation des parties, la détermination du principal et des accessoires de la créance garantie, l'immeuble hypothéqué. L'un des bordereaux est laissé au registre des inscriptions, l'autre doit être remis au créancier déposant. Le décret 2007-201 du 15 février 2007 a précisé le contenu du bordereau pour l'inscription des hypothèques énoncée à l'article 2428 du Code civil. Il vient modifier les indications requises par renvoi au décret relatif à la publicité foncière et établit un bordereau destiné à être conservé au bureau des hypothèques, pour opérer l'inscription. C'est cette inscription qui aura pour effet de déterminer la date de l'acte, soit son opposabilité (v. ss 633). Il appartient au conservateur des hypothèques de contrôler la régularité formelle de l'acte et d'assurer le respect des différentes exigences relatives à la publicité foncière.

2. *La prise d'effets et l'extinction de l'inscription hypothécaire*

La loi ne fixe pas de date limite pour accomplir les différentes formalités d'inscription et déterminer par là même la date de prise d'effets de la sûreté. Il n'en demeure pas moins que l'intérêt du créancier est d'inscrire le plus rapidement possible l'hypothèque, car c'est cette inscription qui va déterminer le rang hypothécaire, afin de bénéficier de la priorité conférée par l'antériorité de l'inscription (sur les intérêts de cette célérité, M. Grimaldi et Ph. Dupichot, « Durée et sûretés, Durées et contrats », RDC 2004, p. 101). Pour une hypothèque conventionnelle, l'inscription peut intervenir dès que le contrat d'hypothèque est passé et sans obligation d'inscrire dans les plus brefs délais, la Cour de cassation précisant même que la responsabilité du notaire ne pourrait être engagée pour défaut d'inscription (Civ. 1re, 1er févr. 2005, *préc.*). En ce qui concerne l'hypothèque légale, son inscription peut être opérée dès que les conditions requises sont constatées. 630 ■

Différents événements sont susceptibles d'engendrer *l'extinction* de l'inscription. Par application des articles 2427 et suivants du Code civil, trois catégories de circonstances peuvent être distinguées. Le débiteur peut tout d'abord vendre son immeuble à un tiers avant que le créancier n'accomplisse les formalités d'inscription de l'hypothèque. Selon l'article 2427 alinéa 1er du Code civil, si cet acquéreur opère ces formalités immédiatement, il est alors trop tard pour que le créancier puisse inscrire son droit et il n'aura plus la possibilité d'exercer son droit de suite. De plus, la situation pécuniaire du débiteur peut se révéler très délicate (art. 2427 al. 3 C. civ.). Si un autre créancier pratique une saisie immobilière, l'éventuelle publication d'un commandement valant saisie détermine de manière définitive ses droits sur l'immeuble. Les créanciers hypothécaires qui auront inscrit avant leur sûreté pourront toutefois opposer leur droit de préférence. Dans le même ordre d'idée, si le débiteur est soumis à une procédure collective, l'article L. 622-30 du Code de commerce empêche la prise de nouvelles hypothèques après le jugement d'ouverture qui arrête les inscriptions des hypothèques antérieures. Enfin, si le débiteur décède et si ses héritiers acceptent la succession sous bénéfice d'inventaire, ces événements auront pour effet d'arrêter le cours des inscriptions, afin que ces héritiers puissent déterminer l'étendue du patrimoine du défunt. 631 ■

B. Les effets de l'inscription

Le principe de la publicité foncière garantit la transmission de l'information au tiers et permet de régler un conflit entre deux ou plusieurs personnes qui se contestent la qualité de propriétaire à l'égard du même bien. En matière d'hypothèque, la publicité assure l'opposabilité de l'inscription (1), susceptible toutefois d'être altérée (2). 632 ■

1. *L'opposabilité de l'inscription*

La principale incidence de l'inscription de l'hypothèque est de la rendre opposable aux tiers. De plus, lors d'une concurrence entre différents créanciers, les formalités d'inscription permettent de déterminer le rang du créancier hypothécaire par rapport aux autres créanciers éventuellement inscrits ou non encore inscrits. Cette opposabilité s'impose pendant toute la période fixée et tant qu'aucune altération n'est constatée. 633 ■

2. L'altération de l'opposabilité

634 Trois causes différentes d'altération de l'opposabilité de l'hypothèque peuvent être relevées : la radiation (a), la réduction (b) et la péremption (c).

a. La radiation

635 Prévue aux articles 2440 et suivants du Code civil, la radiation correspond à la suppression de l'inscription hypothécaire. Elle peut tout d'abord être *volontaire*, ce qui suppose que le créancier accepte de donner mainlevée de l'hypothèque, car il a été au préalable payé ou lorsqu'il a consenti une remise de dette au débiteur. L'importance des conséquences de cette initiative, la perte automatique de la sûreté, justifie qu'un acte notarié soit imposé par un texte (art. 2441 al. 3 C. civ.). Cette disposition, issue de la réforme du 23 mars 2006 et circonscrite à l'hypothèque conventionnelle, a simplifié le formalisme de la radiation afin de réduire les coûts : celle-ci « peut être requise par le dépôt au bureau du conservateur d'une copie authentique de l'acte notarié certifiant que le créancier a, à la demande du débiteur, donné son accord à cette radiation ; le contrôle du conservateur se limite à la régularité formelle de l'acte à l'exclusion de sa validité au fond » (sur la confirmation de la volonté de réduire les coûts de la radiation : Instruction du 28 décembre 2006 pour la simplification de la procédure applicable à la radiation d'inscriptions d'hypothèques conventionnelles, *JCP N* 2007. 1002). Antérieurement, le conservateur des hypothèques avait une mission plus étendue car il devait apprécier et contrôler les circonstances de la radiation, ce qui n'est plus le cas désormais. À l'inverse, comme le relève le professeur Dupichot, le notaire, seul signataire de la radiation, voit désormais la portée de son rôle renforcée et sa responsabilité potentiellement plus largement engagée (Ph. Dupichot, « La réforme du régime hypothécaire », *D.* 2006. 1293 (dossier)). Il sera judicieux, pour le notaire, de demander au préalable un accord écrit du créancier. L'ordonnance du 23 mars 2006 n'avait modifié la radiation que pour les hypothèques conventionnelles, mais la simplification de la procédure a été étendue à la procédure relative aux hypothèques légales et judiciaires depuis la loi n° 2007-212 du 20 février 2007, la précision retenue par l'ordonnance « lorsque la radiation porte sur l'inscription d'une hypothèque conventionnelle » ayant été remplacée par les termes « la radiation de l'inscription peut être requise ».

636 La radiation peut ensuite avoir une origine judiciaire. Il en est ainsi lorsque le juge estime que l'inscription hypothécaire n'est plus justifiée, à la suite par exemple du paiement effectué par le débiteur (article 2442 du Code civil).

b. La réduction

637 La réduction de l'hypothèque est susceptible d'être sollicitée lorsque l'inscription hypothécaire est considérée comme excessive. Illustrant une exigence de proportionnalité assimilable à une mainlevée partielle (Y. Picod, *Droit des sûretés*, 3e éd., PUF, 2016, n° 321), elle est *volontaire* quand le créancier l'accepte. La conclusion d'un acte authentique s'impose alors. La réduction peut être *judiciaire*. Tel est le cas, selon l'article 2444 alinéa 2 du Code civil, lorsque la valeur de plusieurs immeubles grevés par l'hypothèque se révèle supérieure aux besoins du créancier, qu'il s'agisse d'hypothèques légales ou judiciaires (sur le cas particulier de l'hypothèque judiciaire, v. ss 620). Une limitation de l'assiette de l'hypothèque peut alors être demandée et obtenue. Pour les hypothèques conventionnelles, la réduction par le juge est en principe écartée, sous peine de reconnaître une révision judiciaire du contrat. Par

exception, l'article 2445 du Code civil autorise une telle altération de l'opposabilité de l'hypothèque conventionnelle qui porte sur « des créances conditionnelles, éventuelles ou indéterminées ». La réduction affecte alors non les immeubles concernés par la sûreté, mais les créances garanties considérées comme excessives.

c. La péremption

L'altération de l'inscription hypothécaire peut être liée à l'écoulement du temps. L'ordonnance du 23 mars 2006 a précisé les modalités de la *péremption* qui peut intervenir au terme d'une période fixée lors de l'inscription par le créancier lui-même, tout en respectant un maximum fixé à l'article 2434 alinéa 2 du Code civil : un an après l'échéance prévue de la dette, et non plus deux comme avant la réforme, ou cinquante ans après l'inscription, et non plus trente-cinq (durée confirmée par le décret n° 2007-404 du 22 mars 2007). Selon l'alinéa 3 du même article, si aucune date n'est fixée, notamment lors de l'ouverture d'un crédit de compte courant, la péremption de l'inscription intervient au terme d'une durée maximale portée de trente-cinq à cinquante ans depuis l'ordonnance de 2006. Si le créancier souhaite que l'hypothèque ne soit pas affectée par une éventuelle péremption, il dispose de la faculté de renouveler l'inscription hypothécaire avant le terme prévu par la loi, en respectant les mêmes formalités que celles prévues pour l'acte initial (v. ss 627 s.). 638 ■

Lorsque le renouvellement de l'inscription est opéré, le créancier bénéficie alors du rang initialement obtenu dès lors qu'il a accompli lui-même le renouvellement de l'inscription, sauf s'il a donné un mandat exprès au notaire de renouveler l'hypothèque (sur la responsabilité notariale en cas de défaillance du notaire pour défaut de renouvellement, Ch. Albiges, « Responsabilité notariale et sûretés réelles – L'exemple de la convention d'hypothèque », *op. cit.*, p. 27). Il a également été jugé que la responsabilité de l'avocat pour défaut de renouvellement de l'inscription hypothécaire, devait être écartée car il appartient, en principe, au créancier d'accomplir de telles formalités, dès lors qu'aucun mandat n'a été convenu (Civ. 1re, 17 juin 2010, *JCP* 2011. 226, n° 12, obs. Ph. Delebecque).

L'arrivée du terme n'affecte que l'inscription alors périmée et l'opposabilité de l'hypothèque. Il ne s'agit pas d'une cause d'extinction de cette dernière (à propos du rappel de cette distinction, Civ. 1re, 12 janv. 2012, n° 10-18669, *RD banc. fin.* 2012, n° 2, p. 48, obs. D. Legeais ; *Dr. et patr.* juill.-août 2012, p. 100, obs. L. Aynès ; *RTD civ.* 2012. 348, obs. P. Crocq ; *JCP* 2012. 274, note J.-J. Ansault ; *JCP* 2012. 626, n° 21, obs. Ph. Delebecque ; *Defrénois* 2013. 295, obs. S. Cabrillac ; plus récemment, Civ. 3e, 22 oct. 2014, n° 13-28.477, *RLDC* janv. 2015, p. 36, obs. J.-J. Ansault ; *RTDI* 2015, n° 2, p. 20, obs. Ch. Albiges ; *JCP* 2015. 604, n° 12, obs. Ph. Delebecque ; *RTD civ.* 2015. 184, obs. P. Crocq ; sur ces différentes causes, v. ss 667 s.). Le créancier pourra toujours opérer une réinscription de la sûreté, même sans l'accord du constituant (sur un rappel de cet élément, Civ. 1re, 25 avr. 2007, *JCP* 2007. I. 212, n° 18, obs. Ph. Delebecque ; *Banque et Droit* 2012, n° 1114, p. 50, obs. N. Rontchevsky),. Le rang alors retenu sera toutefois celui du jour de cette nouvelle inscription (Y. Picod, *Droit des sûretés*, *op. cit.*, n° 318).

§ 2 Les effets de l'hypothèque

Les effets de l'hypothèque sont considérés comme excessivement complexes, singulièrement en cas de conflits entre créanciers titulaires de droits sur le même 639 ■

immeuble. À cet égard, l'ordonnance du 23 mars 2006 a simplifié certaines dispositions ponctuelles, essentiellement lors de la réalisation de l'hypothèque (B), les règles et principes en vigueur avant la réalisation étant peu modifiés (A).

A. Les effets avant la réalisation de l'hypothèque

640 Avant la réalisation de l'hypothèque, les effets de la sûreté, prévus par le Code civil, concernent le constituant (1) et le créancier hypothécaire (2).

1. *Les effets pour le constituant*

a. Les pouvoirs du constituant

641 Le droit d'hypothèque est un droit réel par essence accessoire qui porte sur les immeubles « affectés à l'acquittement d'une obligation » selon les termes de l'article 2393 alinéa 1er du Code civil. Le propriétaire conserve la possession de l'immeuble hypothéqué. Il peut toujours l'habiter, conclure différents contrats d'hypothèques, afin de garantir plusieurs crédits dont le montant ne doit pas atteindre la valeur totale du bien ou enfin continuer son exploitation en le louant. Dans cette dernière hypothèse, le créancier hypothécaire est tenu de respecter les droits du locataire, en particulier le maintien dans les lieux et le droit au renouvellement, avec néanmoins une réserve liée à la perte de valeur du bien dès lors qu'il est loué : pour être opposable au créancier hypothécaire, le contrat de bail conclu doit nécessairement être d'une durée inférieure à douze ans, celui d'une durée supérieure étant soumis à publication. La conclusion d'un bail de plus de douze ans, après l'inscription hypothécaire, ne sera opposable au créancier uniquement pour douze ans et pourra éventuellement être réduite. Enfin, une telle restriction est également retenue en matière de perception des fruits de l'immeuble hypothéqué. Le constituant est certes libre de percevoir les loyers même par anticipation, avec la faculté de les céder. Cette cession ne sera opposable au créancier que pour les trois années ultérieures.

b. Les obligations du constituant

642 S'il conserve les attributs du droit de propriété avec la faculté d'aliéner le bien, ce propriétaire, par son comportement, ne doit pas affecter la valeur de l'immeuble, sous peine d'une déchéance du terme fixé qui anticipe la réalisation de la sûreté (J. Mestre, E. Putman et M. Billiau, *Droit spécial des sûretés réelles*, LGDJ, 1996, n° 1139). Tel pourrait être le cas lors d'une destruction de l'immeuble hypothéqué par exemple, dès lors qu'elle diminue la valeur de l'immeuble. À l'inverse, une telle destruction, si elle a pour effet d'augmenter cette valeur, est permise (sur cette distinction, M. Cabrillac et Ch. Mouly, S. Cabrillac et Ph. Pétel,*Droit des sûretés, op. cit.*, n° 993).

2. *Les effets à l'égard du créancier*

643 De manière corrélative, le créancier bénéficie de divers droits, notamment l'exercice du droit de suite lors de la vente du bien. De même, si le propriétaire hypothèque à nouveau l'immeuble, ce créancier bénéficiera d'un rang prioritaire par rapport aux créanciers ultérieurement inscrits, conformément au droit de préférence. La classification entre les créanciers est déterminée en fonction de la date d'inscription. À ce

titre, l'exercice du droit de préférence s'impose sur l'ensemble de l'immeuble, au nom du caractère indivisible de l'hypothèque.

B. Les effets lors de la réalisation de l'hypothèque

L'hypothèque a vocation à s'éteindre automatiquement si le débiteur respecte ses engagements, le créancier ayant même l'obligation d'autoriser la main levée (v. ss 635, sur la radiation de l'hypothèque). À l'inverse, si ce même débiteur ne paie pas la dette à l'échéance convenue, le (1) ou les (2) créanciers, ainsi que le tiers acquéreur (3), disposent de différentes prérogatives précisées par l'ordonnance du n° 2006-346 du 23 mars 2006, celle n° 2006-461 du 21 avril 2006 et le décret n° 2006-936 du 27 juillet 2006. 644 ■

1. *Les effets à l'égard du créancier*

Si le créancier hypothécaire peut mettre en œuvre, par principe, une saisie immobilière en imposant la vente de l'immeuble (a), il a aussi la possibilité de bénéficier d'une attribution du bien (b). 645 ■

a. La vente de l'immeuble

Après la défaillance du débiteur, dès lors que la dette est exigible, le créancier ne peut s'approprier le bien hypothéqué ou solliciter une vente amiable. Il est en effet tenu de saisir l'immeuble en respectant les formes de la saisie immobilière, modernisées par l'ordonnance du 21 avril 2006 et le décret du 27 juillet 2006 (sur l'esprit général de cette réforme destinée à simplifier la mesure d'exécution, S. Piédelièvre, « Les nouveaux modes de réalisation des sûretés immobilières : dix ans après », *JCP* N 2016, 1104 ; A. Leborgne, *Voies d'exécution et procédures de distribution*, 2e éd., Dalloz, 2014, n° 1935) et désormais codifiées aux articles L. 311-1 et suivants, ainsi que R. 341-1 et suivants du Code des procédures civiles d'exécution. Les termes de l'article L. 311-1, définissent la saisie immobilière comme l'opération qui « tend à la vente forcée de l'immeuble du débiteur ou, le cas échéant, du tiers détenteur en vue de la distribution de son prix ». Le droit confère ainsi au créancier la faculté d'exercer une saisie soit sur le prix de la vente de l'immeuble, soit sur l'indemnité d'assurance en cas de destruction selon l'article L. 121-13 du Code des assurances. 646 ■

L'article L. 311-1 du Code des procédures civiles d'exécution conditionne le recours à la saisie immobilière à une exigence préalable : le créancier doit être muni d'un titre exécutoire constatant une créance liquide et exigible. Conformément à l'exigence de proportionnalité, l'article L. 311-6 alinéa 1er du Code des procédures civiles d'exécution prévoit que le créancier qui procède à la saisie d'un immeuble appartenant à son débiteur ne peut pas engager une nouvelle procédure de saisie sur un autre bien immobilier du même débiteur qu'en cas d'insuffisance du bien déjà saisi (P. Crocq, « La réforme de la saisie immobilière et les actes préparatoire à la vente de l'immeuble », *RLDC* mai 2007, p. 66). Il peut de plus, toujours au nom de cette même exigence, procéder à une saisie non seulement du bien hypothéqué, mais plus généralement sur l'ensemble du patrimoine du débiteur, au titre du droit de gage général, dès lors toutefois que l'hypothèque dont il bénéficie ne lui permet pas d'être rempli de ses droits, dans l'hypothèse d'insuffisance des biens hypothéqués (sur cette hiérarchie entre les biens concernés, art. L. 311-5 al. 2 du Code des procédures civiles d'exécution). Il appartient à ce créancier d'adresser un commandement de payer au 647 ■

débiteur, en le publiant au service de la publicité foncière. L'immeuble concerné, déclaré indisponible, ne peut plus être loué ou cédé et doit être vendu (sur les spécificités de l'ordonnance et l'innovation en 2006, ne limitant au seul recours aux enchères, A. Leborgne, « L'ordonnance portant réforme de la saisie immobilière : entre tradition et innovations », *JCP E* 2006. I. 2108

L'exécution de cette saisine va permettre soit une vente amiable sous autorisation judiciaire, soit une vente par adjudication à la barre du tribunal, conformément aux termes de l'article L. 322-1 du Code des procédures civiles d'exécution qui constituaient une innovation en 2006, seule l'adjudication étant prévue antérieurement. Quelle que soit la forme de la vente organisée, le prix obtenu devra être consigné et c'est cette consignation qui va produire un effet légal en mettant un terme à l'hypothèque (art. L. 322-14 C. pr. exèc.). La mise en œuvre du droit de préférence par le créancier va lui permettre de bénéficier de la valeur de l'immeuble dans sa totalité, y compris ses accessoires. Par application du principe de l'indivisibilité de l'hypothèque (v. ss 585), l'immeuble en totalité permet de garantir chaque partie de la créance et en cas de pluralité d'immeubles pour une dette, chacun a vocation à garantir le tout.

■ 648 Enfin, la clause de voie parée stipulée dans la convention d'hypothèque, qui autoriserait le créancier à se passer des formes de la saisie immobilière, prévues par les textes et à faire vendre le bien à l'amiable sans l'intervention du juge est prohibée, conformément aux termes de l'article L. 311-3 du Code des procédures civiles d'exécution issu également de l'ordonnance du 21 avril 2006. Ce texte a généralisé l'annulation en affirmant qu'« Est nulle toute convention portant qu'à défaut d'exécution des engagements pris envers lui, le créancier peut faire vendre les immeubles de son débiteur en dehors des formes prescrites pour la saisie immobilière ». La rigueur de cette sanction se justifie par la volonté d'assurer la protection des intérêts des débiteurs.

b. L'attribution du bien

■ 649 L'ordonnance du 23 mars 2006 a introduit deux nouveautés en la matière qui permettent au créancier d'obtenir que lui soit attribuée la propriété de l'immeuble en paiement de sa créance, au titre d'une « sorte de dation en paiement » qui éteint la dette et l'hypothèque qui affecte le bien (D. Lepeltier, « Le nouveau droit de l'hypothèque », *Dr. et patr.* mai 2007, p. 64).

1. L'attribution judiciaire

■ 650 Comme en matière de gage (art. 2347 C. civ., v. ss 457) et de nantissement (art. 2365 C. civ., v. ss 525) notamment, le principe d'une attribution judiciaire du bien en pleine propriété est prévu par le Code civil à l'article 2458 en matière de convention d'hypothèque : « À moins qu'il ne poursuive la vente du bien hypothéqué selon les modalités prévues par les lois sur les procédures civiles d'exécution, auxquelles la convention d'hypothèque ne peut déroger, le créancier hypothécaire impayé peut demander en justice que l'immeuble lui demeure en paiement ». Initialement limité à l'hypothèque conventionnelle, l'article 10 de la loi n° 2007-212 du 20 février 2007 a étendu l'attribution judiciaire à l'hypothèque légale. Sa mise en œuvre suppose que le créancier hypothécaire, non payé, saisisse le tribunal de grande instance du lieu de situation de l'immeuble afin que le juge opère un transfert de la propriété du bien au bénéfice de ce créancier. Il n'est désormais plus nécessaire qu'il mette en œuvre une procédure de saisie immobilière dès lors que la créance s'avère liquide et exigible. Dans cette dernière hypothèse, le tribunal devra opérer l'attribution du bien en pleine propriété, à la demande du créancier, sans faculté d'apprécier les intérêts du débiteur. Certaines restrictions ont toutefois été prévues : l'attribution ne peut concerner la résidence principale du débiteur (art. 2458 *in fine* C. Civ. ; sur les difficultés pour déterminer le moment d'appréciation de la notion de résidence principale, S. Piédelièvre, « Les nouveaux modes de réalisation des sûretés immobilières : dix ans après », *JCP* N 2016. 1104, spéc. n° 7) et un expert doit être désigné pour évaluer l'immeuble. Il demeure incertain de déterminer s'il s'agit, pour ce créancier, d'une obligation ou d'une faculté de solliciter l'attribution judiciaire, distinction qui se révèle essentielle en matière de cautionnement, plus précisément pour la mise en œuvre du bénéfice de subrogation.

2. Le pacte commissoire

Il s'agit d'une clause, dorénavant admise à l'article 2459 du Code civil, qui confère au créancier impayé, titulaire d'une hypothèque, la faculté de s'attribuer par avance et de plein droit la propriété d'un bien lors d'un non-paiement de la dette : « Il peut être convenu dans la convention d'hypothèque que le créancier deviendra propriétaire de l'immeuble hypothéqué. Toutefois, cette clause est sans effet sur l'immeuble qui constitue la résidence principale du débiteur ». La mise en œuvre de telles stipulations était contestée, car contraire à l'esprit même qui gouverne des règles applicables aux biens immobiliers affectés en garantie d'une créance, pour lesquels le principe d'une vente aux enchères était prioritaire (J.-M. Hocquard, « Le pacte commissoire : une fausse bonne idée », *Dr. et patr.* nov. 2005, p. 80). En dépit de telles réticences, l'ordonnance du 23 mars 2006, conformément aux propositions du groupe de travail constitué sous la présidence du professeur Grimaldi (P. Crocq, « La future réforme du droit français des sûretés réelles », *RLDC* 2005, p. 33), a introduit la faculté pour les parties de prévoir cette stipulation soit dans l'acte initial, soit dans un avenant. Le décret n° 2008-466 du 19 mai 2008 a précisé que clause qui prévoit que le créancier hypothécaire impayé deviendra propriétaire de l'immeuble hypothéqué, soit le pacte commissoire, doit faire l'objet d'une mention dans le bordereau d'inscription d'hypothèque, dans le bordereau d'inscription de l'avenant convertissant une hypothèque conventionnelle en hypothèque conventionnelle rechargeable, ou enfin dans le bordereau d'inscription de la conversion d'un privilège de prêteur de deniers en hypothèque conventionnelle rechargeable. 651

Ce pacte simplifie et accelère la réalisation de l'hypothèque, en permettant d'écarter toute intervention judiciaire, non seulement celle de la saisie immobilière, mais celle relative à l'attribution judiciaire (sur de tels attraits, Ch. Jacomin et B. Lacourte, « De l'intérêt du pacte commissoire dans les sûretés réelles », *RLDC* déc. 2012, p. 25). Il existe en revanche plusieurs réserves en la matière. L'hypothèque concernée demeure nécessairement d'origine conventionnelle, et non légale. L'immeuble affecté par la mise en œuvre du pacte ne doit pas être la résidence principale du débiteur. Un pacte commissoire ne peut être conclu pendant la phase de sauvegarde et de redressement qui affecte le constituant selon les articles L. 622-7 et L. 631-14 du Code de commerce. De plus, comme en matière d'attribution judiciaire, une évaluation par l'expert, désigné à l'amiable ou judiciairement, doit être assurée afin d'écarter le risque d'une sous-évaluation (art. 2460 al. 1er C. civ.). Enfin, en toute hypothèse, lorsque la valeur du bien se révèle supérieure à celle de la créance, le 652 créancier est tenu de restituer la différence entre les deux sommes au débiteur (art. 2460 al. 2 C. civ.).

653 Que l'attribution soit opérée judiciairement ou au titre d'une convention, les avis en la matière se révèlent partagés. Certains praticiens demeurent manifestement favorables à une telle souplesse introduite en matière d'hypothèque, considérée comme bienvenues (D. Lepeltier, « Le nouveau droit de l'hypothèque », *Dr. et patr.* mai 2007, p. 65). À l'inverse, le professeur Delebecque s'est interrogé sur l'utilité d'une telle faculté pour un bien immobilier, ce dernier n'étant pas « un bien comme un autre et l'on a du mal à admettre, avouons-le, que dans un pays où la propriété foncière est fortement enracinée dans les mœurs, les créanciers puissent désormais s'attribuer les biens de leurs débiteurs et devenir propriétaires à leur place » (Ph. Delebecque, « Le régime de l'hypothèque », *JCP* 2006 supplément au n° 20, p. 30, n° 10).

2. Les effets en cas de pluralité de créanciers

654 La préférence conférée à un créancier, en fonction de la date d'inscription, est source de difficultés de mise en œuvre en présence de plusieurs créanciers. Par principe et très logiquement, les créanciers hypothécaires sont prioritaires par rapport aux créanciers chirographaires. Lorsqu'une pluralité de créanciers a pu inscrire leur hypothèque sur un même bien, le rang entre créanciers est fixé selon de la date d'inscription de la sûreté (art. 2425 C. civ.). Si cette inscription a été effectuée le même jour, l'article 2425 alinéa 2 du Code civil prévoit que la préférence est conférée au créancier dont la créance est constatée par le titre le plus ancien. Dans l'hypothèse de créanciers disposant d'un titre doté de la même date, ils viennent alors en concurrence conformément aux termes de l'article 2425 al. 4 du Code civil, la répartition s'effectuant à proportion du montant de leurs créances admises (pour une application, Com. 5 mai 2015, n° 14-17.941, *JCP* 2015. 1222, n° 16, obs. Ph. Delebecque).

655 L'incertitude peut intervenir en cas de demande d'attribution judiciaire du bien et de pluralité de créanciers hypothécaires. Le principe même d'une telle attribution ne pourra être mis en œuvre que par le créancier de premier rang et non les autres, afin de ne pas contester l'ordre déterminé par l'inscription (Ph. Delebecque, « Le régime de l'hypothèque », *art. cit.*, p. 31, n° 20). Enfin, pour prendre en considération la faculté de conclure une hypothèque rechargeable, l'article 2425 alinéa 5 du Code civil, issu de l'ordonnance du 23 mars 2006, prévoit que l'inscription d'une hypothèque judiciaire conservatoire est réputée d'un rang antérieur à celui conféré à la convention de rechargement, dès lors que la publicité de cette convention est postérieure à l'inscription de l'hypothèque judiciaire.

3. Les effets à l'égard du tiers acquéreur

656 Les effets de la réalisation de l'hypothèque, qui affectent les tiers, sont spécifiques au moment de la vente de l'immeuble hypothéqué (a) et à l'exercice du droit de suite (b).

a. Au moment de la vente de l'immeuble hypothéqué

657 L'acquéreur bénéficie désormais de deux procédures de purge (1°), complétées par une technique contractuelle, la délégation (2°).

1. La purge des hypothèques

Afin d'éviter le recours à l'exercice du droit de suite, l'acheteur peut offrir directement le prix de l'immeuble aux créanciers, non affectés par le non-paiement de la créance du débiteur qui avait hypothéqué le bien. La procédure suppose que ce débiteur convienne avec le créancier que le prix de la vente lui soit attribué. Selon les termes de l'article 2475 du Code civil, « Lorsque, à l'occasion de la vente d'un immeuble hypothéqué, tous les créanciers inscrits conviennent avec le débiteur que le prix en sera affecté au paiement total ou partiel de leurs créances ou de certaines d'entre elles, ils exercent leur droit de préférence sur le prix et ils peuvent l'opposer à tout cessionnaire comme à tout créancier saisissant de la créance de prix [al. 1er]. Par l'effet de ce paiement, l'immeuble est purgé du droit de suite attaché à l'hypothèque [al. 2] ». Cette disposition ne fait que reprendre le principe de la purge amiable qui est issue d'une ancienne pratique notariale. Selon cette dernière, le prix de la vente du bien hypothéqué devait être déposé chez le notaire, qui allait pouvoir d'une part désintéresser les créanciers hypothécaires qui seraient d'accord, d'autre part rendre indisponible le prix de l'immeuble, en écartant toute saisie. Cette pratique, qui correspondait à un nantissement du prix de vente de l'immeuble, se révélait favorable aux créanciers hypothécaires, qui pouvaient ainsi invoquer leur droit de préférence, et au vendeur, qui obtenait rapidement le prix de l'immeuble (sur ces différents attraits, Ph. Malaurie, L. Aynès, *Les sûretés, La publicité foncière,* par L. Aynès et P. Crocq, *op. cit*., n° 695). L'ordonnance du 23 mars 2006 a consacré cette pratique notariale qui suppose le consentement des créanciers. Une réserve a toutefois été à juste titre relevée (S. Becquet-Ickowicz, « Les réformes de l'hypothèque », *Évolution des sûretés réelles : regards croisés Université-Notariat, op. cit*., p. 82) : l'un des inconvénients de la purge amiable demeure, celui des inscriptions dites « intercalaires », prises entre le moment ou le notaire demande l'état des inscriptions hypothécaires et le jour de la publication de la vente. 658 ■

L'objectif de la purge amiable est d'éviter le recours aux règles relativement complexes de la purge légale prévue aux articles 2476 et suivants qui s'imposent en cas de refus du créancier d'appliquer le mécanisme prévu à l'article 2475 du Code civil : « À défaut de l'accord prévu au premier alinéa, il est procédé aux formalités de purge conformément aux articles ci-après » (art. 2475 al. 3 C. civ.). L'acquéreur est tenu de notifier aux créanciers un extrait de son titre d'acquisition, l'extrait de la publication de l'acte de vente et un état hypothécaire sommaire sur formalités faisant apparaître les charges réelles qui grèvent l'immeuble, selon les termes de l'article 2478 du Code civil. L'article suivant précise que ce même acquéreur déclarera, dans le même acte, qu'il est prêt à acquitter les « dettes et charges hypothécaires, jusqu'à concurrence seulement du prix » (art. 2479 C. civ.). Au terme de ces différentes initiatives de l'acquéreur, les créanciers peuvent accepter le paiement du prix de l'immeuble ainsi proposé, ce qui libère l'immeuble de toute hypothèque (art. 2481 C. civ.). À l'inverse, il leur est possible de refuser la proposition formulée, s'ils la considèrent insuffisante par rapport à la valeur de l'immeuble et de demander que l'immeuble concerné fasse l'objet d'une vente aux enchères. Les créanciers doivent alors formuler eux-mêmes une surenchère au moins du dixième du prix proposé. 659 ■

2. La délégation

660 La pratique notariale a également eu recours au mécanisme de la délégation, quand la créance n'est pas exigible, singulièrement lorsque le constituant a financé une opération avec un prêt garanti par une hypothèque. Le tiers acquéreur, en sa qualité de délégué, a la faculté d'accepter de payer les échéances dues par le constituant qui vend l'immeuble, le déléguant, au bénéfice du créancier hypothécaire, le délégataire. Cette opération ne peut être accomplie qu'avec le consentement du créancier pour que la délégation soit parfaite, ce qui libère le déléguant. À défaut d'un tel accord, la délégation est imparfaite et le déléguant demeure tenu.

b. Au moment de l'exercice du droit de suite

661 L'exercice du droit de suite permet au créancier hypothécaire de suivre le bien « dans quelques mains qu'il passe », selon les termes de l'article 2461 du Code civil. À ce titre, il peut saisir le bien entre les mains de tout tiers qui vient de l'acquérir, dès lors que la créance, impayée par le débiteur, est certaine, liquide et exigible. L'opposabilité de la sûreté demeure conditionnée au respect des formalités de publicité, antérieures à la date d'acquisition de l'immeuble (v. ss 630) et à la pleine efficacité de la vente (sur l'effet rétroactif d'une résolution d'une vente qui anéantit les droits du créancier hypothécaire et écarte l'exercice du droit de suite, Civ. 3e, 7 janv. 2016, n° 14-18.638, *JCP* 2016. 553, n° 14, obs. Ph. Delebecque ; *Gaz. Pal.* 16 févr. 2016, p. 32, obs. Ch. Albiges ; *Defrénois* 2016, p. 934, obs. Ch. Gijsbers).

662 L'article 2463 du Code civil précise qu'il appartient au créancier hypothécaire de faire sommation au tiers acquéreur de payer le prix de la créance ou de délaisser l'immeuble. Le délaissement suppose que ce tiers abandonne la détention matérielle de l'immeuble (art. 2467 C. civ.), à la suite d'une déclaration formulée au greffe du tribunal de grande instance (art. 2469 C. civ.). Le tiers peut toutefois opposer toutes les exceptions dont bénéficiait le débiteur en invoquant le bénéfice de discussion pour retarder les poursuites, notamment en demandant que soient au préalable saisis les autres immeubles hypothéqués du débiteur.

663 À défaut de paiement de la créance ou si le tiers acquéreur ne délaisse pas l'immeuble, la procédure de saisie est mise en œuvre, le bien étant alors vendu et le tiers écarté.

§ 3 La transmission de l'hypothèque

664 L'article 2424 du Code civil prévoit deux modalités de transmission de l'hypothèque, à titre accessoire (A) ou principal (B).

A. La transmission à titre accessoire

665 Dès lors que la créance principale est transmise, l'hypothèque qui garantit cette créance est également transmise à titre accessoire. Selon les termes de l'article 2424 alinéa 1er du Code civil, dénués de toute ambiguïté, « L'hypothèque est transmise de plein droit avec la créance garantie ». Tel est le cas en pratique lorsque la transmission s'opère à la suite du décès du créancier. Les successeurs, universels ou à titre universel, ont vocation à recueillir dans leur patrimoine l'hypothèque. Lorsque la

cession s'opère entre vifs, les différentes exigences relatives à la cession de créance s'appliquent non seulement pour la créance principale, mais aussi pour l'hypothèque qui en est l'accessoire. Les exigences relatives à la signification, prévues à l'article 1690 du code civil, doivent ainsi être respectées, au même titre que celles spécifiques à l'hypothèque (mention de la transmission en marge de l'inscription, article 2430 du Code civil).

B. La transmission à titre principal

Depuis l'entrée en vigueur de l'ordonnance du 23 mars 2006, l'article 2424 du Code civil prévoit la mise en œuvre de la transmission de l'hypothèque de manière indépendante par rapport à la dette principale, selon deux modalités différentes. D'une part, le créancier peut transmette son hypothèque à un autre créancier, à l'égard du même débiteur. L'article 2424 alinéa 1er utilise la formule de « subrogation », même s'il s'agit plus exactement comme le relève le professeur Ancel d'une cession d'un droit hypothécaire (P. Ancel, *Droit des sûretés,* 7e éd., Litec, 2014, n° 428). D'autre part, l'alinéa 2 du même texte permet à un créancier de « céder son rang d'inscription à un créancier de rang postérieur dont il prend la place ». Une telle transmission de l'hypothèque, à titre principal et indépendamment de la créance, doit être mentionnée sur l'inscription hypothécaire. 666

§ 4 L'extinction de l'hypothèque

L'article 2488 du Code civil prévoit différentes causes d'extinction de l'hypothèque. Comme pour la transmission, ces dernières peuvent être distinguées lorsqu'elles interviennent à titre accessoire (A) ou principal (B). 667

A. L'extinction à titre accessoire

Conformément au caractère accessoire qui caractérise les sûretés en général et l'hypothèque en particulier, l'extinction de l'obligation principale éteint l'hypothèque selon l'article 2488, 1° du Code civil, qu'elle résulte d'un paiement ou de toute autre cause d'extinction comme par exemple la remise de dette ou la compensation. En revanche, la clôture d'une liquidation judiciaire pour insuffisance d'actif n'emporte pas extinction de la créance. Plus précisément, l'absence de reprise des poursuites individuelles après la clôture d'une liquidation judiciaire n'a pas pour effet d'éteindre la créance antérieure au jugement d'ouverture, ni la sûreté qui en est l'accessoire. Aussi toute mainlevée d'hypothèque est-elle vouée à l'échec (Com. 19 nov. 2013, n° 12-24652, *Gaz. Pal.* mars 2014, p. 22, obs. M.-P. Dumont-Lefrand). Par application du caractère indivisible de la sûreté (sur lequel, v. ss 585), le paiement partiel de la dette principal n'affecte pas l'hypothèque qui demeure, le créancier pouvant toujours saisir le bien dans cette hypothèse. Il convient en la matière de bien distinguer cette extinction de la dette principale, qui libère l'immeuble, et la péremption de l'inscription, qui n'affecte que l'opposabilité de la sûreté (v. ss 638). 668

B. L'extinction à titre principal

669 L'article 2488 du Code civil énonce plusieurs situations dans lesquelles le créancier va accepter de perdre le droit hypothécaire, singulièrement lors d'une renonciation à l'hypothèque. Certes, la créance principale demeure, mais ce créancier accepte d'opérer une mainlevée de l'hypothèque par un acte notarié et renonce aux prérogatives inhérentes à la sûreté, singulièrement le droit de suite et de préférence (art. 2488, 2° C. civ.). De même, l'hypothèque peut être purgée (art. 2488, 3e C. civ.) ou la prescription de la sûreté est susceptible d'être invoquée par le débiteur, en respectant les conditions prévues par l'article 2488, 4e du Code civil.

10

Compléments pédagogiques

Mémo

Considérée comme la reine des sûretés en 1804, *l'hypothèque* permet de conférer un *droit réel accessoire* à un créancier sur un bien, immobilier, qui appartient à son débiteur. Ce dernier conserve la *possession* du bien grevé qui permet de garantir le recouvrement d'une dette principale convenue au préalable et à titre principal. L'hypothèque présente pour particularité d'être *d'origine conventionnelle, légale* mais aussi *judiciaire*. Pour la conclusion d'un contrat d'hypothèque, un formalisme est requis à peine de nullité de l'acte : la présence d'un *notaire* qui a pour mission d'authentifier l'acte convenu et de conseiller les parties. Mais quelle que soit l'origine, une constante s'impose : l'obligation d'opérer une inscription de l'hypothèse *au service de la publicité foncière*, afin de rendre opposable aux tiers l'hypothèque et de déterminer le rang de la sûreté. À ce titre, les règles de la *publicité foncière* ont vocation à s'appliquer plus spécialement en matière d'hypothèque. Dès lors, si le créancier n'obtient pas le paiement de sa créance à l'échéance stipulée dans le contrat principal, il dispose de la possibilité d'imposer la *réalisation de l'hypothèque*, plus précisément la vente forcée de l'immeuble et, selon les circonstances, l'éventuelle mise en œuvre du droit de suite ou du droit de préférence.

Différents aspects de l'hypothèque ont été modifiés et simplifiés par la réforme des sûretés issue de l'ordonnance du 23 mars 2006. Tout d'abord, diverses règles ont modernisé la conclusion d'une convention d'hypothèque, par exemple celle qui concerne la garantie d'une *créance future* ou celle relative à *l'immeuble en indivision* grevé d'une telle sûreté. De nouveaux mécanismes ont ensuite été intégrés en droit interne, méconnus antérieurement, qu'il s'agisse de *l'hypothèque rechargeable* ou du *prêt viager hypothécaire*. De plus, des dispositions spécifiques à l'inscription hypothécaire ont été modifiées, telles que la durée maximale de l'inscription, passée de trente-cinq à cinquante ans, ou encore les règles relatives à la radiation et la mainlevée de l'hypothèque. Enfin, la réalisation de l'hypothèque a été également simplifiée, en reconnaissant en particulier, sous certaines conditions, la possibilité de recourir à une *attribution judiciaire du bien* ou de stipuler dans la convention d'hypothèque un *pacte commissoire*.

Documents

Civ. 3e, 6 mars 1996
(*JCP* 1996. I. 3942, n° 6, obs. Ph. Delebecque; *Defrénois* 1997 art. 36526, obs. L. Aynès)

« L'hypothèque étant indivisible, la division de l'immeuble par suite d'un partage n'entraîne pas division de l'hypothèque ».

Civ. 3e, 29 mai 2002
(*JCP* 2003. I. 124, n° 15, obs. Ph. Delebecque; *LPA* 9 oct. 2002, p. 17, note D. Houtcieff; *RD banc. fin.* 2002, n° 180, obs. D. Legeais; *Defrénois* 2002. 1317, obs. G. Champenois)

« Les actes de dispositions de l'article 215, alinéa 3, du Code civil ne sont applicables qu'aux actes de disposition portant sur le domicile conjugal et que la promesse d'affectation hypothécaire ne constitue pas un acte de disposition ».

Com. 28 juin 2005
(*JCP* 2005. I. 185, n° 14, obs. Ph. Delebecque; *JCP* N 2006. 1025, note V. Brémond)

« Dès lors que l'hypothèque a été constituée par tous les indivisaires sur un bien dont le caractère indivis préexistait à l'ouverture de la procédure collective de l'un d'eux, le créancier hypothécaire peut poursuivre la saisie et la vente de ce bien avant le partage de l'indivision ».

Civ. 3e, 10 juill. 2002
(*D.* 2002. Somm. 3338, obs. L. Aynès; *JCP* 2003. I. 124, n° 14, obs. Ph. Delebecque; *Defrénois* 2003. 784, obs. S. Piedelièvre)

« La convention ni la loi ne fixe un délai pour la prise d'une inscription d'hypothèque conventionnelle ».

Biblio

1) Généralités

- Ch. Albiges, « L'hypothèque conventionnelle transfrontalière européenne », *Dr. et patr.* juill.-août 2006, p. 76; « Responsabilité notariale et sûretés réelles – L'exemple de la convention d'hypothèque », *Évolution des sûretés réelles: regards croisés Université-Notariat,* Litec, coll. « Colloques et débats », 2007, p. 15.
- J.-J. Ansault, « Le bien frappé d'inaliénabilité conventionnelle inéluctablement rebelle à l'hypothèque ? », *RLDC* oct. 2012, p. 29.
- S. Becquet-Ickowicz, « Les réformes de l'hypothèque », *Évolution des sûretés réelles : regards croisés Université-Notariat,* Litec, coll. « Colloques et débats », 2007, p. 79.
- F. Chalvignac, « L'hypothèque, une sûreté promue ou à promouvoir ? », *RLDA*, mars 2007, n° 14, p. 93.
- P. Crocq, « La future réforme du droit français des sûretés réelles », *RLDC* 2005, p. 27.
- Th. de Ravel d'Esclapon, « L'hypothèque, une sûreté décidément bien en vue », *D.* 2008. 2021.

- E. Frémeaux et G. Daublon, « La réforme du droit des sûretés », *Defrénois* 2006, art. 38420, p. 1085.
- Ch. Gijsbers, « Dix ans après : l'hypothèque immobilière revivifiée ? », *in* N. Borga et O. Gout (dir.), *L'attractivité du droit français des sûretés réelles,* 2016, LGDJ, coll. « Grands colloques », p. 163 s.
- C. Grare-Didier, « La classification des actes de disposition, d'administration et conservatoires à l'épreuve de la constitution d'une sûreté réelle sur un bien indivis », *JCP N* 2017, 1149.
- M. Grimaldi, « L'hypothèque », *Dr. et patr.* sept. 2005, p. 72.
- Ch. Jacomin et B. Lacourte, « De l'intérêt du pacte commissoire dans les sûretés réelles », *RLDC* déc. 2012, p. 25.
- D. Lepeltier, « Le nouveau droit de l'hypothèque », *Dr. et patr.* mai 2007, p. 60.
- E. Muniz Espada, « L'eurohypothèque », *D.* 2007, p. 1712.
- S. Piedelièvre, « Premier aperçu sur la réforme du droit des sûretés par l'ordonnance du 23 mars 2006 », *Defrénois* 2006, art. 38393, p. 791 ; « Le nouveau visage du droit hypothécaire », *Études à la mémoire de X. Linant de Bellefonds*, Litec, 2007, p. 379.
- G. Piette, « Les spécificités des sûretés réelles immobilières », in *Immeuble et droit privé – Approches transversales*, Lamy, coll. « Axe-Droit », 2012, p. 127.
- N. Randoux, « La forme de l'hypothèque à l'heure des rapports juridiques transfrontaliers », *JCP* N 2013. 1253.
- D. Robine, « Aperçu de la réforme du droit des sûretés par l'ordonnance n° 2006 -346 du 23 mars 2006 », *Bull. Joly* 2006. 879.
- J. Souhami, « Retour sur le principe d'indivisibilité des sûretés réelles », *RTD civ.* 2008. 27.

2) Hypothèque rechargeable et prêt viager hypothécaire

- L. Andreu, « L'hypothèque rechargeable ressuscitée », *JCP* 2015. 78.
- P.-F. Cuif, « Le caractère hybride de la convention de rechargement », *RLDC* janv. 2007, p. 27.
- M. Dagot, *L'hypothèque rechargeable*, Litec, coll. « Carré droit », 2006.
- E. Frémeaux, « L'hypothèque rechargeable », *JCP* N 2006. 1196.
- E. Frémeaux, « Pour l'hypothèque rechargeable – Libres propos », *JCP N* 2016, 1102.
- Ch. Gijsbers, « Resquiem pour l'hypothèque rechargeable », *RLDC* mars 2014, p. 29 ; « Hypothèque rechargeable : rétablissement pour les professionnels par la loi du 20 décembre 2014 », *D.* 2015. 69 ; « L'insuccès du prêt viager hypothécaire », *JCP N* 2016, 1103.
- A. Gourio, « L'hypothèque rechargeable », *RD banc. fin.* sept.-oct. 2006, p. 40.
- M. Grimaldi, « L'hypothèque rechargeable et le prêt viager hypothécaire », *D.* 2006. 1294 (dossier).
- C. Le Gallou, « L'hypothèque rechargeable : un jeu de cache-cache ou de qui perd quoi ? », RLDC avr. 2015, p. 30.
- O. Salvat, « De quelques singularités de l'hypothèque rechargeable », *JCP N* 2012. 1299.
- B. Saint-Alary, « Le prêt viager hypothécaire », *Dr. et patr.* mai 2007, p. 54.
- Ph. Théry, « L'hypothèque rechargeable », *Dr. et patr.* mai 2007, p. 42.

3) Promesse d'hypothèque

- V. Brémont, « Hypothèque et promesse d'hypothèque, les liaisons dangereuses », JCP N 2003. 1374.
- M. Dagot, « Promesse d'hypothèque. – Ou le paradis des illusions », *JCP* N 2007. 1065.

- M. Mathieu, « Une vraie fausse garantie : la promesse d'affectation hypothécaire », *RD bancaire et bourse*, 1992, p. 48.

4) Régime de l'hypothèque

- C. Carbonnel, « Le pacte commissoire en matière de sûretés réelles immobilières ou la réforme inachevée », *JCP E* 2007, 2536.
- J. Combarieu, « La purge amiable des privilèges et hypothèques, article 2475 du Code civil », *JCP N* 2008, 1059.
- Ph. Delebecque, « Le régime de l'hypothèque », *JCP* 2006, supplément au n° 20, p. 29.
- Ph. Dupichot, « La réforme du régime hypothécaire », *D.* 2006. 1291 (dossier).
- S. Perus, « Des aspects pratiques du pacte commissoire », *RLDC*, juin 2008, n° 50.
- S. Piédelièvre, « Les nouveaux modes de réalisation des sûretés immobilières : dix ans après », *JCP* N 2016. 1104.

Quiz

1) Sujets corrigés

Cas pratiques

Énonce n° 1

Monsieur Dupont a conclu un contrat d'hypothèque avec la Banque Montpelliéraine du Crédit le 5 janvier 2008, portant sur un appartement situé Rue Foch à Montpellier, constituant le logement de la famille. En 2015, après de nombreuses disputes avec son époux, Madame Dupont décide de quitter le logement familial en cours de procédure de divorce. Le divorce est prononcé en avril 2011 et en octobre de cette même année, l'ex-épouse décide d'assigner la Banque Montpelliéraine du Crédit afin de contester l'efficacité du contrat conclu en janvier 1998 sans son consentement. Qu'en pensez-vous ?

De plus, un ami de Monsieur Dupont, M. Martin a souscrit le 20 septembre 2016 auprès de la Banque Nationale du Crédit un prêt de 250 000 euros pour financer l'acquisition d'une maison dans le Var. La banque a conclu le même jour avec M. Martin un contrat d'hypothèque pour garantir le montant total du prêt. Le bien hypothéqué est la résidence principale de M. Martin. Ce dernier s'interroge sur la portée d'une clause qu'il n'avait pas initialement relevée lors de la conclusion de la convention d'hypothèque. Aux termes de cette clause, il est stipulé qu'en cas de défaillance lors du remboursement du prêt, la propriété de l'immeuble devait automatiquement être attribuée à la Banque Nationale du Crédit. De plus, M. Martin souhaiterait savoir s'il lui est possible d'hypothéquer également ses droits indivis qui portent sur un appartement situé à La Grande Motte, dont il est copropriétaire en indivision avec son frère. *Que pensez-vous de ces différentes situations ?*

Voir le corrigé en fin de rubrique.

Énoncé n° 2

Le responsable du service juridique de la Banque nationale du crédit vous consulte car il vient d'apprendre que l'efficacité de l'hypothèque souscrite pour garantir le prêt octroyé à M. Legrand, est contestée. Cette sûreté, portant sur un immeuble appartenant à M. Legrand, avait été publiée le 18 décembre 2015. Or ce dernier, a vendu le bien le 19 janvier 2016 à M. Petit, l'acte de vente ayant été conclu devant Me Lafarge, notaire à Nantes. Celui-ci avait bien interrogé le service de la publicité foncière, dont dépend l'immeuble concerné, pour connaître l'état des inscriptions hypothécaires. Cet état, délivré le 29 novembre 2015, ne faisait apparaître aucune sûreté, plus particulièrement l'hypothèque judiciaire conservatoire. Que pensez-vous de cette situation ?

Voir le corrigé en fin de rubrique.

2) Corrigés

Cas pratique n° 1

I. Contrat d'hypothèque et logement familial

Un contrat d'hypothèque est conclu en 2008 par Monsieur Dupont, sans l'accord de son épouse, alors même que l'acte affectait le logement de famille. En 2009, une procédure de divorce est en cours et Mme Dupont quitte le logement familial. Le divorce est prononcé en avril 2016. Peu de temps après, l'ex-épouse assigne la Banque pour contester l'efficacité de l'hypothèque convenue en 2008 et sollicite la nullité de cet acte, l'époux ayant consenti une hypothèque sur un immeuble qui porte sur le logement de la famille sans son consentement.

Cette sanction est prévue à l'article 215 alinéa 3 du Code civil, texte du régime primaire applicable quel que soit le régime matrimonial souscrit, même si l'immeuble hypothéqué est un bien propre de l'époux constituant. Le respect des exigences énoncées par cette règle se justifie par la dangerosité potentielle de l'hypothèque et la nécessité d'assurer la protection du logement familial.

En l'espèce, l'ex-épouse peut en principe assigner le créancier hypothécaire en nullité de l'acte d'affectation hypothécaire, sur le fondement du texte précité, en faisant valoir que l'immeuble concerné constitue le logement de la famille, l'hypothèque ne pouvait être donnée sans son consentement.

Toutefois, Mme Dupont a décidé de quitter le logement familial en cours de procédure suite à de nombreuses disputes. L'action en nullité est intentée 2 ans après que celle-ci a quitté le logement familial. L'incertitude porte alors sur l'intérêt à agir et la qualité à agir, exigences prévues à l'article 31 du Code de procédure civile.

Sur la *qualité* à agir de Mme Dupont : L'article 215, alinéa 3, du Code civil réserve à l'époux « qui n'a pas donné son consentement à l'acte » la faculté d'en demander l'annulation. Seul cet époux peut agir, car le texte instaure à son profit « une mesure de protection individuelle ». Cette action peut donc être qualifiée d'action attitrée ou réservée, car « le droit d'agir (de discuter au fond de la prétention soumise au juge) n'est pas ouvert à tout intéressé (action dite banale), mais est réservé aux personnes que la loi qualifie à cet effet, de telle sorte qu'en ces cas la demande n'est recevable que si elle émane d'une personne qui justifie de la qualité à laquelle est attaché le droit d'agir, également nommée sujet attitré ou titulaire de l'action ». En l'occurrence, le droit d'agir est réservé à l'époux qui n'a pas consenti à l'acte portant atteinte au logement familial.

En l'espèce, on peut considérer que seule l'épouse, qui n'a pas donné son consentement à la constitution de l'hypothèque, laquelle est un acte de disposition au sens de l'article 215, alinéa 3, du Code civil, sur l'immeuble représentant le logement familial, peut agir en nullité de cet acte, car elle a seule qualité pour agir. La qualité de l'épouse ne peut pas ici être contestée, bien que Mme Dupont n'ait plus, au moment de l'action, le statut d'épouse en raison du divorce, parce qu'elle a dû agir dans l'année de la dissolution du régime matrimonial, comme le lui permet l'article 215, alinéa 3, du Code civil.

Sur *l'intérêt* à agir de Mme Dupont : Lorsque l'action est attitrée la qualité pour agir apparaît comme une condition distincte de l'intérêt à agir. La Cour de cassation a reconnu la qualité pour agir de l'épouse, mais a réfuté un intérêt actuel à sa demande d'annulation de l'acte (Civ 1re, 3 mars 2010), l'ex-épouse n'ayant pas d'intérêt actuel à agir, faute d'avantage actuel susceptible d'être retirée de l'action en annulation à la date de son assignation :

- la femme ne vivait plus, avec son fils, dans l'immeuble en cause, qui ne constitue donc plus le logement familial ;

- les époux étaient mariés sous le régime de la séparation de biens et l'immeuble constituant un bien personnel du mari, elle ne pouvait espérer récupérer quelque chose en cas d'annulation de l'hypothèque. Cela est d'autant plus vrai qu'elle a divorcé de son ex-époux et n'est donc plus concernée par ses affaires.

Cela sous une réserve : elle pourrait justifier d'un intérêt pécuniaire à l'annulation de l'hypothèque si elle-même était créancière de son ex-mari en raison du divorce puisqu'elle se retrouverait en concurrence avec un créancier simplement chirographaire et non plus hypothécaire. Mais cet intérêt ne correspond pas à celui visé par l'article 215, alinéa 3, du Code civil, qui est la protection du logement familial. Ainsi, l'épouse a bien qualité pour agir en nullité de l'acte disposant des droits par lesquels est assuré le logement familial, mais n'a plus, en l'espèce, au moment de son assignation, d'intérêt actuel et personnel à agir. Cet obstacle processuel à l'action de l'épouse est corroboré par le droit substantiel qui n'offre pas non plus une protection illimitée à l'époux non consentant.

La solution privilégiée par la Cour de cassation est logique au regard de l'objectif de l'action exercée qui est de protéger le logement familial. Dès lors que le bien concerné n'est plus ce logement, l'action n'est plus justifiée. Il est dès lors cohérent de ne plus avoir à respecter les exigences de l'article 215. Si la solution protège les droits des tiers, en particulier ceux du créancier hypothécaire, elle est judiciairement justifiée car elle suppose un intérêt à agir qui doit exister à la date d'introduction de l'instance Elle peut toutefois sembler juridiquement contestable si l'on souhaite apprécier la situation juridique au jour de la conclusion de l'acte, qui devait être soumise au consentement des deux époux.

II. Contrat d'hypothèque et pacte commissoire

Un contrat de prêt est conclu par M. Martin, le 20 septembre 2008, auprès de la Banque nationale du crédit, destiné à financer l'acquisition d'une résidence dans le Var. La validité du contrat prêt n'est pas contestée. À titre accessoire, la conclusion d'un contrat d'hypothèque, le même jour, est destinée à garantir le montant total du prêt, sûreté conclue avec le consentement de son épouse conformément aux exigences de l'article 215 alinéa 3 du Code civil. L'hypothèque, qui porte donc sur sa résidence principale, est généralement considérée comme la garantie traditionnelle des crédits immobiliers. Il a toutefois été convenu dans le contrat d'hypothèque qu'en cas de défaillance lors du remboursement du prêt, la propriété de l'immeuble devait automatiquement être attribuée à la Banque Nationale du Crédit. Il s'agit en l'espèce d'un pacte commissoire, soumis aux articles 2459 et 2460 du Code civil, selon lequel, en cas de défaillance du débiteur, le créancier peut :

- poursuivre la vente du bien en justice, que celle-ci prenne la forme d'une vente amiable sous autorisation judiciaire ou d'une vente par adjudication. Il convient de suivre la procédure de saisie immobilière ;

- solliciter l'attribution du bien par application des articles 2458 et 2460 du Code civil : sa mise en œuvre suppose que le créancier hypothécaire, non payé, saisisse le tribunal de grande instance du lieu de situation de l'immeuble afin que le juge opère un transfert de la propriété du bien au bénéfice de ce créancier, dès lors que la créance est liquide et exigible. Le tribunal devra opérer l'attribution du bien en pleine propriété, à la demande du créancier, sans faculté d'apprécier les intérêts du débiteur. En l'espèce, l'attribution judiciaire devrait être écartée dès lors que le bien hypothéqué constitue la résidence principale de M. Martin, l'attribution ne peut concerner cette dernière (art. 2458 *in fine* C. Civ.)

L'incertitude porte alors sur la mise en œuvre de la stipulation selon laquelle, en cas de défaillance, la propriété du bien devait être attribuée au créancier. De telles stipulations étaient contestées, car contraires à l'esprit même qui gouverne des règles applicables aux biens immobiliers affectés en garantie d'une créance, pour lesquels le principe d'une vente aux enchères était prioritaire. Cependant, la prohibition de tels pactes commissoires était interprétée restrictivement, le mécanisme dérogeant à l'adage « nul ne peut se faire justice soit même » dès lors qu'il pouvait être appréhendé comme étant un acte de justice privée.

En dépit de ces réticences, l'ordonnance du 23 mars 2006 a introduit la faculté pour les parties de prévoir cette stipulation soit dans l'acte initial, soit dans un avenant (avenant lui-même passé par acte authentique, au nom de la protection et l'information du débiteur ainsi assurées). L'existence du pacte commissoire doit être mentionnée dans le bordereau d'inscription de l'hypothèque au service de la publicité foncière.

Ce pacte est toutefois interdit si l'hypothèque porte sur le logement familial du constituant (pacte « sans effet » selon les termes du texte). En l'espèce, il s'agit plus précisément du recours à un pacte commissoire, qui confère au créancier impayé, titulaire d'une hypothèque, la faculté de s'attribuer par avance et de plein droit la propriété d'un bien lors d'un non-paiement de la dette (art 2458 et 2459 C. civ.). Le législateur n'a pas prévu expressément la possibilité de conclure un pacte commissoire après la défaillance du débiteur : le pacte doit donc être conclu avant la défaillance du débiteur (dans l'acte constitutif de la sûreté ou par avenant mais avant la défaillance).

Néanmoins, l'article 2459 C. civ. dispose « cette clause est sans effet sur l'immeuble qui constitue la résidence principale du débiteur ». Or l'immeuble hypothéqué constitue la résidence principale de M. Martin. Toutefois, à quelle date faut-il se placer pour apprécier si l'immeuble grevé constitue ou non la résidence principale du débiteur ? L'immeuble peut constituer la résidence principale du débiteur au moment de la conclusion de la sûreté et du pacte commissoire et ne plus l'être lors de la réalisation, c'est-à-dire au moment de la défaillance du débiteur ou inversement.

Deux hypothèses, doivent être distinguées :

Au moment de la conclusion du pacte commissoire : si l'immeuble grevé doit être apprécié au moment de la conclusion pour vérifier qu'il ne constitue pas la résidence principale, cela signifierait que l'immeuble donné en hypothèque pourrait constituer la résidence principale au moment de la réalisation. La protection de la résidence principale, qui existe dans de nombreux domaines, n'aurait plus lieu d'être

Au moment de la réalisation du pacte commissoire : selon certains auteurs, il convient de se placer lors de la mise en œuvre de la sûreté car le débiteur peut changer de résidence principale depuis la naissance de l'hypothèque. Cette solution pourrait inciter le débiteur à transférer sa résidence principale dans l'immeuble grevé ou à l'y maintenir afin que le pacte commissoire soit sans effet. Ainsi, en l'espèce la banque ne pourra pas se prévaloir du pacte commissoire dès lors que l'immeuble abrite la résidence principale de M. Martin, au moins au moment de la réalisation.

II. Contrat d'hypothèque et immeuble indivis

Le bien concerné, un appartement situé à La Grande Motte, est un bien indivis : l'indivision suppose que sur un bien s'exercent des droits de même nature, qui appartiennent à plusieurs personnes. Elle est, par essence, provisoire et le sort du bien à la fin de l'indivision dépend de l'option choisie par les indivisaires. Lorsqu'un contrat d'hypothèque affecte un immeuble indivis, l'incertitude réside dans les conséquences juridiques de l'engagement du débiteur. Le constituant, M. Martin, n'étant propriétaire que d'une partie du bien (une quote-part du bien indivis), plusieurs hypothèses sont envisageables. L'article 2414, alinéa 3, du Code civil prévoit plus précisément que lorsque l'hypothèque est consentie par un seul coindivisaire uniquement sur sa quote-part, le créancier doit attendre le partage et l'éventuelle affectation au constituant de cette quote-part. La sûreté n'est alors pas limitée à la quote-part qu'avait initialement le constituant : l'hypothèque s'étend sur la totalité du lot attribué en nature, le cas échéant sur l'immeuble entier. Elle devient à l'inverse caduc si l'indivisaire constituant se trouve évincé par les résultats du partage attribuant tout l'immeuble à un seul ou plusieurs coindivisaires. Et si ce constituant se voit en définitive alloti d'une fraction de l'immeuble moindre que sa quote-part, l'hypothèque reçoit consolidation sous cette limite seulement. Elle disparaît à concurrence de cette différence.

En l'espèce, c'est cette troisième situation qui va concerner M Martin, celui-ci souhaitant hypothéquer ses droits indivis. Toutefois, l'efficacité de la sûreté dépendra du partage de l'indivision. Le créancier a la possibilité de provoquer le partage en la matière (art. 815-17, al 3 C. civ.). Tout dépendra de la réalisation du partage : si l'immeuble en indivision est attribué à M. Martin en totalité, la solution sera favorable au créancier car l'hypothèque va être reportée sur le lot privatif attribué, sur la totalité du lot et non sur une quote-part. Ce report doit en principe s'effectuer dans la même proportion que la sûreté. L'article 2414 prévoit toutefois que l'hypothèque n'est alors pas limitée « à la quote-part qui appartenait à l'indivisaire qui l'a consentie » : la banque peut faire valoir l'hypothèque sur l'intégralité du bien attribué à M. Martin.

Si, au contraire, l'immeuble n'est pas attribué à M. Martin, le créancier ne peut faire valoir son droit hypothécaire et M. Martin est censé n'avoir jamais été propriétaire en raison de l'effet rétroactif du partage (caducité de la sûreté).

Cas pratique n° 2

La conclusion d'une convention d'hypothèque permet, pour le créancier, de faire face à l'éventuelle insolvabilité du débiteur. Cette sûreté n'est pleinement efficace que si le créancier peut exercer un droit de préférence lors de la vente de l'immeuble concerné. Or, en l'espèce, l'immeuble avait été vendu sans que le tiers acquéreur n'ait eu connaissance de la présence de la sûreté conclue.

I. La détermination de l'état hypothécaire de l'immeuble

Par principe, il appartient au notaire de lever un état hypothécaire avant de conclure l'acte. En d'autres termes, l'officier public est tenu de contrôler et de se renseigner auprès du service de la publicité foncière pour connaître la situation juridique du bien, en particulier s'il est grevé d'une ou plusieurs sûretés réelles. La mise en œuvre d'une telle exigence demeure source d'incertitudes en la matière, en raison de l'éventuelle découverte d'une inscription hypothécaire tardive, non relevée par le notaire initialement. La difficulté réside en effet dans la présence d'inscriptions dites « intermédiaires », celles prises entre la date de certification indiquée sur l'état hypothécaire et la publication de la vente. Par principe, le notaire doit, au moment de la signature définitive de l'acte et la publication de la vente, lever un état hypothécaire des biens, dit « sur formalité ». Or, l'usage suppose que le notaire sollicite le service de la publicité foncière et obtient un état « hors formalité » et remet ensuite le prix de vente, sans attendre l'état « sur formalité ». En pratique, il se peut qu'entre la certification de la levée de cet état hypothécaire et la vente, une nouvelle inscription, dite « intermédiaire », ait été portée au service de la publicité foncière, par principe non connue du notaire.

Tel est le cas en l'espèce : la levée de l'état hypothécaire du bien avait eu lieu le 29 novembre 2015, une inscription intercalaire portée le 18 décembre 2015 et la remise des fonds le 19 janvier 2016. Quelles sont les conséquences d'un tel versement de fonds qui affecte directement les droits du créancier inscrit entre-temps, en l'occurrence ceux de la Banque nationale du crédit titulaire de l'hypothèque conventionnelle convenue le 18 décembre ? Il appartient à cette dernière d'invoquer éventuellement la responsabilité civile du notaire ou d'exercer un droit de suite à l'encontre de l'acquéreur.

II. Les recours exercés par le créancier

La responsabilité notariale (A) et l'exercice du droit de suite (B) peuvent être invoqués.

A. L'éventuelle responsabilité notariale

Certains juges avaient retenu une solution rigoureuse à l'égard des notaires (Paris, 19 févr. 2002, *Defrénois* 2002, art. 37565, p. 832, obs. S. Piedelièvre). Au nom de leur devoir de se renseigner pour garantir la sécurité juridique des clients et afin d'assurer la pleine efficacité de l'acte, une cour d'appel avait considéré que le notaire devait vérifier la situation hypothécaire du bien et, à défaut, il était déclaré responsable du préjudice subi pour ne pas avoir conservé le prix jusqu'à la délivrance de l'état sur publication. L'adoption d'un tel raisonnement serait favorable à la Banque nationale du crédit, qui pourrait invoquer le préjudicie subi lors de la non prise en considération de l'hypothèque conventionnelle convenue le 18 décembre 2015.

La Cour de cassation a toutefois nuancé un tel raisonnement en adoptant une solution, à l'inverse, favorable aux notaires (Civ. 1re, 23 nov. 2004, *D.* 2005. Jur. 874, note Ph. Loyer et p. 876, note S. Piedelièvre ; *Defrénois* 2005, art. 38142, p. 623, obs. J.-L. Aubert ; *JCP* N 2006. 1012, note J. De Poulpiquet ; solution confirmée par une Cour d'appel et par une Réponse ministérielle, CA Aix-en-Provence, chambre 1 A, 7 janv. 2014, n° 13/05113 - Rép. min. n° 26995, *JO* AN Q, 8 avr. 2014, p. 3241, *RTDI* 2014, n° 2, p. 10, obs. Ch. Albiges ; *Defrénois* 2015, p. 493, obs. S. Cabrillac). En l'espèce, un notaire avait, avant la conclusion d'une vente immobilière définitive, levé un état hors formalité, délivré neuf jours avant la signature de l'acte. Cet état ne révélait qu'une inscription d'hypothèque conventionnelle au bénéfice d'un établissement de crédit. Or, entre la date certifiant l'état hors formalité et celle de la vente, une nouvelle inscription d'une hypothèque judiciaire provisoire avait été obtenue par un autre créancier, comme en l'espèce celle de la Banque nationale du crédit. Le notaire remit le prix à la venderesse, sous déduction de la seule créance hypothécaire de l'établissement de crédit, inscrite et connue lors de la levée de l'état hypothécaire hors formalité. Les créanciers, bénéficiaires de l'hypothèque judiciaire assignèrent le notaire en responsabilité professionnelle pour s'être dessaisi des fonds, sans avoir vérifié l'état des inscriptions hypothécaires à la date de la vente. La Cour de cassation a écarté la demande et la mise en œuvre de toute responsabilité notariale (solution ultérieurement confirmée, Civ. 1re, 15 mars 2005, *Defrénois* 2006, art. 38356-14, p. 512, obs. S. Piedelièvre). Le notaire peut se dessaisir du prix pour régler l'unique créancier inscrit, « aucun texte de loi ne lui imposant de conserver le prix plus longtemps » selon les termes de la Cour de cassation (Civ. 1re, 23 nov. 2004, ; Aix-en-Provence, 7 janv. 2014, *préc.*). En l'espèce, un délai relativement bref s'était passé entre l'établissement de l'acte de vente et la levée de l'état hypothécaire, délai pendant lequel une inscription dite « intercalaire » avait été portée et non connue par le notaire. La responsabilité de ce dernier, certes ponctuellement retenue en la matière par certaines juridictions du fond (Paris 7 févr. 2006, *Gaz. Pal.* 15 mars 2007, Somm. 12), pourra à l'inverse être définitivement écartée dans le futur avec la mise en place du système de transmissions des données dématérialisées — dit « télé@actes ». Ce dernier réduira les inscriptions intercalaires non révélées au notaire au moment de la signature de l'acte (D. Froger, « Télé@ctes : une révolution ? Non, une adaptation simple de la publicité foncière à l'univers dématérialisé », *JCP* 2006. 1133).

Or les conditions de mise en œuvre de la responsabilité notariale supposent également le constat d'un préjudice subi par le créancier, condition non réunie au regard des recours susceptibles d'être exercés par la Banque nationale du crédit, plus précisément l'exercice du droit de suite.

B. L'exercice du droit de suite

Conformément aux règles relevant du droit commun de l'hypothèque, le créancier régulièrement inscrit, comme en l'espèce la Banque nationale du crédit, peut exercer un recours contre le tiers acquéreur, M. Petit. Il appartient à l'établissement de crédit de respecter les différentes conditions de mise en œuvre du droit de suite. Ce dernier s'exerce sur la valeur de l'immeuble en quelques mains qu'il se trouve (sur les conditions du droit de suite, v. ss 661 s.). L'acquéreur se trouve ainsi dans une situation assez risquée car les droits du créancier hypothécaires doivent être par principe sauvegardés. L'exercice du droit de suite est en effet susceptible d'être suivi d'une saisie de l'immeuble, ce qui imposera la perte du bien et un remboursement du prix acquitté.

chapitre 11

Le gage immobilier

Plan analytique

section 1

La constitution du gage immobilier

§ 1 La conclusion d'un contrat

§ 2 La dépossession de l'immeuble

§ 3 Le respect de formalités

section 2

Les effets du gage immobilier

§ 1 Les effets avant l'échéance de la dette

§ 2 Les effets lors de l'échéance de la dette

section 3

L'extinction du gage immobilier

Compléments pédagogiques

Le gage immobilier

Conformément aux termes de l'article 2373 du Code civil, le gage immobilier, anciennement qualifié « antichrèse », appartient à la catégorie des sûretés réelles portant sur les immeubles, au même titre que l'hypothèque et le privilège immobilier. Afin de contribuer à une modernisation du droit et une simplification des notions, le législateur est intervenu pour modifier la terminologie de cette sûreté : l'article 10 de la loi n° 2009-526 du 12 mai 2009 a en effet indiqué que, désormais, le mot « antichrèse » est remplacé par la formule « gage immobilier » et le « créancier antichrésiste » par celle de « créancier titulaire d'un droit de gage immobilier » (pour une approche critique de la proposition de loi finalement adoptée, P. Crocq, « Des chrysanthèmes pour l'antichrèse ? », *RLDC*, déc. 2008, n° 14). Initialement, cette sûreté permettait au créancier d'avoir un paiement régulier de sa créance, en bénéficiant des revenus de l'immeuble. Avant l'entrée en vigueur de l'ordonnance du 23 mars 2006, l'antichrèse appartenait à la catégorie juridique des nantissements, pour laquelle la remise de la possession du bien s'imposait (sur la modification de la classification des sûretés réelles, v. ss 364). Désormais réglementée par les articles 2387 à 2392 du Code civil, la sûreté est définie comme « l'affectation d'un immeuble en garantie d'une obligation » (art. 2387 C. civ.), le créancier étant habilité à percevoir les fruits de cet immeuble. En droit grec et en droit romain, cette sûreté conférait déjà au prêteur la faculté de garantir le recouvrement des intérêts de la créance, tout en se faisant attribuer de manière forfaitaire les revenus de l'immeuble (Y. Picod, *Droit des sûretés*, 3e éd., PUF, 2016, n° 350 ; M. Mignot, « Le gage immobilier utilisé ? », *in* N. Borga et O. Gout (dir.), *L'attractivité du droit français des sûretés réelles*, 2016, LGDJ, coll. « Grands colloques », p. 177). 670

De nos jours, la mise en œuvre de du gage immobilier suppose, conformément à l'article 2387 du Code civil, la dépossession du débiteur et permet à un créancier, de manière corrélative, d'obtenir la possession et par là même la jouissance du bien. C'est à ce titre que cette sûreté présente certains inconvénients, singulièrement pour les banques qui obtiennent la jouissance d'un bien dont ils n'ont pas nécessairement l'utilité. Ce constat justifie que les recours à un gage immobilier demeurent en pratique assez limités, légitimant le qualificatif de sûreté « d'archaïque » (M. Cabrillac, Ch. Mouly, S. Cabrillac et Ph. Pétel, *Droit des sûretés,* Litec, 10e éd., 2015, n° 961), tombée en désuétude (P. Ancel, *Droit des sûretés,* 7e éd., Litec, 2014, n° 431), même si un certain renouveau a pu apparaître (D. Martin, « L'antichrèse », *JCP* N 1987. I. 299 ; B. Garnier, « L'antichrèse, l'intérêt d'une sûreté alternative », *LPA* 14 juill. 1997, n° 84, p. 9 ; *LPA* 21 juill. 1997, n° 87, p. 20). La réforme du droit des sûretés du 23 mars 2006 a concerné en particulier le gage immobilier, alors encore qualifié « antichrèse », en précisant les modalités de constitution (section 1), les effets (section 2) et l'extinction (section 3) de la sûreté. 671

section 1

La constitution du gage immobilier

672 Le recours à une antichrèse suppose qu'un contrat a été conclu (1), que le débiteur a été dépossédé (2) et que des formalités particulières ont été respectées (3).

§ 1 La conclusion d'un contrat

673 Avant la réforme du droit des sûretés, « l'antichrèse » apparaissait déjà comme l'application à l'immeuble du gage avec dépossession et constituait la manifestation du nantissement qui portait sur une chose immobilière. Depuis l'entrée en vigueur de l'ordonnance du 23 mars 2006 et la modification des classifications juridiques, cette sûreté correspond désormais à une variante de l'hypothèque conventionnelle, comme l'illustrent les termes de l'article 2388 du Code civil, qui effectuent un renvoi aux dispositions de cette sûreté dans différents domaines (sur ce constat et l'évolution de la nature juridique de cette sûreté plus particulièrement, G. Piette, « La nature de l'antichrèse après l'ordonnance n° 2006-346 du 23 mars 2006 », *D.* 2006. Chron. 1690). Le gage immobilier suppose la conclusion d'un contrat entre le débiteur, le constituant propriétaire de l'immeuble, qui transfère à un créancier, titulaire d'un droit de gage immobilier, la possession de ce bien, pour garantir le paiement de la dette. Le recours à un tel gage est subordonné à un échange des consentements entre ces deux parties. Le contrat ainsi conclu est nécessairement accessoire à une créance principale. Il est de plus, par essence, unilatéral car seul est obligé le créancier, entré en possession de l'immeuble lors de la conclusion de la sûreté. Ce même créancier est tenu de conserver le bien et de le restituer. Enfin, au même titre que l'hypothèque, le contrat de gage portant sur un immeuble est constitutif d'une sûreté indivisible : chaque partie de l'immeuble affecté en garantie a vocation à répondre de la totalité de la dette.

§ 2 La dépossession de l'immeuble

674 Selon l'article 2387 *in fine* du Code civil, le recours à un gage immobilier emporte « dépossession de celui qui la constitue ». La doctrine souligne que la remise de la chose est une condition de validité de la sûreté (D. Legeais, *Droit des sûretés et garanties du crédit,* 11e éd., LGDJ, 2016, n° 645), conformément à la jurisprudence selon laquelle cette dépossession était « l'essence » de l'antichrèse (Civ. 1re, 22 mars 1966, *Bull. civ.* I, n° 201). Le créancier conserve la possibilité d'en percevoir les fruits, en contrepartie de les imputer annuellement sur les intérêts éventuels et, subsidiairement, sur le capital de la créance (art. 2389 al. 1er C. civ.). Si ce principe d'une dépossession du débiteur, au bénéfice du créancier, demeure la condition traditionnelle du recours à un gage immobilier, une nuance a été introduite par la pratique, favorable à une technique alors qualifiée d'antichrèse-bail. Cette opération suppose que le constituant loue le bien, dont il est pourtant propriétaire, les loyers étant versés au créancier Or, ce dernier pourrait-il ne plus avoir la possession matérielle du bien et

remettre la détention au débiteur qui louerait ainsi l'immeuble dans une sorte d'antichrèse-bail ? Ce montage contractuel avait été validé par la Cour de cassation (Civ. 3e, 18 déc. 2002, *D.* 2003. 963, note Ph. Delebecque ; *RTD civ.* 2003. 319, obs. Th. Revet et 327, obs. P. Crocq ; *JCP* 2003. II. 10034, note Y. Picod ; *RD banc. fin.* 2003, n° 104, obs. D. Legeais ; *JCP* E 2003. 809, note O. Guérin ; *LPA* 30 juin 2003, p. 12, note D. Houtcieff ; cassant Papeete 11 avr. 2001, *JCP* 2002. II. 10004, note Y. Picod), permettant au constituant de garder la jouissance du bien, moyennant le versement de loyers.

En l'espèce, une société, qui projetait l'acquisition de trois ensembles hôteliers, avait obtenu d'un établissement de crédit qu'il lui accorde un prêt. La garantie consentie fut une antichrèse sur les biens acquis, publiée au service de la publicité foncière en 1990. Selon le mécanisme dit de « l'antichrèse-bail », l'acte prévoyait que le constituant conserverait un droit personnel de la jouissance des biens donnés en garantie, moyennant le versement, pendant douze années, d'une indemnité d'occupation. Le constituant avait donc la détention, sans qu'il soit porté atteinte aux prérogatives du créancier. Or, ce dernier ne s'étant pas intéressé à la sûreté et aux non-paiements des loyers depuis plus de deux ans, une caducité de l'antichrèse avait été relevée : en dépit de ce comportement, la validité de l'opération a été admise par la Cour de cassation. Le principe d'une dépossession matérielle est dès lors remplacé par une dépossession strictement juridique (Ph. Dupichot, « L'antichrèse », *JCP* 2006, suppl. au n° 20, p. 27 ; S. Robinne, « L'antichrèse », in *Évolution des sûretés réelles : regards croisés Université-Notariat,* Litec, coll. « Colloques et débats », 2007, p. 95).

En dépit de certaines critiques (Ph. Simler et Ph. Delebecque, *Droit civil, Les sûretés, La publicité foncière*, 7e éd., Dalloz, coll. « Précis », 2016, n° 378) et afin d'inciter le recours à l'antichrèse, l'ordonnance réformant les sûretés a expressément retenu un tel principe d'une antichère-bail, codifié à l'article 2390 du Code civil : « Le créancier peut, sans en perdre la possession, donner l'immeuble à bail, soit à un tiers, soit au débiteur lui-même ». Le débiteur n'est plus privé de la jouissance de l'immeuble et, en ce qui concerne le créancier, il n'a plus à supporter les charges de la détention du bien. Les parties au contrat de gage immobilier ont ainsi une double qualité juridique : prêteur et bailleur d'une part, emprunteur et preneur d'autre part.

§ 3 Le respect de formalités

Avant la réforme du 23 mars 2006, le recours à un écrit n'était prévu qu'à titre de preuve de l'antichrèse, l'acte notarié conclu permettant d'en assurer l'opposabilité. La constitution d'un gage immobilier suppose désormais la rédaction d'un écrit, imposée pour la validité de l'acte, selon l'article 2388 alinéa 1er du Code civil. Ce texte effectue plus précisément un renvoi à l'article 2416 du même Code, spécifique à l'hypothèque conventionnelle (v. ss 608). L'acte constitutif du gage doit être conclu sous la forme d'acte notarié et publié au service de la publicité foncière dans le ressort duquel se situe l'immeuble. En l'absence de cette formalité de publicité, le droit réel conféré par la sûreté au créancier titulaire d'un droit de gage immobilier est inopposable aux tiers acquéreurs, aux créanciers titulaires d'une autre sûreté réelle qui auraient régulièrement publié leur droit ou même, aux créanciers chirographaires. 675

section 2

Les effets du gage immobilier

676 Les effets de cette sûreté varient, avant (1) ou après (2) l'échéance de la dette principale.

§ 1 Les effets avant l'échéance de la dette

677 La conclusion d'un gage immobilier confère différents droits au créancier. Celui-ci est titulaire de la possession de l'immeuble et bénéficie à ce titre d'un droit de jouissance de l'immeuble, en l'utilisant lui-même ou en percevant les fruits : les loyers obtenus à ce titre s'imputent sur les intérêts dont la créance garantie est productive et, subsidiairement, sur le capital de la créance selon l'article 2389 du Code civil. Comme un auteur a pu le relever, l'exploitation de l'immeuble apparaît certes comme un droit, mais aussi, sous certains aspects, comme une obligation à la charge du créancier (J.-B. Seube, *Droit des sûretés,* 8e éd., Dalloz, coll. « Cours », 2016, n° 444). De manière corrélative à cette jouissance, ce même créancier est tenu d'assurer la conservation de l'immeuble. Il doit administrer le bien, pourvoir à sa conservation et aux réparations, sauf à prélever sur les fruits les dépenses engagées et enfin s'acquitter des contributions et charges annuelles sur l'immeuble. Ces différentes obligations, présentes avant la réforme du droit des sûretés, ont été confirmées à l'article 2389 alinéa 2 du Code civil. Ce texte prévoit également la sanction susceptible d'être prononcée en cas de non-respect de telles obligations : la déchéance. Dans l'hypothèse où ce même créancier juge ces contraintes trop lourdes, il peut, toujours en application de cet article 2389 alinéa 2, résilier de manière unilatérale la convention et enjoindre le débiteur de reprendre la jouissance de son immeuble.

§ 2 Les effets lors de l'échéance de la dette

678 En l'absence de paiement de la dette convenue à l'échéance, le créancier pouvait et peut toujours poursuivre le débiteur par les voies légales. Une évolution de la matière a toutefois été apportée par l'ordonnance du 23 mars 2006. Avant cette réforme, le créancier n'avait pas la possibilité de se faire attribuer l'immeuble par décision de justice. Par un principe de renvoi aux dispositions relatives à l'hypothèque et en particulier l'article 2458 du Code civil, l'article 2388 alinéa 2 du même Code permet désormais au créancier de poursuivre la vente forcée de l'immeuble ou de demander l'attribution de la propriété de celui-ci. Cette attribution peut être d'origine judiciaire ou conventionnelle, avec l'exécution d'un pacte commissoire. Quelle que soit la forme de l'attribution, les différentes restrictions en vigueur en matière d'hypothèque conventionnelle, sont applicables au gage immobilier (art. 2459 et 2460 C. civ., v. ss 651) : la résidence principale du débiteur ne peut être concernée, un expert doit évaluer le bien et un pacte commissoire ne peut être conclu dans les phases de sauvegarde et de redressement de ce débiteur.

Le créancier titulaire d'un droit de gage immobilier dispose donc de la faculté de faire vendre l'immeuble en respectant, comme pour tout créancier, les formes de la saisie immobilière. Une fois la vente intervenue, il peut se trouver en concours avec d'autres créanciers. Dans une telle situation, ce créancier pourra exercer un *droit de préférence*, les conflits entre créanciers étant résolus par la date d'inscription de la sûreté. De plus, il bénéficie d'un *droit de suite* en cas de vente de l'immeuble, ce qui lui permet de demander la restitution du bien dès lors qu'il en a été dépossédé. 679 ■

Le dessaisissement du propriétaire de l'immeuble confère par principe au créancier un *droit de rétention*, jusqu'au paiement complet de la créance en capital, intérêts, frais et accessoires. L'article 2391 du Code civil n'autorise le débiteur à récupérer l'immeuble qu'après le paiement intégral de la dette. Ce droit est opposable aux créanciers hypothécaires du constituant et aux tiers acquéreurs, sauf si ces derniers ont antérieurement acquis un droit réel sur l'immeuble. L'incertitude a pu concerner le sort de l'immeuble en cas de procédure collective : selon la troisième chambre civile de la Cour de cassation (Civ. 3ᵉ, 23 oct. 2002, *JCP* 2003. I. 113, n° 7, obs. M. Cabrillac ; *JCP* 2003. I. 124, n° 13, obs. Ph. Delebecque ; *RD banc. fin.* 2003, p. 25, obs. D. Legeais), l'article L. 642-25 du Code de commerce anciennement codifié à l'article L. 622-21, qui prévoit qu'en cas de liquidation du débiteur « le droit de rétention est reporté sur le prix » dégagé par la vente de l'objet engagé, « est inapplicable aux immeubles ». En d'autres termes, le créancier titulaire d'un droit de gage immobilier ne pouvait bénéficier du report de son droit de rétention sur le prix de vente de l'immeuble. Au lendemain de l'entrée en vigueur de la réforme du droit des sûretés, la doctrine est partagée pour apprécier le maintien de cette jurisprudence : pour certains auteurs, l'efficacité du gage immobilier doit être garantie par l'exercice du droit de rétention (Ph. Dupichot, « L'antichrèse », *art. cit.*, p. 27), alors que, pour d'autres auteurs, le recours à cette sûreté se révèle de peu d'intérêt lors d'une procédure collective du débiteur en raison de la mise en œuvre de la jurisprudence antérieure à la réforme (D. Robine, « Aperçu de la réforme du droit des sûretés par l'ordonnance n° 2006 -346 du 23 mars 2006 », Bull. Joly 2006, p. 876, spéc. note 39). 680 ■

À l'inverse, en cas de paiement de la dette, le gage immobilier respecte la règle de l'accessoire et a vocation à s'éteindre avec l'extinction de la créance garantie. Le créancier a l'obligation de restituer l'immeuble (art. 2392 C. civ.). Si le créancier n'exécute pas son obligation de restitution et ne procède pas à la mainlevée de l'inscription, l'ancien débiteur peut agir en revendication, soit en restitution sur le fondement du contrat de gage lui-même. Il faut toutefois que le paiement ait intégralement libéré le débiteur. Selon le principe d'indivisibilité de la sûreté, ce débiteur ne peut pas réclamer la restitution de l'immeuble « avant l'entier acquittement de sa dette » (art. 2391 C. civ.). 681 ■

section 3

L'extinction du gage immobilier

682 L'article 2392 du Code civil prévoit tout d'abord que le gage portant sur un immeuble cesse de produire ses effets dès l'extinction de l'obligation principale, conformément au caractère accessoire de la sûreté. Cette même disposition énonce ensuite que le créancier a la possibilité de restituer l'immeuble à son propriétaire à titre anticipé, avant le recouvrement de sa créance, restitution qui éteint également la sûreté.

Compléments pédagogiques

Mémo

Le gage immobilier est un *contrat réel* qui suppose qu'un débiteur remette à un créancier un immeuble dont il est propriétaire, pour garantir le recouvrement d'une dette. Le créancier est, par principe, habilité à percevoir les fruits de l'immeuble, qui ont vocation à s'imputer en priorité sur les intérêts de la dette garantie. De manière corrélative, le débiteur est simplement dépossédé du bien. Si cette *dépossession* matérielle demeure de l'essence de la sûreté, qui s'oppose ainsi à l'hypothèque, un tempérament a toutefois été apporté par l'ordonnance du 23 mars 2006 : est désormais retenue en droit interne la faculté de conclure une opération qualifiée d'« *antichrèse-bail* » au terme de laquelle le créancier donne à bail au débiteur l'immeuble grevé de la sûreté, sans pour autant perdre la possession juridique du bien. Cette même ordonnance a ponctuellement modifié certaines règles applicables non seulement à la formation du gage immobilier, en particulier en prévoyant l'obligation de conclure un *acte notarié* pour assurer la validité de la sûreté, mais aussi pour ses effets, en introduisant, au même titre que pour l'hypothèque, la faculté de solliciter une attribution judiciaire du bien ou d'exécuter un pacte commissoire.

Document

Civ. 3e, 18 décembre 2002
(*D.* 2003. 963, note Ph. Delebecque ; *RTD civ* 2003. 319, obs. Th. Revet et 327, obs. P. Crocq ; *JCP* 2003. II. 10034, note Y. Picod ; *RD banc. fin.* 2003, n° 104, obs. D. Legeais ; *JCP* E 2003. 809, note O. Guérin ; *LPA* 30 juin 2003, p. 12, note D. Houtcieff)

« La possession est la détention ou la jouissance d'une chose ou d'un droit tenu ou exercé par son titulaire ou par un autre qui la tient ou qui l'exerce en son nom ».

Biblio

- Ph. Dupichot, « L'antichrèse », *JCP* 2006, suppl. au n° 20, p. 26.
- B. Garnier, « L'antichrèse, l'intérêt d'une sûreté alternative », *LPA* 14 juill. 1997, n° 84, p. 9 ; *LPA* 21 juill. 1997, n° 87, p. 20.
- D. Martin, « L'antichrèse », *JCP* N 1987. I. 299.
- M. Mignot, « Le gage immobilier utilisé ? », *in* N. Borga et O. Gout (dir.), *L'attractivité du droit français des sûretés réelles,* 2016, LGDJ, coll. « Grands colloques », p. 177.

- G. Piette, « La nature de l'antichrèse après l'ordonnance n° 2006-346 du 23 mars 2006 », *D.* 2006. Chron. 1688.
- S. Robinne, « L'antichrèse », in *Évolution des sûretés réelles : regards croisés Université-Notariat,* Litec, coll. « Colloques et débats », 2007, p. 93.

Quiz

1) Sujet corrigé

Commentaire groupé

Énoncé

Article 2390 du Code civil

« Le créancier peut, sans en perdre la possession, donner l'immeuble à bail, soit à un tiers, soit au débiteur lui-même ».

Civ. 3e, 18 décembre 2002
(*D.* 2003. 963, note Ph. Delebecque ; *RTD civ.* 2003. 319, obs. Th. Revet et 327, obs. P. Crocq ; *JCP* 2003. II. 10034, note Y. Picod ; *RD banc. fin.* 2003, n° 104, obs. D. Legeais ; *JCP* E 2003. 809, note O. Guérin ; *LPA* 30 juin 2003, p. 12, note D. Houtcieff)

« Sur le moyen unique :

Vu l'article 2228 du Code civil, ensemble les articles 2085, 2086, 2231 et 2240 du Code civil ;

Attendu que la possession est la détention ou la jouissance d'une chose ou d'un droit tenu ou exercé par son titulaire ou par un autre qui la tient ou qui l'exerce en son nom ;

Attendu selon l'arrêt attaqué (Papeete, 11 avr. 2001) que par contrat en date du 16 mars 1990, la Société de banque occidentale (SDBO), aux droits de laquelle se trouve la société CDR créances, a consenti un prêt à la Société hôtelière internationale de Polynésie (SHIP), destiné à financer l'acquisition de trois ensembles hôteliers ; qu'en garantie, la société SHIP a consenti sur les biens acquis, avec la société Tapati, propriétaire du terrain sur lequel a été construit un des trois hôtels, une antichrèse inscrite le 22 août 1990 ; qu'il a été convenu que la société SHIP conserverait la jouissance des biens donnés en garantie, moyennant le versement, pendant douze années, d'une indemnité d'occupation ; que la société SHIP a cessé ses règlements en 1994 et que la société CDR créances a déclaré sa créance au passif des sociétés SHIP et Tapati, mises en redressement judiciaire le 6 juillet 1998 ;

Attendu que pour déclarer les antichrèses éteintes, la cour d'appel a relevé que la société SHIP avait cessé tout règlement de l'indemnité d'occupation à compter de novembre 1994 et retenu que la société CDR créances, jusqu'au dépôt de sa déclaration de créance, le 16 octobre 1998, n'avait pris aucune initiative concrète soit pour rompre la convention d'occupation et confier l'exploitation à un tiers afin de maintenir sa possession juridique, soit pour prendre possession matériellement des immeubles afin d'exercer son droit de rétention et que le fait pour l'antichrésiste de n'entreprendre aucun acte positif destiné à marquer sa volonté de garder la possession matérielle ou juridique des biens nantis avait eu pour conséquence de faire disparaître la condition essentielle de la validité de l'antichrèse, à savoir la dépossession du constituant ;

Qu'en statuant ainsi, alors que la société SHIP, qui avait cessé de régler les indemnités d'occupation, continuait cependant à posséder pour le compte de l'antichrésiste et que l'absence d'action de ce dernier contre elle n'avait pas mis fin à cette possession, la cour d'appel a violé les textes susvisés ;

PAR CES MOTIFS :

CASSE ET ANNULE, dans toutes ses dispositions, l'arrêt rendu le 11 avril 2001, entre les parties, par la cour d'appel de Papeete ; remet, en conséquence, la cause et les parties dans l'état où elles se trouvaient avant ledit arrêt et, pour être fait droit, les renvoie devant la cour d'appel de Paris ».

Voir le corrigé en fin de rubrique.

2) Corrigé

Commentaire groupé

Le recours à une « antichrèse », désormais qualifiée de « gage immobilier » présente plusieurs attraits pour un créancier (sur les inconvénients, v. *supra*, I, B). Cette sûreté lui permet de percevoir directement les fruits de l'immeuble grevé. De plus, le Code civil prévoit expressément que ce créancier bénéficie d'un droit de rétention exercé sur le bien. Si ces éléments traditionnels sont confirmés par les textes, l'apport de la réforme du droit des sûretés, en date du 23 mars 2006, réside dans la faculté de conclure désormais une antichrèse-bail qui devrait inciter le recours à cette opération juridique. Cette dernière suppose que le constituant puisse louer le bien, dont il est pourtant propriétaire, les loyers étant versés au créancier. L'étude de ce mécanisme constitue l'une des illustrations de la complémentarité des différentes sources du droit.

Issue initialement de la pratique pour permettre au débiteur de conserver la jouissance de l'immeuble (F. Lejeune, « Une sûreté nouvelle, l'antichrèse-bail », *Journal not. et av.* 1986, p. 571), cette sûreté a ensuite été reconnue comme valable et source d'effets juridiques spécifiques par la Cour de cassation le 18 décembre 2002. Le groupe de travail, constitué sous la présidence du professeur Grimaldi, était également favorable à « l'antichrèse », au même titre que le législateur, conformément aux termes de l'article 24, 2e de la loi n° 2005-842 qui autorisait le gouvernement à prendre par ordonnance les mesures nécessaires pour « améliorer la fonction de l'antichrèse, en autorisant le créancier à donner à bail l'immeuble dont le débiteur s'est dépossédé à titre de garantie ». Conformément à cette volonté politique, l'ordonnance du 23 mars 2006 consacra le mécanisme dit de « l'antichrèse-bail », codifié à l'article 2390 du Code civil. Une dépossession juridique est donc désormais acceptée, au détriment d'une dépossession traditionnellement matérielle. Une reconnaissance progressive de l'antichrèse-bail a donc été retenue (I), source d'une portée contrastée (II).

I. La reconnaissance de « l'antichrèse-bail »

A. L'initiative jurisprudentielle

La reconnaissance de « l'antichrèse-bail » par la Cour de cassation résulte d'un litige pour lequel le raisonnement de la cour d'appel fut censuré par les Hauts magistrats. Une société, qui projetait l'acquisition de trois ensembles hôteliers, avait obtenu d'un établissement de crédit qu'il lui accorde un prêt. Un gage immobilier fut conclu sur les biens acquis, publié au service de la publicité foncière en 1990. Cet acte prévoyait que le constituant conserverait un droit personnel à la jouissance des biens donnés en garantie, moyennant le versement, pendant douze années, d'une indemnité d'occupation. Ce constituant avait conservé la détention du bien, sans qu'il soit porté atteinte aux prérogatives du créancier qui percevait un loyer. Or, le créancier ne s'étant pas intéressé à la sûreté et aux non-paiements des loyers depuis plus de deux ans, la cour d'appel (Papeete, 11 avr. 2001) lui avait refusé le bénéfice de « l'antichrèse-bail ». Les juges du fond considéraient que l'absence de paiement par le débiteur n'ayant été suivie d'aucune réaction de la part du créancier, celui-ci avait perdu la possession nécessaire à la sûreté, affectée d'une caducité. Ce raisonnement est censuré par la Cour de cassation (Civ. 3e, 18 déc. 2002) pour laquelle la cessation du paiement des indemnités d'occupation n'avait pas d'influence sur la possession de l'immeuble. Le créancier titulaire d'un droit de gage immobilier n'avait ainsi pas perdu cette possession, en dépit de son inaction, raisonnement qui permettait à la Cour de cassation de reconnaître certes de manière implicite (obs. P. Crocq, sous Civ. 3e, 18 déc. 2002, *préc.*, *RTD civ* 2003. 327) la validité de cette opération juridique.

B. La consécration législative

Afin d'inciter le recours à un gage immobilier, pour diversifier l'offre de sûretés portant sur un immeuble, l'ordonnance réformant les sûretés du 23 mars 2006 a retenu le principe même de « l'antichère-bail », codifié à l'article 2390 du Code civil : « Le créancier peut, sans en perdre la possession, donner l'immeuble à bail, soit à un tiers, soit au débiteur lui-même ». Le débiteur n'est plus privé de l'utilisation de l'immeuble et, de manière corrélative, le créancier n'a plus à supporter les charges de la détention du bien, ce même créancier conserve ainsi un droit de jouissance de l'immeuble avec la perception des loyers (v. ss 674). Est ainsi consacré le principe d'une *corpore alieno*, le constituant possédant l'immeuble, mais pour le compte du créancier titulaire d'un droit de gage immobilier, bénéficiaire des loyers.

II. Les incidences de la reconnaissance de « l'antichrèse-bail »

A. Le critère de la dépossession

En principe, le critère de la dépossession du débiteur correspond à « l'essence » du contrat selon la jurisprudence (Civ. 1er, 22 mars 1966, sur ce constat, Ph. Dupichot, « L'antichrèse », *JCP* 2006, suppl. au n° 20, n° 4, p. 27). La double évolution de la sûreté, jurisprudentielle et législative, au titre de « l'antichrèse-bail », modifie indirectement cette affirmation de principe. Certes, le créancier ne perd pas la possession de l'immeuble donner à bail, comme le rappelle l'article 2390 du Code civil. Mais une nouvelle nuance apparaît, entre la dépossession juridique, qui est maintenue, et celle matérielle, qui suppose que l'immeuble soit en possession du créancier (sur ce constat, S. Robinne, « L'antichrèse », *in Évolution des sûretés réelles : regards croisés, Université-Notariat,* Litec, coll. « Colloques et débats », 2007, p. 93). Or, l'inconvénient majeur du gage immobilier, pour les créanciers, était justement cette dépossession du débiteur, source de contraintes pour eux (sur le caractère peu attractif de cette sûreté pour le créancier, D. Legeais, *Droit des sûretés et garanties du crédit,* 11e éd., LGDJ, 2016, n° 646). Un tel constat doit désormais être tempéré par la reconnaissance de « l'antichrèse-bail ».

B. La double qualité des parties

Le principe même de « l'antichrèse-bail » suppose que le créancier donne à bail un immeuble, pour imputer les loyers sur le montant de la dette. Or, justement, l'originalité de l'opération réside dans la qualité de ce débiteur, qui doit par ailleurs payer un loyer pour jouir d'un immeuble qui lui appartient. Les parties à l'opération ont donc bien une double qualité : d'une part, celle de créancier et bailleur, d'autre part, celle de débiteur et locataire d'un bien, tout en ayant également la qualité non contestée de propriétaire. L'efficacité potentielle de ce mécanisme pourrait se heurter à la protection des droits des tiers, susceptibles d'être perturbés par une telle confusion des différentes qualités juridiques des cocontractants. Or cette crainte doit immédiatement être tempérée, ces tiers ne subissant par principe aucun préjudice en raison de l'exigence de publicité qui s'impose à tout gage et qui garantit une parfaite transparence (sur cette inscription, v. ss 675).

chapitre 12

La propriété-garantie

Plan analytique

section 1

La propriété retenue à titre de garantie

§ 1 Le crédit-bail

A. La nature juridique du crédit-bail

B. Le régime juridique du crédit-bail

§ 2 La clause de réserve de propriété

A. La nature juridique de la clause de réserve de propriété

B. Le régime juridique de la clause de réserve de propriété

section 2

La propriété transférée à titre de garantie

§ 1 La vente à réméré

§ 2 La fiducie

A. Les premières manifestations de la fiducie-sûreté

B. La généralisation de la fiducie-sûreté ?

Compléments pédagogiques

La propriété-garantie

De la même manière que le droit de rétention est un mécanisme de garantie fort utile, fondé sur la conservation de la possession — au sens de *corpus* — du bien par le rétenteur, la propriété pourrait bien être la meilleure des garanties dans la mesure où le créancier, plutôt que de disposer d'un simple droit de préférence, conserve ou acquiert la propriété d'un bien. 683

Utilisée à titre de garantie dès le droit romain, les professionnels n'ont pas hésité à recourir à cette propriété-garantie pour pallier les faiblesses des sûretés plus classiques, et notamment des sûretés réelles non épargnées par la procédure collective du débiteur.

Pourtant l'utilisation de la propriété comme garantie n'a pas été sans heurts. Des raisons tant théoriques (la propriété est un droit réel principal et non accessoire ; l'interdiction du pacte commissoire ; le *numerus clausus* des droits réels) que pratiques (l'absence ou le caractère fruste de la publicité de cette sûreté ; la difficulté de transférer ce type de garantie en même temps que la créance) ont été avancées pour s'y opposer. Mais malgré ces résistances, le législateur a, de façon certes éparse, autorisé des cas de propriété-garantie, à travers les mécanismes de la clause de réserve de propriété, celui du crédit-bail, la vente à réméré, ou les quelques hypothèses de cession fiduciaire.

Lors de la réforme du droit des sûretés, les deux options de la reconnaissance générale, ou de l'exclusion définitive du mécanisme de la propriété-sûreté étaient possibles. La contradiction entre la situation d'exclusivité conférée au créancier propriétaire et la volonté de sauvegarder l'entreprise en difficulté pouvait faire douter de son admission. De même, l'objectif affiché de la réforme de rénover les sûretés réelles, aurait pu conduire à l'abandon de la propriété comme garantie. Alors que la commission Grimaldi avait réfléchi tant sur la propriété retenue à titre de garantie, que sur la propriété cédée, proposant même d'introduire dans le Code civil un principe général de fiducie-sûreté, le gouvernement est resté plus modeste, restant totalement muet sur ce second point. La raison en est toute simple : les termes restrictifs de l'habilitation ne l'autorisaient qu'à « insérer à droit constant, dans le Code civil, les dispositions relatives à la clause de réserve de propriété ».

Aussi, la clause de réserve de propriété jusque-là cantonnée au Code de commerce a fait son entrée, seule, dans le Code civil. Toutefois, par la suite, la loi du 19 février 2007 a introduit dans notre système juridique la fiducie, d'abord timidement (v. S. Piedelièvre, « La timide consécration de la fiducie par la loi du 19 février 2007 », *Gaz. Pal.* 26 mai 2007, p. 2), puis plus vigoureusement à travers l'ordonnance n° 2009-112 du 30 janvier 2009. Elle figure certes aux articles 2011 et suivants du Code civil laissés vacants depuis le départ du contrat de cautionnement, dans un titre qui n'est pas relatif aux sûretés réelles. Mais, le chapitre IV du titre II du livre IV du Code civil qui traitait seulement de la propriété retenue à titre de garantie s'intitule désormais « De la propriété retenue ou cédée à titre de garantie ». Par ailleurs, l'article 2329 du Code 684 civil intègre dans sa liste des sûretés sur les meubles, dans un quatrièmement « 4° La propriété retenue ou cédée à titre de garantie », tandis que l'article 2373 alinéa 2 du Code civil énumérant les sûretés portant sur les immeubles dispose également que « la propriété de l'immeuble peut également être retenue ou cédée à titre de garantie ». La propriété est donc une véritable sûreté, et non pas une simple garantie.

685 L'intérêt pour un créancier de recourir à la propriété-sûreté est d'une part, d'éviter la loi du concours, puisqu'étant propriétaire du bien, il n'entrera pas en concurrence avec les créanciers munis de sûretés classiques, et d'autre part, d'échapper aux contraintes des procédures collectives, et notamment la fameuse interdiction des poursuites individuelles. À cet effet, et comme il a été précédemment évoqué, la propriété peut être utilisée comme sûreté de deux façons. Soit, le créancier conserve, retient, la propriété d'un bien qu'il ne transférera que lorsqu'il aura obtenu le paiement intégral de sa créance (section 1). Soit, à l'inverse, un créancier se fait transférer la propriété d'un bien du débiteur et le lui restituera une fois réglé de sa créance (section 2).

section 1

La propriété retenue à titre de garantie

686 La propriété est généralement retenue à titre de garantie, lorsque le créancier a financé l'acquisition d'un bien nécessaire au débiteur. Il préfère alors conserver, retenir la propriété dudit bien tant qu'il n'en a pas été complètement payé. Deux formules contractuelles illustrent cette sorte de propriété sûreté : le crédit-bail d'abord (1), la clause de réserve de propriété ensuite (2).

§ 1 Le crédit-bail

687 L'opération de crédit-bail est une formule qui permet à une personne, professionnel ou consommateur, de faire financer l'acquisition d'un bien par un établissement de crédit qui en conserve la propriété pendant une période convenue, laquelle correspond généralement à la durée d'amortissement du bien. Juridiquement, cette opération complexe réunit un achat/vente, une location et une promesse unilatérale de vente. En effet, le financeur, qui est aussi l'acquéreur, que l'on dénomme le « crédit-bailleur », au lieu de prêter des fonds, achète lui-même le bien — meuble ou immeuble, corporel ou incorporel — pour son client, l'utilisateur, dénommé le « crédit-preneur » — parfois mandaté pour l'achat du bien dont il connaît mieux les caractéristiques —, puis le lui loue pendant une durée contractuelle à l'issue de laquelle le crédit-preneur a la possibilité d'en acquérir la propriété. Cela étant, le contrat de crédit-bail *stricto sensu*, soit le louage couplé à la promesse de vente, réunit le crédit-bailleur au crédit-preneur qui sont régis par des dispositions spécifiques. Le premier est nécessairement un établissement de crédit car la loi bancaire réserve aux seuls établissements de crédit l'exercice habituel d'opérations de crédit. Or, tel est bien le cas du crédit-bail. Du côté du crédit-preneur, il pourra s'agir d'un

professionnel ou d'un consommateur, auquel cas s'appliqueront soit les dispositions de la loi du 2 juillet 1966, soit les règles protectrices du consommateur (Civ. 1re, 1er déc. 1993, *Bull. civ.* I, n° 354).

Ceci étant précisé, si la qualification de sûreté du contrat de crédit-bail peut se discuter (A), son régime – lorsqu'il est conclu au bénéfice d'un professionnel – relève indéniablement d'un mécanisme de garantie (B). 688 ■

A. La nature juridique du crédit-bail

En l'absence de consécration légale sur ce point, l'assimilation du crédit-bail à une sûreté partage la doctrine. En effet, certains, se fondant sur la fonction économique d'une sûreté en ont conclu qu'il en avait la nature juridique (Ch. Mouly, « Procédures collectives : assainir le régime des sûretés », *in Mélanges R. Roblot*, LGDJ, 1984, p. 529 s., n° 37) tandis que d'autres, plus nombreux, estiment que le droit de propriété n'est pas spécialement affecté à la créance de loyers du crédit-bailleur. Il est vrai qu'en cas de défaillance du crédit-preneur, la possible résiliation du contrat – judiciaire ou conventionnelle – permettra certes la restitution du bien entre les mains de son propriétaire, mais il demeurera créancier des loyers impayés, voire de l'indemnité issue de la clause pénale. Cette reprise du bien ne saurait donc être considérée comme la réalisation d'une sûreté. Aussi le crédit-bail relève-t-il davantage de la garantie que de la sûreté. On parlera donc à son propos de propriété-garantie. 689 ■

B. Le régime juridique du crédit-bail

Les conditions, en l'occurrence de forme (1), ainsi que les effets du crédit-bail en cas d'insolvabilité du crédit-preneur (2) le rapprochent des mécanismes de garantie que sont les sûretés. 690 ■

1. *Les conditions de forme*

Dans la mesure où le crédit-preneur utilise le bien du crédit-bailleur, pouvant donner l'apparence d'en être le propriétaire et par conséquent tromper les tiers sur sa solvabilité apparente, la loi du 2 juillet 1966 a organisé un système publicitaire précis destiné à informer les tiers. Ainsi, en présence d'un crédit-bail mobilier (art. L. 313-10 C. mon. fin.), il doit être publié, à la requête du crédit-bailleur, sur un registre ouvert au greffe du tribunal de commerce du siège du crédit-preneur (art. 2 et 3 Décr. 4 juill. 1972). À défaut, le crédit-bailleur ne peut opposer aux créanciers ou ayant-causes de son crédit-preneur son droit de propriété, sauf à établir leur mauvaise foi (art. 8 Décr. 4 juill. 1972). En cas de crédit-bail immobilier, cette publicité s'effectue au service de la publicité foncière (art. 10 Décr. 4 juill. 1972). 691 ■

2. *La défaillance du crédit-preneur*

La défaillance du crédit-preneur est le principal risque pour l'établissement financier. En temps normal, elle se soldera généralement par la mise en œuvre de la clause résolutoire classiquement insérée dans ce type de contrat une résiliation, débouchant elle-même sur une revendication de sa propriété par le crédit-bailleur. Mais c'est surtout en cas de procédure collective de l'utilisateur, que l'intérêt de cette propriété-garantie prend toute son ampleur. En effet, si le crédit-bailleur a pris la peine de 692 ■

procéder aux publications requises avant l'ouverture de la procédure, lui est ouverte une action en restitution (art. L. 624-10 C. com.) qui tend à la reprise matérielle du bien et le dispense d'avoir à faire reconnaître son droit de propriété sur le bien, et donc à revendiquer. L'intérêt de cette action est double : d'une part, elle fait échapper le propriétaire à la loi du concours, d'autre part elle n'est enfermée dans aucun délai. Ainsi, le propriétaire qui a publié échappe à tout risque de forclusion et devrait pouvoir récupérer son bien à tout moment, à moins que l'administrateur ne décide la poursuite du contrat en cours dans le cadre de l'option que lui aménage l'article L. 622-13-II alinéa 1er du Code de commerce. Par ailleurs, depuis l'ordonnance du 18 décembre 2008, l'article L. 622-7-II dernier alinéa organise une dérogation au principe de l'interdiction des paiements en période d'observation, au profit du crédit-bailleur. En effet, le juge-commissaire peut autoriser le débiteur, en l'occurrence crédit-preneur, à payer une créance antérieure « pour lever l'option d'achat d'un contrat de crédit-bail, lorsque cette levée d'option est justifiée par la poursuite de l'activité et que le paiement à intervenir est d'un montant inférieur à la valeur vénale du bien objet du contrat ». Mais si le crédit-bailleur est propriétaire, il est également créancier, en l'occurrence des loyers échus et à échoir au titre du contrat de crédit-bail. Aussi est-il soumis à l'obligation de déclaration des créances antérieures. En revanche, la créance de loyer due pour « la période de jouissance suivant l'ouverture du redressement judiciaire constitue une créance née régulièrement après le jugement d'ouverture » qui n'a pas à être déclarée (Com. 12 janv. 2010, *Gaz. Pal.* 5-6 mai 2010, p. 24, obs. M.-P. Dumont-Lefrand).

§ 2 La clause de réserve de propriété

693 Jusqu'à présent, la clause de réserve de propriété était évoquée à l'ancien article L. 624-16 alinéa 2 du Code de commerce qui la décrivait comme « subordonnant le transfert de propriété au paiement intégral du prix », tout en paraissant la cantonner au contrat de vente — l'article L. 624-16 alinéa 2 du Code de commerce disposant *in limine* « les biens *vendus* avec une clause de réserve de propriété ». L'intérêt d'une telle clause en matière de vente mobilière est bien évidemment lié au transfert *solo consensu* propre au contrat de vente. En effet, la vente étant parfaite dès l'accord de volonté sur la chose et sur le prix, le vendeur impayé, outre son privilège (v. ss 784 s.), ne dispose pas de moyen d'action propice à lui permettre de recouvrer sa créance au moment où il en a le plus besoin, soit en cas de procédure collective de son acquéreur. Aussi, en pratique, les vendeurs avaient pris l'habitude d'insérer de telles clauses — les articles 1138 et 1583 du Code civil n'étant pas impératifs —, mais leur efficacité était limitée car elles étaient inopposables aux créanciers en cas de procédure collective de l'acheteur. Il fallut attendre la loi « Dubanchet » du 12 mai 1980 pour voir son opposabilité enfin consacrée, en cas de procédure collective du débiteur.

Par ailleurs, cette clause se rencontrait aussi en matière immobilière à travers les clauses de réitération différant le transfert de propriété au jour de la signature de l'acte authentique. Toutefois, en cette matière ce délai était laissé à l'acquéreur pour qu'il trouve un financement, et non pas pour garantir le vendeur devenu financeur.

694 La réforme du droit des sûretés a introduit la clause de réserve de propriété dans le Code civil (art. 2367 à 2372 C. civ.), laquelle est dorénavant exclusivement définie

dans ce Code comme la convention par laquelle l'effet translatif d'un contrat est suspendu jusqu'au complet paiement de l'obligation qui en constitue la contrepartie (v. art. 2367 al. 1er C. civ.). Ce faisant, elle en a clarifié la nature juridique (A) tout en en confirmant le régime (B).

A. La nature juridique de la clause de réserve de propriété

En insérant la clause de réserve de propriété dans le Code civil – qui pour autant, ne déserte pas le Code de commerce où elle figure toujours aux articles L. 624-16 et suivants –, le législateur a permis de mettre fin à une controverse sur sa nature (1), et de consacrer son caractère accessoire. 695 ■

1. *La fin d'une controverse*

La nature juridique de la clause de réserve de propriété a suscité la réflexion de la doctrine et la contribution de la jurisprudence sous deux aspects. 696 ■

En premier lieu, on s'est d'abord référé au droit des obligations soutenant tour à tour qu'il s'agissait d'un terme (Com. 9 janv. 1996, *D.* 1996. Jur. 184, note F. Derrida ; *RTD civ.* 1996. 436, obs. P. Crocq ; *JCP* E 1996. I. 554, n° 19, obs. M. Cabrillac, et p. 571, n° 4, obs. Ph. Simler et Ph. Delebecque ; *D. Affaires* 1996. 603, note Ch. Larroumet), d'une condition (Com. 1er oct. 1985, *D.* 1986. Jur. 246, obs. M. Cabrillac) ou d'un mécanisme original oscillant entre terme et condition selon l'intention des parties (v. F. Pérochon, *La réserve de propriété dans la vente de meubles corporels*, t. 21, préf. J.-M. Mousseron, Litec, 1988, n° 73 ; v. D. Legeais, *Droit des sûretés et garanties du crédit*, 11e éd., 2016, n° 728 qui renvoie les deux analyses dos à dos estimant « la réserve de propriété irréductible aux qualifications classiques du droit des obligations »). Puis, que ce soit l'un, l'autre ou les deux, on s'est interrogé sur son caractère suspensif ou résolutoire. En disposant que « La propriété d'un bien peut être retenue en garantie par l'effet d'une clause de réserve de propriété qui *suspend* l'effet translatif d'un contrat jusqu'au complet paiement de l'obligation qui en constitue la contrepartie », si le législateur ne prend pas partie sur le caractère certain ou incertain dont dépend le transfert de propriété, il a au moins tranché en faveur de l'analyse suspensive du mécanisme. 697 ■

En second lieu, des discussions animées avaient lieu sur la nature de sûreté ou de simple garantie de la réserve de propriété. Alors que les deux courants trouvaient des défenseurs, la Cour de cassation avait opté pour la qualification de « sûreté » (Com. 9 mai 1995, *RTD civ.* 1996. 441, obs. P. Crocq ; Com. 23 janv. 2001, *D.* 2002. 701, obs. A. Lienhard ; *RTD civ.* 2001. 399, obs. P. Crocq ; *RTD com.* 2001. 518, obs. A. Martin-Serf ; *JCP* 2001. I. 321, n° 13, obs. M. Cabrillac) sans toutefois en tirer toutes les conséquences puisque celle-ci pouvait ne pas être mentionnée dans la déclaration de créance, et qu'en l'absence de déclaration de la créance du prix de vente, la revendication était toujours possible (Com. 9 janv. 1996, *préc.*). Entérinant cette position, la réforme n'a pas hésité à qualifier la clause de réserve de propriété de « sûreté », la présentant comme une sûreté mobilière à l'article 2329 du Code civil, et comme une sûreté immobilière à l'article 2373 alinéa 2 du Code civil. Au demeurant, alors qu'elle fixe le régime de la réserve de propriété en matière mobilière, aux articles 2367 à 2372 du code civil, elle se contente de reconnaître son principe en matière immobilière (v. en ce sens Com. 28 sept. 2004, *Bull. civ.* IV, n° 172 ; *Defrénois* 698 ■

2005, art. 38133, obs. S. Piedelièvre). Certaines des règles énoncées seront toutefois communes. Reste à savoir si le monde immobilier recourra à cette clause dans un but de sûreté.

2. *La consécration de son caractère accessoire*

■ 699 En posant le principe que « La propriété ainsi réservée est l'accessoire de la créance dont elle garantit le paiement », l'article 2367 alinéa 2 du Code civil confirme une jurisprudence acquise (Com. 15 mars 1988, *Bull. civ.* IV, n° 106 ; *RTD civ.* 1988. 791, obs. M. Bandrac ; *Defrénois* 1988. 1190, note L. Aynès ; Com. 11 juill. 1988, *Bull. civ.* IV, n° 241). On avait même déduit de ce caractère accessoire de la créance la qualité de sûreté de la clause de réserve de propriété alors que si toute sûreté est en principe l'accessoire d'une créance, l'inverse n'est pas forcément vrai, la notion d'« accessoire » étant plus large que celle de « sûreté » (v. Ph. Dupichot, « Propriété et garantie au lendemain de l'ordonnance relative aux sûretés », *RLDA* 2006, supplément n° 7). Dorénavant la règle a le mérite d'être posée, le législateur n'ayant pas reculé, en consacrant ce caractère, devant l'affirmation d'une « inféodation du père de tous les droits réels au service d'un simple droit personnel que le droit de propriété est appelé à suivre comme son ombre... » (v. Ph. Dupichot, *art. préc.*). Ainsi, comme par le passé, dans l'hypothèse où le vendeur sous réserve de propriété aurait besoin de mobiliser son crédit, que ce soit par un escompte, une cession Dailly ou un contrat d'affacturage, la propriété réservée sera transmise en même temps que la créance par le propriétaire du bien, au titulaire de la créance.

Si les nouvelles dispositions ont permis de clarifier la nature juridique de la réserve de propriété, l'objectif de codification à droit constant a conduit à l'élaboration d'un régime juridique qui n'a rien de surprenant en ce qu'il reprend les solutions jurisprudentielles antérieures (V. F. Pérochon, « La réserve de propriété demeure-t-elle utile en 2009 ? », *Cah. dr. entr.* Juill.-août 2009, p. 29).

B. Le régime juridique de la clause de réserve de propriété

■ 700 L'étude du régime juridique de la clause de réserve de propriété suppose de se pencher sur sa constitution (1), puis son exécution (2).

1. *La constitution de la réserve de propriété*

■ 701 La réserve de propriété suppose un accord de volonté (a), sachant qu'elle ne peut garantir que la créance issue du contrat comportant la clause (b), et ne grever que le bien objet du contrat (c).

a. Un accord de volonté

■ 702 Aux termes de l'article 2368 du Code civil, « La réserve de propriété est convenue par écrit », sachant qu'en cas de procédure collective, l'article L. 624-16 alinéa 2 du Code de commerce dispose que cet écrit « doit avoir été convenu entre les parties au plus tard au moment de la livraison ». Le support de cet écrit est indifférent et peut consister en un document contractuel quelconque, l'article L. 624-16 alinéa 2 *in fine* du Code de commerce précisant qu'il peut s'agir d'un « écrit régissant un ensemble d'opérations commerciales », c'est-à-dire un contrat-cadre. La référence à la possibilité d'une réserve de propriété unilatérale — issue de la loi Galland du 1er juillet 1996 qui avait complété l'ancien art. L. 621-122 alinéa 2 du Code de commerce — a heureusement été supprimée. En conséquence, la clause doit nécessairement faire l'objet d'un commun accord, ce qui implique qu'en cas de conflit entre des conditions générales d'achat et de vente, elle ne sera pas valable.

Cette condition n'est toutefois, apparemment, qu'une exigence de preuve et non de validité. Le projet de loi évoquait en effet un écrit « à peine de nullité », ce qui ne s'est pas retrouvé dans le texte définitif. L'écrit conditionne donc l'opposabilité aux tiers de la clause de réserve de propriété, sans qu'aucune publicité obligatoire ne soit requise à cet effet.

En revanche, l'article 117 du décret du 28 décembre 2005 organise une publicité facultative de la clause qui présente l'intérêt de dispenser le créancier d'avoir à revendiquer son bien dans les trois mois – l'action en restitution de l'article L. 624-10 du Code de commerce lui étant ouverte –, et de bénéficier de l'avertissement d'avoir à déclarer, aménagé à tous les créanciers munis de sûretés publiées. Cela étant, au plan comptable, la publicité de la clause de réserve de propriété devra figurer au bilan. La sanction de son défaut n'est cependant pas l'inopposabilité aux tiers. **703** ■

b. La créance garantie

La créance garantie par la clause de réserve de propriété ne peut être que celle issue du contrat dont le transfert de propriété est suspendu. Ce faisant, le législateur consacre une sorte de principe de spécialité de la créance garantie. Toutefois, si cette créance est conditionnée par le contrat auquel la clause s'applique, l'article 2367 du Code civil ne vise pas un contrat en particulier. La clause permet de suspendre « l'effet translatif d'un contrat ». Ainsi, le législateur consacre la jurisprudence remarquée qui avait appliqué une clause de réserve de propriété à un contrat d'entreprise (Com. 19 nov. 2003, *Bull. civ.* IV, n° 174 ; *D.* 2004. AJ. 3049, obs. A. Lienhard ; *RD banc. fin.* 2004, n° 70, obs. D. Legeais). **704** ■

c. L'assiette de la réserve de propriété

La réserve de propriété peut porter sur n'importe quel type de bien, qu'il soit mobilier ou immobilier (v. ss 698), peu important que le bien en question bénéficie par ailleurs de sûretés qui lui soient spécialement dédiées (v. Com. 28 sept. 2004, *D.* 2005. Pan. 2081, obs. P. Crocq). Ainsi, ce n'est pas parce que le matériel et l'outillage peuvent faire l'objet d'un gage au titre de la loi de 1951 que son vendeur n'a pas la faculté de convenir avec l'acheteur d'une clause de réserve de propriété. Il en va de même d'un véhicule automobile ou d'un fonds de commerce. **705** ■

2. *L'exécution de la réserve de propriété*

La réserve de propriété « suspend l'effet translatif d'un contrat jusqu'au complet paiement de l'obligation qui en constitue la contrepartie ». Par conséquent, tant que le complet paiement n'est pas intervenu, le réservataire demeure propriétaire du bien grevé. C'est ainsi que la Cour de cassation a jugé, dans une espèce où l'acheteur avait fait l'objet d'une procédure de rétablissement personnel et où sa dette – il avait acheté son véhicule automobile à crédit avec clause de réserve de propriété au vendeur – avait fait l'objet d'un « effacement », que le vendeur impayé pouvait revendiquer le véhicule dans la mesure où l'effacement intervenu n'équivaut pas à un paiement et ne pouvait donc entraîner le transfert de propriété du bien acquis sous réserve de propriété (Civ. 2ᵉ, 27 févr. 2014, n° 13-10891, *Dr. et patr.* nov. 2014, **706** ■

p. 108, obs. A. A. où la Cour juge que *« l'extinction de la créance de la société Crédipar, du fait de l'effacement des dettes de Mme X..., consécutif à la clôture pour insuffisance d'actif de la procédure de rétablissement personnel dont elle avait bénéficié, n'équivalait pas à son paiement de sorte que le transfert de propriété ne pouvait être intervenu au profit de l'acquéreur »*). La conséquence de cette absence de transfert de propriété est que le vendeur en conserve également les risques. À l'inverse, son partenaire n'étant pas encore propriétaire n'a en principe ni le droit d'user de la chose, ni celui d'en disposer. Or tout l'intérêt, au moins en matière de vente de marchandises, pour l'acquéreur sous réserve de propriété est généralement de financer son achat par la revente de ses stocks. Aussi, en pratique, sont insérées des clauses de transfert des risques, des clauses d'usage de la chose ainsi que des clauses autorisant – ou interdisant – la revente, bien que celle de choses fongibles ne soit pas pénalisante pour le réservataire (v. ss 711).

L'effet principal de la stipulation d'une réserve de propriété est cependant celui intervenant en cas de défaillance du débiteur. Le créancier réservataire dispose de la faculté de revendiquer la propriété réservée du bien. Aussi convient-il d'étudier les conditions (a) et les effets (b) de cette action en revendication.

a. Les conditions de l'action en revendication

■ 707 Sur la forme, le réservataire doit revendiquer, c'est-à-dire établir son droit de propriété sur le bien, dans un délai de trois mois à compter de la publication du jugement d'ouverture au *BODACC*. Ce délai préfix ne souffre aucun relevé de forclusion. La procédure de revendication commence toujours par une phase amiable qui, à défaut d'acquiescement par l'administrateur ou le débiteur, débouche sur une saisine du juge-commissaire, également enfermée dans un délai – un mois – de forclusion. Le créancier forclos demeure propriétaire, mais son droit est inopposable à la procédure. Aussi son bien deviendra-t-il l'objet du droit de gage général des créanciers. Toutefois, le réservataire sera dispensé de cette procédure et de ses délais impératifs, au profit d'une simple action en restitution (v. ss 692) s'il prend la peine de publier la réserve de propriété. En revanche, une reconnaissance par le liquidateur du droit de propriété d'un tiers ne dispense pas le propriétaire du bien d'agir en revendication (Com. 5 nov. 2013, n° 12-25765, *JCP* 2014. 18, obs. J.-J. Barbieri).

■ 708 Par ailleurs, pour agir en revendication ou en restitution, jusqu'à maintenant, malgré le caractère accessoire reconnu à la réserve de propriété, la jurisprudence n'en subordonnait pas la recevabilité à la déclaration de créance du prix de vente (Com. 20 oct. 1992, *D.* 1993. somm. 288, obs. F. Pérochon ; Com. 9 janv. 1996, *D.* 1996. Jur. 184, note F. Derrida ; Com. 1er avr. 2008, *JCP E* 2009. I. 198, n° 12, obs. M. Cabrillac ; *D.* 2008. AJ. 1142). Pour autant, même si rien ne laisse présager un revirement – la loi n'ayant fait que consacrer des solutions jurisprudentielles – il est préférable, compte tenu de la nature officielle de sûreté de la réserve de propriété, de déclarer la créance et de mentionner la clause de réserve de propriété. Cela dit, dans une espèce où le réservataire n'avait pas revendiqué dans les délais mais avait déclaré sa créance à titre privilégié, prétendant faire valoir l'opposabilité de sa propriété-sûreté à l'égard de la procédure collective de l'acquéreur, la Cour de cassation retient que le caractère privilégié de la créance déclarée par le vendeur n'était pas justifié aux termes de l'attendu suivant : *« en application des dispositions combinées des articles 2329 du Code civil et L. 624-9 du Code de commerce, si la clause de réserve de propriété constitue une sûreté réelle, elle ne confère à son bénéficiaire aucun droit de préférence dans les répartitions»* (Com. 15 oct. 2013, n° 13-10463, *Dr. et pat.* févr. 2014, p. 70, obs. Ph. Dupichot; *Gaz. Pal.* déc. 2013, obs. M.-P. Dumont-Lefrand).

Sur le fond, la revendication suppose, tout au moins en cas de procédure collective, que les marchandises vendues «se retrouvent en nature» au moment de l'ouverture de la procédure (art. L. 624-16 al. 1er C. com.), ce que l'inventaire a pour fonction de faciliter (v. Com. 1er déc. 2009, *RTD civ.* 2010. 361, obs. P. Crocq; *JCP* E 2010. 1296, n° 12, obs. M. Cabrillac où la Cour juge qu'en l'absence d'inventaire, c'est au liquidateur et non au revendiquant de prouver que le bien concerné n'existait pas en nature lors du jugement d'ouverture). Même si cette condition ne se retrouve pas dans les textes du Code civil, elle devrait également être requise en dehors d'une procédure collective. Cette nécessité d'un bien identifié, existant en nature, pose quatre questions: celle des biens fongibles, celle des biens incorporés, celle des biens sinistrés et enfin celle de la revente des biens réservés. **709**

Sur le fond, la revendication suppose, tout au moins en cas de procédure collective, que les marchandises vendues «se retrouvent en nature» au moment de l'ouverture de la procédure (art. L. 624-16 al. 1er C. com.), ce que l'inventaire a pour fonction de faciliter (v. Com. 1er déc. 2009, *RTD civ.* 2010. 361, obs. P. Crocq; *JCP* E 2010. 1296, n° 12, obs. M. Cabrillac où la Cour juge qu'en l'absence d'inventaire, c'est au liquidateur et non au revendiquant de prouver que le bien concerné n'existait pas en nature lors du jugement d'ouverture). Même si cette condition ne se retrouve pas dans les textes du Code civil, elle devrait également être requise en dehors d'une procédure collective. Cette nécessité d'un bien identifié, existant en nature, pose quatre questions: celle des biens fongibles, celle des biens incorporés, celle des biens sinistrés et enfin celle de la revente des biens réservés. **710**

En cas de biens fongibles, l'article 2369 du Code civil dispose que «La propriété réservée d'un bien fongible peut s'exercer, à concurrence de la créance restant due, sur des biens de même nature et de même qualité détenus par le débiteur ou pour son compte». Ce faisant la loi fortifie la nature de sûreté réelle de la clause de réserve de propriété en conférant à son bénéficiaire un véritable droit sur la valeur. Toutefois, ce n'est que la reprise de l'article L 624-16 alinéa 3 *in fine* du Code de commerce. Dès lors, il y a fort à penser que la jurisprudence passée sera toujours d'actualité. Dans plusieurs arrêts remarqués, rendus en matière de médicaments, la jurisprudence a jugé que l'appréciation de la fongibilité relevait du pouvoir d'appréciation souverain des juges du fond (Com. 15 mars 2005, *D.* 2005. *AJ.* 1083, note A. Lienhard; *D.* 2005. Jur. 1718, note P.-G. Marly; *D.* 2005. Somm. 2019, obs. F.-X. Lucas; *JCP E* 2005. Chron. 1275, n° 15, obs. M. Cabrillac), la preuve en incombant au revendiquant. Si cette fongibilité — substituabilité — est établie, le revendiquant est traité non pas comme un propriétaire devant établir son droit de propriété, mais comme un créancier autorisé à se payer par la reprise du bien. Il s'agit d'une véritable attribution de la propriété. La Cour de cassation y voit une règle de fond et non de preuve (Com. 5 mars 2002, *Bull. civ.* IV, n° 48; *RTD civ.* 2002. 339, obs. P. Crocq; *D.* 2002. AJ. 1139, obs. A. Lienhard). En conséquence, il est inutile au revendiquant de prouver l'identité des biens revendiqués avec ceux livrés. À l'inverse, la preuve de l'absence d'identité entre les biens revendiqués et ceux livrés n'induit pas le rejet de la revendication. La seule exigence est l'existence de biens fongibles (Com. 13 nov. 2002, *RTD com.* 2003. 571, obs. A. Martin-Serf; *JCP E* 2003. Jur. 764, note F. Forgues). En cas de conflits entre **711** propriétaires revendiquants de choses fongibles, les choses se compliquent et l'on peut alors hésiter entre la règle du premier revendiquant, premier servi, ou celle de la proportionnalité, même si la première est plus simple — mais moins juste — sur le plan pratique.

712 En cas de biens incorporés, le principe est que l'incorporation du bien empêchera sa revendication. Toutefois l'article 2370 du Code civil précise que « L'incorporation d'un meuble faisant l'objet d'une réserve de propriété à un autre bien ne fait pas obstacle aux droits du créancier lorsque ces biens peuvent être séparés sans subir de dommage ». Ainsi la revendication d'un bien incorporé dans un autre, qu'il soit mobilier ou immobilier est possible dès lors que la « désincorporation » est possible sans aucun dommage, ni pour le bien incorporé, ni pour celui incorporant (v. en ce sens à propos d'un moteur incorporé dans un navire : Com. 24 mars 1994, *Rev. proc. coll.* 2004. 380, n° 5, obs. M.-H. Monsérié-Bon). Ce critère est toutefois physique et non pas économique. Aussi, peu importe que cette séparation ait un coût économique, pour le débiteur.

713 En cas de biens sinistrés, l'article 2372 du Code civil prévoit que le droit de propriété se reporte sa valeur, en l'occurrence « sur l'indemnité d'assurance subrogée au bien » (Comp. art. L. 624-18 C. com.). Plus précisément, l'indemnité d'assurance subrogée au bien est directement attribuée au propriétaire, à condition toutefois que sa qualité soit établie au jour du jugement d'ouverture. Par ailleurs, il est suffisant que le réservataire ait revendiqué la chose dans le délai de forclusion, pour que cette revendication soit reportée sur l'indemnité d'assurance. Il faudra toutefois que le créancier la réclame avant qu'elle ne soit versée au débiteur.

714 Enfin, en cas de revente du bien sous réserve de propriété, « Le droit de propriété se reporte sur la créance du débiteur à l'égard du sous-acquéreur » (art. 2372 C. civ.), ce que l'ancien article L. 624-18 du Code de commerce applicable en cas de procédure collective prévoyait déjà, en précisant que ce report sur la valeur s'applique sur « le prix ou la partie du prix qui n'a été ni payé, ni réglé en valeur, ni compensé en compte courant entre le débiteur et l'acheteur à la date du jugement ouvrant la procédure ». La Cour de cassation donnait toutefois une interprétation assez restrictive de cette condition refusant aux tiers acquéreurs la possibilité d'opposer à l'action du créancier une exception de compensation s'étant produite hors compte courant (Com. 8 janv. 2002, *D.* 2002. 573, obs. A. Lienhard). Mais, depuis l'ordonnance du 18 décembre 2008, les mots « en compte courant » ont été supprimés, ce qui devrait autoriser le tiers acquéreur à opposer au créancier toute exception de compensation s'étant produite avant l'ouverture de la procédure collective et conduire la Cour de cassation à plus de souplesse (V. toutefois, Com. 14 mai 2008, *D.* 2008. 2253, note H. Aubry ; *JCP* 2008. I. 198, n° 13, obs. M. Cabrillac où la Cour juge qu'une « dation en paiement ne constitue pas un mode de paiement mettant obstacle à la revendication du vendeur »). Cette revendication a donc vocation à jouer y compris lorsque le débiteur est *in bonis*. En l'occurrence, la revendication ne concerne pas le bien réservé puisque l'article 2279 du Code civil s'y oppose — sauf mauvaise foi du sous-acquéreur — mais la créance du prix de revente. Par conséquent, elle ne doit pas avoir été réglée — quel que soit le moyen de paiement — avant la revendication (Com. 27 oct. 1998, *RJDA* 1998/11, p. 887, rapp. J.-P. Remery), et en cas de procédure collective, elle doit encore exister à la date du jugement d'ouverture. Plus

précisément, cette revendication du prix de revente s'exerce sur le solde du prix restant dû au jour de l'ouverture de la procédure collective du revendeur et non sur le solde du prix stipulé entre le vendeur originaire et le revendeur (Com. 16 juin 2009, *RD banc. fin.* sept. 2009, comm. 160, D. Legeais ; *JCP* E 2009.1814, n° 10, obs. M. Cabrillac ; v. égal. Com. 16 juin 2009, *RD banc. fin.* sept. 2009, comm. 159, D. Legeais). De surcroît, la demande en revendication du prix devra être dirigée contre le débiteur et le sous-acquéreur. Comme l'a relevé le professeur Pérochon (F. Pérochon et R. Bonhomme, *Entreprises en difficultés, Instruments de crédit et de paiement*, 8e éd., LGDJ, 2009, n° 550-2 ; V. égal. P. Ancel, *Droit des sûretés*, 7e éd., Litec, 2014, n° 458, p. 193), il s'agit d'une véritable action directe du revendiquant contre le sous-acquéreur (Sur la nature de l'action du vendeur sous réserve de propriété contre le sous-acquéreur, analysée en une action personnelle et non une action réelle : v. Com. 6 oct. 2009, *RLDC* 2009, n° 66, obs. J.-J. Ansault) qui permet au premier en cas de conflit avec d'autres créanciers comme un cessionnaire Dailly ou un factor par exemple, de se voir préféré, la créance de prix ne transitant pas par le patrimoine du débiteur (Com. 10 juill. 2001, *RTD civ.* 2001. 927, obs. P. Crocq ; Com. 16 juin 2009, 2 arrêts, *D.* 2009. AJ. 1753). De même, vu la nature de cette action en paiement de la créance du prix de revente – créance de prix subrogée au bien –, le sous-acquéreur ne peut opposer au vendeur initial l'exception d'inexécution par le revendeur de son obligation, pour refuser de régler le prix (Com. 5 juin 2007, *Act. proc. coll.* 2007, n° 13 ; *RTD com.* 2008. 622, obs. A. Martin-Serf ; *RLDC* 2007, n° 41, n° 2663, obs. G. Marraud des Grottes ; v. égal. Com. 18 janv. 2011, *RLDC*, n° 2011, n° 80, obs. J.-J. Ansault qui généralise ce principe d'inopposabilité des exceptions).

b. Les effets de l'action en revendication

En principe l'action en revendication permet d'établir le droit de propriété du revendiquant et débouche sur la restitution du bien, l'article 114 alinéa 4 du décret du 28 décembre 2005 indiquant que « la demande en revendication emporte de plein droit demande en restitution ». En dehors d'une procédure collective, l'article 2371 du Code civil prévoit qu'« À défaut de complet paiement à l'échéance, le créancier peut demander la restitution du bien afin de recouvrer le droit d'en disposer ». Le deuxième alinéa poursuit en disposant que « La valeur du bien repris est imputée, à titre de paiement, sur le solde de la créance garantie ». Par où l'on voit que la restitution n'est pas une action résolutoire mais la réalisation de la sûreté réelle qu'est la clause de réserve de propriété. Le créancier réservataire pourra donc revendre le bien (v. Com. 5 mars 1996, *Bull. civ.* IV, n° 72 ; *JCP* 1996. I. 3960, n° 11, obs. M. Cabrillac ; *RTD civ.* 1996. 443, obs. P. Crocq) et si la valeur du bien repris venait à excéder le montant de la dette garantie encore exigible, le créancier devrait au débiteur une somme égale à la différence (art. 2371 al. 3 C. civ.). En effet, comme toutes les autres sûretés réelles, la clause de réserve de propriété ne saurait être, pour le créancier, une source d'enrichissement. 715

section 2

La propriété transférée à titre de garantie

716 À la différence de la propriété retenue à titre de garantie où le créancier participe à financer l'acquisition du bien retenu, et fait le choix d'en conserver la propriété plutôt que d'opter pour un autre type de sûreté, la propriété peut également être transférée à titre de garantie. Dès lors, en échange de l'obtention d'un crédit quelconque, le débiteur propose à son créancier de lui transférer la propriété de l'un de ses biens étant convenu que lorsqu'il aura remboursé sa dette, il redeviendra propriétaire du bien transmis. Deux mécanismes recèlent ce type de garantie : la vente à réméré, d'une part (1), et la fiducie, d'autre part (2).

§ 1 La vente à réméré

717 Aux termes de l'article 1659 du Code civil, « La faculté de rachat ou de réméré est un pacte par lequel le vendeur se réserve de reprendre la chose vendue, moyennant la restitution du prix principal et le remboursement dont il est parlé à l'article 1673 », l'article suivant précisant que cette faculté de rachat « ne peut être stipulée pour un terme excédent cinq années ». La vente à réméré peut alors constituer une opération de crédit : l'emprunteur vend au prêteur l'un de ses biens en se réservant la faculté de le racheter, le prix de la vente constituant en réalité le montant du crédit accordé. Dès lors, si le vendeur/emprunteur rembourse le crédit à l'échéance, il sera à nouveau propriétaire ; à l'inverse, s'il ne s'y astreint pas, l'acquéreur/prêteur conservera la propriété du bien. Ce procédé de garantie n'est toutefois pas vraiment satisfaisant parce que le vendeur/emprunteur n'est pas tenu de racheter le bien. Par ailleurs, la nécessaire équivalence entre la valeur du bien transférée et le prix du crédit ne le rend pas souple d'utilisation. En tout état de cause, la jurisprudence lui refuse la qualification de « propriété-sûreté », et la requalifie en « prêt assorti d'un gage » (Com. 24 oct. 1956, *Bull. civ.* III, n° 257).

§ 2 La fiducie

718 La fiducie se définit comme « l'acte juridique par lequel une personne, nommée fiduciant, transfère la propriété d'un bien corporel ou incorporel à une autre personne, nommée fiduciaire, soit à titre de garantie d'une créance sous l'obligation de rétrocéder le bien au constituant de la sûreté lorsque celle-ci n'a plus lieu de jouer (si le débiteur exécute son obligation), soit en vue de réaliser une libéralité [...], soit afin de gérer le bien dans l'intérêt du fiduciant [...] » (G. Cornu (dir.), *Vocabulaire juridique*, Association Henri Capitant, 3e éd., PUF, 2005, *V°* « Fiducie »). À la différence de la vente à réméré où le crédit est occulté par le prix de vente du bien objet de la garantie, dans sa fonction de garantie, le contrat de fiducie résulte d'un prêt. Parallèlement à celui-ci, l'emprunteur, le fiduciant, transfère l'un de ses biens en garantie au prêteur, le fiduciaire, à charge pour ce dernier de le lui retransférer

lorsque la garantie n'aura plus lieu de jouer. Le transfert de propriété est donc la contrepartie d'une créance du fiduciaire sur le fiduciant.

La fiducie a des origines très anciennes puisqu'elle existait déjà en droit romain sous l'appellation de *fiducia cum creditore*. Toutefois, le développement d'autres sûretés réelles avait entraîné son déclin. Mais l'hégémonie du droit des procédures collectives et le sacrifice en découlant des créanciers, même munis de sûretés, ont conduit à la restauration de l'utilisation de la propriété comme garantie, la situation d'exclusivité du créancier lui permettant d'échapper aux règles de droit des procédures collectives ainsi qu'au concours avec les autres créanciers. Ainsi, en pratique, la technique de la fiducie a fait son retour. Toutefois, au plan juridique, son officialisation fut lente et sectorisée. Elle a d'abord été reconnue au bénéfice de certains « privilégiés » (v. Ph. Dupichot, *art. préc.*). Puis, deux projets de loi (l'un en 1992 et l'autre en 2005) ont été déposés pour tenter de la généraliser, le second – issu d'une proposition de loi n° 178 du sénateur Marini du 8 février 2005 – ayant abouti à la loi du 19 février 2007. 719 ■

Aussi convient-il d'étudier les premières manifestations de la fiducie-sûreté (A) avant de voir si l'on peut parler de généralisation de cette fiducie-sûreté (B). 720 ■

A. Les premières manifestations de la fiducie-sûreté

L'aliénation fiduciaire à titre de garantie s'est manifestée dès 1981 à travers la cession de créance professionnelle à titre de garantie (1), puis en droit des marchés financiers (2). 721 ■

1. *La cession de créance à titre de garantie*

Sans revenir sur la réglementation de la cession Dailly (v. M.-L. Coquelet, *Entreprises en difficultés, Instruments de paiement et de crédit*, Dalloz, coll. « HyperCours », 3e éd., 2009, n° 641 s.), celle-ci est indéniablement la première manifestation légale de la fiducie-sûreté. La loi du 2 janvier 1981 dont les dispositions sont maintenant intégrées aux articles L. 313-23 et suivants du Code monétaire et financier, permet à une entreprise qui souhaite obtenir du crédit, de transférer globalement, ses créances à termes sans avoir à respecter le formalisme de l'article 1690 du Code civil. Toutefois, dans le mécanisme de la cession Dailly, les créances sont nécessairement professionnelles et le cessionnaire ne peut être qu'un établissement de crédit. Ensuite, son intérêt est de permettre au cédant de transmettre dans un seul et même acte, à l'établissement de crédit cessionnaire, un ensemble de créances détenues sur plusieurs débiteurs, dont les échéances sont différentes. La cession Dailly peut être utilisée soit à titre d'escompte, soit à titre de garantie. Dans cette seconde hypothèse, également appelée « cession fiduciaire », les créances sont temporairement (Com. 9 févr. 2010, *Gaz. Pal.* 5-6 mai 2010, p. 25, obs. M.-P. Dumont-Lefrand, où la Cour juge que « la cession de créance effectuée à titre de garantie prend fin sans formalité particulière pour les sommes excédant la créance qui reste due à la banque cessionnaire par le cédant ») transmises pour garantir le remboursement d'un prêt ou crédit quelconque consenti auparavant au cédant par le cessionnaire. Le cessionnaire peut demander paiement soit au cédé s'il a notifié la cession, soit au cédant. Mais dans ce cas, il doit justifier d'une demande amiable adressée au débiteur cédé (à qui il avait notifié la 722 ■

cession), sauf clause contraire (Com. 5 juin 2012, n° 11-18210, *Gaz. Pal.* 20 sept. 2012, p. 22, obs. M.-P. Dumont-Lefrand).

723 On s'est alors interrogé sur le point de savoir si l'on pouvait étendre cette cession de créance à titre de garantie, en dehors du cadre prévu par la loi Dailly, de la même façon que la Cour de cassation a reconnu l'efficacité des transferts en pleine propriété de sommes d'argent à titre de garantie, également appelés « gage-espèces » (v. ss 430 ; Com. 3 juin 1997, *RTD com.* 1997. 663, obs. M. Cabrillac et P. 686, obs. A. Martin-Serf ; *D.* 1998. Jur. 61, note J. François). S'il est, de prime abord, apparu que la jurisprudence n'y était pas hostile, celle-ci ayant accepté de faire produire des effets à des fausses délégations de loyers dissimulant en réalité des cessions de loyers à titre de garantie (Com. 20 mars 2001, *Bull. civ.* I, n° 76 ; Com. 4 oct. 2005, *Bull. civ.* IV, n° 198 ; *Gaz. Pal.* 22 juin 2006, n° 43, note F. Robine ; *D.* 2005. 2591, obs. A. Lienhard ; *Defrénois* 2005, P. 2001, note E. Savaux ; *RTD com.* 2006. 481, obs. A. Martin-Serf ; *RTD civ.* 2006. 319, obs. J. Mestre et B. Fages ; *Banque et Droit* nov.-déc. 2005, P. 78, obs. N. Rontchevsky ; Com. 3 mai 2006, *D.* 2006. 1364, obs. V. Avena-Robardet ; *D.* 2006. Pan. 2859, obs. P. Crocq ; *D.* 2006. 1693, note D. Houtcieff ; *Defrénois* 2006, P. 1386, note S. Piedelièvre ; *RD banc. fin.* mai-juin 2006, P. 18, obs. D. Legeais ; *Banque et Droit* juill.-août 2006, p. 51, obs. F. Jacob), un arrêt – rendu sous l'empire des textes antérieurs à la réforme des sûretés et à l'adoption de la fiducie – s'y est opposé, jugeant qu'« en dehors des cas prévus par la loi, l'acte par lequel un débiteur cède et transporte à son créancier, à titre de garantie, tous ses droits sur des créances, constitue un nantissement de créance » (Com. 19 déc. 2006, *D.* 2007. 344, note Ch. Larroumet ; *RTD civ.* 2007. 160, obs. P. Crocq ; *LPA* 2007, P. 10, note S. Prigent ; *JCP* 2007. 10067, rapport Cohen-Branchet et note D. Legeais ; *Gaz. Pal.* 24 mai 2007, P. 11, obs. S. Piedelièvre ; D. Houtcieff, « À la recherche de la cession de créance réalisée à titre de garantie... », *RLDC* mars 2007, p. 29 ; L. Aynès, « La cession de créance à titre de garantie : quel avenir ? », *D.* 2007. 961). Il résulte clairement de cette décision qu'il faudrait un texte spécial pour autoriser la cession de créance à titre de garantie. Une telle solution qui ignore manifestement le principe de la liberté contractuelle est critiquable mais a été réaffirmée (Com. 26 mai 2010, *RTD Civ.* 2010. 597, note P. Crocq ; *D.* 2010. 2201, note N. Borga ; *Rev. proc. coll.* sept.-oct. 2010, p. 31, obs. F. Pérochon). Pourtant, ni la réforme des sûretés, ni la loi instituant la fiducie n'ont vocation à la modifier, même si compte tenu de la définition que cette loi donne de la fiducie, il n'y a pas de raison d'en exclure les créances. À ce jour, la fiducie-sûreté peut concurrencer la cession de créance à titre de garantie (V. Com. 23 oct. 2012, n° 11-23599, *Dr. et patr.* fév. 2013, n° 22, obs. Ph. Dupichot, pour une cession de recettes d'une œuvre cinématographique à titre de garantie ; V. Lasbordes-De Virville, « La cession de créance à titre de garantie », *RD banc. fin.* janv.-févr. 2009, p. 81). En revanche, il n'est pas certain que la loi autorise la cession de créance à titre de garantie sans constitution de patrimoine d'affectation dans la mesure où la fiducie innommée n'a pas été consacrée. Il reste donc à compter sur un sursaut de discernement des magistrats qui ne devraient pas se sentir liés par le prétendu principe du *numerus clausus* des droits réels qui n'a jamais eu pour objet de viser le droit de propriété (v. L. Aynès, « La cession de créance à titre de garantie : quel avenir ? », *art. préc.*).

2. *Les manifestations propres au droit financier*

En matière financière, les transferts temporaires d'instruments financiers se multiplient. C'est ainsi que l'article L. 432-6 et suivants du Code monétaire et financier relatif aux prêts sur titres, l'article L. 432-12 et suivants relatif aux opérations de pension sur titres, ou encore l'article L. 442-6 et suivants du même Code relatif à la remise de « valeurs, titres, effets ou sommes d'argent » en garantie du solde d'opérations sur instruments financiers à terme, sont des manifestations de la fiducie-sûreté. De plus, la directive européenne du 6 juin 2002, dite « directive collatéral », qui concerne les contrats de garantie financière a été transposée en droit français par l'ordonnance du 24 février 2005, et le régime de ces fiducies-sûretés figure désormais aux articles L. 431-7-3 du Code monétaire et financier. Celui-ci est particulièrement intéressant pour un créancier que ce soit au stade de sa constitution ou de sa réalisation. L'article L. 431-7-3, II, 1° et 2° du Code monétaire et financier ne subordonne la constitution et l'opposabilité de cette sûreté à aucune formalité, si ce n'est la rédaction d'un écrit nécessaire à l'identification des biens et droits en cause. L'article L. 431-7-3, III prévoit que l'acte de constitution « peut définir les conditions dans lesquelles le bénéficiaire de ces sûretés peut utiliser ou aliéner les biens ou droits en cause, à charge pour lui de restituer au constituant des biens ou droits équivalents ». Enfin, l'article L. 431-7-3, II, 3° envisage leur réalisation — laquelle ne peut être contrariée par les règles de droit des procédures collectives (art. L. 431-7-5 C. mon. fin.) — et dispose qu'elle « intervient à des conditions normales de marché, par compensation, appropriation ou vente, sans mise en demeure préalable, selon les modalités d'évaluation prévues par les parties dès lors que les obligations financières sont devenues exigibles ». Pour autant, cette reconnaissance de la fiducie-sûreté reste très sectorisée. 724 ■

B. La généralisation de la fiducie-sûreté ?

Depuis la loi n° 2007-211 du 19 février 2007, la fiducie a fait son entrée dans le Livre III du Code civil français, à l'ancienne place du cautionnement, soit aux art. 2011 et suivants, dans un titre XIV intitulé « De la fiducie ». Pour autant, la fiducie-sûreté est-elle consacrée ? Dans l'affirmative, est-elle générale ? Si la réponse à la première question est positive, la définition de la fiducie faisant référence à la fiducie-sûreté — quand bien même elle n'est pas nommée —, la seconde interrogation débouchait sur la négative, dans la mesure où le champ d'application de cette sûreté est encore réservé à certaines personnes. Mais depuis, la loi n° 2008-776 du 4 août 2008 a étendu son champ d'application (A. Cerles, « L'extension du champ d'application de la fiducie », *RD banc. fin.* sept. 2008, comm. 138) en l'ouvrant aux personnes physiques d'une part et en portant sa possible durée à 99 ans d'autre part, renforçant indéniablement l'attractivité de la fiducie. Par la suite, l'ordonnance du 18 décembre 2008 relative aux entreprises en difficulté a précisé la portée de la fiducie en cas de procédure collective. Celle n° 2009-112 du 30 décembre 2009 portant diverses mesures relative à la fiducie, ratifiée par la loi n° 2009-526 du 12 mai 2009 de simplification du droit a enfin consacré des dispositions spécifiques à la fiducie-sûreté qui figurent aux articles 2372-1 et suivants pour la fiducie-sûreté mobilière et aux articles 2488-1 et suivants pour la fiducie-sûreté immobilière (A. Aynes, « La fiducie-sûreté par et hors les textes », *RD banc. fin.* sept. 2014, Dossier 41). 725 ■

Ainsi, il existe un régime général de la fiducie, qui englobe aussi bien la fiducie-gestion que la fiducie-sûreté, et un régime spécifique à la fiducie-sûreté, qui fixe des règles propres à la fiducie-sûreté mobilière et immobilière, lesquelles sont quasiment identiques. Les articles 2372-1 et 2488-1 renvoient expressément au « contrat de fiducie conclu en application des articles 2011 à 2030 du Code civil ». Dès lors, cela implique que le contrat de fiducie-sûreté conclu dans le cadre spécifique de ces textes, doit aussi respecter le cadre général des art. 2011 et suivants (V. B. Mallet-Bricout, « Quelle efficacité pour la nouvelle fiducie-sûreté ? », *Dr. et patr.* oct. 2009, p. 79). Pour autant, toute fiducie-sûreté ne relève pas du cadre général. Une cession « Dailly » par exemple continue de relever de son propre régime.

■ 726 Aux termes de l'article 2011 du Code civil, « La fiducie est l'opération par laquelle un ou plusieurs constituants transfèrent des biens, des droits ou des sûretés, ou un ensemble de biens, de droits ou de sûretés, présents ou futurs, à un ou plusieurs fiduciaires qui, les tenant séparés de leur patrimoine propre, agissent dans un but déterminé au profit d'un ou plusieurs bénéficiaires ». On le voit, la loi sur la fiducie consacre la naissance d'un patrimoine d'affectation à travers la notion de « patrimoine fiduciaire » indépendant de celui du fiduciaire d'une part, et du constituant d'autre part. Or pour obtenir ce résultat, le contrat de fiducie doit nécessairement remplir certaines conditions de validité parfois délicates à mettre en œuvre (sur les premières applications et les dificultés d'applications pratiques, S. de Silguy, « La fiducie, une réussite ? », *RLDC* mai 2013, p. 59). Aussi convient-il d'observer la constitution de la fiducie (1), son exécution (2), puis son extinction (3).

1. *La constitution de la fiducie*

■ 727 Contrairement à la définition générale du mécanisme, la fiducie n'est pas consacrée dans sa triple fonction de sûreté, d'instrument de gestion des biens et de libéralités. En effet, la définition de l'article 2011 du Code civil est immédiatement limitée par l'article 2013 du même Code qui dispose que « Le contrat de fiducie est nul s'il procède d'une intention libérale au profit du bénéficiaire », cette nullité étant d'ordre public. Ont donc été instituées la fiducie-gestion et la fiducie-sûreté, la fiducie-libéralité ayant été écartée.

Qu'elle qu'en soit l'objectif, le contrat de fiducie suppose des conditions de fond (a) et de forme (b).

a. Les conditions de fond

■ 728 Les conditions de fond du contrat de fiducie, opération triangulaire par excellence, concernent les personnes membres de l'opération de fiducie — en l'occurrence le constituant, le fiduciaire et le(s) bénéficiaire(s) —, ainsi que les biens pouvant en être l'objet.

■ 729 En premier lieu, la loi détermine de façon restrictive les parties au contrat de fiducie, qui doivent être résidents de la Communauté européenne — ou d'un État ayant conclu avec la France une convention d'assistance en vue de lutter contre la fraude ou l'évasion fiscale. Du côté du *constituant*, la loi LME du 4 août 2008 a abrogé l'article 2014 du Code civil qui disposait que seules pouvaient être constituants les personnes morales soumises de plein droit ou sur option à l'impôt sur les sociétés (Ch. Albiges, « La constitution de la fiducie », *Droit et patr.* juin 2008, p. 46, *in* dossier sur le contrat de fiducie et l'opération fiduciaire après la loi du 19 février 2007,

p. 45 s.). Ainsi si le constituant peut toujours être une personne morale soumise ou non à l'impôt sur les sociétés, il peut aussi s'agir d'une personne physique, en l'occurrence notamment un entrepreneur individuel. Toutefois des précautions ont été prises notamment à l'égard des biens des mineurs et des biens de la communauté. En effet l'art. 408-1 du Code civil dispose que « les biens ou droits d'un mineur ne peuvent être transférés dans un patrimoine fiduciaire » (M. Bourassin, « Les sûretés sur le logement du majeur protégé », *RTD civ.* 2011. 433), tandis que l'article 1424 prévoit que les époux « ne peuvent l'un sans l'autre transférer un bien de la communauté dans un patrimoine fiduciaire ».

Du côté du *fiduciaire* jusqu'à la loi LME, seuls pouvaient « avoir la qualité de fiduciaires les établissements de crédit mentionnés à l'article L. 511-1 du Code monétaire et financier, les institutions et services énumérés à l'article L. 518-1 du même Code, les entreprises d'investissement mentionnées à l'article L. 531-4 du même Code ainsi que les entreprises d'assurance régies par l'article L. 310-1 du Code des assurances » (art. 2015 C. civ.). Mais la loi permet dorénavant aussi aux avocats d'avoir la qualité de fiduciaire. Ainsi, le législateur a clairement entendu cantonner l'utilisation de la fiducie aux acteurs du monde économique, faisant visiblement une faveur aux avocats à condition toutefois qu'ils soient assurés pour cette activité. Un décret du 23 décembre 2009 a précisé le mode d'exercice de l'avocat en tant que fiduciaire, en particulier pour l'exigence de garanties à apporter, qu'elles soient de nature comptable ou dans le domaine de l'assurance.

En revanche la loi a d'emblée été plus souple s'agissant du choix de la personne du *bénéficiaire* qui peut être une personne physique ou morale, voire le constituant ou le fiduciaire eux-mêmes (art. 2016 C. civ.) — ce qui militait déjà en faveur de la reconnaissance de la fiducie-sûreté —, à condition toutefois que sa désignation intervienne au plus tard avant l'expiration du terme de la fiducie. Dans cette hypothèse le constituant n'est autre que l'emprunteur, et le fiduciaire son créancier, chacun d'entre eux étant respectivement bénéficiaires, l'emprunteur du retour du bien une fois l'emprunt remboursé, et le créancier de son appropriation définitive en cas de défaillance du constituant (V. Y. Picod, *Droit des sûretés*, 3e éd., PUF, 2016, n° 406). De même, cette liberté se retrouve dans la sélection du « tiers » que le constituant peut désigner pour surveiller le fiduciaire (art. 2017 C. civ.). Ce tiers « protecteur » est désigné au moment de la conclusion du contrat de fiducie ou lors de son exécution.

En deuxième lieu, l'objet de l'opération fiduciaire est quant à lui très large puisqu'il peut porter sur tous biens, droits ou sûretés, présents ou futurs, appréhendés de façon isolée ou dans un ensemble, sur des éléments d'actifs mais aussi de passifs. Ainsi, la fiducie-sûreté peut viser des biens meubles corporels aussi bien qu'incorporels. De la même façon que la clause de réserve de propriété est la référence en matière de biens meubles corporels, cela risque d'être le cas de la fiducie-sûreté et des créances puisque l'art. 2372-1 du code civil prévoit expressément que la propriété d'un droit peut être cédée à titre de garantie dans le patrimoine fiduciaire. **730**

En troisième lieu, l'article 2012 du Code civil dispose que « La fiducie est établie par la loi ou par contrat. Elle doit être expresse ». Le contrat de fiducie ne peut donc se présumer. La référence à la loi est toutefois maladroite. Si comme en matière de cautionnement (v. ss 17), c'est la loi qui consacre de manière générale — et dorénavant de manière spéciale — les diverses hypothèses de fiducie, seul le contrat peut **731** être à l'origine d'un tel transfert de propriété (v. J.-D. Pellier, « Regard sur la fiducie », *LPA* 21 mars 2007, p. 6, spéc. n° 8). Ainsi, la constitution de la fiducie suppose-t-elle un accord exprès de volonté du constituant et du fiduciaire qui envisagera l'objet de la fiducie, sa durée – dans la limite de quatre-vingt-dix-neuf ans –, ses règles de fonctionnement avec notamment les droits et obligations des parties ainsi que la fin du contrat (sur les particularités de ce contrat, P. Puig, « la fiducie et les contrats nommés », *Droit et patr.* juin 2008, p. 68, *in* dossier sur le contrat de fiducie et l'opération fiduciaire après la loi du 19 février 2007, p. 45 s.). Il convient toutefois de préciser que le contrat de fiducie ne peut pas être constitué en période suspecte, tout au moins si le contrat a pour objet de garantir une dette antérieurement contractée (art. L. 631-2-9° C. com.), sous peine de nullité absolue. De même, la nullité sera encourue si le bénéficiaire ou le fiduciaire connaissait la cessation des paiements lors de la constitution de la fiducie-sûreté.

b. Les conditions de forme

■ 732 Le contrat de fiducie est un contrat solennel qui doit nécessairement comporter, à peine de nullité, les six mentions suivantes : « 1° Les biens, droits ou sûretés transférés. S'ils sont futurs, ils doivent être déterminables ; 2° La durée du transfert, qui ne peut excéder quatre-vingt-dix-neuf ans à compter de la signature du contrat ; 3° L'identité du ou des constituants ; 4° L'identité du ou des fiduciaires ; 5° L'identité du ou des bénéficiaires ou, à défaut, les règles permettant leur désignation ; 6° La mission du ou des fiduciaires et l'étendue de leurs pouvoirs d'administration et de disposition. » (art. 2018 C. civ.). Par ailleurs, les articles 2372-2 pour la fiducie mobilière et 2488-2 pour la fiducie immobilière (qui ne s'appliquent que si le constituant est une personne physique) ajoutent deux mentions à celles-ci-dessus évoquées : à peine de nullité, le contrat de fiducie-sûreté doit indiquer la dette garantie et la valeur du bien « transféré dans le patrimoine fiduciaire ». Ces précisions sont issues de l'ordonnance n° 2009-112 du 30 janvier 2009 prise en application de la loi LME dont l'article 18-V avait autorisé le Gouvernement « à prendre par voie d'ordonnance des mesures complémentaires [...] afin d'étendre aux avocats la qualité de fiduciaire et de permettre aux personnes physiques de constituer une fiducie à titre de garantie ou à des fins de gestion ».

■ 733 Si l'écrit est obligatoire, le choix entre un acte sous seing privé ou un acte authentique reste ouvert sauf dans l'hypothèse où le contrat de fiducie porte sur des biens dépendant d'une communauté conjugale ou sur des biens indivis (art. 2012 al. 2 C. civ.). L'acte authentique s'impose aux époux mariés sous un régime de communauté qui veulent constituer une fiducie sur des biens communs meubles ou immeubles, ainsi qu'aux indivisaires qui souhaitent constituer une fiducie sur leurs biens indivis, sans distinction suivant la source de l'indivision.

■ 734 De plus, et toujours à peine de nullité, le contrat de fiducie et ses avenants doivent être enregistrés (sans que les textes ne prévoient sur qui pèse cette formalité) dans le délai d'un mois à compter de leur date au service des impôts du siège du fiduciaire ou au service des impôts des non-résidents si le fiduciaire n'est pas domicilié en France (art. 2019 al. 1er C. civ.). De même, la transmission des droits résultant du contrat de fiducie ainsi que la désignation ultérieure du bénéficiaire s'il ne l'avait pas été *ab initio*, dès la conclusion du contrat de fiducie, doivent aussi, à peine de nullité, donner lieu à un acte écrit enregistré dans les mêmes conditions (2019 al. 3 C. civ.).

Enfin, si dans le patrimoine fiduciaire figurent des immeubles ou des droits réels immobiliers, ils doivent, sous la même sanction, être publiés dans les conditions prévues aux articles 647 et 657 du Code général des impôts (art. 2019 al. 2 C. civ.), le délai d'enregistrement étant porté à deux mois.

Quant à l'article 2020 du Code civil, il prévoit la création d'un registre national des fiducies constitué selon des modalités précisées par un décret du 2 mars 2010 qui permet de recenser l'ensemble des contrats de fiducie. Mais ce registre n'est qu'un instrument de contrôle pour les autorités, afin de lutter contre l'évasion fiscale ou encore le blanchiment de capitaux, et n'a pas un rôle de publicité à l'égard des tiers. En revanche, le nouvel article 2018-2 du Code civil étend le formalisme de la cession Dailly à la cession de créance réalisée dans le cadre d'une fiducie puisque cette cession est désormais opposable aux tiers à la date du contrat de fiducie ou de l'avenant qui la constate. Et elle ne devient opposable au débiteur de la créance cédée que par la notification qui lui en est faite par le cédant ou le fiduciaire.

Par ailleurs, l'ordonnance n° 2009-112 du 30 janvier 2009 prise en application de la loi LME, a consacré la fiducie rechargeable dans des conditions et selon des modalités analogues à celle de l'hypothèque rechargeable. En effet, les articles 2372-5 pour la fiducie mobilière et 2488-5 pour la fiducie immobilière prescrivent que la fiducie pourra être rechargée, à condition que ce caractère rechargeable ait été expressément prévu dans l'acte constitutif. La propriété cédée, en application de l'un ou l'autre de ces deux textes, sera affectée à la « garantie de dettes autres que celles mentionnées par l'acte constitutif, dans la limite de sa valeur estimée au jour de la recharge ». La convention de rechargement sera enregistrée selon les formalités de l'article 2019 du Code civil et la date d'enregistrement déterminera le rang des créanciers. Lorsque la fiducie aura pour assiette des biens immeubles, la convention de rechargement doit être publiée et c'est la date de publication qui détermine le rang entre les créanciers. Ainsi, la propriété cédée peut être affectée à la garantie de nouvelles créances. En revanche, à la différence de l'hypothèque rechargeable (v. ss 602) qui peut garantir une nouvelle dette dans la limite du montant de la garantie convenu dans l'acte constitutif, la fiducie rechargeable ne peut garantir une dette que dans la limite de la valeur du bien au jour de la recharge (V. M. Grimaldi et R. Dammann, « La fiducie sur ordonnances », *D.* 2009. 670, *in* Dossier sur la réforme des entreprises en difficulté, 639 s.). 735 ■

2. *L'exécution de la fiducie*

Le contrat de fiducie est un contrat synallagmatique qui entraîne un transfert de propriété des biens assiette de la sûreté. Toutefois, ces biens ne sont pas transférés directement dans le patrimoine du fiduciaire mais dans un « patrimoine fiduciaire » qui est un patrimoine d'affectation. Dès lors, le fiduciaire n'est pas un propriétaire comme les autres. En effet, la propriété fiduciaire n'est pas celle de l'article 544 du code civil car elle est asservie en ce sens qu'elle est finalisée à une mission – le fiduciaire n'a pas le droit de disposer du bien –, et temporaire (M. Grimaldi, « La propriété fiduciaire », *in* Association Henri Capitant, *La fiducie dans tous ses états,* Dalloz, coll. « Thèmes et commentaires », 2011, p. 5 ; W. Dross, *Les choses,* LGDJ, 2012, n° 111, p. 217). Ceci étant précisé, ce contrat génère des obligations à la charge des deux parties (a) ce qui aura incontestablement un effet sur les droits des tiers, en l'occurrence les créanciers de l'un et de l'autre (b). 736 ■

a. Les obligations des parties

737 Le fiduciant est simplement tenu de transférer les droits et biens convenus au fiduciaire, sur lesquels il perd tout pouvoir d'administration et de disposition. Ce transfert, au sein du patrimoine fiduciaire, qui peut avoir lieu contre rémunération du fiduciaire, à condition qu'elle soit convenue, s'opère dès la conclusion du contrat, sauf à prévoir un transfert différé. Si, en principe, la fiducie dépossède le constituant des biens mis en fiducie, elle peut aussi être constituée sans dépossession du constituant dès lors que les biens objets de la fiducie sont nécessaires à son activité. Une convention de mise à disposition est alors conclue : le créancier devenu propriétaire laisse les biens à disposition du constituant, moyennant généralement le paiement d'un loyer. Cependant, en application de l'article 2018-1 du code civil, ce contrat échappe au statut des baux commerciaux.

738 Le fiduciaire, quant à lui, dispose des pouvoirs d'administration et de disposition qui lui sont conférés dans le contrat, sachant que le constituant peut conserver certaines prérogatives, comme l'administration et le recouvrement des créances cédées par exemple. Et dans ses rapports avec les tiers, il est réputé disposer des pouvoirs les plus étendus sur le patrimoine fiduciaire, à moins qu'il ne soit démontré que les tiers avaient connaissance de la limitation de ses pouvoirs (art. 2023 C. civ.). Il doit agir *es* qualité (art. 2021 C. civ.) et rendre compte de sa mission au constituant, au bénéficiaire et au tiers contrôleur de l'article 2017 dans les conditions définies au contrat (art. 2022 C. civ.). En contrepartie de ces pouvoirs étendus, outre que le fiduciaire peut être contrôlé par un tiers chargé de s'assurer de la préservation des intérêts du constituant (2017 C. civ.), il est surtout responsable, sur son patrimoine propre, des fautes qu'il commet dans l'exercice de sa mission (art. 2026 C. civ. ; sur les différents cas de responsabilité, Ph. Delebecque, « La responsabilité du fiduciaire », *in* Assocaition Henri Capitant, *La fiducie dans tous ses états,* Dalloz, coll. « Thèmes et commentaires », 2011, p. 29). Par ailleurs, s'il manquait à ses devoirs ou mettait en péril les intérêts qui lui sont confiés, le constituant, le bénéficiaire ou le tiers désigné en application de l'article 2017 peuvent demander en justice la nomination d'un fiduciaire provisoire ou solliciter le remplacement du fiduciaire. La décision judiciaire faisant droit à la demande emporte de plein droit dessaisissement du fiduciaire (art. 2027 C. civ.). Toutefois depuis l'ordonnance du 30 janvier 2009, le recours au juge n'est plus nécessaire. Le remplacement du fiduciaire peut être prévu contractuellement, celui-ci emportant transfert de patrimoine du fiduciaire au nouveau fiduciaire.

b. Les droits des créanciers

739 Le transfert de propriété inhérent au contrat de fiducie a des incidences tant à l'égard des créanciers du constituant qui ne pourront plus saisir les biens transférés puisqu'ils ne font plus partie de leur droit de gage général, qu'à l'égard des créanciers personnels du fiduciaire en défaveur de qui la loi organise une insaisissabilité du patrimoine fiduciaire.

740 En ce qui concerne les créanciers personnels du fiduciaire, les biens transférés restant séparés de son patrimoine propre, ils ne peuvent les saisir. Ils devront même souffrir l'éventuelle procédure collective du fiduciaire alors qu'elle n'affectera pas le patrimoine fiduciaire, l'article 2024 du Code civil disposant : « L'ouverture d'une procédure de sauvegarde, de redressement judiciaire ou de liquidation judiciaire au profit

du fiduciaire n'affecte pas le patrimoine fiduciaire». Toutefois, si le fiduciaire fait l'objet d'une procédure de liquidation judiciaire, la fiducie prend fin, les droits ou les biens étant transmis au bénéficiaire ou, à défaut, au constituant (art. 2029 C. civ.)

En ce qui concerne les créanciers du constituant, les biens transférés ne figurant plus dans le patrimoine de leur débiteur ne peuvent être saisis. Ils échapperont donc à l'éventuelle procédure collective du constituant. Toutefois, la loi organise deux exceptions : le droit de suite et la fraude. En effet, les créanciers du constituant titulaires d'un droit de suite attaché à une sûreté publiée antérieurement au contrat de fiducie peuvent poursuivre le patrimoine fiduciaire. Il en est de même en cas de fraude à leurs droits, si ce n'est qu'elle devra être démontrée (art. 2025 al. 1er C. civ.). Par ailleurs lorsque le contrat de fiducie permet la cession de créances, l'opposabilité aux tiers se fait « à la date du contrat de fiducie ou de l'avenant qui le constate » (art. 2018-2 C. civ.) et l'opposabilité au cédé se fait « par la notification qui lui en est faite par le cédant ou le fiduciaire ». La cession de créances dans le patrimoine fiduciaire est donc beaucoup plus simple à réaliser qu'une cession de créance civile. 741 ■

Le but de la fiducie étant de créer un patrimoine d'affectation, il est normal que le patrimoine fiduciaire soit à l'abri des poursuites. Le patrimoine fiduciaire ne peut être saisi que par les titulaires de créances nées de la conservation ou de la gestion de ce patrimoine (art. 2025 al. 1er C. civ.). Mais, en cas d'insuffisance du patrimoine fiduciaire, le patrimoine du constituant constitue — à moins d'une clause contraire du contrat de fiducie mettant tout ou partie du passif à la charge du fiduciaire — le gage commun de ces créanciers (2025 al. 2 C. civ.). Cela étant, le contrat de fiducie peut également limiter l'obligation au passif fiduciaire au seul patrimoine fiduciaire, sachant qu'une telle clause n'est opposable qu'aux créanciers qui l'ont expressément acceptée (art. 2025 al. 3 C. civ.). 742 ■

Jusqu'à l'ordonnance du 18 décembre 2008, il était envisageable de placer le créancier fiduciaire dans la même catégorie que les créanciers bénéficiaires d'une clause de réserve de propriété ou cessionnaires Dailly. Le sauvetage d'une entreprise en difficulté est alors apparu en danger en présence de tels créanciers-propriétaires. Aussi l'ordonnance précitée a-t-elle organisé le sort du contrat de fiducie en cas de procédure collective du constituant. Les effets de la fiducie-sûreté ont été encadrés en cas de sauvegarde et de redressement judiciaire du débiteur, mais ont été libérés dans l'hypothèse d'une liquidation judiciaire de ce dernier. Plus précisément, les textes diffèrent selon que les biens fiduciés font ou non l'objet d'une convention de mise à disposition. En l'absence d'une telle affectation, la fiducie peut produire tous ses effets, c'est-à-dire que le créancier peut se faire attribuer définitivement la propriété du bien remis en fiducie, le contrat de fiducie n'étant pas considéré comme un contrat en cours. 743 ■

En revanche, en présence d'une telle convention de mise en jouissance, le constituant conserve l'usage et la jouissance des biens fiduciés, et l'article L. 622-23-1 du Code de commerce paralyse la réalisation de la fiducie-sûreté du seul fait de l'ouverture de la procédure de sauvegarde ou de redressement « lorsque des biens ou droits présents dans un patrimoine fiduciaire font l'objet d'une convention en exécution de laquelle le débiteur constituant en conserve l'usage ou la jouissance ». Le régime des contrats en cours s'applique à cette hypothèse. Ainsi, si la fiducie porte sur des sommes d'argent ou des instruments financiers, elle ne sera pas soumise à la suspension des poursuites. Cette relative inefficacité de la fiducie se révèle y compris pendant le plan de sauvegarde ou de redressement tant que le plan est respecté. Mais si le plan échoue, le créancier bénéficiaire d'une fiducie-sûreté retrouve son droit de poursuite en vertu de l'article L. 626-27-1 al. 4 du Code de commerce.

Par ailleurs, en cas de liquidation judiciaire du constituant, le créancier peut réaliser sa sûreté, y compris en revendiquant la propriété des biens donnés en fiducie, dans le cas d'une fiducie-sûreté sans dépossession car les règles relatives à la continuation des contrats en cours ne sont, cette fois, pas applicables à la convention de mise à disposition du débiteur des biens donnés en fiducie (art. L. 641-11-1-VI C. com.). Par où l'on voit la faveur accordée à ce type de créancier par rapport aux sûretés traditionnelles que sont le gage ou le nantissement pour lesquelles le pacte commissoire est inefficace même en cas de liquidation judiciaire du constituant.

3. *L'extinction de la fiducie*

■ 744 La loi envisage un certain nombre de causes d'extinction (a) du contrat de fiducie mais n'en évoque les conséquences (b) qu'incidemment.

a. Les causes d'extinction de la fiducie

■ 745 La propriété fiduciaire est par essence finalisée et temporaire. Elle a donc vocation à disparaître naturellement soit à la survenance du terme prévu par le contrat de fiducie, soit en cas de réalisation du but poursuivi quand celle-ci a lieu avant le terme (art. 2029 al 1er C. civ.), ce qui en matière de fiducie-sûreté correspond à l'hypothèse où le débiteur a exécuté son obligation. Par ailleurs, l'extinction peut aussi être le fait du constituant, en cas de révocation du contrat tant qu'il n'a pas été accepté par le bénéficiaire, ou après son acceptation, mais avec son accord (art. 2028 C. civ.) (v. sur ces questions, M.-P. Dumont-Lefrand, « Le dénouement de l'opération de fiducie », *Dr. et patr.* juin 2008, p. 63, *in* dossier sur le contrat de fiducie et l'opération fiduciaire après la loi du 19 février 2007, p. 45 s.) Un autre dénouement anormal est lié au décès du constituant personne physique. Celui-ci entraîne de plein droit retour du patrimoine fiduciaire à la succession. Cette solution admise en cas de fiducie-gestion a toutefois été écartée en cas de fiducie-sûreté suite à la loi du 12 mai 2009 qui a modifié l'art. 2372-1 du code civil.

■ 746 La fiducie peut également prendre fin de plein droit lorsque la totalité des bénéficiaires renonce à la fiducie, sauf stipulations du contrat prévoyant les conditions dans lesquelles le contrat se poursuit. Il n'est donc plus nécessaire de saisir le juge, tandis que les clauses du contrat peuvent toujours fixer les règles applicables.

Il en ira de même si le fiduciaire fait l'objet d'une liquidation judiciaire ou d'une dissolution, ou disparaît par suite d'une cession ou d'une absorption et, s'il est avocat, en cas d'interdiction temporaire, de radiation ou d'omission du tableau (2029 al. 2 C. civ.).

b. Les conséquences de l'extinction de la fiducie

■ 747 Le dénouement du contrat de fiducie se traduit soit par le retour des biens dans le patrimoine du constituant – v. art. 2030 C. civ. qui prévoit un retour au constituant de plein droit ou à la succession en cas de décès du constituant personne physique –, soit par leur transmission au bénéficiaire, soit par une appropriation définitive au fiduciaire. En effet, dans l'hypothèse d'une fiducie-sûreté, dès lors qu'à l'échéance, le débiteur de l'obligation garantie par l'aliénation fiduciaire n'aura pas exécuté son obligation, le créancier pourra s'approprier définitivement le bien objet de cette aliénation. À cet égard, les articles 2372-3 et 2372-4 pour la fiducie mobilière et 2488-3 et 2488-4 pour la fiducie immobilière organisent le dénouement de la sûreté en cas de défaillance du débiteur. Les textes distinguent selon que le fiduciaire est le créancier ou un tiers. Si le fiduciaire est le créancier, il « acquiert la libre disposition du bien ou du droit cédé à titre de garantie ». Ainsi la propriété fiduciaire se transforme en propriété ordinaire de la même façon que la propriété réservée. La loi ne précise pas par quel moyen le fiduciaire acquiert la propriété définitive du bien. Ce serait, semble-t-il, un transfert automatique sans autre formalité que celles imposées par le type de biens en cause. En revanche, si le créancier n'est pas le fiduciaire, il peut soit exiger du fiduciaire « la remise du bien » pour pouvoir en disposer librement, soit exiger la vente du bien ou du droit cédé et obtenir la remise de tout ou partie du prix. Mais il faudra que le contrat de fiducie ait envisagé cette possibilité. En aucun cas, la vente ou l'appropriation du bien ne saurait profiter au créancier qui ne doit pas s'enrichir au détriment d'autrui. Aussi la loi a-t-elle prévu un système d'évaluation de la valeur du bien par expert désigné à l'amiable ou judiciairement. Le créancier qui aura acquis la libre disposition du bien ou qui l'aura vendu, devra restituer au constituant une somme égale à la différence entre la valeur du bien (ou le prix de vente), et le montant impayé de sa créance, augmentée, le cas échéant, du passif fiduciaire.

Compléments pédagogiques

Mémo

Comme son nom l'indique, la propriété-garantie est un mécanisme de garantie fondée sur la propriété de la chose qui confère au créancier propriétaire une situation d'exclusivité fort enviable en cas de procédure collective de son débiteur. Si elle n'a pas été consacrée, en tant que principe, par la réforme du droit des sûretés, le législateur a, de façon certes éparse, autorisé des cas de propriété-garantie, à travers les mécanismes de la clause de réserve de propriété, du crédit-bail, de la vente à réméré, ou de la cession fiduciaire. La propriété peut être utilisée comme sûreté de deux façons. Soit, le créancier conserve, la propriété d'un bien qu'il ne transférera que lorsqu'il aura obtenu le paiement intégral de sa créance : c'est la *propriété retenue* à titre de garantie ; soit à l'inverse, un créancier se fait céder la propriété d'un bien du débiteur qu'il lui restituera une fois sa créance réglée : c'est la *propriété cédée* à titre de garantie.

Deux formules contractuelles illustrent la propriété retenue à titre de garantie. En premier lieu, le *crédit-bail* qui est une opération qui permet à une personne, professionnel ou consommateur, de faire financer l'acquisition d'un bien par un établissement de crédit qui en conserve la propriété pendant une période convenue, laquelle correspond généralement à la durée d'amortissement du bien. Le crédit-bailleur, au lieu de prêter des fonds, achète lui-même le bien pour le crédit-preneur, puis le lui loue pendant une durée contractuelle à l'issue de laquelle le crédit-preneur a la possibilité d'en acquérir la propriété. Le crédit-bail relève toutefois davantage de la garantie que de la sûreté. On parle à son propos de *propriété-garantie* plutôt que de propriété-sûreté. Son intérêt premier est d'autoriser le crédit-bailleur, en cas de défaillance de l'utilisateur, à agir en *restitution* du bien. En second lieu, la *clause de réserve de propriété* dorénavant introduite dans le Code civil (art. 2367 à 2372 C. civ.), qui est définie comme la convention par laquelle l'effet translatif d'un contrat est suspendu jusqu'au complet paiement de l'obligation qui en constitue la contrepartie. En l'intégrant dans ce Code, le législateur en a clarifié la *nature juridique*, mais le *régime juridique* n'est que la reprise de solutions jurisprudentielles antérieures. La réserve de propriété est officiellement une sûreté, plus précisément une *propriété-sûreté* qui confère à son bénéficiaire un véritable droit sur la valeur de la chose dont la propriété est réservée. Elle est en effet présentée comme une sûreté mobilière à l'article 2329 du Code civil, et comme une sûreté immobilière à l'article 2373 alinéa 2 du Code civil. À ce titre, elle est l'accessoire de la créance dont elle garantit le paiement. Son effet principal est de permettre au créancier réservataire, en cas de défaillance du débiteur, de *revendiquer la propriété* réservée du bien. Celle-ci est toutefois soumise à des conditions de forme et de fond encadrées.

Il arrive également que dans le cadre de l'obtention d'un crédit quelconque, le débiteur propose à son créancier de lui transférer la propriété de l'un de ses biens étant convenu que lorsqu'il aura remboursé sa dette, il redeviendra propriétaire du bien transmis. Deux mécanismes recèlent ce type de garantie : la vente à réméré et la fiducie. La *vente à réméré* est envisagée à l'article 1659 du Code civil comme « La faculté de rachat ou de réméré est un pacte par lequel le vendeur se réserve de reprendre la chose vendue, moyennant la restitution du prix principal et le remboursement dont il est parlé à l'article 1673 ». Toutefois, la jurisprudence lui refuse la qualification de « propriété-sûreté », et la requalifie en « prêt assorti d'un gage ». C'est tout au plus un *procédé de garantie* permettant à l'acquéreur/prêteur de conserver la propriété du bien. Enfin, la *fiducie* introduite dans le Code civil par la loi du 19 février 2007 aux articles 2011 et suivants, et déjà modifiée par les ordonnances du 18 décembre 2008 et 30 janvier 2009 consacre la fiducie-sûreté. Il s'agit d'une *généralisation* de la fiducie-sûreté qui connaissait déjà quelques *manifestations éparses* à travers la cession Dailly ou dans le secteur financier, les transferts temporaires d'instruments financiers.

Documents

Com. 4 oct. 2005
(*Bull. civ.* IV, n° 198 ; *Gaz. Pal.* 22 juin 2006, n° 43, note F. Robine ; *D.* 2005. 2591, obs. A. Lienhard ; *Defrénois* 2005. 2001, note É. Savaux ; *RTD com.* 2006. 481, obs. A. Martin-Serf ; *RTD civ.* 2006. 319, obs. J. Mestre et B. Fages ; *Banque et Droit* nov.-déc. 2005, p. 78, obs. N. Rontchevsky)

« Vu l'article L. 621-107 I, 4° du code de commerce. [...]
Attendu qu'en statuant ainsi, alors que l'acte prévoyant la délégation de loyers avait été conclu avant la date d'insolvabilité notoire, peu important que son exécution fût postérieure à cette date, la cour d'appel a violé le texte susvisé ».

Com. 3 mai 2006
(*D.* 2006. 1664, obs. V. Avena-Robardet ; *D.* 2006. Pan. 2859, obs. P. Crocq ; *D.* 2006. 1693, note D. Houtcieff ; *Defrénois* 2006. 1386, note S. Piedelièvre ; *RD banc. fin.* mai-juin 2006, p. 18, obs. D. Legeais ; *Banque et Droit* juill.-août 2006, p. 51, obs. F. Jacob)

« Il résulte de l'article 2037 du code civil que la caution est déchargée, lorsque la subrogation dans un droit exclusif ou préférentiel conférant un avantage particulier au créancier pour le recouvrement de sa créance, ne peut plus, par le fait de ce créancier, s'opérer en faveur de la caution ».
« Il était loisible à la banque de mettre en œuvre le droit de cession des loyers dont elle était titulaire et d'éteindre à due concurrence la dette de l'emprunteur [...]. En s'abstenant d'exercer le droit dont il bénéficiait, le prêteur a obligé les cautions) payer une dette deux cent fois supérieure à celle existant au jour de la réalisation de la condition suspensive, tandis que le bénéfice de la subrogation était perdu par le fait exclusif du créancier ».

1) Sur la nature de l'action en revendication

Com. 6 oct. 2009
(*RLDC* 2009, n° 66, obs J.J. Ansault)

« L'action en paiement exercée par le vendeur initial à l'encontre d'un sous-acquéreur de biens vendus avec classe de réserve de propriété s'analyse en une action personnelle et non en une action réelle. »

2) Déclaration de créance et action en revendication

Com. 9 janv. 1996
(*D.* 1996. Jur. 184, note F. Derrida; *RTD civ.* 1996. 436, obs. P. Crocq; *JCP* E 1996. I. 554, n° 19, obs. M. Cabrillac, et p. 571, n° 4, obs. Ph. Simler et Ph. Delebecque; *D. Affaires* 1996. 603, note Ch. Larroumet)

« Vu l'art. 1134 c. civ. [...]
Attendu qu'en statuant ainsi, alors que, même si elle libère l'acquéreur de l'obligation de payer la partie du prix restant due, l'extinction de la créance du vendeur par application de l'art. 53 de la loi du 25 janv. 1985 ne constitue pas le terme contractuellement fixé pour le transfert de propriété, la cour d'appel a violé le texte susvisé ;
Par ces motifs, casse... »

3) Sur la fongibilité, notion de fait

Com. 15 mars 2005
(*D.* 2005. AJ. 1083, note A. Lienhard; *D.* 2005. Jur. 1718, note P.-G. Marly; *D.* 2005. Somm. 2019, obs. F.-X. Lucas; *JCP* E 2005. Chron. 1275, n° 15, obs. M. Cabrillac)

« *Sur le moyen unique du pourvoi principal, pris en sa première branche* : – Attendu que la société fait grief à l'arrêt d'avoir rejeté sa requête en revendication des marchandises vendues avec une clause de réserve de propriété alors, selon le moyen, que la revendication en nature peut s'exercer sur des biens fongibles lorsque se trouvent entre les mains de l'acheteur des biens de même espèce et de même qualité ; qu'après avoir constaté que les biens revendiqués par le grossiste-répartiteur de médicaments et de produits pharmaceutiques étaient de même espèce et de même qualité que ceux qu'il avait vendus avec une clause de réserve de propriété, la cour d'appel a considéré pour rejeter la requête qu'il n'était pas démontré que les marchandises revendiquées étaient identifiables, individualisées et marquées ; qu'en ajoutant de la sorte aux prévisions de la loi, la cour d'appel a violé l'article L. 621-122, alinéa 3, *in fine*, du code de commerce ;
Mais attendu que loin de constater que les biens revendiqués par la société étaient de même espèce et de même qualité que ceux qu'elle avait vendus avec une clause de réserve de propriété à M. X..., l'arrêt relève, dans l'exercice de son pouvoir souverain que les marchandises revendiquées n'avaient pas le caractère de biens fongibles ; que le moyen n'est pas fondé ;
Mais sur le moyen, pris en sa seconde branche : – Vu l'article L. 621-122, alinéa 2, du code de commerce ; - Attendu que pour rejeter la demande en revendication de la société, l'arrêt, après avoir relevé que les biens revendiqués n'avaient pas le caractère de biens fongibles, retient que la société ne démontre pas que les biens vendus avec une clause de réserve de propriété se retrouvent en nature entre les mains de M. X... au jour de la revendication ; – Attendu qu'en statuant ainsi, alors que peuvent être revendiqués les biens vendus avec une clause de réserve de

propriété qui se retrouvent en nature à la date du jugement d'ouverture de la procédure collective, la cour d'appel a violé le texte susvisé »

4) Sur la revendication de biens fongibles : attribution de propriété

Com. 5 mars 2002 (*Bull. civ.* IV, n° 48 ; *RTD civ.* 2002. 339, obs. P. Crocq ; *D.* 2002. AJ. 1139, obs. A. Lienhard)

« Mais attendu, en premier lieu, que c'est dans l'exercice de son pouvoir souverain que la cour d'appel a retenu, sans inverser la charge de la preuve, que les marchandises revendiquées avaient le caractère de biens fongibles ;
Attendu, en second lieu, que l'art. 121, al. 3 *in fine*, de la loi du 25 janv. 1985 devenu l'art. L. 621-122, al. 3 *in fine*, c. com. énonce une règle de fond, attribuant au revendiquant la propriété des biens fongibles qui se trouvent entre les mains de l'acheteur dès lors que ceux-ci sont de même espèce et de même qualité que ceux qu'il a livrés ; qu'après avoir énoncé que la loi ne subordonnait la revendication de tels biens à aucune autre condition puis relevé que le caractère fongible des biens revendiqués par la société n'était pas contesté, la cour d'appel, qui a dit n'y avoir lieu de prendre en considération le moyen selon lequel la rotation rapide des stocks exclut que les marchandises retrouvées en nature chez le débiteur soient celles mêmes vendues par la société avec une clause de réserve de propriété, a légalement justifié sa décision ;
D'où il suit que le moyen ne peut être accueilli en aucune de ses branches ;
Par ces motifs, rejette le pourvoi ; »

Com. 3 juin 1997 (*RTD com.* 1997. 663, obs. M. Cabrillac et p. 686, obs. A. Martin-Serf ; *D.* 1998. Jur. 61, note J. François)

« Mais attendu qu'il résulte des constatations de l'arrêt que la créance de la banque bénéficiaire de la garantie était devenue certaine, liquide et exigible au plus tard à la date du jugement entrepris et que les actes constitutifs de la sûreté dispensaient la banque, en cas de non-paiement à l'échéance, de son obligation de restituer les sommes d'argent dont la propriété lui avait été transférée à titre de garantie ; qu'il s'ensuit que la créance de la banque s'était trouvée éteinte, dès avant l'ouverture de la procédure collective, par la voie d'une compensation conventionnelle avec sa dette de restitution et n'avait pas, dès lors, à être déclarée ; que le moyen n'est pas fondé ; »

Biblio

- Ch. Albiges, « La constitution de la fiducie », *Dr. et patr.* juin 2008, p. 46 *in* le dossier sur Le contrat de fiducie et l'opération fiduciaire après la loi du 19 février 2007, p. 45 s.
- G. Ansaloni et I. Dursun, « L'argent des sûretés : une fiducie spéciale au service de la prise de garantie pour le compte d'un pool bancaire », *JCP* E 2009. 1671.
- J.-J. Ansault, « Fiducie-sûreté et sûretés réelles traditionnelles : que choisir ? », *Dr. et patr.* 2010, p. 52.
- A. Aynes, « La fiducie-sûreté par et hors les textes », *RD banc. fin.* sept. 2014, Dossier 41.

- L. Aynès, « La cession de créance à titre de garantie : quel avenir ? », *D.* 2007. Chron. 961 ; « L'introduction de la fiducie en droit français », *RLDC* mai 2009, p. 63.
- F. Barrière, « La fiducie-sûreté », *JCP* E 2009. 1808 ; « Propriété, fiducie et Sukuk », *JCP* E 2011. 1203.
- B. Bédaride, « Plaidoyer pour l'utilisation urgente de la fiducie-sûreté pour refinancer l'immobilier de l'entreprise », *RD banc. et fin.* 2012, étude 2.
- N. Borga, « La concurrence des fiducies-sûretés », *in* N. Borga et O. Gout (dir.), *L'attractivité du droit français des sûretés réelles*, 2016, LGDJ, coll. « Grands colloques », p. 147.
- A.-N. Charvillat-Carrez, « Introduction de la fiducie française », *RLDA* avril 2007, p. 31 s.
- A. Cerles, « Le constituant personne physique », *RD banc. fin.* mars 2009, comm. 60.
- P. Crocq, « Dix ans après : l'évolution des propriétés-garanties », in *Mélanges M. Gobert*, Economica, 2004 ; « La réserve de propriété », *JCP* 2006, n° spécial 18 mai 2006, n° 6 ; « La réserve de propriété », *Dr. et patr.* sept. 2005, p. 75 ; « L'ordonnance du 18 décembre 2008 et le droit des sûretés », *Rev. proc. coll.* 2009/1, p. 75, *in* dossier sur la réforme des procédures collectives, p. 35 s.
- R. Dammann et G. Podeur, « Le nouveau paysage du droit des sûretés : première étape de la réforme de la fiducie et du gage sans dépossession », *D.* 2008, Chron. 2300 ; « Fiducie-sûreté - Fiducie gestion, les applications pratiques », *Banque* mai 2009, p. 59.
- R. Dammann et M. Robinet, « La fiducie redistribue les cartes », Banque janv. 2010, p. 34.
- C. De Lajarte, « La nature juridique des droits du bénéficiaire d'un contrat de fiducie », *RLDC* mai 2009.
- Ph. Delebecque, « La propriété en tant que sûreté dans les procédures collectives », *RJ com.* 1994. 385 s. ; « La responsabilité du fiduciaire », *Dr. et patr.* nov. 2009, p. 42 ; « La responsabilité du fiduciaire », *in* Association Henri Capitant, *La fiducie dans tous ses états,* Dalloz, coll. « Thèmes et commentaires », 2011, p. 29.
- M.-P. Dumont-Lefrand, « Le dénouement de l'opération de fiducie », *Droit et patr.* juin 2008, p. 63, *in* dossier sur Le contrat de fiducie et l'opération fiduciaire après la loi du 19 février 2007, p. 45 s.
- Ph. Dupichot, « Propriété et garantie au lendemain de l'ordonnance relative aux sûretés », *RLDC* juill.-août 2006, p. 17 ; « Opération fiducie sur le sol français, Aperçu rapide », *JCP* 2007. Act. 121 ; « La fiducie-sûreté en pleine lumière », *JCP* G 2009, I, 132 ; « Janus ou le double visage des sûretés rechargeables », *Dr. et patr.* 2010, p. 68.
- A. Gourio, « La fiducie sûreté », *D.* 2009. 1944.
- M. Grimaldi et R. Dammann, « La fiducie sur ordonnances », *D.* 2009, p. 670, *in* dossier sur la réforme du droit des entreprises en difficultés, p. 638 s.
- M. Grimaldi, « La propriété fiduciaire », *in* Association Henri Capitant, *La fiducie dans tous ses états,* Dalloz, coll. « Thèmes et commentaires », 2011, p. 5.
- C. Kuhn, « La mission du fiduciaire », *Dr. et patr.* juin 2008, p. 52, *in* dossier sur Le contrat de fiducie et l'opération fiduciaire après la loi du 19 février 2007, p. 45 s.
- D. Legeais, « L'extension du champ d'application de la fiducie », *RD banc. fin.* sept. 2008, comm. 138.
- S. Lerond et G. Dumont, « Quand la fiducie prend le relais de l'assurance-vie », *Dr. et patr.* oct. 2011, p. 20.
- R. Libchaber, « Les aspects civils de la fiducie dans la loi du 19 février 2009 », *Defrénois* 2007, art. 38631 et 38639.
- P.-M. Le Corre, « La fiducie-sûreté, un instrument de sécurisation de la bonne exécution du plan de sauvegarde ou de redressement », *D.* 2009. 882.

- B. Mallet-Bricout, « Quelle efficacité pour la nouvelle fiducie-sûreté ? », *Dr. et patr.* oct. 2009, p. 79 ; « Fiducie et propriété », in *Liber amicurum Christian Larroumet*, Economica, 2010, p. 297.
- Ch. Mouly, « Procédures collectives : assainir le régime des sûretés », in *Mélanges R. Roblot*, LGDJ, 1984, p. 529 s.
- S. Piedelièvre, « La timide consécration de la fiducie par la loi du 19 février 2007 », *Gaz. Pal.* 26 mai 2007, p. 2 s.
- S. Prigent, « Constitution d'une fiducie-sûreté », *Defrénois* 2010, p. 1555.
- P. Puig, « La fiducie et les contrats nommés », *Dr. et patr.* juin 2008, p. 68, *in* le dossier sur Le contrat de fiducie et l'opération fiduciaire après la loi du 19 février 2007, p. 45 s.
- J.-D. Pellier, « Regard sur la fiducie », *LPA* 21 mars 2007, p. 6 s.
- F. Pérochon, *La réserve de propriété dans la vente de meubles corporels*, t. 21, préf. J.-M. Mousseron, Litec, 1988.
- S. de Silguy, « La fiducie, une réussite ? », *RLDC* mai 2013, p. 59.

Quiz

1) Sujet corrigé

A) Cas pratique

Énoncé

La SARL Moquet qui exploite une usine de fabrication de tapis de luxes et qui rencontre des difficultés passagères notamment liées à la fermeture de deux de ses ateliers, vient d'opter pour une procédure de sauvegarde publiée le 15 juin dernier, et Me Allard, nommé administrateur judiciaire, auprès de qui vous êtes en stage, reçoit plusieurs actions en revendication. Qu'en pensez-vous ?

L'établissement de crédit Creditor, crédit-bailleur de ses trois métiers à tisser depuis plus de cinq ans lui demande de les lui restituer.

Le 10 avril dernier, elle a commandé à la SA Teintor avec qui elle est en relation depuis de nombreuses années, douze cartouches de colorants qui lui ont été livrées le 2 mai suivant. Or cette société lui a adressé une demande de revendication en arguant de la clause de réserve de propriété figurant dans ses conditions générales de vente reproduites au recto de sa facture alors que dans les conditions générales d'achat de la SARL Moquet est mentionnée une clause d'exclusion de réserve de propriété, laquelle est également sur tous ses bons de commandes, en caractères très apparents.

Par ailleurs, le 2 avril, la SARL Moquet avait commandé, à l'un de ses fournisseurs de laine, la SA Persan, trente ballots de laines vendus sous de réserve de propriété acceptée, qu'elle a pour cinq d'entre eux, revendu à l'une de ses filiales, pour cinq autres confiés à son sous-traitant habituel, pour dix d'entre eux utilisé pour la confection de tapis, le reste étant stocké dans ses entrepôts avec d'autres, livrés par un autre fournisseur.

Enfin, la Banque régionale du midi (BRM) qui a octroyé un prêt à la SARL Moquet afin qu'elle fasse l'acquisition d'un camion en vue d'assurer elle-même ses livraisons, le revendique.

Voir le corrigé en fin de rubrique.

B) Commentaire d'arrêt

Énoncé

Com. 19 décembre 2006
(*D.* 2007. 319, obs. R. Dammamn et G. Podeur; *D.* 2007. 344, note Ch. Larroumet; *RTD civ.* 2007. 160, obs. P. Crocq; *LPA* 2007, p. 10, note S. Prigent; *JCP* 2007. 10067, rapp. Cohen-Branchet et note D. Legeais; D. Houtcieff, « À la recherche de la cession de créance réalisée à titre de garantie... », *RLDA* mars 2007, p. 29; L. Aynès, « La cession de créance à titre de garantie: quel avenir ? », *D.* 2007. Chron. 961)

« *LA COUR : – Sur le moyen unique, pris en sa première branche* : – Vu les articles 2075 et 2078 du code civil dans leur rédaction alors applicable; – Attendu, selon l'arrêt attaqué, que par acte du 7 janvier 1992, la Foncière forum 20 a acquis la propriété d'un centre commercial, au moyen d'un prêt de la banque CGER, à la sûreté duquel, en garantie de toutes les sommes pouvant lui être dues, avait été consentie, par l'emprunteur, une cession des loyers dus par les locataires, parmi lesquels figurait la société Pills Music, et aux droits de laquelle est venue la société DIVA; que la Caisse fédérale du crédit mutuel du Nord de Paris (la caisse), se prévalant d'une cession à son profit, le 30 mai 1997, de la créance résultant du prêt accordé par la banque CGER, a signifié la cession au débiteur cédé, la Foncière forum 20; que la caisse ayant assigné en paiement la société DIVA, en sa qualité de débiteur cédé de la cession des loyers, celle-ci a soutenu que la cession n'étant stipulée qu'à titre de garantie, n'avait pas eu pour effet de faire sortir les créances locatives litigieuses du patrimoine de la société Foncière forum avant la mise en redressement judiciaire de celle-ci, intervenue le 27 juin 1995 et qu'ainsi, la caisse était dépourvue de droit envers elle; – Attendu que pour condamner la société DIVA à payer à la caisse la somme de 125 049,47 euros majorée des intérêts, l'arrêt retient qu'il résultait de l'acte du 7 janvier 1992 que la cession de créance de loyers au profit de la banque CGER, étant stipulée à titre de sûreté complémentaire en garantie de toutes les sommes qui pourraient lui être dues, il en résultait que la banque CGER avait acquis la propriété de cette créance dès cette date et que cette créance pouvait être transmise à la caisse par acte du 30 mai 1997; – Attendu qu'en statuant ainsi, alors qu'en dehors des cas prévus par la loi, l'acte par lequel un débiteur cède et transporte à son créancier, à titre de garantie, tous ses droits sur des créances, constitue un nantissement de créance, la cour d'appel a violé les textes susvisés;

Par ces motifs, [...] casse [...] renvoie devant la Cour d'appel de Paris, autrement composée [...]. »

Voir le corrigé en fin de rubrique.

2) Corrigés

Cas pratique

I. La demande en restitution de l'établissement Creditor

La SARL Moquet et l'établissement de crédit Creditor ont conclu un contrat de crédit-bail mobilier en vertu duquel le crédit-bailleur reste propriétaire du matériel, le crédit-preneur pouvant décider de les acheter en fin de contrat. Visiblement, le contrat est toujours en cours d'exécution, la date de la levée d'option n'étant pas encore intervenue.

La particularité et l'intérêt d'un contrat de crédit-bail, outre de permettre au créancier de conserver la qualité de propriétaire du bien, sont de dispenser le crédit-bailleur, en cas de défaillance de son débiteur, d'avoir à revendiquer son droit de propriété, celui-ci pouvant directement diligenter une action en restitution, laquelle n'est pas enfermée dans le délai de forclusion de trois mois à compter du jugement d'ouverture. Toutefois, pour bénéficier de cette dispense, le contrat de crédit-bail doit avoir été publié (L. 624-10 C. com.), cette publicité étant obligatoire en matière de crédit-bail. Il faudra cependant s'assurer de la régularité de la publicité. En effet, aux termes de l'article 1-4 de la loi du 2 juillet 1966, la publicité se périme par cinq ans. Aussi, si la société Creditor n'a pas pensé à renouveler sa publicité avant péremption, elle ne pourra opposer aux créanciers de la SARL Moquet son droit de propriété. Sa seule issue serait de prouver que tous les créanciers de son débiteur avaient connaissance de sa propriété, ce qui sera difficile à rapporter, la preuve que le mandataire de justice avait connaissance d'une telle propriété n'ayant pas été retenue, malgré la déclaration de créance du crédit-bailleur au passif du redressement judiciaire de son client (Com. 7 déc. 2004, Gaz. proc. coll. 2005/1, p. 48, note E. Le Corre-Broly). Ainsi, en l'absence de publicité renouvelée, il y aura inopposabilité du droit de propriété de l'établissement Creditor qui non seulement interdira la restitution des métiers à tisser, mais aussi leur revendication.

Au final, si la négligence du créancier devait être avérée — s'il n'était pas en mesure d'exhiber une copie ou un extrait de l'état d'inscription au greffe du tribunal de commerce — le mandataire pourrait, dans le mois de la requête en restitution du créancier, ne pas acquiescer à sa demande. De plus, l'inopposabilité du droit de propriété de l'établissement Creditor aurait pour conséquence que malgré sa qualité de propriétaire, les métiers à tisser seraient le gage des créanciers du débiteur (Com. 16 mars 1993, *RJDA* 1994/1, n° 91).

De plus, si l'établissement Creditor avait veillé à de pas laisser périmer la publicité de son contrat en la renouvelant dans le délai quinquennal, l'administrateur pourrait toujours s'opposer indirectement à la restitution des métiers à tisser en exigeant la poursuite des contrats en cours (L. 622-13 C. com.). Il y a même fort à parier que compte tenu des difficultés apparemment simplement passagères de la société Moquet, il opte pour cette solution propre à permettre sa sauvegarde.

II. La demande en revendication de la société Teintor

L'article L. 624-16 alinéa 2 du Code de commerce reconnaît au vendeur avec clause de réserve de propriété le droit de revendiquer les marchandises livrées à un débiteur en procédure de sauvegarde. Toutefois, l'exercice de ce droit est subordonné à plusieurs conditions, dont son opposabilité.

En effet, la société Teintor ne peut valablement invoquer la clause de réserve de propriété que si elle a été convenue dans un écrit (v. égal. art. 2368 C. civ.) établi au plus tard au moment de la livraison. Cet écrit n'est pas une simple question de preuve, ni une formalité validante exigée « à peine de nullité », mais une formalité imposée à fin d'opposabilité aux tiers. Dès lors, elle sera privée d'efficacité si elle ne figure pas dans un écrit. Mais est-ce le cas en l'espèce ?

Si les textes, que ce soit celui du droit commun ou celui applicable en cas de procédure collective exigent un écrit, le support de cet écrit est indifférent et peut consister en un document contractuel quelconque, l'article L. 624-16 al. 2 *in fine* du Code de commerce précisant qu'il peut s'agir d'un « écrit régissant un ensemble d'opérations commerciales », c'est-à-dire dans des conditions générales de vente auxquelles se réfèrent les parties ce qui évite d'avoir à répéter la clause pour chaque vente. Toutefois, en l'espèce les conditions générales de vente hébergeant la réserve de propriété sont contredites par les conditions générales d'achat de la SARL Moquet. Jusqu'à la réforme de droit des sûretés, cette situation pouvait être résolue grâce à l'article L. 624-16 alinéa 2 du Code commerce *in fine* qui disposait « nonobstant toute clause contraire, la clause de réserve de propriété est opposable à l'acheteur et aux autres créanciers, à moins que les parties n'aient convenu pat écrit de l'écarter ou de la modifier », ce qui était une façon d'admettre la stipulation unilatérale, par le vendeur d'une clause de réserve de propriété. Cette aberration au regard du transfert *solo consensu* de propriété dans un contrat de vente a été supprimée par la récente réforme qui a fait disparaître cette disposition du texte. Aussi, en l'espèce, la SARL Teintor ne devrait pas pouvoir revendiquer ses marchandises faute d'accord de volonté des parties sur la réserve de propriété.

III. La revendication de la SA Persan

L'énoncé réglant la question de la validité de la clause de réserve de propriété, la question posée est celle de son objet. En effet, l'aboutissement d'une action en revendication suppose que les biens vendus se « retrouvent en nature au moment de l'ouverture de la procédure » dans le patrimoine de l'acheteur. Or en l'espèce, parmi les biens vendus, certains ont été revendus, d'autres ne sont plus en possession de l'acheteur, d'autres encore ont été transformés, d'autres enfin sont mélangés avec des biens de même nature provenant de fournisseurs différents.

A. Les ballots de laine revendus

Si en principe la revendication suppose que les biens se retrouvent en nature dans le patrimoine du débiteur, en cas de revente, les articles L. 624-18 du Code de commerce et 2372 du Code civil – applicable alors que l'acheteur est *in bonis* – admettent que le droit de propriété se reporte sur le prix de revente subrogé au bien. Toutefois cela suppose que la créance de prix de revente existe, c'est-à-dire que le prix n'ait pas encore été réglé au sous-acquéreur. Il faudra donc vérifier que le prix n'a été ni payé, ni réglé en valeur avant le jugement d'ouverture. Auquel cas, la SA Persan pourra revendiquer la créance de prix en pensant à diriger sa demande contre la SARL Moquet et sa filiale.

B. Les ballots de laine en possession du sous-traitant

En l'occurrence les biens revendiqués par la SA Persan sont en la possession d'un sous-traitant dont on suppose qu'il est créancier de la SARL Moquet. Dès lors, lorsqu'un créancier est en possession d'un bien meuble corporel, l'article 2276 alinéa 1er du Code civil peut lui permettre de s'opposer à la revendication du vendeur impayé se prévalant de la clause de réserve de propriété. Mais le créancier invoquant l'article 2276 alinéa 1er doit être de bonne foi. Or les clauses de réserve de propriété étant de plus en plus souvent stipulées, leur existence peut être présumée. C'est ainsi que la jurisprudence fait peser sur les établissements de crédit une obligation de se renseigner sur l'éventuelle présence de la clause (Com. 5 mars 1996, *RTD civ.* 1997. 473, obs. P. Crocq). Cela étant, en l'espèce, il y a de fortes chances que le sous-traitant en possession effective de la chose oppose, avec succès, son droit de rétention (v. Chapitre 7).

C. Les ballots transformés

Il est précisé que plusieurs ballots ont été utilisés pour la confection de tapis. Cette utilisation, loin d'être une simple incorporation sur laquelle on aurait pu s'interroger au regard de l'article L. 624-16 alinéa 3 du Code de commerce, repris par l'article 2370 du Code civil, est une véritable transformation qui interdit toute action en revendication (v. toutefois, Com. 11 juill. 2006, *JCP* 2007. I. 113, n° 13, obs. M. Cabrillac où la Cour a admis qu'un viticulteur pouvait revendiquer le vin issu de raisins apportés à une coopérative de vinification mise ultérieurement en liquidation judiciaire, jugeant que « l'incorporation des moûts les uns aux autres et le processus d'évolution et de vinification des récoltes n'avaient pas transformé la substance des marchandises revendiquées »). L'utilisation de la laine, traitée, teintée, tissée et assemblée lui a fait perdre toutes ses caractéristiques et propriétés d'origine. Par conséquent, si la SA Persan souhaite être payée de sa créance, il faudra qu'elle pense à la déclarer dans les délais, comme n'importe quel créancier antérieur.

D. Les ballots mélangés

Se pose ici la question de la revendication de choses fongibles, ce qui revient à s'interroger sur la détermination de la fongibilité des biens d'une part, puis sur la détermination du propriétaire d'autre part puisque deux fournisseurs ont livré les ballots stockés ensemble.

Sur le caractère fongible des ballots de laine, il n'y a pas grande incertitude. Même s'il n'existe pas de définition légale, la fongibilité des biens est « l'aptitude des biens spécifiquement et qualitativement identiques à se substituer entre eux » (v. P.-G. Marly, *Fongibilité et volonté individuelle*, préf. Ph. Delebecque, LGDJ, 2004, n° 139). Les biens fongibles sont interchangeables parce qu'ils sont identiques peu importe qu'ils soient ou non identifiables. Cela étant, la Cour de cassation refusant d'y voir une notion juridique, le pouvoir d'appréciation appartient aux juges du fond. Toutefois en l'espèce, sauf à ce qu'une marque différente — tel n'est pas le choix de l'énoncé — apparaisse, la fongibilité devrait être retenue.

Depuis la loi du 10 juin 1994, la revendication de choses fongibles est possible « lorsque des biens de même nature et de même qualité se trouvent entre les mains du débiteur ou de toute personne les détenant pour son compte » (L. 624-16 al. 3 C. com. *in fine* repris par l'art. 2369 C. civ.). On s'est toutefois demandé si cette règle était une simple présomption ou une véritable règle de fond. Selon la première thèse, il suffirait pour faire échec à la revendication du propriétaire que le mandataire rapporte la preuve de ce que les ballots détenus par la SARL Moquet ne sont pas ceux livrés. Mais selon la seconde, la revendication serait possible sans qu'il y ait à se préoccuper de l'identité entre les marchandises livrées et celles en stock. Un arrêt important rendu par la chambre commerciale le 5 mars 2002 a tranché en faveur de la règle de fond, faisant de la clause de réserve de propriété une authentique sûreté conférant à son titulaire un véritable droit sur la valeur de la chose réservée, qualification que le nouvel article 2369 du Code civil confirme. La seule exigence est donc celle de l'existence de biens fongibles (Com. 13 nov. 2002). Dès lors, l'action de la SA Persan devrait aboutir… à moins que l'autre fournisseur ne s'avise aussi de revendiquer sa marchandise. Auquel cas, entre la règle du premier revendiquant, premier servi, ou celle de la proportionnalité, la jurisprudence n'a pas choisi même s'il est plus facile en pratique de satisfaire celui des fournisseurs le plus rapide à revendiquer.

IV. La revendication de la BRM

La revendication de la banque pose la question de la circulation de la clause de réserve de propriété, en tant qu'accessoire de la créance de prix. Véritable solution alternative au gage automobile, la subrogation conventionnelle dans la clause de réserve de propriété est tout à fait licite. Le vendeur sous réserve de propriété du camion ayant été réglé par la banque, celle-ci est subrogée dans ses droits, y compris dans la clause de réserve de propriété transmise en même temps que la créance, en tant qu'accessoire de celle-ci. C'est donc à bon droit que la banque revendiquera. Toutefois, la mise en œuvre d'une sûreté ne peut jamais procurer au créancier un enrichissement supérieur à celui qu'il aurait eu du fait de l'exécution de son engagement par son débiteur. Aussi, si lorsque la banque obtient la restitution de son bien et recouvre le droit d'en disposer, la valeur du camion repris « excède le solde du prix resté dû lors de l'exercice de l'action, le vendeur doit restituer à l'acheteur la somme reçue en excédent » (Com. 23 janv. 2001, *Bull. civ.* IV, n° 23 ; art. 2371 C. civ.).

Commentaire d'arrêt

Plan détaillé

Introduction

- *Les faits* : cession de loyers consentie par l'acquéreur d'un bien immobilier en garantie du prêt accordé par sa banque. La créance résultant de ce prêt est cédée à une autre banque après le redressement judiciaire du débiteur, nouvelle banque qui avait pris la peine de signifier cette cession à l'acquéreur-emprunteur et, par la suite assigné en paiement l'un des locataires en arguant avoir acquis les créances de loyers en même temps que la créance de remboursement du prêt.

- *Problème de droit* : savoir si ces créances de loyers avaient effectivement pu être transmises à l'acquéreur de la créance résultant du prêt, en application de l'article 1692 du Code civil en vertu duquel la cession d'une créance emporte celle de ses accessoires et particulièrement des garanties dont elle est assortie.

- *Procédure* : alors que la cour d'appel avait fait droit à la demande en paiement de la banque cessionnaire jugeant que la cession de la créance de *loyers* « étant stipulée à titre de sûreté complémentaire » en garantie de toutes les sommes qui pouvaient lui être dues, il en résultait qu'elle « avait acquis la propriété de cette créance » et que cette créance pouvait lui être transmise par l'acte de transfert de la créance du prêt ; la Cour de cassation casse sa décision et juge, au visa des anciens articles 2075 et 2078 du Code civil qu'« en dehors des cas prévus par la loi, l'acte par lequel un débiteur cède et transporte à son créancier, à titre de garantie, tous ses droits sur des créances, constitue un nantissement de créance ».

- *Annonce de plan* : ce faisant, la Cour n'hésite pas à poser un principe d'interdiction de la cession de créance de droit commun à titre de garantie (I). Si elle devait persister dans cette voie, serait condamnée cette pratique pourtant courante dans le financement de projet qui permet au créancier de percevoir les produits de la réalisation du projet qu'il a financé. Or, la solution prônée par la Cour de cassation conduisant à une reconversion de la cession en nantissement de créance (II) n'est pas exempte de critiques.

I. La prohibition de la cession de créance à titre de garantie

- Évoquer les cessions de créance à titre de garantie autorisées : article L. 313-23 du Code monétaire et financier ou celles plus spécifiques au secteur financier.

- Pouvait-on étendre ce mécanisme à la cession de droit commun ? La Cour répond négativement.

- Pour quelles raisons ? Des raisons apparentes (visa), des raisons moins apparentes (nécessité d'un droit spécial).

A. Le fondement apparent

Double visa.

1. L'article 2075 du Code civil

Le débat était de savoir si la créance était sortie du patrimoine du cédant au profit de celui du cessionnaire ; la société Diva (créancière des loyers litigieux) soutenait que la cession n'était stipulée qu'à titre de garantie, n'ayant pas eu pour effet de faire sortir les créances de loyer litigieuses du patrimoine du cédant avant le redressement judiciaire, interdisant donc au cessionnaire de lui demander paiement ; en d'autres termes, elle souhaitait voir la cession de la créance de loyer à titre de garantie qualifiée en nantissement, en l'occurrence irrégulier puisque ne pouvant être constitué après le redressement judiciaire du cédant.

D'où la référence à l'article 2075 du Code civil qui dans sa vision antérieure à la réforme, était le seul article consacré au nantissement de créance : prescrivait la signification du gage portant sur une créance au débiteur cédé ou l'acceptation de celui-ci dans un acte authentique.

Toutefois, comme le relève le professeur Aynès (L. Aynès, « La cession de créance à titre de garantie : quel avenir ? », *D.* 2007. Chron. 961), ce texte « n'interdit pas d'autres manières de donner en garantie une créance ».

2. L'article 2078 du Code civil

C'était le texte relatif à l'attribution judiciaire et à l'interdiction du pacte commissoire. Il interdisait au créancier gagiste, en cas de défaillance de son débiteur, de disposer du gage, l'incitant à en demander l'attribution en justice, toute clause contraire (d'attribution conventionnelle en propriété = pacte commissoire) étant interdite.

Deux remarques, l'une fondée sur le droit des sûretés, l'autre sur le droit des obligations :

- comme le relève le professeur P. Crocq (obs. sous l'arrêt, *RTD civ.* 2007. 160 s.), la Cour de cassation nous avait habitués à anticiper les réformes. Or jusqu'à maintenant la prohibition du pacte commissoire était justifiée par le risque d'une mauvaise évaluation (défavorable au débiteur) du bien objet de la garantie ; or ce risque n'existe pas en matière de créance ; la réforme du droit des sûretés ayant libéré le pacte commissoire, on aurait pu s'attendre à une solution plus audacieuse ;

- de surcroît, comme le relève le professeur L. Aynès (*art. préc.*), la cession de créance n'est pas un gage assorti d'un pacte commissoire ; « elle transmet immédiatement au cessionnaire tous les droits du cédant contre le cédé » ; dès lors, la référence à l'article 2078 du Code civil était hors de propos.

B. Le fondement implicite

En réalité, le véritable fondement doit être recherché dans le début de l'attendu « en dehors des cas prévus par la loi… ». La solution de l'exclusion de la cession de créance de droit commun à titre de garantie se justifierait par l'absence de texte spécial. Si ce fondement peut se justifier, il rencontre également des obstacles de taille.

1. La justification du fondement implicite

- L'absence de texte spécial alors qu'il en existe par ailleurs : l'existence d'un texte spécial, en matière de cession Dailly par exemple, plaiderait en faveur d'une absence d'admission générale de la cession de créance de droit commun à titre de garantie.

- Il n'est pas bienvenu que la pratique puisse, à sa guise, en recourant à la liberté contractuelle, changer les règles du jeu du droit des sûretés (la réforme aurait pu l'autoriser ; elle ne l'a pas fait) « court-circuiter l'ordre des paiements » (v. R. Dammann et G. Podeur, « Cession de créance à titre de garantie : la révolution n'a pas lieu », *D.* 2007. 319).

- Le principe du *numerus clausus* des droits réels, et plus particulièrement des sûretés réelles, est aussi avancé.

2. La critique du fondement implicite

- L'obsolescence et l'inadaptation de l'argument du *numerus clausus* : ici n'est pas invoqué un nouveau droit réel, mais une nouvelle utilisation du droit de propriété. En effet, d'une part, le droit invoqué par le cessionnaire est le même que le cédant ; d'autre part, le droit exclusif de propriété n'est pas concerné par ce *numerus clausus* : v. gage-espèces, propriété retenue à titre de garantie, etc.

- Le principe de la liberté contractuelle : dans la mesure où aucun texte n'interdit la cession de créance de droit commun à titre de garantie, il ne faut pas inverser les choses ; le principe est celui de la liberté contractuelle ; le droit spécial doit rester à sa place, c'est-à-dire laisser la préséance au droit commun.

- D'ailleurs, la jurisprudence passée avait indirectement consacré cette liberté contractuelle :

- Com. 4 octobre 2005 en validant de fausses délégations de loyers qui étaient en réalité de vraies cessions de créance à titre de garantie, conclues avant le début de la période suspecte ;

- Com. 3 mai 2006 : l'absence de mise en œuvre d'une cession de loyers par le créancier a donné lieu à l'application de l'ancien article 2037 du Code civil.

II. La reconversion en nantissement de créance

La solution de la Cour de cassation est simple : en dehors d'un texte spécial, la cession de créance à titre de garantie ne peut exister. Pour autant, elle n'annule pas l'opération, elle se contente de requalifier l'acte de cession en nantissement. Or, cette méthode est critiquable et l'on peut espérer qu'au regard du nouvel environnement législatif intervenu ou à intervenir, la solution ne persiste pas dans l'avenir.

A. La critique de la méthode

En requalifiant l'acte, la Cour procède à une reconversion autoritaire du procédé, critiquable tant sur la forme que sur le fond.

1. Sur la forme

Si ce n'est pas la première fois que la Cour de cassation recourt à cette technique de la reconversion (v. en matière de vente à réméré conclue à titre de sûreté, requalifiée en un prêt assorti d'un gage, pour mieux sanctionner le pacte commissoire dissimulé : Com. 24 oct. 1956), ce procédé est critiquable pour deux raisons :

- il porte atteinte à la volonté des parties : celles-ci s'étaient entendues sur une cession et non sur un nantissement ;

- il ne tire pas les conséquences adaptées : vu la différence de régime des deux qualifications (cession de créance = droit exclusif ; alors que le nantissement confère un droit de préférence), il fallait prononcer la nullité de l'acte ; il n'est pas possible de faire produire un effet à l'acte annulé ; or la solution de la reconversion revient à faire produire un effet à l'acte qui méritait d'être annulé. Dès lors, la Cour aurait dû annuler le contrat (v. L. Aynès, *art. préc.*).

2. Sur le fond

- Comparant la cession de créance et le nouveau nantissement de créance, et notamment leurs incidences pratiques, cette requalification n'était pas bienvenue et « traduit une vision dépassée du nantissement de créance » (v. note Ch. Larroumet sous l'arrêt, *D.* 2007. Jur. 344, spéc., n° 7). L'évolution récente du droit du gage, et en l'occurrence du nantissement de créance a emporté une simplification du système tant dans sa constitution que dans ses effets. Or, on se rapproche d'une cession de créance, la cession Dailly ayant d'ailleurs servi de modèle au nouveau droit du nantissement de créance.

- Au plan de sa constitution et de son opposabilité :

- l'écrit, formalité validante, fût-il sous seing privé, n'a plus à être enregistré ;

- la signification du nantissement au débiteur de la créance de la créance nantie est remplacée par une simple notification, facultative, mais dont l'accomplissement est nécessaire pour opposer le nantissement au débiteur de la créance nantie.

- Au plan de sa réalisation :

- même si a créance garantie vient à échéance après la créance nantie, le créancier nanti peut valablement recevoir paiement à condition de conserver les sommes sur un compte ouvert auprès d'un établissement habilité (art. 2364 al. 2 C. civ.) ;

- en cas de défaillance de son débiteur, le créancier nanti peut se faire attribuer la créance donnée en nantissement, judiciairement ou conventionnellement.

B. Le devenir de la solution

1. Au regard des lois postérieures

- La *réforme des sûretés* n'a certes pas consacré la propriété-garantie en tant qu'elle peut être transférée au créancier, mais a mis fin à l'interdiction du pacte commissoire qui était au demeurant possible en cas de cession de créance de somme d'argent. Comme le note le professeur Piédelièvre (v. commentaire sous l'arrêt *Gaz. Pal.* 24 mai 2007, p. 11 s.), l'interdiction du pacte commissoire n'avait déjà « plus d'objet dès lors que le gage avait une valeur incontestable, ce qui est le cas d'une cession de créance ». Aussi la présente solution pourrait être amenée à évoluer, à moins que l'on y voit une remise en cause du gage-espèces et des chèques de garantie (v. obs. P. Crocq, *art. préc.*, p. 163).

- La *loi du 19 février 2007 sur la fiducie*, quant à elle, si elle n'a pas expressément consacré la fiducie-sûreté, l'autorise implicitement, le fiduciaire pouvant être le bénéficiaire (art. 2016 C. civ.). Par ailleurs, vu la rédaction, extrêmement large, du nouvel article 2011 du Code civil (v. Cours), la cession de créance à titre de garantie n'est pas exclue. Cependant les restrictions posées dans la détermination des parties au contrat de fiducie ne conviennent pas à la fiducie sûreté. Aussi, le changement de jurisprudence que la doctrine appelle de ses vœux serait mieux fondé sur le droit commun des obligations que sur les nouveaux articles 2011 et suivants du Code. D'ailleurs, n'est-ce pas l'un des objets du projet de réforme du Code civil, aussi dénommé « projet Catala » ?

2. Au regard du projet de refonte du Code civil

Nouvel article 1257-1 du Code civil qui disposerait : « Une créance peut être cédée en propriété sans stipulation de prix à titre de garantie. Elle fait retour au cédant lorsque le cessionnaire a été rempli de ses droits ou que l'obligation garantie est éteinte pour une autre cause ».

chapitre 13

Les privilèges

Plan analytique

section 1

Les privilèges pleinement généraux

§ 1 L'énoncé des différents privilèges généraux

- **A.** Le privilège des frais de justice
- **B.** Le privilège des salaires
- **C.** Le privilège de conciliation
- **D.** Le privilège des créanciers postérieurs au jugement d'ouverture

§ 2 Le classement des privilèges généraux

section 2

Les privilèges mobiliers

§ 1 Les privilèges mobiliers généraux

- **A.** Les privilèges résiduels
- **B.** Les privilèges usuels

§ 2 Les privilèges mobiliers spéciaux

- **A.** Le privilège du bailleur d'immeuble
- **B.** Le privilège du conservateur
- **C.** Le privilège du vendeur de meubles

§ 3 Le classement des privilèges mobiliers

- **A.** Les règles de classement en l'absence d'une procédure collective
- **B.** Les règles de classement en présence d'une procédure collective

section 3

Les privilèges immobiliers

§ 1 L'énumération des privilèges spéciaux immobiliers

- **A.** Le privilège du vendeur d'immeuble
- **B.** Le privilège du prêteur de deniers
- **C.** Le privilège du copartageant
- **D.** Le privilège des architectes, entrepreneurs et ouvriers

E. Le privilège de la séparation des patrimoines

F. Le privilège de l'accédant à la propriété

G. Le privilège du syndicat de copropriétaires

§ 2 Le classement entre créanciers

A. Le classement entre créanciers hypothécaires et créanciers bénéficiaires d'un privilège

B. Le classement entre les différents créanciers bénéficiaires d'un privilège

Compléments pédagogiques

Les privilèges

Aux termes de l'article 2324 du Code civil, « Le privilège est un droit que la qualité de la créance donne à un créancier d'être préféré aux autres créanciers, même hypothécaires ». Ainsi, la loi donne la possibilité à certains créanciers d'être payés par préférence aux autres lorsque la qualité de leur créance le justifie. Le privilège est donc une sûreté nécessairement légale, officiellement liée à la qualité de la créance. Mais derrière cette exigence s'abritent différentes raisons qui sont en réalité l'expression de choix politiques tenant à des raisons sociales humanitaires ou économiques. Ainsi, par exemple, en privilégiant tel ou tel créancier, c'est une façon de le rassurer et de permettre au débiteur d'obtenir des crédits. 748

Les privilèges se caractérisent en premier par leur caractère occulte. En effet, le privilège prend naissance à la date de celle de la créance garantie. Cette spécificité des privilèges est également le principal danger de cette sûreté puisqu'elle empêche toute prévisibilité des autres créanciers, niant l'élémentaire sécurité juridique. Aussi, et c'est la seconde caractéristique de la notion de privilège, ils sont d'interprétation stricte. Vu leur caractère dérogatoire au principe d'égalité des créanciers, s'applique l'adage pas de privilège sans texte. 749

Enfin, les privilèges n'ont pas tous la même assiette. Ils peuvent être généraux ou spéciaux, c'est-à-dire porter sur un ensemble de biens ou sur un bien déterminé. Les privilèges généraux peuvent porter sur un ensemble de biens meubles et immeubles, ou uniquement sur un ensemble de biens meubles – mais plus sur un ensemble de biens immeubles, les privilèges généraux immobiliers ayant disparu au profit d'hypothèques légales publiées. Les privilèges spéciaux ont pour objet un bien précis, qui peut être meuble ou immeuble. Comme l'indique l'article 2328 du Code civil, « Les privilèges peuvent être sur les meubles ou sur les immeubles ». 750

L'étude des privilèges suppose de respecter ces différentes catégories en s'intéressant d'abord aux privilèges pleinement généraux, portant sur un ensemble de biens meubles et immeubles (section 1), ensuite aux privilèges mobiliers, qui peuvent être généraux ou spéciaux (section 2), et enfin aux privilèges immobiliers (section 3).

section 1

Les privilèges pleinement généraux

Dans le Code civil, les privilèges généraux n'étaient pas nombreux. Mais, au fur et à mesure des années ainsi que des pressions des différents créanciers, et notamment du Trésor et de la Sécurité sociale, leur nombre s'est développé entraînant dans leur sillage des inconvénients non négligeables : d'une part ces privilèges avaient 751 tendance à ruiner le crédit du débiteur, celui-ci risquant d'être entièrement anéanti par de tels privilèges, d'autre part l'absence de publicité de ceux-ci était de nature à décourager le crédit immobilier, les créanciers hypothécaires pouvant se faire doubler à la dernière minute. Aussi le décret du 4 janvier 1955 instaurant la publicité foncière, a-t-il réduit la liste des privilèges pleinement généraux, transformant la plupart d'entre eux en hypothèques légales soumises à inscription, ou en privilèges mobiliers généraux. Seuls deux privilèges ont été maintenus : le privilège des frais de justice et le privilège des salaires car leurs bénéficiaires ont paru dignes de mériter une protection particulière. Par la suite, les lois gouvernant la procédure collective, qu'il s'agisse de celle du 25 janvier 2005 ou de celle du 26 juillet 2005 ont toutes deux institué deux nouveaux privilèges pleinement généraux, susceptibles de jouer uniquement en cas de procédure collective du débiteur : le privilège de conciliation de l'article L. 611-11 du Code de commerce et le privilège des créanciers postérieurs au jugement d'ouverture des articles L. 622-17 et L. 641-13 du Code de commerce. Avant d'évoquer les privilèges ci-dessus énoncés (1) ainsi que leur classement (2), il convient d'envisager rapidement, dès la présente présentation, leur nature ainsi que leur régime.

■ 752 La nature des privilèges généraux est une question controversée. Pour certains, ces privilèges généraux sont, comme tous les autres, des droits réels (J. Mestre, E. Putman et M. Billiau, *Droit spécial des sûretés réelles*, LGDJ, 1996, n° 561). Pour d'autres au contraire, vu la généralité de l'assiette de ces privilèges, qui ne portent pas sur un (ou des) bien(s) déterminé(s), ces privilèges ne sont pas des droits réels (M. Dagot, « La notion de privilège », in *Mélanges Ch. Mouly*, Litec, 1998, tome II, p. 235 ; M. Cabrillac, Ch. Mouly, S. Cabrillac et Ph. Pétel, *Droit des sûretés,* Litec, 10e éd., 2015, n° 752). La jurisprudence a cependant qualifié ces privilèges généraux de « sûretés réelles », jugeant que les créanciers bénéficiant de tels privilèges devaient être considérés comme titulaires d'une sûreté réelle pour laquelle ils avaient à être avertis personnellement de la nécessité, en cas de procédure collective de leur débiteur, de déclarer leur créance (Com. 4 juill. 2000, *JCP* 2000. I. 298, n° 11, obs. M. Cabrillac et *JCP* E 2001. 1090, obs. Ph. Delebecque ; *D.* 2000. Somm. 617, obs. A. Honoat, *RTD civ.* 2001. 399, obs. P. Crocq). Cette controverse est pratiquement intéressante, au regard de l'enjeu du droit de suite du créancier privilégié. Or, en l'occurrence, en matière immobilière, le régime de la publicité foncière s'oppose à l'exercice d'un droit de suite non publié ; et en matière mobilière, l'article 2279 du Code civil y fait obstacle.

■ 753 Le régime juridique de ces privilèges pleinement généraux se résume à deux traits caractéristiques : ils se limitent à l'existence d'un droit de préférence qui s'exerce sur l'ensemble des biens meubles et immeubles du débiteur, dans le respect d'un principe de subsidiarité. Ce principe énoncé à l'article 2376 du Code civil, signifie que le titulaire d'un privilège général ne peut exercer son droit de préférence sur le prix des immeubles de son débiteur qu'en cas d'insuffisance du prix des meubles pour acquitter intégralement leur créance.

§ 1 L'énoncé des différents privilèges généraux

A. Le privilège des frais de justice

Les articles 2331, 1° pour les meubles et 2375, 1° pour les immeubles prévoient le principe du privilège des frais de justice. 754 ■

L'objet de ce privilège est de garantir le paiement des frais de procédure effectués en vue de conserver ou de réaliser l'actif du débiteur. Il est de jurisprudence constante que ces frais de justice sont privilégiés à la double condition d'avoir été, d'une part utiles à la conservation et à la réalisation des biens, et d'autre part, d'avoir été exposés dans l'intérêt commun des créanciers (Req. 1er avr. 1890, *DP* 1891. 1. 364). On considère que celui qui expose ces frais de justice rend service aux autres créanciers à qui le privilège peut en conséquence être opposé. Mais le privilège ne peut être opposé à un créancier que lorsque les frais lui ont profité (Com. 19 oct. 1970, *Bull. civ.* IV, n° 272).

Les créances garanties, en l'occurrence les frais de justice engagés pour la conservation ou la réalisation d'un bien peuvent être variés : ont notamment été considérés comme relevant de ce privilège des frais de scellés, d'inventaire et de compte, des frais d'exécution des travaux faits par un séquestre, les frais et honoraires d'un administrateur judiciaire. En revanche, en ont été exclus les honoraires d'un avocat ou ceux d'un commissaire aux comptes (Paris, 18 mai 1999, *D.* 2000. Somm. 387, obs. S. Piedelièvre). En général ce privilège est l'apanage des créances des organes de la procédure collective. Dès lors que leurs frais auront été utiles aux autres créanciers, ils seront couverts par ce privilège, le rang de ces créanciers ayant évolué au gré des réformes des procédures collectives. À cet égard, la dernière réforme a encore amélioré le sort de ces frais de justice puisqu'ils ne sont primés que par superprivilège des salariés, non seulement en cas de liquidation judiciaire, mais aussi en cas de procédure de sauvegarde et de redressement judiciaire.

La mise en œuvre de ce privilège implique que la créance garantie soit réglée moyennant un prélèvement sur le prix provenant des biens du débiteur avant sa distribution aux autres créanciers.

B. Le privilège des salaires

Le privilège garantissant les salaires, *largo sensu*, s'explique et pour des raisons humanitaires, le salaire ayant un caractère alimentaire, et pour des raisons économiques, le salarié n'ayant pas à subir la défaillance de son employeur, dans la mesure où il n'en a jamais accepté le risque, ayant au contraire, participé à son enrichissement. 755 ■

Ce privilège des salaires se dédouble en un privilège ordinaire (1) qui a vocation à produire ses effets lorsque le débiteur est *in bonis*, et le superprivilège (2) des salariés applicable en cas de procédure collective du débiteur.

1. *Le privilège ordinaire*

Ce privilège est régi par les articles 2331, 4° et 2375, 2° du Code civil. Il est principalement accordé aux salariés dont les « gens de service » ou le conjoint survivant d'un artisan, commerçant, ou agriculteur ayant participé à l'exploitation, 756 ■

ainsi qu'à certaines personnes qui leur sont assimilées comme les auteurs, compositeurs et artistes. Sont couvertes les créances de salaires *stricto sensu* et tous les accessoires de salaire, ainsi que certaines indemnités que le législateur a jugées dignes de bénéficier du privilège dont les indemnités de fin de contrat de travail, l'indemnité de précarité d'emploi, l'indemnité due à raison de l'inobservation du délai-congé, les indemnités de congés payés, les indemnités de licenciement, les indemnités pour non-respect de la procédure de licenciement, les indemnités de rupture abusive. Ce privilège des salaires est toutefois limité, pour les salariés, aux six derniers mois de salaires dans la limite d'un plafond fixé aux articles L. 3253-2 et L. 3253-3 du Code du travail, pour les « gens de service » aux rémunérations dues au titre de l'année échue et de l'année courante, pour les auteurs, compositeurs et artistes aux redevances des trois dernières années. Dans le silence de la loi, cette limitation dans le temps n'est pas applicable aux différentes indemnités couvertes par ce privilège.

Ce privilège ordinaire des salaires n'est pas d'un rang très intéressant et sera souvent primé par le fisc. Aussi, la loi a-t-elle mis en place un superprivilège destiné à pallier cet inconvénient majeur, et à permettre aux salariés d'éviter les lenteurs de la procédure.

2. *Le superprivilège*

757 En cas de procédure collective de l'employeur, le décret-loi du 8 août 1935 a institué le superprivilège des salaires aujourd'hui régi par les articles L. 3253-2 à L. 3253-4, appelé ainsi parce qu'il passe avant tous les autres, y compris les frais de justice ou les autres créances privilégiées, même nées pendant la période d'observation. Il couvre « les rémunérations de toute nature » dues aux salariés ou apprentis pour les soixante derniers jours de travail ou d'apprentissage, ainsi que pour les marins et voyageurs de commerce, les quatre-vingt-dix derniers jours. Ces sommes ne sont toutefois garanties que jusqu'à un plafond mensuel égal à deux fois celui retenu pour le calcul des cotisations de sécurité sociales. L'article L. 625-8 du Code de commerce prévoit que ces sommes doivent être payées par l'administrateur dans les dix jours du prononcé du jugement d'ouverture ou de liquidation judiciaire (d'ouverture de la procédure de sauvegarde v. art. L. 625-8) s'il y a les fonds disponibles, et, à défaut, sur les premières rentrées de fonds.

758 Ce superprivilège n'aurait que le mérite d'exister s'il n'avait pas été prévu un système destiné à pallier les éventuelles insuffisances de fonds de l'employeur en procédure collective. Aussi, dès le 27 décembre 1973, une loi a mis en place une assurance générale des salaires couvrant le risque d'insolvabilité de l'entreprise. Il s'agit d'une assurance obligatoire pour les employeurs qui verse des fonds à une caisse tenue par l'Association nationale pour la gestion du régime d'assurances des créances et des salariés, plus couramment nommée l'AGS. Lorsque les fonds manquent pour régler dans les délais les créances antérieures de salaires couvertes par le superprivilège des salariés, ou encore celles nées de la rupture des contrats de travail au cours de la période d'observation ou de liquidation (si elle intervient dans un certain délai), ou encore les salaires dus postérieurement au jugement d'ouverture, c'est l'AGS qui avance les fonds et règle les salariés dans la limite d'un plafond (qui n'est pas le même que précédemment) déterminé par référence au plafond utilisé en matière de cotisation d'assurance chômage. En revanche, l'AGS n'a pas à garantir les conséquences d'un licenciement sans cause réelle et sérieuse intervenu avant l'ouverture d'une sauvegarde (Soc. 10 mars 2009, n° 07-45326). L'AGS qui a désintéressé le salarié est alors subrogée dans ses droits avec cependant des restrictions. Elle est subrogée dans le superprivilège des salariés pour les sommes couvertes par ce privilège, soit les soixante derniers jours de salaires ; pour les salaires antérieurs non couverts par le superprivilège qu'elle aurait avancés dans la limite de six mois, elle n'est subrogée que dans le privilège ordinaire des salaires. Pour les salaires issus de la continuation des contrats de travail, elle est subrogée dans le bénéfice du quatrième rang de l'article L. 622-17-II-3° du Code de commerce. Enfin, pour les sommes avancées au titre de la rupture du contrat de travail après le jugement d'ouverture, elles sont considérées comme des créances antérieures et l'AGS bénéficie du seul privilège ordinaire des salaires.

C. Le privilège de conciliation

Le privilège de conciliation a été institué par la loi du 25 juillet 2005 à l'article L. 611-11 du Code de commerce pour protéger les créanciers ayant participé à une tentative de sauvetage amiable de l'entreprise, dans le cadre d'une procédure de conciliation. En effet, du temps du règlement amiable, lorsque celui-ci échouait, les créanciers conciliants devenaient de simples créanciers antérieurs, généralement chirographaires, soumis à la discipline de la procédure collective quasiment certains de ne jamais rentrer dans leurs fonds. Aussi le nouvel article L. 611-11 du Code de commerce réserve-t-il un sort spécifique aux créanciers ayant fourni un nouveau bien ou un nouveau service au débiteur ou lui ayant consenti un nouvel apport en trésorerie « en vue d'assurer la poursuite d'activité de l'entreprise et sa pérennité », dans le cadre d'un accord de conciliation homologué. Mais encore faut-il que la procédure de conciliation échoue et débouche sur l'ouverture d'une procédure collective. Dans cette hypothèse seulement, les créanciers antérieurs ayant participé, de façon publique — puisque l'accord de conciliation doit être homologué — à la tentative de sauvegarde de l'entreprise en offrant par exemple, de nouveaux crédits (distincts de ceux accordés à l'occasion d'une augmentation de capital), bénéficieront du privilège de conciliation encore appelé « *new money* » — « argent frais » —, qui leur permet d'être payés avant les créanciers postérieurs à l'ouverture de la procédure collective, ainsi que les créanciers antérieurs même munis de sûretés, à condition toutefois d'avoir déclaré leur créance. Ce nouveau privilège, conditionnant en partie la réussite de la procédure de conciliation, ne leur permet ni d'être préféré au superprivilège des salariés ou à celui des frais de justice, ni d'être réglé à l'échéance. 759 ■

D. Le privilège des créanciers postérieurs au jugement d'ouverture

Le privilège des créanciers postérieurs au jugement d'ouverture est celui de l'ex-article 40 de la loi de 1985 dorénavant régi par l'article L. 622-17 du Code de commerce, en cas de procédure de sauvegarde et de redressement judiciaire, et l'article L. 641-13 du Code de commerce en cas de liquidation judiciaire. Il permet aux créanciers ayant poursuivi leur relation avec le débiteur en cessation des paiements d'être payés de leur créance dès lors qu'elle est née régulièrement après le jugement d'ouverture, à l'échéance. À défaut, l'article L. 622-17 du Code institue un classement composé de trois rangs entre les différents créanciers titulaires d'une créance ayant un fait générateur postérieur au jugement d'ouverture. Jusqu'à la 760 ■

réforme du 26 juillet 2005, cette faveur était considérée comme une simple priorité de paiement (en ce sens, v. Com. 5 févr. 2002, *Bull. civ.* I, n° 27 ; *JCP* 2002. I. 144, n° 15, obs. crit. M. Cabrillac et Ph. Pétel ; *JCP* 2002. I. 162, n° 19, obs. Ph. Delebecque ; *RTD civ.* 2002. 337 s., obs. P. Crocq ; *D.* 2002. 805, obs. A. Lienhard ; *RTD com.* 2002. 542 s., obs. A. Martin-Serf) dans la mesure où le paiement préférentiel était lié à la date de naissance de la créance, ce qu'une partie de la doctrine (P. Malaurie, L. Aynès, *Les sûretés, La publicité foncière*, par L. Aynès et P. Crocq, 10e éd., Defrénois, 2016, n° 465) refusait de considérer comme une qualité de la créance conditionnant l'existence d'un privilège. Mais depuis la dernière réforme du droit des procédures collectives, cette priorité de paiement garantit les créances non payées à leurs échéances, nées régulièrement après le jugement d'ouverture, « pour les besoins du déroulement de la procédure ou de la période d'observation, ou en contrepartie d'une prestation fournie au débiteur pendant cette période ». Dès lors, au critère chronologique s'est ajouté un critère d'utilité de la créance à la procédure et à la poursuite de l'exploitation qui a permis la requalification de cette priorité en véritable privilège. Au-delà du droit d'être payé à l'échéance, le traitement préférentiel de ces créanciers postérieurs au jugement d'ouverture consiste en un droit d'être réglé avant les autres créanciers – selon le classement instauré par le texte –, sauf le superprivilège des salariés, les frais de justice nés régulièrement après le jugement d'ouverture pour les besoins du déroulement de la procédure, le privilège de conciliation, et en cas de liquidation judiciaire, les créanciers antérieurs garantis par une sûreté immobilière, ou par une sûreté mobilière spéciale assortie d'un droit de rétention ou par le nantissement du matériel et de l'outillage. Toutefois, l'efficacité de ce privilège est dorénavant soumise à une sorte d'obligation de déclaration. En effet, depuis la réforme des procédures collectives, les créanciers postérieurs méritants impayés sont tenus de porter leur créance à la connaissance des organes de la procédure dans un certain délai à compter de la fin de la période d'observation ou du jugement de liquidation judiciaire.

§ 2 Le classement des privilèges généraux

761 Le classement de ces privilèges généraux varie en l'absence et en présence d'une procédure collective. Lorsque le débiteur est *in bonis*, le privilège des frais de justice prime celui des salaires. Mais en procédure collective, les règles sont perturbées et le classement est le suivant : le superprivilège des salariés, le privilège des frais de justice nés régulièrement après le jugement d'ouverture, le privilège de conciliation, le privilège des créances utiles nées régulièrement après le jugement d'ouverture (art. L. 622-17 et L. 641-13 C. com.), le privilège des salaires. Toutefois, cet ordre peut être troublé par des privilèges mobiliers généraux ou spéciaux qui l'emporteraient sur ces privilèges pleinement généraux, mais uniquement sur les biens meubles. Par ailleurs, les créanciers bénéficiant d'une situation d'exclusivité comme un droit de rétention ou une propriété-garantie échappent à cette préférence.

section 2

Les privilèges mobiliers

Aux termes de l'article 2330 du Code civil, les privilèges mobiliers sont soit généraux (1), soit spéciaux (2) selon qu'ils portent sur l'ensemble des biens meubles du débiteur ou sur certains d'entre eux. Par ailleurs, pour déterminer l'ordre de préférence entre différents créanciers titulaires de privilèges mobiliers, généraux ou spéciaux, il est nécessaire de connaître les règles de classement (3). 762

§ 1 Les privilèges mobiliers généraux

Parmi les privilèges mobiliers généraux, certains sont usuels (B) et relèvent de lois spécifiques, tandis que d'autres sont résiduels (A) et sont évoqués par le Code civil. 763

A. Les privilèges résiduels

Les créances privilégiées sur la généralité des meubles sont prévues à l'article 2331 du Code civil qui énumère huit catégories. En première et quatrième position, sont évoqués les frais de justice et le privilège des salariés et assimilés, déjà étudiés, qui font l'objet d'un privilège pleinement général (v. ss 754 s.). Les sixième, septième et huitième créances privilégiées n'offrent plus d'intérêt car des systèmes de protection préférables ont, depuis, vu le jour. Demeurent donc les frais funéraires (1), les frais de dernière maladie (2) et les fournitures de subsistance (2). Reposant sur des fondements tantôt moraux, alimentaires ou humanitaires, ils sont également en passe d'être totalement inutiles, et en tout état de cause, très peu usités. 764

1. *Le privilège des frais funéraires*

Ce privilège destiné à assurer au défunt des funérailles décentes ne garantit que les frais nécessités par des obsèques ordinaires, c'est-à-dire les frais d'ensevelissement, de cérémonie ainsi que les frais accessoires. L'héritier pur et simple ne peut être tenu de ceux-ci que sur les biens provenant de la succession. Ce privilège est maintenant dénué de tout intérêt pratique depuis que les collectivités ont pris en charge les funérailles des indigents (Ph. Simler et Ph. Delebecque, *Droit civil, Les sûretés, La publicité foncière*, 7e éd., Dalloz, coll. « Précis », 2016, n° 786). 765

2. *Le privilège de frais de dernière maladie*

Ce privilège a pour objet d'assurer au débiteur malade les soins que réclame son état. Il garantit « Les frais quelconques de la dernière maladie, qu'elle qu'en ait été la terminaison », ce qui signifie qu'il n'est pas nécessaire que le débiteur trépasse mais que sont concernés les derniers soins médicaux du débiteur. Ce privilège a lui aussi perdu de son intérêt pratique depuis la généralisation de la Sécurité sociale et l'essor des différentes mutuelles. 766

3. *Le privilège des fournitures de subsistance*

767 Sont garanties « Les fournitures de subsistances faites au débiteur et à sa famille pendant la dernière année », sachant que la jurisprudence estime que doivent être considérées comme des créances privilégiées non seulement celles qui résultent de fournitures nécessaires à l'alimentation du débiteur et de sa famille, mais aussi celles qui ont trait à des fournitures destinées au chauffage et à l'éclairage, accessoires indispensables de subsistance. Sont assimilées à de telles créances, privilégiées, certaines sommes dues à un exploitant agricole (v. art. 2331-5° C. civ.).

B. Les privilèges usuels

768 Plus usuels et beaucoup plus importants car concernant des sommes souvent conséquentes, sont les privilèges du Trésor (1) et le privilège de la Sécurité sociale (2), prévus par des lois spéciales.

1. *Les privilèges fiscaux*

769 Aux termes de l'article 2327 alinéa 1er du Code civil, « Le privilège, à raison des droits de Trésor royal [public] et l'ordre dans lequel il s'exerce, sont réglés par les lois qui les concernent ». Aussi, une série de textes, qui sont presque tous localisés dans le Code général des impôts prévoient des privilèges mobiliers, aussi bien généraux que spéciaux, destinés à garantir le recouvrement de créances fiscales ou non, comme des amendes pénales par exemple. Ainsi, le fisc dispose-t-il de nombre de privilèges dont celui des contributions directes (art. 1920 CGI), le privilège des taxes sur le chiffre d'affaires (art. 1926 CGI), le privilège des contributions indirectes (1927 CGI), ou encore le privilège des droits d'enregistrement (art. 1920, 1 CGI), etc. ainsi que d'une procédure spécifique de recouvrement des impôts : l'avis à tiers détenteur. L'assiette de ces privilèges est constituée par les effets et biens meubles du redevable de l'impôt sans pouvoir s'étendre au patrimoine de l'éventuelle caution solidaire du débiteur (Com. 19 déc. 2006, *Bull. civ.* IV, n° 264). Par ailleurs, les contestations relatives à l'existence ou la portée de ces privilèges mobiliers du Trésor ne relèvent pas de la compétence de la juridiction administrative, une telle question relevant avant tout du droit privé car ne mettant en cause, du côté du débiteur, que des intérêts privés (CE 21 mars 2008, *JCP E* 2008, 1621). Ces différents privilèges, fondés sur des considérations d'intérêt général, avaient tendance à absorber l'intégralité de l'actif du débiteur défaillant tant ils concernaient des sommes importantes, d'autant plus que le privilège s'étend aux accessoires de l'impôt comme les frais de poursuite ou les majorations de droits. Aussi la loi a-t-elle organisé un système sommaire de publicité destiné à informer les tiers de l'importance du passif fiscal du contribuable.

770 Le champ d'application de cette publicité est limité en ce sens que tous les impôts ne sont pas concernés (v. art. 1929 *quater*, al. 1er CGI). Seuls sont soumis à publicité les impôts dus par « des commerçants et personnes morales de droit privé, même non commerçants », celle-ci n'étant obligatoire que si les arriérés fiscaux déterminés par trimestre civil, dépassent un certain seuil (art. 1929 *quater* du CGI). À ces conditions seulement, la publicité doit être réalisée dans un délai de deux mois à compter de la détermination de l'arriéré fiscal, et consiste en une inscription du passif fiscal au greffe du tribunal de commerce – ou du tribunal de grande instance – du contribuable. L'absence de publicité n'est cependant sanctionnée qu'en cas de procédure

collective du contribuable et tient en la seule inopposabilité du privilège aux autres créanciers. En aucun cas le défaut de publicité n'a d'incidence sur le rang du fisc. Il s'agit simplement de rendre le privilège opposable aux tiers. L'inscription, réalisée dans un délai de deux mois suivant la détermination de l'arriéré fiscal, conserve le privilège pendant quatre ans à compter de celle-ci et peut être renouvelée (V. décret n° 2007-568 du 17 avr. 2007).

De façon exceptionnelle, le fisc dispose d'un droit de suite. Selon l'article 1920-2 du CGI, le privilège s'exerce pour la fraction de l'impôt sur les sociétés due à raison des revenus d'un immeuble, sur les récoltes, fruits, loyers et revenus de cet immeuble et pour la taxe foncière sur les récoltes, fruits, loyers et revenus des biens immeubles sujets à la contribution. La Cour de cassation en a déduit que le fisc peut saisir les loyers de l'immeuble même s'il a été vendu et ne figure plus dans le patrimoine du redevable de la taxe. Elle juge que le nouveau propriétaire est devenu débiteur direct de la taxe (Com. 28 mars 2006, *Bull. civ.* IV, n° 80, p. 79).

2. *Le privilège de la Sécurité sociale*

A été institué dès 1945, au bénéfice de la Sécurité sociale — dorénavant étendu aux organismes de prévoyance —, dans l'intérêt général, un privilège régi par l'article L. 243-4 du Code de la sécurité sociale, qui garantit le paiement des cotisations dues aux caisses de la Sécurité sociale pendant un an à compter de leur date d'exigibilité. Comme précédemment ce privilège n'est pas occulte et, toujours en vue d'informer les tiers, doit être publié sur un registre tenu au greffe du tribunal de commerce ou du tribunal de grande instance, dans les six mois suivant l'échéance des sommes dues (art. L. 245-5 al. 1 CSS). Toutefois, l'inscription n'est obligatoire que si les sommes privilégiées dépassent un certain seuil (V. décret n° 2007-459 du 25 mars 2007 qui fixe le montant du seuil applicable selon un pourcentage du plafond annuel de la sécurité sociale en fonction de la nature de l'entreprise) mais vise toutes les créances de cotisations et majorations « y compris celles qui sont contestées » (Civ. 2e, 13 févr. 2014, n° 13-12211, *JCP* E 2014. 1171, note D. Ronet-Yague). À défaut, le privilège est perdu, sans qu'il y ait lieu de distinguer selon que le débiteur, commerçant ou personne morale de droit privé même non commerçante (art. L. 243-5 CSS), soit ou non en procédure collective. L'inscription conserve le privilège pendant deux ans et six mois à compter du jour où elle est effectuée, sans pouvoir être renouvelée (art. L. 243-5 al. 3 CSS). 771

§ 2 Les privilèges mobiliers spéciaux

Les privilèges mobiliers spéciaux, portant en conséquence sur un ou plusieurs biens déterminés, sont divers et relèvent tant de lois spéciales que de l'article 2332 du Code civil qui en énumère huit. Les raisons de ces privilèges sont variées et expliquaient notamment les règles de classement retenues par la jurisprudence. En effet, certains sont fondés sur l'idée de gage tacite, d'autres sur la mise d'une valeur dans le patrimoine du débiteur ou encore sur la conservation d'un élément du patrimoine du débiteur. L'ordonnance du 23 mars 2006 a entériné la jurisprudence en classant officiellement les privilèges entre eux (v. ss 788 s.). Suivant en cela l'article 2332 du Code civil, seront ici présentés les principaux privilèges mobiliers spéciaux, sans référence à leur fondement. Il s'agit en l'occurrence du privilège du bailleur 772 d'immeuble (A), du privilège du conservateur (B) et du privilège du vendeur de meubles (C).

A. Le privilège du bailleur d'immeuble

773 Le privilège du bailleur d'immeuble est traditionnellement présenté comme reposant sur l'idée d'un gage tacite, le propriétaire bailleur étant fictivement mis en possession des meubles garnissant l'immeuble loué, en vue de garantir notamment sa créance de loyer. L'article 2332, 1° du Code civil l'a consacré, lui conférant un domaine d'application assez large puisqu'il s'applique à tous les bailleurs, propriétaire, mais aussi usufruitier ou locataire sous-louant, à l'exclusion du crédit-bailleur (Com. 9 avr. 1991, *Bull. civ.* IV, n° 124), ainsi qu'à tous les types de contrat de bail : civil, commercial, rural ou professionnel. Aussi convient-il d'en préciser le régime à travers l'examen des créances garanties (1), de l'assiette du privilège (2) ainsi que de ses effets (3).

1. *Les créances garanties*

774 L'article 2332-1° du Code civil dispose que le privilège du bailleur d'immeuble garantit le paiement des « loyers et fermages des immeubles », « tout ce qui concerne l'exécution du bail » et notamment les « réparations locatives », ainsi que toute créance liée à « l'occupation des lieux à quelque titre que ce soit ». La généralité des termes du texte a permis d'admettre la mise en œuvre de ce privilège alors même qu'aucun contrat de bail n'avait été conclu (à la suite d'une occupation d'un bien indivis, Com. 25 oct. 2011, n° 10-25.257, *JCP* 2012. 626, n° 26, obs. Ph. Delebecque ; *RTDI* 2012, n° 1, p. 36, obs. Ch. Albiges ; *RD banc. fin.* 2012, n° 17, obs. D. Legeais ; *JCP G* 2012. 117, n° 13, obs. Ph. Pétel). En ce qui concerne les loyers et fermages, en principe, le privilège du bailleur garantit tous les loyers échus dans la limite de la prescription. Par ailleurs, s'agissant des loyers à échoir, le texte distingue l'étendue des créances garanties selon la forme du bail. Si le bail est authentique ou sous seing privé avec date certaine, le privilège porte sur tous les loyers à échoir ; en revanche si l'acte sous seing privé n'a pas été enregistré ou si le bail est verbal, ne sont couverts que les loyers à échoir « pour une année à partir de l'expiration de l'année courante ». Il existe cependant des règles propres en matière de bail rural où le privilège ne garantit notamment que le paiement de deux années échues, l'année courante et l'année suivante et en matière de bail commercial en cas de survenance d'une procédure collective du preneur.

775 En effet, dans une telle hypothèse où les locaux sont loués pour les besoins d'une activité professionnelle, il ne s'agit pas de mettre en péril la sauvegarde de l'entreprise en privilégiant outre mesure le bailleur impayé. Aussi, en ce qui concerne les loyers échus, ils ne sont privilégiés qu'à hauteur des deux dernières années de loyer (à l'exclusion des accessoires) précédant le jugement d'ouverture de la procédure (solution retenue même en l'absence de loyers au sens strict, Com. 25 oct. 2011, n° 10-25.257, précité). Quant aux loyers à échoir, leur sort est quelque peu tributaire du sort du contrat de bail lui-même qui peut être ou non résilié (sur la résiliation d'un bail commercial en cas de procédure collective, v. B. Saintourens, « Le régime du bail commercial après la réforme des procédures collectives (premier aperçu) », *Loyers et copr.* 2005, étude 11 ; Ph. Roussel Galle, « Les "nouveaux" régimes des contrats en cours et du bail », *Rev proc. coll.* 2009/1, p. 55 *in* dossier sur la réforme des procédures

collectives, p. 35 s.). En cas de résiliation, le bailleur a un privilège pour l'année courante « pour tout ce qui concerne l'exécution du bail et les dommages et intérêts qui pourront lui être alloués ». En cas de poursuite du contrat, le bailleur ne peut exiger le paiement des loyers à échoir si les sûretés données lors du contrat sont maintenues ou si celles qui ont été données depuis le jugement d'ouverture sont jugées suffisantes. Aussi le privilège ne peut-il plus s'exercer que si l'administrateur n'a pas offert de sûretés suffisantes (v. J.-P. Blatter, *Droit des baux commerciaux*, éd. Le Moniteur, 4e éd., 2006, n° 333, p. 169).

2. L'assiette du privilège

Le privilège porte sur « le prix de tout ce qui garnit la maison louée ou la ferme ». L'assiette du privilège est donc constituée de tous les meubles garnissant la maison ou de l'indemnité qui les remplace, à l'exclusion des effets personnels du débiteur comme l'argent ou les bijoux. Elle inclut même les meubles appartenant à des tiers qui se trouveraient dans les locaux loués (Civ. 3e, 24 juin 2009, *D.* 2010. 1173, obs. N. Damas ; Com. 16 nov. 2010, *Gaz. Pal.* 30-31 mars 2011, p. 22, obs. Dumont-Lefrand). Cette particularité tient au fondement de ce privilège qui induit que les tiers ne peuvent écarter les effets du privilège qu'en démontrant que le bailleur connaissait l'origine des meubles au moment de leur introduction dans l'immeuble (Civ. 1re, 12 mai 1969, *D.* 1970. 43, note Ph. Malinvaud). Les circonstances, et notamment la profession du débiteur – un garagiste, par exemple – peuvent faire présumer que le bailleur connaissait l'origine des meubles garnissant l'immeuble. Cela étant, la connaissance ultérieure par le bailleur du droit de propriété d'un tiers ne le constitue pas de mauvaise foi, et ne fait pas obstacle à l'exercice de son privilège (Civ. 3e, 4 févr. 1976, *Bull. civ.* III, n° 47). 776 ■

En matière de baux ruraux, l'assiette du privilège est étendue puisque sont en outre visés « les fruits de la récolte de l'année » et « tout ce qui sert à l'exploitation de la ferme ». Néanmoins les sommes dues pour les semences, divers engrais ou pesticides seront payées sur le prix de la récolte, alors que celles dues pour les ustensiles le seront sur le prix de ceux-ci – ce qui est une variété de privilège du vendeur de meuble –, par préférence au propriétaire, dans l'un et l'autre cas. 777 ■

3. Les effets du privilège

Le bailleur d'immeuble, comme tous les autres titulaires de privilèges comme par exemple l'hôtelier (v. art. 2332, 5°C. civ. établissant un privilège sur les effets apportés par le voyageur dans son hôtel au titre de sa créance de logement et de nourriture), le transporteur (art. L. 133-7 C. com. prévoyant un privilège sur les biens transportés en garantie de sa créance de transport), le commissionnaire (art. L. 132-2 C. com. reconnaissant un privilège sur la valeur des marchandises objet de son obligation, en garantie de sa créance de commission à condition que la qualité de commissionnaire, soit d'intermédiaire agissant en son nom propre et pour le compte d'autrui, soit établie : à propos d'un commissionnaire en douane, v. Com. 2 oct. 2007, *JCP E* 2008, 2013, n° 22, obs. Ph. Delebecque) ou le syndicat de copropriété (v. art. 19 al. 5 L. 10 juill. 1965 édictant un privilège sur tout ce qui garnit les lieux en garantie des charges de copropriété) – qui bénéficient tous les quatre d'un privilège fondé sur une idée de gage tacite –, dispose d'un droit de préférence sur le prix de vente des biens grevés du privilège. Mais celui-ci, bien que primant les privilèges généraux (v. ss 792), 778 ■

n'offre pas toujours une protection suffisante puisque le bailleur d'immeuble est primé par le superprivilège des salariés ainsi que la plupart des privilèges du Trésor. En prévision de ce rang décevant, le bailleur d'immeuble se contente rarement de son privilège exigeant en outre un dépôt de garantie (sur l'exigence de déclaration du dépôt de garantie qualifié de sûreté réelle v. Com. 18 janv. 2005, *D.* 2005. Jur. 782, obs. P.-M. Le Corre) et/ou une sûreté personnelle.

■ 779 Pourtant, la loi lui aménage une protection supplémentaire, qui se rapproche d'un droit de suite, puisque l'article 2332, 1° dernier alinéa du Code civil autorise le bailleur d'immeuble impayé à saisir les meubles qui garnissent sa maison ou sa ferme, lorsqu'ils ont été déplacés sans son consentement. Cette variété de saisie-appréhension, qui autorise à saisir les meubles entre les mains d'un tiers de bonne foi, suppose selon le texte, que le créancier ait revendiqué (le terme est toutefois inadapté vu que le bailleur n'est pas propriétaire des meubles) les meubles dans le délai de quinze jours s'agissant de meubles garnissant une maison, et dans un délai de quarante jours, si ce sont des meubles garnissant une ferme. De surcroît, afin d'éviter que lesdits meubles ne soient déplacés sans son consentement, le créancier a, à sa disposition, la saisie-conservatoire de droit commun qui permet, si les conditions en sont réunies, de rendre les biens constituant l'assiette de son privilège, indisponibles.

B. Le privilège du conservateur

■ 780 L'article 2332, 3° du Code civil consacre un privilège au bénéfice de celui qui a engagé des frais pour conserver la valeur d'un bien. Plus précisément, la loi considère que lorsqu'une personne engage des frais pour la conservation d'un élément d'actif du débiteur, la dépense a pour résultat de profiter à tous les créanciers du débiteur en prévenant la perte totale ou partielle de leur gage. Par son action, le conservateur leur évite la dépréciation, voire le dépérissement de celui-ci. Aussi est-il normal que le créancier conservateur soit récompensé par une préférence de paiement.

Comme précédemment, il convient d'envisager les créances garanties (1), l'assiette du privilège (2) ainsi que ses effets (3).

1. *Les créances garanties*

■ 781 L'article 2332, 3° dispose que sont privilégiées « Les frais faits pour la conservation de la chose », ce qui n'a pas manqué de poser la question de la notion de « conservation » tant en doctrine qu'en jurisprudence. La solution est dorénavant fixée : il faut distinguer les frais de conservation ayant pour but de prévenir la perte totale ou partielle de la chose et qui comprennent tant le prix de la fourniture des pièces que celui de la main-d'œuvre, des frais d'amélioration ou de modernisation rendant simplement l'usage de la chose plus sûr ou plus rentable. C'est ainsi que l'installation d'appareil de radio et de téléphone sans fil sur des navires justifie le caractère privilégié de la créance de l'installateur dans la mesure où il s'agit de prévenir la perte des navires (Com. 9 oct. 1984, *Bull. civ.* IV, n° 249), tandis que le remplacement de pièces cassées ou usagées sur un véhicule, dès lors que les frais ne sont ni urgents, ni nécessaires ne saurait constituer la créance de réparation privilégiée (Com. 16 mai 1966, *D.* 1967. 139, note Ph. Bourdon). De même, la mission du commissaire aux comptes n'étant qu'une mission de contrôle non pas destinée à sauvegarder la société mais à protéger l'intérêt des associés, sa créance d'honoraire a été exclue du privilège de l'article 2332, 3° du Code civil (Paris, 18 mai 1999, *D.* 2000. Somm. 387, obs. S. Piedelièvre) comme n'étant pas des frais de conservation.

2. *L'assiette du privilège*

Dans la mesure où le privilège du conservateur est un privilège mobilier spécial, lorsque le droit de préférence dont se prévaut le créancier porte non sur un meuble déterminé, mais sur l'ensemble du patrimoine du débiteur, le privilège spécial ne peut trouver application. La créance garantie doit être affectée à un bien en particulier. Les frais de conservation doivent être destinés à protéger un bien déterminé et non l'ensemble du patrimoine du débiteur. Cela a notamment été jugé à propos de la créance d'honoraire d'un avocat qui alléguait avoir pu, par son intervention, limiter la réclamation adverse (Com. 18 juill. 1974, *Bull. civ.* IV, n° 235) ou à propos de frais d'expertise amiable (Civ. 1re, 7 janv. 1997, *Bull. civ.* I, n° 3). 782 ■

3. *Les effets du privilège*

Le privilège du conservateur est un droit de préférence sur le prix de vente de la chose conservée, indépendant de la détention matérielle de la chose. Pour l'exercer, le créancier privilégié fera saisir le bien pour lequel il a exposé des frais de conservation, sollicitera sa vente et se servira, par priorité, et en fonction de son rang, sur la valeur ainsi obtenue. Mais encore faut-il que le privilège existe toujours, le conservateur ne disposant pas d'un droit de suite. La Cour de cassation a ainsi jugé que le réparateur qui, en raison de la vente des biens réparés, a perdu son privilège portant sur ces seuls biens, ne peut plus faire valoir aucun droit de préférence sur l'ensemble du patrimoine du débiteur (Com. 20 juin 1978, *Bull. civ.* IV, n° 174). La meilleure solution est alors, lorsque cela est possible, de ne pas se dessaisir de la chose conservée et d'exercer ainsi un droit de rétention bien plus efficace que le simple privilège du conservateur pour lequel le créancier entre en concours avec d'autres. 783 ■

C. Le privilège du vendeur de meubles

Traditionnellement, le privilège du vendeur est présenté comme un privilège fondé sur l'idée de l'entrée d'une valeur dans le patrimoine du débiteur. Et, dans la mesure où par cette mise d'une valeur dans le patrimoine du débiteur, le vendeur participe à l'accroissement du droit de gage général des autres créanciers, l'on considère, tout comme en matière de privilège du conservateur, que le vendeur à l'origine de cet enrichissement doit être préféré aux autres, sur ce bien. Reposant sur ce même fondement, l'on rencontre notamment le privilège de pluviôse désormais consacré par l'ancien article L. 143-6 du Code du travail réservé aux ouvriers, fournisseurs et sous-traitants d'entrepreneurs de marchés publics sur des sommes dues par l'administration à l'entrepreneur principal, ainsi que celui reconnu par l'article 2332-8° du Code civil aux victimes d'accidents « sur l'indemnité dont l'assureur de la responsabilité civil se reconnaît ou a été judiciairement reconnu débiteur à raison de la convention d'assurance », aujourd'hui devenu inutile du fait de l'action directe de la victime contre l'assureur de responsabilité. 784 ■

Le privilège du vendeur de meubles est régi par l'article 2332, 4° du Code civil qui prévoit, outre le droit du vendeur de se faire payer par préférence sur la valeur de la chose vendue, celui d'agir en revendication. Cette double possibilité s'explique par 785 ■

des raisons historiques. En effet, en droit romain, le vendeur au comptant impayé pouvait revendiquer la propriété du bien vendu. Puis le transfert immédiat de la propriété au profit de l'acheteur prévu par le Code civil, a fait obstacle à cette revendication par un non-propriétaire, d'où la création du privilège du vendeur de meuble impayé. Toutefois, a été conservé cette fausse action en revendication (v. ss 770) que la réforme des sûretés n'a pas cru bon d'intituler différemment.

À côté de cette double protection, le vendeur impayé dispose de la classique action en résolution du contrat de vente – laquelle est paralysée en cas de procédure collective, à moins qu'elle n'ait été constatée ou prononcée avant le jugement d'ouverture, ou si la demande a été formulée avant (art. L. 624-12 C. com.) –, ainsi que de la faculté, en cas de vente au comptant, de retenir la chose à livrer tant qu'il n'a pas été payé (art. 1612 C. civ.).

786 Le privilège du vendeur, *stricto sensu*, s'applique à toute vente de meuble lorsque le vendeur n'est pas payé, que le bien ait été acheté à terme ou sans terme. L'article 2332, 4° du Code civil évoque la créance de « prix d'effets mobiliers non payés ». La créance garantie est celle de prix ainsi que tous ses accessoires, sauf les dommages-intérêts ou les pénalités contractuelles provenant d'une clause pénale. Quant à l'assiette du privilège, elle est constituée par le bien vendu. L'article étudié prévoit toutefois que l'exercice du privilège du vendeur impayé est soumis à une condition : l'effet mobilier vendu et impayé doit encore être en la possession du débiteur. Ainsi, lorsque le bien vendu est encore entre les mains de son acheteur, le vendeur peut exercer son privilège en le faisant saisir et en se faisant payer par préférence sur le prix en provenant. Mais qu'en est-il si le bien a été revendu ? Le privilège du vendeur de meuble impayé lui confère-t-il un droit de suite ? Le vendeur perd le droit de poursuivre le recouvrement de sa créance contre le tiers acquéreur entré de bonne foi en possession du bien. Mais, il semblerait que son privilège soit reporté sur la créance de prix tant qu'elle n'a pas été réglée (Civ. 19 févr. 1894, *DP* 1894. 1. 413), sachant que pour saisir cette somme il faudra diligenter une saisie-attribution, laquelle est favorable au premier créancier saisissant. Par ailleurs, si le bien vendu a été transformé, le privilège ne s'applique plus. Il en va de même en cas d'incorporation dans un immeuble. Enfin, en cas de procédure collective du débiteur, le privilège du vendeur est *a priori* perdu, à moins que les marchandises vendues ne soient encore dans les locaux du vendeur, auquel cas, il pourra exercer sur elle un droit de rétention.

787 Outre le privilège, le vendeur de meuble impayé dispose d'une possibilité de revendiquer le bien livré à l'acheteur. L'article 2332, 4° du Code civil prévoit en effet que si la vente a été faite au comptant, le vendeur peut « revendiquer ces effets tant qu'ils sont en la possession de l'acheteur, et même en empêcher la revente, pourvu que la revendication soit faite dans la huitaine de la livraison et que les effets se trouvent dans le même état dans lequel cette livraison a été faite ». La nature de cette action n'a pas manqué de susciter l'étonnement dans la mesure où il ne peut s'agir d'une véritable action en revendication, le vendeur n'étant plus propriétaire des biens vendus. Ont tour à tour été évoquées les notions de « revendication de la détention de la chose » (v. M. Cabrillac, Ch. Mouly, S. Cabrillac et Ph. Pétel, *Droit des sûretés, op. cit.*, n° 739 s.), ou de « droit de repentir » accordé au vendeur (L. Aynès et P. Crocq, *Les sûretés, La publicité foncière, op. cit.*, n° 604 s.). Cela étant, peu importe la nature de cette action puisqu'il s'avère que son régime juridique est très encadré : elle n'est accordée qu'au vendeur au comptant, à condition qu'il agisse dans les huit jours – sinon, cela devient une vente à crédit –, que la marchandise soit encore en la possession de l'acheteur, identifiable, et enfin que l'acheteur ne soit pas soumis à une procédure collective. Dans cette dernière hypothèse, le vendeur perd son droit de revendiquer, à moins que les marchandises ne soient en cours de route et non revendues (art. L. 624-13 C. com.). Encore une fois, son seul espoir est d'exercer son droit de rétention, à condition qu'il soit resté en possession desdites marchandises.

§ 3 Le classement des privilèges mobiliers

Il peut arriver que plusieurs créanciers entrent en concours sur les biens mobiliers d'un même débiteur. C'est notamment le cas lorsqu'une entreprise rencontre des difficultés assez graves et qu'elle accumule des arriérés fiscaux et sociaux, qu'elle n'est plus en mesure de payer ses loyers, et qu'elle a de surcroît acheté du matériel à crédit, et des marchandises au comptant qu'elle n'a cependant pas pu régler. Entrent alors en conflit le fisc, l'URSSAF, le bailleur et les différents vendeurs de meubles impayés. Or si les créanciers privilégiés priment les créanciers chirographaires, il se peut que l'actif mobilier soit insuffisant à désintéresser tous les créanciers privilégiés. Dès lors, il a fallu élaborer des règles de classement. Ce fut d'abord l'œuvre de la jurisprudence, récemment reprise par le législateur, à l'occasion de la réforme des sûretés, aux articles 2332-1 à 2332-3 du Code civil. Ces règles de classement sont toutefois perturbées en cas de procédure collective du débiteur. Aussi convient-il de les étudier en l'absence (A) et en présence (B) d'une procédure collective du débiteur. 788 ■

Cela étant, même si le classement ci-dessous proposé ne concerne que les sûretés légales que sont les privilèges, il ne faut pas oublier que le problème du classement concerne toutes les sûretés conférant au créancier un droit de préférence, y compris conventionnelles, comme le gage ou le nantissement. En outre, le créancier titulaire d'un droit de rétention améliorera toujours sa situation de créancier, fût-il privilégié. Il vaudra mieux invoquer son droit de rétention que de se prévaloir de son privilège.

A. Les règles de classement en l'absence d'une procédure collective

Les articles 2325 et 2326 du Code civil envisagent des règles sommaires de classement oscillant entre technique du classement et technique du concours. D'une part, le classement est indépendant de la date de naissance – ou de publication (sauf en matière de gage sans dépossession) – de la créance, la préférence opérant en fonction des « différentes qualités des privilèges », et d'autre part, le classement n'a pas lieu d'être entre créanciers privilégiés situés « dans le même rang ». Aussi a-t-il fallu compléter ce dispositif. Les règles de classement des privilèges mobiliers telles qu'elles résultent des articles 2332-1 à 2332-3 du Code civil permettent de traiter trois types de situations : un conflit opposant deux créanciers titulaires d'un privilège général (1), deux créanciers munis d'un privilège spécial (2), ou enfin deux créanciers, l'un bénéficiant d'un privilège mobilier général et l'autre spécial (3). 789 ■

1. *Le classement des privilèges mobiliers généraux*

790 La règle est simple : le classement s'opère selon l'ordre prévu par les textes qui les instaure. Ainsi en est-il de l'article 2331 du Code civil où les privilèges sont évoqués dans l'ordre de leur force. La difficulté provient cependant du fait que nombre de ces privilèges trouvent leur source ailleurs que dans le Code civil où les textes tantôt se taisent sur cette question, tantôt prévoient que le privilège institué « s'exerce avant tout autre ». Le nouvel article 2332-2 du Code civil tente de régler la difficulté en disposant que « Les privilèges généraux s'exercent dans l'ordre de l'article 2331, à l'exception du privilège du Trésor public, dont le rang est déterminé par les lois qui le concernent, et du privilège des caisses de sécurité sociale, qui vient au même rang que le privilège des salariés ».

Ainsi, l'ordre du classement est le suivant, sachant que dans le même rang, on applique le concours et non le classement (art. 2326 C. civ.) :

- le privilège des frais de justice dès l'instant où le Trésor a tiré profit des frais engagés ;
- les privilèges fiscaux dans l'ordre du Code général des impôts ;
- les privilèges de l'article 2331 du Code civil dans l'ordre du texte, le privilège des caisses de sécurité sociale étant au même rang que le privilège des salaires, soit en l'occurrence le troisième.

2. *Le classement des privilèges mobiliers spéciaux*

791 Le classement des privilèges mobiliers spéciaux est dorénavant réglé par l'article 2332-3 du Code civil qui fixe les règles pour les privilèges spéciaux du bailleur d'immeuble, du conservateur et du vendeur de meuble en assimilant le privilège de l'hôtelier à celui du bailleur d'immeuble et le privilège de l'auxiliaire salarié d'un travailleur à domicile à celui du vendeur de meuble. Au demeurant, cette assimilation invite à traiter tous les créanciers dont le privilège est fondé sur l'idée de gage comme le bailleur d'immeuble et tous ceux faisant entrer une valeur dans le patrimoine de leur débiteur comme le vendeur de meuble.

792 Le classement est le suivant, sachant que des titulaires de sûretés conventionnelles peuvent s'y rajouter :

- le privilège du conservateur, lorsque les frais de conservation sont postérieurs à la naissance des autres privilèges ;
- le privilège du bailleur d'immeuble, qui ignorait l'existence des autres privilèges ;
- le privilège du conservateur, lorsque les frais de conservation sont antérieurs à la naissance des autres privilèges ;
- le privilège du vendeur de meuble ;
- le privilège du bailleur d'immeuble qui connaissait l'existence des autres privilèges.

Par ailleurs, entre les conservateurs du même meuble, la préférence est donnée au plus récent, l'intervention du second conservateur étant considérée comme profitable au premier, tandis qu'entre les vendeurs du même meuble, elle est donnée au plus ancien.

3. Le classement des privilèges mobiliers généraux et spéciaux

Là encore la règle est très simple : « Sauf dispositions contraires, les privilèges spéciaux priment les privilèges généraux » (art. 2332-1 C. civ.). Le principe de la primauté des privilèges spéciaux sur les privilèges généraux est dicté par l'assiette même du privilège. Cantonnés à un bien précis, les privilèges spéciaux deviendraient totalement inefficaces si les privilèges généraux pouvaient s'exercer d'abord sur ce bien. Les titulaires de privilèges spéciaux ne pourraient profiter de leur droit de préférence, souvent réduit à néant. Toutefois ce principe subit des exceptions — « sauf dispositions contraires » — dont deux notables qui peuvent conduire à absorber les privilèges spéciaux : 793 ■

- les privilèges spéciaux sont primés par le privilège général des frais de justice que l'on considère comme profitant à tous ;
- la plupart des privilèges fiscaux dits de « premier rang » priment les privilèges spéciaux, ainsi que tous les privilèges mobiliers généraux d'ailleurs.

B. Les règles de classement en présence d'une procédure collective

En cas de survenance d'une procédure collective, l'objectif de sauvegarde de l'entreprise induit des modifications dans les règles de classement organisées par le droit des sûretés. À cet égard, le nouvel article 2287 du Code civil affirme la prééminence de ce droit puisqu'il dispose que « Les dispositions du présent livre ne font pas obstacle à l'application des règles prévues en cas d'ouverture d'une procédure de sauvegarde, de redressement judiciaire ou de liquidation judiciaire ». Toutefois ce classement propre aux procédures collectives est différencié selon le type de procédure : alors qu'en cas de procédure de traitement des difficultés, les créanciers postérieurs sont préférés à tous les créanciers antérieurs, en cas de liquidation judiciaire, certains créanciers antérieurs munis de sûretés passent avant les créanciers postérieurs (v. F. Périchon, *Entreprises en difficulté*, 10e éd., LGDJ, n° 816 s.). 794 ■

Ainsi, l'on retrouve la supériorité du superprivilège des salariés qui devance le privilège des frais de justice nés régulièrement après le jugement d'ouverture (Com. 21 sept. 2010, *D.* 2010. 411, obs. P. Crocq, qui rappelle indirectement que les frais de justice antérieurs à la procédure collective sont désormais considérés comme des créances antérieures devant être payées après que l'aient été toutes les autres, notamment celles visées aux art. L. 622-17 et L. 641-13 C. com.), suivi de celui de conciliation, puis des créanciers postérieurs à l'ouverture de la procédure, sachant qu'en cas de liquidation judiciaire ceux-ci sont également primés par les créanciers garantis par des sûretés immobilières (V. art. L. 641-13-II C. com.). Par ailleurs, comme il a été précédemment vu (v. ss 744), les créanciers postérieurs au jugement d'ouverture reçoivent eux-mêmes un classement prévu par l'article L. 622-17 du Code de commerce. Mais pour qu'il soit appliqué, encore faut-il que ceux-ci entrent en concours. Or, le principe est celui du paiement à l'échéance de ces créances, malgré l'existence de créanciers postérieurs d'un rang préférable au leur.

Il est à noter que le nouvel art. 2332-4 du Code civil prévoit des règles de préséance spécifiques en cas de sommes dues à un producteur agricole, sans différencier selon la procédure en cours. En effet, cet article, issu de la loi n° 2016-1547 du 18 novembre 2016, dispose que : « *Les sommes dues aux producteurs agricoles par leurs acheteurs sont payées, lorsque ces derniers font l'objet d'une procédure de sauvegarde, de redressement ou de liquidation judiciaire, nonobstant l'existence de toute autre créance privilégiée à l'exception de celles garanties par les articles L. 3253-2 et L. 3253-5 du code du travail, à due concurrence du montant total des produits livrés par le producteur agricole au cours des quatre-vingt-dix jours précédant l'ouverture de la procédure* ».

Par ailleurs, ces règles de classement peuvent être déjouées en cas de créancier titulaire d'un droit de rétention. En effet, imparable en dehors d'une procédure collective, le droit de rétention demeure très intéressant en cas de procédure collective (v. n° 377 s.), sauf lorsqu'il procède d'un gage sans dépossession où l'article L. 622-7-I al. 2 du Code de commerce paralyse ce droit de rétention alors fictif, tout au moins pendant la période d'observation et d'exécution du plan, sauf si le bien objet du gage est compris dans une cession d'activité.

section 3

Les privilèges immobiliers

795 Les privilèges immobiliers, nécessairement spéciaux, permettent à un créancier de garantir le recouvrement d'une créance déterminée. Ils ont pour assiette un immeuble déterminé ou plus précisément, comme le constate un auteur, la valeur de cet immeuble (M. Dagot, « La notion de privilège », in *Mélanges Ch. Mouly*, *op. cit.* p. 342). À l'inverse, l'hypothèque légale (v. ss 613), comme les privilèges généraux (v. ss 751), a vocation à porter sur tous les biens du débiteur, qu'ils soient meubles ou immeubles. Les privilèges immobiliers spéciaux, quant à eux, sont conférés par la loi à certains créanciers déterminés, en fonction de la nature de leur créance. Les différents privilèges ont pour particularité commune de prendre nécessairement effet au jour de la naissance de la créance garantie, indépendamment de la date de l'inscription, contrairement à l'hypothèque légale qui prend rang au jour de l'inscription (v. ss 614). Le titulaire du privilège immobilier spécial prime ainsi tous les créanciers hypothécaires et bénéficie très classiquement du droit de préférence et du droit de suite. Conformément au principe d'indivisibilité de la sûreté réelle, le bien grevé par le privilège est entièrement destiné au recouvrement complet de la dette. Ce caractère, comme le principe de spécialité de la créance et de l'immeuble, justifie que divers auteurs rapprochent les privilèges immobiliers spéciaux et l'hypothèque.

À ce titre, le groupe de travail relatif à la réforme du droit des sûretés, présidé par le professeur Grimaldi, proposait que soient transformés les privilèges spéciaux immobiliers en hypothèques légales spéciales, au nom d'une simplification de l'ensemble de la matière. Ceci devait permettre aux créanciers privilèges de bénéficier du mécanisme de rechargement, qui demeure initialement spécifique à l'hypothèque (M. Grimaldi, « L'hypothèque », *Dr. et patr.* sept. 2005, p. 73). De plus, cette transformation de ces privilèges en hypothèques légales permettait de supprimer le principe de rétroactivité du rang des privilèges spéciaux qui est déterminé à la date de la naissance de la créance, et non à celle d'inscription. Le rang des différentes sûretés réelles aurait été fixé en fonction de cette inscription. Or, de telles propositions n'ont pas été retenues lors de l'adoption de l'ordonnance du 23 mars 2006, le droit en vigueur n'étant pas modifié, qu'il s'agisse de l'énumération des privilèges spéciaux immobiliers (1) ou du classement entre les créanciers concernés (2).

§ 1 L'énumération des privilèges spéciaux immobiliers

L'article 2374 du Code civil énonce une liste de différents privilèges immobiliers spéciaux accordés à certains créanciers. Une constante les caractérise : en toutes hypothèses, le patrimoine d'une personne a bénéficié d'une plus-value, par exemple à la suite de travaux accomplis ou après l'ouverture d'une succession. Cette plus-value, ainsi obtenue dans le patrimoine d'un débiteur, peut faire l'objet d'une sûreté particulière, prévue par le législateur dans plusieurs circonstances particulières. Les deux premiers privilèges, celui du vendeur (A) et celui du prêteur de deniers (B), sont essentiels en pratique. Ils doivent être complétés par le privilège du copartageant (C), celui des architectes, entrepreneurs et ouvriers (D), celui de la séparation des patrimoines (E), celui de l'accédant à la propriété (F) et, enfin, celui du syndicat de copropriétaires (G). 796 ■

A. Le privilège du vendeur d'immeuble

Dans l'hypothèse d'un défaut de paiement par l'acquéreur, le vendeur d'immeuble dispose de la possibilité d'invoquer la mise en œuvre de différents mécanismes prévus par la loi comme le droit de rétention (art. 1612 et 1613 C. civ.), le droit de demander la résolution de la vente (art. 1654 C. civ.), mais aussi le privilège sur l'immeuble vendu qui confère droit de préférence et droit de suite (art. 2374, 1° C. civ.) et doit respecter différentes règles relatives à son attribution (1) et son fonctionnement (2). 797 ■

1. *L'attribution du privilège du vendeur d'immeuble*

Le privilège du vendeur d'immeuble suppose, au préalable, qu'un contrat de vente immobilière ait été conclu, quelles que soient les modalités de la vente à l'amiable, aux enchères, au comptant ou à terme, d'un immeuble à construire. Il convient d'assimiler au contrat de ventes les contrats qui emportent transfert d'un droit immobilier moyennant une contrepartie partielle en argent qui peut être analysée en une portion du prix. Cette assimilation permet de faire naître le privilège lors d'un échange ou d'une dation en paiement par exemple. 798 ■

En principe, le privilège ne découle que de contrats portant transfert de droits réels immobiliers susceptibles d'être réalisés isolément. La jurisprudence admet cependant une dérogation au profit du vendeur de la mitoyenneté, sans l'étendre à celui de la servitude. En revanche, et très logiquement, la vente d'un immeuble par destination ou d'un meuble par anticipation, une récolte sur pied par exemple, ne donne pas naissance au privilège du vendeur d'immeuble, mais simplement au privilège du vendeur de meuble, le bien transféré étant considéré comme un bien mobilier (v. ss 784).

2. *Le fonctionnement du privilège du vendeur d'immeuble*

En ce qui concerne, tout d'abord, l'assiette du privilège du vendeur, ce dernier grève l'immeuble vendu, ou plus précisément le droit immobilier affecté, ainsi que les améliorations portées sur cet immeuble. Dès lors, en cas de destruction de l'immeuble, cette assiette doit se réduire à ce qui subsiste. Toutefois, si l'immeuble détruit est ensuite reconstruit, le privilège affecte les constructions. De même, en cas 799 ■

d'incendie ou de perte, le privilège porte sur l'éventuelle indemnité d'assurance ainsi que sur les éventuels dommages-intérêts dus par le voisin ou le locataire responsable de la perte de l'immeuble.

Ensuite, pour ce qui est des créances concernées, le privilège du vendeur d'immeuble garantit le principal de la dette, précisément la fraction du prix non payée, mais aussi les accessoires de la dette dans la limite de l'article 2432 alinéa 1er du Code civil : le créancier privilégié, au même titre que celui hypothécaire (v. ss 628), ne garantit les accessoires au même rang que le capital que trois années d'intérêts à échoir. La jurisprudence a précisé qu'il fallait, de plus, que ces accessoires aient été mentionnés dans l'acte de vente et dans l'inscription (Req. 17 nov. 1936, *DH* 1937. 86).

Le privilège doit enfin faire l'objet d'une inscription dans le délai de deux mois à compter de l'acte de vente (art. 2379 al. 1er C. civ.). Le rang de la sûreté est toutefois déterminé de manière rétroactive à la date de la conclusion de cet acte et donc de la naissance de la créance, contrairement à l'inscription hypothécaire qui fixe le rang de la sûreté (v. ss 630). Au-delà du délai de deux mois, l'acte pourra certes être inscrit, mais le privilège, comme pour l'hypothèque, aura un rang déterminé par la date d'inscription, sans rétroactivité.

B. Le privilège du prêteur de deniers

800 L'article 2374, 2° du Code civil octroie un privilège, très fréquemment invoqué en pratique (sûreté qualifiée par un auteur de « sûreté hypothécaire modèle », ,Ph. Dupichot, « Les sûretés du financement d'acquisition immobilière », *JCP* N 2015. 1095) à ceux qui ont fourni des deniers pour financer l'acquisition d'un immeuble, sûreté également soumise à des règles particulières relatives à l'attribution (1) et au fonctionnement (2).

1. *L'attribution du privilège du prêteur de deniers*

801 Le recours au privilège du prêteur suppose, au préalable, le respect d'un certain formalisme : l'acte d'emprunt, au même titre que la quittance du vendeur, doivent être rédigés en la forme authentique. L'acte d'emprunt doit indiquer que la somme prêtée est destinée à l'acquisition d'un immeuble. La quittance du vendeur doit préciser que le paiement du prix a été fait avec les deniers empruntés. Le contrat de prêt et le contrat de vente sont généralement conclus en même temps, mais la conclusion de deux actes séparés est possible. En toute hypothèse, lors du paiement du prix de vente, un notaire doit impérativement authentifier le prêt et sa destination, ainsi que l'utilisation des fonds affectés nécessairement au paiement de la dette.

2. *Le fonctionnement du privilège du prêteur de deniers*

802 Le régime du privilège du prêteur est similaire à celui du vendeur d'immeuble. Les créances garanties comprennent non seulement le paiement du capital du prêt, mais encore les accessoires de la créance comme par exemple les intérêts stipulés dans le contrat de prêt. Au même titre que pour l'hypothèque, une limite est néanmoins prévue à l'article 2432 du Code civil : le privilège ne garantit les accessoires au même rang que le capital que trois années d'intérêts à échoir (sur l'hypothèque, v. ss 628). En ce qui concerne la publicité, une inscription du privilège doit être prise dans le délai de deux mois qui suivent la vente (art. 2379 al. 1er C. civ.). Le privilège perd son rang si ce délai de deux mois n'est pas respecté et il dégénère en une simple hypothèque, tout en prenant rang au jour de l'inscription.

Une nouveauté a été intégrée par la loi n° 2007-212 du 20 février 2007 portant diverses dispositions intéressant la Banque de France. Non seulement elle ratifie la réforme des sûretés opérée par l'ordonnance bien connue n° 2006-346 du 23 mars 2006, mais elle en élargit l'application. Désormais, le prêteur de deniers a la possibilité de renoncer à son privilège prévu à l'article 2374 du Code civil et de le transformer en une hypothèque rechargeable soumise aux dispositions de l'article 2422 du Code civil. Ceci concerne les créanciers titulaires d'un tel privilège inscrit avant la promulgation de la loi nouvelle. Ces créanciers sont tenus d'agir dans un délai de deux ans à compter de cette promulgation, soit avant le 21 février 2009. En toute logique, la renonciation au privilège de prêteur de deniers et la constitution de l'hypothèque rechargeable devront être effectuées devant notaire, dans un seul et même acte, l'hypothèque ainsi constituée prenant le même rang que le privilège de prêteur de deniers converti. La mise en œuvre d'une telle faculté se justifiait au regard de l'importance pratique du privilège du prêteur de deniers et de l'attrait procuré alors par l'hypothèque rechargeable. 803 ■

C. Le privilège du copartageant

L'article 2374, 3° du Code civil prévoit qu'un privilège du copartageant a vocation à s'appliquer lorsqu'un immeuble est attribué à une personne au moment d'un partage et si celle-ci est tenue de verser une soulte à ses copartageants. Le paiement de cette soulte permet d'assurer le principe d'égalité lors du partage, si l'un des copartageants reçoit une part supérieure à celle qui doit lui revenir. Ce paiement est dès lors garanti par un privilège sur l'immeuble. Au même titre que celui du vendeur, le privilège du copartageant doit être inscrit dans le délai de deux mois à dater de l'acte du partage, inscription qui détermine le rang de la sûreté, fixé de manière rétroactive au jour du partage selon l'article 2381 du Code civil (pour une application, Civ. 1re, 13 juill. 2004, *Defrénois* 2005, p. 342, obs. Ph. Théry ; *Defrénois* 2005, p. 536, obs. S. Piedelièvre). 804 ■

D. Le privilège des architectes, entrepreneurs et ouvriers

Aux termes de l'article 2374, 4° du Code civil, le privilège des architectes, entrepreneurs et ouvriers, permet de garantir le paiement des travaux qui ont été accomplis pour « édifier, reconstruire ou réparer » un immeuble. Une telle sûreté était peu utilisée et inscrite exceptionnellement, notamment en raison de sa complexité de mise en œuvre : des procès-verbaux constatant l'état des lieux et la plus-value obtenue après les travaux sont exigés à l'article 2382 du Code civil. C'est pourquoi l'article 1799-1 du Code civil, depuis la loi du 10 juin 1994, prévoit que le maître d'ouvrage à la possibilité de fournir, à l'entrepreneur, un cautionnement bancaire pour garantir les sommes dues dès lors qu'elles dépassent le seuil de 12 000 euros. La mise en œuvre de cette exigence rend « anachronique » le privilège des architectes, entrepreneurs et ouvriers, qui a certainement vocation à disparaître (Ph. Simler et Ph. Delebecque, *Les sûretés, la publicité foncière*, *op. cit.*, n° 446). 805 ■

E. Le privilège de la séparation des patrimoines

806 Les biens d'une succession acceptée purement et simplement ont vocation à se confondre avec ceux de l'héritier. Ce principe est avantageux pour les créanciers du défunt car le recouvrement de leur créance pourra s'accomplir sur l'ensemble des biens du patrimoine de cet héritier. En revanche, si ce dernier est insolvable, ces mêmes créanciers seront nécessairement en concours avec ceux de l'héritier. Dès lors, l'article 2374, 6° du Code civil prévoit l'inscription d'un privilège au bénéfice, depuis une modification apportée par la loi n° 2006-728 du 26 juin 2006 réformant les successions, des « créanciers du défunt », des « légataires de sommes d'argent sur les immeubles de la succession » et enfin « les créanciers personnels de l'héritier ». Cette disposition effectue un renvoi à l'article 878 alinéa 1er du Code civil, également modifié par la loi du 26 juin 2006, qui précise justement la faculté, pour les créanciers du défunt et les légataires de sommes d'argent, de « demander à être préférés sur l'actif successoral à tout créancier personnel de l'héritier ». L'alinéa 2 du même texte permet désormais, de manière réciproque, que les créanciers personnels de l'héritier puissent demander à être préférés à tout créancier du défunt pour être payés sur les biens de leur débiteur. De manière cohérente, l'alinéa 3 de l'article 878 du Code civil effectue un renvoi aux dispositions spécifiques au privilège de la matière. À ce titre, l'article 2383 du Code civil précise que l'opposabilité de cette sûreté suppose qu'une inscription ait été effectuée dans le délai de quatre mois après l'ouverture de la succession et la sûreté prend rang, de manière rétroactive, à la date de cette ouverture, donc du décès. En cas de non-respect de ce délai, le rang obtenu dépend de la date d'inscription. De plus, pour obtenir la séparation des patrimoines, il convient de la demander, sauf dans certaines circonstances pour lesquelles la séparation s'effectue de plein droit : si la succession est acceptée sous bénéfice d'inventaire, en cas de vacance de la succession ou enfin lorsqu'une procédure collective est appliquée au *de cujus* après son décès. Lorque la séparation n'est pas de plein droit, elle suppose que le titulaire du privilège exprime sa volonté par tout acte par lequel il "manifeste au créancier concurrent son intention d'être préféré sur un bien déterminé » (C. civ., art. 879 nouveau), en particulier par la saisine du juge chargé de la distribution ou en inscrivant son privilège (Simler Ph. et Delebecque Ph, préc., n° 431).

F. Le privilège de l'accédant à la propriété

807 Dans le cadre des opérations de location-accession à la propriété immobilière, la loi du 12 juillet 1984 confère aux accédants à la propriété un privilège destiné à garantir les droits qu'ils tiennent de leur contrat. Ce privilège, codifié à l'article 2374, 7° du Code civil, permet à ces accédants, qui constatent la défaillance de leur vendeur, de faire vendre l'immeuble et d'exercer ensuite leur droit de préférence sur le prix de vente. L'article 2384 du Code civil prévoit que ce privilège doit être inscrit dans le délai de deux mois à compter de la signature du contrat de location-accession, la date de ce contrat détermine alors le rang de la sûreté.

G. Le privilège du syndicat de copropriétaires

808 Depuis l'entrée en vigueur de la loi du 21 juillet 1994, désormais codifiée à l'article 2374, 1° *bis* du Code civil, le privilège du syndicat de copropriétaires

s'applique, par principe, lorsque l'immeuble en copropriété est divisé en appartements et que l'un des propriétaires ne respecte pas ses engagements auprès du syndicat. L'objectif est de lui permettre d'obtenir plus certainement le recouvrement des charges de copropriété (pour une non-application du privilège pour garantir le paiement de travaux de conservation et d'entretien, Civ. 3e, 15 mai 2002, *JCP* 2003. I. 124, n° 16, obs. Ph. Delebecque), mais aussi, à compter de l'entrée en vigueur de la loi n° 2014-366 du 24 mars 2016, soit le 1er janvier 2017, les frais liés aux travaux de restauration immobilière, les dommages et intérêts alloués par les juridictions aux syndicats de copropriétaire, ainsi que les remboursements des dépens (P. Crocq, « Extension du privilège du syndicat de copropriété », *D.* 2014. 1619). En cas de non-paiement de ces différentes créances, le syndic peut exercer un droit de préférence sur le prix de l'immeuble, après la mise en œuvre d'une vente forcée.

Au niveau procédural, un avis d'aliénation doit être notifié par le notaire au syndicat de copropriété dans le délai de 15 jours de la vente, qui va permettre à ce syndicat de former opposition au versement des fonds pour obtenir le paiement des charges et travaux dus par l'ancien copropriétaire. La Cour de cassation a récemment apporté une double précision relative aux modalités de mise en œuvre de cette opposition : l'une concerne l'exigence d'exactitude, avec l'indication du détail de la répartition des charges et travaux concernés en fonction des lots vendus (Civ. 3e, 3 nov. 2011, n° 10-20.182, *JCP* 2012. 465, n° 12, obs. H. Périnet-Marquet ; *JCP* 2012. 465, n° 12, obs. H. Périnet-Marquet ; *JCP* 2012. 626, n° 17, obs. Ph. Delebecque ; *RTDI* 2012, n° 1, p. 39, obs. Ch. Albiges ; *AJDI* 2012. 678, obs. D. Tomasin), l'autre la nature de la sanction encourue lorsque cette même opposition ne respecte pas le formalisme imposé, en l'occurrence la modification de la qualité du créancier, alors considéré chirographaire (Com. 27 nov. 2013, n° 12-25824, *JCP* 2014. 467, n° 11, obs. H. Périnet-Marquet ; *RTDI* 2014, n° 1, p. 16, obs. Ch. Albiges).

Si, par principe, le privilège permet au syndicat de bénéficier du même rang que celui du vendeur et du prêteur de deniers, ce même syndicat va être prioritaire pour les « charges et travaux de l'année courante et ses deux dernières années échues » (art. 2374, 1° *bis* C. civ.). Enfin, un tel privilège a pour particularité d'être occulte, car sa mise en œuvre n'est pas soumise au respect des formalités de publicité au service de la publicité foncière, contrairement aux autres privilèges.

§ 2 Le classement entre créanciers

Selon la formule du professeur Dagot, « le privilège, classiquement, mais aussi dans la définition que donne le Code civil, c'est un classement : une créance sera payée avant d'autres, un point c'est tout » (M. Dagot, « La notion de privilège », *in Mélanges Ch. Mouly*, *op. cit.*, p. 335). Cette formule illustre parfaitement le lien inéluctable entre le classement, le rang de chaque créancier, et le privilège dont ceux-ci sont dotés. Ces éléments sont essentiels car ils permettent de déterminer les modalités de mise en œuvre du droit de préférence sur le prix obtenu après la vente de l'immeuble appartenant au débiteur. Ce classement concerne les créanciers hypothécaires, les créanciers bénéficiaires d'un privilège général — portant sur les meubles et les immeubles du débiteur — et enfin les créanciers titulaires d'un privilège spécial immobilier. Si tous ces créanciers sont, par principe, prioritaires par rapport aux créanciers chirographaires, la difficulté concerne la détermination de leur rang qu'il convient de leur attribuer, qu'il s'agisse d'un classement entre créanciers 809 hypothécaires et créanciers bénéficiaires d'un privilège (A) ou entre les différents créanciers bénéficiaires d'un privilège (B).

A. Le classement entre créanciers hypothécaires et créanciers bénéficiaires d'un privilège

810 Conformément à la solution retenue à l'article 2324 du Code civil, le créancier privilégié, qu'il s'agisse d'un privilège général ou spécial, est prioritaire par rapport à un créancier titulaire d'une hypothèque : cette disposition énonce en effet qu'« un privilège est un droit que la qualité de la créance donne à un créancier d'être préféré aux autres créanciers, même hypothécaires ». Une telle règle s'impose dès lors que le créancier privilégié a procédé aux formalités d'inscription, qui ne sont attributives de rang que si elles ont été accomplies dans le délai légal. Si cette condition est respectée, ce créancier sera nécessairement préféré, même si entre la date de l'événement qui donne naissance au privilège – une vente par exemple – et l'inscription, un autre créancier inscrit une hypothèque. Selon les termes de l'article 2386 alinéa 1er du Code civil, qui effectue une référence aux délais pour inscrire un privilège, « Les hypothèques inscrites sur les immeubles affectés à la garantie des créances privilégiées, pendant le délai accordé par les articles 2379, 2381 et 2383 pour requérir l'inscription du privilège, ne peuvent préjudicier aux créanciers privilégiés ». En revanche, l'article 2386 alinéa 2 du même Code prévoit que le non-accomplissement de l'inscription dans ces délais a pour effet de transformer le privilège en hypothèque qui ne prend rang, à l'égard des tiers, qu'au jour de l'inscription (sauf pour le privilège du syndicat de copropriétaire qui est occulte, v. ss 808). Il faut enfin, en toute hypothèse, que le créancier hypothécaire et celui privilégié aient, comme débiteur commun, le propriétaire de l'immeuble concerné.

B. Le classement entre les différents créanciers bénéficiaires d'un privilège

811 Si un créancier, titulaire d'un privilège général (sur lequel, v. ss 751), entre en conflit avec le créancier bénéficiaire d'un privilège spécial, l'article 2376 du Code civil affirme que les privilèges généraux priment et confèrent aux créanciers, pourvus d'une telle sûreté, la faculté d'exercer leurs droits. L'article 2376 précise cependant que le créancier ne pourra exercer sa préférence sur le prix de vente de l'immeuble qu'après avoir constaté l'insuffisance des biens mobiliers.

812 En matière de privilèges spéciaux uniquement, le conflit peut tout d'abord intervenir entre créanciers bénéficiaires titulaires du même privilège. L'article 2374, 1° du Code civil prend comme critère de base l'ordre chronologique des événements pour le privilège du vendeur d'immeuble : « S'il y a plusieurs ventes successives dont le prix est dû en tout ou en partie, le premier vendeur est préféré au second, le deuxième au troisième, et ainsi de suite ». Une solution identique est retenue pour le prêteur de deniers (art. 2374, 1° *bis* C. civ.).

813 En cas de conflit entre créanciers titulaires de privilèges spéciaux différents, leur classement est déterminé en fonction de leur inscription et, plus précisément de la rétroactivité de cette inscription, sauf pour le privilège du syndicat de copropriété en raison de son caractère occulte. Le privilège le plus ancien a vocation à primer sur les

autres. Cette rétroactivité s'imposera dès lors que le délai prévu par les textes pour accomplir les formalités aura été respecté. La difficulté intervient lorsque deux privilèges spéciaux ont été inscrits simultanément, en particulier le privilège du vendeur d'immeuble et celui du prêteur de deniers. La doctrine est opposée en la matière : pour certains auteurs, un rang identique doit être retenu, car les deux sûretés ont pris naissance en même temps (M. Cabrillac, Ch. Mouly, S. Cabrillac et Ph. Pétel, *Droit des sûretés*, *op. cit.*, n° 897). À l'inverse, pour d'autres auteurs, le privilège du vendeur doit primer, car c'est ce dernier qui est à l'origine de l'introduction d'un bien nouveau dans le patrimoine de l'acquéreur (P. Malaurie, L. Aynès, *Les sûretés, La publicité foncière*, par L. Aynès et P. Crocq, *op. cit.*, n° 705). La Cour de cassation n'a pas, à ce jour, déterminé la solution qui doit être retenue dans une telle hypothèse. Il appartient en pratique aux parties de déterminer au préalable le rang dont elles bénéficieront, le prêteur obtenant du vendeur une cession d'antériorité lui permettant d'être préféré.

13

Compléments pédagogiques

Mémo

Le privilège est une *sûreté légale* aux termes de laquelle un créancier peut être préféré aux autres créanciers, même hypothécaires, en raison de la *qualité de sa créance*. De façon générale, les privilèges se caractérisent par leur caractère occulte et la variabilité de leur assiette. Il existe en effet diverses catégories de privilèges selon qu'ils portent sur l'ensemble du patrimoine du débiteur, sur ses meubles ou ses immeubles.

Les *privilèges pleinement généraux* sont peu nombreux. On dénombre le privilège des frais de justice et le privilège des salaires — privilège ordinaire et superprivilège — régis par le Code civil, ainsi que le privilège de conciliation et celui des créanciers postérieurs au jugement d'ouverture d'une procédure collective, régis par le Code de commerce. Si la nature de ces privilèges pleinement généraux a été un temps controversée, leur *régime juridique* se résume à deux traits caractéristiques : ils se limitent à l'existence d'un droit de préférence qui s'exerce sur l'ensemble des biens meubles et immeubles du débiteur, dans le respect d'un principe de subsidiarité.

Les *privilèges mobiliers* sont soit *généraux*, soit *spéciaux* selon qu'ils portent sur l'ensemble des biens meubles du débiteur ou sur certains d'entre eux. Les créances privilégiées sur la généralité des meubles sont les *frais funéraires*, les *frais de dernière maladie* et les *fournitures de subsistance*, mais surtout les *privilèges du Trésor* et le *privilège de la Sécurité sociale*. Ces deux derniers privilèges, ayant tendance à absorber l'intégralité de l'actif du débiteur défaillant, la loi a organisé un système sommaire de publicité destiné à informer les tiers de l'importance du passif fiscal et social du contribuable. Les privilèges mobiliers spéciaux sont divers et relèvent tant de lois spéciales que de l'article 2332 du Code civil. Les raisons de ces privilèges sont variées. Certains sont fondés sur l'idée de gage tacite, d'autres sur la mise d'une valeur dans le patrimoine du débiteur ou encore sur la conservation d'un élément du patrimoine du débiteur. Les principaux sont le *privilège du bailleur d'immeuble*, le *privilège du conservateur* et le *privilège du vendeur de meubles*. Le premier garantit la créance de loyer du bailleur ainsi que tout ce qui concerne l'exécution du bail ou l'occupation des lieux, son assiette étant constituée par le prix de tout ce qui garnit la maison louée ou la ferme. Le deuxième consacre un privilège au bénéfice de celui qui a engagé des frais pour conserver la valeur d'un bien. Le troisième ouvre au vendeur le droit de se faire payer par préférence sur la valeur de la chose vendue. Les articles 2332-1 à 2332-3 du Code civil instaurent des *règles de classement* entre ces différents privilèges qui sont toutefois perturbées en cas de *procédure collective* du débiteur. En outre, le créancier titulaire d'un droit de rétention viendra également modifier ce classement, dans la mesure où il ne se dessaisit pas du bien grevé du privilège, quel qu'il soit.

Les *privilèges immobiliers* sont soit généraux, lorsqu'ils portent sur l'ensemble des biens immobiliers du débiteur, soit *spéciaux*, quand l'assiette de la sûreté est la valeur d'un immeuble déterminé. Dans cette dernière hypothèse, le législateur a établi une liste de créanciers, titulaires d'un droit de suite et d'un droit de préférence, en raison de la nature particulière de la créance. Tel est le cas plus précisément du *privilège du vendeur d'immeuble*, du *privilège de prêteur de deniers*, du *privilège du copartageant*, du *privilège des architectes, entrepreneurs et ouvriers*, du *privilège de la séparation des patrimoines*, du *privilège de l'accédant à la propriété* et du *privilège du syndicat de copropriétaires*. Quel que soit le créancier concerné, les règles du classement, prévues par les textes, permettent de fixer un rang entre créanciers en fonction de la date de naissance de la créance, indépendamment des formalités d'inscription de la sûreté qui doivent être accomplies.

Documents

1) Sur l'assiette du privilège du bailleur d'immeuble

Com. 16 nov. 2010
(*Gaz. Pal.* 30-31 mars 2011, p. 22, obs, M.-P. Dumont-Lefrand)

« Le privilège du bailleur d'immeuble porte sur tous les meubles garnissant le local loué, même s'ils appartiennent à un tiers, sauf s'il est établi que le bailleur connaissait l'origine de ces meubles lorsqu'ils ont été introduits dans ce local. »

2) En matière de privilège du fisc pour les taxes foncières

Com. 28 mars 2006
(*Bull. civ.* IV, n° 80)

« Mais attendu qu'en retenant que le privilège spécial de la taxe foncière comporte un droit de suite que le comptable du Trésor peut exercer en adressant un avis à tiers détenteur au locataire de l'immeuble en cause, la cour d'appel, qui a ainsi fait ressortir que, par l'effet du droit de suite, le nouveau propriétaire de l'immeuble était lui-même devenu débiteur direct et, par conséquent, redevable des droits garantis au sens de l'article L. 262 du livre des procédures fiscales, a procédé à la recherche prétendument omise et légalement justifié sa décision ; que le moyen n'est pas fondé. »

3) En matière de privilège du syndicat de propriétaire

Civ. 3e, 15 févr. 2006
(*Bull. civ.* III, n° 40)

« Mais attendu que le privilège immobilier bénéficiant au syndicat des copropriétaires pour le paiement des charges et travaux ne s'exerce qu'en cas de vente du lot de copropriété ; que par ce motif de pur droit substitué à celui critiqué, l'arrêt se trouve légalement justifié. »

Biblio

- L. Aynès et P.-Y. Gautier, « De l'application stricte des privilèges », *D.* 1994. Chron. 13.
- M. Dagot, « La notion de privilège », in *Mélanges Ch. Mouly*, t. II, Litec, 1998, p. 335.
- Ph. Dupichot, « Les sûretés du financement d'acquisition immobilière », *JCP* N 2015. 1095.
- Ph. Malinvaud, « Le privilège du bailleur et les meubles qui n'appartiennent pas au preneur », in *Mélanges P. Voirin*, LGDJ, 1967, p. 578.
- Z. Zerbo, « Privilège et droit de rétention du voiturier : halte à la confusion ! », *D.* 2001. Chron. 2290.

Quiz

1) Sujet corrigé

A) Commentaire d'arrêt

Énoncé

Com. 27 juin 2006 (*Bull. civ.* IV, n° 155)

« Attendu, selon l'arrêt déféré, que la société Lito-plast ayant confié à la société Rocca transports la livraison de marchandises, cette dernière, exerçant le privilège du voiturier, les a retenues en invoquant une créance antérieure au titre de factures impayées, sous déduction d'un avoir et de factures d'avaries ; que la société Lito-plast a assigné la société Rocca transports en paiement et en indemnisation ;

Sur le premier moyen, pris en sa deuxième branche :

Vu l'article 16 du nouveau code de procédure civile ;

Attendu que pour déclarer la société Lito-plast forclose en sa demande de paiement de la somme de 6 911,67 euros et la condamner à payer à la société Rocca transports la somme de 4 420,05 euros, l'arrêt retient que, dès lors que la société Lito-plast a conclu dans ses écritures initiales et modificatives de première instance à la compensation des créances réciproques des deux parties sur le fondement des articles 1291 et suivants du code civil, elle reconnaît nécessairement la créance invoquée par la société Rocca transports à son encontre ;

Attendu qu'en statuant ainsi, alors que dans ses conclusions d'appel, la société Lito-plast faisait valoir la prescription des créances de la société Rocca transports et que cette dernière pour s'y opposer invoquait non la compensation sollicitée par la société Lito-plast en première instance, mais la nature de ses créances, la cour d'appel a fondé sa décision sur un moyen relevé d'office sans avoir au préalable invité les parties à présenter leurs observations et a violé le texte susvisé ;

Et sur le second moyen :

Vu l'article L. 133-7 du code de commerce ;

Attendu qu'il résulte de ce texte que, pour des créances de transport nées à l'occasion d'opérations antérieures, le transporteur ne dispose d'un privilège que dans la mesure où le propriétaire des marchandises sur lesquelles il l'exerce est impliqué dans lesdites opérations ;

Attendu que pour rejeter la demande de la société Lito-plast tendant à voir juger abusif le droit de rétention exercé par la société Rocca transports, l'arrêt se borne à relever que le propriétaire effectif de la marchandise, au moment où le transporteur a exercé son droit de rétention, soit la société Sapsa bedding, était bien concerné par les transports impayés ;

Attendu qu'en se déterminant ainsi, sans préciser en quoi le propriétaire des marchandises sur lesquelles la société Rocca transports avait exercé son privilège était impliqué dans les opérations de transport antérieures à l'occasion desquelles étaient nées les créances qu'elle entendait recouvrer, la cour d'appel n'a pas donné de base légale à sa décision ;

PAR CES MOTIFS, et sans qu'il y ait lieu de statuer sur les autres griefs :

CASSE ET ANNULE, sauf en ce qu'il a déclaré l'appel recevable, l'arrêt rendu le 24 mars 2005, entre les parties, par la cour d'appel de Bastia ; remet, en conséquence, sur ce point, la cause et les parties dans l'état où elles se trouvaient avant ledit arrêt et, pour être fait droit, les renvoie devant la cour d'appel d'Aix-enProvence ; »

Voir le corrigé en fin de rubrique.

B) Cas pratique

Énoncé

En 2007, la banque régionale du Midi a prêté la somme de 200 000 euros à la SARL de maçonnerie générale FATIRA pour l'acquisition d'un matériel professionnel. Lors du prêt, la banque a exigé de la société la constitution de ce matériel en gage dans le cadre des articles L. 525-1 et suivants du Code de commerce. En outre, le gérant de la SARL FATIRA s'est régulièrement engagé comme caution du prêt à l'égard de la banque.

Vu la récente crise du bâtiment, la société ne peut plus assurer le remboursement du prêt. La banque décide de poursuivre la réalisation du gage en faisant vendre le matériel par l'intermédiaire d'un courtier qui prend alors possession du matériel. Le matériel est vendu à un acheteur pour la somme de 170 000 euros. Or, le fisc fait valoir une créance d'impôt sur le revenu de 100 000 euros et souhaite être payé sur le prix de vente du matériel. Par ailleurs, la banque poursuit la caution à hauteur du solde du prêt en principal et accessoire pour la somme de 178 000 euros.

Vous êtes le conseil juridique de la caution.

Voir le corrigé en fin de rubrique.

Article 1920 CGI :

1. Le privilège du Trésor en matière de contributions directes et taxes assimilées s'exerce avant tout autre sur les meubles et effets mobiliers appartenant aux redevables en quelque lieu qu'ils se trouvent. Ce privilège s'exerce, lorsqu'il n'existe pas d'hypothèques conventionnelles, sur tout le matériel servant à l'exploitation d'un établissement commercial, même lorsque ce matériel est réputé immeuble par application des dispositions du premier alinéa de l'article 524 du Code civil.

2. Le privilège établi au 1 s'exerce en outre :

1° Pour la fraction de l'impôt sur les sociétés due à raison des revenus d'un immeuble, sur les récoltes, fruits, loyers et revenus de cet immeuble ;

2° Pour la taxe foncière sur les récoltes, fruits, loyers et revenus des biens immeubles sujets à la contribution.

3. Le privilège institué par les 1 et 2 peut être exercé pour le recouvrement des versements qui doivent être effectués par les contribuables en exécution de l'article 1664 avant la mise en recouvrement des rôles dans lesquels seront comprises les impositions en l'acquit desquelles les versements seront imputés et dès l'exigibilité desdits versements.

4. Le privilège institué par le 1 peut être exercé pour le recouvrement des acomptes qui doivent être versés en l'acquit de l'impôt sur les sociétés dans les conditions prévues par l'article 1668.

5. Le privilège peut être exercé pour le recouvrement de l'imposition forfaitaire annuelle des sociétés instituée par l'article 223 *septies*.

2) Corrigés

Commentaire d'arrêt

Introduction

Sûreté légale accordée en fonction de la qualité de la créance favorisée, le privilège permet au créancier qui en bénéficie d'obtenir le paiement de sa créance par préférence aux autres créanciers, ce qui implique qu'ils entrent en concours. L'arrêt commenté a trait au privilège du voiturier accordé par l'article L. 133-7 du Code de commerce. Ce texte, réécrit à l'occasion de la loi Gayssot du 6 février 1998 relative à l'amélioration des conditions d'exercice de la profession de transporteur routier, conditionne l'attribution du privilège à la condition d'implication du propriétaire des marchandises sur lesquelles s'exerce le privilège. La décision étudiée était l'occasion de voir cette notion d'« implication » précisée. Or, il n'en est rien.

En l'espèce, étant impayée de plusieurs créances de transport antérieures, la société transporteur Rocca transports a retenu les marchandises en sa possession au titre d'un transport ultérieur. L'expéditeur l'a alors assignée en paiement et en indemnisation, estimant le droit de rétention abusif. La cour d'appel de Bastia a refusé de faire droit à cette demande au motif que lorsque le transporteur a exercé son droit de rétention, la société propriétaire effectif des marchandises retenues, était bien concernée par les transports impayés. Mais la Cour de cassation casse, pour défaut de base légale, jugeant au visa de l'article L. 133-7 du Code de commerce, « qu'il résulte de ce texte que, pour des créances de transport nées à l'occasion d'opérations antérieures, le transporteur ne dispose d'un privilège que dans la mesure où le propriétaire des marchandises sur lesquelles il l'exerce est impliqué dans lesdites opérations ». La question en l'occurrence non réellement tranchée, était celle de la consistance de la condition d'implication du propriétaire des marchandises, dont dépend l'exercice du privilège du voiturier.

Par cette décision, la Cour de cassation entretient une confusion malheureuse entre le privilège du voiturier et le droit de rétention exercé par celui-ci sur les marchandises transportées, confusion que la notion d'« implication du propriétaire » exigée par l'article L. 133-7 du Code de commerce ne participe pas à estomper.

I. La confusion du privilège et du droit de rétention

Alors que dans son attendu, la Cour de cassation évoque la notion de « privilège », refusant son exercice pour défaut de base légale, la cour d'appel se référait, quant à elle, à la notion de « droit de rétention ». Or, les deux garanties ne sauraient être confondues.

A. La notion de « privilège »

Le privilège du voiturier est un privilège mobilier spécial destiné à garantir le paiement de toutes créances de transport, même nées à l'occasion d'opérations antérieures.

1. L'assiette du privilège

Comme tout privilège, celui du voiturier consiste en l'affectation de la valeur d'un bien grevé au paiement préférentiel d'une créance. Seule la valeur du bien, en l'occurrence les marchandises transportées (l'art. L. 133-7 C. com. évoque aussi les documents s'y rapportant), est affectée au créancier à titre de garantie. En aucun cas, l'existence du privilège suppose la dépossession du débiteur et donc la possession de marchandises par le transporteur.

À cet égard, l'article L. 133-7 du Code de commerce, visa de l'arrêt, emploie bien l'expression de « valeur des marchandises ». Par conséquent, le voiturier devrait être en mesure de pouvoir réclamer le paiement de sa créance privilégiée tant que la valeur des marchandises grevées existe dans le patrimoine de son débiteur, quitte à les faire saisir entre les mains d'un tiers.

2. Les créances garanties

Les créances garanties par le privilège du voiturier sont toutes les créances de transport impayées, y compris celles nées à l'occasion d'opérations antérieures. C'est tout l'intérêt du privilège que de pouvoir être affecté au paiement de telles créances antérieures. En élargissant le champ d'application des créances garanties, la loi Gayssot du 6 février 1998 a d'ailleurs aligné le privilège du transporteur sur celui du commissionnaire de transport.

B. L'existence du droit de rétention

À la différence du privilège, le droit de rétention, malgré sa consécration légale, n'est qu'un pouvoir de fait sur la chose. Appliqué au voiturier, ce pouvoir reste le même.

1. L'effet du droit de rétention en général

Le rétenteur n'a que le pouvoir de refuser de restituer la chose retenue. Par cette rétention, prérogative exclusivement négative, il peut espérer être payé, dès lors que la gêne occasionnée au débiteur est trop importante. Mais en retenant des marchandises, le créancier ne se prévaut pas d'un privilège. Le droit de rétention n'est pas une priorité sur la valeur des marchandises. Le rétenteur n'a pas de droit au paiement préférentiel, mais un simple pouvoir de blocage sur une chose.

2. Le droit de rétention du transporteur

Appliqué au transporteur, le droit de rétention ne change pas de nature. Il s'agit pour le voiturier de refuser la restitution des marchandises en sa possession pour espérer être payé par son débiteur. Le droit de rétention suppose donc la possession des marchandises : pour « retenir, il faut d'abord tenir ». Or, la confusion avec le privilège du voiturier est possible parce que le voiturier, créancier privilégié est souvent également en possession des marchandises. Ainsi la qualité de créancier rétenteur s'ajoute à celle de créancier privilégié. Mais, le droit de rétention ne se transforme pas en une priorité sur la valeur des marchandises. Cela étant, dans la mesure où elles sont déjà en sa possession, cela lui évite d'avoir à les saisir. Et il est alors délicat de savoir pour quelle raison le débiteur paye : par l'exercice du privilège ou sous la contrainte du droit de rétention. Par ailleurs, par un arrêt remarqué, la Cour de cassation a jugé, à propos du privilège du commissionnaire de transport (Com. 8 juin 1999), qu'un droit de rétention peut être la conséquence d'un privilège. Ce faisant, elle participe à l'impression de confusion relevée, que la notion d'« implication du propriétaire », exigée par la loi, ne participe pas à dissiper.

II. L'implication du propriétaire des marchandises

Aux termes de l'article L. 133-7 du Code de commerce, le privilège du voiturier garantit les « créances de transport, même nées à l'occasion d'opérations antérieures », mais à condition que « le propriétaire des marchandises sur lesquelles s'exerce le privilège [soit] impliqué dans lesdites opérations ». En rappelant cette condition d'implication, la Cour de cassation n'en fixe pas pour autant les contours, alors que l'occasion lui en était ici donnée. Ce faisant, les juges laissent perdurer l'ambiguïté de la notion, tout en cantonnant leur rôle.

A. L'ambiguïté de la notion d'« implication »

En l'état de la rédaction de l'article L. 133-7 du Code de commerce, l'exercice du privilège du transporteur est conditionné par l'implication du propriétaire de la marchandise, assiette du privilège. Or cette condition difficilement compréhensible, aurait mérité d'être précisée.

1. L'intérêt de la condition d'implication

Selon l'article de l'article 2324 du Code civil, « Le privilège est un droit que la qualité de la créance donne à un créancier d'être préféré aux autres créanciers, même hypothécaires ». Le privilège est lié à la qualité de la créance, ce qui suppose une relation bilatérale entre un créancier et un débiteur. La loi décide ensuite que telle créance mérite d'être privilégiée, contrairement à telle autre. Dès lors, on ne voit pas pourquoi l'implication d'un tiers devrait faire évoluer la situation. Et cela d'autant plus que la notion d'« implication » n'est pas précisée.

2. Le sens de la condition d'implication

À partir du moment où, pour des raisons probablement économiques — favoriser la circulation des marchandises en évitant de faciliter des saisies de marchandises propriété d'un tiers n'ayant aucun rapport avec la créance litigieuse — la loi décide de lier le caractère privilégié d'une créance à une condition particulière, la délimitation de ses contours est une attente légitime. Or, si l'on peut comprendre que la loi se borne simplement à fixer des critères, même si l'on peut déplorer leur existence, il est regrettable que la Cour de cassation ne profite pas de l'occasion qui lui est offerte pour préciser la notion.

B. Le rôle de la Cour de cassation

En l'espèce, la cour d'appel avait rejeté la demande tendant à voir jugé abusif le droit de rétention exercé par le transporteur, relevant que « le propriétaire effectif de la marchandise, au moment où le transporteur a exercé son droit de rétention, était bien concerné par les transports impayés ». Or, la Cour de cassation casse, pour défaut de base légale en relevant que les juges du fond n'ont apporté aucune précision sur l'implication du propriétaire des marchandises dans les opérations de transport antérieures. Ce faisant, si la Cour de cassation confirme l'obligation pour le transporteur de se préoccuper de l'identité du propriétaire des marchandises (v. déjà Paris, 5 avr. 2005, *JCP E* 2005. 2209, n° 21, note Ph. Delebecque), elle semble se borner à indiquer, à propos de la notion d'« implication », que son rôle se limitera à un contrôle de motivation des juges du fond. Ainsi, la délimitation des contours de cette notion, d'une utilité douteuse, est entre les mains du pouvoir souverain des juridictions du fond qui auront la tâche de la façonner. Or, en l'espèce la cour d'appel n'avait pas caractérisé l'implication du propriétaire des marchandises dans les opérations antérieures de transport.

Cas pratique

La banque qui a ici accordé le crédit dispose de deux sûretés : un gage du matériel et de l'outillage et un cautionnement du gérant de la société emprunteuse.

Dès lors, la question de droit qui se pose est la suivante : quelles sont les conséquences du choix, par un créancier gagiste, de procéder à la vente forcée d'un gage, sur l'engagement de la caution dont il bénéficie par ailleurs ? Telle qu'elle est posée, cette interrogation suppose de s'intéresser aux effets du gage du matériel et de l'outillage d'une part, puis à l'incidence du choix du mode de réalisation choisi par le créancier sur l'engagement de la caution d'autre part.

I. Sur les effets du gage du matériel et de l'outillage

Le créancier gagiste dispose de deux modes de réalisation possibles de son gage :

- soit l'attribution en propriété (judiciaire ou conventionnelle si le contrat de gage comportait un pacte commissoire)

- soit la vente forcée qui en l'occurrence dépend de la nature de la sûreté :

• si le gage est civil : vente aux enchères, sur autorisation judiciaire

• si le gage est commercial : vente forcée huit jours après une signification faite au débiteur, par l'intermédiaire d'un courtier, sans autorisation judiciaire.

En l'espèce, le gage portant sur le matériel et l'outillage est un gage commercial garantissant une dette commerciale, ce qui autorise le créancier gagiste à recourir à la vente forcée en la forme simplifiée de l'article L. 521-3 al. 1 du Code de commerce.

Mais entre les deux possibilités, l'intérêt de la première solution est de ne pas entrer en concours avec les éventuels autres créanciers. Aussi, en choisissant la vente forcée et non l'attribution en propriété, la banque a pris un risque, en l'occurrence celui de subir la loi du concours et d'être primée par un autre créancier bénéficiant d'une sûreté de meilleur rang. Justement le fisc demande à être désintéressé d'une créance d'impôt sur le revenu de 100 000 euros sur le produit de la vente du matériel vendu.

Dès lors, deux créanciers sont en concours : le Trésor public et le créancier gagiste. Lequel prime l'autre ?

D'un côté, le créancier gagiste dispose du privilège de l'art. L. 525-9-II du Code de commerce qui prévoit que celui-ci s'exerce sur les biens grevés par préférence à tous autres privilèges (sauf le privilège des frais de justice, celui des frais de conservation et celui des salariés), s'exerçant notamment par préférence au privilège du Trésor.

D'un autre côté, traditionnellement le Trésor public dispose de privilèges divers qui priment généralement les autres privilèges mobiliers. À cet égard, l'article 2327 du Code civil renvoie, pour le régime des privilèges du Trésor public, aux lois particulières. En l'occurrence, s'agissant d'impôts sur le revenu, la loi particulière est l'article 1920 du CGI qui confère au fisc un privilège général mobilier de premier rang.

Dès lors, compte tenu de cette importante précision issue de ce texte fiscal et propre à l'impôt dû, qui confère au fisc un privilège de premier rang, le Trésor public doit être préféré à la banque prêteuse pour cette créance de 100 000 euros. En conséquence, la banque ne recevra que le reliquat du prix de la vente, en l'occurrence 70 000 euros.

II. Sur les conséquences du choix du créancier gagiste sur l'engagement de la caution

Puisque le fisc prime le créancier gagiste, la banque ne recevant que 70 000 euros, poursuivra logiquement la caution pour 108 000 euros (178 000 – 70 000), alors que si elle avait choisi l'attribution en propriété, elle serait devenue propriétaire dudit matériel et aurait primé tous les autres créanciers, y compris le fisc. Donc la caution n'aurait été poursuivie que pour 8 000 euros.

Par conséquent, la caution peut avoir intérêt à invoquer l'article 2314 du Code civil et le bénéfice de subrogation qu'il consacre. Même s'il n'existe pas à ce jour de jurisprudence sur cette situation précise de choix malheureux du créancier gagiste, l'on peut penser à transposer la jurisprudence d'une chambre mixte (Ch. mixte, 17 nov. 2006, *D.* 2006. AJ. 2907, obs. Avena-Robardet qui a jugé que « le créancier qui, ayant pris un nantissement provisoire sur le fonds de commerce, obtient le même jour un cautionnement, permettant à la caution une subrogation, ne peut plus se borner à agir dans son strict intérêt personnel, mais doit prendre en compte les intérêts de la caution, en sorte qu'il s'oblige nécessairement à rendre définitif le nantissement ») ou celle de la première chambre civile (Civ. 1re, 3 avr. 2007, *D.* 2007. Jur. 1572, note D. Houtcieff). Le créancier doit agir dans l'intérêt de la caution ; or en choisissant la réalisation forcée au lieu de l'attribution en propriété, il a agi contre l'intérêt de cette dernière. Par conséquent, la caution pourrait être déchargée, à hauteur du préjudice qu'elle subit, soit 100 000 euros. C'est alors à la caution de prouver que les conditions de l'article 2314 du Code civil sont réunies, mais c'est au créancier d'établir que la perte d'un droit lui profitant n'a pas été préjudiciable à la caution (Civ. 1re, 22 mai 2008, *RD banc. fin.* 2008/4, n° 106, obs. A. Cerles), sachant que la valeur du droit dont peut bénéficier la caution doit s'apprécier à la date d'exigibilité de l'obligation, soit la déchéance du terme du contrat de prêt (Com. 10 juin 2008, *RD banc. fin.* 2008/4, n° 107, obs. D. Legeais).

Sujet terminal

Remarque : le sujet fait appel aux connaissances développées dans le présent ouvrage. Il correspond à une épreuve d'une durée de trois heures, effectuée avec le Code civil.

Sujet corrigé

Cas pratique

Énoncé

I.

En garantie d'un crédit à la consommation qu'elle consent à M. Renard, la Banque montpelliéraine du crédit s'est fait consentir, par un acte daté du 1er septembre 2016 un nantissement portant sur une créance détenue par ce dernier. En effet, au titre de divers droits d'auteur, M. Renard est créancier de la SACEM, non informée à ce jour du nantissement. La créance de M. Renard était exigible le 1er octobre 2016 alors que le prêt que lui a consenti la banque était, quant à lui, exigible le 1er novembre 2016. Par ailleurs, la Banque montpelliéraine du crédit a également conclu, pour garantir cette même créance de prêt, un contrat de cautionnement avec le frère de M. Renard. À l'échéance, M. Renard n'a pas exécuté son obligation de remboursement. Que peut faire la banque ?

II.

Le 15 mars 2015, l'Union des banques régionales (l'UBR) a consenti un prêt à la société de production de l'épouse de M. Renard (la société) avec pour garantie le cautionnement solidaire de Mme Renard et M. Corbeau, associés de la société.

Le 31 décembre 2015, M. Corbeau cède l'ensemble de ses parts sociales à Mme Renard. Par la suite, la société est mise en redressement puis en liquidation judiciaire. L'UBR déclare sa créance et est admise pour un certain montant.

Mme Renard est à son tour mise en redressement judiciaire, à la suite duquel un plan de cession est arrêté. M. Corbeau qui avait réglé en sa qualité de caution, une somme de 10 000 euros pour solde de la créance de la banque, après le redressement de Mme Renard, l'assigne en remboursement de cette somme.

Quelles sont ses chances de succès ?

III.

Par ailleurs, M. Renard est membre d'une société civile immobilière (SCI) qui a vendu à une autre des lots dépendant d'un immeuble à construire. Or, suite à la mise en liquidation judiciaire de la SCI acheteuse, le liquidateur a cédé les lots, de gré à gré, à M. Opportun, après autorisation du juge-commissaire conformément à l'article L. 642-18 alinéa 3 du Code de commerce. Bien qu'ayant régulièrement déclaré sa créance, la

SCI venderesse n'a pas obtenu le règlement de sa créance. Peut-elle exercer un droit de rétention sur les clés de l'immeuble cédé ?

Voir le corrigé en fin de rubrique.

Corrigé

Cas pratique

I.

La Banque montpelliéraine du crédit a eu la sagesse de se faire consentir deux sûretés, l'une réelle, le nantissement de créance, et l'autre personnelle, le cautionnement. Aussi peut-elle tenter de se retourner et contre la SACEM au titre du nantissement de créance, et contre le frère de M. Renard, au titre du contrat de cautionnement.

A. Contre la SACEM au titre du nantissement de créance

Depuis l'ordonnance du 23 mars 2006, la garantie portant sur une créance (bien incorporel) est obligatoirement un nantissement régi par les articles 2355 et suivants du Code civil. En l'espèce, la créance garantie est le prêt accordé par la banque exigible le 1er novembre 2016, et la créance nantie est celle de droits d'auteurs dus par la SACEM à compter du 1er octobre 2016. Il apparaît que la créance nantie arrive à échéance avant la créance garantie. Deux questions se posent : celle de la validité du nantissement et celle de son efficacité.

1. Sur la validité du nantissement

Il est nécessaire d'examiner en premier lieu la validité du nantissement en cause, ce qui suppose de vérifier que l'acte de nantissement est valable tant sur la forme que sur le fond. Ceci ne devrait toutefois pas poser de grandes difficultés dans la mesure où la loi est assez libérale. En effet, sur la forme, l'acte de nantissement de créance doit figurer dans un écrit, daté et signé, conclu à peine de nullité. Il peut être authentique ou sous seing privé, sans avoir à être enregistré. Par ailleurs, sur le contenu de l'acte, la seule exigence imposée par la loi tient à l'individualisation des créances nanties et garanties qui doivent être désignées dans l'acte.

En l'espèce, la désignation de la créance garantie ne pose pas de difficulté particulière. Quant à la créance nantie, les parties ont une grande latitude et peuvent nantir non seulement une créance, mais aussi un ensemble de créances, puisque l'article 2355 alinéa 1er du Code civil vise « un ensemble de biens meubles incorporels ». L'origine de la créance nantie importe peu, du moment qu'elle est disponible, et les caractères de la créance peuvent être variés, sachant qu'elle peut même être future (art. 2356 al. 3 C. civ.). Le créancier nanti acquiert alors un droit sur la créance à naître dès sa naissance (art. 2357 C. civ.). Toutefois, tel ne semble pas être le cas en l'espèce, puisque la créance de droit d'auteur est née, mais n'est pas encore exigible. Dès lors, dans la mesure où l'article 2356 alinéa 2 du Code civil ne précise pas les modalités de désignation des créances, les parties sont libres, du moment que leur désignation est claire, de faire référence à un autre acte ou de les mentionner directement.

La seule incertitude tient en fait dans l'interrogation suivante : le défaut d'une de ces désignations entraînera-t-il la nullité de l'acte ? Même si la rédaction du texte semble plus libérale qu'en matière de cession Dailly — laquelle a inspiré le législateur en notre matière —, le défaut d'individualisation des créances devrait conduire à l'annulation du nantissement. Cela étant, en l'espèce, rien ne laisse supposer une telle carence.

2. Sur l'efficacité du nantissement

Il convient en second lieu de s'interroger sur l'efficacité de la sûreté. Comme on vient de le voir, le nantissement de créance exige un écrit daté. Cette date est importante puisque c'est à partir de celle-ci que le nantissement prend effet entre les parties, et est opposable aux tiers (art. 2361 C. civ.). Toutefois, pour être opposable au débiteur de la créance nantie, le nantissement de créance doit lui être notifié, à moins qu'il n'intervienne à l'acte (2362 al. 1er C. civ.). Or ici, aucune notification n'est intervenue. Par conséquent, en l'espèce, à l'échéance de la créance nantie, soit le 1er octobre 2016, la SACEM pouvait parfaitement se libérer entre les mains de M. Renard. En effet, ce n'est qu'après notification que seul le créancier nanti reçoit valablement le paiement de la créance donnée en nantissement (art. 2363 al. 1er C. civ.).

Ainsi, faute pour la banque d'avoir notifié à la SACEM le nantissement intervenu, celle-ci prend le risque de perdre le bénéfice du nantissement de créance :

- si la SACEM a payé M. Renard, elle l'aura fait valablement, le nantissement lui étant inopposable : ignorant l'existence du nantissement, il est normal que la SACEM ne soit pas pénalisée d'avoir réglé, de bonne foi, son créancier initial, en l'occurrence M. Renard. L'article 2362 alinéa 2 du Code civil dispose en ce sens qu'à défaut de notification, ou d'intervention à l'acte, « seul le constituant reçoit valablement paiement de la créance » ;

- si la SACEM n'a pas encore payé M. Renard, la banque pourra toujours se prévaloir de son nantissement et se faire attribuer par le juge la créance donnée en nantissement, conformément à l'article 2365 du Code civil. Mais il faudra qu'elle attende la défaillance de son débiteur, et donc l'échéance de la créance garantie, soit le 1er novembre.

Par ailleurs, même si la banque avait pensé à notifier, en l'espèce, elle n'aurait pas pu s'attribuer les sommes, vu que sa créance contre M. Renard n'était pas encore échue au 1er octobre (art. 2364 al. 1er C. civ.). Dès lors et conformément à l'article 2364 alinéa 2 du Code civil, elle aurait dû ouvrir en son sein un compte spécial et y inscrire les sommes reçues à charge pour elle de les restituer si l'obligation garantie avait été exécutée. En revanche, en cas de défaillance du débiteur de la créance garantie et huit jours après une mise en demeure restée sans effet, elle aurait pu affecter les fonds au remboursement de sa créance dans la limite des sommes impayées.

B. Contre le frère de M. Renard au titre du cautionnement

Comme précédemment, il convient de vérifier la validité de la sûreté consentie avant d'en éprouver l'efficacité.

1. Sur la validité du cautionnement

Les crédits à la consommation sont soumis à des dispositions particulières et les cautions bénéficient de techniques de protection, dont celle liée au formalisme exigé. Le frère de M. Renard aura donc dû apposer une mention manuscrite conforme à celle énoncée aux articles L. 314-15 et 314-16 du Code de la consommation. À défaut, son cautionnement serait nul, la banque ne pouvant rapporter la preuve du cautionnement par des éléments extrinsèques. On supposera qu'il est valable.

2. Sur l'efficacité du cautionnement

Aux termes de l'article 2363 alinéa 1er du Code civil : « Après notification, seul le créancier nanti reçoit valablement paiement de la créance donnée en nantissement tant en capital qu'en intérêts ». En d'autres termes, la notification emporte, à l'égard du débiteur de la créance nantie, défense de payer une autre personne que le créancier bénéficiaire de la sûreté. Est ainsi aménagée au bénéfice du créancier nanti une sorte de droit de rétention, le créancier nanti disposant du pouvoir de bloquer le paiement de la créance nantie. Cela étant, la notification du nantissement de créance au débiteur de la créance nanti n'est qu'une faculté (v. rédaction de l'art. 2362 al. 2 C. civ.) laissée à la libre appréciation du créancier nanti. En effet, le créancier nanti peut se contenter du seul écrit constituant le nantissement.

Toutefois, le frère de M. Renard ne pourrait-il invoquer le bénéfice de subrogation de l'article 2314 du Code civil et la décharge qu'il organise ? La banque n'est-elle pas fautive de ne pas avoir informé la SACEM de l'existence du nantissement de créance ? Cela revient à se demander si en présence d'un cautionnement, une simple faculté ne devient pas une véritable obligation dès lors que la caution est en droit de se prévaloir du non-exercice de cette faculté pour invoquer le bénéfice de subrogation.

Ce débat est connu et deux thèses s'opposent :

- selon la première, une faculté n'est pas une obligation. Dès lors, le créancier doit être libre de son choix. L'absence d'exercice de la faculté ne doit donc pas pouvoir être invoquée par la caution ;

- selon la seconde, l'article 2314 du Code civil est un texte qui a pour finalité la protection de la caution. En visant « les droits », il se veut général et oblige le créancier à les conserver et à les exercer. L'abstention de la faculté d'informer le débiteur de la créance nantie d'un nantissement de créance a des répercussions sur la sûreté puisqu'elle peut en entraîner la perte. La notion de « fait du créancier » impliquerait l'obligation pour ce dernier de ne pas nuire aux intérêts de la caution, bilatéralisant progressivement le contrat de cautionnement. La caution pourrait en conséquence se prévaloir de l'absence d'exercice de la faculté en cause.

Entre ces deux conceptions, la première chambre civile de la Cour de cassation a d'abord considéré que l'exercice ou le non-exercice par un créancier d'une faculté n'était pas, en lui-même, constitutif d'une faute (Civ. 1re, 22 mai 2002, *D.* 2002. *AJ.* 2043, obs. V. Avena-Robardet), avant que la chambre commerciale ne rende la solution contraire (Com. 13 mai 2003, *D.* 2003. *AJ.* 1629, obs. V. Avena-Robardet). Mais une chambre mixte a tranché la question en jugeant que « le créancier qui, ayant pris un nantissement provisoire sur le fonds de commerce, obtient le même jour un cautionnement, permettant à la caution une subrogation, ne peut plus se borner à agir dans son strict intérêt personnel, mais doit prendre en compte les intérêts de la caution, en sorte qu'il s'oblige nécessairement à rendre définitif le nantissement » (Ch. mixte, 17 nov. 2006, *D.* 2006. *AJ.* 2907, obs. V. Avena-Robardet). Depuis, la première chambre civile lui a emboîté le pas (Civ. 1re, 3 avril 2007, *D.* 2007. Jur. 1572, note D. Houtcieff) jugeant que « le prêteur de deniers, bénéficiaire du privilège institué par l'article 2374 du Code civil, qui se garantit par un cautionnement, s'oblige envers la caution à inscrire son privilège ». On peut donc penser que le frère de M. Renard pourrait valablement opposer le bénéfice de subrogation à la banque, fondement qui aurait pour effet d'éteindre son engagement en qualité de caution en raison du comportement jugé fautif du créancier. Cela dit, l'arrêt rendu par la chambre commerciale le 2 novembre 2016 (n° 15-12491) en matière de notification d'une cession de créance professionnelle milite en faveur de la solution inverse.

II.

Le problème de droit suscité par l'hypothèse décrite est celui du recours d'une caution *solvens* contre son cofidéjusseur. En effet, en l'espèce alors que l'une des cautions, en l'occurrence M. Corbeau, a entièrement désintéressé le créancier, il souhaite exercer contre Mme Renard son recours de l'article 2310 alinéa 1er du Code civil pour sa part et portion. Or, cette dernière ayant été mise en redressement judiciaire, se pose la question du sort de sa créance de remboursement contre Mme Renard. Il s'agit en réalité de s'interroger sur la date de naissance de sa créance de remboursement contre son cofidéjusseur. Tout dépend de l'origine de la créance :

- soit l'on considère que c'est le contrat de prêt, dès lors la créance de remboursement de la caution *solvens* est considérée comme une créance antérieure à déclarer au redressement judiciaire du cofidéjusseur, sous peine de forclusion, et donc d'inopposabilité à la procédure (art. L. 622-26 C. com.) ;

- soit l'on considère que c'est la date du paiement, auquel cas il s'agit d'une créance postérieure.

En faveur de la qualification de « créance postérieure », il peut être développé que certes, l'engagement de la caution était souscrit avant la procédure collective du cofidéjusseur, mais s'agissant de rapports entre cautions, il n'existe pas de recours anticipé comparable à celui dont dispose la caution contre le débiteur principal. Dès lors, le fait générateur de la créance en remboursement suppose le paiement de la caution. L'origine de la créance serait donc le paiement effectué postérieurement au redressement judiciaire de Mme Renard.

À l'inverse, en faveur de la qualification de « créance antérieure », il peut être soutenu que la créance en remboursement de la caution *solvens* trouve sa source dans le contrat de cautionnement et que le paiement ne fait que la rendre exigible. L'objet du cautionnement est en effet de se prémunir contre la défaillance du débiteur. Le paiement ne serait que l'exécution d'une obligation déjà née dont seule l'exigibilité est retardée. La créance de la caution contre le cofidéjusseur prendrait alors naissance à la date de l'engagement de la caution (en ce sens, v. Com. 16 juin 2004, Act. proc. coll. 2004/15 ; Rev. proc. coll. 2005/1 ; *D.* 2004. *AJ*. 2046 ; *RTD com*. 2004. 812 qui juge que « la créance de la caution qui a payé la dette et qui agit contre son cofidéjusseur sur le fondement de l'art. 2033, prend naissance à la date de l'engagement de la caution » ; v. égal. Com. 19 déc. 2006, *D.* 2007. AJ. 158 note A. Lienard ; Com. 3 févr. 2009, *JCP E* 2009, 1347, n° 12, obs. M. Cabrillac).

Toutefois, que l'on retienne l'une ou l'autre de ces analyses, la caution *solvens* est en position délicate puisque sa créance en remboursement, même si elle était considérée comme née postérieurement après le jugement d'ouverture, n'est pas utile à la procédure au sens de l'article L. 622-17 du Code de commerce. Elle est dès lors assimilée à une créance antérieure, subissant l'interdiction des paiements et l'obligation de déclaration, en l'occurrence de l'article L. 622-24 alinéa 5 du Code de commerce. Les chances de succès de M. Corbeau sont donc celles d'un créancier chirographaire antérieur à la procédure collective négligent.

III.

Il s'agit de savoir si la rétention de simples clés d'immeuble est possible, alors que celui-ci a été revendu, l'acquéreur-revendeur étant en liquidation judiciaire. Le traitement de cette situation suppose, en réalité, de répondre à trois questions.

A.

Il convient d'abord d'examiner si la rétention peut s'exercer sur les clés de l'immeuble, à défaut de s'exercer sur l'immeuble lui-même.

À supposer que le créancier puisse exercer un droit de rétention, cette rétention peut-elle s'opérer par le truchement de la détention des clés ? L'emprise matérielle est-elle suffisamment établie dès lors que seules les clés font l'objet d'une véritable détention ?

Bien que le créancier n'occupe pas effectivement l'immeuble en détenant les clés, il ne devrait pas manquer de gêner M. Opportun. En pratique, cela devrait l'obliger à fracturer la porte pour en prendre possession. On peut dès lors considérer que la détention de l'immeuble est effective dès lors que le vendeur a la mainmise sur les clés.

B.

Il est nécessaire ensuite de savoir si le créancier peut exercer un droit de rétention en cas de liquidation judiciaire du débiteur, lorsque le bien objet de la rétention a été revendu. En clair, dispose-t-il d'un droit de rétention sur la créance du prix de vente d'un bien, en l'occurrence, immobilier ? La réponse résulte de l'étude des articles L. 641-3 et L. 642-20-1 du Code de commerce.

L'ouverture d'une procédure collective ne fait pas obstacle à l'exercice du droit de rétention lorsque le créancier entend retenir un bien mobilier du débiteur jusqu'à complet paiement de sa créance, que ce droit de rétention soit issu d'un contrat de gage (droit de rétention du créancier gagiste) ou qu'il repose sur l'existence d'un lien de connexité (droit de rétention autonome). Ce droit de rétention effectif est efficace, que le débiteur soit en période d'observation à l'occasion d'une procédure de sauvegarde ou de redressement judiciaire ou en liquidation judiciaire.

En période d'observation, le rétenteur peut obtenir le paiement de sa créance, malgré l'interdiction des paiements des créances antérieures, dès lors que le retrait du gage ou de la chose légitimement retenue est nécessaire à la poursuite de l'activité (art. L. 622-7-II al. 2 C. com.). En cas de liquidation judiciaire, le liquidateur peut également, sur autorisation du juge-commissaire, retirer les biens constitués en gage par le débiteur ou la chose retenue, ce qui est le cas en l'espèce (L. 641-3 al. 2 C. com.).

Dans l'hypothèse d'une vente du bien par le liquidateur, le droit de rétention est de plein droit reporté sur le prix (art. L. 642-20-1 al. 3 C. com.), dès lors que le créancier a procédé à la déclaration de sa créance. Cette disposition profite aussi bien au créancier gagiste qu'au rétenteur autonome.

C.

Ce report du droit de rétention peut-il enfin s'exercer sur le prix, en cas de vente d'un bien immobilier ?

Négativement, l'article L. 642-20-1 du Code de commerce règle principalement la situation du créancier gagiste. Si le législateur avait voulu viser les biens immobiliers, il aurait rajouté le terme « antichrèse ».

Mais positivement, il est possible de relever, que l'article L. 642-20-1 du Code de commerce n'évoque pas uniquement le retrait par le liquidateur du bien constitué en gage, mais également celui de la chose retenue. Or, le mot « chose » peut indifféremment être un meuble ou un immeuble.

Pourtant, le législateur n'a certainement pas voulu soustraire de l'actif du débiteur en liquidation les immeubles dont la cession est susceptible de permettre le désintéressement d'un nombre important de créanciers. Le droit de rétention perturbe suffisamment l'égalité des créanciers (en ce sens, v. Civ. 3e, 23 oct. 2002, *Bull. civ.* III, n° 209 ; *D.* 2002. AJ. 3144 ; *JCP E* 2003. 221, obs. M. Cabrillac ; *JCP* 2003. II. 10182, note J.-F. Dreuille ; *RD banc. fin.* 2003, n° 24, obs. D. Legeais). Par ailleurs, M. Renard disposera toujours du privilège du vendeur d'immeuble, même s'il sera notamment primé par le superprivilège des salariés et celui de frais de justice nés régulièrement après le jugement d'ouverture (art. L. 641-13 al. 2 C. com.). Il doit toutefois faire l'objet d'une inscription dans le délai de deux mois à compter de l'acte de vente (art. 2379 al. 1er C. civ.), même si le rang de la sûreté est déterminé de manière rétroactive à la date de la conclusion de cet acte et donc de la naissance de la créance. À défaut de respecter ce délai, l'acte pourra toujours être inscrit, mais le privilège, comme l'hypothèque, aura alors un rang déterminé par la date d'inscription, sans rétroactivité.

Bibliographie générale

- P. Ancel, *Droit des sûretés*, 7e éd., Litec, coll. « Objectif droit », 2014.
- L. Aynès, Ph. Delebecque et P. Crocq (dir.), *Lamy Droit des sûretés*.
- A.-S. Barthez et D. Houtcieff, *Traité de droit civil*, *Les sûretés personnelles*, LGDJ, 2010.
- M. Cabrillac Ch. Mouly, S. Cabrillac et Ph. Pétel, *Droit des sûretés*, 10e éd., Litec, 2015.
- J. François, *Les sûretés personnelles,* Economica, 2004.
- M.-N. Jobard-Bachelier, M. Bourassin, V. Brémond, *Droit des sûretés*, 5e éd., Sirey, Coll. « Université », 2016.
- D. Legeais, *Droit des sûretés et garanties du crédit,* 11e éd., LGDJ, 2016.
- Ph. Malaurie, L. Aynès , *Les sûretés, la publicité foncière*, par L. Aynès et P. Crocq, 10e éd., Defrénois, 2016.
- H., L. et J. Mazeaud, F. Chabas, M. De Juglart, *Leçons de droit civil*, Tome III, 1er volume, *Sûretés, Publicité foncière*, par Y. Picod, 7e éd., Montchrestien, 1999.
- J. Mestre, E. Putman, M. Billau, *Traité de droit civil, Tome I, Droit commun des sûretés réelles; Tome II, Droit spécial des sûretés réelles*, LGDJ, 1996.
- M. Mignot, *Droit des sûretés*, Montchrestien, 2010.
- G. Piette, *Droit des sûretés*, 10e éd., Gualino, 2016.
- Y. Picod, *Droit des sûretés*, 3e éd., PUF, coll. « Thémis », 2016.
- S. Piedelièvre, *Droit des sûretés*, 2e éd., Ellipses, 2015.
- Th. Revet et F. Zénati-Castaing, *Sûretés personnelles*, PUF, coll. « Droit fondamental », 2013.
- J.-B. Seube, *Droit des sûretés*, 8e éd., Dalloz, coll. « Cours », 2016.
- Ph. Simler, *Cautionnement et garanties autonomes*, 5e éd., Litec, 2015.
- Ph. Simler et Ph. Delebecque, *Les sûretés, La publicité foncière*, 7e éd., Dalloz, coll. « Précis », 2016.
- Ph. Théry, *Sûretés et publicité foncière*, 2e éd., PUF, coll. « Droit fondamental », 1998.

Index alphabétique

Les chiffres renvoient aux numéros en marge des pages du cours.

A

B

C

D

E

F

G

H

I

L

M

N

Table des matières

section 2

Le nantissement d'autres meubles incorporels 380

Table des Quiz

Les chiffres renvoient aux numéros des pages. Le chapitre de cours concerné est indiqué entre crochets. Sauf indication contraire (italiques), tous les sujets sont corrigés en fin de la rubrique pédagogique.

Commentaires d'articles et d'arrêts

Cas pratiques

Cet ouvrage a été composé
par IGS-CP à L'Isle-d'Espagnac (16)

716934 (I) CSB - G 80 g - IGS (HCH)
Achevé d'imprimer en juin 2017
Dépôt légal : juillet 2017
Imprimé en Italie par LEGO S.p.A.